심포지엄

일본과 조선

제국 일본, 조선을 말하다

저자

하타다 다카시(旗田巍, Hatada Takashi)

1908~1994. 경상남도 마산 출신의 동양사학자. 도쿄제국대학 문학부 동양사학과를 졸업하고 호세이(法政)대학 예과 강사, 동방문화학원(東方文化學院) 도쿄연구소 연구원으로 재직했다. 1940년에는 만철조사부 북지(北支) 경제조사소 조사원으로 베이징으로 건너가 '화북(華北)농촌 관행조사'를 담당하여 중국 농촌의 실태조사를 했다. 1944년 10월부터 만철의 관행조사사업 중지로 만철을 그만두고 북지개발회사조사국(北京)으로 자리를 옮긴 뒤 노동력 급원(給源) 조사를 맡아했다. 1946년에는 중화민국 정부의 국제문제연구소 연구원으로 근무하다가 1948년 11월에 일본으로 귀국했으며, 1950년 9월에 도쿄도립대학 인문학부 교수로 부임했다. 주요 저서로는 『朝鮮史』(岩波書店, 1951)를 비롯한 『支那民族展史』, 『日本人の朝鮮』, 『朝鮮中世社史の究』, 『後における日本の朝鮮史究』, 『朝鮮と日本人』 등이 있고, 편저로는 『シンポジウム 日本と朝鮮』, 『古代日本と朝鮮の基本問題』, 『古代朝鮮の基本問題』, 『古代の朝鮮』, 『朝鮮の近代史と日本』, 『日本は朝鮮で何をえたか』 등이 있다.

역자

주미애(周美愛, Joo Mi-ae)

성균관대학교 동아시아학과 박사과정을 수료했으며, 『조선급만주(朝鮮及滿洲)』를 주요매체로 삼아 경성제대 재조일본인 교수의 중국 현대문학의 수용과 그 양상에 관한 연구로 석사학위를 받았다. 현재 잡지와 번역을 중심으로 동아시아 문학의 교류 양상을 공부하고 있다. 옮긴 책으로 『여제의 일본사』(공역, 2020)가 있으며 경희사이버대학과 성균관대학에서 강사로 재직 중이다.

심포지엄 일본과 조선-제국 일본, 조선을 말하다

초판인쇄 2020년 8월 20일 **초판발행** 2020년 8월 31일
지은이 하타다 다카시 **옮긴이** 주미애 **펴낸이** 박성모 **펴낸곳** 소명출판 **출판등록** 제13-522호
주소 서울시 서초구 서초중앙로6길 15, 2층
전화 02-585-7840 **팩스** 02-585-7848 **전자우편** somyungbooks@daum.net **홈페이지** www.somyong.co.kr

값 45,000원 ⓒ 소명출판, 2020
ISBN 979-11-5905-554-6 93910

이 책은 2017년 정부(교육부)의 재원으로 한국연구재단의 지원을 받아 수행된 연구임 (NRF-2017S1A6A3A01079581)

연세
근대한국학HK+
번역총서
002

SYMPOSIUM JAPAN AND KOREA

심포지엄
일본과 조선

하타다 다카시 지음
주미애 옮김

일러두기

1. 이 책은 하타다 다카시(旗田巍)가 편한 『シンポジウム 日本と朝鮮』(勁草書房, 1969)을 저본으로 삼았으며, 각주는 모두 옮긴이 주이다.

2. 본 심포지엄에서 발언하는 과정 중에 언급되는 자료상의 오류 및 오식은 바로잡았으며, 각주에 원문 내용을 대조하여 기록해두었다.

3. 각주의 인물 소개에 관한 내용은 별도의 표기가 없는 한, 아래 자료들을 확인·대조하여 정리했으며 생몰년은 위키피디아(일본)를 참고했다. 단, 오류가 있는 경우는 바로잡아 기재해두었다.
    * 조선총독부관보 https://www.nl.go.kr/NL/contents/N20302010000.do
    * 조선총독부박물관 문서 https://www.museum.go.kr/modern-history/main.do
    * 한국역대인물 종합정보시스템 http://people.aks.ac.kr/index.aks
    * 동북아역사넷 http://contents.nahf.or.kr/
    * 朝鮮總督府 編, 『記念表彰者名鑑朝鮮總督府 始政二十五周年』, 朝鮮總督府, 1935.
    * 朝鮮公論社 編, 『(在朝鮮內地人)紳士名鑑』, 朝鮮公論社, 1917.
    * 하타다 다카시의 약력 및 저작 소개는 旗田巍先生古稀記念会 編, 『朝鮮歷史論集』 下, 竜渓書舎, 1979, 617~641쪽 참고.

4. 인명·지명 및 고유명사는 국립국어원 외래어 표기법에 따랐으며, 중국 인명의 경우는 관례로 굳어진 발음대로 적었다. 예) 지쯔쩐(冀自珍), 캉유웨이(康有爲), 장타이옌(章太炎) 등.

5. 행갈이는 최대한 원본을 살렸으며, 각 장의 말미에 적힌 날짜는 심포지엄이 개최된 날을 의미한다.

차례

일본에서의 조선사 연구의 전통

　패전 이전까지만 해도 조선사 연구朝鮮史 研究에서 일본인의 위치는 가히 독보적이었다. 실제로 메이지明治・다이쇼大正・쇼와昭和에 걸쳐 일본인이 제출한 관련 연구논문 및 저서의 수는 외국인의 그것에 비해 압도적이다. 그러나 전후, 조선이 해방되면서 조선인들의 직접적인 연구가 급증함에 따라 현재 해당 연구에서 일본인의 독점적 지위는 상실했다고 볼 수 있다. 하지만 그 전까지 조선사 연구는 그야말로 일본인의 독무대였다고 해도 과언이 아니다. 그러다 보니 당시의 조선사상朝鮮史像 역시 일본이 만들어낸 사상이 통용되었던 것은 지극히 당연한 일이다. 게다가 그러한 사상은 일본 국민 사이에서도 상용되었을 뿐만 아니라 조선인들에게까지 주입되었다.

　당시의 이러한 현상은 과거 일본 학계의 긍지로 여겨지곤 했는데 그도 그럴 것이 아시아 역사 연구 가운데 다른 부문에서는 서양인들의 연구에 미치지 못하는 면이 있었으나, 조선사 연구만큼은 타의 추종을 불허할 정도로 자부할 만했기 때문이다. 이렇듯 전전기戰前期 일본인에 의한 조선사 연구의 축적은 실로 상당했다. 또한 그 자각의 여부는 차치한다 해도 과거의 선행연구는 오늘날에도 계승되고 있으며 향후 연구에 있어서도 이러한 부분을 간과하고서는 연구의 진전을 기대할 수가 없다. 이처럼 과거에 축적된 조선사 연구들 중에는 앞으로 우리가 계승해야 할 부분들이 포함되어 있으며, 이를 어떻게 활용할 것인가는 각 연구자의 역량에 달려있다고 할 수 있다.

반면, 과거에 선행되었던 그와 같은 연구들에는 상당히 왜곡된 지점들도 존재했는데 이는 무엇보다 조선인 연구자를 육성하지 못했다는 점에서 단적으로 드러난다. 다시 말해, 과거 일본이 조선을 지배했던 시절에는 극소수의 예외적인 경우를 제외하고서는 조선사를 연구하는 조선인 연구자는 극히 드물었다. 물론 여기에 일본의 식민지 정책이 분명 크게 작용하긴 했으나, 사실 그 때문만은 아니었다. 이는 일본에 의한 조선사 연구의 내용 그 자체에 조선인들의 연구 의욕을 저해할 만한 사항들이 포함되어 있었기 때문이며, 우리는 이러한 부분을 망각해서는 안 될 것이다. 한때 '조선사 연구는 하면 할수록 별 것 없다'고 여기는 경향이 있었다. 그 당시 일본인에 의한 동양 연구의 전반적인 분위기가 그러하기도 했지만, 특히 조선사 연구에서는 이러한 의식이 더욱 두드러졌다. 이유인즉슨, '조선사에는 자주적인 발전이란 것을 도무지 찾아볼 수 없으며 항시 외부세력에 의해 좌지우지되었다. 그러한 조선 사회는 그저 정체된 채 근대화로 나아가려는 기미는 조금도 보이지 않았다. 문화 또한 마찬가지로 그저 중국 문화의 모방일 뿐 조선의 독자적인 것이란 존재하지 않았다'는 사고방식이 일본인에 의한 조선사 연구의 일반적인 결론이었다. 이는 결국 조선인들로 하여금 자국의 역사를 외면하게 만들었으며 더 나아가 일본의 젊은 연구자들에게도 조선사 연구에 대한 흥미를 잃게 했다. 이렇다 보니 조선사 연구를 직업으로 삼고 있는 극소수를 제외하고서는 일반 역사 연구자들 가운데 조선사 연구를 목적한 이들이 급격히 줄어들 수밖에 없었다. 게다가 연구자가 타국의 역사를 연구하다 보면 해당 국가를 친애하는 감정이 깊어지는 것이 보통이지만, 일본인의 조선사 연구는 그와 정반대였다는 것도 특징적이다.

이상에서 언급한 바와 같이 조선사 연구의 왜곡된 현상은 전후 조선인 연구자들로부터 강한 비판의 대상이 되고 있으며, 동시에 일본인 연구자들 내부에서도 반성해야 할 지점으로 여겨지고 있다. 따라서 향후 연구에서는 우선 이렇게 뒤틀어진 부분들에 대한 세밀한 확인 과정을 거친 후에 과거의 연구 성과를 비판적으로 계승·발전시켜 나가야 할 것이다.

1. 에도 시대의 조선 연구

1) 주자학자의 조선 연구

일본에서의 조선사 연구는 메이지 이후에 성황을 이루게 되는데, 그에 앞서 에도 시대의 조선 연구에 관해 간략히 언급해두고자 한다. 그 이유는 에도 시대의 조선 연구가 메이지 이후의 조선사 연구와도 상당한 관련성을 지니고 있기 때문이다.

주지하듯 에도 시대에는 일본과 조선 간의 평화적인 국교가 지속되었다. 심지어 쇄국의 상황 속에서도 조선만큼은 예외로 두어 조선의 사절단이 십 수차례에 걸쳐 일본을 방문하는 등 에도막부는 조선과의 평화로운 국교 유지에 상당한 노력을 기울였으며, 이러한 평화적 국교를 배경으로 조선 연구가 진행되고 있었다. 또한 당시 일본의 지도적 지식층이었던 한학자(주자학자)들은 조선의 학문, 특히 주자학에 깊은 관심을 가지고 그 흡수에 힘썼다. 대표적 인물로는 하야시 라잔林羅山[1]·후지와라 세이카藤原惺窩[2]·야마자키 안사이山崎闇齋[3] 등을 들 수 있는데 일본 주자학의 개조開祖라 불리는 이들 모두가 조선주자학, 그중에서도 이퇴계李退溪의 학문을 존경하여 조선주자학을 습득했으며 이후에도 이를 활용하여 저마다의 학문을 형성시켜나갔다. 그 후 이들의 학통學統을 이은 유자儒者들이 각지의 번교藩校[4]나 주쿠塾[5]의 사범師範이 되어 무사武士를 비롯

1 하야시 라잔(林羅山, 1583~1657) : 아즈치모모야마(安土桃山) 시대부터 에도(江戶) 시대에 걸쳐 활동한 승려이자 주자학파 유학자다. 일본유학의 시조인 유학자 후지와라 세이카(藤原惺窩)의 제자로 특히 주자학적 관점에서 불교를 비판하는 배불론(排佛論)을 주장했다. 이후 막부의 관료가 되어 조선통신사 응대와 외교문서 작성, 역사서 편찬 등에 관여한 바 있다. 주요 저서로는『三德抄』,『春鑑抄』,『儒門思問錄』등의 주자학 계몽서를 비롯하여 중국 본초학의 소개서와 같은『多識編』, 병서의 주석서인『孫子諺解』,『三略諺解』,『六韜諺解』등이 있다.

2 후지와라 세이카(藤原惺窩, 1561~1619) : 에도 초기의 유학자로 근세 일본유학의 시조로 불리며 특히 선승(禪僧)에서 유학자로 변신한 인물로도 유명하다. 어려서부터 선학(禪學)과 더불어 유학을 수학했으며, 이후 조선통신사 일행을 만나게 되면서 유학에 대한 관심이 더욱 커졌다고 한다. 정유재란 당시에도 조선의 유학자 강항(姜沆)으로부터 많은 영향을 받은 것으로 알려졌다. 도요토미 히데요시 및 도쿠가와 이에야스에게 유학을 강의했던 후지와라는 근본적으로는 주자학을 기저로 삼고 있지만, 불교에도 관용적인 태도를 보인 것을 특징으로 들 수 있다. 문하의 제자로는 하야시 라잔을 비롯하여 나와 갓쇼(那波活所)·마쓰나가 세키고(松永尺五)·호리 교안(堀杏庵) 등이 유명하다. 주요 저서로는『寸鉄錄』,『千代もと草』,『文章達德綱領』,『大學要略』등이 있다.

3 야마자키 안사이(山崎闇齋, 1619~1682) : 에도 전기에 활동한 유학자·주자학자·신도가(神道家)·사상가이며, 주자학의 일파인 키몬가쿠(崎門学)의 창시자이기도 하다. 신도에 관심이 많았던 야마자키는 유학과 신도를 결합해 신유일치(神儒一致)를 주장하는 '수가신도(垂加神道)'라는 독자적인 신도설을 내세웠다. 만년에는 교토에서 교육과 저술에 힘썼는데 당시 유학과 신도 양측의 문하생이 6천 명에 이를 만큼 상당한 학맥을 이뤘다. 주요 저서로는『洪範全書』,『仁說問答』,『蒙養』,『武銘考註』,『中和集說』,『性論明備錄』등 주자학 관련 서적을 비롯하여『朱易衍義』와 전 20권의 방대한 대작『文會筆錄』등이 있다.

4 에도 시대에 제후의 자제들을 교육하는 학교로 번횡(藩黌), 번학(藩学), 번학교(藩学校)라고도 한다. 그 내용이나 규모는 다양했으며, 번사(藩士)의 자제들은 모두 강제적으로 입학해야 했다. 교육 내용은 사서오경(四書五経)의 소독(素読)과 습자(習字)가 중심이 되었고 에도 후기에는 난학(蘭学)이나 검술 등을 비롯한 각종 무술이 추가되기도 했다. 넓은 의미에서 번교는 의학교(医学校)·양학교(洋学校)·국학교(国学

한 수많은 인물을 상대로 교양 교육을 담당했다. 이 같은 일본주자학과 조선주자학의 관계에 대해서는 아베 요시오阿部吉雄[6]의 『일본주자학과 조선日本朱子学と朝鮮』(東京大學出版會, 1965)에 자세히 기록되어 있다.

그 외에도 당시 조선사절단에 수행되어 일본으로 건너온 조선인 학자를 대하는 일본 측의 학자나 무사들의 응대 방식을 살펴보더라도 이 무렵 일본 지식층이 조선의 학문이나 학자들에게 상당한 존경을 표했음을 알 수 있다. 또한 조선인 학자 혹은 그들의 자손 중에는 다이묘大名들이 세운 번교의 교수教授가 되는 경우도 적지 않았는데 이와 관련해서는 마쓰다 고松田甲[7]의 『일선사화日鮮史話』(9冊, 1930~1931)에 보다 상세히 소

　校)・향학교(郷学校)・여학교(女学校) 등 번(藩)이 설립한 모든 교육기관을 포함한다고 할 수 있다. 예외도 있으나, 대부분의 번교(藩校)는 번(藩)이 비용을 부담하여 번지(藩地)에 설립된다.

5　본래 '대문 옆에 마련된 행랑방'이라는 뜻으로서 가족에게 무언가를 가르치는 공간이었으나, 그 의미가 점차 확대되어 학생들을 가르치는 사설 학사(學舍)를 뜻하게 되었다. 특히 에도 시대 말기에는 학자가 자신의 집으로 학생들을 불러 모아 유학, 의학, 병학, 난학 등을 가르치는 곳으로 통용되어 사숙(私塾)이라고도 불렀다.

6　아베 요시오(阿部吉雄, 1905~1978) : 야마가타(山形)현 출신의 중국 철학자다. 1928년 도쿄제대 문학부 지나철학과(東京帝国大学文学部支那哲学科)를 졸업한 후, 1930년 동방문화학원 도쿄연구소(東方文化学院 東京研究所) 조수를 거쳐 1941년에 경성제국대학 법문학부 조교수로 부임했다. 이후 조선유학(朝鮮儒学)에 관심을 가지고 이퇴계를 연구했으며 1972년에는 이퇴계연구회(李退渓研究会)를 조직하기도 했다. 주요 저서로는 『李退渓』, 『漢文の研究』, 『論語』, 『山崎闇斎先生の学問』, 『日本朱子学と朝鮮』, 『儒教の変遷と現況 日本・中国・朝鮮の比較』, 『李退渓 その行動と思想』 등이 있다.

7　마쓰다 고(松田甲, 1864~1945) : 일본의 측량기술자(測量技術者)・한시인(漢詩人)・저술가다. 코교쿠샤(攻玉社) 토목과를 졸업한 후, 참모본부(参謀本部)에서 측량기술자로 근무하면서 일본, 대만, 몽골, 조선 등지에서 측량기사로 활동했다. 1911년 4월부로 조선총독부임시토지조사국기수(朝鮮総督府臨時土地調査局技手)가 되어 조선 각지를 다니며 측량 및 지도 작성하는 일을 담당했다. 이후 1918년에 조사국(調査局)이 해산한 뒤에도 총독부체신리원양성소교관(総督府逓信吏員養成所教官)로서 조선에 남게 되었고, 1923년에는 총독부관방촉탁(総督府官房嘱託)이 되었다. 한편, 조선 문인들과의 교류도 적지 않았던 마쓰다는 '이문회(以文会)'에서 간사를 지내기도 했으며, 본인이 주재한 '망기회(忘機会)'를 통해 창작 활동을 이어 가기도 했다. 주요 저서로는 『日鮮史話』(1-6編), 『日鮮史話』(続第一編), 『朝鮮雑記』, 『朝鮮漫録』, 『朝鮮の今昔:歴代篇』, 『朝鮮叢話』,

개되어 있다. 사실 과거에는 이러한 것들이 '내선일체內鮮一體'·'일선융
화日鮮融和'와 같은 식민지 정책에 이용되었으나, 바야흐로 새로운 시대
를 맞이한 오늘날에는 이를 일조우호日朝友好의 시점에서 재해석해야 한
다고 생각한다.

전술한 바와 같이 에도 시대의 조선 연구는 조선주자학과 이를 탄생시
킨 조선인 학자에 대한 관심을 중심으로 이뤄졌다. 하지만 이는 조선의
현실에 관한 것에서 비롯된 것이 아니라, 어디까지나 조선주자학에 대한
관심에서 비롯된 연구라고 할 수 있다. 따라서 이들 연구는 상당히 협의
적인 데다가 일정한 한계가 존재했던 것도 부정할 수 없는 사실이다. 그
러나 그들이 조선의 학문과 이를 성립시킨 학자들에게 존경심을 가지고
있었다는 부분은 분명 주목할 필요가 있다. 게다가 그러한 경향은 메이지
이후의 조선 연구에서는 좀처럼 찾아볼 수 없는 지점이기도 하다.

또한 주자학 외에도 당시 일본인들이 조선을 통해 습득했던 각종 기
술이나 예술 방면을 간과해서는 안 된다. 더욱이 도자기 분야는 조선인
도공의 존재를 빼놓고서는 설명이 불가능할 정도다. 니시니혼西日本 및

『駿河の清見寺と朝鮮信使』 등이 있다.
참고로 선행 연구에 기록된 마쓰다 고의 출생연도는 1863년, 1864년, 1868년 등으로 다
양하다. 박영미는 「근대한문학의 존재 양상과 그 의의 ; 일제 감정기 송전갑(松田甲)의
한문학 연구에 대하여」(『漢文學報』 제22집, 우리한문학회, 2010, 4쪽)에서 권순철의
논문(松田甲の 「日鮮」 文化交流史硏究, 埼玉大學紀要, 44권 1호, 埼玉大學教養学部,
2008)을 인용하여 마쓰다 고의 생몰년을 "1868~1945"로 적고 있으나, 권순철의 해당
논문(55쪽)에는 "松田甲(1864~1945)"로 기재되어 있음을 확인할 수 있다. 게다가 권
순철의 다른 글(権純哲, 「植民地期の 「日鮮」 文化交流史硏究 松田甲の 『日鮮史話』 を手
がかりにして」, 『総合研究機構研究プロジェクト研究成果報告書』 第5号, 2007, 223쪽에
는 "松田甲(1863~1945)"로 달리 기재되어 있다. 이러한 정황상 본서에서는 朝鮮公論社
編, 『在朝鮮内地人紳士名鑑』, 朝鮮公論社, 1917, 356쪽의 "君は元治元年七月七日 岩代国若
松市に生る"라는 기록에 의거하여 마쓰다 고의 출생연도를 '1864년'으로 적는다.

규슈九州 지방에 남아 있는 가마터의 그 대부분은 분로쿠・게이초의 역文禄・慶長の役 당시 수많은 다이묘가 데리고 온 조선인 도공들이 만든 것인데, 그때 이들은 포로임과 동시에 선진기술의 보지자保持者이기도 했다. 조선인 도공에 관한 내용은 이진희李進熙[8]의『조선 문화와 일본朝鮮文化と日本』(1966, 朝鮮青年社)과 강위당姜魏堂[9]의『살아있는 포로生きている虜囚-薩摩焼ゆらい記』(1966, 新興書房)에 보다 세밀하게 기록되어 있다.

참고로 일본의 실학사상이 조선 실학의 영향을 받아 형성되었을 가능성에 관한 연구도 최근 조금씩 이뤄지고 있다. 그중 무타이 리사쿠務台理作[10]는「조선의 실학과 일본의 실학朝鮮の實學と日本の實學」(『朝鮮画報』, 1965.12월호)[11]을 통해 일본의 실학, 특히 안도 쇼에키安藤昌益[12]의 사상이란 결국 조선

---

8 이진희(李進熙, 1929~2012) : 경상남도 김해 출신의 역사 연구자이며 전공은 고고학・고대사・일한관계사다. 1948년에 일본으로 건너가 조총련 계열의 미토(水戸)소학교 임시교원으로 지내다가 1950년에 메이지대학 문학부 사학과에 입학하여 고고학을 전공했다. 졸업 후에는 도쿄 조선고등학교, 조선대학 등에서 강의를 하다가 일본어 종합 잡지인『계간 삼천리(季刊三千里)』의 창간을 주도하여 편집장을 지낸 바 있다. 1984년에는 한국 국적을 취득했으며 이후 1994년부터 2003년까지 와코(和光)대학에서 문학부 교수로 지냈다. 주요 저서로는『朝鮮文化と日本』,『李朝の通信使』,『한국 속의 일본』,『韓國と日本の交流史』,『広開土王陵碑の研究』,『好太王碑の謎 日本古代史を書きかえる』,『好太王碑と任那日本府』,『教科書に書かれた朝鮮』,『日本文化と朝鮮』,『韓國の古都を行く』,『朝鮮通信使と日本人』등이 있다. 李進熙・姜在彦,『日朝交流史-新しい隣國關係を構築するために』, 有斐閣, 1995, 저자 소개 참고.
9 강위당(姜魏堂, 1901~?) : '사쓰마야키(薩摩焼)' 원산지로 유명한 가고시마(鹿児島)현의 어느 부락에서 태어났다. 1925년 게이오대학 경제학부를 졸업한 후 1년간 지원병으로 입영했으며, 이후『東海』・『大阪朝日』・『時事』신문 등에서 기자로 활동했다. 또한 Japan Photo Library(내각정보부의 외곽기관)의 이사를 역임하기도 했다. 1939년에 중국으로 건너가 난징과 상하이에서 5년 반 정도를 지내다가 1948년에는 재일조선인연맹(在日朝鮮人聯盟)의 기관지인『조련중앙시보(朝連中央時報)』에 촉탁되었다. 주요 저서로는『生きている虜囚-薩摩焼ゆらい記』,『神を畏れぬ人々』,『ある帰化朝鮮人の記録』,『秘匿・薩摩の壺屋』등이 있다. 姜魏堂,『ある帰化朝鮮人の記録』, 同成社, 1973의 저자 소개 참고.
10 무타이 리사쿠(務台理作, 1890~1974) : 일본의 철학자다. 타이베이 제국대학(台北帝国大学) 및 게이오 기주쿠(慶應義塾)대학에서 교수를 역임했다. 주요 저서로는『ヘーゲル研究』,『社会存在論』,『第三ヒウマニズムと平和』,『現代のヒウマニズム』등이 있다.

의 실학을 습득한 결과가 아니냐는 의문을 제기한 바 있다. 이는 그 사상 내용의 공통성에서 비롯된 무타이의 추측으로서 아직 어떠한 확증이 존재하는 것은 아니지만, 그렇다고 전혀 터무니없는 주장도 아니라고 생각한다.

2) 국학자의 조선사상朝鮮史像

이상에서 언급한 바와 같이 당시 일본인들은 조선의 앞선 주자학 · 실학 · 기술 등을 습득 · 흡수하는 데에 힘썼으며, 그때 조선은 문화 선진국으로서 간주되고 있었다. 그러나 한편에서는 이와 전혀 다른 경향이 존재했는데, 이는 바로 국학자들의 조선 연구가 그러하다. 국학자들은 한학자와 달리 중국이나 조선의 학문을 존중하는 태도를 드러내지 않았으며 오히려 『고지키古事記』, 『니혼쇼키日本書紀』와 같은 일본 고전의 우수성을 찾아내고 또 그와 관련된 연구를 통해 신국神國 일본의 긍지를 내세웠다. 하지만 그들의 고전 연구 내용 중에는 상당히 문제적인 지점이 존재하는데, 이는 일본의 건국 신화 및 천황의 역사를 언급할 때 등장하는 조선에 관한 기술이 그러하다. 다시 말해, 그들이 설명하는 조선사상朝鮮史像이란 태곳적에 일본의 신 또는 천황이 조선을 지배했다거나 혹은 일본 신이 조선의 신이라든가 왕이 됨으로써 조선의 왕족 및 귀족이 일본으로 복속되었다는 것이다. 이처럼 국학자들은 일본의 건국 기원으로까지 거슬러 올라가 조선의 지배를 주장했는데, 사실 이러한 의식은 꽤

---

11 위에서 언급한 정확한 저서명 및 서지사항은 현재 수배되지 않는다. 다만, 비슷한 시기에 발표한 다음의 논문일 것으로 추정된다. 務台理作, 「特別寄稿 安藤昌益と朝鮮の実学」, 『朝鮮研究』 43, 日本朝鮮研究所, 1965.9, 1~24쪽.
12 안도 쇼에키(安藤昌益, 1703~1762) : 에도 시대 중기에 활동한 의사이자 사상가 · 철학가다. 사상은 무신론 혹은 아나키즘에 가까웠으며, 농업을 중심으로 한 무계급 사회를 이상 사회로 삼았다. 주요 저서로는 『自然真営道』, 『統道真伝』 등이 있다.

오래전부터 존재했던바, 에도 시대의 한학자들도 건국설화 해석에 있어서는 이와 유사한 내용을 언급하기도 했다. 그중 국학자들은 특히 고전 연구를 통해 이를 더욱 강력하게 주장했던 것이다. 주지하는 바와 같이 국학은 일본인의 정신적 발전에 있어 역사적으로 상당한 역할을 담당했으며, 그와 동시에 일본인의 조선관 형성에도 중대한 의미를 지니고 있었다. 또한 이러한 사고방식은 막말幕末부터 제기된 정한론征韓論에 있어 하나의 근거가 되어 메이지 이후의 조선 침략·조선병합·조선 지배의 유력한 관념적 지주가 되었다. 소위 '일선동조론日鮮同祖論' 또는 '일한일역론日韓一域論'이라 불리는 의식형태는 바로 이러한 국학의 전통에서 기원했다.

3) 해방론자海防論者[13]의 조선 연구

에도 시대의 조선 연구는 주자학자들에 의한 조선주자학 연구와 국학자들의 일본 고전을 통한 조선 연구 이렇게 두 가지의 커다란 흐름이 존재했다. 이는 곧 조선에 대한 의식구조가 전혀 달랐음을 의미하는데, 전자는 조선에 대한 존경을 그리고 후자는 조선에 대한 우월감을 각각 드러냈다고 볼 수 있다. 하지만 이 역시도 조선의 현실에 대한 의식이 아니라 고전이나 고문헌만을 위시한 관념적 인식이었다는 점에서 공통된다. 그러나 막부 말기에 구미 열강의 함선이 입항하는 등 외압의 위기가 닥쳐오자 그러한 관념적 인식만으로는 당면한 문제에 제대로 대응할 수

---

13 해방론(海防論)이란 외세의 침략에 대응하기 위해 해양 방어의 중요성을 강조한 이론이다. 일본에서는 18세기 후반 러시아의 남하를 비롯한 여러 외국선(外国船)의 출몰에 자극을 받아 생겨난 국방론으로 대표적인 해방론자로는 구도 헤이스케(工藤平助)·히야시 시헤이(林子平)·혼다 도시아키(本多利明) 등이 있다.

없음을 깨닫게 되었으며, 바로 그때 일본의 국방國防이라는 시점에서 조선인식의 필요성이 제기되었던 것이다. 당시 하야시 시헤이林子平[14]는 텐메이天明 5년(1785)에『삼국통람도설三国通覧図説』을 펴내어 조선이 류큐琉球・에조蝦夷와 더불어 일본의 해방海防에도 상당한 관련성이 있음을 언급하며 조선 연구의 시급함을 호소한 바 있다. 안도 히코타로安藤彦太郎[15] 씨의 의견에 따르면, 이러한 해방론海防論 입장에서의 아시아 및 조선인식은 아시아에 대한 일반 민중들의 관심을 기반으로 하여 생겨났으며 이는 다시 메이지의 자유민권론의 아시아관アジア観・조선관朝鮮観으로 연결되는 것이라고 한다.(「≪シンポジウム≫日本における朝鮮研究の蓄積をいかに継承するか—朝鮮人の日本観(2)」,『朝鮮研究月報』(7・8合併號), 日本朝鮮研究所, 1962.7, 1~15쪽)[16]

---

14 하야시 시헤이(林子平, 1738~1793) : 에도 후기의 경세론가(経世論家)다. 병학에 관심이 많았으며, 북방 지역을 비롯한 각지를 여행하면서 견문을 넓히며 난학자들과 교류했다. 또한 일본이 섬나라임을 감안하여 해군의 설치 등 해상 방위의 강화를 주장했으나, 막부의 정책과 어긋난다는 이유로 칩거 명령을 받았으며 그 후 얼마 못 가 사망했다. 대표적인 저서로『三國通覽圖說』을 꼽을 수 있는데, 여기서 '三國'이란 일본에 인접한 조선, 류큐(琉球, 오키나와), 에조(蝦夷, 홋카이도)를 가리킨다. 그 밖에도 전 16권으로 된『海國兵談』등이 있다.

15 안도 히코타로(安藤彦太郎, 1917~2009) : 일중관계를 주로 연구하던 일본의 사학자다. 와세다대학 정치경제학부를 졸업한 후 모교에서 정경학부 교수로 지냈다. 문화대혁명 당시 니이지마 아쓰요시(新島淳良) 등 일본의 중국 문학자들과 함께 문화대혁명을 예찬하는 뜻을 공표하기도 했다. 1988년 퇴임 후에는 동 대학 명예교수 및 일본 내 중국어 전수학교인 닛추가쿠인(日中学院)의 원장 그리고 현대중국학회 간사직을 지냈다. 주요 논문으로는「ライシャワー路線と学術文化交流—アジア・朝鮮研究をめぐって」,「日本帝国主義と朝鮮」등이 있으며, 저서로는『變革と知識人』,『滿鐵—日本帝國主義と中國』,『日・朝・中三國人民連帶の歷史と理論』,『朝鮮を訪問して—日朝学術交流のために』등이 있다.

16 원문에는「日本における朝鮮研究の蓄積をいかに繼承するか」,『朝鮮研究月報』5・6合併號, 1962.6로 되어있으나,「≪シンポジウム≫日本における朝鮮研究の蓄積をいかに継承するか—朝鮮人の日本観(2)」,『朝鮮研究月報』(7・8合併號), 日本朝鮮研究所, 1962.7, 1~15쪽의 오기이다.

2. 메이지 초기의 조선사 연구

1) 메이지 초기의 역사학계

메이지기로 들어서자 조선 문제는 그 중요성과 더불어 현실적인 과제가 되었다. 그리하여 국교 문제·정한론·강화도사건[17] 등을 거쳐 일본은 세계 그 어느 나라보다 앞서서 조선을 개국開國시킨 뒤 그리로 진출했다. 하지만 이는 곧 청국淸國의 반발을 야기했으며 결국 일본과 청은 조선을 둘러싼 항쟁을 벌이게 되었다. 그런 와중에 임오군란壬午軍亂·갑신사변甲申事變 등이 발발하면서 일·청 간의 대립은 더욱 깊어져 점차 파국으로 치닫게 되었다. 이러한 정황 속에서 일본 조야朝野의 시선은 조선으로 집중되었고 신문·잡지 등에서는 조선 문제가 늘 논의의 대상이 될 수밖에 없었다. 따라서 당시의 조선 연구는 조선에 대한 정확한 인식을 위한 필수불가결한 과제였던 것이다.

그러나 메이지 원년에 이르러서는 조선 연구를 포함한 이른바 제대로 된 아시아 연구라 할 만한 것은 전무에 가까운 상황이었다. 기껏해야 단편적인 정황 소개 정도로 그칠 뿐, 본격적인 연구라 할 만한 성과는 이후로도 상당한 시간이 흐르고 나서다. 여기서 잠시 일본의 역사학 분야의 단면을 개괄해 보자면 다음과 같다.

조선사에 관한 학문적 연구가 시작된 것은 메이지 20년대에 들어서고부터인데, 본래 일본에서 근대적 역사학이 성립된 시기는 메이지 20년

---

17 1875년 9월 21일 통상조약 체결을 위해 일본 군함 운요호(雲揚號)가 불법으로 강화도에 들어와 측량을 구실로 조선 정부의 동태를 살피는 과정에서 조선 수비대와 전투를 벌인 사건이며, 운요호사건(雲揚號事件) 또는 강화도사건(江華島事件)이라 불린다.

(1887)에 제국대학(도쿄대학의 전신)에서 사학과史學科가 창설된 무렵이라고 봐도 무방할 것이다. 물론 그 이전에도 서양인이 저술한 만국사萬國史라든가 문명사文明史를 다룬 번역서가 존재하긴 했으나 이들은 단지 문명 개화의 조류 속에서 널리 읽힌 정도로 그친 듯하다. 참고로 일본사와 관련해서는 다구치 우키치田口卯吉[18]의 『일본개화소사日本開化小史』[19](6冊, 1877~1882)가 존재한다. 이렇게 선구적인 저작이 벌써부터 출판되었음에도 불구하고 정작 학문적 연구의 중추라 할 수 있는 제국대학에는 사학과조차 마련되어 있지 않는 상황이었다. 그러나 사실 사학과를 설치하려는 움직임이 전혀 없었던 것은 아니다. 즉, 제국대학이 창립된 메이지 10년경에 문학부에 사학과가 설치된 적이 있긴 하지만 당시 교수로 임명할 만한 마땅한 인물이 없다 보니 얼마 못 가 사학과 자체가 폐과되고 말았던 것이다. 이러한 상황에서 제대로 된 아시아사·조선사 연구가 탄생했을 리 만무하다. 한편, 에도 시대의 한학자들도 중국 및 조선에 관한 연구를 하긴 했으나 유교적 제약으로 인해 근대적 역사학으로까지는 발전시키지 못했다.

2) 일선동조론

그렇다고 해서 당시 조선의 역사가 완전히 잊혀졌던 것은 아니었다. 메이지 2년에 설립된 국사교정國史校正局과 이를 이은 국사편집國史編輯

---

18 다구치 우키치(田口卯吉, 1855~1905) : 일본의 경제학자이자 역사가, 법학자다. 대장성(大藏省)에 근무하면서 『日本開化小史』를 펴내기도 했으며, 역사학 잡지인 『史海』를 발행한 바 있다. 또한 『東京経済雑誌』를 창간하여 보호무역론 및 정부의 경제정책 등을 비판했다. 주요 저서로는 『国史大系』, 『自由貿易日本経済論』, 『日本開化小史』, 『日本開化之性質』, 『大日本人名辞書』, 『日本社会事彙』 등이 있다.
19 원문에는 『日本開化史』로 되어있으나, 『日本開化小史』의 오기이다.

局・수사국修史局・편년사편찬계編年史編纂掛(東大史料編纂所의 전신)에서는 국사편수國史編修의 입장에서 일본사와 관련한 조선사가 연구되고 있었으니 말이다. 특히 이곳에서 발간된『일본사략日本史略』(明治10年 初刊)과 이를 개정한『국사안國史眼』(明治21年 完成, 明治23年 帝國大學에서 출판)에는 신화 시대神代부터 근대에 이르기까지 일본과 조선 간의 관계가 상세히 기록되어 있다. 이『국사안』은 시게노 야스쓰구重野安繹[20]・구메 구니타케久米邦武[21]・호시노 히사시星野恒[22] 등이 공동 저술한 것인데, 이들 세 명은 모두 제국대학의 교수로 훗날까지도 일본 역사학계의 중진으로서 활약했던 인

---

20 시게노 야스쓰구(重野安繹, 1827~1910) : 에도 말기부터 메이지 초기에 걸쳐 활약한 한학자이자 역사가다. 특히 일본에서 실증주의를 제창한 최초의 역사학자로도 유명하다. 주요 저서로는『教育勅語衍義』,『帝国史談』,『支那疆域沿革図』,『大日本維新史』『万国史綱目』등이 있으며, 구메 구니타케(久米邦武)・호시노 히사시(星野恒)와 공편(共編)한『国史眼』(1~7)이 있다. 그러나 1892년 구메 구니타케 필화사건의 영향으로 이듬해 제국대학을 사직했으며 1875년부터 관여하던 수사사업(修史事業, 역사 편찬 사업)도 중단하게 된다.
21 구메 구니타케(久米邦武, 1839~1931) : 사가번의 번사(佐賀藩士) 고니사토(久米邦郷)의 3남으로 출생했으며 메이지 시대부터 쇼와 시대까지 활동한 역사학자이자 지리학자다. 근대 일본의 실증주의 역사학 개척자로 불리는 구메는 16세에 번교(藩校) 고도칸(弘道館)에 입학하여 유학, 사서, 세계지리서『坤輿図識』등을 공부했다. 메이지 초기에 실시된 최대 규모의 정부 사절단인 이와쿠라 사절단의 일원으로 서구 각지를 경험했는데, 이 과정에서 집필한 정부 보고서『특명전권대사 미구회람실기(特命全権大使 米欧回覧実記)』가 세계 인문지리서로서 호평을 받게 되면서 제국대학 국사과 창설과 동시에 교수로 임용되었다. 그러나 다구치가 주재한 잡지『史海』에 발표한 연재논문「신도는 제천의 고속(神道ハ祭天ノ古俗)」으로 필화사건(筆禍事件)이 발생하자 제국대학 교수를 사직하게 된다. 그가 1901년에 발표한 논문「역사지리의 근본에 관하여(歴史地理の根本に就て)」를 통해『古事記』,『日本書紀』,『風土記』의 지명 기재에 대해 비판적으로 검토할 필요가 있음을 주장하는 등 실증적 연구 방법론을 제시한 바 있다. 주요 저서로는『國史眼』(共編)을 비롯한『古文書学講義』,『南北朝時代史』,『裏日本』,『国史八面観』등이 있다.
22 호시노 히사시(星野恒, 1839~1917) : 일본의 국사학자이자 한학자다. 일선동조론(日鮮同祖論)을 주장한 대표적인 인물로, 1890년에 발표한 논문(「本邦ノ人種言語ニ付鄙考ヲ述テ世ノ真心愛国者イ質ス」)을 통해『古事記』와『日本書紀』를 바탕으로 천황가의 선조가 한반도로부터 '일본을 발견(本州ヲ発見)'하여 도래한 신라의 왕이라고 주장하기도 했다. 주요 저작으로는『国史纂要』와『國史眼』(共編) 등이 있다.

물들이다. 참고로 『국사안』은 소·중학교 일본사 교과서의 본보기가 되어 국민 교육에 있어서도 커다란 영향을 미친 바 있다.

그런데 여기서 또 한 가지 주목할 지점은 『국사안』이 국학의 전통을 이끈 '일선동조론'의 입장에서 일본과 조선과의 역사적 관계를 서술했다는 것이다. 예를 들어, 스사노오미코토素盞鳴尊[23]가 조선의 지배자가 되었다거나 이나히노미코토稲氷命[24]가 신라의 왕이 되었다든가 또 그 아들인 아메노히보코天日槍[25]가 일본으로 귀복歸服한 후에 진구황후神功皇后가 신라를 '정벌'하여 신라왕을 항복시켰다는 내용 등이 그러하다. 이처럼 건국 신화나 전승 기록에 나타난 일조관계日朝關係의 해석에는 과거 국학자들의 견해가 그대로 계승되고 있음을 알 수 있다.

이 같은 방식의 역사해석으로부터 조선에 대한 하나의 역사상歷史像이 형성된 것은 당연한 일이며, 이는 곧 조선이 신화 시대인 태곳적부터 일본의 지배하에 있었다는 역사상을 의미하기도 한다. 그리고 이렇게

---

23 일본 신화에 등장하는 신들 가운데 하나로 폭풍의 신을 가리킨다. 『古事記』에는 태초의 남신인 이자나기(伊邪那岐命)가 얼굴을 씻을 때 그의 코에서 태어났다고 적고 있으며, 『日本書紀』에서는 이자나기와 이자나미(伊邪那美) 사이에서 태어났다고 기록되어 있다. 신화에 따르면 스사노오노는 그의 형이자 태양신인 아마테라스(天照大御神)와 긴 전투를 벌여 세상을 혼란스럽게 만들었다고 한다.

24 일본 신화에 등장하는 고훈 시대(古墳時代) 일본의 황족이다. 『日本書紀』에는 이나히노미코토(稲飯命) 또는 히코메시이노치(彦稲飯命)로 기록되어 있으며, 『古事記』에는 히코이나이노메에(稲氷命)로 적고 있다. 한편, 『國史大辞典』 6에 의하면 진무 천황의 형으로 기술되어 있는가 하면, 일본 고대 씨족의 일람서인 『신센쇼지로쿠(新撰姓氏録)』에는 이나히노미코토가 신라왕(新羅王)의 조상이라고 적혀 있다.

25 신라의 왕자로서 일본으로 건너간 인물을 가리키는데, 『日本神話』·『古事記』에서는 '渡来人'으로 기록되어 있는 한편, 『播磨国風土記』에서는 '渡来神'로 기록되어 있다. 『日本書紀』에는 "스이닌(垂仁) 천황 3년(기원전 27년) 봄 3월, 과거 신라의 왕자였던 아메노히보코가 7종의 신보인 하후토(羽太)의 구슬·아시타카(足高)의 구슬·붉은 돌(赤石)·칼(小刀)·모(桙)·청동거울(日鏡)·곰의 히모로기(神籬)를 가져 왔다"며 그의 도래(渡來)를 기술하고 있다. 그 밖에도 그가 일본에 귀화하게 된 동기와 경로에 대해 여러 설화적인 내용이 첨가되어 있다.

형성된 역사상은 역사 교과서를 통하여 일본 국민의 의식 속으로 널리 이식되었고 바로 이때부터 조선인에 대한 우월감이 생겨난 것이다. 그런데 이 역사상은 조선사 연구에서 비롯된 것이 결코 아니다. 앞서 언급한 바와 같이 당시는 조선사 연구 자체가 전무했던 시기인 데다가 일본의 역사학이 전반적으로 덜 발달된 단계에서 시작된 국사편수 과정 중에 생겨난, 즉 엄밀한 학문적 검토를 거치지 않은 상태에서 국학적 전통을 그대로 계승하여 형성된 것이다. 더군다나 이러한 역사상은 이후로도 오랫동안 학계 및 교육계에서 지속되었으며 특히 역사교육 방면에서는 근본적으로 전혀 개선되지 않은 상태로 패전기까지 존속되었다.

3. 메이지 중기의 조선사 연구

1) 근대사학의 수입

메이지 20년, 제국대학에 사학과가 창설된 것은 일본 역사학의 발전사에 있어 결코 간과할 수 없는 주요사항이며 그중에서도 근대사학의 연구자 양성이 바로 이곳에서 시작되었다는 것은 더욱 의미 있는 지점이다. 당시 사학과 주임으로 독일인 루트비히 리스Ludwig Riess[26]가 초빙되었는데, 그는 랑케Ranke의 제자로서 20대의 젊은 학자였다. 이 무렵

---

26 루트비히 리스(Ludwig Riess, 1861~1928) : 유대계 독일인 역사학자다. 실증주의 사학을 제시한 랑케(Leopold von Lanke)의 제자로서 사료(史料) 비판을 통한 과학적 역사학(科學的 歷史学)의 방법을 터득했다. 1889년에 도쿄 제국대학 사학과 강사로서 일본으로 건너가 사학회(史学会) 창설을 지도한 바 있으며 1902년까지 일본에 머물렀다. 주요 저서는 『日本雑記』, 『近代日本発展史』, 『欧州近世史』, 『世界歷史』 등이 있다.

의 사학과는 지금 우리가 생각하는 것과 달리 오로지 서양사학西洋史學을 가르치는 곳이었으며, 이는 곧 일본의 근대사학이 서양사학에서 출발했음을 의미한다. 그 후 메이지 22년에는 국사과國史科가 증설되어 앞서 언급한 시게노・구메・호시노 등이 교수로 부임했는데 사실 그때까지도 여전히 동양사학과東洋史學科는 존재하지 않았다. 따라서 훗날 동양사학계에서 활약하게 되는 인물들은 모두 사학과(서양사 전공)에서 양성되었다고 할 수 있다.

사학과 창설과 국사과 증설에 이어 메이지 22년에는 사학회史學會가 탄생했다. 이후 기관지인 『사학회잡지史學會雜誌』(메이지 25년에 『史學雜誌』로 개칭)가 발간되기도 했는데, 창설 초기의 회원 수는 불과 40명에 지나지 않았다고 한다. 게다가 당시 발표된 논문 역시 지금 수준에서 보면 상당수가 미숙한 편이지만, 개중에는 다음과 같이 주목할 만한 연구도 더러 존재한다. 먼저 시라토리 구라키치白鳥庫吉[27]의 「역사와 인재歷史と人傑」(3호),[28] 구메 구니타케의 「영웅은 대중의 노예英雄は公衆の奴隷」(10호)[29] 등은 모두 전통적 영웅사관을 통렬히 비판한 것이며, 가토 히로유키加藤弘之[30]의 「박물학과 역사학博物学と歴史学」(4호)[31]은 역사학이란 본

---

27 시라토리 구라키치(白鳥庫吉, 1865~1942) : 동양사 전공의 역사학자다. 일본과 조선을 비롯하여 아시아 전역의 역사, 신화, 전설, 언어, 종교, 고고학 등 광범위한 분야를 연구했으며 1910년에는 『倭女王卑弥呼考』라는 저술을 통해 '야마타이국 규슈 발원설(邪馬台国北九州説)'을 주장했다. 이로 인해 야마타이국의 기나이(畿内) 지방 발원설을 주장했던 교토대학의 나이토 고난과 대립하기도 했다. 이 둘은 '동쪽에는 시라토리 구라키치, 서쪽에는 나이토 고난', '실증학파인 나이토와 문헌학파인 시라토리'로 병칭되기도 했다. 동양협회학술조사부(東洋協会学術調査部) 설립을 비롯하여 『東洋学報』 창간, 『満鮮地理歴史研究報告』 간행 등 다방면에서 활동했으며 1924년에는 동양문고(東洋文庫)를 설립하여 이사장을 역임한 바 있다.
28 白鳥庫吉, 「歴史と人傑」(三号), 『史学会論叢』 1, 富山房, 1904, 28~31쪽.
29 久米邦武, 「英雄は公衆の奴隷」(一〇号), 『史学会論叢』 1, 富山房, 1904, 85~91쪽.

질적으로 박물학과 다를 바 없는 것으로서 사회법칙의 발견이 곧 역사학의 임무임을 주장한 논문이다. 이들 연구를 좀 더 자세히 살펴보면, 기존의 역사관이나 역사상에 안주하지 않는 혁신적인 분위기가 조성되고 있음을 감지할 수 있다. 하지만 그 이상의 진전은 이루어지지 않았다. 참고로 구메 구니타케의 논문 「신도神道는 제천祭天의 고속古俗일지니神道は祭天の古俗」(23~25호)[32]가 발표되자 전국의 간누시神主[33]들로부터 맹렬한 공격을 받게 되어 그는 끝내 도쿄대 교수직을 사임할 수밖에 없었다.(메이지 25) 그 밖에 시게노 야스쓰구의 「고자미 다카노리의 말살론児島高德抹殺論」외 기타 논설들도 상당한 물의를 빚었는데, 그로 인해 당시 시게노와 구메 등이 주재해 온 편년사편찬계編年史編年掛(훗날의 史料編纂所) 쪽으로도 비난이 쇄도하게 되었다. 그리하여 그때까지 한창 진행 중이던 수사사업修史事業마저 중단될 수밖에 없었다.(메이지 26) 이처럼 일본의 근대역사학은 발족과 동시에 갖은 고난을 겪게 된 탓에 맹아의 기운마저 순식간에 사라지고 말았던 것이다. 그러다 보니 일청전쟁日淸戰爭과도 중첩된 이 시기는 당시 역사가들 사이에서도 '암흑 시대'로 불리게 되었다.(「史界の氣運」, 『史學雜誌』 7卷 5号)

---

30 가토 히로유키(加藤弘之, 1836~1916) : 메이지기 일본의 정치학자이자 교육자다. 초기에는 천부인권설(天賦人權説)에 입각한 입헌군주주의를 주장했으나, 후기에 족부통치론(族父統治論)에 입각한 국가주의를 주장하는 등 사상 전환이 있었다. 도쿄대학 초대 총장으로서 근대적 학제 성립에 영향을 끼쳤고, 대학의 아카데미즘 확립에도 일정 부분 기여한 바 있다. 주요 저서로는 『隣草』, 『國體新論』, 『人權新論』, 『自然と倫理』, 『強者の権利の競争』, 『進化学より観察したる日露の運命』, 『国家の統治権』 등이 있다.

31 加藤弘之, 「博物学と歴史学」(四号), 『史学会論叢』 1, 富山房, 1904, 32~38쪽.

32 久米邦武, 「神道は祭天の古俗」, 『史学会雑誌』, 史学会, 1891.

33 신사(神社)를 총괄하는 신관(神官)을 가리킨다.

2) 조선사 연구의 시작

바야흐로 조선사 연구가 본격화된 것은 이 무렵부터다. 일청전쟁을 전
후한 당시 조선 문제는 조야에서 상당한 관심을 모았으며 학계의 시선 또
한 조선으로 일제히 쏠리고 있었다. 그로 인해 역사학뿐만 아니라 언어·
지리·법제 등 각 방면에서 조선 연구가 활발하게 이루어졌는데, 그중 역
사학 쪽에서는 스가 마사토모菅政友·요시다 도고吉田東伍·하야시 다이스
케林泰輔·쓰보이 구메조坪井九馬三[34]·나카 미치요那珂通世·시라토리 구
라키치白鳥庫吉·시데하라 다이라弊原坦[35] 등이 조선사에 관한 연구논문 및
저서를 잇달아 발표했다. 그 가운데 스가 마사토모의「고려호태왕비명고
高麗好太王碑銘考」(『史學雜誌』 2-22~25), 나카 미치요의「고구려고비고高句麗
古碑考」(『史學雜誌』 4-47~49)·「조선고사고朝鮮古史考」(『史學雜誌』 5-3~6·
9·10, 6-4~7·9·12, 7-1·3·5·6·8·10), 시라토리 구라키치의「조선
고전설고朝鮮古傳說考」(『史學雜誌』 5-12)·「조선고대제국명칭고朝鮮古代諸

---

34 쓰보이 구메조(坪井九馬三, 1859~1936) : 일본의 역사학자다. 도쿄제대 정치이재학과
(政治理財学科)·응용화학과(応用化学科)를 동시 졸업하여 문학사와 이학사 학위를 수
여했다. 문학부와 이학부 교원을 겸임하다가 사학(史学)에 전념하기 위해 떠난 4년간의
유학 생활(유럽)을 마친 뒤, 도쿄제대 문과대 교수가 되었다. 특히 사료의 고증을 중시
하는 실증사학을 확립한 것으로 유명하다. 1899년에 창립한 일본역사지리연구회(日本
歴史地理研究会)의 회원이 되었다. 주요 저서로는『論理学講義』,『史学研究法』,『西洋史
要』,『西洋歴史地図』,『西洋歴史』,『東洋歴史地図』,『太平洋の歴史』,『最近政治外交史』등
이 있다.
35 시데하라 다이라(幣原坦, 1870~1953) : 일본의 동양사학자이자 교육행정관이다. 이름
의 '坦'은 '단(たん)'이라 읽는 경우도 있다. 도쿄 제국대학 국사학과를 졸업했으며, 도쿄
고등사범학교 및 도쿄제대에서 교수를 지내다가 히로시마고등사범학교 교장이 되었고
문부성도서국장(文部省図書局長)을 역임한 바 있다. 1910년에 유럽 등지에서 교육 제도
에 대해 연구하면서 서양교육에 대한 인식이 깊어졌는데 이 경험은 이후 타이베이(台
北) 제국대학 설립에 큰 영향을 미친 것으로 알려져 있다. 관련 논문으로「타이완의 학
술 가치(台湾の学術の価値)」를 발표했다. 주요 저서로는『女子教育』,『学校論』,『世界小
観』,『殖民地教育』,『満洲観』,『朝鮮教育論』,『日本植民地下の朝鮮研究』8,『南方文化の建
設へ』,『大東亜の成育』등이 있다.

國名稱考」(『史學雜誌』 6-7·8)·「조선고대지명고朝鮮古代地名考」(『史學雜誌』 6-10·11, 7-1)·「조선고대왕호고朝鮮古代王號考」(『史學雜誌』 7-11)·「조선고대관명고朝鮮古代官名考」(『史學雜誌』 7-4) 그리고 요시다 도고의『일조고사단日朝古史斷』(메이지 27) 등이 대표적이다. 이에 더해 조선통사朝鮮通史로서 하야시 다이스케의『조선사朝鮮史』(메이지 25)도 출판되었다.

당시의『사학잡지史學雜誌』를 살펴보면, 동양에 관련한 논문들 가운데 조선사 연구 논문이 점했던 위치는 양과 질적인 모든 면에 있어서 가히 압도적이었다. 이 같은 사실만 보더라도 일본에서의 동양사 연구가 조선사 연구에서 비롯되었다는 것은 두말할 나위 없는 일이다.

당대 조선사 연구의 주목할 만한 특색은 다음과 같다. 첫 번째는 지극히 고대古代에 한정되어 있다는 점이다. 근대는 물론이거니와 하다못해 고려 시대에 관한 연구조차 없이 그저 삼한·삼국에 관한 연구에만 집중되어 있다. 물론 당시 입수 가능한 사료상의 제약도 있겠으나, 이는 국학 이래로 일본의 조선사 연구가 주로 상대上代의 일본과 조선 간의 관계 연구에 집중되어 있다는 것과도 관련성이 있다고 본다. 그리하여 새로운 조선사 연구에 있어서도 고대 일본과 조선과의 관계는 여전히 주요한 연구과제로 여겨지고 있으며, 과거 국학이 제기했던 문제 역시 이 시기의 연구자들 사이에서는 커다란 관심의 대상이었다고 판단된다.

두 번째는 문헌 고증을 통해 전통적 도그마dogma에 대한 비판이 이뤄졌다는 점이다. 과거 국학 또는 이를 계승한 일본사 연구자들에 의한 조선 연구는 일본 고전을 기초로 하여 조선사상朝鮮史像을 만들어 낸 것인 반면, 새로운 조선사 연구자들은 중국·조선의 문헌 및 비문碑文을 소재로 연구했으며 이를 통해 일본 고전에 등장하는 조선 관련 기사를 비판하는 식의 방향성을 제시하고 있었다. 이때 국학이나 그 계승자들의 견해에 대한 비판은 당연한 일이었으며, 그와 동시에 일본 고대사 자체에 대한 비판도 제기하기 시작했다. 여기서 『니혼쇼키』・『고지키』의 연기年紀[36] 연장에 대한 지적을 비롯하여 일본 고대사의 연대年代 확정에 있어 획기적인 전환을 불러일으킨 나카 미치요의 「상세년기고上世年紀考」(『史學雜誌』 8-8~10・12)를 주목할 필요가 있는데, 이 자료는 그가 조선 고대사를 연구하는 과정 중에 탄생한 것으로 알려져 있다. 게다가 이 논문에서는 일본뿐만 아니라 중국 및 조선의 고전에 기록되어 있는 전설이나 기사에 관해서도 예리한 비판이 실려 있는데 이를 통해 국내외를 불문하고 모든 도그마를 극복하려는 그의 태도를 엿볼 수 있다.

세 번째는 언어 연구가 역사 연구 안에서 취급되고 있었다는 것이다. 이는 시라토리 구라키치의 각종 논문에서 가장 두드러지게 드러나는 특징이기도 하다. 본래 언어란 민족의 성격이나 특색을 잘 나타내는 것이기에 이제껏 언어 연구를 통해 민족의 기원 및 형성 그리고 민족 간의 교류 역사 등이 검토되곤 했었다. 한편, 그의 민족론은 소박한 인종론人種論이기는 하나 이를 달리 보면 당시 민족주의의 발로라고도 할 수 있을 것이다. 요컨대 시라토리의 비교언어학적 연구는 일본 민족의 독자성에 관한 새로운 주장을 탄생시켰는데, 그 내용인즉슨 일본 민족은 세계 어느 민족과도 비견할 수 없는 독자적인 존재로서 일본에서 단독적으로 형성・발전했다는 것이다. 참고로 그의 이러한 주장은 일선동조론과는 그 성격이 다르다.

---

36 역사 용어로서 사건이 일어난 시점을 연(年), 월(月), 일(日)로 표기하는 것을 가리킨다.

이상에서 서술한 바와 같이 조선사 연구의 개척은 그저 역사 연구의 영역을 조선으로 확장했다는 것에 그치지 않고 하나의 새로운 연구 방향, 즉 실증적이고 합리주의적인 역사학의 성장을 이끌어냈다고 볼 수 있다. 이는 바야흐로 근대사학이 조선사 연구라는 형태로서 일본에 정착하기에 이르렀음을 의미한다. 그러나 문제는 이러한 조선사 연구가 국학·한학의 계보 안에서 탄생한 것이 아니라, 서양식 학문의 영향을 받아 국학 및 한학에 대항하여 생겨난 것이라는 데에 있다. 게다가 조선사·동양사의 창시자라 불리는 시라토리 구라키치가 루트비히 리스의 가르침을 받은 제국대학 사학과西洋史學 專攻 출신이라는 것과 앞서 언급한 나카 미치요 역시 후쿠자와 유키치福沢諭吉의 문하에서 양학洋學을 배운 인물이었다는 사실도 잘 알려져 있는 바이다. 이처럼 일본에서의 조선사 연구는 서양사학·서양식 합리주의를 기초로 하여 형성되었다.

3) 「일조동조론」의 존속

메이지 20년대에 시작된 조선사 연구가 국학의 전통을 계승해온 기존의 국사 연구자들에게 커다란 충격을 주었던 것은 어찌 보면 당연한 일이다. 이는 그들이 그려온 조선사상朝鮮史像, 즉 일선동조론·일한일역론이 위협받았을 뿐만 아니라 일본 고대사상古代史像 그 자체가 개변改變할 수밖에 없는 상황에 놓였기 때문이다. 하지만 전통적인 역사상의 타파가 그리 쉬운 일이 아니었기에 그들의 사상은 이후로도 굳건히 살아남았다. 이는 일선동조론의 입장에서 국사를 저술한『국사안』이 메이지 34년(1901) 이후 사학회에 의해 재간되어 교과서의 귀감이 되었던 사실만 보더라도 분명하다. 그리고『국사안』의 공동 저자인 호시노 히사시

는『사학잡지』(11호, 1890.10)에 게재한「本邦ノ人種言語ニ付鄙考ヲ述テ世ノ真心愛国者イ質ス」라는 논문을 통해 일선동조론을 강하게 주장한 바 있다. 모르긴 몰라도 당시 드러내어 발언하지 않았던 여타의 국사가들도 이 같은 일선동조론을 내심 지지하고 있었던 듯하다. 실제 메이지 말기에 조선병합의 단계로 들어서기가 무섭게 국사가 측에서 일선동조론이 맹렬하게 제기되었으니 말이다.

4. 메이지 말기의 조선사 연구와 그 전개

1) 동양사학의 형성

메이지 20년대는 학계에서 조선사 연구가 화려하게 등장했던 시기라고 할 수 있다. 그러나 30년대 이후로 접어들자 그 기세가 점점 사그라지기 시작했는데, 이는 일본의 대륙발전 확대에 따라 연구자들의 관심이 조선에서 만주·몽고·서역·중국 등지로 옮겨갔기 때문이다. 이러한 일본의 동양사 연구의 발전 양상은 조선사 연구의 상대적 부진을 초래하게 되었고, 결국 조선사 연구는 동양사 연구의 출발점이 되긴 했으나 그 중심이 되지는 못하고 말았다.

본래 '동양사'라는 말은 메이지 20년대부터 사용되기 시작했다. 그에 앞서 메이지 27년(1894)에는 나카 미치요의 제창에 따라 고등사범학교高等師範學校에 동양사과東洋史科가 설치되었는데, 그 전까지만 해도 외국사外國史는 만국사萬國史의 형태로 교육되었으나 이 무렵부터 동양사와 서양사를 구분하여 가르치게 된 것이다. 그리고 나서는 중등학교에서도 동양사를 가르치기 시작했으며 이에 따라 동양사 교과서가 20년대 말부터 속속 출판되었다. 이렇듯 동양사는 교육계에서 먼저 성립했던 셈이다.

한편, 당시 역사 연구의 중추였던 제국대학에 동양사학이 조직된 것은 그보다 꽤 늦은 시기였다. 구체적으로는 메이지 37년(1904)의 학제 개혁에 따른 사학과·국사과의 이원화 제도에 의해 이들 학과는 사학과로 통일되었으며, 이때 사학과 졸업시험의 수험과목으로 국사학·동양사학·서양사학 이렇게 세 과목이 정해지기도 했다. 이후 메이지 43년(1910)에 제도가 거듭 변경되어 국사·동양사·서양사는 개별 학과로서 독립했으며 이로써 동양사학은 대학 제도상 국사학·서양사학과 더불어 독자적인 지위를 확립하게 되었다.

이러한 동양사학의 지위 확립 과정에서 누구보다 강력하게 이를 추진했던 인물은 바로 시라토리 구라키치다. 앞서 언급한 바와 같이 그는 사학과 출신으로 졸업 후에는 조선사 연구에 경도되어 다수의 성과를 낸바 있다. 그러다가 메이지 20년대 말부터는 조선사 연구뿐만 아니라 만주사에까지 연구의 영역을 확장시켰으며 30년대 이후에는 만주사·몽고사·서역사·중국사로 연구의 중점을 옮기게 되었다. 따라서 도쿄대 동양사학과는 시라토리의 이러한 연구 영역의 확대를 배경으로 창설되었다고 볼 수 있다.

물론 이 같은 시라토리의 활동이 단순한 연구 영역의 확대로만 드러난 것은 아니다. 그는 기존의 전통적 역사상이나 고전설古傳說, 즉 오랜 역사상이라든가 전설을 신봉하며 이를 고수하려는 자들을 상대로 가차없는 비판을 가하기도 했는데, 그것을 가장 잘 보여주는 사례로서 중국 고전설에 대한 비판을 들 수 있다. 시라토리는 메이지 42년(1909)에 발표한 「지나고전설의 연구支那古傳說の硏究」(『東洋時報』131)를 통해 지금까지 성인聖人으로 존숭되었던 요堯·순舜·우禹는 그저 가공의 존재에 지나지 않았음을 논하는 이른바 '요순우말살론堯舜禹抹殺論'을 주장했다. 이는 중국 고대사상의 개변을 추구하는 것으로 성인의 실재實在를 확신하던 한학계 학자들에게 있어서는 실로 놀랄 만한 충격이었다. 그 후 한학자들로부터 강한 반격이 일었던 것은 물론이거니와 이로 인한 논쟁은 다이쇼 원년까지 계속되었다.

시라토리의 고전설 비판은 전통적 도그마를 파괴했다는 점에 있어 학문적으로는 커다란 공적이라고 할 수 있으나, 그 파괴 방식에는 다소 문제적인 지점이 존재한다. 물론 우상 파괴를 통해 그 동안 잊혀졌던 존재를 재발견한다는 점에서는 상당히 유의미한 일이다. 그러나 그의 중국 고전설에 대한 비판과 성인의 부정은 지금까지 묻혀 있던 중국 고대 사회의 재발견에까지 이르렀어야 했으나, 그는 그저 성인의 존재를 부정했을 뿐 그 이상의 진척을 보여주지 못했다. 그의 이러한 우상 파괴 후에 남은 것이라곤 중국과 중국인에 대한 실망과 경모輕侮[37]의 감정뿐이었다. 다시 말해, '중국 고전설은 엉터리인 데다가 애당초 그러한 전설을 만들어 낸 중국인의 사유양식은 매우 불합리하며, 중국 문명 또한 시답잖다'라는 의식을 낳은 것이다. 이러한 사고방식은 이후 시라토리의 계보에 속하는 도쿄대 동양사학에서도 일관되게 이어졌으며, 문제는 바로 거기에 있었다. 관련 사례를 하나 소개하자면, 당시 시라토리와의 논쟁에 맞서던 이들 중에 한학파의 하야시 다이스케라는 인물이 있었는데,

---

37 남을 하잘것없이 보아 모욕하거나 업신여김을 뜻한다.

그는 단순한 문헌 연구의 틀에서 벗어나 갑골문자 연구 등 새로운 연구 분야를 개척한 사람이었다. 그런데 당시 시라토리는 물론 그의 후계자들까지 하야시가 제시한 갑골문자 연구에 관심을 보이는 이는 아무도 없었다. 그러다 보니 시라토리의 우상 파괴 학풍은 갑골문자 연구나 그에 따른 중국 고문명古文明의 재인식으로는 결부되지 못했으며 바로 이런 지점에서 시라토리의 학문적 한계가 존재했다고 볼 수 있다.

반면, 동양사학의 확립기에 있어 시라토리의 활동으로 더욱 주목해야 할 것은 만철滿鐵과의 밀접한 연관성이다. 만철은 일러전쟁 이후 '만한경영滿韓經營'을 목적으로 설립된 국책회사國策會社인데, 시라토리는 만철의 총재 고토 신페이後藤新平[38]를 설득해 만철의 도쿄지사에 만선지리역사조사실滿鮮地理歷史調査室을 설치토록 하여 메이지 41년(1908)부터 본격적인 연구에 착수했다. 이 조사실 개설이 미친 몇 가지 영향은 다음과 같다. 첫 번째, 인재양성의 측면에서 일본 동양사학에 중대한 영향을 끼쳤다. 여기에는 시라토리의 주재하에 야나이 와타리箭內亘[39] · 마쓰이 히토시松井等[40] · 이나바 이와키치稲葉岩吉[41] · 이케우치 히로시池内宏[42] · 쓰다

---

38 고토 신페이(後藤新平, 1857~1929) : 의사 출신의 관료이자 정치가다. 대만총독부 민정장관(台湾総督府民政長官) 및 만철 초대총재(満鉄初代総裁)을 역임했으며 철도원총재(鉄道院総裁)로서 일본 국내 철도를 정비했다. 관동대진재 후 내무대신 겸 제도부흥원총재로서 도쿄의 제도부흥계획(帝都復興計画)을 입안하기도 했다. 저서로는『海水功用論 附海濱療法』,『国家衛生原理』,『日本膨脹論』,『政治の倫理化』등이 있다.

39 야나이 와타리(箭內亘, 1875~1926) : 일본의 동양사학자다. 도쿄제대를 졸업 후 제일고등학교(第一高等学校) 강사로 지내다가 1908년 만주조선역사지리조사부(満州朝鮮歴史地理調査部) 부원이 되어 시라토리 구라키치의 지도하에 조사를 담당했다. 특히 몽골사 연구에 큰 성과를 남겼다. 주요 저서로는『東洋読史地図』,『蒙古史研究』등이 있으며, 공저로는『東洋歴史表解』(箭內亘 · 古川啓蔵),『満洲歴史地理』(箭內亘 · 稲葉岩吉 · 松井等)가 있다.

40 마쓰이 히토시(松井等, 1877~1937) : 일본의 동양사학자로 도쿄제대 사학과를 졸업했으며 육군에 입대한 경력이 있다. 이후 도쿄제대 사료편찬에 관여하다가 국학원 대학의

소키치津田左右吉[43] 등이 가담했는데, 이들은 이후 일본 동양사학계에서 활약하게 되는 인물들이기도 하다. 특히 야나이 와타리·이케우치 히로시는 훗날 도쿄대 동양사학과의 교수로서 시라토리의 학통을 계승한 자들이다. 두 번째, 일본 동양사학의 학문적 경향에 있어서도 상당한 영향을 미쳤다. 실제 이 무렵부터 『만주역사지리滿洲歷史地理』(다이쇼 2, 2冊)[44]·『조선역사지리朝鮮歷史地理』(다이쇼 2, 2冊)[45]·『분로쿠·케이쵸의 역文祿·慶長の役』(다이쇼 3, 1冊)[46] 등이 간행되었으며, 이를 계승한 『만선

강사를 거쳐 교수가 되었다. 한편, 시라토리 구라키치의 지도하에 남만주철도회사(南滿州鐵道會社)의 촉탁으로서 만주사 연구에 종사했으며 발해와 거란 연구 및 중국근대사를 연구했다. 주요 저서로는 『東洋近代史』 등이 있다.

41 이나바 이와키치(稻葉岩吉, 1876~1940) : 일본의 역사학자로 호는 군잔(君山)이며, 주전공은 조선사·중국사이다. 고등상업학교 부속외국어학교 중국어부(中國語部)를 졸업한 후, 베이징으로 유학을 갔던 이나바는 1904년 러일전쟁 당시 육군의 통역으로서 종군(從軍)하기도 했다. 1909년에 만철조사부로 들어가 만주조선역사지리조사(滿洲朝鮮歷史地理調査)를 수행했다. 이후 1922년에 조선총독부 조선사편찬위원회의 위원 겸 간사로 임명되었고 1925년부터는 수사관(修史官)으로서 역사서인 『朝鮮史』의 편집을 담당했다. 1938년에는 개교한 지 얼마 안 된 만주의 건국대학(建国大学)에 교수로 부임되기도 했다. 주요 저서로는 『支那社会史研究』, 『清朝全史』, 『朝鮮文化史研究』, 『満洲国史通論』 등이 있다.

42 이케우치 히로시(池内宏, 1878~1952) : 동양사학자로 조선사와 만주사가 주전공이다. 도쿄제대 동양사학과를 졸업한 후 교수로 재직했다. 조선총독의 요청으로 만철조사부 역사조사부(満鉄調査部歴史調査部)에서 실증주의적 만몽·조선의 동양고대사 연구의 기초를 확립했다. 주요 저서로는 『文禄慶長の役:正編第一』, 『文禄慶長の役-別編第一』, 『日本上代史の一研究』, 『元寇の新研究』, 『満鮮史研究』 등이 있다.

43 쓰다 소키치(津田左右吉, 1873~1961) : 일본의 역사학자다. 『日本書紀』·『古事記』를 사료비판의 관점에서 연구한 것으로 유명하다. 도쿄전문학교(훗날 와세다대)를 졸업한 쓰다는 중학교 교원으로 지내면서 시라토리 구라키치의 지도를 받기도 했다. 이후 시라토리가 개설한 만선역사지리조사실연구(満鮮歴史地理調査室研究)의 연구원이 되었으며, 만철조사부에서도 시라토리의 지도하에 만주·조선의 지리·역사에 관해 연구했다. 주요 저서로는 『朝鮮歴史地理』, 『古事記及び日本書紀の新研究』, 『日本上代史研究』, 『支那思想と日本』, 『歴史の矛盾性』, 『シナ仏教の研究』 등이 있다.

44 箭内亘 外, 『満洲歴史地理』 1·2(歴史調査報告 1), 南満洲鉄道, 1913.

45 津田左右吉, 『朝鮮歴史地理』 1·2(歴史調査報告 2), 南満洲鉄道, 1913.

46 원문에는 『文禄慶長の役』의 출판연도가 大正2년(1913)으로 기재되어있으나, 실제 출판연도는 大正3년(1914)이다. 池内宏, 『文禄慶長の役』 正編 1(歴史調査報告 3), 南満洲鉄道, 1914.

지리역사연구보고滿鮮地理歷史研究報告』(다이쇼 4~쇼와 16, 16冊. 다이쇼 3년
에 조사실이 폐쇄된 후, 만철의 자금원조로 도쿄대 문학부에서 간행)[47]가 출판된
것도 이맘때였다. 이들은 전전戰前 일본 동양사학의 대표적 성과로 간주
되어 동양사 연구자라면 반드시 본받아야 할 귀감으로 여겨지곤 했다.
게다가 위의 자료들은 다양한 경향성을 드러내고 있는 것이 특징적인
데, 일례로 중국사상사 논문津田 執筆의 수록이 그러하다. 하지만 그러한
다양성에도 불구하고 이들 연구의 전반적인 성향은 지명고증地名考證과
크로놀러지chronology, 年代記에 의한 전쟁사・정치사 연구가 주를 이루
었다는 데 있다. 그런가 하면 문헌 비판이나 사실 고증의 측면에서는 지
극히 엄밀했다는 것을 또 다른 특색으로 들 수 있으며, 우리가 계승해야
할 지점은 바로 여기에 있다고 생각한다. 다만, 시라토리는 사회적・경
제적 방면에는 거의 관심을 보이지 않았는데 이는 민중 부재의 역사학
이라 할 만한 커다란 결함이라고 할 수 있다.

2) 만선사滿鮮史

동양사학의 형성은 일본인에 의한 아시아 연구의 발전을 드러내 보이
는 것이었다. 하지만 그런 식의 동양사 형성은 결국 조선사 연구에 있어
부작용을 낳고 말았다. 앞서도 동양사 연구의 성장이 조선사 연구의 상
대적 부진을 초래했다는 것을 언급한 바 있는데, 사실 그에 따른 영향은
거기서 그치지 않았다. 다시 말해, 조선사 연구가 '만선사'(혹은 '滿韓史')

---

47 東京帝国大学文学部 編, 『滿鮮地理歷史研究報告』 1~4・6~9・11, 東京帝国大学文学部,
    1915~1926; 『滿鮮地理歷史研究報告』 5・10, 東京帝国大学文学部, 1918~1924; 『滿鮮
    地理歷史研究報告』 12~14, 東京帝国大学文学部, 1930~1934; 『滿鮮地理歷史研究報告』
    15, 東京帝国大学文学部, 1937; 『鮮地理歷史研究報告』 16, 東京帝国大学文学部, 1941.

연구로 경도되고 마는 현상을 초래했던 것이다.

'만선사' 또는 '만한사'라는 어휘가 언제부터 누구에 의해 사용되기 시작했는지는 불분명하지만, 추측컨대 일러전쟁 무렵 '만한경영滿韓經營'이 왕성하게 논의되던 시절에 생겨났을 것으로 보이며 이후 메이지 말년·다이쇼 원년에 즈음해서는 이미 학계의 일상용어가 된 듯하다. 이는 다이쇼 2년(1913) 이후의 도쿄대 동양사학과의 강좌명으로 '만선사' 혹은 '만한사'라는 어휘가 사용되고 있기 때문이다. 게다가 다이쇼·쇼와를 거쳐 전후를 지나 최근 몇 년 전까지도 '만선사'라는 어휘가 학계에서 널리 사용되었다. 지금이야 이런 단어는 쓰이지도 않을뿐더러 어쩌다 간혹 듣게 되면 묘한 위화감마저 느끼게 되지만, 옛날에는 아무런 저항감 없이 너무나도 평범한 어휘로서 학계에서 통용되고 있었다. 그러다 보니 당시 '만선滿鮮'이라는 글자가 들어간 역사 관련 저서나 논문 등은 이루 다 헤아릴 수 없을 만큼 많았다.

물론 '만선사'라는 용어가 상용되고 나서도 '조선사朝鮮史'라는 어휘는 여전히 사용되고 있었다. 이는 '조선사'라는 용어를 부정하여 '만선사'라는 어휘가 생겨난 것이 아니라 양자가 병존했음을 의미한다. 하지만 '조선사' 외에 '만선사'라는 어휘가 새로이 등장했다는 것은 조선사 연구에 있어서도 주목할 만한 지점이다.

도대체 '만선사'란 무엇인가? '조선사'와는 어떻게 다른가? 사실 이 어휘는 그 기원이 불분명하지만, 주로 동양사 계통의 연구자들에 의해 활용되었다는 것만은 확실하다. 그렇다면, 그들은 어찌하여 '만선사'라는 어휘를 사용하게 되었을까. 현재 이를 설명해줄 만한 객관적인 자료가 존재하는 것은 아니다. 다만, 3·1운동(1919) 이후 이나바 이와키치가 「만선불가분의 사적고찰滿鮮不可分の史的考察」(『支那社會史硏究』, 1922)[48]에서 조선사의 독자성 및 자주성에 관해서는 부인한 채 그저 민족·영토·경제 이 세 가지 측면에 대한 고찰을 통해 '조선은 태고부터 대륙 특히 만주와 불가분의 관계 속에서 존재해왔음'을 논한 바 있다. 이후 만주국이 성립하자 그는 만선불가분론滿鮮不可分論을 더욱 발전시켜 「만선사체계의 재인식滿鮮史體系の再認識」(『滿洲發達史』 쇼와 10년 판)이라는 논문을 발표했는데, 여기서 그는 "조선에서 일어난 커다란 역사적 사건은 모두 대륙 정국政局의 반영이었다."라고 적고 있다. 이러한 이나바의 주장은 3·1운동이나 만주 건국이라는 비상사태 직후에 등장한 것으로서 조선인의 독립 해방운동의 위협을 의식한 발언임과 동시에 만선사의 본질을 잘 드러내는 것이라고 할 수 있다. 즉, 만선사란 조선사의 주체적 발전을 부정하고 조선사를 대륙, 특히 만주 세력의 파급의 역사 속으로 끌어들여 해소하려 했다는 것을 말이다.

그러나 메이지 말년에 생겨난 이 '만선사'가 과연 이나바가 별도로 언급할 만큼 특별한 내용을 담고 있었는지에 대해서는 여전히 의문이다. 사실은 지금보다 더 막연하지 않았을까 싶다. 단, 만선사라는 어휘가 탄생한 기저에는 조선사를 조선 민족의 주체적 발전에 의한 것으로 보는 것이 아니라 대륙사大陸史의 한 부분, 특히 만주와의 밀접·불가분의 관련성에 중심을 두고 조선사를 고찰하려는 의식이 있었던 것만은 분명하다. 따라서 만선사에는 앞서 언급된 이나바의 그러한 주장이 제출될 만한 무언가가 애초부터 내포되어 있었던 것이 아닐까 생각된다.

동양사 계통의 조선사 연구자는 메이지 20년대에 조선사 연구를 시작

---

48 稲葉君山, 「滿鮮不可分の史的考察」, 『支那社会史硏究』, 大鐙閣, 1922, 299~314쪽.

한 이래로 일본사 계통의 연구자가 주창한 '일선동조론'에 대해서는 늘 비판적이었다. 그러한 태도는 이후에도 크게 변함이 없었으며, 시라토리 문하의 이케우치·쓰다·이나바 등 이들 또한 일선동조론을 강하게 비판하곤 했었다. 그런데 이때 그들이 일선동조론을 대신하여 들고나온 것이 바로 '만선사'였다. 다시 말해, 일본에서의 동양사학의 형성 및 발전은 만선사라는 형태로서 조선사의 주체성을 타도했으며 이는 아시아사적 시야에서 조선사를 연구하는 것과 달리 조선사의 존재 자체를 위태롭게 만드는 경향을 띠는 것이었다.

이러한 사고방식은 이후 '타율성 사관他律性 史觀'이라 불리는 조선사상朝鮮史像을 만들어냈다. 달리 말하자면, 조선의 정치·경제·문화 등 그 모든 것이 외래세력의 압도적인 영향 아래서 형성되었으니 조선의 독자적인 것은 아니라는 것이다. 이는 과거 일본인들의 조선관에도 크게 작용하여 '조선인에게는 자주성이 없다'는 사고방식의 논거가 되었다. 즉, 조선의 문화가 일본으로 유입되어 일본 문화의 발전에 공헌한 점은 인정하지만 결국 그 조선 문화의 실체란 그들만의 독자적인 것이 아닌 중국 문화에서 유래한 것이니 사실상 조선은 중국 문화를 일본으로 전달하는 중개 역할에 지나지 않는다는 것이다. 게다가 이러한 사고체계는 당시 대다수의 일본인 연구자들뿐만 아니라 일반 일본인들의 의식까지도 지배하고 있었다. 만선사는 바로 이러한 사고와 밀접하게 결부되어 있었던 것이다.

3) '일선동조론'의 앙양昻揚

일선동조론은 메이지 20년대 이후 조선사 연구자들로부터 줄곧 비판의

대상이 되었음에도 불구하고 국학 이래로 오랜 전통을 지닌 채 국사 연구
자들 사이에서 뿌리 깊게 존속되고 있었다. 이는 일러전쟁에 의해 조선에
대한 일본의 독점적 지배권이 확립되고 그에 이어 조선병합(1910)의 단계
에 이르자, 일본의 조선 지배를 합리화하는 이념으로써 강력하게 주창되
었다. 또 합병 직후에『역사지리歷史地理』의 임시증간판으로『조선호朝鮮
號』[49]가 발행되었는데, 이는 시데하라 다이라幣原坦・호시노 히사시星野
恒・쓰보이 구메조坪井九馬三・구메 구니타케久米邦武・세키노 다다시関野
貞[50]・요시다 도고吉田東伍・하기노 요시유키萩野由之[51]・오모리 킨고로大
森金五郎・기타 사다키치喜田貞吉[52]・쓰보이 쇼고로坪井正五郎[53]・구로이타

49 日本歷史地理學會 編,『歷史地理 臨時增刊─朝鮮號』, 三省堂書店, 1910.11.

50 세키노 다다시(関野貞, 1868~1935) : 일본의 건축사・미술사・고고학자다. 도쿄 제국
    대학 공학부 조가학과(造家學科)를 졸업한 세키노는 훗날 도쿄 제국대학에서 교수를 지
    내기도 했다. 1902년 이후부터 조선에서 미술과 건축을 연구했으며 1918년에는 당나라
    의 불교 유적인 천룡산석굴(天龍山石窟)을 발견했다. 주요 저서로는『韓国建築調査報
    告』,『朝鮮古蹟図譜』(全15冊),『支那仏教史蹟』,『楽浪郡時代之遺蹟』,『高句麗時代之遺蹟』,
    『朝鮮美術史』,『日本の建築と芸術』(上・下) 등이 있다.

51 하기노 요시유키(萩野由之, 1860~1924) : 일본의 역사학자・국문학자다. 연구 영역은
    다양한 편으로 고대・근세의 법제사를 비롯하여 고대부터 중세에 걸친 고전을 연구하
    기도 했다. 그중에서도『神皇正統記』과『사경(四鏡)』 등의 교정 작업 및 관련 연구에 주
    력했다. 그 밖에도 막말유신사(幕末維新史)에 관해 연구한 바 있다. 주요 저서로는『日本
    制度通』(共著),『日本財政史』,『江戸幕府職官考』,『王政復古の歴史』 등이 있다.

52 기타 사다키치(喜田貞吉, 1871~1939) : 메이지 후기부터 쇼와 전기에 걸쳐 활약한 역
    사지리학자다. 기타는 현지조사를 중시했으며 문헌사료 이외에도 유물과 유적 등 실물
    자료에 기초한 일본 고대사 연구를 개척한 바 있다. 그러나 일선양민족동원론(日鮮両民
    族同源論), 즉 '일본 민족과 조선 민족의 뿌리는 동일하다'라는 주장을 펼치며 한일병합
    을 학문적으로 정당화하기도 했다. 그 밖에도 일본역사지리연구회를 조직하여 학술잡
    지『歴史地理』를 발간했다. 주요 저서로는『読史百話』,『帝都』를 비롯하여 중등교과서
    『日本中地理』,『外國地理』,『日本地理』(共著) 등을 간행한 바 있다.

53 쓰보이 쇼고로(坪井正五郎, 1863~1913) : 일본 최초의 인류학자로서 일본 내 고고학・
    인류학의 보급 및 확립에 주력했다. 민속학과 고고학을 포함한 폭넓은 인류학을 제창했
    으며 초창기 고고학의 지도자로서 활약했다. 또한 '日本石器時代人＝고로폿쿠르(Koro-
    pokkuru, 홋카이도 등 아이누 민족의 땅에 살고 있던 소인의 일종)'설을 주창했다. 한
    편, 완구류에도 깊은 관심을 보이던 쓰보이는 완구를 중심으로 하는 아동 문화운동을 추

가쓰미黑板勝美⁵⁴・가나자와 쇼자부로金澤庄三郎⁵⁵・미우라 히로유키三浦

周行⁵⁶・오카베 세이이치岡部精一⁵⁷・다나카 요시나리田中義成⁵⁸・와타나

진하기도 했다.

54 구로이타 가쓰미(黑板勝美, 1874~1946) : 일본고대사・일본고문서학을 중심으로 연구
한 역사학자이며, 에스페란토 보급에도 힘쓴 인물이다. 제국대학 문과대학 국사과를 졸업한
뒤 동대학원으로의 입학과 동시에 경제잡지사(経済雑誌社)에 취직했으며, 다구치 우키치
밑에서『국사대계(国史大系)』의 교정을 보기도 했다. 그 후 도쿄제대 사료편찬원과 도쿄
제국대학 문과대학 강사를 거쳐 사료편찬관(史料編纂官) 겸 도쿄 제국대학 교수가 되었다.
『国史大系』,『続国史大系』,『国史大系六国史』,『国史大系類聚国史』에 이어『新訂增補 国史大
系』편찬에 착수하는 등 일본사 연구의 기초사료가 되는 고전 서적들을 보급하는 데에
주력했다. 그 밖에도 국보보존회(国宝保存会)・중요미술품등조사위원회(重要美術品等調
査委員会)・조선총독부보물고적명승천연기념물보존회(朝鮮總督府宝物古蹟名勝天然紀
念物保存会)・호류지국보보존회(法隆寺国宝保存会) 등의 위원으로 활동했다. 주요 저서로
는 Esperanto-japana vortaro Tokio : Yuraksya, Plena Esperantojapana vortaro Tokio: Japana
Esperanta Societo를 비롯하여『国史の研究』,『西遊二年欧米文明記』,『国体新論』등이 있다.
55 가나자와 쇼자부로(金沢庄三郎, 1872~1967) : 일본의 언어학자이자 국어학자다. 1894년
도쿄제대 박언학과(博言學科, 현재의 언어학과)에 입학한 뒤 독일・프랑스로 유학을 떠났
다. 귀국 후 홋카이도 조사를 마친 뒤 1898년『아이누어 회화사전(アイヌ語会話字典)』(共
編)을 출간했다. 같은 해 문부성 1회 동양장학생 자격으로 조선으로 건너와 3년간 머물며
시데하라 아키라, 마에마 교사쿠와 함께 조선회(朝鮮會)를 조직하여『朝鮮月報』를 발행했
다. '일한어동사론(日韓語動詞論)', '일한양국어비교론(日韓両国語比較論)'에 관련한 논
문으로 문학박사 학위를 취득했으며, 이를 발전시켜『日朝兩國語同系論』,『日鮮同祖論』
등을 출간했다. 주요 저서로는『日本文法論』,『言語学』,『国語の研究』,『日韓両国語同系論』,
『日本文法新論』,『日鮮同祖論』,『新羅の片仮字:比較国語学史の一節』,『日韓古地名の研究』
등이 있다.
56 미우라 히로유키(三浦周行, 1871~1931) : 일본의 역사학자・법제사 연구자다. 교토제
대 법과대학으로부터 법제류취편찬(法制類聚編纂)에 촉탁되어 역사학과 법학에 대해
병행 연구하여 '법제사(法制史)'라는 새로운 학문분야를 개척했다. 이후 교토제대 문과
대학 강사를 거쳐 동 대학의 교수가 되었으며, 이후에도 긴키(近畿)지방을 중심으로 각
지역의 절과 신사 및 구가(旧家)의 고문서, 고기록 조사・수집을 통해 시사(市史)나 지
역사(地域史) 관련한 서적편찬에 종사했다. 주요 저서로는『鎌倉時代史』,『歴史と人物』,
『法制史の研究』,『国史上の社会問題』,『日本史の研究』,『明治維新と現代支那』등이 있다.
57 오카베 세이이치(岡部精一, 1868~1920) : 메이지・다이쇼기에 활약했던 역사가다. 도
쿄제대 졸업 후 육군편수관(陸軍編修官)이 되었으며,『史學雜誌』에「오개조 서문에 관
하여(五箇条の御誓文に就きて)」를 발표하기도 했다. 그 밖에도 문부성 유신사료편찬회
편찬관(文部省維新史料編纂会編纂官)을 지내거나 일본역사 지리학회(日本歴史地理学
会)를 창설한 바 있다. 주요 저서로는『日本史綱』,『東京奠都の真相』등이 있다.
58 다나카 요시나리(田中義成, 1860~1919) : 일본의 국사학자로 도쿄제대사료편찬관 겸
교수를 지낸 바 있다.『大日本史料』편수를 비롯하여 실증주의 입장에서 중세정치사를

베　요스케渡辺世祐[59]・야마모토　요네타로山本米太郎・이마니시　류今西龍[60]・쓰지 젠노스케辻善之助[61]・후지타 아키라藤田明・오모리 오토키치大森音吉 등이 태곳적부터 병합시기까지의 일본과 조선 간의 관계에 대해 각각 분담하여 집필한 것이다. 개중에는 역사가가 아닌 사람도 있고 국사가가 아닌 외국사 연구자도 더러 포함되어 있긴 하지만, 대부분은 당시 한창 활발하게 활동하던 국사가들로 구성되어 있었다. 또한 이들의 논조에는 각각 뉘앙스의 차이가 있긴 해도 병합에 대해서는 입을 모아 찬양하고 있으며 이들 모두 일본의 조선 지배를 당연시 여기고 있었다. 게다가 이들 주장의 주요 논거는 신화 시대의 아주 먼 옛날부터 조선을 일본의 본토처럼 지배했었다는 것인데, 이처럼 과거 국학자들의 주장을 국사가들이 그대로 계승하고 있다는 사실이 『조선호』에도 명백하게 드러나고 있다. 다시 말해, 조선병합은 태곳적 일본의 신이나 천황이 조선을 지배한 것의 재현이

　　연구했으며 남북조병립설(南北朝並立說)을 주장하기도 했다. 주요 저서로는 『南北朝時代史』, 『足利時代史』, 『織田時代史』, 『豊臣時代史』 등이 있다.

59　와타나베 요스케(渡辺世祐, 1874~1957) : 일본의 역사학자다. 도쿄 제국대학 사료편찬관을 지낸바 있으며, 도쿄제대 문학부 강사를 거쳐 메이지대학 문학부장, 문부성 사료관 평의원(文部省史料館評議員), 지방사연구협의회(地方史研究協議会) 제2대 회장을 역임했다. 주요 저서로는 『関東中心足利時代之研究』, 『室町時代史』, 『安土時代史』, 『国史論叢』 등이 있다.

60　이마니시 류(今西龍, 1875~1932) : 일본의 조선사학자다. 도쿄제대 졸업 후, 1906년부터 경주 등지에서 고고학적 조사를 담당했으며, 1913년 평안남도 용강군 운평동(平安南道 竜岡郡 雲坪洞)에서 고대 유적인 점선현비(秥蟬県碑)를 발견하기도 했다. 베이징 유학을 다녀 온 후 1926년에 경성제대・교토제대의 겸임교수로 지내던 도중 뇌일혈(脳溢血)로 1932년에 사망했다. 주요 저서로는 『新羅史研究』, 『百済史研究』, 『朝鮮史の栞』, 『朝鮮古史の研究』 등이 있다.

61　쓰지 젠노스케(辻善之助, 1877~1955) : 일본의 역사학자다. 주로 일본불교사를 연구했으며 불교사 연구를 통해 일본인의 정신과 일본 문화의 형성을 탐구하는 실증주의적 연구를 추구했다. 사료편찬소(史料編纂所) 초대소장을 지내기도 했다. 주요 저서로는 『海外交通史話』, 『日本仏教史之研究』, 『人物論叢』, 『皇室と日本精神』, 『日本仏教史』, 『日本文化史』 등이 있다.

며 이는 곧 본래의 역사로 되돌아간다는 식이다. 이들은 기기記紀나 그 밖의 고전 등에서 등장하는 신화나 전설을 거론하면서 조선병합을 칭송하는데에 이어 이를 합리화하고 있다. 호시노 히사시의 논문 「역사상으로 보는 일한동역의 복고와 확정歷史上より觀たる日韓同域の復古と確定」(강조 하타다)이 그 대표적인 사례에 해당되는데, 당시 호시노는 합병을 '日韓同域의 '復古'라고 보았다. 물론 지금이야 도저히 상상할 수도 없는 말이지만, 그때만 해도 국사 분야의 대가라는 인물이 학문적 형태로서 이를 당당하게 주장하고 있었던 것이다.

이 증간호에 실린 각종 논문에는 합병에 대한 비판적 의견은 전혀 드러나지 않는 것은 물론이거니와 국가를 빼앗긴 조선인을 동정하는 심상조차 찾아볼 수 없다. '천재의 쾌사千載の快事'(「發刊의 辭」)라는 표현에서 나타나듯 그저 축하 분위기의 일색이었으며 게다가 조선인을 그저 야만스런 미개인정도로 치부하는 사고가 도처에서 드러나고 있다. 일례로 곳곳에서 언급되고 있는 진구황후의 '삼한퇴치三韓退治'(강조 하타다)라는 어휘가 그러한데, 이 '퇴치'라는 말에서부터 대상을 야만과 미개의 존재 혹은 더 나아가 마치 도깨비인 양 여기는 그런 인상마저 느껴진다. 이와 같이 이러한 어휘가 당시 일류학자들에 의해 버젓이 사용되고 있었으며 이를 반대하는 자는 그 누구도 없었다.

이 시기에는 앞서 언급했던 증간호 외에도 일선동조론의 입장에서 조선 병합을 칭송하는 논문이나 저서들이 여럿 출판되었다. 구메 구니타케는 역사학계에서 가장 중심적인 학술잡지인 『사학잡지』를 통해 「왜한 공히 일본신국임을 논한다倭韓共に日本神國なるを論ず」(『史學雜誌』 22-1·2, 1911. 1·2)라는 논문을 게재한 바 있다. 그는 전술한 바와 같이 『국사안』의 공동

집필자 중의 한 사람으로서 일찍부터 일선동조론을 주장해 왔던 인물이다. 참고로 앞서도 언급했지만, 그는 신도神道에 관련한 논문으로 인해 간누시들의 공격을 받아 대학교수직에서 사임되기도 했다. 사실 구메는 보수반동의 역사가도 아닌 데다가 일본 고대사 연구 쪽에서는 그래도 제법 새로운 연구를 내놓았던 인물이었으나, 그런 구메조차 조선에 관해서는 여전히 전통적인 의식을 유지하고 있었던 것이다. 실로 일선동조론의 뿌리 깊음을 통감하게 되는 지점이 아닐 수 없다.

이에 더해 일선동조론의 입장에서 가장 강력하게, 어찌 보면 열광적이라 할 만큼 열렬히 조선병합을 찬양했던 인물을 꼽자면 단연 기타 사다키치를 들 수 있다. 그는 『역사지리』를 집필했으며 『한국의 병합과 국사韓國の倂合と國史』(1910)[62]라는 저서를 출간하기도 했다. 또한 일본·중국·조선의 고문헌을 이용하여 '日韓同種'을 내세우던 인물이다. 게다가 태곳적에 일본이 조선을 지배했었다는 주장에 이어 일본은 부강한 본가本家로 조선은 빈약한 분가分家로 간주하고서 조선병합을 분가의 본가로의 복귀이자 두 나라의 관계가 태고의 상태로 되돌아온 것이라고 강조했다. 이러한 주장은 단순히 시국에 영합하기 위해 언급된 것이 아니라 그의 전반적인 역사 연구에서 비롯된 것이라는 지점 역시 주목을 요한다.

물론 이러한 사고방식이 일본의 조선 지배에 유용하게 작용했다는 것은 두말할 나위 없는 일이다. 당시 일본의 조선 지배의 기본 정책은 동화정책이었는데, 일선동조론은 그 동화정책에 있어 상당히 구실 좋은 사고체계였다. 그러다 보니 병합 후에도 이러한 일선동조론이 반복적으로 주장되

---

62 喜田貞吉 述, 『韓国の倂合と国史』, 日本歷史地理学会 編, 三省堂, 1910.

었으며 3·1운동 후에는 더욱 더 강렬하게 주창되었다. 바로 기타 사다키치의 「일한양민족동원론日韓兩民族同源論」(『民族と歷史』 6-1, 1921.7)이 그 대표적인 논문이라고 할 수 있다. 여기서는 고고학적 유물·국내외문헌·언어·풍습·신화 등 모든 방면에서 일한 양 민족의 동일한 근원에 대해 상세하게 기술하고 있으며, 동시에 일본의 조선 지배에 대한 정당성과 더불어 이에 반항하는 민족 독립운동의 부당성이 강하게 주장되고 있다.

이 논문에서 특히 주목해야 할 지점은 일선동조론을 통해 일본인·조선인 간의 동조同祖·동원同源을 언급한 것뿐만 아니라, 그 영역을 확대하여 만주·몽고의 여러 민족까지 아우른 동조론을 주장하고 있다는 점이다. 이렇게 되면 기존의 일선동조론의 범주를 넘어 만선사의 범위마저 초월한 대아시아주의자들의 주장과도 유사해진다. 기타 사다키치와 대아시아주의자와의 연관성에 대해서는 그리 자세히 아는 바가 없지만, 내용 면에 있어서는 우치다 료헤이內田良平[63] 같은 사람들의 사고방식과 공통하는 점이 다분하리라고 본다.

4) 정체론

메이지 20년대 이후 조선사 연구자 대부분은 전쟁사·정치사·지명 고증 등의 연구에 주력한 반면 조선사의 사회적·경제적 부분 쪽으로는

---

63 우치다 료헤이(內田良平, 1874~1937) : 일본의 국가주의자, 우익운동가, 아시아주의자로 불리는 정치 운동가다. 흑룡회(黑龍会)를 조직하여 일러개전(日露開戰)을 주장했으며 일한합방을 추진하기도 했다. 한편, 신해혁명 당시 쑨원(孫文)을 도우며 혁명파를 원조하기도 했다. 훗날 대일본생산당총재(大日本生産党総裁)로 취임했던 우치다는 언제나 국가주의 대표자로서 국민운동의 중심 존재로 활동했다. 주요 저서로는 『露西亜亡国論』, 『支那観』, 『聖訓謹解』, 『皇国史談-日本之亜細亜』, 『憂国慨言杜鵑録』, 『黒龍潤人歌集』(上·下) 등이 있으며, 편저로는 『東亜先覚志士記伝』(上·中·下)이 있다.

좀처럼 관심을 기울이지 않았다. 그러다 보니 이 방면의 연구는 조선사 연구와 전혀 관련성이 없는 경제 연구자들에 의해 개척되었으며, 그 선구자로서 후쿠다 도쿠조福田德三[64]를 들 수 있다. 그는 일러전쟁 전에 조선을 여행했던 경험이 있는데, 그 당시에 얻은 견문과 여러 자료를 바탕으로 『한국의 경제조직과 경제단위韓國の經濟組織と經濟單位』(먼저 『內外論叢』에 게재되었고, 이후 『經濟學研究』(1907), 『改定經濟學研究, 前編』(1915) 등에 수록됨)를 발표하기도 했다. 여기서 그는 근대 사회 성립을 위해 봉건 제도의 존재가 불가결하다고 전제한 뒤, 근대화에 뒤처져 혼란에 빠져 있는 조선 현실의 근본적인 원인으로 봉건 제도의 결여성을 언급했다. 또한 일본사와 조선사를 대비하여 조선의 현 상태는 일본에 봉건 제도가 성립했던 시기, 즉 가마쿠라 시대보다 더 오랜 후지와라藤原 시대에 머물러 있다고 주장한 바 있다. 그의 논의에는 방법적으로나 자료 방면으로나 여러모로 커다란 문제가 있긴 하지만, 어쨌든 경제사학經濟史學의 입장에서 나온 논단論斷이자 일본인에 의한 조선 경제사 연구로서는 최초의 논문이라는 것만큼은 부정할 수 없는 사실이다. 결국 당시 그의 눈에 비친 조선 사회는 일본보다 수백 년 이상 늦된 후진적이고 정체된 사회였던 것이다.

현재 이러한 견해는 엄중한 비판의 대상이 되고 있으나, 패전기까지만

---

64 후쿠다 도쿠조(福田德三, 1874~1930) : 일본 경제학의 개척자로 불리는 경제학자다. 사회정책학파(社会政策学派), 신역사학파(新歷史学派)로서 경제이론 및 경제사를 일본에 도입했다. 도쿄고등상업학교(東京高等商業学校, 현재 히토쓰바시대학)을 졸업한 뒤, 1897부터 1901년까지 독일에서 유학했다. 귀국 후, 모교와 게이오의숙대학의 교수로 지냈으며 사회정책학회 활동도 겸했다. 주요 저서로는 『経済学研究』, 『経済学講義』, 『国民経済原論 総論』, 『経済学教科書』, 『経済学考証』, 『社会政策と階級闘争』, 『唯物史観経済史出立点の再吟味』 등이 있다.

해도 이와 유사한 논의들이 잇따라 제기되고 있었다. 그 가운데 고쿠쇼 이와오黒正巖[65]의 「조선의 경제 조직과 봉건 제도朝鮮の經濟組織と封建制度」(『經濟史論考』, 1923)를 들 수 있는데, 이는 후쿠다의 학설을 계승하여 한층 발전시킨 것이다. 이어 모리타니 가쓰미森谷克己[66]의 『동양적 생활권東洋的生活圈』(1942),[67] 시카타 히로시四方博의 「구래旧来의 조선 사회의 역사적 성격에 대해舊来の朝鮮社會の歷史的性格について」(『朝鮮學報』 1~3, 1951~1952)[68] 등은 후쿠다와 입장은 다르지만, 조선 사회의 정체성을 언급했다는 점에서 공통된다. 이처럼 후쿠다의 견해는 근본적으로 아무런 수정이나 변화 없이 최근까지도 줄곧 이어져 왔던 것이다.

게다가 그와 유사한 사고방식이 조선사 연구자들 측에서도 나타났는데, 일례로 가와이 히로타미河合弘民[69]는 「조선朝鮮」[70](『経済大辞書』, 同文館,

---

65 고쿠쇼 이와오(黒正巖, 1895~1949) : 일본의 경제학자・농업사가(農業史家)・농촌 사회사학자(農村社会史学者)이며 주로 경제사와 경제지리학을 연구했다. 교토제대 법과대학 정치경제학과에 입학했다가 2년 후 경제학부로 전과하여 일본경제사를 전공했으며 조선과 만주를 시찰한 경험도 있다. 이후 사회경제사학회(社会経済史学会)의 이사를 지냈으며 일본경제사연구소(日本経済史研究所)를 설립하기도 했다. 주요 저서로는『百姓一揆の研究』,『経済史論考』,『封建社会の統制と闘争』 등이 있다.

66 모리타니 가쓰미(森谷克己, 1904~1964) : 일본의 경제학자다. 도쿄제대 법학부를 졸업한 뒤, 1929년부터 1945년까지 경성제대 조교수를 거쳐 교수가 되었다. 모리타니는 조선 사회의 정체성을 극복하기 위해서는 일본의 식민지가 되어야 하며, 이를 통해 조선의 근대화가 실현된다는 주장을 내세운 식민사관론자(植民史観論者)로도 유명하다. 주요 저서로는『支那社会経済史』,『アジア的生産様式論』,『東洋小文化史』,『東亜的生活圏』,『東洋的社会の歴史と思想 中国・朝鮮社会経済史論』,『社会科学概論』 등이 있다.

67 森谷克己,『東洋的生活圏』, 育生社弘道閣, 1942.

68 四方博,「旧来の朝鮮社会の歴史的性格について-(1)-」,『朝鮮学報』 1, 朝鮮学会, 1951.5, 193~206쪽; 四方博,「旧来の朝鮮社会の歴史的性格について-(2)-」,『朝鮮学報』 2, 朝鮮学会, 1951.10, 155~173쪽; 四方博,「旧来の朝鮮社会の歴史的性格について-(3)-」,『朝鮮学報』 3, 朝鮮学会, 1952.5, 119~147쪽.

69 가와이 히로타미(河合弘民, 1872~1918) : 메이지・다이쇼기에 활동한 역사가다. 도쿄제대 문과를 졸업했으며, 1907년 동양협회전문학교(東洋協会専門学校)의 경성분교의 교두(教頭)가 되어 조선사를 연구한 바 있다.

1913)을 통해 합병 전후의 조선 문화는 "우리 일본의 후지와라 시대와 전적으로 동일한 상태"이며 "오늘날 조선사의 상황은 후지와라 시대 수준 정도에 머물러 있다"고 적고 있다. 그런데 사실 그가 후쿠다의 논문을 읽었으리라고는 생각되지 않으며, 그저 가와이의 독자적인 발상이라고 짐작된다. 다만, 당시 일본인들이 이와 유사한 사고방식을 가지고 있었다는 것은 야마지 아이잔山路愛山[71]의 「한산기행韓山紀行」[72]을 통해서도 확인할 수 있는데, 메이지 37년(1904)에 조선을 여행했던 그가 조선인들의 모습을 지켜보면서 나라 시대의 일본인들을 연상하고 있는 부분이 그러하다.(「韓山紀行」)

그 후에도 이러한 사고체계는 일본인 역사가들을 통해 지속적으로 계승되었는데, 일선동조론을 역설했던 기타 사다키치도 다이쇼 9년(1920)에 조선으로 여행을 다녀온 후 「경신선만여행일지庚申鮮滿旅行日誌」(『民族と歷史』 6-1)를 발표한 바 있다. 여기서 그는 조선인의 풍습 또는 생활 곳곳에서 헤이안기 일본인들과의 유사성을 찾아내고 있다. 이는 후쿠다를 비롯한 여러 인물이 주창했던 후지와라 시대론(藤原時代論, 平安朝論)과 형식면에서는 일치하지만, 기타 사다키치의 주장에는 그 이상의 의미가

---

70 원문에는 「韓國」이라고 되어있으나, 이는 「朝鮮」의 오기이다. 河合弘民, 「朝鮮」, 『経済大辞書-大日本百科辞書』 大正2年5月刊, 同文館, 1910~1916, 2079~2083쪽.
71 야마지 아이잔(山路愛山, 1865~1917) : 일본의 평론가 · 역사가 · 저널리스트다. 1892년에 민우사(民友社)에 들어가 『국민신문(国民新聞)』 및 『국민지우(国民之友)』에 문학론 · 사론(史論)을 발표했다. 문학의 현세주의와 세익론(世益論)을 주장했으며, 『독립평론(独立評論)』의 주필로 활동했다. 메이지 30년 이후부터는 국가 사회주의(国家社会主義)를 주창했다. 주요 저서로는 『오규소라이(荻生徂徠)』, 『아라이 하쿠세키(新井白石)』, 『아시카가 다카우지(足利尊氏)』 등의 인물론을 비롯하여 『現代日本教会史論』, 『明治文学史』 등이 있다.
72 山路愛山, 「韓山紀行」, 『日露戦争実記』 10 · 11 · 14 · 15 · 17, 育英社, 1904.

담겨 있었다. 즉, 후쿠다 등은 사회의 발전단계론으로서 후지와라 시대론을 주장했을 뿐이지만 기타는 조선인의 생활양식 그 자체에서 헤이안기 일본인의 생활상을 발견했던 것이다. 이는 과거 수백 년 전에 일본인이 영위했던 생활양식이 조선의 현실 속에 존재하고 있음을 드러낸 것이다. 다시 말해, 역사의 진보에는 수백 년의 격차가 존재하긴 하지만 일본인과 조선인 사이에는 본래적으로 유사한 생활양식을 지닌 동조同祖·동원同源의 민족이라는 것을 확인했던 셈이다. 따라서 이 헤이안조론平安朝論, 즉 정체론은 일선동조론을 더욱 강화시키는 의미를 지녔다고 할 수 있다.

심지어 이러한 정체론은 만선사의 입장에서 연구하던 조선사 연구자측에서도 주장되었는데, 당시 만선사를 가장 힘주어 내세웠던 이나바이와키치는 조선사 연구자들 중에서도 가장 강력하고 명백한 태도로 정체론을 주창했다. 그는 『조선문화사연구朝鮮文化史研究』(1925)[73]를 통해 조선에 봉건 제도가 존재하지 않았다는 지적과 동시에 조선 사회의 발전 속도는 일본에 비해 약 600여 년 정도 뒤처져 있다고 언급했다. 그때를 기준으로 600년 전이라면 가마쿠라 시대에 해당하는데, 그것과 봉건제 결여론이 도대체 어떠한 관련성이 있는지 이 부분에 관해서는 여전히 의문이다. 그 밖에도 그의 주장에는 여러모로 모순된 면이 있긴 하지만, 어쨌든 요지는 조선이 일본보다 훨씬 뒤처져 있다는 것이다. 조선사 연구자들 중에서 이나바만큼 이렇게 명확하게 의견을 드러낸 이는 찾아보기 어려우나, 모르긴 몰라도 대부분은 그와 비슷한 생각을 하고 있었

---

73 稲葉君山, 『朝鮮文化史研究』, 雄山閣, 1925.

으리라 여겨진다. 적어도 조선사 연구자들 중에서 정체론에 대해 반대를 표명했던 인물이 없었다는 것만은 분명하니 말이다. 사실상 만선사의 입장, 즉 조선사의 주체적 발전에 대해 전혀 고려하지 않는 쪽에서 정체론에 대한 반대가 있었을 리 만무하다.

마무리

이상으로 일본 동양사학의 형성 과정에서 성립·성장한 조선사 연구의 주요한 경향을 살펴보았다. 세부적인 사항에 대해서는 못다 한 내용도 적지 않은데, 특히 다이쇼·쇼와기의 조선사 연구에 관해서는 극히 일부분밖에 언급하지 못했다. 그러나 이러한 지점들은 앞으로 소개할 심포지엄의 내용 안에서 상당 부분 보충될 것이라고 생각된다. 참고로 조선사 연구의 사학사적 정리는 조선사연구회·하타다 다카시가 엮은 『조선사입문朝鮮史入門』(1966, 太平出版社)[74]에 잘 정리되어 있다. 더불어 일본인의 조선에 대한 사상의 동향과 조선사 연구와의 관련성에 대해서는 하타다의 「일본인의 조선관日本人の朝鮮觀」(『アジア·アフリカ講座 日本と朝鮮』 3, 1965, 勁草書房)에 대략적인 내용이 설명되어 있으니 이를 참조하기 바란다.

돌이켜보면 메이지 이후 일본인의 조선사 연구는 상당한 축적을 이루어 냈다. 그러나 이들 선행연구가 올바른 조선인식의 발전에 얼마나 기여했는지 그 점에 대해서는 여전히 의문이다. 물론 역사적인 개별 사실

---

[74] 朝鮮史研究会 編, 『朝鮮史入門』(太平選書), 太平出版社, 1966.

들을 인식하는 데에는 상당한 성장이 있었지만, 그것이 과연 조선사상朝鮮史像의 형성에 있어 얼마만큼 도움이 되었는지 아직 확신이 서지 않는다. 연구를 하면 할수록 어쩐지 시들해지고 마는 조선사 연구에는 분명 어딘가 중대한 결함이 있음을 부인할 수 없다. 과거 우에하라 센로쿠上原專禄[75] 씨는 심포지엄「일본에서의 조선 연구의 축적을 어떻게 계승할 것인가日本における朝鮮研究の蓄積をいかに繼承するか」(『朝鮮研究月報』 5·6 합병호, 1962년 6월)에서 다음과 같이 언급했다. "인식의 근거는 대상에 대한 사랑(愛, Sympathy)이다. 설령 사랑하는 태도나 방식은 다양할지라도 대상에 대한 사랑 그 자체가 결여된 인식이란 결코 존재할 수 없다. 허나 메이지 이후부터 태평양전쟁까지의 조선 연구를 놓고 보면, 바로 그 사랑을 기반으로 한 조선인식이 부재했다는 것으로 일괄할 수 있지 않을까 싶다. 따라서 그러한 사랑이 생겨나기 위해서는 조선 민족과 일본 민족 쌍방이 동일한 문제에 봉착해 있다는 공통인식을 형성하는 것이 중요하다" 이제 우리는 이 말이 내포하고 있는 의미를 숙고해야 할 것이다.

1968.8.12

---

[75] 우에하라 센로쿠(上原專禄, 1899~1975) : 중세 유럽사를 전공한 일본의 역사학자이자 사상가다. 도쿄 상과대학을 졸업한 후, 1923년부터 1926년까지 오스트리아 빈(Wien) 대학에서 사료비판을 근거로 한 중세사 연구를 했다. 귀국 후, 모교의 교수로 지냈다. 전후에 도쿄 상과대학을 지금의 히토쓰바시(一橋)대학으로 개조(改組)하는 데 주력했던 인물로도 유명하다. 주요 저서로는 『世界史像の新形成』, 『世界史における現代のアジア』, 『独逸中世史研究』, 『歴史的省察の新対象』, 『大学論』, 『独逸中世の社会と経済』 등이 있다.

* 김달수(金達寿, 1919~1997) : 재일조선인 소설가이자 고대사 연구가다. 경상남도 창원군에서 태어났으며 수년 전에 먼저 도일(渡日)한 가족들의 뒤를 이어 10세 되던 해인 1930년에 일본으로 건너갔다. 이듬해인 1931년 오오이(大井) 진조야학교(尋常夜學校)에 입학하면서 처음으로 학교 교육을 받았으며, 1932년에는 도쿄부 에바라군 겐지마에 진조소학교(東京府荏原郡源氏前 尋常小学校(旧制소학교))의 3학년으로 편입한 후 여러 차례 진급하기도 했으나 궁핍한 가정 형편으로 1933년에 퇴학하게 된다. 이후 건전지 공장, 소형전구 공장 등을 전전하다가 1936년에 가나가와시 요코스카 야간 중학교에 입학했으나 공장일과 학업을 병행하기가 어려운 나머지 또 다시 퇴학한다. 1937년 장두식과의 만남을 계기로 조선인 청년들을 모아 청소년부(青少年部)를 조직한 후 동인잡지『雄叫び』를 2호까지 간행하기도 했으나 얼마 못 가 해산·폐간의 명령을 받고 만다. 1939년에 니혼대학 전문부 예술과를 입학했으며 근대문학연구회에 참가하여 동인지『新生作家』를 창간했다. 졸업 직후인 1942년부터 김광순(金光淳)이라는 이름으로 가나가와신문사(神奈川新報社)의 사회부 기자가 되었고, 1943년에는 경성일보사(京城日報社) 교정국 교열부에서 근무하기도 했다. 그러나 그 이듬해인 1944년 2월경에 경성일보를 퇴사했으며 한 달 뒤 가나가와신문사로 복직했다. 재학 중에도 단편 소설『位置』를 발표하는 등 문학에 대한 깊은 관심을 보였던 김달수는 전전에는『분게슈토(文芸首都)』의 동인으로, 전후에는 신일본문학회(新日本文学会)의 회원으로도 활동했다. 김달수의 본격적인 문학 활동은 김달수, 장두식 등의 재일조선인들에 의해 간행된 최초의 일본어 종합 잡지인『민주조선(民主朝鮮)』에 연재한 장편소설『후예의 거리(後裔の街)』를 발표하면서부터다. 대표작으로는 소설『後裔の街』를 비롯하여『玄海灘』,『故国の人』,『密航者』,『太白山脈』등이 있으며, 평론 및 에세이로는『私の創作と体験』,『朝鮮－民族・歴史・文化』,『日本の中の朝鮮文化 その古代遺跡をたずねて』,『古代文化と「帰化人」』,『私の少年時代 差別の中に生きる』,『古代の日本と朝鮮』,『渡来人と渡来文化』등이 있다. 그 밖에도 역사기행『日本の中の朝鮮文化』(全12巻)을 통해 일본에 조선 문화를 소개한 바 있다. 広瀬陽一,『金達寿とその時代』, クレイン, 2016, 422~448쪽 참고.
* 우부카타 나오키치(幼方直吉, 1905~1991) : 도쿄제대 농학부를 중퇴한 후 중국연구소의 이사를 역임했다. 주요 논문으로는「在日朝鮮人・中国人の帰化と家制度」,「中國勞働法制の概観」,「日本人の朝鮮観－柳宗悦を通して」,「民族権利と教育権－朝鮮の場合を中心として」등이 있으며, 편저로는『現代中国法の基本構造』,『中国の伝統と革命』,『中國』(共編),『歴史像再構成の課題』(共編) 등이 있다.
* 미야타 세쓰코(宮田節子, 1935~) : 조선사를 전공한 일본의 역사학자다. 와세다대학 제1문학부를 졸업한 후, 메이지대학 대학원에서 문학 연구과 박사과정을 수료했다. 미야타는 1959년에 조선사연구회(朝鮮史研究会)의 창설에 관련한 인물로서 일본의 조선 식민지를 비판하는 입장에서 자유주의사관연구회(自由主義史観研究会)를 비판했으며 새로운 역사 교과서를 만드는 모임(新しい歴史教科書をつくる会) 역시 비판하는 입장이다. 또한 한일병합의 부당함을 주장하는 '2015년 일한역사 문제에 관하여 일본의 지식인은 성명한다.(2015年 日韓歴史問題に関して日本の知識人は声明する)'에 이름을 올리기도 했다. 주요 저서로는『朝鮮近代史の手引』,『朝鮮を知る事典』,『朝鮮民衆と皇民化政策』,『創氏改名』,『歴史と真実－いま日本の歴史を考える』,『友邦文庫目録』,『日・朝・中三国人民連帯の歴史と理論』(共著) 등이 있다.

조선인의 일본관

출석자
*김달수(金達寿)
안도 히코타로(安藤彦太郎)
*우부카타 나오키치(幼方直吉)
도야마 마사오(遠山方雄)
*미야타 세쓰코(宮田節子)

안도 히코타로

이제까지 축적된 조선연구 가운데 앞으로 우리가 배우고 익혀야 할 부분과 계승해서는 안 될 지점에 대해 현 시점에서 정리해 두는 일은 상당히 중대한 작업이라고 생각합니다. 그런 의미에서 오늘은 연구사 검토의 전제로서 일본 민중들의 조선의식에 대해 파악해 두고자 합니다. 우선 일본 서민들의 조선관을 고찰하기 위한 하나의 소재, 즉 상호 대응 관계라고 할 수 있는 조선인의 일본 인식, 특히 식민지 시대의 조선 서민들의 일본관이 어떻게 형성되었는지를 살펴보고자 합니다. 이와 관련하여 먼저 김달수金達寿 씨의 말씀을 들어보도록 하겠습니다.

소중화의식과 오랑캐의식

김달수

네, 그럼 일단 조선인 그중에서도 일반 서민들이 일본인을 어떻게 보았는지에 관한 내용부터 말씀드려보겠습니다. 사실 오늘 이 자리에 나오기에 앞서 저 자신은 과연 일본인을 어떻게 생각하고 있는지 곰곰이 되짚어 보았습니다. 그랬더니 이것 참 말씀드리기 뭣합니다만, 평소 일본인들과의 교류가 너무 잦다 보니 그러한 감각 자체가 아예 둔해져 버린 탓인지 저만의 어떤 명확한 이미지 같은 것이 좀처럼 떠오르지 않더군요. 그리하여 오늘 여러 말씀을 드리기에 앞서 일단 저의 이러한 부분을 전제로 해 두고서 이야기를 시작해볼까 합니다.

먼저 재일조선인의 경우에는 개별적인 문제가 별도로 존재합니다. 서민들, 더 정확히 말하자면 일반 농민들을 중심으로 조선인 전체에 관한 일본관을 살피기에 앞서 그들의 일반적인 의식상태, 즉 그들이 어떤 안경을 쓰고 세상을 바라보고 있었는지를 알아 둘 필요가 있습니다. 일단 이들 가운데 본인 스스로를 서민 출신이라고 말하는 자는 거의 없으며, 모두가 자신을 양반이라 칭하고 있습니다. 여기서 양반이란 귀족貴族과 사족士族 그 중간 정도로서 그들은 본인들의 성姓, 본관本貫, 선조先祖 등을 죄 들먹이며 가문을 자랑하곤 합니다. 한번은 어떤 일본인 지인과 대화를 나누던 도중이었는데, 그는 한 조선인을 언급하며 "그 사람은 귀족 출신이라더군!"이라면서 무척 놀란 표정을 짓기에, 제가 "조선에는 귀족이 아닌 사람은 단 한 명도 없다네"라고 대답하자 더욱 놀라던 기억이 있습니다. 이는 사실 이조유교사상李朝儒敎思想의 흐름과 깊은 관계가 있다고 할 수 있습니다. 다시 말해, 이러한 유교적 이해방식이 생활 속에 깊숙이 침투하고 있었으며 이와 더불어 오래전부터 '소중화의식'이 보편적으로 형성되어 있었던 겁니다. 이로써 그들은 조선을 동해문명국東海文明國 · 동방예의지국東方禮儀之國이라 여기고 또 조선인은 그런 국민이라는 의식이 자리하게 된 것이지요. 게다가 그러한 의식은 비단 지식인(사대부)뿐만 아니라 농민들에게까지 꽤 널리 침투하고 있었습니다. 그러니 일본도 바로 그러한 시각으로 바라보게 되는 겁니다.

일례로 저의 경험담 한 가지를 더 말씀드리자면, 저는 1930년 그러니까 제 나이 만 10살에 일본으로 건너왔는데 그 당시 저의 부모·형제들은 저보다 몇 년 전에 먼저 와 있었습니다. 사정이 이렇다 보니 일본으로 넘어오기 전까지 할머니와 단둘이 고향에 남은 채 일본에서 보내주는 생활비로 지내고 있었지요. 대략 일고여덟 살 정도였지 싶은데, 그 시절 할머니께서 들려주셨던 이런저런 말씀 중에 지금도 잊지 못할 이야기들이 제법 있습니다. 물론 그중에는 일본인과 관련한 것도 있는데, 사실 일본인 입장에서는 기겁할 정도로 몹시 불쾌하게 여길 만한 이야기이긴 합니다. 그러나 기왕지사 말이 나온 김에 말씀을 드려보자면, 바로 일본인을 '오랑캐'로 여기는 겁니다. 제 할머니가 그리 많이 배우신 분은 아닙니다만, 할머니의 그런 사고방식은 오늘 이 자리에서도 언급되었던 소중화의식으로부터 '왜인倭人'을 바라보는 것과 마찬가지라고 생각합니다. 그리하여 일본인이라 하면 모두 '왜놈倭奴'이라 불렀던 것이지요. 이를테면, "그 왜놈들에게 나라를 빼앗겨……"라는 식으로 말입니다.

또 다른 예로 일본인은 밥을 접시에 담아 젓가락으로 퍼먹는 야만스런 놈들이라고도 하셨습니다. 이는 음식을 담아 놓고 몇 시간을 그냥 두어도 내내 따뜻하게 유지되는 놋그릇을 기본 식기로 사용하며 밥 먹을 때는 반드시 숟가락 쓰는 것을 원칙으로 삼고 젓가락은 그저 반찬을 집어 먹을 때나 쓰는 것으로 여기던 조선인의 감각으로는 일본인들의 그런 식습관이 당치도 않은 일이었기 때문입니다. 이에 보태어 옛날 어떤 일본인이 조선인에게 "우리도 댁들처럼 흰 쌀밥을 좀 먹으려고 하는데, 어떤 그릇에 담아 먹어야 하나요?"라고 물어보니, "너희처럼 하찮은 놈들은 접시에나 퍼 담아 처먹지 그러냐?"라고 답해주는 바람에 지금도 그런 데다 담아먹는 거라고 설명해주시곤 했습니다. 저는 이 이야기를 들을 때 만해도 보통의 작은 접시를 떠올렸습니다만, 일본에 와서 보니 그건 차완茶碗을 가리키는 것이었더군요. 그 밖에도 일본인이 조선인에게 머리에 뭘 좀 쓰고 싶다고 하자, 이에 "그럼 버선靴下이라도 뒤집어쓰라고 일러주었더니 그걸 좋다고 덮어쓰고 있더라"는 이야기도 해주셨습니다. 물론 그건 에보시烏帽子[1]를 두고 하는 말입니다. 그러고 보니 생김새가 비슷하긴 하네요. 이와 같은 이야기는 임진왜란 등이 일어난 시기에 애국심을 고양시키기 위해 지어낸 말일 테지만, 어쨌든 서민들의 의식 속에 그와 같은 이미지가 존재했던 것은 사실입니다. 게다가 이런 이야기를 어른들이 아이들에게 들려주다 보니 아이들 사이에서도 그런 이미지가 자연스럽게 형성되어 갔던 겁니다. 예를 들면, 동네 아이들끼리 "일본 사람은 식인종이야! 식인종!"이라는 말을 거리낌 없이 주고받는 경우를 들 수 있습니다. 그리고 제가 살던 마을 근처 중리中里라는 역 앞에 일본인이 운영하는 과자점이 한 군데 있었는데, "저가게 주인은 사람 목을 잘라다가 그걸 소금에 절여 집안에 둔대. 일본 사람은 그런 짓을 아무렇지도 않게 하는 야만스런 인간이야"라는 말까지 돌다보니 조선인 마을에 사는 아이들이 그 가게에서 과자를 사 먹는 일은 결코 없었습니다.

---

1 에보시(烏帽子) : 헤이안 시대부터 근대에 걸쳐 공가(公家)나 무사가 쓰던 건(巾)의 일종으로 일본 전통 복장으로 예복(礼服)을 착장할 때 성인 남성이 쓰는 모자의 일종이다. 지금은 주로 신관(神官) 등이 쓴다.

이는 곧 일본을 소중화의식의 안경으로 보고 있었음을 의미합니다. 반면, 당시 일본은 봉건적인 유교의식과 관습을 지배수단으로써 온존溫存하지 않으면 안 되었는데 아이러니하게도 그와 동시에 일본에 대한 오랑캐의식 역시 온존되었던 겁니다.

아무튼 저는 그 후에 일본에서 학교를 졸업한 뒤 1940년대부터 경성에서 일하게 되었습니다. 참고로 소·중학교 시절부터 줄곧 일본에서 교육을 받은 자가 경성으로 가는 것은 보통의 경우와 반대되는 코스였습니다. 어쨌든 그렇게 경성에서 근무를 시작하면서 적잖이 놀랐던 풍경 중의 하나는 경성 시내의 모습이었습니다. 경성은 농촌과 달리 대부분이 기와지붕인데다가 저마다 높고 웅장한 담이 둘러쳐 있어 좀처럼 내부를 들여다볼 수 없는 건축구조로 되어있었으니까요. 그때 저와 하숙 생활을 같이하던 김종막金鐘漠이라는 시인이 있었는데, 그는 이를 두고 '도둑'을 막기 위한 철두철미한 구조라고 주장하기도 했습니다. 여하튼 그 담장 너머의 사람들도 관청 같은 데를 가면 일본인들과 자연스럽게 대화를 나누다가도 둘러쳐진 그 담벼락 안쪽으로 들어가기만 하면 다른 사람들은 얼씬도 못 하게 해두고 자기들은 그저 이조 시대李朝時代 그대로의 생활을 지속했던 겁니다.

그런데 말입니다. 여러분은 조선인이라 하면 재일조선인을 통해 얻은 이미지를 먼저 떠올리실 텐데, 여기서 그 재일조선인에 관해 염두에 두어야 할 점을 몇 가지 말씀드리려 합니다. 이들은 빈주먹 하나로 현해탄玄海灘을 건너온 사람들로서 그 대부분은 농민 출신으로 고향을 떠나올 당시 어떤 수치스러움이나 체면 같은 걸 생각할 겨를조차 없었던 사람들입니다. 그러다 보니 소중화의식이라든가 동방예의지국의 국민이라는 의식 역시 전부 고향 땅에 묻어 두고 일본으로 건너왔던 거죠. 그저 열심히 돈 벌어 하루빨리 고향으로 돌아가 빼앗긴 논밭을 되사고 말겠다는 일념 하나로 버텨온 그런 사람들이었던 겁니다. 그렇기 때문에 재일조선인 2세·3세는 둘째 치더라도 적어도 1세대인 우리 부모들 세대의 경우는 그러한 의식마저도 상당한 자부심으로 여기곤 했습니다. 하지만 그와 동시에 다른 한편에서는 굉장히 폐쇄적인 성향도 가지고 있다 보니 당시 조선의 농민의식과도 그리 다를 바가 없었다고 할 수 있습니다.

그런데 그 대상이 일본문화를 평가할 수 있을 만한 지식인이 되었을 때, 이는 또 하나의 골칫거리가 되고 맙니다. 즉, 메이지 이후로 일본이 쌓아온 근대화의 축적을 바르게 평가하는 것이 아니라 자국의 축적물은 잊어버린 채 눈앞에 놓인 서구식 근대문화에 온통 정신을 빼앗겨 편향된 시각으로 대상을 판단해 버리는 이른바 식민지가 낳은 기형적인 인간상人間像이 되고 마는 겁니다.

저항의식 - 왜놈은 왜놈이다.

미야타 세쓰코

일본 지배층이 유교의식을 온존함과 동시에 조선인이 일본인을 왜놈이라 부르는 의식 또한 온존되었다는 이율배반적인 관계는 상당히 흥미롭습니다. 그런데 그런 일본인의 지배를 받은 조선인들의 일본에 대한 의식 변화는 어떠했는가요?

김달수

여러 일이 있었습니다만, 조선인의 기본적인 의식은 통치 기간에도 변하지 않았다고 할 수 있습니다. 역설적으로 말해 일본이 좀 더 근대적인 방식으로 통치를 했더라면 조선인의 민족의식은 말살되지 않았을까 싶기도 합니다.

미야타 세쓰코

소중화의식은 이른바 阿Q정신으로 통하는 뭔가가 있는 것이 아닐까요? 달리 말해, "우리보다 한참 더 야만스런 일본인이 우리들 머리 꼭대기 위에 올라서다니! 요즘 세상 참 말세라고 하더니만 아니나 다를까 아우가 형님을 두들겨 패는 지경이로구만……"라는 식으로 말이죠. 바로 이런 의식과 일본에 대한 민족저항과의 관계를 어떻게 생각하면 좋을지요?

김달수

소중화의식 자체는 조선인 입장에서 보면 득 될 것이라고는 하나 없이 오로지 마이너스적인 요소이기 때문에 근대화를 위한 여러 과제 때문에서라도 마땅히 타파해야 할 것이지만, 앞서 말씀드린 것처럼 그 의식의 온존을 강요받았던 겁니다. 그리고 바로 그러한 것들이 지금도 여전히 사라지지 않고 있다 보니, 조선인들끼리는 왜놈이라는 말을 그냥 사용하는 거죠. 물론 개중에 몇몇 진보적인 사상을 지닌 이들이 그런 식의 말투를 두고 당치도 않은 표현이라고 지적하는 경우도 있겠지만, 아무리 그래 봐야 결국 왜놈은 왜놈인 거죠. 이는 곧 지배자에 대한 경멸 섞인 호칭 같은 것입니다. 그 밖의 다른 사례가 더 있을지는 모르겠으나,

어쨌든 왜놈이라는 어휘는 조선인에게 특징적인 것이며 심지어 저항의 식마저 드러납니다. 그러나 이를 한층 더 강한 개념으로 형성시키지는 못했다고 봅니다. 즉, '왜놈이기 때문'이라는 이 말로 인해 오히려 저항 의식이 마비되어 버린 것이지요. 식민지 시기에는 이러한 것을 의식의 한 형태로서 인정해야 할 부분이라고도 할 수 있겠지만, 결국 그 역시 궁극적으로는 부정적인 요소인 겁니다. 그리고 지금은 옛날과 달리 꽤 줄어들긴 했습니다만, 재일조선인들 사이에서는 제사를 지낼 때 가능한 한 옛날 방식을 고수하고 있는 데에 자기만족을 느끼기도 했습니다. 그러나 이 또한 저항이라기보다 오히려 도피였다고 생각합니다. 이런 점은 일본인에게도 해당되는 말이긴 하지만, 어쨌든 조선인이 일본인을 진정한 일본인으로서 정당하게 바라보기까지는 상당한 시간이 걸리지 않을까 싶습니다.

통치기구 내에서의 조선인과 일본인

안도 히코타로

지금 하신 말씀 가운데 가장 인상 깊은 것은 지배한 지 35~36년이나 흘렀어도 일본인은 일본인들끼리 한데 뭉쳐 있을 뿐, 그들 중 어느 누구도 조선의 농촌 구조 안으로 들어가 그 저변에서부터 기존 질서를 뒤흔드는 일이 전혀 없었다는 겁니다. 그러니까 조선의 최하층 공동체는 예전 그대로 내버려 둔 채 그저 그 위에 통치기구가 얹혀있을 뿐이었다고 생각합니다.

김달수

그렇습니다. 그들이 직접 농촌으로 들어오지는 않았습니다. '면面'(행정촌)에 조선인 면장이 있긴 했어도 이는 어디까지나 명예직으로 존재했을 뿐 실권을 쥐고 있는 건 결국 주재소장駐在所長이었습니다. 이들은 물론 일본인이었으며 지위로 따지자면 권력 기구의 최말단에 해당하는 자리였지요. 참고로 주재소와 면사무소는 나란히 위치하고 있었습니다. 또한 당시 보통학교(소학교)의 교장 선생 역시 일본인이었는데 이런 사람들도 결국 조선인들이 지닌 본연의 의식에까지는 접근하지 못했던 것이 아닐까 싶습니다. 아무래도 일본인은 또 그들만의 사회가 있었으니까 말이죠.

한편 경성 내에서도 혼마치本町 중심에는 일본인, 종로 쪽으로는 조선인들로 나뉘어 살고 있었기 때문에 종로 방면으로 일본인들이 접근하기란 어려웠습니다.

미야타 세쓰코

3·1운동 이후 사이토齊藤 총독은 경찰관 증원을 추진한 바 있는데 당시 이 주장에 대한 근거로 제시된 것 중의 하나가 바로 주재소에 일본인 경찰관이 혼자 있게 되면 사방이 적으로 포위당해 마음 놓고 일을 할 수 없다는 것이었습니다. 그리하여 주재소마다 세 명 정도는 있어야 비로소 힘을 발휘할 수 있다는 결론에 이르게 된 겁니다. 그런데 오늘 말씀을 듣고 보니 이 또한 당시의 그런 분위기가 반영된 것이로군요.

김달수

간혹 농장의 우두머리가 일본인인 경우도 있었는데, 일반 농민이 그를 직접 만나는 일은 거의 없었습니다. 이와 비슷한 사례로 저의 고향 근처인 마산馬山만 해도 일본인들이 거주하는 신마산新馬山과 조선인들이 모여 사는 초가집 즐비한 구마산旧馬山은 겨우 일 리里를 사이에 두고 전혀 다른 세계였습니다. 참고로 제가 처음 본 일본인은 고리대금업자였는데, 그는 니주마와시二重回し[2] 차림으로 개를 끌고 다녔으며 거기다가 방호용 엽총猟銃을 차고 있던 좀 괴상한 느낌이었습니다. 그에 비해 앞서 말씀드렸던 그 부부는 저 멀리 후미진 어느 구석에 살고 있는 사람들이었다는 희미한 감각만 있을 뿐, 그리 강한 인상이 남아 있는 건 아닙니다. 그러고 보니 또 다른 기억이 문득 떠오르는군요. 어느 날엔가 길거리에 군대가 행진하기에 그걸 한참 바라보고 있노라니 그 무리 중에 몇몇 군인들이 포차砲車 위에 올라앉아서는 여봐란듯이 담배를 피우고 있더군요. 그러다가 도중에 무슨 연유인지 포차에 불이 붙는 바람에 그들이 놀라 우왕좌왕하더니만 다짜고짜 길가에서 구경하던 조선인들에게 "바치! 바치!(바가지! 바가지!)"라고 고함을 지르는 게 아닙니까? 그야 물론 바가지에 물 좀 퍼 오라는 뜻이었겠지만, 구경하던 이들 저마다 그거 참 잘됐다 싶었는지 그저 멀뚱히 쳐다보고만 있었던 겁니다. 저는 이 광경이 고리대금업자 모습만큼이나 강한 인상으로 남아 있습니다.

앞서 잠시 말씀드렸다시피 저는 어린 시절에 일본으로 건너와 이곳에서 학교를 다녔는데 그 당시 선생님들은 모두 좋은 분들이셨습니다. 다만, 가끔 반 아이들한테 조선인이라는 소리를 듣거나 하면 몸싸움을 벌인 적도 있긴 합니다. 그러나 저는 한번 화가 치밀어 오르면 상대를 흠씬

---

2   일본의 전통 복장 위에 입는 남자용 외투를 말한다.

두들겨 패버리고 넘겨버리는 성격이기 때문에 특별히 주변을 의식하고 그런 건 아니었습니다. 하기야 한발 물러서 가만히 생각해보면 다시금 분노가 일긴 합니다만……. 그런데 참 묘하게도 가끔씩은 길을 걷다 문득 '내가 조선인이라는 걸 다들 알고 있는 걸까?' 이런 생각이 들 때도 종종 있었습니다.

미야타 세쓰코

조선인이나 일본인 모두 몇 차례 일정한 단계를 거치고 또 세대에 따라 변화된 측면도 있지 않을까요? 물론 어지간해서는 꿈쩍도 하지 않는 그런 면들이 있긴 하지만, 귀국 문제歸國問題[3] 같은 것을 계기로 조금씩 변화가 일어 그나마 지금은 전보다 훨씬 좀 툭 트인 그런 느낌이 들기도 합니다. 이는 일본인들과의 관계에 있어서도 마찬가지가 아닐까 싶습니다. 즉, 낡은 의식의 정산과정精算科程은 계급적·민족적으로 해방되어 가는 과정과 평행하고 있는 셈인 거죠. 하지만 그렇다고 해서 이제 그런 것들이 완전히 해소되었다고 하면 그것이야말로 거짓말이겠습니다만…….

김달수

1938~1940년 무렵에 학교에서 일본인 친구들과 더불어 동인잡지를 꾸려가고 있었는데, 그때 규슈 출신의 데구치 마사루出口勝라는 이가 천황을 가리켜 '덴짱天ちゃん'이라 칭하더군요. 처음에는 약간 생소하기도

---

3 1959년 12월부터 1984년까지 9만 3천여 명의 재일동포들이 북한으로 영주 귀국한 사업을 가리킨다. 현재 일본에서는 이를 '在日朝鮮人の帰還事業'라 칭하며, 북한에서는 '帰国事業'·'帰国運動'·'帰還運動', 한국에서는 '재일조선인북송사업(在日朝鮮人北送事業)'으로 부른다.

했으나 자꾸 듣다 보니 어느새 친근감이 느껴지던 그런 기억이 있습니다.

안도 히코타로

저도 김 선생님과 같은 세대로, 제가 상급학교로 올라갔을 당시 조선인 동창생이 두 명 있었습니다. 이 둘은 "너희들은 정말 일본인이 아마테라스 오미카미天照大神[4]의 자손이라고 생각하는 거냐? 참~ 이상한 놈들이라니까"라며 무슨 일만 생기면 번번이 일본인 학생들을 경멸하곤 했습니다. 지금에 와서 곰곰이 생각해보면, 또 그 말이 맞는 것 같기도 합니다. 멸시받을 만했지요.

우부카타 나오키치

그런 경우는 오늘 김 선생님 말씀과는 정반대로군요.

미야타 세쓰코

조선인은 아직도 조선을 대하는 일본인의 태도라든가 방식에 대해 불신감을 가지고 있지 않습니까?

---

4   일본 신화에 등장하는 태양신으로 일본 천황의 조상신이라고 알려져 있다. '아마테라스(天照)'는 '하늘에서 빛난다'라는 뜻이다. 일본의 창조신이자 일본 천황가의 황조신(皇祖神)인 이자나기(伊弉諾神)의 왼쪽 눈에서 태어났으며, 남동생인 폭풍의 신 스사노우(素戔嗚尊)와 달의 신 쓰쿠요미(月夜見尊)도 그 뒤를 이어 태어났다. 기키(記紀)에서도 아마테라스는 태양을 신격화한 신으로 황실 조상신의 일종으로 일컬어지며 일본 황실의 직계 조상으로서 이세신궁(伊勢神宮)에 모셔져 있으며, 일본 황실의 보물로 보관되어 있는 삼종신기 가운데 거울로 상징되고 있다.

김달수

그런 불안은 늘 있지요. 있고말고요. 패전 당시 만약 무슨 난리라도 일어나면 제일 먼저 조선인을 그리고 두 번째는 미국과 영국의 포로를 세 번째는 교토의 니시다西田 철학파를 죽창으로 찔러 죽일 것을 목표로 삼고 있었다는 이야기를 듣고 너무나도 소름 끼쳤던 기억이 있습니다. 대진재 이후 실제 그런 일이 일어나기도 했고 말이죠. 사실 지금도 뭔가 분란이 생기면 이를 잠재우기 위한 목적으로 조선인을 해치는 것은 아닐까 하는 그런 생각이 퍼뜩 들 때도 있습니다.

미야타 세쓰코

그런 불안감이 조선인들로 하여금 '이제는 일본인을 안심해도 된다'라고 여길 만한 증거를 보여 달라고 자꾸만 요구하게 만드는 것일 테지요. 게다가 조선인 측에서는 하나하나가 너무나도 민감하고 진지하기 때문에 그런 자신들에 비해 당사자인 일본인들은 이를 과연 어떻게 생각하는지 그런 이야기라도 할라치면……

김달수

지금은 옛날과 달라서 그렇게 쉽게 어쩔 수는 없을 겁니다.

미야타 세쓰코

저도 그렇게 생각하고 싶습니다. 사실 많이 변했기도 하고요. 하지만 조선전쟁 당시 전 아무것도 한 게 없습니다만……

김달수

남조선으로 자본이 진출했을 때도 일본의 진보적인 사람들이 반대를 하긴 했지만, 그 반대의 정도가 윤리적인 부분에 머물러 있는 데다가 막상 현실적으로 호주머니에 돈이 들어오게 되면 또 이를 거부하지는 않았던 겁니다. 이렇듯 일본인들의 윤리와 행동 간의 격차를 메우기란 실로 어려운 일이라고 생각합니다. 다시 말해, '조선 전쟁으로 일본이 부흥할 수 있었다. 부흥 그 자체는 그리 나쁜 일이 아니나, 이는 몇백만 조선인들의 희생을 통해 비로소 가능했던 일'이라고 윤리적으로는 그리 생각할 수 있지만, 이를 실제적인 어떤 행동으로 옮긴다는 것은 여간 어려운 일이 아니었던 것이지요. 이러한 것을 즉물적即物的으로 생각해보면 '역시 일본인은 도통 신뢰할 수가 없다'라는 말이 절로 나오게 되는 겁니다.

우부카타 나오키치

그런데 조선인이 그런 불안감을 가진 것과 마찬가지로 일본인들 역시 그 반대 입장에서 일정한 불안감을 느끼고 있었습니다. 물론 완전히 똑같다고 할 수는 없겠습니다만……. 그토록 보호를 받고 있던 총독부 관료조차 그 본심을 물어보면, 뭔가 좌불안석의 거북스러운 어떤 불안감이 있었다더군요. 그러니 그들이 그렇게나 거만하게 으스대는 것도 사실은 자신감이 없었기 때문인 겁니다.

김달수

바로 그런 의미에서 종로 같은 곳으로는 일본인이 드나들지 않았던 것이지요. 그저 한 사람의 개인으로 따로 떼어 놓고 생각해 보면 일본인이나 조선인 모두가 전체적으로 억압받고 있는 엇비슷한 서민으로 생활하고 있었던 겁니다. 물론 저의 경우는 일본인과 대등했던 경험이 조금 많은 편이긴 합니다만……

안도 히코타로

알제리 같은 곳은 프랑스 사람들이 알제리 사회의 저 깊숙한 곳까지 파고 들어가 버린지라, 의식이야 서로 간에 동떨어져 있을지언정 그곳의 콜론colon[5]이 특별히 배제된다거나 그런 관계는 아니었습니다. 반면, 조선이나 대만에서는 밀물처럼 쏟아져 들어왔던 일본인들이 패전 후 썰물처럼 한꺼번에 모조리 철수해 버렸지요.

우부카타 나오키치

하지만 알제리의 콜론과 조선의 일본인 지주와는 크게 다르다고 생각합니다. 콜론은 궁전 같은 집을 짓고 살면서 자기들 자체적으로 농업을 경영하는 사람들입니다. 반면, 일본인 지주는 뭐 만주의 개척 이민도 그렇습니다만 그저 군사력에 기생하고 있었을 뿐이었기 때문에 해방과 동시에 바로 무너져버릴 정도로 저항력이 거의 없었습니다.

김달수

여기서 제 경험을 한 가지 더 말씀드리자면, 당시 경성일보京城日報에

---

5   (특히 알제리의) 유럽계 이민을 이르는 말로, 이들은 원주민 소유의 토지를 수용하여 점차 대지주나 농장 경영자가 되었고 이후 광공업·상업 부문에서도 지도적 위치를 차지하게 되었다.

입사하고 보니 (보통의 경우 조선인은 채용하지 않았지만, 전쟁 중인 터라 일손이 부족한 탓에 채용을 했던 겁니다) 밖에서 보는 것과 달리 사내에서는 일본인들과의 교류도 퍽 잦았습니다. 하지만 묘하게 똑같은 일을 하는데도 일본인의 경우는 외지外地 수당이 붙어 월급이 배나 되는 겁니다. 그런데 사실 그런 식으로 따지자면 저야말로 부모 형제 모두 도쿄에 있으니 외지 수당이 필요한 상황이었으나 제가 조선인인지라 그 수당을 받을 수가 없었습니다. 거꾸로 일본인 사원들은 생활의 본거지를 조선에 두고 있는 2세로서 저 후미진 뒷골목의 식품점 같은 데도 손바닥처럼 훤히 알고 있을 정도였지요. 허나 이런 일본인 식민자들도 동척東拓이나 반관반민半官半民의 수탈기구에 있는 인사라든지 어마어마한 토지를 소유한 무리와 달리 변두리의 을씨년스러운 곳에 거주하는 등 우리네와 그리 다를 바 없는 생활을 하고 있었던 것입니다. 아마도 수십 년 전에 이들의 아버지뻘 되는 사람들이 새로이 사업을 일궈볼 요량으로 조선으로 왔으나 일이 그리 순탄치는 못했겠지요. 사는 건 엇비슷하더라도 의식만큼은 아무래도 동떨어져 있었을 테니까요.

안도 히코타로

영국의 인도 지배 당시 영국인들은 현지 인도인들과는 현격히 벌어진 그런 지위에 존재하지 않았습니까? 반면, 일본인의 경우는 동사무소의 소사小使 같은 그런 직책으로까지 떠밀려가 조선인들과도 그리 다를 바 없는 생활 수준으로 지내면서도 의식에 있어서는 조선인들과 완전히 동떨어져 있었지요. 참으로 복잡한 관계가 아닐 수 없습니다. 이렇게 간극이 벌어진 의식을 어떻게 해서든 좁힐 수밖에 없게 된 계기는 만주사변 이후의 황민화 운동이라고 할 수 있으며, 이는 나름대로 그러한 상황에 대한 일본 제국주의자로서의 반성의 결과였던 셈입니다. 물론 그 효과에 대해서는 제쳐두고 말이지요.

김달수

일본 통치는 불과 36년간으로 그리 길지 않았다고들 하지만, 식민지가 된다는 것은 물질적인 수탈보다 인간적인 파괴가 어마어마하다고 생각합니다. 심지어 식민지형 인간상은 지금도 간혹 눈에 띄니까요.

조선의 프롤레타리아문학에서의 일본인 형상

안도 히코타로

이쯤에서 다시 조선인의 일본관에 대해 여쭙고자 하는데, 1920~1930년대 조선인의 문학 특히 프롤레타리아문학에서 일본인은 어떻게 다뤄지고 있었는지요. 이 점이 자못 궁금합니다.

김달수

그 부분은 별도로 다뤄야 할 또 하나의 과제가 아닌가 싶습니다. 지금 질문하시는 참에 잠시 생각해보긴 했습니다만, 딱히 떠오르는 바가 없네요. 다만, 일본인 작품에는 조선인이 등장하는 반면 조선인 작품에 일본인이 출현하는 경우는 없는 것 같습니다.(프롤레타리아문학과 도쿄와의 관계는 상당히 밀접합니다만) 간혹 등장하더라도 추상적인 형태 예를 들면,

자본가라든가 경관 등의 배경 인물 정도로 나올 뿐입니다. 한 사람의 인간으로서 제대로 다루는 경우는 거의 없습니다. 아, 참! 30년대에 유진오俞鎭午(그는 당시 동반자작가同伴者作家[6]로 불렸습니다)가 쓴 『T 교수와 김 강사』 같은 작품은 요령 좋고 약삭빠른 T 교수와 제 몸 하나 제대로 추스르지 못하는 김 강사의 이야기로 상당히 완성도가 높은 작품으로 기억하고 있습니다.

안도 히코타로

지금 말씀하신 대로 20~30년대 조선인의 문학 안에서 일본인이 어떻게 취급되고 있었는지를 알기 위해서는 두 가지 요인에 대해 살펴봐야 한다고 생각합니다. 하나는 조선인의 일본관이며 또 다른 하나는 문학 그 자체에 관련되는 것입니다. 이는 중국문학의 사례이긴 합니다만, 샤엔夏衍[7]의 『파시스트 세균法西斯細菌』에 등장하는 일본인은 죄다 나쁜 인간 유형뿐입니다. 참고로 당시 일본의 어떤 작가가 중국에 방문하여 해당 원작자에게 '물론 전체로 보자면 침략을 위한 행위이긴 하지만, 개중

---

6 프롤레타리아문학에 동조한 작가들의 총칭으로, 이들은 정식 카프(KAPF, 조선프롤레타리아예술가동맹)의 회원은 아니었으나, 사상적으로는 카프의 작가들과 일치한다. 즉, 혁명에는 적극적으로 참여하지 않더라도 동조를 표시하는 인텔리겐치아들을 동반자라고 불렀다.

7 샤엔(夏衍, 1903~1995) : 저장성(浙江省) 항저우(杭州) 출신의 중국 극작가로 본명은 선돤셴(沈端先)이다. 1925년에 일본 규슈 공업학교를 졸업했으며, 1927년 중국공산당에 가입하였다. 1930년 루쉰 등과 함께 상하이에서 '좌익작가연맹' 및 예술극사(藝術劇社) 등을 결성했다. 예술극사의 기관지 『예술월보(藝術月報)』의 편집 일을 맡으며 막심 고리키의 작품을 번역·소개하기도 했다. 중공당 화동국(華東局) 선전부 부부장, 상하이시 문교위원회 주임, 문화부 고문, 중국영화가협회 주석 등을 거쳐 중국중앙고문위원회의 위원으로 취임하였다. 주요 작품으로는 『새금화(賽金花)』, 『상하이 지붕 아래서(上海屋檐下)』, 『파시스트 세균(法西斯細菌)』 등의 희곡(戲曲)과 영화 시나리오 『축복(祝福)』, 『임 씨네 가게(林家舖子)』 등을 집필했다.

에는 마음 깊은 곳에 좌절감을 묻어 둔 이들도 있었을 테니 그렇게 한 가지 유형으로 일괄해서는 안 된다고 생각한다. 따라서 문학자라면 이런 부분을 조금 더 구별해서 그려내야 한다'는 식의 의견을 제시했다고 합니다. 그러자 원작자는 "아무리 그래도 중국인 입장에서 보면, 자신들을 압박해 오는 무리이기 때문에 일본인이라는 하나의 대상으로서 이미지화되지 않으면 안 된다고 생각한다"라고 답했다고 합니다.

김달수

그 원작자가 말한 일본인이라는 이미지는 개개인의 복잡하고 미묘한 부분이라기보다 좀 더 직접적인 증오의 대상이었던 것이군요.

우부카타 나오키치

조선의 경우라면, 탄압과 검열의 문제와도 관련될 겁니다. 해방 전 조선에서 그러한 내용을 전면적으로 쓴다는 것은 검열 관계상 불가능했다고 생각합니다. 그런 점이 중국과는 다른 것이죠.

김달수

그렇습니다. 한설야韓雪野의 『황혼黃昏』에서 조선인 자본가가 주인공으로 나오는 사례가 바로 그에 해당한다고 볼 수 있습니다. 일본인을 직접적으로 다룰 수는 없으니까요.

우부카타 나오키치

그 작품은 합법적으로 신문에 실린 작품이라고 들었습니다.[8] 지금 말씀하신 대로 일본인을 직접적으로 다루지는 않았어도 조선인 자본가 배후에 존재하는 일본인들의 동향을 파악할 수 있도록 잘 그려놓았더군요. 실로 대단한 작품입니다.

김달수

그리고 정확한 작품명은 기억이 안 납니다만, 어느 농사꾼이 자기 자식을 학교에 입학시키고픈 간절한 마음에 일본인 교장 선생에게 닭을 싸 들고 가는 그런 이야기도 있었습니다. 하지만 이 작품 역시 전면적으로 어떤 인간상을 구체적으로 파악한 작품이라고는 할 수 없습니다. 아무래도 그건 불가능했겠지요.

식민지주의 · 언어 · 지식인

도야마 마사오

조선인은 일본어를 참 잘 구사합니다. 전차 안에서 조선인들끼리 이야기하고 있는 것을 가만히 듣고 있노라면, 그들은 대화를 잘 이어가다가 무슨 일에선지 흥분하기 시작하면 갑자기 일본어로 말해버리는 경우가 있더군요.

---

8   한설야(韓雪野)의 『황혼(黃昏)』은 1936년 2월 5일부터 같은 해 10월 28일까지 총 206회에 걸쳐 조선일보에 연재되었다. 이후 1948년에 영창서관에서 재판되었고 1955년에는 북한의 조선작가동맹출판사에서 개작본을 발간했다.

김달수

싸울 때 뱉어대는 말로는 일본어가 제격이지요. 외국어는 아무리 가시 돋친 말이라도 어느 정도 두루뭉술하게 만드는 그런 게 있으니까요. 마찬가지로 조선어를 잘 할 줄 모르는 2 · 3세들도 싸우다 보면 어설픈 조선어가 불쑥 튀어나오기도 하는데, 사실 이 경우가 보통이겠지요.

도야마 마사오

알제리 사람들 같은 경우는 본인들의 기존 언어를 읽고 쓸 줄 아는데도 대화할 때는 거의 사용하지 않는다고 들었습니다. 이런 부분에 있어 재일조선인은 어떤가요?

김달수

웬걸요. 조선인들은 지금도 자기들끼리만 있으면 서슴없이 조선어로 이야기합니다.

도야마 마사오

언어 문제는 상당히 중요한 지점이라고 생각합니다. 특히 조선의 경우는 일본을 통해 서구화가 되었는데, 여기서 일본어를 할 줄 아느냐 못하느냐는 곧 계급적인 것과도 관련됩니다. 그도 그럴 것이 당시는 일본어를 할 줄 아는 사람만이 근대적인 것을 흡수할 수 있었으니까요. 그러니 상위 계층은 근대화된 반면 하위계층은 옛날 모습 그대로 남아 있는 그런 경우도 충분히 납득 가능합니다.

김달수

이어서 한 가지 더 말씀드리자면, 일한병합 전에는 국가가 유학생을 미국 이외, 즉 일본으로도 파견을 보내곤 했습니다. 이광수李光洙 같은 사람도 그중 한 명인데, 그들은 조선으로 돌아와 가나가키 로분仮名垣魯文[9]이나 후타바테이 시메이二葉亭四迷[10]와 같은 문학운동을 일으키려 한 적도 있습니다. 물론 얼마 못 가 저지당하긴 했습니다만……. 게다가 조선에서는 소중화까지는 아니더라도 전통적으로 문화의식이 상당히 강했습니다. 오죽하면 '무武에 비해 지나치게 문약文弱[11]으로 빠져들다 보니 이리되어 버렸다'라는 식의 '반성'을 식민지기 조선인들조차 늘 하고 있었으니까요. 그럼에도 불구하고 농민들은 자식 교육에 대한 의욕이 상당히 강해 먹고 살기에도 빠듯한 형편에서도 학교를 보냈던 겁니다. 이는 그 당시 농촌에 학교뿐만 아니라 서당書堂도 여전히 남아 있는 데다가 또 식민지화된 것이 지식 면에 있어서 다른 나라에 뒤처졌기 때문이라는 야물지 못한 순박한 사고방식이 존재했기 때문입니다. 그러나 아이러니하게도 결국 지식은 일본을 통해 흡수할 수밖에 없었으니 진퇴양난이었던 거죠.

---

9 가나가키 로분(仮名垣魯文, 1829~1894) : 에도 말기부터 메이지 초기에 걸쳐 활동했던 일본의 극작가이자 신문기자다. 본명은 노자키 분조(野崎文蔵)로 주로 오락 소설인 게사쿠(戱作)로 분류되는 작품들을 집필했다. 주요 작품으로는 명승지 순례에 관한 여러 작품을 풍자한 『곳케이후지모데(滑稽富士詣)』와 『아구라나베(安愚樂鍋)』 등이 있다. 1874년부터는 『요코하마매일신문(横浜毎日新聞)』의 기자가 되었으며 그 이듬해에는 본인이 직접 편집자로 나서 『가나요미 신문(仮名読新聞)』을 창간하기도 했다.

10 후타바테이 시메이(二葉亭四迷, 1864~1909) : 일본의 소설가이자 번역가다. 도쿄외국어대학 러시아어과를 중퇴했으며 쓰보우치 쇼요(坪内逍遥)와 교류하던 중 그의 권유로 평론 『小説総論』을 발표했다. 이후 언문일치체의 리얼리즘 소설 『浮雲』을 통해 일본 근대 소설의 선구자가 되었다. 주요 작품으로는 『뜬구름(浮雲)』, 『그 모습(其面影)』, 『평범(平凡)』 등이 있으며, 번역서로는 투르게네프의 『밀회(あひゞき)』, 『해후(めぐりあひ)』를 비롯하여 극작가 안드레예프의 『혈소기(血笑記)』 그리고 고골리의 『걸식(乞食)』 등이 있다.

11 오로지 글만 받들고 실천과는 동떨어져 정신과 신체가 나약한 상태를 가리킨다.

안도 히코타로

대만에서도 데라코야寺小屋[12]를 없애고 공학교公學校[13]를 설립하려는
움직임이 있었으나 대만인들이 이를 끝까지 거부하여 데라코야가 유지
되었다는 이야기가 있습니다.

김달수

저의 형님 같은 경우는 1925년경에 보통학교를 졸업했는데, 사실 그
때만 해도 전부 조선어를 사용했었습니다. 당시 총독부가 조선어로 된
교과서를 제작하기도 했고 교사 역시 조선인의 비율이 더 높은 경우가
많았습니다. 물론 일본어를 국어國語로 삼긴 했습니다만, 그래도 대개는
조선어를 썼습니다. 그러다가 고학년에 되어서야 비로소 일본어 사용의
빈도수가 높아지게 되었지요. 그 후 거의 일본화되기 시작했던 것은 황
민화 운동 무렵부터이며 보다 확고해지기 시작한 것은 1935년 이후라고

---

12 에도 시대 미성년자들을 대상으로 하는 민중 교육기관으로 주된 교육 내용은 일상생활
    에 필요한 읽기, 쓰기, 셈 등의 실용적인 학문이다. 이는 일상생활과 사회생활의 영위를
    위한 학문으로 생활 가까이에서 소용되는 지식, 기능, 도덕에 관련한 내용을 문자로 익
    히는 것을 목적으로 삼는다.
13 식민지기 대만인 자녀들을 대상으로 한 대만의 초등교육 기관이다. 1897년 '대만 공학
    교 설치에 관한 구체적방안(臺灣公學校設置之具體方案)' 발표에 따라 공학교 설립이 추
    진되었으며, 이에 따라 대만총독부는 1898년 대만공학교령(칙령 제178호)과 대만공학
    교관제(칙령 제179호)를 반포하고, 국어전습소의 기능을 공학교가 대신하도록 하면서
    학교교육기관에서 정식으로 초등교육이 실시되었다. 처음 반포된 공학교 규칙(부령 제
    78조) 제1장 1조에 따르면 공학교의 주요 요지는 "대만 도민 자제의 도덕성과 어진 행동
    의 교육을 위한 곳이며 실용학과를 학습하고 국민의 성격을 양성하며 두 나라의 국어를
    정통하게 하는 데 근본 취지가 있다"라고 하였으며, 수업연한은 6년이었고 교육 대상은
    반드시 만 8세 이상 14세 미만으로 규정하고 있다. 이후 공학교의 주요 요지는 크게 변
    함이 없었으나 학제의 변동에 따라 교과목의 선정을 달리하였다. 김은경, 「일제식민지
    시기 대만의 교육정책과 미술교육—공학교(公學校) 도화교육(圖畵教育)을 중심으로」,
    『미술교육논총』 24-3, 한국미술교육학회, 2010. 74쪽 참조.

할 수 있겠습니다.

미야타 세쓰코

철저한 일본어 사용에 관해서는 1937년 3월 17일에 제출된 문서과장
文書課長의 통첩通牒을 하나의 예로 삼을 수 있습니다. 이에 더해 마침 그
무렵 김소운金素雲[14]이 엮은 『조선시집朝鮮詩集』[15]이 출판되었는데, 그 서
문에 사토 하루오佐藤春夫가 "실로 곧 사라질廢滅 언어로써 민족 최후의
노래를 읊어내듯 호소하는 그들의 특별한 사정이 이리도 깊을 수가"[16]
라고 적은 것은 조선어 사용이 금지되는 것에 대한 당시 일본인 인텔리
가 보인 하나의 반응이라고 할 수 있습니다.

---

14 김소운(金素雲, 1907~1981) : 시인, 수필가, 문학번역가다. 1920년에 일본으로 건너가
   도쿄의 가이세이중학교(開成中學校) 야간부를 다니다가 1923년 관동대지진을 계기로
   중퇴했다. 귀국 후, 『매일신보』 학예부원으로 근무하기도 했다. 작품 활동은 1923년 『時
   代日報』를 통해 시 「信條」를 발표하면서부터 시작되었으며 일본에 한국문학을 번역하
   여 소개하기도 했다. 1927년 『조선의 농민가요』를 일본의 잡지 『地上樂園』에 번역·소
   개하면서 시작된 김소운의 한국문학 번역 작업은 민요·동요·동화·현대시·사화(史
   話) 등 여러 부분에 걸쳐 폭넓게 이루어졌다. 이와 관련한 주요 저서로는 『朝鮮口傳民謠
   集』, 『朝鮮童謠選』, 『朝鮮民謠集』 등이 있으며, 일본어 번역시집으로는 『유색(乳色)의 운
   (雲)』과 한국의 시를 일문으로 번역한 『朝鮮詩集』 등을 들 수 있다. 그 밖에도 『馬耳東風
   帖』, 『木槿通信』, 『三誤堂雜筆』 등을 출판하며 수필가로서도 왕성하게 활동했다.
15 사토 하루오가 서문을 쓴 『조선시집(朝鮮詩集)』의 정확한 명칭은 『젖빛 구름―조선시
   집(乳色の雲―朝鮮詩集)』이다. 『조선시집』은 김소운이 주요한, 한용운, 김억, 정지용 등
   한국 근대의 대표적인 시인들의 시를 모아 번역하여 엮은 것으로 1940년에 『젖빛 구름
   ―조선시집(乳色の雲―朝鮮詩集)』이라는 제목으로 가와데쇼보(河出書房)에서 출판된
   것이 최초이다. 이후 시편을 더해 1943년 8월과 10월 『朝鮮詩集 前期』(興風館), 『朝鮮詩
   集 中期』(興風館) 두 권으로 다시 출간되었으며, 1953년에 이 두 권을 합한 『朝鮮詩
   集』(創元社)에 이어 1954년에는 『朝鮮詩集(岩波文庫)』(岩波書店)으로 나오게 되었다.
16 金素雲 訳編, 『乳色の雲―朝鮮詩集』, 河出書房, 1940.

우부카타 나오키치

표면상으로 아무리 황민화 정책을 추진한다 할지라도 가정생활까지는 어떻게 할 수 없는 것이 아닐까요? 엄격한 생활양식이나 숨 막힐 듯 딱딱한 의식 그 자체만으로도 조선인들에게 있어서는 저항의 근거가 되는 경우가 있으니까요.

김달수

가옥 구조 같은 것은 제쳐두더라도 생활 그 자체만큼은 조선식으로 지냈습니다. 재일조선인 2·3세들은 집 밖 그러니까 회사 같은 데서는 일본인들과 어우러져 일을 하지만 집으로 돌아오면 그들만의 또 다른 세상이 있었던 것이죠.

미야타 세쓰코

조선인이 교육에 쏟아붓는 에너지는 대단합니다. 농민운동의 기록 같은 걸 보면 순식간에 야학이 조직되곤 하는데, 그리 넓지 않은 군내郡內에 이십여 개나 생긴 것만 봐도 알 수 있습니다.

김달수

공동체의식이라고 할까요. 한발 앞서 학문을 맛본 자는 이를 모두와 공유하지 않으면 안 된다고 여기는 그런 분위기가 분명 있었습니다. 참고로 저는 요코스카橫順賀에서 지냈는데, 태평양전쟁 직전인 1937~8년 무렵 장두식張斗植[17]이라는 사람과 둘이서 조금 전에 말씀하신 것처럼 무리해가며 칠판 같은 것도 마련해 놓고서 마을의 젊은이들을 불러 모아다가 그야말로 의욕 넘치게 야학을 시작했었습니다. 그런데 며칠 못가 바로 특고경찰特別高等警察이 들이닥치더군요. 제가 특고特高를 대면한 건 이때가 처음입니다. 그런데 그 순간 '지금 이게 잘못된 행동인가?'싶더군요. 의식 같은 것은 바로 이런 데서부터 점점 변하기 시작하는 거라고 봅니다.

미야타 세쓰코

소극적이나마 자신들의 생활 습관을 지키려는 것뿐만 아니라, 생활 개선을 본인들의 손으로 직접 이행하려는 적극적인 움직임도 있었습니다. 총독부도 처음에는 농민들의 자발적인 교육을 좋은 일이라 여겼으나, 점차 그 교육 장소를 토대로 하여 자꾸만 엉뚱한 쪽으로 흘러간다고 보기 시작했던 겁니다. 그리하여 그들이 뭐 좀 한다 싶으면 바로 탄압해 버리는 그런 사이클이 반복됐던 것이지요.

---

17 장두식(張斗植, 1916~1977) : 1923년(당시 나이 7세) 일본으로 건너와 어렵게 학업을 이어가다가 21살이 되던 1937년에 3살 아래인 김달수를 만나게 된다. 이 만남을 계기로 등사판 회람지『오타케비(雄叫び)』를 함께 발행하게 되었고, 이때부터 문학에 관심을 가지기 시작했다. 가나가와신문사의 기자로 일하던 김달수의 소개로 1942년 4월부터 1945년 6월까지 3년 남짓 같은 신문사의 기자로 일했다. 장두식이 본격적인 작품 활동을 시작한 것은 김달수와 함께『民主朝鮮』을 창간한 1946년부터다. 그러나 생업에 전념하게 되면서 집필 활동을 멀리하다가 1958년 그가 창간한 잡지『鶏林』창간호에「내가 걸어온 길(私の歩いてきた道)」을 연재하면서 활동을 재기했다. 주요 작품으로는『중매쟁이(仲人)』,『퇴거(立退き)』,『祖父』,『歸鄕』,『운명의 사람(運命の人)』,『어느 재일조선인의 기록(ある在日朝鮮人の記錄)』,『데릴사위(婿養子)』등이 있으며, 평론으로는「조선인은 이렇게 생각한다(朝鮮人はこう思う)」,「우리 조선인의 입장(われら朝鮮人の立場)」,「조선인 교육 문제의 측면(朝鮮人敎育問題の側面)」등이 있다. 김학동,「재일작가 장두식(張斗植)의 문학과 민족의식의 형상화」,『일본연구』52, 한국외대 일본어연구소, 2012, 1~3쪽 참고.

안도 히코타로

물론 지식인의 경우에는 그 굴절된 문제가 더욱 복잡했겠지요. 그런데 재일조선인과 경성의 조선인 지식인들 간에 어떤 위화감 같은 것이 있었는지도 궁금합니다.

김달수

당시 저는 총독부 바로 근처의 사간정司諫町[18]이라는 곳에 살고 있었는데, 그때는 아는 사람이 아무도 없었기 때문에 먼 친척이자 총독부의 광공국 연료과鑛工局 燃料課에 근무하던 이를 찾아가 그 집에서 하숙을 했었습니다. 그런데 그분은 참 별나게도 한 집에 하숙인을 십여 명이나 두었는데, 이들 모두 와세다早稲田 · 주오中央 · 도쿄대학을 나온 사람들이었습니다. 그리고 하나같이 농촌 출신인 걸로 보아 그들 부모는 도쿄에 있는 대학을 나오면 뭐라도 되겠지 싶어 논밭을 팔아가며 유학시켰을 겁니다. 그러나 막상 졸업을 해도 이렇다 할 아무런 성과도 거두지 못하는 형편이었지요. 그나마 사상운동을 하다가 경찰에 잡히기라도 하면 모를까. 사실 그게 제일 나은 축에 속합니다만, 그렇지 않은 한 그들은 딱히 아무짝에도 쓸모가 없었던 겁니다. 그렇다고 이제 와서 괭이질을 할 수도 없는 노릇일 테고요. 그리하여 결국 경성으로 나와 총독부의 보조 직원이나 대학의 조수 자리를 찾게 되는 것입니다. 참고로 당시 이들의 월급이 55엔이었는데, 그때 하숙비가 1인당 2끼 식사를 포함하여 딱 55엔이었습니다. 저야 경성일보에서 근무하고 있었으니 그들 중에서는

---

18 원문에는 司練町으로 되어있으나, 司諫町의 오기이다.

그나마 형편이 가장 좋았습니다. 뭐 그래 봐야 80엔이었습니다만……. 그래도 그들은 어떻게든 해 볼 요량으로 일단 둘이서 방 하나를 빌려 살기 시작합니다. 한데, 살다 보면 담배도 한 대 피워야겠고 때로는 술도 한잔 안 할 수가 없는 법이지요. 점심 식사야 당연히 챙겨 먹어야 하고요. 이러다 보니 다시 고향에서 생활비를 조달받지 않으면 도저히 살아갈 수 없는 그런 형편이 되고 마는 거죠. 사실 이는 당시 조선인 인텔리의 전형적인 모습이라 할 수 있습니다. 게다가 연희전문延禧專門이나 경성법률京城法律[19] 같은 데서도 그런 식으로 동향의 동창생들끼리 뭉치게 되어 또 다시 자기들만의 폐쇄적인 그룹을 형성하고 있었습니다. 따라서 일본에서 공부를 마치고 돌아온 조선인들은 위화감이라고 할까요, 경성 토박이 조선인들에 대한 왠지 모를 콤플렉스를 가지고 있었던 겁니다. 다시 말해, 일본에서 온 그들은 '그간 좀 멀리 나가 있느라 죄송했습니다. 이제야 돌아오게 되었네요'라는 식의 분위기가 있었던 거죠. 한편, 경성 토박이들은 이미 조선의 요직에 깊숙이 들어앉아 있는 그런 느낌이었고요. 따라서 일본인을 상대할 때 재일조선인인 우리 쪽이 보다 개방적이었으며 경성 토박이들은 괜히 거만했던 것 같습니다. 물론 그들 쪽에서 보면 또 다르게 느꼈을 수도 있겠지만 말입니다.

도야마 마사오

조선인도 관리로서 '더 높은 자리에 오를' 수 있었나요?

---

[19] 원문에는 京城法律로 되어있으나, 경성법학전문학교(京城法學專門學校)로 추정된다.

김달수

고문시험高文試驗을 통과하더라도 보조 직원이 아닌 정식 직원이 되지 못하면 총독부에서는 아무런 소용이 없습니다. 나중에 저희가 근무할 무렵에는 그나마 처우가 개선되어 광공국이라든지 정치적 색채가 없는 곳의 과장 정도는 될 수 있었습니다. 지사知事 자리 같은 것도 전라도에서 조선인 지사가 나오기도 했고요. 강원도는 옛날부터 딱 한 명이긴 해도 조선인 지사가 있었는데, 사실 그것도 워낙 산속인 데다가 뭐 이렇다 할 대단치도 않은 지방이고 하니까 조선인에게 맡긴 거죠. 한마디로 극히 미미한 가능성을 슬쩍 내비치는 그런 정도에 불과했습니다. 따라서 이러한 사회적 장벽에 대해 익히 알고 있는 사람들은 늘 지방으로 내려갈 생각을 하고 있었던 겁니다. 그중에서도 외곽단체 특히 금융조합의 이사가 되고 싶어라 했지요. 이를 위해 일본인 과장 같은 인사에게 매일 술을 갖다 바치는 그런 사람도 있었습니다. 그도 그럴 것이 그나마 시골로 가면 으스대고 뻐길 수 있는 기회라도 있지만, 총독부의 보조 직원 같은 건 아무런 희망도 가질 수 없었으니까요. 따라서 이들이 술이라도 한잔 걸치는 날에는 비분강개悲憤慷慨하여 왜놈이라는 말을 절로 뱉어댔던 겁니다. 어쨌든 '일본인이 나쁘다'는 그 자체가 그들에게 있어서 하나의 분풀이 수단이 되었던 것이지요.

민족의 차이에 대해

김달수

도야마 씨는 조선인들과 어떤 교류 같은 것이 있었나요?

도야마 마사오

저는 이왕가李王家 일족이라든가 여하튼 그런 쪽과도 친분이 있었습니다. 어떤 이들은 일본인보다 더 일본스럽기도 하고 또 무척 세련된 감각을 지닌 사람도 많았습니다. 색채감이라든지 어떤 형상에 대한 심미안은 우리보다 훨씬 뛰어나기도 하고 여러모로 상당히 예리한 감각을 지녔더군요.

그런데 앞서 언급된 소중화의식 말입니다만, 사실 알제리인도 그와 마찬가지로 "우리는 이슬람의 정통적 회교 문화를 계승하고 있다"라고들 합니다. 어느 나라에서든 본인의 주장은 자기 문화의 정당성을 내세우는 데서 시작되기 마련이니까요. 바로 그러한 지점에서 차이점들이 생겨나는 것이 아닐까 생각합니다. 그리고 지배형태로서는 오히려 알제리 쪽이 더 심하다고 생각합니다. 알제리인 중에서 지사 같은 인물은 단한 사람도 나오지 못한 데다가 알제리인 학교 같은 건 아예 만들 생각조차 하지 않았으니까요.

미야타 세쓰코

그건 합병 당시 조선과 일본 간의 상대적인 힘의 차가 반영된 것이 아닐까요?

김달수

참고로 고대의 역사적 관계에 있어서는 일본이 조선을 형님으로 모셨던 것이 사실입니다.

도야마 마사오

문화적으로는 처음이야 일본이 동생뻘이었습니다만, 이 역시 중도에 앞질렀다고 할 수 있겠습니다.

김달수

그건 조선에서 성장해야 할 문화적인 요소가 외압으로 파괴되고 또 일본에 의해 이식되어 개화되었기 때문이라고 생각합니다. 그리고 그런 것들은 이제 완전히 일본화되었고요.

안도 히코타로

조선의 사례와 비교하자면, 알제리의 경우는 유럽문화와 아랍문화와의 이질적인 지점들 간의 충돌이라고 할 수 있습니다. 그러나 조선과 일본은 양쪽 모두 중국 문화권 내의 문화적 식민지 같은 것이었으며, 그런 의미에서는 조선보다 일본 쪽이 문화적으로 더 앞서 있었지요.

우부카타 나오키치

조선인은 간혹 일본인으로 착각되기도 하고 또 어떤 의미에서는 우리들과 민족적인 차이가 두드러지지 않는 느낌이 언뜻 들기도 합니다. 그런데 그건 오히려 건전한 방향이 아니라고 생각합니다. 피부색이나 언어의 유사성을 전제로 하는 일선동조론의 입장에서 보자면 차이에 대해 서로 인정하면서 교류를 한다는 것은 도리어 마이너스가 되는 겁니다. 물론 아무래도 생활양식 등의 현상적인 유사함으로 인해 서로 친밀해지기 수월할 거라는 생각은 당연지사겠으나……. 한편, 흑인이나 유럽인 같은 경우는 한눈에도 서로 간의 다른 점을 알아볼 수 있으니 바로 그 점이 상당한 차이라고 생각하는 겁니다.

김달수

그건 그렇습니다. 일례로 제가 조선인이라는 사실을 전혀 모르는 이들과 함께 술집 같은 데를 가게 될 때가 종종 있는데, 그때마다 그들이 내뱉는 조선인에 대한 험담을 듣곤 합니다. 하지만 그런 말들을 매번 가만히 듣고 마는 이유는 혹시라도 제가 조선인이라는 것을 알게 되면 상대방이 민망해할 것 같아서입니다.

젊은 세대의 일본의식과 향후 과제

안도 히코타로

지금까지는 짧게나마 역사적인 지점들을 되짚어 봤다면, 이제부터는 앞으로의 전망과 관련하여 의식의 이해방식, 특히 젊은 세대에 대한 이야기를 나눠 봤으면 합니다.

우부카타 나오키치

조선인들이 가진 일본관의 변화는 일본인들의 그것과 따로 떼어 놓고 생각할 수 없는 문제입니다. 8·15를 계기로 변화의 조건이 생기긴 했으나, 일본인의 의식은 그 당시에 즉각적으로 바뀌었다기보다 최근에 와서야 점차 변하고 있는 것이 아닐까 싶습니다. 정신은 물질적 조건이 직접 반영하지 않으니까요.

안도 히코타로

앞서 말씀드렸다시피 어떤 때는 우리를 경멸하기도 하고 때로는 용기를 북돋워 주는 그런 식으로 민족정신을 가르쳐 주었던 과거 두 조선인 학우에 관해 좀 더 이야기해보겠습니다. 그 중 한 명은 해방 후에 남조선으로 돌아가 지식인으로서 요직에 자리하고 있었는데, 그런 그가 얼마 전에 중요한 임무를 띠고 일본으로 방문한 적이 있었습니다. 사실 제가 조선인을 진심으로 다시 보기 시작한 것은 종전 후가 아니라 최근 들어서인데, 이는 북조선의 발전이 직간접적으로 저를 비롯한 일본인들에게 영향을 미쳤기 때문이라고 생각합니다. 게다가 제가 그쪽 일과 관련된 입장에 있다 보니, 이웃 나라에서 찾아온 옛 친구와 이십 년 만에 악수를 나눌 수 있었던 것이지요. 그는 겉모습부터 확실히 일본에 있던 시절과 달리 진정한 조선인이 된 듯 보였습니다. 듣자하니 한국에서 상당히 양심적으로 활동하는 인물로서 다양한 생각들을 심중에 품고 있는 그런 사람이라더군요. 그래서 저는 조선인들의 민족적 긍지에 대하여 우리 일본인들의 변화된 이해방식을 허심탄회하게 털어놓고 싶었습니다. 그런데 그는 전쟁기에 도쿄에서 보낸 그 시절이 그저 청춘의 추억 정도로

밖에는 떠오르지 않는다는 겁니다. 심지어 거칠고 저급했던 당시의 모습들을 가감 없이 모조리 내뱉어 버리더군요. 이렇게 서로 간의 대화가 원활하지 못하다 보니 결국은 묘한 분위기로 헤어져 버리고 말았습니다. 그의 마음의 고향이란 당시 일본의 문화와도 같은 그런 분위기에 있었던 것 같습니다. 반면, 우리 일본인들은 그 시절에서 이미 벗어난 것이고요. 물론 그 친구 역시 거기서 벗어난 것은 매한가지겠습니다만……

도야마 마사오

그건 영국에서 돌아온 일본의 올드 리버럴리스트old liberalist[20]가 전쟁 중에 옛날을 그리워했던 것과 같은 이치가 아닐까요?

김달수

만약 그가 이십 년 동안 변할 수 있었고 또 해방된 후에 긍지로 여길 만한 무언가가 있었다면 그 부분에 관한 이야기를 했을 거라고 생각합니다. 그 사람 역시 대화 도중에 상대방과의 엇갈리는 어떤 차이를 느꼈음에도 불구하고 그렇게 회고담식으로 이야기하지 않으면 안 될 만한 나름의 사정이 있었을 거라고 봅니다. 마찬가지로 일본인이 중국을 대하는 인식의 변화방식이 옛날 일본인의 사고방식과 어떻게 연결되고 있는지 혹은 연결고리 같은 건 전혀 없는 것은 아닌지 이러한 지점 또한 문제시 여겨야 한다고 생각합니다. 그러나 어찌 되었든 변화할 수 있었던 기동력起動力은 역시나 중국의 힘이라고 여깁니다. 이와 마찬가지로 일

---

20 '늙은 자유주의자'를 뜻하는 일본의 조어로 특히 제2차 대전 이후 전전(戰前)의 자유주의자를 가리킨다.

본인이 조선 혹은 조선인에 대한 판단을 규정하는 것은 양심적인 사람들의 우호적인 노력과 더불어 근본적으로는 우리나라의 변화와 건설이라고 생각합니다. 상호 간의 인식을 바꾸어 가는 것은 쉽게 말하면 일본의 민주화, 조선의 사회주의 건설로 귀결되는 것이며 그런 과정 안에서 인식 또한 점차 변해가는 거라고 생각합니다.

도야마 마사오

말씀을 듣고 보니 저 역시 제 자신을 속이고 있다는 느낌이 드는군요. 전쟁 중에 압박받던 일본의 지식인이 아무것도 할 수 없게 되자 결국 '일본은 이제 글렀다. 영국 쪽이 더 낫다'라고 했던 그런 사고방식이 한국의 지식인들에게도 그대로 해당된다고 생각합니다.

안도 히코타로

저도 그렇게 생각합니다. 앞서 소개했던 그가 결코 반동적인 사람은 아니지만, 남조선의 현실이 그를 일정한 틀에 가둔 거라고 할 수 있겠지요. 그렇다 보니 그는 본인의 답답함을 기묘한 형식으로 발산하게 되었던 거고요. 이는 조선 민족의 비극임과 동시에 일본인에게 있어서도 더 이상 어쩔 도리가 없다는 그런 느낌이 듭니다.

일단 그 부분은 제쳐두더라도 어쨌든 조선인 쪽에서는 의식의 변화 내지 발전이 엿보입니다만, 일본인의 사고방식에는 그런 변화가 참으로 미미한 것 같습니다.

김달수

본질적으로는 앞으로 일본인과 조선인 간의 좀 더 친밀한 관계가 형성되어야겠지요. 여러 의미에서 말입니다. 그런데 1949년 조선인학교 문제, 즉 요코스카에 위치한 민족학교가 폐쇄되었을 당시 제가 시회市會의 문교위원장에게 항의하는 과정에서 민족교육의 중요성에 대하여 언급한 적이 있었습니다. 그런데 그 사람은 당최 말이 안 통하더군요. 그는 본인들 나름의 선의를 내세우며 일본 학교는 시설도 좋고 교사들도 훈련이 잘 되어있다는 그런 말만 자꾸 하는 겁니다. 그런데 그렇게 대화를 나누는 동안 점점 일본어와 조선어가 서로 별개라는 사실을 인식하지 못하고 있다는 것을 깨닫게 되었습니다.

우부카타 나오키치

그와 유사한 사례로 작년에 도쿄·오사카 두 외국어대학[21]에서 조선어과를 설치하자는 이야기가 나왔는데, 그때 사무관이 교수회에서 결정한 내용을 문부성 쪽에 전할 생각을 좀처럼 하지 않았다고 합니다. 그 이유를 들어보니, "조선어는 일본어와 다를 바가 없다. 즉, 외국어가 아니기 때문에 그런 사항을 문부성에 제출해 봐야 소용없을 것"이라고 했다는 겁니다. 이 이야기를 듣고 저 역시 상당히 놀랐습니다. 왜냐하면 독립을 하든 그렇지 않든 간에 조선 민족은 엄연히 존재하고 있었으니까요. 물론 독립으로 인해 새로이 의식하게 되는 어떤 차이 같은 것이 있을 순 있어도 어쨌든 실질적으로 존재하고 있는 민족 자체를 알아차리지

---

21 東京外国語大学(Tokyo University of Foreign Studies)·大阪外国語大学(Osaka University of Foreign Studies)을 가리킨다.

못한다는 점은 우리 일본인들에게 늘 따라다니는 문제라고 할 수 있습니다. 따라서 이번 이야기도 그저 사무관의 무지라고 마냥 비웃을 수만은 없는 일이라고 봅니다.

도야마 마사오

서구에 대해서는 잘 알고 있으면서 이웃 나라인 조선에 대해서는 아무것도 모른다는 것이 너무나도 놀랍습니다. 진보든 파쇼든 중도든 일단 일본인이라 이름하는 자들 그 대부분은 그저 모른다기보다 의식 자체가 없는 겁니다. 알제리라든지 쿠바에 관해서는 그래도 정통한 사람들이 많은 반면, 동양이라고 하면 그 의식 체계가 중국이나 인도 쪽으로 흘러가 버리니……. 그런 와중에 조선을 언급하면 '조선인을 말하는 건가?'하는 그런 식이 대부분입니다.

일본인이 본 조선인에 관한 흥미로운 사례 중 히고 도오루肥後亭[22]라는 파쇼의 망령網領을 들 수 있습니다. 그의 의식 체계는 히틀러와 거의 흡사한데, 그중 하나만 꼽자면 유대인 배척의식이 그러합니다. 다시 말해, '나쁜 것은 죄다 유대인이다'라는 의식이 서구에 존재하듯 결국 일본인들에게 있어서 조선인은 바로 그 유대인 역할을 담당하고 있다는 겁니다.

---

22 히고 도오루(肥後亭, 1926~1964) : 일본의 정치활동가다. 독일 나치를 모방한 '국가사회주의 일본노동자당(国家社会主義日本労働者党)'을 필두로 하여 '반미유격대(反米遊擊隊)', '반공전국유설대(反共全国遊説隊)', '창가학회(創価学会)', '국제공산기관(国際共産機関)', '일본인민공화국(日本人民共和国)', '다케시마 탈환신풍특별공격대(竹島奪還神風特別攻撃隊)' 등의 활동을 벌였다. 또한 반미사상이 매우 강해 선거운동 당시 '재일미국주류시설(在日米国駐留施設)의 파괴', '재일미국인(在日米国人)과 친미일본인 살해' 등의 주장을 펼쳐 빈축을 사기도 했다.

우부카타 나오키치

유대인 문제는 소위 민족 문제라고는 할 수 없는, 즉 권력자가 위에서부터 만들어 낸 문제입니다. 최근 미국의 어떤 연구에서 '일본 내 소수 민족으로서의 조선인'이라 언급되고 있는 것과 마찬가지로 재일조선인을 미국 내 흑인 문제와 동일시하고 있는데, 이는 절대 그렇지 않습니다. 조선은 본래 독자적인 민족입니다만, 그 일부가 불행한 역사적 관계로 인해 우연히 일본에 재류在留하고 있을 뿐 결코 일본 민족 내의 소수 민족이 아닙니다. 그러나 이와 달리 중국 연변延辺 자치주에 거주하고 있는 조선인의 경우는 중국 내 소수 민족이라고 할 수 있습니다.

김달수

네, 맞습니다. 실제로 연변 자치주에서 보내온 편지를 받아 보면 조선어로 '우리 중국에서는~'이라고 적혀 있기도 하니까요.

우부카타 나오키치

그러나 재일조선인은 '우리 일본~'이라고 하지는 않지요.

도야마 마사오

유대인의 경우도 단순히 전부 위로부터의 문제라고만은 할 수 없습니다. 제가 최근에 들은 이야기를 잠시 소개하자면 이런 일이 있었다고 합니다. 어느 아파트에서 집세를 올리게 되었는데, 그 아파트 관리인이 조선인이라서(사실은 아니라고 합니다만) 마음대로 집세를 올린다고 한들 세입자가 아무런 반대도 하지 않는다는 겁니다. 이는 '상대방이 조선인인 경우, 이러니 저러니 불만을 말해봐야 어차피 말이 안 통하기에 어쩔 수 없다'라는 그런 뜻이라더군요. 역사적이고 뭐고 그런 걸 언급할 새도 없이 평범한 사람들 사이에서도 누구든 일단 나쁜 대상을 하나 만들어 놓고서 '우리가 불행한 이유는 바로 이런 놈들이 존재하기 때문이다'라고 치부해 버리고픈 그런 뭔가가 있는 것이 아닐까요. 마찬가지로 유럽의 유대인에 대해서도 상대가 유대인이기 때문에 싸워봤자 소용없다는 그런 게 있는 겁니다.

안도 히코타로

조선인과 일본인, 이들의 상호적인 자각이 형성된 뒤에 문화교류를 시행해야 한다는 것은 앞서도 거론한 바 있습니다. 일례로 쓰루 시게토 都留重人[23] 씨는『뭐든지 봐주마何でも見てやろう』의 저자 오다 마코토小田 実[24]에 대해 "나는 미국에 학문을 익히러 갔던 것이지, 오다 씨처럼 미국 그 자체를 속속들이 살펴봐야겠다고 생각하지는 않았다"라고 언급한 적이 있습니다. 이처럼 조선인들도 일본으로 건너와 일본 자체를 파악하

---

23 쓰루 시게토(都留重人, 1912~2006) : 일본의 경제학자다. 미국 하버드대학 졸업 후, 같은 대학에서 강사를 지내다가 귀국 후 외무성에서 근무한 바 있다. 이후 히토쓰바시대학 및 메이지대학원에서 교수로 지냈다. 그 밖에도 국제경제학회(International Economic Association) 회장직을 역임했으며 특히 일본 내에서는 처음으로『経済白書』(経済実相報告書)를 집필한 인물로 유명하다. 주요 저서로는『アメリカの資本主義』,『アメリカ経済の発展』,『自由と平和のために』,『経済の論理と現実』등이 있다.

24 오다 마코토(小田実, 1932~2007) : 일본의 소설가・문예평론가・정치운동가다. 도쿄대학 문학부 언어학과를 졸업했으며, 미국 유학 중 세계여행을 통해 겪은 경험담을 담은 여행기『뭐든지 봐주마(何でも見てやろう)』로 일약 유명해졌다. 반전운동에도 적극적인 활동을 했던 그는 일본의 사소설을 비판하면서 전체소설(全体小説)을 지향했다. 주요 작품으로는『뭐든 봐주마(何でも見てやろう)』,『평화를 만드는 원리(平和をつくる原理)』,『죽이지마(殺すな)』,『공생을 위한 원리(共生への原理)』,『북조선 사람들(北朝鮮の人びと)』,『Hiroshima』등이 있다.

는 것이 아니라, 일반적인 경제 논리 같은 것을 흡수하고자 하는 겁니다. 그런데 그러고 보니 오히려 조선인의 일본 연구가 부재하군요. 어쨌든 우리 일본인 또한 조선을 외지外地로 바라볼 뿐 결코 외국 연구의 대상으로써 보는 건 아닙니다.

미야타 세쓰코

너무 가까이서 그대로 다 드러나 있다 보니 이제껏 연구 대상으로 삼으려는 의욕 자체가 생겨나지 않았을 수도 있겠지만, 이제는 슬슬 시작해야 할 시기가 아닐까요?

안도 히코타로

그런가 하면 다른 한편에서는 조선인 학생들이 대학 수험을 치르기 위해 일본사 연표 같은 것을 열심히 공부하고 있으니, 거참 묘한 일이지요. 이를 대학 수험을 위한 목적이 아니라 의식적인 어떤 형태로 도모해 나간다면 오히려 흥미로운 연구의 실마리가 될 법도 한데 말이죠.

미야타 세쓰코

기본적으로 일본인이 가진 조선관의 변혁은 조선인의 조국 발전에 의한다고 하셨던 앞선 말씀은 조선인 입장으로서는 상당히 일리 있는 말이라고 생각합니다. 하지만 일본인으로서 이에 대한 아무런 고찰도 없이 그저 단순하게 넘기고 만다면 이는 너무나도 한심스러운 일이 아닌가 싶습니다. 왜냐하면 일본인의 조선관에 대한 변혁은 일본의 변혁 문제와도 불가분의 관계에 있다고 생각하기 때문입니다. 그리고 바로 그런 이유로 조선사 공부를 시작했던 것이기도 하고요.

김달수

지금 여러분의 말씀처럼 서로가 도모해 나간다면 상호 간에 독려할 수도 있고 참 좋을 텐데 말입니다.

좀 더 주체성을!

김달수

아시아의 경우는 유럽과 달리 합리주의 정신에 의거하지 않으며 특히 일본이나 조선에는 유교 사상이 강하게 침투되어 있다는 것은 주지하는 바입니다. 그러나 우리가 여러 의미에서 국제생활을 해 나가는 데에 있어 경계해야 하는 것은 민족이라는 이 난해한 문제를 뭔가 상황이 좋지 못할 때 도피의 구실로써 이용하려는 그런 태도입니다. 따라서 '역시 일본인이니까 그렇다'든지, '조선인이라서 그런거지'라는 식으로 자신의 주체성을 애매하게 만들어 놓고 달아나는 일이 없도록 각별히 주의해야 합니다.

민족성……이라는 것은 그렇게 간단히 언급할 수 있는 대상이 아니기도 하고요.

우부카타 나오키치

그건 피차 마찬가지라고 생각합니다.

미야타 세쓰코

맞습니다. 일본인들끼리라면 그저 개인차겠거니 하고 받아들일 만한 것도 조선인의 경우에는 '하여간에 조선인들은 말이지……'라고 일반화 시켜버리곤 하니까요.

안도 히코타로

자 그럼, 오늘 토론은 이쯤에서 마치도록 하겠습니다. 긴 시간 동안 감사했습니다.

1962.8

* 나카노 시게하루(中野重治, 1902~1979) : 일본의 소설가·시인·평론가·정치가다. 도쿄 제국대학 문학부 독문과를 졸업했으며, 주로 마르크스주의나 프롤레타리아문학 방면에서 활동했다. 재학 중에는 도쿄대학을 중심으로 운영되던 학생운동단체 신진카이(新人会)에 들어갔으며, 동인지 『로바(驢馬)』를 창간해 「동트기 전의 작별(夜明け前のきよなら)」, 「노래(歌)」 등의 시를 발표하여 아쿠타가와 류노스케(芥川龍之介)의 호평을 받기도 했다. 한편, 마르크스주의예술연구회를 설립하거나 전일본무산자예술연맹(NAPF)과 일본프롤레타리아문화연맹(KOPF)의 결성에도 참여했다. 전후에 일본공산당에 재입당했으나 정치이론 문제로 당에서 제명당했다. 주요 작품으로는 『모스크바를 가리켜(モスクワ指して)』, 『노래의 이별(歌のわかれ)』, 『갑을병정(甲乙丙丁)』, 『마을의 집(村の家)』, 『무라기모(むらぎも)』 등과 시 「비 내리는 시나가와역(雨の降る品川駅)」이 있다.

* 박춘일(朴春日, 1933~?) : 나고야(名古屋) 출신의 재일조선인 연구자이자 역사평론가다. 1956년에 호세이대학 문학부 일본문학과를 졸업했으며, 재일본조선인총연합회의 기관지인 『조선신보(朝鮮新)』의 기자 및 조선대학(일본) 강사 등을 거쳐 조선화보사(朝鮮画報社) 편집국에서 근무하기도 했다. 이후에는 고대 동아시아 및 한·일문화교류사 연구에 전념했다. 주요 논문은 「日本プロレタリア文學における朝鮮および朝鮮人像」, 「近代朝鮮文學における抵抗と屈従」, 「現代朝鮮文學の現狀と課題(2)－共和國北半部の文學」, 「近代日本文學における朝鮮像」, 「日本における朝鮮研究の蓄積をいかに継承するか(3)－日本文學にあらわれた朝鮮觀」(中野重治와의 공동 논문) 등이 있으며, 주요 저서로는 『古代朝鮮と日本の旅』, 『朝鮮通信使と江戸文化』, 『古代朝鮮と日本の旅』, 『新編·春香伝』, 『近代日本文学における朝鮮像』 등이 있다. 朴春日, 『紀行·朝鮮使の道』, 新人物往來社, 1972, 250쪽 참고.

* 오자와 유사쿠(小沢有作, 1932~2001) : 일본의 교육학자로 재일조선인교육 문제를 연구한 바 있다. 도쿄대학 교육학부 교육행정학과를 졸업했으며, 일본조선연구소(日本朝鮮研究所)를 거쳐 도쿄 도립대학에서 교수로 지냈다. 주요 저서로는 『民族教育論』, 『在日朝鮮人教育論』, 『부락해방교육론 근대학교를 다시 묻다(部落解放教育論 近代学校を問いなおす)』, 『오자와 유사쿠 교육논집 공생의 교육으로(小沢有作教育論集 共生の教育へ)』 등이 있다.

* 후지시마 우다이(藤島宇内, 1924~1997) : 일본의 시인이자 평론가다. 게이오기주쿠대학을 졸업했으며, 재학 당시 문예잡지 『미타문학(三田文学)』에 참가하면서 시집 『골짜기에서(谷間より)』를 발표했다. 한편, 르포라이터로서 오키나와, 재일조선인, 피차별부락(被差別部落) 등에 대해 다루기도 했다. 주요 저서로는 『일본의 민족운동(日本の民族運動)』, 『박해받는 교육, 외국인 학교 제도와 재일조선인의 민족교육(迫害される教育 外国人学校制度と在日朝鮮人の民族教育)』, 『제3차 일미안보체제의 개막(第三次日米安保体制の開幕)』 등이 있다.

일본인의 조선관

출석자

*나카노 시게하루(中野重治)
*박춘일(朴春日)
안도 히코타로(安藤彦太郎)
*오자와 유사쿠(小沢有作)
고토 다다시(後藤直)
우부카타 나오키치(幼方直吉)
시카타 히로시(四方博)
*후지시마 우다이(藤島宇内)
구스하라 도시하루(楠原利治)
하타다 다카시(旗田巍)
미야타 세쓰코(宮田節子)

안도 히코타로

토론에 앞서 한 가지 드릴 말씀은 오늘 참석하기로 하셨던 오다기리小
田切 선생님께서 학교에 용무가 있는 관계로 출석하시지 못하여 대신 제
가 사회를 맡게 되었습니다.

김달수 선생님께서 조선인의 일본관에 관해 말씀해주셨던 지난 심포
지엄에 이어 오늘은 일본문학에 드러난 조선관朝鮮觀 혹은 조선상朝鮮像
이라는 주제로 토론하고자 합니다. 그럼, 먼저 나카노 시게하루 선생님
께 말씀을 청해 듣도록 하겠습니다.

나카노 시게하루

메이지 말기부터 다이쇼·쇼와에 걸쳐 조선 및 조선인을 소재로 한 작

품들이 더러 있습니다. 그중에는 제가 읽어본 작품도 있고 또 너무 오래전에 읽은 탓에 까맣게 잊어버린 작품 같은 경우는 다시 꺼내어 꼼꼼히 읽어보기도 했습니다. 그런 까닭에 오늘 이 자리에서 어느 정도까지는 드릴 말씀이 있겠다 싶어 가벼운 마음으로 참석 의뢰에 응했습니다만, 예상치 못하게 몸 상태가 그리 좋지 못한 관계로 다소 매끄럽지 못하더라도 너그러이 양해해 주시기를 부탁드리는 바입니다. 따라서 오늘은 그저 제 개인적인 짧은 감상 정도로 말씀을 드리려 하며 그 가운데 문제적인 부분에 대해서는 다 같이 토론을 해 주시면 저로서는 큰 도움이 될 듯합니다.

조선을 다루지 못했던 일본문학

좀 거칠게 말씀드리자면, 지금까지 일본인은 조선 또는 조선인을 문학의 세계에서 그리 진지하게 다루지 않았다고 생각합니다. 다시 말해, '어떤 문학 작품이 일본인에게 커다란 감명을 주었는데 그 감명 자체가 조선 및 조선인에 대한 일본인들의 사고방식을 잘 드러내고 있다'라고 할 만한 작품이 별로 없다는 겁니다. 설사 그것이 진보적이든 반동적이든 말입니다.

문학 외의 방면, 예를 들면 일본의 군사과학軍事科學이나 경제학 그리고 국제적인 외교 관계 측면에서 조선을 다룰 경우, 아시아에서의 일본 혹은 일본 제국주의의 거점으로서 어떻게 파악할 것인지 또는 중국이나 차르 러시아와의 관계에서는 이를 과연 어떻게 대처할 것인지 등의 형태로 거론되어왔습니다. 물론 조선은 정한론征韓論이 등장했을 무렵부

터 오오이 겐타로大井憲太郎[1]의 조선사건[2] 등을 비롯해 줄곧 문제시되긴
했습니다만, 문학 방면에서 일본과 조선, 일본인과 조선인 간의 인간관
계, 인간적인 입장에서의 국가와 국가 간의 관계 등을 살펴보는 경우는
극히 드물거나 간혹 있는 것마저도 상당히 뒤처져 있는 듯합니다.

그러나 아시다시피 당시 일본이 조선을 대하는 방식 자체가 군사적·
정치적 관계 등의 국가적 방침에 의한 것이었기 때문에 그러한 분위기
속에서 일본문학이 조선이나 조선인을 적극적으로 다루기란 여간 어려
운 문제가 아니었을 거라는 측면도 있었다고 봅니다. 오죽하면 어떤 일
본인 그룹이 "민비閔妃에게 석유를 들어부어 불태워 죽였다는 말이 시골
농민들한테까지 알려질 정도로 온갖 공작을 벌이고 있는데, 도대체 문
학자들은 무엇을 하고 있었는가?"라는 말까지 했겠나 싶습니다. 그러나
일본 지배 세력이 조선을 대하는 방식이 바로 저런 식이었기 때문에 오
히려 문학은 조선을 적극적으로 반영하지 않았던 것이라고 생각합니다.

예를 들면, 『토끼와 기생兎と妓生』[3]이라든지 『붉은 흙에 싹트는 것赫土に

1 　오오이 겐타로(大井憲太郎, 1843~1922) : 일본의 변호사, 사회운동가이자 중의원의원
　을 역임한 정치가이기도 하다. 정교회의 세례를 받아 정교회 신자가 된 오오이는 원로원
　서기관을 거쳐 변호사가 되어 자유 민권운동의 지도자로 활동했다. 만년에는 남만주철
　도주식회사와 결탁하여 대외강경론자(対外強硬論者)로 활동하기도 했다. 저서로는 『時
　事要論』, 『自由略論』 등이 있다.
2 　오오이 겐타로의 오사카사건에 관련한 당시 조선 문제를 가리키는데, 여기서 오사카사
　건(大阪事件)이란 1885년 12월에 일어난 자유민권운동의 격화 운동 중 하나이다. 자유
　당 당내 좌파가 조선의 내정 개혁 운동을 기획한 것으로 당시 자유당 당내 좌파였던 오
　오이 겐타로 등은 자유당 우파 수뇌부와 메이지 정부의 조선 내정개입과는 다른 입장에
　서, 조선 인민의 독립투쟁과 일본의 자유 민권운동을 한데로 엮은 연대체를 만들어 양국
　의 민주주의 혁명을 일으키는 것을 목표로 삼았다. 반면, 자유당 좌파들은 동지들을 이
　끌고 한반도로 건너가 다시 쿠데타를 일으키자는 음모를 진행했다. 다시 말해, 쿠데타
　를 일으켜 당시 조선의 민씨 외척 정권을 무너뜨리고 실각한 김옥균을 재집권시켜줌으
　로써 조선에 입헌군주정을 구축하고 청으로부터 독립시킨다는 계획을 세웠던 것이다.
3 　소설가이자 문학 평론가인 기무라 기(木村毅, 1894~1979)의 소설이다. 木村毅, 『兎と

芽ぐむもの』[4]과 같은 작품이 있긴 합니다만, 위와 같은 사정으로 인해 조선을 정면에서 다룬 작품들은 대단한 성장이나 발전을 이뤄내기 어려웠던 겁니다. 그러다 보니 통감부나 총독부의 제한된 틀 안에서 극렬하게 억압받고 있는 조선인과의 미미한 인간적 교섭을 다루는 정도로 그치고 마는 작품들이 많았던 것이라고 생각합니다. 좀 더 구체적으로 설명하자면, 일청전쟁 때까지 미국, 영국, 러시아, 중국, 일본 사이에서 일어난 국제적인 형세나 각종 술책에 의한 힘의 줄다리기도 있었고 이어 일러전쟁 이전에 일영동맹이 형성되어 또 다른 전술적인 조합이 생겨나기도 했던 겁니다. 그 후 제1차 세계대전이 일어나자 또 다른 형태의 조합이 만들어졌던 거고요. 참고로 당시 『제국주의론Imperialism, the highest stage of Capitalism』(1917)에서 레닌이 폴란드 등과 러시아와의 관계를 직접적으로 쓸 수가 없다 보니 일본과 조선의 문제를 실례實例로써 언급한 적이 있습니다. 그 내용에서와 같이 끊임없는 국제적 갈등 관계 속에 놓여왔던 조선의 운명에 대해 일본인 또는 일본 문학자들은 의외로 아무것도 알아채지 못한 상태로 지내왔던 겁니다. 사실상 그 당사자이자 한 편의 주역인데도 말입니다. 이처럼 일본의 문학자들을 줄곧 그런 무지의 상태로 몰아넣었던 것 또한 일본문학에서 조선을 다루지 못했던 하나의 요소라고 생각합니다.

妓生と』新詩壇社, 1925.
4 다이쇼·쇼와기에 활동한 사회주의운동가이자 소설가인 나카니시 이노스케(中西伊之助, 1893~1958)의 장편 소설이다. 中西伊之助, 『赭土に芽ぐむもの』, 改造社, 1922.

재일조선인에 대한 부당한 평가

그리고 그런 상황은 이번 전쟁 이전 시기부터 일본이 패전한 후, 민주적 성향의 운동이 상당한 세력으로 부활하기 시작했던 시기까지 어느 정도 지속되고 있었던 것이 아닌가 싶습니다. 물론 그런 것들이 일본의 현대문학에서 드러나고 있는지 그 여부는 잘 모르겠습니다만⋯⋯. 그래도 일본의 일부 진보적・민주적인 사람들에 의해 지금 말씀드린 것들이 어떤 의미에서는 계승되고 있지 않을까 싶기도 합니다. 따라서 개인적으로 이런 지점은 좀 더 구체적으로 조사해 보고픈 과제 중 하나이기도 합니다.

이어 전후의 사정부터 말씀 드리자면, 일본의 노동조합 및 민주적인 성향의 여러 정당과 각종 단체 그리고 이와 관련된 사람들이 재일조선인의 에너지(적절한 어휘가 아닐지도 모르겠지만)를 부당하게 고평가해 온 것은 아닌가 생각합니다. 다시 말해, 일본의 민주적인 여러 세력과 경찰, 납세자와 세무서, 학생・교수・직원과 학교관리자는 서로 충돌을 하게 되는데, 이때의 충돌은 물리적인 충돌부터 정신적인 충돌까지를 아우르며 또 이러한 충돌을 통해 문제가 더욱 확대되어 가기 마련입니다. 그런데 그런 경우 일본 권력에 대한 재일조선인들의 뱃속부터 끓어오르는 짙은 증오심, 바로 거기서 솟아나는 반항의 에너지를 굉장히 높게 평가・신뢰했으며 더 나아가 의지하는 경우마저 적지 않았습니다.

이는 어찌 보면 당연하기도 하고 또 자연스런 현상이라고도 할 수 있습니다. 그럼에도 그러한 고평가가 부당하게 여겨지는 이유는 가령 재일조선인이 100의 힘을 가지고 있는데도 이를 150으로 평가했다는 그런 의미가 아니라, 일본인 측은 150, 160으로까지 자기들의 힘을 쏟아 부어야 함에도 불구하고 정작 본인들은 그렇게 하지도 않을뿐더러 오히려 자신들의 잠재력은 100 혹은 70 정도로 그쳐두고 거기서 남은 30을 보탠 130을 재일조선인들에게 기대했다는 그런 의미입니다. 기실 당시 조선인들은 일본의 지배 권력에 대해 때로는 필사적 또는 극단적인 반항심을 품고 있었습니다. 물론 일본인들이 그걸 이용할 만큼 그렇게까지 음험한 자들이었다고는 믿지 않지만, 그래도 재일조선인에게 그런 식으로 의지하던 부분이 분명 있지 않았나 싶습니다. 일례로 전쟁 전 또는 전시 하에 막상 일본인 본인들이 권리의 상당 부분을 침해받게 되자 이를 회복하기 위해 쟁투를 벌일 당시 아무런 권리조차 주어지지 않았던 조선인부대를 너무나도 곤란하고(이 역시 어휘 선택이 좋지 않습니다만) 위험천만한 투쟁의 터로 몰아넣고서 그저 조선인들이 그 구역을 잘 지켜주길 바라는 그런 경향이 분명 있었던 겁니다. 물론 여기에는 그럴 만한 근거가 있긴 합니다만, 적어도 정당한 일은 아니었다고 생각합니다. 이는 일본이 군대와 자본의 힘을 빌려 조선과 조선인을 착취·억압하여 국가를 빼앗고 또 다른 제국주의 국가들과의 각축장 속에서 조선 및 조선인을 장기의 말처럼 이용코자 했던 것의 반증이라고까지는 할 수 없어도 적어도 그 시대에 일본의 혁명운동이 이 문제를 공공연하게 밝히지 않았던 것에서 비롯된 것들이 지금까지 이어지고 있지 않나 싶습니다.

조선이 일본의 식민지였던 때를 생각해 보더라도 당시 식민국 일본의 노동자 계급의 투쟁이 조선에서의 운동이나 재일조선인의 활동을 올바른 (혁명운동이나 반제국주의 운동이 아닌—역자주) 운동으로 편입시킨다는 측면에서는 전적으로 옳은 원칙으로 여기고 또 그러한 방향성을 추구하고 있었지만, 구체적인 일상 활동에서는 그런 것들이 잘 이뤄지지 않았던 것은 아닐까요. 어쨌든 그러면서 일본과 관련해서는 일본 노동자 계급이 책임지고 일을 추진해 나갔으며 그 과정 중에 일의 원활한 진척을 위해 재일조선인에게 참여와 원조를 받았던 겁니다. 그리고 그로 인해 정작 조선 본토에서 벌어지는 조선 인민들의 투쟁에 대해서는 국제적 지원이라는 구체적인 과정이 제대로 이뤄지지 못했던 것이 아닐까 싶습니다. 만약 그런 것들이 잘 이뤄졌더라면 패전 후 샌프란시스코 조약 시기까지 조선인을 '第3國人'이라는 식으로 호명한다거나 조선인들 가운데 좀 뒤떨어진 분자分子가 난동을 피울 때면 울며 겨자 먹기 식으로 대충 얼버무려 해결하려는 일본인들의 그런 태도는 좀 줄어들지 않았을까 싶은 겁니다.

이는 여전히 해결되지 못한 문제로서 앞으로 일본인들이 확실하게 밝혀내야 할 사항이라고 생각합니다. 그러나 이를 거꾸로 생각해보면 일본의 혁명운동이나 진보적 운동의 지도 방식이랄까 아무튼 거기에는 다소 소부르주아적인 성향이 드러나는 데다가 최종적인 책임을 수용하려는 태도 역시 거의 찾아볼 수 없는 그런 경향이 적잖이 있는 듯합니다. 이 또한 위와 같은 문제를 아직까지 해결하지 못한 원인 중의 하나가 아닐까 싶습니다.

과거로부터 빠져나오기 위한 전투적인 자세

이처럼 미해결 과제가 아직까지 남아 있기 때문에 일본문학에서 조선 및 조선인을 다루려는 작가들의 실천뿐만 아니라, 조선의 평화적 통일 사업은 전망이 밝았음에도 불구하고 그것이 제대로 실현되지 못한 상태에서 남북으로 분단되었으며 특히 남쪽은 다들 아시는 바와 같이 그런 상황에 놓이게 된 겁니다. 그리고 그로 인해 그렇게까지 악당은 아니었던 일본인들에게도 일정 부분 안도감을 주는 측면이 있었던 것은 아닐까 싶습니다. 물론 일한회담을 하루속히 이행하여 일본, 한국, 대만이라는 선 긋기를 확실히 하려는 적극적인 악당들에게 있어서 남북분단이야말로 바라던 바였을 테지요. 한편, '한국은 괴뢰정권으로 인해 형편없는 처지에 놓였다. 특히 최근의 군사 파쇼는 정말 심각하다. 평화적인 절차를 거친 남북통일이야말로 순리에 맞는 일'이라고 생각하는 일본인일지라도 막상 남북통일이 본격적으로 추진되면 앞으로 뭔가 곤란한 일이 생기는 건 아닐지 우려하는 사람들이 아직까지는 상당수 있을 거라고 봅니다.

이는 마치 이케다池田 정부[5]가 극악한 자들이긴 하지만 이들을 무너뜨린 후 막상 정치 권력이 자기들 손아귀에 들어오게 되면 '앞으로 미국·소련 문제를 어떻게 해결해야 하는가?' 혹은 '지금 당장 저들의 권력을 빼앗아버리면 오히려 곤란에 빠지는 게 아닐까?' 하고 불안해하는 일본인들이 대다수 존재하는 것과도 결부되는 문제라고 봅니다. 물론 이에 대한 객관적인 증거를 취합하는 것은 불가능하겠지만 할 수만 있다면 그런 부분까지도 조사해 보고 싶긴 합니다.

이러한 분위기는 문학 방면에서도 마찬가지인데 예를 들면, 일본인이 조선인을 그토록 고통스럽게 했던 것과 더불어 일본 제국주의의 영유권역인 조선 내에서 일본인과 조선인 사이에 존재하는 미미한 인간적인

---

5   이케다 하야토(池田勇人, 1899~1965) 내각을 가리키며, 재임 기간은 1960년 7월 19일부터 1964년 11월 9일까지였다.

심心적 통로를 찾아냈다는 식으로 그려내고 있는 것이 그러합니다. 그러나 '오늘날의 일본인과 조선인 간의 결합(이 역시 어휘 선택이 적당하지 않지만, 몹시 적절한 예)이 형식상으로는 잘 이뤄지지 못했어도 그 내용 면에 있어서는 상당히 아름답고 강고한 결합 또는 연대가 존재했었다'는 그러니까 요즘 말로 하면 미담이라고 하나요? 아무튼 그런 류의 내용이라고는 전혀 찾아볼 수 없습니다.

이는 우리가 일본과 조선 사이에 존재하는 과거의 그런 관계로부터 빠져나오려는 전투적인 의지 혹은 태도가 불충분하다는 데서 비롯된 것이 아닌가 싶습니다. 오늘날 일본과 조선의 관계를 적극적으로 확립해 나가려는 마음가짐이 우리들 안에 충분히 무르익지 않았기 때문에, 일본 제국주의의 부당하고 가혹한 방식에 대한 적발 혹은 부지불식간에 선량한 일본인이 성실한 조선인을 어떤 식으로 괴롭혔는지에 대한 객관적인 사실 묘사만을 다루고 있을 뿐, 미담류의 이야기를 애써 찾아내려 한다거나 애초에 그런 노력 자체를 하지 않았던 겁니다. 그나마 후지시마藤島 군이 문학자로서 실제적인 관계를 조사하여 이를 작품화하고 있긴 합니다만, 아직까지 소설 같은 형태로 나와 있는 것은 없습니다.

이러한 현상은 우리 문학에 있어 하나의 맹점이지 않나 싶습니다. 그리고 거기서 문학상의 맹점을 발견한다는 것이 그렇게 요점에서 벗어난 일이 아니라면, 이 역시 문학자를 포함한 일본인 전체가 현재 그리고 미래의 조선 문제에 대해 일본인으로서 적극적으로 책임지겠노라는 일련의 심적 절차가 아직 우리들 안에서 구체화 되어 있지 않기 때문이라고 생각합니다.

'이웃 나라'로서의 조선

또 다른 문제는 역시 일반적인 일본인들이 조선이나 조선 문제에 관해 전반적인 부분에 걸쳐 무지하다는 데에 있으며, 심지어 이러한 현상은 문학자들에게도 이어지고 있다는 겁니다. 그러나 사실 그보다 더 문제적인 것은 조선에 대해 그토록 무지했음에도 불구하고 오늘날까지 별 탈 없이 지내올 수 있었다는 것입니다. 반면, 소련이나 미국 그리고 중국에 대해서는 더 이상 모른 채로 있을 수 없다는 사고방식의 변화가 일찍부터 있었으나 조선의 경우는 소련, 미국, 중국만큼 그렇게 파고들지 않고도 당분간은 그럭저럭 넘길 수 있을 거라는 식으로 지금까지 버텨왔던 겁니다. 그러다 보니 전후 십몇 년간의 한국 상황에 관해서도 전혀 모르는 것이지요. 허나 그런 상태가 앞으로도 계속 지속된다면 어떠한 문제를 해결할 수 있는 시기마저 놓쳐버리게 됩니다. 따라서 지금이야말로 기존과 달리 보다 적극적인 자세로 조선 문제에 대해 접근할 수 있는 기회라고 생각하며, 이는 일본 문학자들에게 있어서도 마찬가지라고 여깁니다.

저희 문학자들 측에서 주최한 아시아·아프리카 작가회의Afro-Asian Writers' Conference[6] 대회가 도쿄에서 열렸을 당시[7] 각국의 대표들이 저 멀리 아프리카에서도 오는 마당에 조선에서는 대표가 올 수가 없다 보니 재일조선인들 중에서 대표단이 편성된 적도 있습니다. 물론 중국 본

---

6 아시아와 아프리카 여러 나라의 작가, 평론가, 저널리스트들이 문화 교류와 표현의 자유를 추구하는 것을 목적으로 조직한 단체이다. 1956년에 뉴델리에서 열린 아시아 작가회의가 그 시초다.
7 1961년 3월 열린 도쿄대회는 정기회의가 아니라 임시로 개최된 긴급집회를 가리키며 당시 20개국이 참가했다.

토와 대만의 관계 그리고 북조선과 남조선 간의 관계는 조금 다르겠지만, 문제를 여권이나 입국법 같은 것으로 한정지어 생각해보면 국교를 회복하지 않았다는 점에서는 중국 역시 조선민주주의인민공화국과 마찬가지인 겁니다. 그런 지점들이 일본인 입장에서는 뭔가 확실치 않고 애매하다는 것이지요. 그렇다고 본국에서 직접 대표단을 보내라는 일본 정부의 방해 공작에 대한 강한 비판 운동이나 여권획득을 위한 운동 같은 것이 일어나는 것도 아니고 말이지요. 그것은 어쩌면 몇십만의 조선인들이 일본 국내에 살고 있고 또 문학자 역시 그들 안에 존재하고 있으니 이른바 본국에서 파견된 주재소에서 대표단을 편성하는 것이 현실적으로 가능했다는 것에서도 그 원인이 있다고 생각합니다. 그러나 만일의 경우를 대비하는 차원에서 그런 방책을 세우는 것은 마땅할지 모르지만, 처음부터 그런 식으로 설정해 두는 것은 좋지 않다고 봅니다.

중국으로부터 만주를 빼앗은 것뿐만 아니라 전쟁 당시 전국을 쑥대밭으로 휘젓고 다니면서 저질렀던 중국에 대한 범죄성과 조선에 대한 그것을 비교하면(물론 어느 쪽이 더 심하다고 하기는 어려운 일이지만) 그래도 조선

회차	개최년월	장소	참가국가 수	비고
제1회	1956.12	인도 뉴델리(New Delhi)	15개국	
	1961.3	일본 도쿄(Tokyo)	20개국	긴급집회
제2회	1962.2	이집트 카이로(Cairo)	43개국	
	1966.6	중국 북경(Beijing)		긴급집회
	1966.8	아제르바이잔 바쿠(Baku)		긴급집회
제3회	1967.3	레바논 베이루트(beirut)	43개국	
제4회	1970.11	인도 뉴델리(New Delhi)	32개국	
제5회	1973.9	카자흐스탄 알마티(Almaty)	64개국	
제6회	1979.7	앙골라 공화국 루안다(Luanda)	58개국	

이후에도 베트남 호치민(1982년), 타슈켄트(1983년, 25주년 기념), 북한 평양(1986년) 그리고 튀니지(1988년) 등에서 대회가 열린 바 있다. 출처: 일본 위키피디아 '아시아・아프리카 작가회의' 내용 참조.

보다는 덜 하지 않았나 싶습니다. 조선의 경우는 국가 자체를 송두리째 빼앗은 것도 모자라 헌병과 경찰의 힘까지 동원했으며 급기야 이름마저 일본식으로 바꾸게 만드는 가히 이례적인 사례라고 할 수 있으니까요.

또한 그 개명改名과 관련하여 옛날에 오사카시大阪市 사회국社會局에서 조사한 자료가 있는데, 그에 따르면 "바꾸라고 하니 바꿨다"라고 적혀 있는 겁니다. 그러니까 사실은 마지못해 개명했다는 것이지요. 물론 개명하지 않는다고 해서 경찰에 끌려가는 그런 건 아닙니다. 다만, 바꾸라고 했는데 이를 따르지 않으면 그들이 장사하는 데에 지장을 주는 것이지요. 즉, 법률에 저촉받지는 않지만 매입도 못 하고 물건도 팔 수 없는 그런 상황이 되는 겁니다.

한편, 일본의 황태자가 아직 어렸던 시절에 미국에서 바이닝Vining[8]이라는 부인이 일본으로 건너와 학습원學習院에서 교사로 지냈는데 당시 그녀는 황태자에게 지미Jimmy라는 이름을 붙이기도 했습니다. 이를 두고 분명 일본인들은 나름의 어떤 일정한 생각을 가지고 있었을 겁니다. 우익 쪽 사람들까지 포함해서 말이죠. 그런데 그런 경우 단 한 순간이라도 일본이 조선인들에게 개명을 강요했던 당시의 일을 떠올렸을까 하고 생각해보면, 보통은 그렇지 않았을 거라고 봅니다.

아무래도 일본인은 억압자로서 70~80년을 지내왔기 때문에 메이지 초 조약개정 무렵까지는 줄곧 그랬을 겁니다. 하지만 메이지 이후에는 과거 나마무기生麦 지역 어딘가에서 영국인을 칼로 베어 죽였던 사건[9]처

---

8   엘리자벳 바이닝(Elizabeth Janet Gray Vining, 1902~1999) : 미국의 사서(司書)이자 작가이며 일본에서는 '바이닝 부인'이라 불리고 있다. 특히, 일본의 125대 천황을 지낸 아키히토(明仁, 1933~)의 어린 시절의 가정교사로 지낸 바 있다.
9   나마무기사건(生麦事件) : 1862년 9월 14일 에도 시대 말기 분큐(文久) 2년, 사쓰마(薩

럼 서양을 오랑캐라 여기며 배척하던 그런 감정도 사라져버린 데다가 막상 저렇게 본인들의 입장이 뒤바뀌게 되면 과거에 자신들이 했던 행위에 대해서는 둔감해져 버려 좀처럼 자각하지 못했던 건 아닐까 싶습니다. 물론 여기에는 문명화의 문제도 있긴 합니다만……

예전과 달리 지금은 소련이나 중국까지도 모두 이웃 나라로 여기고 있는 반면, 정작 제일 가까운 나라에 대해서는 피부에 와 닿는 실질적인 감각이 아직 형성되지 않은 것 같습니다.

무지의 잔혹함

이쯤에서 제 개인적으로 한 가지 드리고픈 말씀이 있습니다. 물론 한 번도 조선에 가본 적이 없는 저의 독자적인 의견인지라 이야기가 다소 편파적일지도 모르겠습니다만…….

아무래도 보통 일본인들이 조선이나 조선인을 떠올리는 경우 어떤 특별한 인식이랄 것도 없이 그저 재일조선인을 바라보던 그 시선 그대로 상상하고 있지 않나 싶습니다. 예전에 이와 관련한 내용을 소설에서 다룬 적이 있기도 합니다. 그러니까 당시 일본인 노동자들은 여느 일본인보다 더 가혹한 ,아니 아무런 권리조차 누리지 못하던 조선인 노동자를 상대로 자기들보다 한층 더 저급한 인간이라는 차별 관념을 가지고 그

摩)의 국부인 시마즈 히사미쓰(島津茂久)는 막부 정치 개혁한다는 명분을 내걸고 700명에 달하는 군대를 이끌고 에도로 상경했다. 이들이 나마무기 마을에 접어들자 말을 탄 영국인 일행 4명과 만나게 되었는데, 이때 행렬의 선두에 있던 사쓰마 번사들은 영국인들에게 하마(下馬)를 요구했고 그 과정에서 몇몇 번사가 영국인들을 살해한 사건이다.

들을 대했던 사례가 있습니다. 심지어 파업이 일어났을 당시 일본 노동자들이 제2조합第二組合[10] 같은 걸 만들어 놓고서 조선인들에게 가담할 것을 강요했는데, 이에 대해 조선인 중 일부가 극렬한 분노를 일으켜 일대 소동이 벌어진 적이 있습니다. 이처럼 노동자들끼리 벌어지는 분쟁의 계기를 일본 노동자들이 만들어 놓는 바람에 결국 자본가들에게 보기 좋게 이용당했으면서도 정작 그 문제 제기를 자본가들에게 하는 것이 아니라, 오히려 조선인 쪽으로 비판을 돌려버리는 그런 일이 있었던 겁니다. 저는 이런 문제 역시 원점에서 다시 생각해보면, 앞서 제기되었던 일련의 문제들과 이론적으로 연결된다고 생각합니다.

또 다른 사례로는 일본 농민들이 조선으로 이주하는 경우가 일시적으로 유행한 적이 있었습니다. 하지만 조선이 토지가 남아돌고 인구가 부족한 그런 나라가 아닙니다. 따라서 일본인이 조선으로 이주한다는 것은 결국 조선인을 몰아낸 자리로 밀고 들어가는 결과가 되는 겁니다. 그런데 상층부에서는 이러한 구체적인 정황을 이들에게 알려주지 않았기 때문에 정작 일본의 농민들은 아무것도 모른 채 그리로 이주를 했던 것입니다. 사실 일반적인 이민정책 그 자체가 이미 비인간적입니다만, 조선으로의 이주는 보다 더 잔혹했다고 생각합니다. 물론 당시 이러한 사실은 철저하게 비밀에 부쳐두었겠지요……

---

10 제2조합(第二組合) : 기존의 노동조합에 불만을 품은 사람이 그 조합을 탈퇴하여 새로 조직한 대립적인 조합을 가리킨다. 이때 그 대부분은 경영자에게 적대적인 제1조합(第一組合)과 달리 경영자에게 우호적인 이른바 '어용조합'이 많았다.

제국주의적인 문헌을 조사하는 일

한 가지만 더 보태자면, 그간 문학의 소재가 될 만한 문헌들은 사실 일본 제국주의 세력에 의해 만들어져 왔음에도 불구하고 우리는 지금껏 이에 대해 전혀 모르고 지내왔습니다.

'대중국 21개조요구対華21ヵ条要求' 같은 것을 알고 있는 일본인은 최근 20~30년 동안만 해도 그리 많지 않았습니다. 안보조약 당시 사회당의 구로다 히사오黑田寿男[11] 씨가 일한의정서日韓議定書를 문제 삼기 전까지는 일본 정부 관리들조차 그 내용에 관해 아무것도 모르고 있었던 겁니다. 그러던 중에 구로다 씨의 문제 제기를 계기로 부랴부랴 일한의정서를 확인해보니 그 내용이 '대중국 21개조요구'와 동일한 것을 보고 모두가 놀란 적이 있습니다. 문맹이 없는 일본이지만 이런 데에 관련해서는 너무나도 무지합니다. 비밀문서(㊙)는 고사하고 공간公刊되어 있는 것조차 민주진영 쪽에서 조사도 안 해봤던 것이지요. 과거 이쪽 사람들은 문서고 뭐고 간에 일단 덮어놓고 인멸湮滅하기에 급급했을 테니까요.

1936~1937년 무렵으로 기억합니다만, 당시는 압록강과 두만강 상류 부근에까지 주재소가 있었는데 거기서 근무하던 일본인 순사가 얼마나 위험한 상황에 처했는지를 담아 총독부가 책으로 낸 적이 있습니다. 그때 편집자가 그 책자를 저에게 보내주었는데 그걸 잘 받았노라고 회신

---

11 구로다 히사오(黑田寿男, 1899~1986) : 정치가이자 변호사이며 농민운동가다. 구로다는 도쿄제대 법학부 재학 당시 도쿄대학을 중심으로 운영되던 학생운동단체인 신진카이에 가입했으며 학생연합회를 결성하여 위원장이 되었다. 1936년 중의원 당선 이후 정치가로서 활동했다. 전후에는 일본농민조합(日本農民組合)의 위원장을 지내다가 노동자농민당(労働者農民党)을 결성하여 초대 주석이 되었다. 그 밖에 일중우호협회정통본부(日中友好協会正統本部)의 회장을 역임하기도 했다. 저서로는 『日本農民組合運動史』가 있다.

을 하면 혹시나 그 사람이 해고되는 건 아닌가 싶어 우려스럽기까지 하더군요. 어쨌든 그 내용을 읽어보니 일본 정부나 조선총독부가 얼마나 무리하고 있었는지를 알 수 있었습니다. 방금 말씀드렸던 그 자그마한 주재소에는 순사와 그의 아내 그리고 아이가 함께 지내고 있었는데, 이들은 가난한 살림살이에다가 불편하기 짝이 없는 그런 환경 속에서 지내고 있었습니다. 심지어 여차하다가 무슨 문제라도 발생하면 상대와의 총싸움도 불가피한 처지였는데 급기야 순사의 아내는 갓난아이를 업은 채 사살되기도 했습니다. 이때 그는 '국가를 위해서'라는 일념으로 목숨을 바쳐 임무를 다하고 있었기 때문에 순사의 삶이 그러하면 그러할수록 국가를 위해 헌신하는 그런 유형의 인간이 지닌 비인간적인 면모가 굉장히 문학적으로 표출되어 있더군요. 이와 같이 제국주의 안에서 철저히 이용당하는 저 밑바닥 계층의 사람들이 위험천만한 최전선에 배치되어 살다 보면 문제가 더욱 극명하게 드러나게 되는 겁니다. 그러나 우리는 지금까지 이러한 것들을 전혀 다루지 않았다고 생각합니다.

안도 히코타로

이상의 말씀을 정리해보면, 문학의 문제를 비롯하여 조선인에 대한 일본인의 태도 문제 그리고 일반적으로 일본인들이 조선에 대해 극도로 무지하다는 것 이렇게 세 가지 측면에서 문제를 제기하셨다고 봅니다. 그럼, 지금부터는 이와 관련하여 토론을 이어가도록 하겠습니다.

부락 · 오키나와 · 조선 문제 그리고 일본 사회

후지시마 우다이

방금 나카노 선생님께서 말씀하신 대로 일본인이 가지고 있는 그러한 조선인관朝鮮人觀은 그저 평범한 조선인관이라기보다 일본의 사회기구적으로 뿌리 깊게 존재하고 있는 한 부분이지 않나 싶습니다.

미이케쟁의三池争議[12] 당시 부락해방동맹部落解放同盟이 그 자리에 응원차 왔다가 반년이나 함께해 준 것에 대해 '해방동맹 10명이 응원하러 와 준 것은 데모대가 1,000명 오는 것보다 더 든든하다. 그 이유는 해방동맹 그들의 성질 자체가 워낙 폭력적인 데다가 드세며 또 위험한 상황에서는 선두에 나서 주기 때문이다'는 식으로밖에 이해하지 않았습니다. 거꾸로 오무타大牟田의 미해방부락未解放部落 사람들이 광산에서 받은 갖은 피해에 대한 보상을 요구하자 '그렇게 되면 회사에서 돈을 다 챙겨가기 때문에 결국 피해자 본인들에게 있어서는 마이너스'라는 주장을 하기도 했습니다.

이와 유사한 사례로 혁신정당의 일한회담 반대 운동 중에 외국인으로서의 정당한 권리 행사를 저해하는 재일조선인의 법적 지위 문제가 그 운동의 전체적인 구조 안에서 정당하게 자리 잡지 못하고 있다는 측면에서도 드러나고 있습니다. 이렇다 보니 일본인과 조선인이 공동으로 무언가를 도모한다는 그 의미 자체가 애매해지는 느낌이 드는 겁니다.

이는 오키나와 문제에 있어서도 마찬가지인데, 그들은 분명 일본인으

---

12 미쓰이미이케쟁의(三井三池争議) : 후쿠오카현 미이케 탄광에서 일어난 대규모 노동쟁의로 1953년과 1959년부터 1960년까지 두 차례에 걸쳐 발생했다. 일반적으로는 후자만을 따로 떼어 미이케쟁의(三池争議) 또는 미이케투쟁(三池闘争)이라고 부르는 경우가 많으며 본서에서도 후자에 해당한다.

로서의 정당한 권리를 빼앗겼음에도 불구하고 그 부당함이 본토 일본인들에게서 공정하게 다뤄지지 않고 있다는 것입니다. 시기를 훨씬 이전으로 거슬러 올라가 보면 본토 일본인들에게 존재하는 오키나와에 대한 일종의 차별의식이 그러한 무관심의 원인이라는 것을 더욱 분명히 알 수 있습니다. 그래서 문학 작품의 경우에도 앞서 나카노 선생님께서 말씀하신 조선 문제와 마찬가지의 피해를 입게 된 겁니다. 단순히 '이런저런 운동을 하고 있다'는 식의 내용은 작품에 담을 수 있어도 본토와의 관계 안에서 그러한 문제들을 적극적으로 수용한 작품은 존재하지 않습니다. 가령 그런 작품을 쓰려고 해도 애당초 그런 행위 자체가 없기 때문에 작품으로 담아낼 수가 없는 겁니다. 작년에 신극新劇 쪽에서 미이케의 문제와 안보개정 문제 그리고 오키나와 문제를 다룬 슈프레히코르 Sprechchor[13]가 제작된 적이 있었는데, 그때도 오키나와 문제는 작품화하는 데에 상당한 어려움을 겪었다고 합니다.

이러한 의미에서 지금 나카노 선생님께서 제기하신 문제는 굉장한 파장이 있을 법한 지점이므로 이를 조선에만 국한할 것이 아니라 좀 더 확장된 범위에서 생각해야 할 문제가 아닌가 싶습니다.

시카타 히로시

일본인 자체가 아직 인권사상에 대해 체득하지 못한 그런 점이 있습

---

13 시구(詩句)나 대사를 효과적으로 전달하기 위해 간단한 리듬이나 억양을 붙여 집단적으로 제창(齊唱)하는 낭독 형식으로, 정치적 슬로건을 합창하거나 무대 연출상의 한 방법으로 이용되는 형식이다. 슈프레히코르라는 용어는 독일혁명의 지도자 칼 리프크네히트가 처음 사용했다. 특히 제1차 세계대전 후 노동자 집회나 데모에서 이를 많이 활용했으며 좌익 연극의 유력한 형식으로 이용되기도 했다.

니다. 하물며 타인에 대해서는 한층 더 냉담할 수밖에요.

이어서 앞서 언급되었던 '무지無知'에 관해 말씀드리자면, 먼저 전전과 패전 직후의 재일조선인들은 일종의 굴욕감Humiliation을 가지고 있다 보니 그들 스스로가 자신을 드러내놓고 보여주지 않았으며 또 그로 인해 일본인 입장에서는 조선인을 알 수 있는 기회가 좀처럼 주어지지 않았다는 점도 있습니다.

우부카타 나오키치

선생님께서 조선으로 가시기 전에 갖고 계셨던 조선관과 거기서 그들과의 직접적인 교류를 경험하신 후의 조선관에 어떤 차이가 있었는지요?

시카타 히로시

제가 일본에 있었을 때는 재일조선인의 수도 워낙 적었거니와 개인적으로도 그들과의 접촉 경험이 전혀 없던 백지상태였습니다. 게다가 그전에 이미 3년가량 외국에 있다가 바로 조선으로 갔던 터라 그때는 그저 외국 생활의 연장이라 여겼기에 또 다른 이국異國 사회로 들어갔다는 정도로밖에는 느껴지지 않았습니다.

우부카타 나오키치

당시 시카타 씨와 교류 관계가 있던 사람들은 상당한 수준의 고급 인텔리로서 일반 서민 수준은 아니라고 생각되는데요. 그리고 경성대학이라는 곳은 조선 사회 내에서도 다소 격리된 곳이기도 하고요.

시카타 히로시

그건 그렇습니다. 그런데 당시 좀 의외였던 것은 조선에서 굴뚝 청소라든가 분뇨 퍼내는 일을 하는 하급 노동자가 일본인이었다는 겁니다. 예외적인 경우이긴 합니다만……. 아무튼 그들과 우리는 서로가 같은 일본인이었기 때문에 편하게 이야기를 나누곤 했습니다. 물론 무의식중에는 식민자의식이 존재했을 테지만 말입니다.

비우호적인 문학사와 우호적인 문학사

미야타 세쓰코

나카노 선생님께서 제시하신 문제는 일본이 압박민족이었다는 것에서 비롯된다고 생각합니다. 이는 패전 후에 피압박민족이 되었어도 의식적인 면에서는 그다지 변하지 않았습니다. 그런 와중에 박 선생님께서는 「일본 프롤레타리아문학에서의 조선 및 조선인상日本プロレタリア文学における朝鮮および朝鮮人像」[14]을 통해 일본과의 우호의 증거를 찾고자 애를 쓰셨다고 생각합니다. 그러나 저희 일본인 입장에서 말씀드리자면, 물론 예외적으로 그런 사람도 있었을지 모르지만 오히려 예외가 아닌, 즉 비우호의 역사라는 것을 중대한 포인트로 삼고 이를 더욱 문제시 여겨야 한다고 생각합니다.

---

14 원문에는 「日本プロレタリア文学に表われた朝鮮人像」으로 되어있으나, 「日本プロレタリア文学における朝鮮および朝鮮人像」의 오기이다. 朴春日, 「日本プロレタリア文学における朝鮮および朝鮮人像-2-」, 『朝鮮月報』 8・9, 東京:朝鮮研究所, 1957, 36~43쪽.

박춘일

네, 그렇습니다. 하지만 문학 연구에 있어 새로운 분야를 깊이 파고 들어가기 위해서는 역시 단계적인 절차나 과정이 있지 않나 싶은 겁니다. 아직 조사·연구 과정 중인지라 단정적으로 말씀드리기는 어렵습니다만, 설령 그것이 예외적일지언정 우호의 증거는 그야말로 미래를 위한 어떤 희망이라고 여기고 있습니다. 그런 의미에서 초반에는 일본 프롤레타리아문학만을 한정하여 조사하기도 했습니다. 사실 그 결과에 대해서는 어느 정도 예측이 가능했음에도 불구하고 직접 그걸 확인했을 때의 기쁨이란 이루 다 말할 수 없을 정도였지요. 그래서 이번에는 영역을 보다 확장시켜 근대문학이라는 너른 광장 안에서 이를 파악하고자 현재 조사 중에 있습니다. 그 가운데 현재까지 확인된 범위 내에서 말씀을 드리자면, 방금 미야타 씨가 말씀하신 비우호적인 측면은 예외가 아닌 주류로서 존재하고 있다는 것을 실제로 확인할 수 있었습니다. 물론 이를 두고 너무나도 당연한 일이라고 치부해버리면 그만이겠지만 저는 구체적으로 각 작품마다 이를 일일이 적용하여 직접 확인하는 과정이 중요하다고 생각합니다. 그리하면 프롤레타리아문학이라는 진영에 속하지 않는 문학자들 중에서도 꽤 많은 사람이 조선 문제나 조선인을 바르게 바라보려는 인간적인 태도를 취하고 있었다는 것을 알 수 있습니다. 물론 당시 그들에게 있어서 그 자체가 커다란 내적 갈등의 산물이었겠지만, 바로 그러한 노력이 있었다는 것을 우리는 확인할 수 있는 겁니다. 또 이를 역으로 보면, 프롤레타리아문학 안에 존재하는 조선상이라 할지라도 어쨌든 왜곡된 편견을 드러낸 작품이 있었다는 사실 등의 다양한 측면을 발견할 수 있습니다.

이러한 모든 것들이 근대 일본이 조선을 대하는 관계방식의 문학적 반영이라고 할 수 있는데, 사실 조선상 그 자체는 이미 고대 일본문학에서부터 존재하고 있었습니다. 주지하듯 일본 최고最古의 문헌이라 일컬어지는 『고지키』, 『니혼쇼키』, 『만요슈萬葉集』 등이 등장하던 시기부터 시작되었던 겁니다. 물론 이들은 문학이라기보다 '기록'으로서의 비중이 더 크기 때문에 역사적 사실로서의 옳고 그름이 더욱 중요하지만, 어쨌든 그 안에 문학적 형상으로서의 조선상이 적잖이 드러나 있습니다.

예를 들어, 『만요슈』에 실린 '한인韓人 사람이 / 옷 염색한다 하는 / 지치꽃처럼 / 마음에 스며들어 / 생각이 나는구려韓人の衣染むてふ紫のこころに染みて思ほゆるかも'[15]라든가 '한국韓國의 / 호랑이라 하는 신 / 생포를 하여 / 여덟이나 잡아와 / 그 가죽 벗겨 / 다다미를 누비어 / 여덟 겹자리…韓國の虎という神をいけどりに八頭持ち来其皮をたたみにさし八重畳…'[16]와 같은 가歌는 그 하나의 발로라고 할 수 있습니다. 이를 두고 우호·비우호라는 식의 기계적인 구분은 위험한 발언이긴 합니다만, 그 부정적인 흐름은 에도 무렵의 센류川柳[17]에까지 나타나 '삼한三韓은 여자(진구황후)에게 진 나나후구리三韓は女にまけてななふぐり'[18]라든지 '기요마사清正[19]는 (옛 고구려 땅

---

15 麻田連陽春, 「韓人の衣染むてふ紫のこころに染みて思ほゆるかも」, 『万葉集』 4, 569首.

16 作者不詳(乞食者), 「韓國の虎という神をいけどりに八頭持ち来其皮をたたみにさし八重畳…」, 『万葉集』 16, 3885首.

17 에도 시대 중기에 성립된 운문 장르이며, 하이카이(俳諧)와 마찬가지로 5·7·5의 17자로 된 짧은 정형시이다. 그러나 하이카이에는 반드시 넣어야 할 계절을 나타내는 단어인 계어(季語) 등의 제약 없이 자유롭게 용어를 구사하여 사회의 모순이나 인정에 대해 예리한 골계미로 표현하는 서민문학이다.

18 「三韓は女にまけてななふぐり」, 『誹風柳多留拾遺』, 六編. 설명을 추가하자면 다음과 같다. 이 구(句)는 진구황후의 삼한정벌과 관련된 것이다. 먼저 "ななふぐり"는 '無い無いふぐり'를 줄인 말로서 여자에게 지는 남자, 마누라에게 쥐여 사는 남자 등 패기라고는 찾아볼 수 없는 무력한 남자를 조소하여 빗댄 말이며, 여기서 'ふぐり'는 음낭(陰囊)을 가리

저 끝) 류사강流沙川까지 쫓아갈 생각이로다淸正はりうさ川迄追ふ気なり'라는 식으로 읊조려지곤 했습니다. 한편, 당시 아라이 하쿠세키新井白石[20] 등의 사고방식도 문제적인데 이는 오랜 쇄국 시대를 거쳐 얻은 이른바 개국 사상과도 연결되는 것이므로 이에 관하여 좀 더 깊이 연구해 볼 여지가 있다고 생각합니다. 그 이유는 일본의 개국 그 자체가 구미 열강의 아시아 침범을 정공법正攻法[21]으로 받아치는 것이 아니라 그것을 방패 삼아 아시아 내의 후진국을 대상으로 침략의 칼날을 들이대는 방향으로 나아갔기 때문입니다. 하야시 시헤이나 사토 노부히로佐藤信淵[22] 등의 주

킨다. 따라서 "三韓は女にまけてななふぐり"는 '삼한은 여자(진구황후)에게 진 나나후구리'라고 풀이하거나, "三韓は女にまけてななふぐり(七つにしてよこせ)"로서 '삼한은 여자(진구황후)에게 져 단 하나밖에 없는 음낭을 (일곱 개로 만들어 이리로 넘기라는 말을 듣는 처지가 되었구나)'로 풀이된다.

19 가토 기요마사(加藤清正, 1562~1611) : 아즈치모모야마(安土桃山) 시대부터 에도 시대에 걸쳐 활동했던 일본의 무장(武将)이자 다이묘이다. 어린 시절부터 도요토미 히데요시의 가신을 지냈으며, 시즈가타케(賤ヶ岳) 전투에서 활약한 칠본창(七本槍)의 한 사람으로 꼽혔다. 그 밖에도 임진왜란과 정유재란에 참전한 바 있으며 이후 세키가하라(関ヶ原) 전투에서 동군(東軍)으로 참전 후 승리하여 52만 석의 영지를 거느린 센고쿠 다이묘이자 구마모토(熊本) 번의 초대 번주가 되었다.

20 아라이 하쿠세키(新井白石, 1657~1725) : 에도 시대의 유학자이자 정치가다. 주자학, 역사학, 지리학, 언어학, 문학 등에 뛰어났으며, 시인으로도 활동했다. 하쿠세키는 조선 통신사 접대에 발생하는 과다 비용을 삭감하기 위해 관례를 대폭으로 간소화했다. 나아가 류큐국에서 에도로 파견되는 사신이 가져오는 국왕의 서간문을 모두 한문으로 고치게 하는 등 국제적인 외교의 장에서의 체면을 중시 여겼다. 하쿠세키가 힘쓴 경제 개혁으로는 '해박호시신례(海舶互市新例)'가 있었는데, 이는 국제무역의 창구였던 나가사키에서 행해지는 무역에 제한을 두는 것이었다. 이러한 무역 제한책은 기본적으로 막부 말기까지 유지되었다. 만년에는 저술 활동에 힘써 언어학, 지리학, 역사학 분야에서 수많은 저서를 남겼다. 주요 저서로는 『西洋紀聞』, 『采覧異言』, 『藩翰譜』, 『読史余論』, 『先哲像伝』, 『古史通』, 『古史通惑問』, 『蝦夷志』, 『南島志』, 『本朝軍器考』 등이 있다.

21 기묘한 꾀나 계책을 사용하지 않고 정석대로 정정당당하게 공격하는 방식을 가리킨다.

22 사토 노부히로(佐藤信淵, 1769~1850) : 에도 후기의 사상가 · 경세가(経世家;経済学者) · 농학자 · 병학자(兵学者) · 농정가(農政家)다. 어려서부터 난학 · 본초학을 배웠으며 이후에도 각지를 유람하며 유학 · 천문 · 지리 · 역학 · 병리학 등 다방면의 학문을 익히게 되었다. 그러한 학문과 경험을 바탕으로 경제, 외교, 국방, 교육 등에 걸쳐 각종 정책을 제안했다. 한편, 국학을 기반으로 일본의 우월성을 내세우면서 중국 침략을 주장

장에도 그러한 색채가 강렬하게 드러나며 특히 요시다 쇼인吉田松陰[23]의 사고방식은 그야말로 전형적이라고 생각합니다. 실제로 쇼인은『유수록幽囚録』에서 "조선 같은 곳은 예부터 우리에게 복속했는데, 오늘날은 거만하기 짝이 없구나而如朝鮮古時臣屬于我而今則寢倨最"라고 적고 있습니다. 그러면서 "일본은 서둘러 무력을 충실히 갖추어 틈을 보아 캄차카반도와 오호츠크해를 침탈하여 류큐를 비롯한 조선, 만주, 대만, 루손Luzon[24] 등을 기필코 수중에 넣고 말지니"[25]라는 가히 놀랄 만한 침략 설계도를 드러내고 있습니다.

따라서 메이지 시기의 정한론 역시 이러한 흐름으로 이해할 필요가 있으며, 근대 일본 최대의 계몽사상가라 불리는 후쿠자와 유키치의 조선정략론朝鮮政略論 또한 '조선의 독립을 돕는다'는 식으로 온갖 교묘한 농간이 더해졌을 뿐 본질적으로는 메이지 정부의 침략 방식과 하등의 차이가 없다고 할 수 있습니다. 당시 엄청난 영향력을 지닌 유키치였기 때문에 그의 이러한 조선관은 당대 정치가들은 물론이고 문학자들에게

하기도 했으며 일본 지상주의를 주창할 뿐만 아니라, 만주・조선・대만・필리핀 등 남양제도의 영유를 제창하는 등의 대외팽창주의를 내세운 '대동아공영권'을 구상한 인물로도 일컬어진다. 주요 저서로는『海防策』,『鐵炮窮理論』,『西洋列國史略』,『天柱記』,『經濟要錄』,『草木六部耕種法』,『混同秘策』,『物價余論』,『經濟問答』,『復古法概言』,『農政本論』 등이 있다.

23 요시다 쇼인(吉田松陰, 1830~1859) : 에도 시대의 존왕파(尊王派) 사상가이자 교육자로 메이지유신의 정신적 지도자로 불린다. 천황 중심의 체제변혁과 부국강병의 국가건설을 주창한 요시다는 주군인 번주(藩主)에게 변혁의 주체가 될 것을 건의하고 학문적 동지들에게도 동참을 호소하였다. 또한『幽囚錄』을 통해 정한론(征韓論)과 대동아공영론 등을 주장하여 일본의 제국주의 팽창에 큰 영향을 끼쳤으며 더불어 홋카이도 개척과 오키나와의 일본 영토화, 조선의 식민지화, 만주와 대만, 필리핀의 영유 등을 주장했다.
24 필리핀 북부, 필리핀 제도 최대의 섬이다.
25 "今急修武備,艦略具,礮略足,則宜開墾蝦夷,封建諸侯,乘間奪加摸察加隩都加,諭琉球朝覲會同比內諸侯,責朝鮮納質奉貢,如古盛時,北割滿洲之地,南收台灣呂宋諸島,漸示進取之勢"

도 상당한 영향을 끼쳤다고 생각됩니다.

근대문학에서의 조선

도카이 산시東海散士[26]의 『가인지기우佳人之奇遇』 역시 조선의 독립운
동에 가담하는 형태로 서술되고 있으며 개중에는 당면한 문제에 깊이
파고든 측면도 언뜻 엿보이긴 하지만 결국은 조선 침략을 위한 음모에
참획參画하는 내용입니다. 이는 요사노 뎃칸与謝野鐵幹[27]의 경우도 마찬
가지인데, 그의 작품뿐만 아니라 작가 본인이 실제 조선으로 건너가 그
러한 모의에 가담하기도 했습니다. 뎃칸은 『동서남북東西南北』[28]에서 조
선을 자주 언급하고 있는데, 소위 '호랑이虎 뎃칸'에서 '무라사키紫 뎃칸'
으로 변해가는 과정[29]은 무척 흥미진진합니다. 그 밖에 나쓰메 소세키夏

---

26 도카이 산시(東海散士, 1853~1922) : 소설가・군인・저널리스트다. 미국 펜실베이니
   아대학, 퍼시픽 비지니스 칼리지 등에서 경제학을 배운 뒤, 1885년에 귀국했다. 같은 해
   자신의 논지였던 국권신장론을 기초로 한 민족주의 정치소설『佳人之奇遇』를 발표했다.
   또한 국수주의 입장에서 서구정책을 비판한 바 있다. 후쿠시마현 중의원, 농상무성 차
   관, 외무성 참정관 등을 지냈으며 조약개정 반대 운동에 참여했다. 주요 작품으로는『佳
   人之奇遇』, 『東洋之佳人』, 『埃及近世史』 등이 있다.
27 요사노 뎃칸(与謝野鉄幹, 1873~1935) : 일본의 가인(歌人)이다. 요사노는 시가(詩歌)
   를 중심으로 한 월간 문예지인『明星』을 창간했는데, 이를 통해 서구 문예를 적극적으로
   도입하여 화려한 낭만주의 운동의 중심적인 역할을 하며 메이지 중기의 시단을 주도하
   면서 많은 가인을 배출시켰다.『短歌論』, 『망국의 노래(亡国の音)』를 비롯하여 가집(歌
   集)『東西南北』, 『天地玄黃』, 『紫』 등을 남겼다.
28 가집(歌集)『東西南北』은 1892년부터 1896년까지의 작품을 수록한 것으로, 단가(短歌)
   279수와 신체시 풍의 작품 51수, 렌가(連歌) 3편으로 이루어져 있다. 이 가운데 조선과
   관련된 작품은 단가 62수, 시 6편, 조선 민족요의 번역 11편에 해당한다. 동시기 조선을
   그린 문학 작품으로는 도카이 산시(東海散士)의『佳人之奇遇』, 핫토리 도오루(服部徹)의
   『小説東学党』 등이 있다. 박지영, 「與謝野鐵幹の短歌革新と朝鮮」, 『일어일문학연구』
   87-2, 한국일어일문학회, 2013, 168~174쪽 참고.

日漱石도 『만한 여기저기滿韓ところどころ』라는 글을 쓰긴 했으나 이는 그 자체로서 부정되어야 마땅한 내용입니다.

반면, 기노시타 나오에木下尚江,[30] 고스기 호안小杉未醒[31] 그리고 이시카와 다쿠보쿠石川啄木[32] 등은 주목해야 할 문학자라고 생각합니다. 프롤

---

29 뎃칸은 3회에 걸쳐 조선을 방문했는데 관련 작품이 『東西南北』과 『天地玄黃』에 수록되었다. 『東西南北』에는 호랑이, 칼이 등장하는 작품이 20수 가까이 되는데, 이는 『亡国の音』에서 주장한 '대장부의 시'를 만들어내기 위해 전략적으로 선택된 것으로 보인다. 본서의 내용과 같이 뎃칸의 가풍(歌風)을 '호검조(虎劍調)', 또는 '호랑이 뎃칸(虎の鉄幹)' 등으로 불리게 한 단가는 다음과 같다. 조선 산천에, 가을바람 이누나, 큰 칼 만지며, 이 몸 근심하는 것, 없을 수는 없어라. / 조선 산천에, 포효한다는 호랑이, 소리도 없네. 스산한 가을날에, 바람만 이는구나. / 나와라 이놈, 덤빌 테면 덤벼라. 가죽을 벗겨, 내 허리춤의 큰 칼, 칼집을 만들리라. / 산봉우리에, 호랑이 처절히도, 울부짖도다, 이 저녁은 바람이, 거세지려 하누나.(韓山に、秋風立つや、太刀なでて、われ思ふこと、無きにしもあらず。/ から山に、吼ゆてふ虎の、聲はきかず。さびしき秋の、風たちにけり。/ いでおのれ、向はば向へ。逆剝ぎて、わが佩く太刀の、尻鞘にせむ。/ 尾上には、いたくも虎の、吼ゆるかな、夕は風に、ならむとすらむ。/ いたづらに、何をかいはむ。事はただ、此太刀にあり。ただ此太刀に。)" 이 시를 통해 '호랑이 가죽으로 칼집을 만들겠다'는 의기와 정열에 가득 찬 있는 뎃칸을 엿볼 수 있다.(박지영, 앞의 글, 168~174쪽 참고) 따라서 위의 '호랑이(虎) 뎃칸'에서 '무라사키(紫) 뎃칸'으로 변해가는 과정이란 첫 번째 시가집 『東西南北』(1896) 이후 네 번째 시가집 『紫』(1901)가 간행되기까지의 뎃칸의 변화를 말한 것으로, 비분강개의 어조로 노래하던 '호랑이 뎃칸'이 『紫』를 낼 무렵에는 서서히 연애 찬미의 낭만적인 풍조의 이른바 세이킨조(星菫調)로 이행해 가던 '紫 뎃칸'으로의 변화를 뜻한다.

30 기노시타 나오에(木下尚江, 1869~1937): 일본의 사회운동가·평론가·작가다. 일본 최초로 보선운동(普選運動: 보통선거 실현을 추구하는 사회운동)을 일으켜 투옥되기도 했다. 이후 『每日新聞』의 기자가 되어 폐창운동(廢娼運動), 아시오 광독 문제(足尾鉱毒問題) 등을 다루기도 했다. 『平民新聞』의 중심 멤버로서 러일전쟁에 반대하는 운동을 전개했으며, 반전소설(反戰小説) 『불기둥(火の柱)』을 썼다. 그 밖에도 『懺悔』, 『墓場』, 『国家主義以前』 등이 있다.

31 고스기 호안(小杉放庵, 1881~1964): 서양화가·일본화가·가인이다. 러일전쟁 당시 화가로서 종군했으며 삽화가로 유명하다. 고스기는 유럽 각국을 경험한 뒤 귀국하여 재흥일본미술원(再興日本美術院)의 양화부(洋画部)에 참가했다. 이후 미술 단체인 슌요카이(春陽会)를 창립하기도 했는데, 점차 화풍이나 그림 소재가 동양적인 경향을 드러내는 일본화를 주로 그리게 되었다. 그 대표작품으로는 초기작 「수향(水郷)」을 비롯하여 『泉, 採薬, 静意, 動意』(도쿄대학 야스다(安田) 강당 벽화), 『장자(荘子)』, 『류취(瘤取)』 등이 있으며, 수필집으로는 『고향(故郷)』, 『귀거래(帰去来)』, 가집(歌集)은 『산에 머무네(山居)』가 있다.

레타리아문학과 관련해서는 구로시마 덴지黒島伝治,[33] 나카니시 이노스
케中西伊之助,[34] 마키무라 고槇村浩,[35] 미야모토 유리코宮本百合子[36]를 비롯
하여 나카노 시게하루 씨 등이 그러합니다. 지금 이 자리에 계셔서가 아
니라, 나카노 선생님의 단편『모스크바를 가리켜モスクワ指して』,『젊은이
わかもの』 그리고 「비 내리는 시나가와역雨の降る品川駅」이라는 시는 결코
잊을 수 없는 작품입니다. 물론 다카하마 교시高浜虛子,[37] 도쿠다 슈세이

---

32 이시카와 다쿠보쿠(石川啄木, 1886~1912) : 일본의 가인 · 시인 · 평론가다. 사회주의
　사상을 추구하며 청년 계몽을 위해 노력했으나 요절하고 말았다. 신시샤(新詩社)의 동
　인으로서 단가 · 시 등을 발표했으며, 처녀 가집『한 줌의 모래(一握の砂)』(1910)로 가
　단의 주목을 모았다. 이시카와의 사후에는 가집『슬픈 완구(悲しき玩具)』가 간행되었다.
33 구로시마 덴지(黒島伝治, 1898~1943) : 일본의 소설가다. 와세다대학에 입학했으나 중
　퇴했다. 이후에는『文芸戦線』의 동인뿐만 아니라 일본 프롤레타리아작가동맹에서도 활
　동했다. 시베리아 출병 경험을 바탕으로 한『소용돌이치는 까마귀 떼(渦巻ける烏の群)』
　등의 반전소설 및 농민소설을 발표했다. 주요 작품으로는『2전짜리 동전(二銭銅貨)』,
　『돼지 떼(豚群)』,『電報』등이 있다.
34 나카니시 이노스케(中西伊之助, 1887~1958) : 일본의 작가 · 노동운동가 · 정치가다.
　어린 시절부터 다양한 직업에 종사했으며 병역 후 조선으로 건너가 신문기자로서 갱부학
　대(坑夫虐待)를 폭로하여 투옥되기도 했다. 귀국 후, 일본교통노동조합(日本交通労働組
　合)을 결성하여 서기장으로서 쟁의를 지도하다가 다시 투옥되었다. 문예 잡지『씨뿌리는
　사람들(種蒔く人)』의 동인 및『文芸戦線』에서도 활동했다. 전후에는 공산당에 입당하여
　중원의원이 되었으나 탈당한다. 주요 작품으로는『적토에 싹트는 것(赭土に芽ぐむも
　の)』,『緑陰』,『不逞鮮人』,『死刑囚と其裁判長』,『너희들의 등 뒤에서(汝等の背後より)』,
　『赤道』,『婦人労働問題』,『공장과 전원의 부인노동(工場と田園の婦人労働)』등이 있다.
35 마키무라 고(槇村浩, 1912~1938) : 일본 프롤레타리아 시인으로 프롤레타리아작가동
　맹의 고치(高知)지부를 결성하고 일본공산청년동맹(日本共産青年同盟)에도 가입했다.
　반전시집(反戦詩集)『간도 빨치산의 노래(間島パルチザンの歌)』등을 통해 조선 인민의
　연대와 식민지 해방을 호소하며 국제적인 연대를 주장했다. 그러나 이러한 일련의 활동
　으로 인해 검거되어 투옥되었으며 비전향을 일관하다가 학대와 고문을 받았다. 주요 작
　품으로는「대중의 친구(大衆の友)」,「프롤레타리아문학(プロレタリア文学)」,「살아있는
　총가(生ける銃架)」,「1932 · 2 · 26(一九三二 · 二 · 二六)」,「出征」등이 있다.
36 미야모토 유리코(宮本百合子, 1899~1951) : 소설가이자 평론가다. 니혼여자(日本女子)
　대학 영문과를 중퇴하고 17세에『가난한 사람들의 무리(貧しき人々の群)』를 발표하며
　등단했다. 이후에도 줄곧 프롤레타리아문학 작가이자 민주주의 문학의 리더 및 좌익운
　동가로서 활동했다. 주요 작품으로는『반슈평야(播州平野)』,『1932년의 봄(一九三二年
　の春)』,『행복에 관하여(幸福について)』,『모스크바 인상기(モスクワ印象記)』,『부인과
　문학, 근대일본의 부인작가(婦人と文学, 近代日本の婦人作家)』등이 있다.

德田秋聲,[38] 다카무라 코타로高村光太郎,[39] 도요시마 요시오豊島与志雄,[40] 아베 도모지阿部知二,[41] 쓰보이 시게지壺井繁治[42] 씨들도 마찬가지입니다.

8・15 이후에는 확실히 일본문학에 나타나는 조선상의 질적 변화가 생기기 시작했으며 작품에서 이들을 다루는 데에도 적극성이 한층 더해

37　다카하마 교시(高浜虚子, 1874~1959) : 가인(俳人)이자 소설가다. 특히 마사오카 시키(正岡子規)를 중심으로 한 하이쿠(俳句) 잡지『호토토기스(ホトトギス)』의 이념으로 객관사생(客観写生), 화조풍영(花鳥諷詠)」을 제창한 것으로 유명하다.

38　도쿠다 슈세이(德田秋声, 1872~1943) : 일본의 소설가로서 자연주의문학의 대표작가로서 활약했다. 오자키 고요(尾崎紅葉)의 문하생이 되어 에도 시대의 최하층민들의 자손을 취재한 것을 바탕으로 첫 작품『야부코우지(藪かうじ)』를 발표했으며, 이즈미 교카(泉鏡花), 오구리 후요(小栗風葉), 야나가와 슌요(柳川春葉) 등과 함께 오자키 고요의 문하생으로서 습작 생활을 이어갔다. 러일전쟁 후, 문단의 새로운 경향으로서 자연주의 문학이 대두하던 가운데『新世帶』를『국민신문(國民新聞)』에 연재하면서 자연주의 작가로의 작풍 전환에 성공했다. 주요 작품으로는『犧牲』,『絶望』을 비롯하여 사소설『곰팡이(黴)』,『타다레(爛)』,『아라쿠레(あらくれ)』,『거리의 무도장(町の踊り場』,『和解』,『죽음과 가까이(死に親しむ)』 등이 있다.

39　다카무라 고타로(高村光太郎, 1883~1956) : 일본의 시인・가인・조각가・화가이다. 미국, 프랑스에서 조각을 공부하였고 미술비평에 뛰어들어 기존의 미술계를 비판하며, 로댕과 관련된 책들을 번역하였다. 한편, 신시사(新詩社)에 가입하여『明星』에 단가(短歌)를 발표하였다. 주요 작품으로는 시집『도정(道程)』,『지에코초(智惠子抄)』 등이 있다.

40　도요시마 요시오(豊島与志雄, 1890~1955) : 일본의 소설・번역가・불문학자・아동 문학자다. 도쿄대학 불문과에 입학했으며, 재학 중에 구메 마사오, 기쿠치 칸, 아쿠타가와 류노스케와 함께 제3차『新思潮』를 창간한다. 동인지에 발표한『湖水と彼等』을 계기로 문단에서 인정을 받았으며, 그 후로도 활발한 작품 활동을 이어나갔다. 주요 작품으로는 동화『꿈의 알(夢の卵)』을 비롯하여 소설『도화역(道化役)』,『황매화(山吹の花)』, 번역서『레 미제라블(Les Miserables)』,『장 크리스토프(Jean Christophe)』 등이 있다.

41　아베 도모지(阿部知二, 1903~1973) : 일본의 소설가・영문학자・번역가다. 도쿄대학 영문과를 졸업했으며, 흄・엘리엇・리드・헉슬리 등의 영국 문예비평에 영향을 받았다. 주요 작품으로는 단편집『사랑과 아프리카(恋とアフリカ)』,『바다와 애무(海と愛撫)』, 평론집『주지적문학론(主知的文学論)』을 간행했다. 소설『겨울 숙소(冬の宿)』,『幸福』,『人工庭園』과『文学論』,『세계문학의 흐름(世界文学の流れ)』,『유럽기행(ヨーロッパ紀行)』 등의 평론 및『바이런 시집(バイロン詩集)』,『백경(白鯨)』 등의 번역서가 있다.

42　쓰보이 시게지(壺井繁治, 1897~1975) : 일본의 시인이자 공산당원이다. 와세다대학을 중퇴했으며, 초기에는 아나키스트 시인으로서 활동했으나 점차 프롤레타리아문학운동에 참가하게 되면서 다수의 저항시를 쓰게 되었다. 전후에는 민주주의 문학운동에도 일익을 담당했다. 주요 작품으로는『果実』,『머릿속의 병사(頭の中の兵士)』,『風船』,『馬』 등의 시집이 있다.

졌습니다. 이러한 변화 가운데 특히나 심적으로 의지가 되는 현상은 일본의 노동자, 부인, 청년, 학생과 같은 보통 사람들, 즉 전문적인 문학자가 아닌 사람들까지도 조선 인민을 형제라 부르며 새로운 연대로서의 인연을 만들어가고자 분투하고 있다는 겁니다. 이는 무엇보다 김일성金日成 수상에 의해 조선 인민의 진정한 조국 다시 말해, 조선민주주의인민공화국이 창건된 것과도 밀접하게 관련되어 있습니다.

그런데 최근에는 한일회담 강행이라는 문제와 뒤얽혀 또다시 '일선동조론'식의 '한일운명공동체론韓日運命共同體論'이 대두되고 있는가 하면, 다른 한편에서는 공화국북반부共和國北半部에 대한 악질적인 중상모략이 성행하고 있습니다.

이와 관련한 문학자로는 히라바야시 다이코平林たい子,[43] 곤 히데미今日出海,[44] 유아사 가쓰에湯浅克衛[45] 등이 굉장히 적극적인데, 저는 그들의 몰

---

43 히라바야시 다이코(平林たい子, 1905~1972) : 일본의 소설가다. 전화교환수, 점원 등의 여러 직업을 전전하다가 아나키스트 그룹과 가까이하게 되었다. 1924년에는 조선, 만주를 방랑하다가 딸을 낳았으나 아이는 얼마 못 가 병사하고 만다. 이러한 생활을 리얼하게 그려낸 작품『조소하다(嘲る)』,『치료실에서(施療室にて)』등을 발표하면서 프롤레타리아문학의 신진작가로 인정받게 된다. 그 밖의 주요 작품으로는『夜風』,『敷設列車』등이 있다.

44 곤 히데미(今日出海, 1903~1984) : 일본의 소설가・평론가・무대연출가다. 도쿄제대 불문과를 졸업했으며 학생 시절부터 연극 활동에 참여했다. 또한『文芸都市』,『作品』,『行動』,『文学界』등을 통해 평론, 수필, 번역을 발표했다. 이후 메이지대학 교수를 지내다가 육군보도반원(陸軍報道班員)으로 필리핀으로 건너갔다. 주요 작품으로는『천황의 모자(天皇の帽子)』,『분노하라 산페이(怒れ三平)』,『아직 밤이다(まだまだ夜だ)』등이 있다.

45 유아사 가쓰에(湯浅克衛, 1910~1982) : 일본의 소설가다. 소・중학 시절을 조선에서 지냈으며, 제일와세다고등학원(第一早稲田高等学院)을 중퇴했다. 1935년에 잡지『改造』의 현상소설 2등에 당선되면서 작가 데뷔를 하게 된다. 1936년에는 잡지『現実』창간에 동참하기도 했으며, 이후『人民文庫』에 들어가면서 프롤레타리아문학으로 경도되었다. 그 후 식민지소설을 썼으며, 전후에는 브라질이민을 주제로 삼았다. 유아사의 경성중학교(京城中学校) 동창생으로는 소설가 나카지마 야스시(中島敦)가 있다. 주요 작품으로는『아득한 지평(遥かなる地平)』,『반도의 아침(半島の朝)』,『민족의 씨실(民族の緯糸)』,『鴨緑江』,『간난이(カンナニ)』,『톨스토이, 인간애의 문호(トルストイ 人間愛の文

염치한 언동에 강한 격분을 느낍니다. 이러한 경향은 추리작가 가지야마 도시유키梶山季之[46]의 소설『카드는 한 번 돌아온다カードは一度戻ってくる』[47]에서도 드러납니다. 그는 이 작품에 등장하는 악역의 생김새를 영락없는 조선인으로 묘사해두었더군요. 기가 찰 노릇입니다. 이는 결국 그런 식의 조선관이 아직도 뿌리 깊게 남아 있다는 것을 의미합니다.

말이 좀 길어졌습니다만, 요컨대 일본문학에서 드러난 잘못된 조선관을 소멸시키기 위해서는 일단 한일회담 같은 정치적 음모를 깨부수는 것이 선결과제라고 생각합니다. 그리고 이를 위해서라도 일본인 스스로가 문학 작품 속에 그려진 조선상을 발굴·검토한 뒤에 이들을 새로이 정립시키는 것이 중요하지 않나 싶습니다.

잠재의식의 복잡성

시카타 히로시

조금 전에 악역의 얼굴 생김새를 조선인과 유사하게 그려냈다는 말씀

豪』 등이 있다.

46 가지야마 도시유키(梶山季之, 1930~1975) : 일본의 소설가이자 언론인이다. 가지야마의 부친이 토목기사로서 조선총독부에서 근무하던 시절에 경성에서 태어났다. 이후 1942년에 경성중학교에 입학했으며 패전 후 일본으로 돌아가 히로시마고등사범학교(広島高等師範学校)를 졸업했다. 어린 시절부터 작가 지망생이었던 가지야마는『新思潮』 동인이 되어 활동하기도 했다. 르포라이터로 전업한 후에도 문학 활동을 이어나갔는데 그중 경제소설『黒の試走車』로 일약 주목을 받았다. 그 밖에도『이조 잔영(李朝残影)』,『밤의 배당(夜の配当)』,『꿈의 초특급(夢の超特急)』,『피와 기름과 운하(血と油と運河)』 등의 수많은 작품을 남겼다.

47 원문에는『カードはもう一度戻ってくる』로 되어있으나, 이는『カードは一度戻ってくる』(梶山季之,『小説新潮』 16-7, 1962.7.)의 오기이다.

을 하셨습니다만, 사실 그런 식으로 발상하는 사례는 한둘이 아닙니다. 그러니까 형용어구 안에서 그러한 잠재의식이 드러나는 겁니다. 그런데 그런 식으로 보자면 중국인을 아편과 연관 지어 악역으로 그려낸 추리소설 같은 것도 제법 많습니다. 어쩌면 그리 신경을 곤두세울 만한 일이 아닐 수도 있겠지만, 제가 워낙 예민한 편이다 보니 자꾸만 그런 작품들이 눈에 띄는군요. 그건 그렇고 다나카 히데미쓰田中英光[48]라든지 유아사 가쓰에처럼 조선에서 나고 자란 사람들의[49] 작품 등은 어떻게 평가해야 하는 걸까요…….

박춘일

유아사 가쓰에 같은 경우는 특히 『간난이カンナニ』라는 작품이 기억에 남습니다. 하지만 결말 부분에서 미국을 마치 조선의 '구세주'인 것처럼 묘사하고 있더군요. 이는 사실과 완전히 반대되는 것인데 말입니다. 그 무엇보다 일본 제국주의에 반대하여 일제히 들고 일어났던 3·1운동의 본질을 파악하지 않았다는 것이 치명적인 문제라고 생각합니다. 그리고

---

48 다나카 히데미쓰(田中英光, 1913~1949) : 일본의 소설가다. 와세다대학 경제학부를 졸업했으며 다자이 오사무(太宰治)에게 사사했다. 다나카는 제2차 세계대전 후, 근대 기성문학 전반에 대한 비판을 근거로 하는 무뢰파(無賴派)에 속하는 작가로 알려져 있다. 대학 시절 조정(漕艇) 선수로서 로스앤젤레스 올림픽에 출전한 경험이 있으며, 이때의 경험을 담은 중편소설 『올림포스의 과일(オリンポスの果実)』을 발표했다. 한편, 대학 졸업 후 요코하마 고무 주식회사(横浜ゴム株式会社)에 취직하여 1935년부터 1944년까지 경성출장소(京城出張所)에서 근무한 바 있다. 주요 작품으로는 『야호(野狐)』, 『안녕히(さようなら)』, 『나의 서유기(我が西遊記)』, 『지하실에서(地下室から)』, 『離魂』, 『취한 배(酔いどれ船』 등이 있다.
49 이들이 "조선에서 나고 자랐다"는 시카타의 발언과 달리, 다나카 히데미쓰와 유아사 가쓰에 모두 일본 출신이다. 다나카는 1935년부터 1944년까지 경성출장소(京城出張所)에서 근무한 경험이 있으며, 유아사는 유년시절을 당시 조선에서 보냈을 뿐이다.

다나카 히데미쓰의 작품 중에는 『취한 배醉どれ船』가 제일 유명한데, 그의 작품들은 초기작까지 포함하여 그 대부분이 일본 통치하의 조선의 모습을 리얼하게 그려내고 있습니다.

미야타 세쓰코

앞서도 한번 언급하신 말씀입니다만, 박 선생님께서 하셨던 연구에 관해 일본인들의 관심이 저조했던 것은 사실입니다. 그런데 오히려 조선인 쪽이 그 관심의 밀도나 질적인 면에서 모두 높았다고 생각합니다. 다만, 그것이 비단 문학만의 문제가 아니라 후지지마 선생님께서 말씀하신 것처럼 구조적인 일본인의 사상 그 자체와 관련지어 보다 명확하게 밝혀내야 한다고 생각합니다. 박 선생님께서 말씀하신 그러한 사례들 가운데 우호의 역사만을 추려내어 말할 수밖에 없을 정도로 비우호적인 역사가 주류였습니다. 이어 짧게나마 관동대진재關東大震災의 문제도 언급하셨는데, 근본적으로는 권력에 놀아난 것이 틀림없긴 합니다만 서글프게도 자경단自警團 같은 활동은 자발적으로 이루어졌던 것이 사실입니다. 어떤 풍문을 살짝 속삭이기만 해도 그 즉시 행동으로 옮기고야 마는 그런 사고방식이 당시 일본인에게 있어서는 몹시 중요했던 거라고 생각합니다. 따라서 우호적인 역사, 비우호적인 역사라고 이분화해봐야 이미 너무나도 복잡하게 뒤얽혀 있기에 기계적으로 구분 짓기 어려운 점들이 상당히 많다고 생각합니다.

교육 방면에서의 조선

오자와 유사쿠

지금 말씀하신 그런 상황이 기본적으로 있긴 있었지만, 이를 교육 쪽에서 다시 살펴보면 다소 다른 지점들이 나타나고 있습니다. 특히 최근에는 재일조선인의 교육실천이 질적으로 상당히 향상되기 시작했으며, 내용 면에서도 일본의 교육 수준을 훨씬 넘어서고 있습니다. 이렇다 보니 재일조선인들이 여러 의미에서 본보기로 삼고 있는 공화국共和國의 교육에 관하여 일본의 교사나 연구자들이 마지못해서라도 관심을 가질 수밖에 없게 된 겁니다. 이런 부분에 있어서는 의존적이라고 평가되는 측면이 있긴 합니다만……

하지만 실제 교과서 내용 안에서 조선은 여전히 부당한 취급을 받고 있습니다. 예를 들어, 고등학교 세계사에서 근대를 언급할 경우 제일 먼저 '일한병합'부터 등장하며 3·1운동은 거의 다뤄지지 않은 채 바로 독립에 이르는 것으로 서술되어 있습니다. 게다가 '남북으로 나뉘어 독립한 상태이므로 당분간 통일은 바랄 수도 없는 상황'이 마치 확정된 것인 양 언급되고 있습니다. 인문지리의 경우는 이보다도 심각한데, '일본의 무역 대상으로서 한국무역'이라든가 어업 문제에서는 '李라인'[50] 그리고 '아시아 미작지대米作地代'라는 식으로 조선의 이름을 표면화시켜 정리해 둔 기술은 어디에도 없습니다. 그리고 원시 농업으로서의 화전 농업이

---

50 '이라인(Lee line)' 또는 '이승만 라인(李承晩ライン)'이라고도 불리는 일명 '평화선(平和線)'을 가리킨다. 이 이승만 라인은 1952년 이승만 대통령이 우리나라 연안수역 보호를 목적으로 선언한 해양주권선이다.

오늘날 북조선에 남아 있다는 식의 잘못된 서술도 보이고요. 한마디로 인문지리 분야에서는 통일된 조선상이 드러나지 않는다고 할 수 있습니다. 이러한 사례를 종합해 보면, 농업국에다가 저개발 국가인 한국은 그저 일본의 무역 대상일 뿐이라는 겁니다. 따라서 앞서 언급했던 인식의 변화도 교사에게나 해당되는 이야기이고 학생 수준에서는 극히 부분적인 현상인 거죠. 일반적으로 고등학생이나 일본 청소년들의 조선인식은 교과서에 등장하는 그런 한국인식 더 나아가 이승만인식으로 대표되어 버리는 경향이 짙습니다.

박춘일

그 말씀에는 저도 동감합니다. 특히 문제적인 지점은 역사 교과서입니다. 고대부터 근대에 이르기까지 조선과 일본의 관계를 올바르게 서술하지 않고 의식적으로 왜곡시켜 두었습니다. 그런데 그러한 내용을 학생들에게 그대로 주입하게 되면 장차 상당히 위험한 조선관을 가지고 성장하게 되는 겁니다. 실제로 각지에서 발생하는 일부의 불량 고등학생이 조선인 학생을 상대로 저지른 폭행 사건 등이 하나의 현상이라고 할 수 있습니다. 이로 인해 일본의 어떤 사립 고등학교에서는 유사 사건의 재발 방지를 위해 올바른 朝·日 관계사를 다룬 교과서를 제작하여 학생들에게 가르쳤다고 합니다. 그러자 그들의 태도가 눈에 띄게 달라지기 시작했다더군요. 이는 매우 교훈적인 사례라고 생각합니다.

최근에는 朝·日 우호를 지향하는 고등학생들 간의 교류가 왕성해지고 있는데, 이것이 가능한 이유는 그 저류에 올바른 조선인식이 존재하기 때문이라고 봅니다.

그런 의미에서는 하야후네 치요早船ちょ[51]의 『큐폴라가 있는 거리キューポラのある街』와 이를 잇는 기타 작품들은 매우 귀중하다고 생각합니다. 그 밖에도 최근에 출판된 오자와 다카코小沢孝子 씨의 『버드나무 길ポ ヅナムの街』[52]이라는 작품이 있는데, 이는 조선인 유치원을 주요 배경으로 삼고 있다 보니 조선어가 수두룩하게 적혀 있습니다. 그리하여 이 소설을 읽으면 어느 정도까지는 조선어를 읽을 수 있게끔 구성해 두어 무척 흥미로웠던 기억이 납니다. 그리고 귀국 문제가 발생했을 당시 노동자 시인이 감동적인 시를 써서 일본의 여러 잡지에 발표했던 것도 대단한 성과였다고 생각합니다.

'새로운 세대'와 조선관의 변화

시카타 히로시

우리는 일본인의 조선관을 몹시 비관적으로 보고 있습니다만, 이와 달리 최근에는 우호적인 운동이 일어나고 있으며 그로 인해 젊은 층과 부인들의 관심이 상당히 고조되고 있다는 것을 실감하고 있습니다. 이는 비단 나고야名古屋 지역뿐만 아니라 전국적인 현상인 듯한데, 도대체 어떻게 된 것일까요?

---

51 하야후네 치요(早船ちょ, 1914~2005) : 일본의 소설가이자 아동문학 작가다. 그녀는 『큐폴라가 있는 거리(キューポラのある街)』, 『街』, 『湖』, 『언덕의 소년왕(丘の少年王)』 등 수많은 작품을 남겼다.
52 원문에는 『ポヅナムの街』로 되어있으나, 이는 『ポヅナムの町』(小沢孝子, 東都書房, 1962) 의 오기이다.

안도 히코타로

그건 일본인이 조선을 하나의 국가로 인정하기 시작한 현상이라고 생각합니다. 젊은이들에게는 이러한 단계에 이르기까지 지금껏 거쳐 온 고난의 역사에 대한 반성이나 지식이 결여되어 있다는 약점이 있을지 모르지만, 그런 부분은 우리가 메워가야 할 문제겠지요. 그러나 조선인을 조선이라는 하나의 국가를 짊어진 국민으로서 인정하기 시작했다는 것은 한 발 나아간 지점이라고 생각합니다. 이 이야기는 다케우치 미노루竹內実[53] 군이 이전에 어딘가에 게재했던 내용인데, 저 역시 상당히 납득했던 의견이기도 합니다. 그 내용인즉슨, 전시 중에 중국 내로 들어간 일본인은 전장戦場에서조차도 현지 중국인들과 친밀감을 형성했다고 합니다. 그런데 그런 경우도 사실 본인들은 국가를 짊어진 엄연한 일본 국민으로 여기면서 상대방은 그저 고립된 일개인으로 보았기 때문에 그런 친밀감을 느꼈던 것입니다. 따라서 본질적으로 그들은 단 한 번도 중국인을 한 나라의 국민으로서 대우하지 않았다는 것이지요. 이는 조선에 대해서도 마찬가지가 아닌가 싶습니다. 또한 일본인들이 만주로 이민을 간 경우역시 앞서 나카노 선생님께서 말씀하신 것처럼 중국인을 밀어내고 들어간 그들이 거기서 아무렇지도 않게 '니하오'라는 인사를 건네는 모습을 두고 그곳의 중국인들과 제법 사이좋게 지냈다고 생각할 수도 있지만, 사실 그런 경우도 상대를 아류일본인亞日本人정도로 밖에는 보지 않았던

---

53 다케우치 미노루(竹内実, 1923～2013):중국문학 및 현대 중국사회 연구자다. 중국 산둥성(山東省)에서 태어났으며 일본의 이송학사전문학교(二松學舍專門学校)를 거쳐 교토대학 중국어학문학과를 졸업했다. 졸업 후에는 중국연구소, 교토대학 인문과학연구소, 리쓰메이칸 국제관계학부 등에서 교수로 지냈다. 주요 저서로는『日本人にとっての中国像』,『中国 同時代の知識人』,『現代中国の文学 展開と論理』,『魯迅遠景』등이 있다.

겁니다. 반면, 전쟁에 있어서도 마찬가지인데 예를 들어 미국을 상대할 때는 먼저 선전포고를 하고 전쟁을 벌였지만 중국 상대로는 선전포고도 없이 야금야금 대륙을 잠식해간 것 또한 그러한 관계성을 드러내고 있다고 할 수 있겠습니다. 그렇지만, 이렇게 골육화骨肉化된 감각이 젊은이들 사이에서는 서서히 붕괴되기 시작한 것이 아닐까 싶습니다.

오자와 유사쿠

그러나 젊은 세대라고 해도 어떤 사람을 지칭하는지 일괄적으로 언급할 수 없으며, 또 국가로서 인식했다고 하더라도 어떤 국가로 인정하고 있는지 그런 것들이 문제겠지요. 제가 접했던 고등학생이라든가 교연집회敎硏集會의 보고서를 통해 느낀 점은 역시 조선인들 자체가 상당히 변혁되었다는 점이며 또 교연집회를 통해 감동을 받았다는 것 자체가 지금 말씀하신 젊은이들 사이에서 골육화된 감각이 붕괴되기 시작한 최대의 원인이라고 생각합니다. 그와 동시에 거꾸로 조선인식이 한국인식·이승만인식으로 슬쩍 바꿔치기되어 체제로 휘말려 들어 간 측면도 있으니까요. 그리고 어떠한 계층이 관심을 가지기 시작했는지는 너무나도 복잡하기 때문에 이를 일반 세대론으로 보기에는 다소 무리가 있는 지점이라고 생각합니다.

구스하라 도시하루

앞서 언급한 '반성'의 경우, 조선이 도구였던 것은 분명 사실입니다. 그러나 도구화되었던 것은 일본 인민도 마찬가지이며, 사실 지금도 도구화될 조짐이 보이곤 합니다. 그리고 그런 반성의 계기라는 것도 지금의 북조선을 연구함으로써 거기서 얻은 연구 내용을 통해 비교하는 과정에서 일본은 이러이러하다는 식으로 되짚어가다 보면 반성의 계기가 주어지는 거라고 생각합니다. 따라서 아무리 반성하려고 해도 과거를 모르니 어쩔 도리가 없다고만 할 것이 아니라, 지금의 우리를 반성하는 데서부터 과거로 거슬러 올라가는 그런 태도가 필요한 게 아닐까 싶습니다. 그저 덮어놓고 젊은이들에게 '반성해라! 반성해라!' 라고 한들 아무런 소용이 없는 거죠.

'조선'이라는 어휘의 뉘앙스에 관하여

안도 히코타로

분명 저 같은 사람도 제 딴에는 나름 진보적이라고 여기고 있는 데다가 심지어 조선에 관한 연구를 목적하는 일본조선연구소日本朝鮮研究所의 일원임에도 불구하고 조선인이 '우리나라'라고 하면 순간 흠칫하게 됩니다. 정말 엄청나게 낡은 사고방식이 아직도 남아 있는 것이지요. 왜 그런지 모르겠지만, 일본 사람들은 보통 조선인은 '우리나라' 같은 이런 말은 쓰지 않을 거라고 생각합니다.

시카타 히로시

저희는 지금까지 전전 조선戰前 朝鮮이라는 어휘를 최대한 피해왔습니다. 간혹 불가피한 경우에는 '조선 사람'이라거나 '반도' 또는 '반도인'이라든지 그런 다양한 어휘를 만들어내곤 했습니다. 전후가 되어서도 초기에는 '조선인'이라고 하면 저항감이라고 할까요? 어떤 위화감 같은 걸 느꼈지만, 지금은 완전히 편견 없이 '조선인'이라고 말할 수 있게 되었습니다.

박춘일

저희도 한때는 그런 위화감이 들곤 했습니다만, 지금은 '조선인'이라고 쓰기도 하고 또 그렇게 말하기도 합니다. 다만, 요즘 좀 신경 쓰이는 것은 일본인들과 관련된 부분입니다. 저희들의 조국, 즉 '조선민주주의인민공화국'이라는 정식 국가명을 알고 있는 사람이 그리 많지 않다는 겁니다. 게다가 상당히 진보적이라고 여기던 잡지 혹은 그리 여겼던 사람들이 '日鮮'이라는 어휘를 아무렇지도 않게 사용하는 걸 접할 때마다 저는 굉장히 놀라곤 합니다. 반동적인 정치가나 상업신문은 의식적으로 '北鮮' 같은 있지도 않은 말을 만들어내서 사용하고 있는데, 이는 조선민주주의인민공화국에 대한 적시정책敵視政策과 반조선사상反朝鮮思想을 드러내는 표현이라고 할 수 있습니다.

'북조선'이라는 어휘 역시 마찬가지로 이는 지역명이지 결코 국가명이 아닙니다. 그건 결국 조선민주주의인민공화국의 탄생과 그 존재의 의미를 바르게 파악하고 있는지와 관련한 문제라고 봅니다. 이것이 제대로 인식되지 않으면 조선인을 외국인으로서 대등하게 보는 것도 진정한 일조우호日朝友好도 결코 있을 수 없다고 생각합니다.

하타다 다카시

일본의 근대 사상은 유럽 제일주의라고 할까요. 아무튼 일본 국내의 뒤처진 부분들에 대해서는 상당히 비판적입니다. 그런데 이 같은 논리로 중국과 조선을 일본에 비교한다는 것은 당치도 않습니다. 너무나도 협의적인 조건 속에서 자란 일본의 근대주의였으니 어쩔 도리가 없겠지만, 그래도 이를 극복하지 않으면 5·4운동이나 3·1운동을 이해할 수도 없거니와 조선상을 올바르게 파악할 수도 없습니다. 이는 문학 안에서나 역사를 바라보는 데서도 마찬가지가 아닌가 싶습니다. 따라서 그저 일조우호라는 형태만으로 가능하겠는가 싶은 그런 생각이 드는 겁니다. 이러한 점은 중국과 관련해서도 근본적으로는 유사하다고 생각합니다. 다만, 일중우호운동日中友好運動 쪽이 좀 더 폭넓게 민중 속으로 퍼져나가는 그런 면이 있다고 보는 거고요. 그리고 일조운동日朝運動은 이와 관련하여 특별한 의식이 있는 자만이 관심 갖기 쉬운 그런 경향이 있습니다. 한편, 중국에 오랫동안 거주하던 사람들 중에는 현지 생활을 하면서 중국이 좋아진 사람들이 많은데 조선의 경우는 같은 상황일지라도 조선을 좋다 여기는 사람이 적은 것 같습니다. 물론 귀환 방법에 따라 개인차가 있다 보니 여전히 조선에서 머물던 그 시절을 좋게 기억하는 일본인들도 상당수 존재하긴 합니다만……

중국관과 조선관의 차이

안도 히코타로

그건 어떤 의미인가요?

박춘일

극단론이 될지도 모르겠습니다만, 앞서 언급하신 그런 현상의 원인 가운데 첫 번째로 일본인들에게는 중국에 대한 전통적인 사대주의가 존재하기 때문이라고 생각합니다. 이에 관하여 이시모다 쇼石母田正[54] 선생님께서 이와나미岩波의 역사 강좌에도 쓰신 줄로 압니다만, 그러니까 중국이 종주국이라는 인식이 꽤 오랫동안 지속되었다는 것이지요. 두 번째는 조선에 대해 현재 일본 당국이 취하고 있는 적시정책과 차별정책이 그 원인이라고 생각합니다. 물론 일조우호 운동이 최근 급속하게 발전하고는 있지만 그 정반대적인 의식의 흐름 또한 켜켜이 쌓이고 쌓여 있으니까요.

시카타 히로시

일단 중국이나 조선 등 현지에서 태어난 아이들과는 별개로 다 커서 그리로 건너간 경우, 그 나라에 대해 호감을 갖게 되는 경우는 드물기 마련입니다. 그 원인 중의 하나는 문화적인 방면에 있어 중국에는 도저히 대적할 수 없는 그런 측면이 있는 것도 사실이지만 비단 그뿐만이 아니라 지배형태에 있어서 조선에 대해서는 철두철미한 정복자로서의 군림이 가능했던 반면, 중국을 상대로는 그렇지 않았던 것을 들 수 있습니다.

---

54 이시모다 쇼(石母田正, 1912~1986) : 일본의 역사학자로 고대·중세사를 유물사관 관점에서 연구했다. 도쿄제대 철학과에 입학했으나 국사학과로 전과했다. 특히 전시 중에 집필한 『중세적 세계의 형성(中世的世界の形成)』으로 유명하다. 그 후 민주주의 과학자협회(民主主義科学者協会)를 창립했으며, '국민을 위한 역사학 운동(国民のための歴史学運動)'을 전개하기도 했다. 또한 이시모다의 저서 가운데 『일본의 고대국가(日本の古代国家)』는 일본 고대국가성립을 동아시아 국제관계 속에서 논한 것으로 주목을 모은 바 있다. 그 밖의 주요 저서로는 『中世的世界の形成』, 『平家物語』, 『神話と文学』, 『日本古代国家論』, 『歴史·文学·人間』, 『戦後歴史学の思想』 등이 있다.

게다가 상업 활동에 있어 그 입장을 대등하게 놓고 보면 일본인은 중국인한테 상대도 안 되는 그런 경우도 있었기 때문입니다. 실제로 만주사변 직전에 관동청關東廳의 재무장관으로 있던 친구가 이대로 가다가는 일본인들이 대련大連이나 여순旅順 중심가에서 밀려나게 될지도 모르니 당장 무슨 수라도 쓰지 않으면 안 된다고 했던 기억이 떠오르는군요. 그러나 이는 그들의 실력에 따른 압박이었기에 이런 부분에서는 중국인에 대한 두려움을 넘어 존경으로까지 변하게 된 겁니다.

나카노 시게하루

저는 방금 두 번째 원인으로 언급하신 정치적·현실적 문제가 상당히 크다고 생각합니다. 조선과 일본의 관계는 첫 번째 원인으로 제시하셨던 문화적인 것과도 관련이 있겠지만, 당시 일본은 조선의 전반적인 부분을 지배했습니다. 레닌은 앞서 언급한『제국주의론』에서 일본의 조선 합병에 대해 아시아적인 고문과 구타 방식 그리고 20세기의 제국주의적 압박을 한데 뒤섞은 너무나도 잔혹한 지배라고 적고 있습니다. 즉, 식민지 지배란 몇십 년간 지속되는 고문과 같은 것입니다. 그런데 이때 고문을 가하는 자가 고문당하는 이가 지닌 퍽 괜찮은 면모에 대해 인지하기 시작하면, 이제껏 모질게 매질하던 그 손에 힘이 빠져 그 전처럼 호되게 고문하기가 어렵게 되는 겁니다. 따라서 설사 그런 마음이 들더라도 이를 꾹 참고 고문을 가해왔던 것이지요. 이와 마찬가지로 옛 ○○ 궁宮이나 ○○ 박물관에 관하여 조예가 깊은 사람도 일단 조선으로 건너가면 이들의 90%는 그런 것들과 거의 동떨어져서 지냈던 겁니다. 물론 그 외에도 아예 나라를 팔아먹고 떠난 사람이라든가 그렇지 않으면 하다못해 말단 관리조차도 못된 이들은 도쿄나 오사카에서 먹고 살길이 막막하기 때문에 어쩔 수 없는 사정으로 조선으로 갔습니다. 그렇게 건너간 무리의 피라미드 조직이 조선인을 상대로 끊임없이 고문할 수밖에 없었던 거죠. 그러나 그렇다고 해서 이쪽에서 개입하여 그들을 관리할 만한 여유는 없었다고 생각합니다.

제가 아주 어린 시절에 일한합병이 이뤄졌는데, 그 당시 사람들이 이런 말을 했던 기억이 납니다. "조선인은 저금도 하지 않는다. 저금을 해봐야 관리들이 다 가져가 버리기 때문에 애당초 안 하는 거다. 그리고 조선은 산에 멀쩡한 나무 한 그루 없이 죄 잘려나간 그야말로 황무지 상태다"라고 말입니다. 요컨대 '조선의 정치 상태가 이토록 심각한데 우리 일본이 가만 보고 있으려니 너무나도 마음이 아프다. 따라서 일본이 이들을 거두어 잘 다스려 주겠노라'는 식으로 선전을 했던 겁니다.

미담(美談)에 대해서

안도 히코타로

나카노 선생님께서 조금 전에 말씀하신 새로운 일조관계를 상징할 만한 미담 말씀입니다만, 혹시 선생님께서 직접 겪으셨거나 지금도 마음속에 간직하고 계신 그런 미담이 있습니까?

나카노 시게하루

네. 안 그래도 그 부분에 관해서는 앞으로 논문이나 책으로도 다뤄볼 생각이라 현재 조사 중에 있습니다. 그런데 그게 여간 어려운 일이 아니더군요. 그도 그럴 것이 앞서도 말씀드렸다시피 제 자신이 조선에 대해 잘 모르는 데다가 직접 건너가 스스로 보고 겪은 바가 없으니까요. 하기야 한 번도 본 적 없는 대상을 쓰는 것이 문학이긴 합니다만, 그래도 역시 보통 일은 아니네요.

시카타 히로시

그와 반대로 조선에서 연구한 『내선융화미담집內鮮融和美談集』이라는 책이 있습니다.

우부카타 나오키치

역으로 그런 것을 분석해 보는 것도 필요하겠네요.

박춘일

관동대진재 당시 조선인이 우물에 독을 넣었다느니 방화를 저질렀다느니 하는 유언비어가 나도는 바람에 대학살이 일어나기도 했는데, 바로 그런 와중에 조선인이 일본인을 구해주었다는 이야기도 있었습니다. 하지만 그런 내용들은 이제껏 그다지 언급된 적이 없습니다. 이처럼 다양한 이유로 아직까지 묻혀 있는 이야기들이 있지 않을까 싶습니다.

우부카타 나오키치

그건 저도 동감합니다. '戰前의 朝鮮'이라는 조건에서는 그런 것을 표면화시키는 것이 정치적인 문제를 떠나 상호 간에 그리 바람직하지 않왔던 게 아니겠습니까. 제가 들은 일화를 하나 소개하자면, 3·1운동 당시 조선의 어느 마을에서는 일본인 수의사만큼은 죽이지 않았다고 합니다. 그 이유는 조선의 농경 생활에 있어 중요한 생산수단인 가축을 위해서라도 수의사는 중요한 존재였기 때문입니다. 물론 그 수의사의 인성도 좋았을 테지만요.

시카타 히로시

그런 경험담이라면 저도 있습니다. 패전 당시 조선에서는 8월 16일경부터 무경찰상태無警察狀態가 되었습니다. 그러니까 일본 경찰이 사라지고 군대도 존재만 할 뿐 권력 행사가 전혀 없었던 겁니다. 그러자 좀 먹고 살 만해 보이는 집마다 강도가 들기 시작했습니다. 특히 일본인들이 거주하는 집으로 말이지요. 그리하여 이를 막기 위해 각 마을의 청년들이 자위대(지금의 일본 자위대와 달리 진정한 의미로서의 자위대를 일컫습니다)를 조직했습니다. 그런데 이 자위대가 경우에 따라 뇌물을 받기도 했는데 그중에는 평소에 그토록 증오하던 부자들로부터 상당한 기부금을 받아내기도 했던 겁니다. 그러던 어느 날 저의 거처로 그 자위대 대장이 찾아와서는(당시 저는 조선인 마을에 살고 있었습니다) "조선인을 수탈하러 온 무리들은 죄다 단속의 대상이지만, 당신은 우리 아이들의 교육을 위해 와 주었으므로 우리 쪽에서 책임지고 보호할 테니 걱정하지 않아도 좋소"라고 하더군요. 제가 그때 좋은 교육을 했는지 나쁜 교육을 했는지 그건 잘 모르겠네요. 하기야 교육에도 여러 가지가 있으니까요. 아무튼 이는 조선의 오랜 한학 사상에서 기인한 것으로 이른바 학자에 대한 존중이라 할 수 있으며 이런 의식은 그들에게 상식처럼 존재하고 있었습니다.

박춘일

교사 이야기를 다룬 작품 중에 오비 주조小尾十三[55]의『등반登攀』은 꽤 감동적입니다. 1944년에 아쿠타가와 상을 수상한 작품으로 일본인 교사와 조선인 학생 간의 인간적인 접촉이 조선 지배의 부정으로까지 치닫게 되는 그런 이야기입니다. 물론 어떤 부분에서는 한계가 느껴지기도 했습니다만……

시카타 히로시

그런 의미에서 보자면, 야나기 무네요시柳宗悅[56] 같은 사람이 더 있었

---

55 오비 주조(小尾十三, 1908~1979) : 일본의 소설가이자 교사다. 1923년에 나가노 철도국 교습소 전신과(長野鉄道局教習所電信科)를 비롯하여 여러 직업을 전전하던 도중 농민조합운동(農民組合運動)에 가담하게 되었다. 그 후 일본 공산당(日本共産党) 영향하에 있던 전농지부청년부서기(全農支部青年部書記)로도 활동했다. 1934년에 조선총독부체신국(朝鮮総督府通信局)에서 근무했으며 1939년에는 조선에서 원산상업학교(元山商業学校)에서 교사로 지냈다. 1942년에는 만주의 신징중앙방송국(新京中央放送局)에서 근무했는데, 이 무렵 원산상업학교에서 교사로 지내던 시절의 추억을 담아 자전소설『등반登攀』을 발표했다. 이 작품은 '내선일체(内鮮一体)'의 황민화 정책을 비판하여 주목을 끌었는데 이를 계기로 경성제대 출신의 시인 최재서(崔載瑞)가 주재하는 문예잡지『国民文学』에도 오비의 작품이 게재되었고 일본의『文藝春秋』에도 실렸다. 주요 작품으로는 사후에 출판된『외동의 아버지(ひとりっ子の父)』가 있으며 그 밖의 미발표작품으로는『燈火』,『怨恨』,『赤軍進駐の周辺』,『푸른 사과(青い林檎)』등이 있다.

56 야나기 무네요시(柳宗悅, 1889~1961) : 일본에서 민예운동(民藝運動)을 일으킨 사상가・미학자・종교철학자・민예연구가・미술평론가다. 도쿄제대 철학과를 졸업했으며 가쿠슈인(學習院) 고등과 재학 중에 시가 나오야(志賀直哉), 무샤노코지 사네아쓰(武者小路實篤) 등과 함께 문예잡지『시라카바(白樺)』를 창간했다. 한편, 1916년경 조선에 방문했을 당시 조선 문화에 매료된 야나기는 3・1운동이 일어났을 무렵 조선총독부의 탄압에 대해 "반항하는 그들보다 한층 어리석은 것은 압박하는 우리다(反抗する彼らよりも一層愚かなのは、圧迫する我々である)"라고 비판한 바 있다. 그리고 민중적공예(民衆的工芸)라는 의미에서 '민예(民芸)'라는 어휘를 만들어 내는 등 조선 미술 특히 도자기나 고미술에 큰 흥미를 보이며 수집을 이어나갔다. 1916년부터 1940년까지 21여 차례 조선으로 건너와 조선 도자기 수백 점을 수집했다. 1924년에는 경성에 조선민족미술관(朝鮮民族美術館)을 설립했다. 그 밖에도 불상에도 주목하여 1929년 하버드대학에서 불교미술(仏教美術)을 강의하기도 했다. 주요 저서로는『조선과 그 예술(朝鮮とその藝

으면 좋았을 텐데 말이죠.

나카노 시게하루

그런데 그 사람은 한창 전쟁기에 스기야마 헤이스케杉山平助[57] 같은 사람들로부터 꽤나 시달린 것 같더군요. 예를 들면, 그들이 야나기에게 '오키나와나 조선 같은 데로 가서 돈을 쏟아부어 가며 물건을 사들인다'는 식으로 말하자, 이에 야나기가 "나머지 것들은 비싸서 손도 못 대봤다"고 하니, 이를 되받아치며 "그렇게 으리으리한 궁궐 같은 곳에 살면서 뭐 그런 소리를 하냐"는 등 지독하게 당했기 때문에, 그가 도모했던 작업들이 널리 퍼져나가지 못했던 것 같습니다. 게다가 야나기처럼 다른 나라의 유물 같은 걸 소중히 여기다 보면 아무래도 그걸 만들어 낸 민족을 존중하게 되니까요.

박춘일

그렇습니다. 저희 입장에서는 조선 민족이 보유하고 있는 훌륭한 것들을 일본인 앞에 자꾸자꾸 드러내 보이는 것이 중요하지요. 스포츠 분

術)』, 『조선의 미술(朝鮮の美術)』 외, 편저 『지금도 계속되는 조선의 공예(今も続く朝鮮の工藝)』 등이 있다.

57 스기야마 헤이스케(杉山平助, 1895~1946) : 일본의 평론가다. 소설 『한 일본인(一日本人)』의 발표를 시작으로 『文藝評論』 등에서 집필 활동을 한 바 있다. 이후 도쿄 아사히 신문에 '氷川烈'라는 필명으로 칼럼을 쓰기도 했다. 정치, 사회, 풍속 등에 관한 신랄한 스기야마의 비평은 직설적인 어투로 인해 동시대 사람들로부터 '독설평론가'로 불렸다. 그러나 자유주의적 발상과 거침없던 그 비평 태도는 전시체제로 들어서자 이내 국가주의적인 논평으로 이어지게 되었고 끝내 매스컴에서 사라졌다. 주요 저서로는 『춘풍을 가른다(春風を斬る)』, 『文芸五十年史』, 『文芸従軍記』, 『現代日本観』, 『지나와 지나인과 일본(支那と支那人と日本)』, 『양쯔강함대종군기(揚子江艦隊従軍記)』 등이 있다.

야를 예로 들자면, 당시 재일조선인 축구팀이 어느 현의 체육협회에 친선시합을 신청했다고 합니다. 그런데 그 협회의 회장 되는 사람이 굉장히 보수적인지라 조선인들 그까짓 거 별것도 아니라느니 어차피 이길 게 뻔한 경기는 해 봐야 헛수고라는 등 처음부터 상대도 안 하려고 했다더군요. 그러자 재일조선인 팀이 본인들의 각종 자료를 제시해가면서 어찌어찌 설득한 끝에 그럼 한번 해보자는 식으로 결론이 났던 겁니다. 그 결과 해당 현의 선발팀은 재일조선인 팀에게 완패를 당하고 말았지요. 협회 회장은 그제야 비로소 조선인을 다시 보게 되었다더군요.

나카노 시게하루

사실은 저도 축구라든가 그런 방면에 조선인이 그렇게 강하고 뛰어난지 몰랐습니다. 제가 유치장에 있던 시절, 메지로目白상업학교 학생이던 조선인 소년과 함께 지냈는데 알고 보니 그가 풋볼 선수였던 겁니다. 어쩐 이유인지 메지로상업학교는 조선인 학생들이 의외로 많았는데 그 때문인지 도쿄에서 제일 풋볼을 잘 하는 학교였습니다. 그래서 이 학교 학생들은 조선인을 조금도 경멸하지 않았다더군요. 물론 이건 전쟁 이전의 이야기지만, 역시 상대에 대해 무지하다는 것은(알아도 직접적인 착취자로서 알게 된 경우는 별개지만) 상대를 경멸하기에 가장 좋은 구실거리라고 생각합니다. 일반적으로는 상대방에 대해 잘 알고 있을 필요가 있는 법입니다만……

시카타 히로시

스포츠 방면에서 특출한 조선인을 꼽자면, 야구에서의 가네다金田[58]

나 하리모토張本[59] 같은 사람들이 있지요.

박춘일

연예계에도 많습니다.

나카노 시게하루

그런데 그 사람들은 왜 본명으로 바꾸지 않는 걸까요?

박춘일

기왕지사 본명으로 활동하면 더 좋을 듯싶은데 말이에요. 가네다, 이 사람은 일본으로 귀화해버렸더만요.

나카노 시게하루

귀화를 하더라도 본래 성씨인 '金' 그대로 귀화하면 될 텐데, 안 그렇습니까?

---

58 가네다 마사이치(金田正一)를 가리킨다. 가네다 마사이치(金田正一, 1933~2019) : 일본의 전 프로 야구 선수이자 야구 감독 · 야구 해설가다. 재일한국인 2세로 일본 아이치(愛知)현에서 태어났으며, 1959년 일본으로 귀화했다. 귀화 전 한국식 이름은 김경홍(金慶弘)이었다. 선수 시절 일본 프로 야구 역대 최고 기록인 통산 400승, 퍼펙트게임 달성, 통산탈삼진(4,490탈삼진), 통산완투(365완투), 통산대전타자(22,078타자) 등 수많은 역대 기록을 보유하고 있으며 현역에서 은퇴한 후 롯데 오리온즈 감독을 역임한 바 있다.

59 하리모토 이사오(張本 勳)를 가리킨다. 하리모토 이사오(張本 勳, 1940~) : 전 일본 프로 야구 선수이자 야구 해설자 · 평론가다. 재일조선인 2세 출신으로 본명은 장훈(張勳)이다. 일본 프로 야구 최다 안타를 기록한 선수(통산 최다 3,085안타)로 '안타 제조기'라는 별명으로도 잘 알려져 있다. 현역에서 은퇴한 후 KBO의 총재 특별 보좌관을 맡았으며 2007년에는 국민훈장 무궁화장을 수여했다.

박춘일

참, 요미우리 자이언츠의 왕이라고 불리는 선수도 있지요.[60]

나카노 시게하루

그런데 실제로 이런 사람들이 본명으로 회복하게 되면 그 영향은 상당할 것 같은데요.

시카타 히로시

경제활동을 목적으로 일본에 재류하고 있는 사람들 중에는 경우에 따라 두 개의 성姓을 구분해서 사용하는 사람들이 제법 많습니다. 그러니까 거래는 일본 이름으로 하고 평상시 생활은 조선 이름으로 지내는 거죠. 왜냐하면 일할 때마다 '조선인이긴 해도 일은 잘 한다'라고 일일이 설명하는 게 여간 성가신 일이 아니니까 말이죠.

---

60 오 사다하루(王貞治)를 가리킨다. 오 사다하루(王貞治, Wáng Zhēnzhì, 1940~) : 일본 도쿄에서 태어난 중화민국 국적의 전 프로 야구 선수이자 야구 지도자・야구 해설가・평론가다. 현역 시절에는 요미우리 자이언츠를 대표하는 중심 타자로서 활약하면서 세계 기록에 해당되는 정규 시즌 통산 868개의 홈런을 기록하면서 요미우리의 V9 달성에 기여했다. 1977년에 일본 정부가 수여하는 국민영예상의 첫 번째 수상자이며, 2010년에는 문화공로자로 선정됐다. 은퇴 후 요미우리에서 조감독을 거쳐 감독이 되었는데, 이 시절에 리그 우승과 일본 시리즈 우승을 달성한 것으로 유명하다. 이후 후쿠오카 다이에 호크스・후쿠오카 소프트뱅크 호크스의 감독을 역임했다.

문학에서 조선을 올바르게 파악하려면

안도 히코타로

끝으로 앞으로 조선 문제 혹은 조선인이라는 개념을 문학이라는 범주 안에서 올바르게 파악하기 위해 무엇이 가장 중요한지 이에 관하여 한 말씀씩 해주시는 것으로 이번 심포지엄을 마무리하고자 합니다.

나카노 시게하루

저는 지금까지 말씀드린 것들이 그저 감상 정도에 지나지 않기 때문에 딱히 더 드릴 말씀은 없습니다……. 다만, 평소 그리 학문적인 편은 아닙니다만 저의 직업상 조선에 관해 적잖이 글을 쓰고 있는지라 오늘 거론된 다양한 말씀들과 결부시켜 제대로 된 글을 한번 써 보고 싶다는 생각이 들긴 합니다. 저는 이 정도로 하겠습니다.

박춘일

조금 전에도 말씀드렸습니다만, 일단 조선이라는 나라와 조선 민족의 과거와 현재 그리고 미래에 지향하는 바를 옳게 파악하고 나서 이를 작품화한다거나 논해주셨으면 하는 바람입니다. 조선상을 그리는 일련의 작품 활동은 어디까지나 일본 문학자들의 자발적인 시도이기 때문에 이러이러한 주제로 이렇게 저렇게 묘사해 달라고 요구할 수는 없습니다. 다만, 조선 문제나 조선인을 언급하려면 적어도 잘못된 조선관이 피력되지 않기를 바랄 뿐입니다. 물론 왜곡이나 중상모략에 이르는 것은 두말할 필요도 없는 것이고요.

그런데 현실적으로는 8·15 이후 20년에 가까운 세월이 흘렀음에도 불구하고 여전히 과거와 크게 다를 바 없는 조선관을 지닌 채 작품을 그려내는 일본 작가가 의외로 많습니다.

이번 심포지엄에서는 8·15 이전 작품에 관해서는 대략적인 언급으로 그쳤습니다만, 발상 그 자체나 주제의 선택이 당시와 비교해도 그리 달라진 바 없는 그런 작품들이 지금도 눈에 띕니다.

보다 더 중요한 것은 고대는 제쳐둔다 치더라도 근대 이후의 조일관계朝日關係, 특히 일본 제국주의의 조선 지배라는 역사적 사실을 명확히 파악해 주셨으면 합니다. '지배도 했지만, 은혜도 베풀었다'는 식으로 주장하는 일본의 보수 관료와 조금도 다를 바 없는 견해로는 올바른 작품이 탄생될 리 만무하며 향후 우호적인 발전에 있어서도 아무런 도움이 되지 못할 겁니다.

하지만 현실적으로는 이런 역사적 사실을 정확하게 파악하지도 않거니와 잘 알지도 못하는 상태에서 작품을 쓰는 사람들이 많은 것 같습니다.

마지막으로 오늘날의 문제를 말씀드리자면, 조선민주주의인민공화국 정부가 어떤 식의 대일정책對日政策을 취하고 있는지 그리고 현재 일본 정부가 어떠한 대조선정책對朝鮮政策을 가지고 있는지에 관하여 명확히 알아야 할 필요가 있다고 생각합니다. 이미 범죄적인 '한일조약'을 통해서도 그런 부분이 명백하게 드러났지만 미국 제국주의를 배후에 두고 조선을 재침략하려는 일본 반동지배층의 의도는 점점 더 노골화되어 가고 있습니다. 또한 공화국 북반부에 대해서는 완전한 적시정책을 지속적으로 취하다 보니 반조선·반총련(재일본조선인총연합회) 선전이 한층 강화되고 있습니다. 이 반동적인 정책의 본질을 파악하지 못하면, 그것이 일본 국민의 운명과 어떠한 연관성을 지니는지 이러한 부분에 있어서도 명확한 어떤 상像이 떠오르지 않을 겁니다. 한·일 양 국민의 우호와 연대를 발전시키는 데에 이바지할 만한 작품은 적어도 이러한 지점에 대해 올바른 이해 없이 탄생할 수 없으며, 이는 재일조선인의 귀국 문제나 민족교육의 문제 또한 마찬가지라고 생각합니다.

지금껏 여러 가지 요구사항들만 늘어놓은 것 같습니다만, 사실 이러한 노력은 현대 일본문학을 풍요롭게 하며 더욱 발전시키는 데에 플러스가 되면 됐지 결코 마이너스가 되지는 않을 거라고 믿고 있습니다.

우부카타 나오키치

조선이 일본이나 일본 사회에 있어서 맹점이었다는 말씀에 저의 소견을 전하자면, 그 마이너스적인 맹점이 플러스적인 방면으로 전화轉化할 수 있는 조건은 현재 마련되어 있다고 생각합니다. 그 원동력은 역시 조선인 본인들의 자각일 테지만요. 그런 의미에서 하타다 선생님께서 늘 말씀하시듯 아시아의 역사를 연구한다는 것은 미래를 연구하는 일이라고 생각합니다. 반면, 유럽의 역사는 과거의 역사인 것이지요. 체코의 드보르작이라는 작곡가가 미국으로 건너가 지은 〈신세계新世界〉(Dvorak, Symphony No.9 〈from the New World〉)라는 작품이 있는데, 그 미국도 이제 더는 신세계가 아닙니다. 그렇다면, 우리 마음속에 맹점으로 남아 있는 조선에서 '신세계'가 열리지 않는다고 그 누가 단언할 수 있을까요. 저는 그리 생각합니다.

고토 다다시

조선에서 발행한 『조선시보朝鮮時報』라든지 『조선화보朝鮮画報』 등이 일본의 각 방면을 계몽해주고 있는데요. 기왕에 일본조선연구소가 존재하고 있으니 그런 것들과 관련된 공개강좌 같은 자리를 좀 더 자주 마련해 주었으면 하는 바람입니다.

안도 히코타로

그럼, 이것으로 마치도록 하겠습니다.

1962.11

「경성제대」의 사회경제사 연구

출석자

시카타 히로시(四方博)
우부카타 나오키치(幼方直吉)
하타다 다카시(旗田巍)
안도 히코타로(安藤彦太郎)
미야타 세쓰코(宮田節子)

안도 히코타로

오늘은 다이쇼부터 쇼와에 걸친 시기에 경성제대를 중심으로 이루어 졌던 조선 연구에 관해 말씀을 나눠 봤으면 합니다. 먼저 시카타 선생님 께서는 경성제대에서 연구하신 경험도 있으시니 당시 직접 겪으셨던 체험담 등을 비롯한 여러 말씀을 들려주셨으면 합니다. 현재 확인 가능한 연구 성과 중의 하나로서 경성제대법학회논집京城帝大法學會論集 가운데 『조선경제의 연구朝鮮經濟の硏究』 3권(제1권 : 쇼와 4, 제2권(『조선사회경제사 연구朝鮮社會經濟史硏究』) : 쇼와 8, 제3권 : 쇼와 13)이 있습니다만, 이러한 업적을 축적해 온 과정이라든지 당시의 연구 조직 등에 관해 한 말씀 부탁드리겠습니다.

시카타 히로시

어느새 그 시절의 추억담을 이야기할 나이가 되었구나 싶어 슬쩍 울적한 기분이 들기도 합니다만, 그래도 그나마 건강할 때 이런저런 말씀을 드려 놓는 편이 좋지 않을까 싶습니다.

과거 일본인들은 전쟁 때마다 조선에 대한 관심을 고양시켰으며 또 그때마다 여러 의미에서 조선 연구가 활발하게 이루어지곤 했습니다. 그러나 이와 관련해서는 첫 회에 거론된 문제이니 재차 언급할 필요는 없을 듯합니다.

경제과 사람들

그럼, 오늘 토론할 주제로 바로 들어가 보겠습니다. 경성제국대학이 법문학부·의학부(훗날 이공학부가 설치됨)로 출발했던 것은 다이쇼 15년 5월이었습니다. 법문학부는 법학과 문학을 통합한 학부로서 문학과 쪽은 하야미 히로시速水滉[1] 씨 이하 이와나미 철학 총서의 집필자 등 사실 저희 입장에서 보면 대부분 원로에 가까운 분들이 많았습니다. 한편, 법학과 쪽은 법률·정치·경제 이 세 분야를 아우른 것이며, 저는 그중 경제 담당으로서 학부가 설치되는 시작 단계부터 선발로 가 있었습니다. 그 후 강좌를 증설하기도 하고 여기저기서 사람들을 불러 모아 가까스로 정원을 채워 드디어 경제학과 관련한 여섯 명의 스텝을 꾸리게 되었습니다. 조선으로 갔을 당시 제 나이가 26살이었는데, 그 구성원의 대부분이 저보다도 젊은 사람들이다 보니 무척 혈기왕성한 분위기였습니다.

---

1   하야미 히로시(速水滉, 1876~1943) : 일본 오카야마(岡山) 출신의 심리학자다. 도쿄제대 철학과를 졸업 후 (旧)야마구치 고등학교 및 제일고등학교 교사를 거쳐 1924년에는 경성제국대학 교수가 되었다. 미국 유학 후 경성제대 심리학 연구실의 기초를 마련했으며 1936년에 총장이 되었다. 주요 저서로는 『現代の心理学』, 『論理学』 등이 있다.

아무튼 그러고 얼마 안 돼 대학의 연구년보研究年報를 만들자는 이야기가 나와, 처음에는 법문학논집法文學論集으로 진행했으나 나중에는 법학회논집法學會論集 · 문학회논집文學會論集으로 나뉘게 되었습니다. 법학회논집 쪽은 대체로 법률 · 정치 · 경제 이 세 학과가 매년 교대로 주관했으며 『조선경제의 연구朝鮮經濟の研究』가 출판된 것은 그 이듬해였던 걸로 기억합니다.

그 당시 함께 활동한 이들을 짧게나마 소개하자면 다음과 같습니다. 우선 경제 쪽의 저를 포함하여 재정학의 미야케 시카노스케三宅鹿之助[2] 군(그는 모 사건으로 인해 중간에 그만두었습니다만), 통계학 · 농촌경제 부분에서의 오우치 다케지大內武次[3] 씨(이 사람은 꽤 선배 격이었습니다), 경제정책 방면의 야마다 후미오山田文雄[4] 군과 금융재정의 스즈키 다케오鈴木武雄[5] 군이 있었

---

2 미야케 시카노스케(三宅鹿之助, 1899~1982) : 도쿄제대 경제학부를 졸업한 후, 1927년 4월 경성제대 법문학부 교수로 부임하여 1934년 5월 일제 경찰에 검거될 때까지 법문학부 학생들과 적색독서회 등을 조직하여 반제국주의 투쟁을 전개했다. 1929년 2월부터는 독일 등지에서 2년간 유학하면서 독일 공산당에 입당했으며, 1931년 4월 경성으로 돌아와서는 자신의 제자인 정태식(鄭泰植) · 최용달(崔容達) · 박문규(朴文圭) · 이강국(李康國) 등을 통해 조선 내 정세자료를 수집해 국제공산당에 보고한 바 있다. 이후 1933년 말부터 경성제대의 조수 정태식을 통해 당시 조선공산당 재건 운동을 이끌던 이재유(李載裕) · 권영태(權榮台) 등과 접촉하게 되었는데 이를 계기로 자신의 관사(경성부 동숭동 25번지 대학관사 19호)를 거점으로 공산주의운동의 근본방침을 수립하는 작업을 전개했다. 이 과정에서 서대문경찰서에 검거된 이재유가 1934년 4월 14일 경찰서를 탈출하자 미야케는 5월 21일 자신이 검거될 때까지 37일간 자신의 관사에 숨겨주었다. 출처 : 독립기념관 홈페이지(https://www.i815.or.kr/2017/scholarship/history_sit_view.php?gotoPage=1&history_no=368&searchSi=&searchGu=&searchKind=&searchStr=)
3 오우치 다케지(大內武次) : 통계학 연구자로서 경성제대 법문학부 강사로 부임했으며, 조선총독부 재외연구원으로서 프랑스 · 독일 · 영국 · 미국 등지로 1년 4개월간 유학을 가기도 했다. 주요 저서로는 『統計学』, 『農業政策』, 『經濟史―中世及近世』 등이 있다.
4 야마다 후미오(山田文雄, 1898~1978) : 일본의 경제학자다. 도쿄제대 경제학부를 졸업한 야마다는 경성제대 예과(予科) 강사와 법문학부 조교수를 거쳐 도쿄제대 경제학부 교수가 되었다. 이후 쓰루미 유스케(鶴見祐輔)가 조직한 태평양협회(太平洋協会)에 가

습니다. 미야케 군이 그만둔 후로는 현재 도호쿠가쿠인東北學院대학에서 학장으로 지내고 있는 오다 다다오小田忠夫[6] 군과 지금 교토에 머물고 있는 시즈타 히토시靜田均[7] 군이 대신하게 되었습니다. 그런데 초반에 농업정책을 연구하던 시즈타 군이 나중에 공업정책으로 그 관심분야를 변경하게 되자, 그의 뒤를 이어 현재 홋카이도대학北大[8]에 있는 이토 도시오伊藤俊夫 군이 들어오게 되었던 겁니다. 그 밖의 인물로는 교수로서 사회정책과 경제사학을 담당하던 모리타니 가쓰미 씨가 계셨습니다.

입해 조사부장으로 활약했다. 주요 저서는『工業経済学』,『南方圏の現実と太平洋』,『日本戦時経済論』,『東印度の経済』,『経済産業政策』 등이 있다. 그 밖에도『国際原料資源論』,『自由放任の終焉』 등의 번역서를 냈다.

5　스즈키 다케오(鈴木武雄, 1901~1975) : 경제학자다. 도쿄시정조사회 연구원(東京市政調査会研究員)을 거쳐 경성제대 법문학부 조교수가 되었다. 구미 유학 후 다시 조선으로 돌아와 경성제대 교수로 지냈다. 전후에는 무사시대학 교수 및 도쿄대 경제학부 교수를 역임했다. 또한 노농파계(労農派系)의 재정・금융학자로 알려져 있다. 주요 저서로는『朝鮮の経済』,『朝鮮統治の性格と実績』,『現代日本財政史』,『近代財政金融』 등이 있다.

6　오다 다다오(小田忠夫, 1901~1982) : 1922년 도쿄제대 경제학부에 입학한 오다는 마르크스주의자인 오우치 효에(大内兵衛)와 기독교적 자유주의자인 야나이하라 다다오에게 가르침을 받았으며 우치무라 간조(内村鑑三)의 영향도 강하게 받았다. 졸업 후에는 도쿄제대 학생 중심의 학생운동단체인 신진카이에 참여하기도 했다. 1936년에 경성제대의 미야케 시카노스케 후임으로 부임한 오다는 재정학 강좌를 담당하면서 조선 재정에 비판적인 관점에서 다수의 논문을 발표했다. 주요 논문으로는「日本統治下における朝鮮の財政制度」를 비롯하여「朝鮮財政論」,「朝鮮財政の性格と課題」,「調査及研究 朝鮮に於ける都市財政の性格」,「朝鮮總督府豫算の展望」,「戰費負擔の轉嫁について」,「併合初期に於ける朝鮮總督府財政の發達」,「滿洲國財政の特質」 등이 있다. 이명학,「일제시기 재정통계의 활용과 해석의 지형」,『민족문화연구』75, 고려대 민족문화연구원, 2017, 398쪽 참고.

7　시즈타 히토시(靜田均, 1902~1991) : 교토제대 경제학부와 동 대학원을 졸업했으며, 호세이대학 경제학부 교수를 거쳐 1933년 4월에 경성제대 조교수로 부임하여 경제정책 강의를 담당했다. 1939년 8월에 만주를 다녀온 후 1940년 2월부터 교토제대 조교수를 거쳐 1945년 동 대학에서 교수를 역임했다. 1947년 경제학 박사를 취득까지 경제학・경제정책을 주 전공으로 삼았으나, 1950년부터는 공업정책・공업 경제학으로 관심을 옮기게 되었다. 주요 저서로는『日本農業経済論』,『カルテル問題』,『利潤論』 등이 있으며, 주요 논문으로는「朝鮮農地令と小作農保護問題」,「朝鮮に於ける金融組合の發達」,「滿洲産業の開発過程」 등이 있다.

8　'北大'는 홋카이도(北海道)대학의 별칭이다.

당시 조수나 부수副手[9] 등은 경제과 쪽에서는 거의 조선인이 맡았는데, 조선에서 나고 자란 이들 혹은 당시의 용어이긴 합니다만 소위 '내지內地'에서 대학을 나왔으나 딱히 취직할 만한 곳을 찾지 못해 귀국한 사람들 대부분이 이쪽으로 모여들었던 것입니다. 그중 가장 오랫동안 근무했던 이는 토지 문제에 관련한 논문을 쓴 박문규朴文圭[10] 군으로, 그는 경성제대 제2회 졸업생으로서 종전 직전까지 조수로 지냈습니다. 참고로 그는 간혹 경찰에 끌려가 고초를 겪기도 했습니다. 그리고 현재 북조선 학계에서 활약하고 있는 김광진金洸鎭[11] 군이 있었는데, 그는 히토쓰바시一橋 대학을 나온 뒤 조선으로 돌아와 부수로 지냈습니다. 그러고 보니 그때 연구실 사람들 다 같이 조사여행調査旅行도 자주 갔던 기억이 나네요. 다시 이어가자면, 현재 홋카이도대학에서 농업협동조합 문제를 연구하고 있는 김한주金漢周[12] 군, 다양한 연구 성과를 올리고 있는 김석담金錫淡[13]

9　대학의 조수 밑에서 연구나 업무 보조를 담당하는 직원을 가리킨다.

10　박문규(朴文圭, 1906~?) : 농업경제학자이자 정치인이다. 1925년 대구고등보통학교를 졸업한 후 경성제대 예과를 거쳐 동 대학 법문학부에 진학했다. 이후 입학 동기인 이강국·최용달과 함께 1927년 교내 서클 '경제연구회'에 가입하는 등 조선농업경제학 연구에 주력했다. 1929년 대학 졸업 후에도 조교로 남아 연구 생활을 계속하던 중에 1931년 성대반제운동사건(城大反帝運動事件)으로 경찰에 피검되기도 했다. 당시 경성제대 출신이 주축이 되어 발간한 잡지『新興』에 게재한 논문「조선농촌기구의 통계적 해설」과 1933년 발간된 경성제대 법문학회 논집인『조선사회경제사연구』에 발표한 논문「농촌 사회분화의 기점으로서의 토지조사사업에 대하여」를 통해 농업경제학자로서의 면모를 돋보였다. 1948년 8월 월북 직전까지 남조선노동당 중앙위원을 역임했으며, 월북 후 북한에서 '최고인민회의' 제1기 대의원 등을 거쳐 노동당 중앙위원에 피선되는 등 정치인으로서도 활동했다.

11　김광진(金洸鎭, 1903~1986) : 북한의 경제학자이자 사학자다. 일본 도쿄상과대학(東京商科大學) 졸업 후, 1931년 이강국 등과 함께 조선사회사정연구소를 조직하여 조선 실정에 대해 연구했다. 1932년부터 1939년까지 보성전문학교에서 경제학 등을 강의했으며 해방 후에는 김일성대학 경제학부 교수로 지냈다. 그 밖에도 여러 직책을 거쳐 최고인민회의 제5기 대의원 등을 역임했다. 주요 저서로는『고구려 사회의 생산양식-국가의 형성과정을 중심으로』,『조선에서 자본주의적 관계의 발생』,『조선경제사상사』(共著) 등이 있다.

군 등은 경성제대를 졸업한 후에 대학원으로 진학했습니다. 그리고 규슈
제대를 졸업한 뒤 지금은 경제학회[14] 회장을 맡고 있는 최호진崔虎鎭[15] 군
도 자료 관련하여 연구실에 자주 드나들곤 했습니다.

조선경제연구소 업무

그 후 얼마쯤 지나니 기왕에 제가 조선에 있는 이상, 저를 중심으로 하
여 조선 연구를 해야 한다기에 제1권의 「후기」에 실어 두었던 그런 취지
로 조선경제연구소朝鮮經濟硏究所라는 걸 독자적으로 세웠습니다. 당시
'조선을 위하여 뭔가 해 보자'는 그런 마음이 특히나 경제 쪽 사람들 사
이에서는 강했던 것 같습니다. 하지만 이 연구소는 이름만 그렇지 요즘

---

12 김한주(金漢周, 1913~?) : 북한의 경제학자로 보성전문학교를 거쳐 일본 호세이대학
    을 졸업했다. 귀국 후 1939년부터 동아일보 정치부 기자로 있으면서 『朝光』, 『春秋』 등
    에 세계 경제에 관한 글을 여러 편 기고했다. 해방 후, 서울대학교 상과대학 교수로 재직
    하다가 1946년 국립서울대학교설립안 반대 운동으로 해임되었으며, 같은 해 조선공산
    당에 가입하여 농민부를 맡아 활동했다. 또한 조선문화단체총연맹의 중앙위원 등으로
    활동했으나 1948년 대한민국 정부 수립으로 단체가 해체되면서 해직된 후 월북했다. 주
    요 저서로는 『李朝社會經濟史』(共著), 『일제하의 조선사회경제사』(共著), 『조선에 있어
    서의 농업협동화운동』 등이 있다.
13 김석담(金錫淡)은 『이조 사회경제사』(共著), 『朝鮮經濟史』의 저자다.
14 경제학 연구를 위해 설립된 학술연구단체인 한국경제학회(韓國經濟學會)를 가리키며,
    1952년 11월 30일에 고승제(高承濟)·신태환(申泰煥)·최호진(崔虎鎭)에 의하여 발기
    되었다.
15 최호진(崔虎鎭, 1914~2010) : 경제학자이며, 규슈제대 경제학부를 졸업했다. 이후 동
    대학교 대학원에서 화폐금융론 및 경제사 등으로 학위를 취득했다. 1945년 귀국하여 경
    성제대 법문학부 교수를 역임했으며 1946년 이후로는 동국대, 중앙대, 연세대 등에서
    교수로 지냈다. 주요 논문으로는 「一九四七年의 朝鮮經濟를 도라보고」, 「아담 스미드의
    經濟學과 韓國經濟」 등이 있으며, 저서로는 『근대조선경제사』, 『근대조선경제사연구』,
    『한국경제사』 등이 있다.

의 대학 부속연구소 같은 그런 것이 아니었습니다. 그리하여 동료들로부터 매달 몇 엔円 정도의 기부금을 받아 한쪽에서는 책을 수집하고 또 다른 쪽에서는 연구를 하는 그런 식으로 꾸려나갔습니다. 그런 와중에 얻어낸 성과 가운데 하나가 바로 『조선경제의 연구』인 겁니다.

그런데 야마다 사부로山田三良[16] 총장 시절이 되니 이제까지 해왔던 것처럼 사적으로 꾸려가는 연구소로는 여러모로 상황이 안 좋아져 대학 내부의 '조선경제연구실朝鮮經濟硏究室'이라는 형태를 취해 대학으로부터 공식인정을 받아내기도 했습니다. 그리하여 한창 때는 조수 외에 전임 직원도 5명이나 있었고 그 덕에 작업 또한 각 방면에서 다양하게 할 수 있었으며 상당한 양의 자료도 수집할 수 있었습니다. 게다가 등사인쇄謄寫印刷이긴 합니다만, 희귀문헌의 복각複刻 같은 것도 했었지요. 그때 수집해둔 자료들은 현재 경성대학[17]에 그대로 남아 있을 겁니다.

초창기 업무 중의 하나로 도서목록을 등사인쇄로 낸 적이 있는데, 요즘도 고본古本 카탈로그 같은 데서 그 도서목록을 발견할 때가 종종 있습니다. 논집은 대체로 3~4년에 한 번씩 차례가 돌아왔으며, 그때마다 모두 의기투합하여 논문을 발표하곤 했습니다. 그 밖에 연구실에서 했던 작업 가운데 아직도 기억에 남는 것은 통계 정리 업무입니다. 작업의 범위는 그때까지 나와 있던 총독부 자료부터 각 지역의 면村·읍에까지 이르렀으며, 공사公私 각종 통계자료의 총 목차와 내용일람 및 해설까지 작

---

16 야마다 사부로(山田三良, 1869~1965) : 일본의 국제사법학자다. 도쿄전문학교(현, 와세다)를 거쳐 1896년 도쿄제대 법과대학과 동 대학원을 졸업했다. 졸업 후, 도쿄제대 법학대학 교수와 경성제대총장(1931~1936), 도쿄제대 법학부장 등을 역임했다. 저서로는 『国際私法』가 있다.

17 1946년 8월 27일 공포된 「국립서울대학교설립에관한법령」에 의거하여 1946년 10월 국립서울대학교로 개교한바, '서울대학교'라는 명칭이 정확하다.

성하는 업무였습니다. 작업양도 어마어마했을뿐더러 범위 또한 엄청나게 방대한데 시중에는 도저히 판매할 수 없는 내용이다 보니 모 특지가 特志家 아니, 이제는 이름을 밝혀도 되겠지요? 그러니까 현재 국제문화회관國際文化會館에서 전무이사로 있는 마쓰모토 시게하루松本重治[18] 군으로부터 그 당시 돈으로 약 2천 엔 정도의 출자를 받아『조선통계총람朝鮮統計總攬』이라는 이름으로 출판한 적이 있습니다.(쇼와 6) 만약 지금까지 이 자료가 남아 있다면 그 해설 부분은 연구상의 참고용으로 상당히 유용할 거라고 봅니다.

대학 내외의 여러 연구기관

경제 관련 부분 외에도 법제사法制史 쪽으로는 친족법親族法을 담당하던 후지타 도조藤田東三 군이 있었는데, 그는 젊은 나이에 유명을 달리했습니다. 그 밖에도 상당히 훌륭한 작업을 하던 도중에 일본으로 귀국했다가 얼마 못 가 숨을 거둔 나이토 기치노스케內藤吉之助[19]나 총독부 사법

---

18 마쓰모토 시게하루(松本重治, 1899~1989): 국제 저널리스트로서 재단법인 국제문화회관(財団法人国際文化会館) 이사장 및 아메리카학회(The Japanese Association for American Studies)의 회장 등을 역임했다. 도쿄제대 법학부를 나와 예일대학의 수리경제학(数理経済学), 빈(Wien)대학 등에서 경제사상사(経済思想史)를 수학한 후, 귀국하여 도쿄제대에서 조수로서 근무했다. 1933년 연합통신(훗날 同盟通信社)의 상하이 지국장·편집국장·상무이사를 역임했다. 주요 저서로는『상하이 시대-저널리스트의 회상(上海時代ージャーナリストの回想)』,『국제 일본의 미래를 생각하며(国際日本の将来を考えて)』,『국제관계 속의 일미관계(国際関係の中の日米関係)』등이 있다.
19 나이토 기치노스케(內藤吉之助, 1894~1946): 도쿄제대 법학부를 졸업한 나이토는 1928년에 경성제대 법문학부 교수로 부임했다. 이후 재외연구(在外研究)로 구미로 가게 되었는데 귀국 후인 1935년 무렵부터 조선총독부 중추원의 촉탁으로서『経国大典』

관 시절부터 이쪽 방면에 관여하던 형법 교수 하나무라 요시키花村美樹[20] 같은 사람들이 있었는데, 이들 역시 때마다 법제사 관련 논문을 발표하곤 했습니다. 그 밖에도 경제, 법제사를 한데 묶어 『조선사회법제사연구朝鮮社會法制史硏究』(제9책, 쇼와 12)라는 책을 낸 바 있습니다. 지금 홋카이도대학에서 노동법을 연구하고 있는 쓰마가리 구라노조津曲蔵之丞[21] 군도 함께 작업한 적이 있으며, 애석하게도 이른 나이에 세상을 떠난 외교사外交史 전문가 오쿠다이라 다케히코奧平武彦[22] 군도 잊을 수가 없습니다. 이 외교사 방면에서는 문과의 다보하시 기요시田保橋潔[23] 씨도 놀라

등 이조기(李朝期)의 법전(法典)을 교정·간행하기도 했다. 1943년부터 1945년 3월까지 경성제대 법문학부장을 지냈으며, 패전 후 일본으로 돌아간 지 얼마 못 가 사망했다. 주요 저서로는 エンゲルス, 内藤吉之助, 『家族·私有財産及び国家の起源』의 번역서를 비롯하여 『朝鮮民政資料 牧民篇』 등이 있다.

20 하나무라 요시키(花村美樹, 1894~?) : 1918년 도쿄제대 법률과를 졸업한 직후, 조선으로 건너와 조선총독부 사법관시보(司法官試補), 경성전수학교(專修學校) 강사촉탁, 경성복심법원판사, 조선총독부사무관 등을 지냈다. 1926년부터 1945년까지 경성제대 법문학부 교수를 역임했으며 당시 담당 강좌는 형법, 형사소송법이었다. 주요 논문으로는 「朝鮮法制史」, 「경제육전에 관하여(經濟六典について)」, 「大明律直解攷」, 「高麗律」 등이 있다.

21 원문에는 津曲武之丞로 되어있으나, 이는 津曲蔵之丞의 오기이다. 쓰마가리 구라노조(津曲蔵之丞, 1900~1969) : 1928년 경성제대 법문학부의 민법, 민사소송법 제3강좌 담임으로 부임했다. 주요 저서로는 『労働法原理』, 『日本統制経済法』, 『日本統制経済 法』, 『勤労法の指導理念』, 『労働法総論』 등이 있다.

22 오쿠다이라 다케히코(奧平武彦, 1900~1943) : 1927년에 경성제대에 부임하여 정치학, 정치사 강좌를 담당했다. 주요 저서로는 『朝鮮開国交渉始末』, 『朝鮮の条約港と居留地』, 『日鮮交渉史-朝鮮考古學·支那考古學』(共著) 등이 있다.

23 다보하시 기요시(田保橋潔, 1897~1945) : 홋카이도 출신의 역사학자다. 도쿄제대 문학부 국사학과를 졸업했으며, 도쿄제대 사료편찬관보(史料編纂官補)를 거쳐 경성제대 예과 강사가 되었다. 이후 유럽으로 유학을 다녀온 후 경성제대 조교수·교수가 되었다. 일본 근대외교사 및 조선 근대사 연구를 연구했으며, 1933년부터 조선총독부의 조선사편수회 제6편수 주임 및 편찬주임을 겸임했다. 주요 저서로는 『近代日本外国関係史』, 『明治外交史』, 『近代日鮮関係の研究』, 『日清戦役外交史の研究』, 『近代日鮮関係の研究』, 『近代日鮮関係の研究』, 『朝鮮統治史論稿』, 『近代日支関係の研究 天津条約より日支開戦に至る』 등이 있다.

운 연구 성과를 보였으나 그 역시 요절하고 말았습니다.

한편, 문과 쪽에서는 조선사 전문가들이 있었는데 이마니시 류·오다 쇼고小田省吾[24] 등의 대가들을 비롯하여 얼마 전에 돌아가신 후지타 료사쿠藤田亮策,[25] 현재 가장 열정적으로 활약하고 있는 스에마쓰 야스카즈末松保和[26] 군 등이 그러하며, 이들 외에도 교육사敎育史와 관련해서는 다바나 田花[27] 군 등이 있었습니다. 그리고 아카마쓰 지조赤松智城,[28] 아키바 다카

24 오다 쇼고(小田省吾, 1871~1953) : 일본의 역사학자다. 도쿄제대 문과대학 사학과를 졸업했으며, 이후 나가노현 사범학교(長野県 師範学校) 교사 및 제일고등학교 교수를 역임했다. 1918년에 조선총독부 중추원 편찬과장으로서 조선사 편찬을 담당했으며 1923년에는 조선사학회(朝鮮史学会)를 창립했다. 1924년에는 경성제국대학이 설립되자 교수로 부임했으며, 1925년에 조선사편수회위원이 되었다. 주요 저서로는『朝鮮史要略朝鮮と山東』,『朝鮮史大系』,『朝鮮小史』,『朝鮮陶磁史文献考』,『辛未洪景来乱』등이 있다.

25 후지타 료사쿠(藤田亮策, 1892~1960) : 일본의 일본문화사가·고고학자다. 도쿄제대 사학과를 졸업한 후, 문부성의 유신사료편찬사무(維新史料編纂事務) 촉탁이 되었으며 1922년에는 은사인 구로이타 가쓰미의 소개로 조선총독부고적조사(朝鮮総督府古蹟調査) 위원이 되어 경성으로 오게 되었다. 당시 고적조사과 과장은 오다 쇼고였으며, 웅기 송평동패총(雄基松坪洞貝塚), 대구대봉정지석묘(大邱大鳳町支石墓) 등의 조사를 이행했다. 이후 조선박물관협의위원 및 학무국의 박물관 주임이 되었으며 1924년에 고적조사과 폐지로 인해 조선총독부편수관으로 부임했다. 1926년에는 경성제대 조교수로 법문학부에서 근무했으며, 1929년에 청구학회(青丘学会)를 창립하기도 했다. 경성제대 교수가 되어 조선사학 제1강좌를 담당했다. 패전 후인 1948년에는 일본고고학협회(日本考古学協会)의 초대위원장으로서 활동했다. 주요 저서로는『朝鮮考古学研究』,『朝鮮学論考』등이 있다.

26 스에마쓰 야스카즈(末松保和, 1904~1992) : 일본의 역사학자다. 1927년에 도쿄제대 문학부 국사학과를 졸업했으며, 졸업 후 조선총독부 조선사편수회에서 수사관(修史官)으로서『朝鮮史』등의 편수사업 및 고적 조사를 담당했다. 1933년부터 경성제대 법문학부 조교수를 거쳐 1939년에 교수가 되었다. 주요 저서로는『近世に於ける北方問題の進展』,『朝鮮歴代実録一覧』,『任那興亡史』,『李朝実録』,『新羅史の諸問題』,『日本上代史管見』,『朝鮮研究文献目録』등이 있다.

27 다바나 다메오(田花為雄, 1896~1983) : 서양 교육사 연구자다. 1927년에 경성제대 법문학부에 조교수로 부임했으며, 이후 교수가 되었다. 주요 저서로는『各科教授学習精義』,『現代教授思潮』,『西洋教育史研究』,『教育原論』등이 있다.

28 아카마쓰 지조(赤松智城, 1886~1960) : 일본의 종교학자로 정토진종(浄土眞宗) 본원사파(本願寺派) 지도승 아카마쓰 렌조(赤松連城)의 손자다. 교토제대 철학과에서 종교학을 전공했으며, 유럽과 미국 등의 유학 생활한 바 있다. 경성제대 교수로 임용된 후 조선, 만주, 몽골의 종교에 관해 연구 조사했으며 그 결과물로서『만몽의 민족과 종교(満蒙の民

시秋葉隆[29] 같은 분들은 종교민속학 방면에서 연구·조사를 하셨습니다.

그런데 경성제대에 있었던 사람들 중에 일본으로 돌아온 뒤에도 조선 관련한 연구를 지속하는 인물은 비교적 적은 것 같습니다. 그나마 스에마쓰 군이나 저 정도밖에는……. 아시다시피 스즈키鈴木 군 같은 사람마저 조선 연구를 전혀 하고 있지 않으니까요.

근대 관련한 조선인 연구자로는 그 당시 백남운白南雲[30] 씨 정도였습니다. 그는 쇼와 8년에 가이조샤改造社에서 경제학전집經濟學全集『조선사회경제사朝鮮社會經濟史』를 출판했으며, 한참 지나서는 고려 시대를 다룬 『조선봉건사회경제사朝鮮封建社會經濟史』(上)를 내기도 했습니다. 그 후로는 이조실록李朝實錄을 연구하셨는데, 그 당시 실록이라는 것은 실물로 쉽게 볼 수 있는 것이 아니었습니다. 하지만 이따금씩 백남운 씨가 연구실에 오셔서 저희가 실록을 직접 볼 수 있도록 편의를 봐주신 적도 있습

族と宗教)』를 출간했다. 그 밖에도 아키바 다카시와 공동 연구한『朝鮮巫俗の研究』(上·下)를 비롯하여『輓近宗教学説の研究』,『現代の宗教哲学』,『宗教史方法論』등이 있다.

29 아키바 다카시(秋葉隆, 1888~1954) : 일본의 문화학자로 도쿄외국어학교 독일어 전수과(專修科)를 거쳐 도쿄제대에서 사회학을 전공했다. 1924년에 경성제대 예과 강사로 임명된 후, 조선총독부의 재외연구원 자격으로 영국과 프랑스로 연수를 다녀온 뒤 1926년 귀국과 동시에 경성제대 법문학부 조교수로 부임한 후 20여 년을 조선에 머물며 송석하(宋錫夏), 손진태(孫晋泰) 등과 함께 조선총독부 촉탁으로서 조선의 귀신·풍수·무속 등 연구에 종사했으며 동북아시아 전반의 샤머니즘에 관한 조사연구를 한 바 있다. 주요 논저로는『滿洲民族誌』,『朝鮮巫俗の現地研究』,『朝鮮民俗誌』등이 있으며 아카마쓰 지조와의 共編한『朝鮮巫俗の研究』,『滿蒙の民族と宗教』등이 있다.

30 백남운(白南雲, 1894~1979) : 북한의 경제학자이자 정치가다. 전라북도 고창 출신인 백남운은 수원 고등농업학교를 나온 뒤 일본으로 건너가 도쿄고등상업학교와 도쿄상과대학(東京商科大學)을 졸업했다. 귀국 후, 연희전문 경제학 교수로 지내면서 한국 사회경제사 연구에 전념하여『조선사회경제사』를 발간했다. 이어『조선사회경제사』의 속편이라 할 수 있는『\』(上)를 출판했는데, 이듬해인 1938년 이순탁(李順鐸)·노동규(盧東奎) 등 동료 교수 및 학생 10명과 함께 연구회 사건으로 검거되기도 했다. 해방 직후인 1945년 9월 조선학술원을 설립 및 정치 활동을 펼치다 1948년에 월북했다. 주요 저서로는『조선사회경제사』,『조선봉건사회경제사』,『조선민족해방투쟁사』,『조선민족의 진로』등이 있다.

니다. 그 밖에도 조선의 역사를 쓴 인물로는 최남선崔南善 씨가 있는데, 아마 대부분은 단군기원설檀君紀元說을 주장했던 사람으로 기억하실 거라고 봅니다. 그리고 일본으로 유학을 다녀온 이들의 새로운 연구도 몇몇 있었습니다만, 직접 확인해보지는 못했습니다.

어쨌든 대학이 생기고 나서 그것이 직・간접적인 자극이 되어 연구는 장족의 진보를 거둘 수 있었다고 생각합니다. 정치 쪽은 잘 모르겠지만, 당시 조선의 사회경제 연구는 거의 미개척 분야인지라 각자 알아서 자신이 원하는 분야를 선택하여 연구했기 때문에 연구자들 간의 연관성은 거의 없었습니다. 따라서 연구 방법에 관해 서로 비판하는 일도 없었을뿐더러 각 분야마다 한 명씩 덜렁 배치된 그런 상황이었습니다.

그 밖에도 대학은 아니지만 또 하나의 주류로서 총독부 특히 조사과를 중심으로 이루어진 실태 조사가 있었습니다. 젠쇼 에이스케善生永助[31]・무라야마 지준村山智順[32] 두 분께서 중심역할을 하셨는데, 당시 그 작업은 광

---

31 젠쇼 에이스케(善生永助, 1885~1971) : 와세다대학 정치경제학부를 졸업한 후, 『재정경제시보(財政經濟時報)』 편집장 및 오사카마이니치신문(大阪每日新聞)에서 간행한 『이코노미스트』지의 기자로 활동했다. 당시 『最近支那経済』, 『戰後の支那』, 『最近の支那貿易』를 출판하는 등 중국 경제에 해박했던 것으로 알려져 있다. 1923년 7월부터는 조선총독부 관방조사과(朝鮮總督府官房調査課)의 촉탁이 되었으며, 그 후 1935년까지 조선에 머물렀다. 주로 조선의 시장 및 계(契), 인구 상황 등 사회경제와 취락과 관련한 광범위한 종합 조사와 지역 조사를 통해 조선 전반의 생활 상태를 조사했다. 이후 조선을 떠나 만철경제조사국(滿鐵經濟調査局)・척식장려관(拓殖獎勵館)・만주국 국무원과 총무성 기획처 촉탁으로서 1941년까지 근무했으며, 1943년부터는 쇼와여자대학(昭和女子大學)에서 교수로 재직했다. 주요 저서로는 『最近支那経済』, 『戰後の支那』, 『最近の支那貿易』, 『朝鮮の市場』, 『朝鮮の人口研究』, 『朝鮮の小作慣習』, 『朝鮮の姓』, 『生活狀態調査』, 『朝鮮の聚落』 등이 있다. 김일권・최석영・정승교, 『한국 근현대 100년과 민속학자』, 한국학중앙연구원 출판부, 2014, 179~180쪽 참고.
32 무라야마 지준(村山智順, 1891~1968) : 일본의 민속학자로 조선의 풍수・무속・점복(占卜) 등을 주로 연구했다. 어린 시절 일련종(日蓮宗) 승려이자 묘코지(妙廣寺)의 주지인 무라야마 지젠(村山智全)의 양자로 입적된 무라야마는 도쿄제대 사회학과 졸업 후, 조선총독부 촉탁으로서 조선 사회 사정 조사를 담당했다. 특히 총3부(조선의 풍수, 묘

범위하게 수집한 자료를 나열하는 조사서의 집계 방식처럼 일도 많고 양적으로도 상당히 방대했습니다. 내용 면에 있어서는 과연 어떠한지 그건 잘 모르겠습니다만……. 한편, 관청官廳 쪽의 또 하나의 중심은 중추원과 그곳에 설치된 조선사편수회朝鮮史編修會를 들 수 있습니다. 전자는 실질적으로 본래 조선 귀족이나 학자들의 양로원 같은 곳이었습니다만, 어쨌든 그 사람들의 학식 경험을 살리려는 취지를 바탕으로 그들로부터 구관 제도舊慣制度에 관한 여러 이야기를 듣고서 그 내용들을 취합·정리해 두기도 했으며 이와 더불어 고전을 복각 출판하기도 했습니다. 민속 연구는 이마무라 도모今村鞆[33] 씨가 담당하셨고 주로 법제 정리 업무를 도맡아 하셨던 아소 다케키麻生武龜[34] 씨 같은 분들이 이곳에서 의미 있는 작업들을 하셨습니다. 그 당시 이조실록을 분류하여 활자화하는 작업에 저 역시 나이토 씨 쪽 사람들과 함께 참여하게 되어 경제·재정 부분을 담당하면서 이조 후반기의 원고를 꽤 준비한 적이 있습니다. 그러나 이러한 일련의 작업들은 패전으로 인해 끝내 실현되지는 못했습니다.

　지금 기억나는 건 이 정도입니다.

　　지 풍수, 주거 풍수)로 구성된 『朝鮮の風水』를 출판했으며 현지 조사를 통한 『朝鮮の占卜と預言』를 집필했다. 그 밖에도 『朝鮮人の思想と性格』, 『朝鮮の鬼神』, 『朝鮮の民間信仰』, 『朝鮮の風水』, 『朝鮮の巫覡』, 『朝鮮の類似宗教』, 『部落祭』, 『朝鮮の郷土娛楽』 등이 있다.

33 이마무라 도모(今村鞆, 1870~1943) : 경찰 간부이자 조선 사회 연구자다. 호세이대학 법률학과 졸업 후, 경시청의 순사로 근무하다가 대만총독부를 거쳐 1908년 조선 통감부 직속으로 충청북도 경찰부장으로 부임을 시작으로 각지에서 경찰 간부로 지낸 바 있다. 1925년 퇴직 후, 조선의 풍속 관련 자료를 수집·정리하여 『朝鮮風俗集』을 출간했다. 조선총독부 중추원과 조선사편수회의 촉탁으로 조선 풍속의 조사, 연구 작업하는 한편, 체신국과 전매국의 촉탁으로써 인삼(人蔘) 연구에 매진하여 『人參史』를 출간하기도 했다. 주요 저서로는 『朝鮮社会考』, 『朝鮮風俗集』, 『朝鮮漫談』 등이 있다.

34 아소 다케키(麻生武龜, ?~?) : 조선총독부중추원조사과를 통해 펴낸 『朝鮮田制考』와 『社還米制度:旧慣制度調査書』의 저자이다.

연구의 입장

우부카타 나오키치

요컨대 쇼와 4년에 나온 『조선경제의 연구』가 첫 작업이었다는 말씀이시지요?

시카타 히로시

법문학회논집으로서는 두 권째입니다. 그 전년도에 나온 『경성제대법학회논집京城帝大法學會論集』이 한 권 있는데, 거기에는 미야케 시카노스케 군이 조선경제에 관해 논한 글도 게재되어 있습니다. 그리고 논집 후기에는 사회경제사를 연구하던 당시의 저희 생각이나 의견도 실어 두었는데, 그 요지는 '보다 객관적이고 실증적인 방식으로 공평하게 조선을 연구해 보자', '감정론이나 애국주의적인 입장을 불식시키자'는 이런 생각들을 바탕으로 공정한 정책논의가 이루어져야 한다는 것이었습니다.

우부카타 나오키치

쇼와 13년 이후?[35] 경제조선 연구는 그것으로 끝인가요?

시카타 히로시

네, 제 기억으로는 그렇습니다. 연구자들이 저마다 성장해 감에 따라 각자 본인들이 목표한 연구에 집중하게 되다 보니 공동 연구 같은 형태로 뭉치기가 어려워지기 시작했던 겁니다. 저 역시 고전 쪽에 몰두하기

---

35 원문 그대로다.

시작했던지라 따로 무언가를 주도적으로 이끌어갈 수 있는 상황이 못 되었으니까요.

보다 자세한 내용은 사회경제사학회社會經濟史學會에서 펴낸『사회경제사학의 발달社會經濟史學の發達』(하권, 쇼와 19년 간행)[36]의 '朝鮮' 항목에 정리해 두었으니 참고하셨으면 합니다.

안도 히코타로

조선경제연구실은 종전 직전까지 운영되었나요?

시카타 히로시

네, 그때는 앙케이트 형식으로 생활 조사를 비롯한 자료 수집, 도서목록 정리 등의 작업을 했었는데 인쇄 사정이 좋지 않다 보니 출판까지는 이루어질 수 없었습니다.

우부카타 나오키치

쇼와 16년[37] 이후의 간행물로는 어떤 것이 있는가요?

하타다 다카시

『조선경제년보朝鮮經濟年報』[38]가 있습니다.

---

36 원문에는 쇼와 16년, 즉 1941년으로 되어있으나 정확한 출판연도는 1944년인 쇼와 19
    년이다. 社会経済史学会 編, 『社会経済史学の発達』, 岩波書店, 1944.
37 위 각주의 내용과 관련하여 정확하게는 쇼와 19년 이후의 간행물의 여부를 묻고 있는
    것이라 하겠다.
38 이 역시 부정확한 정보로『朝鮮經濟年報』는 현재 '昭和14年版'부터 존재하며 그 출판 시
    기는 쇼와 14년(1939)부터 시작하여 쇼와 15년(1940)에 완성된 것으로 확인된다. 全国

시카타 히로시

이는 전국경제조사기관연합회全國經濟調查機關聯合會의 '조선지부朝鮮支部'라는 데서 간행되었으며, 총독부·조선은행·금융조합연합회 등의 조사부 사람들이 분담하여 집필한 것입니다. 편집 업무는 스즈키 군을 중심으로 하여 저와 둘이서 맡아 했습니다. 총 4회가량 나온 것으로 기억하는데, 제1회만 역사적 전망이 주를 이루었고 나머지는 현상분석現狀分析을 중심으로 구성되었습니다.

대동아공영권론에 대한 저항과 즉응(卽應)

안도 히코타로

쇼와 14~15년부터 특히 16년 이후에는 일본 학계에 대동아공영권을 논하는 사람들이 늘어나기 시작했습니다. 중국 연구자의 경우, 처음에는 선의를 가지고 진보적인 연구 태도를 취했으나 이후 점차 괴리되어 갔습니다. 거기에는 의식적인 괴리도 있고 또 기타 여러 가지로 뒤얽힌 저항이 내포된 그러니까 지금의 관점으로 보면 결과적으로 좌표가 조금씩 오른쪽으로 기울어 가는 복잡한 지점도 있습니다. 그런데 전체적으로 조선 내 일본인들의 조선 연구에 대한 저항과 즉응卽応과의 관계는 어떠했는지요?

経済調査機関聯合会朝鮮支部 編, 『朝鮮経済年報』 昭和14年版, 改造社, 1939~1940; 全国経済調査機関聯合会朝鮮支部 編, 『朝鮮経済年報』 昭和15年版, 改造社, 1940; 全国経済調査機関聯合会朝鮮支部 編, 『朝鮮経済年報』 昭和16·17年版, 改造社, 1943; 『朝鮮経済年報』 1948年版, 朝鮮銀行調査部, 1948.

시카타 히로시

기탄없이 말씀드리자면, 저항은 거의 없었다고 생각합니다. 일단 식민지 사회 내의 본국인사회本國人社會라는 규정이 있다 보니, 아무리 선의라고 생각해도 결과적으로는 그렇지 않은 거지요. 일본인들끼리는 그들 간의 일종의 상호부조 정신이 존재하다 보니 민족적 대립이라는 그늘 속으로 선의의 문제 역시 가려지고 마는 겁니다. 예를 들면, 미야케 군의 사건 당시 일본 '내지'에서는 경찰들이 대학교수들도 상당히 거칠게 다뤘던 것 같은데 조선에서는 그런 일이 전혀 없었습니다. 그러니까 조선인들한테는 심하게 굴어도 일본인한테는 대우가 다소 달랐던 것이지요.

미야타 세쓰코

민족 문제 쪽이 보다 큰 비중을 차지하고 있었던 건가요?

시카타 히로시

명확하게 의식하고 있었던 것은 아니지만, 의식의 저변에는 존재했겠지요. 그런데 그러한 대동아의식이 만주사변 이후 조선인들 사이에서도 생겨났다고 봅니다. 그 이전에는 피정복자 조선인과 정복자 일본인 간의 대립이었으나, 만주사변 이후 한 단계 아래의 피정복자가 생겼으니 조선인들 중에서도 어느 정도 정복자 입장에 놓일 만한 사람들이 등장하기 시작했던 겁니다.

미야타 세쓰코

일본 쪽에서 '내선융화'를 주장했던 거군요.

시카타 히로시

그렇습니다. 그건 굉장히 의식적으로 이뤄졌습니다. 8·15 당시 라디오를 듣고 있던 조선인 학생 중에는 분통을 터트리며 눈물을 흘리던 이도 있었습니다. 저는 나이를 먹은 탓인지 눈물이 날 정도까지는 아니었습니다만⋯⋯. 그런데 일주일 정도 지나니 당시 울분으로 눈물까지 흘리던 그 학생이 마치 언제 그랬냐는 듯 아무렇지도 않게 마르크스·엥겔스 전집을 좀 얻고 싶다며 저를 찾아왔더군요.

안도 히코타로

조선 연구의 경우 식민지 지배 그 자체를 연구 주제로 삼기에는 어려운 사정이 있었다고 생각합니다만, 그런 의미에서 차라리 일만지日滿支 블록론block論 안으로 문제를 포함시켜버리려는 그런 연구는 없었나요?

우부카타 나오키치

물론 있습니다. 그 대표적인 사례로서 스즈키 다케오 씨의 연구를 꼽을 수 있겠습니다.

시카타 히로시

'대륙병참기지大陸兵站基地'라든가 '북조北朝 루트'라든가 당시 그런 매력적인 어휘를 만들어 낸 이가 바로 이 사람인 걸로 기억하고 있습니다.

우부카타 나오키치

하지만 『조선경제의 연구』에 수록된 스즈키 씨의 논문을 보면 오히려 마르크스주의적인 방법에 가까운 것 같은데요. 그게 변한 건가요?

시카타 히로시

뭐, 그렇죠. 하지만 그 사람의 경우 마르크스는 사상적이라기보다 기술적인 문제로서 파악하고 있었던 것이 아닐까요? 좌우간 워낙에 유능한 분인지라.

안도 히코타로

창씨개명創氏改名이 한창 화제가 될 무렵, 모리타니 가쓰미 씨가 도쿄대신문東大新聞을 통해 "낡은 조선의 봉건제가 이로써 무너지게 되었으니 참으로 잘된 일이다古い朝鮮の封建制度がこれによって崩れるから良いことだ"라고 평론한 것을 읽고 몹시 놀란 적이 있습니다. 야나이하라 씨도 이에 대해 비판하시기도 했지요.

시카타 히로시

잘 아시다시피 조선에서는 '성姓'이 발달하다 보니 '씨氏'가 없습니다.[39] 그리하여 대가족제에서 개인가족제로의 전환이라는 의미로서 '일

---

39 이는 창씨개명에 관한 이야기로 이들이 언급하는 '성(姓)'과 '씨(氏)'에 대한 이해방식과 관련하여 일정한 설명이 필요한 부분이다. 한국 위키백과에 따르면, "창씨개명은 1939년 11월 10일, 조선총독부는 '조선민사령(朝鮮民事令)'을 개정(제령 제19호)하여 조선에서도 일본식 씨명제(氏名制)를 따르도록 규정하고, 1940년 2월 11일부터 8월 10일까지 '씨(氏)'를 정해서 제출할 것을 명령하였다"라고 되어있으나, 일본 위키피디아에는 당시 조선의 가족 제도와 유교 문화에 따라 '姓'과 '氏'에 대한 명확한 구분이 존재했으며, 이를 근거하여 '창씨(創氏)' 그러니까 새로이 '氏'를 부여할 이유가 있었음을 설명하고 있다. 관련 내용은 다음과 같다. "조선에서는 유교 문화로 인해 여성은 결혼 후에도 외부인으로서 남편과 자녀의 '성(姓)'에 들어가지 못했다. 따라서 창씨개명을 통해

본은 조선을 아시아로 향하는 쇼윈도로 삼고 있기에 무리해서라도 그들이 근대화할 수 있도록 만들어 주려는 것'이라는 당시의 이런 표현은 일단 이론을 구축하는 데에 있어서는 일리가 있다고 생각합니다. 거기에 내재된 의미('황국신민화'의 포석 또는 그 정치적인 평가)를 의식하고 있었는지 그 여부는 제쳐놓고 말입니다. 저는 그 당시 고전 쪽에 몰두하느라 이런 부분과 관련해서는 별로 글을 쓴 것이 없기 때문에 넘어간다 치더라도 당시 이쪽 방면에서 활발하게 집필했던 사람들은 그저 이러이러하다고만 쓰면 될 것을 주변 분위기에 휩쓸려 한층 강조하다 보니 저런 식으로 부풀려서 써 버렸던 겁니다. 바로 이런 지점들을 인정하지 않으면 안 된다고 저는 생각합니다.

각자가 결정한 새로운 '氏'로써 부부의 성이 일치하도록 의무화한 것이다. 이때 '姓'과 '氏'는 명확하게 다른 의미로 적용되는데, 다시 말해 일본의 관습이나 법 제도에서는 결혼하여 가족을 형성하면 여자의 성(姓)이 바뀌어 한 가족이 같은 성(姓)으로 일치하게 된다. 한편, 유교에서는 조상에 대한 제사(祭祀) 관계상 자손은 선조의 성(姓)을 이어받기 때문에 결국 혈통이 개인의 성(姓)을 결정했던 것이다. 조선·중국·베트남 등 유교 문화권이 기본적으로 부부가 각자 다른 성(姓)을 가지는 데는 이러한 이유에서다. 특히 조선인의 성(姓)은 아버지를 통해 시조(始祖)까지 거슬러 올라가는 남계혈통(男系血統)을 나타낸다. 따라서 창씨개명에서의 '氏'는 가족을 나타내는 명칭으로 창씨(創氏)가 시행되기 이전의 조선에서는 가족명(家族名)이라는 관념이 존재하지 않았다. 그러므로 창씨를 통해 조선인에게 새로운 씨(氏), 즉 가족의 이름을 창설토록 하여 혈통을 기초로 하는 기존의 유교적인 가족 제도를 가족을 기초로 하는 일본 內地의 가족 제도에 가깝게 변경하고자 한 것이다."

조선인 연구자들의 상황

우부카타 나오키치

경제 관련한 일련의 연구 수준은 당시 일본 학계를 기준 삼아 보더라도 상당히 높은 편이라고 생각합니다만, 조선인도 그런 연구를 했었는가요?

시카타 히로시

연구를 하긴 했지만 정당하게 자리매김되지는 못했습니다. 다시 말해, 무대 위로는 등장하지 못했다고 할까요? 아무래도 그런 기회 자체가 주어지지 않았기 때문이라고 생각합니다. 『진단학보震檀學報』 같은 조선인들의 연구지研究誌도 있었지만, 그마저도 간행이 됐다가 안 됐다가 하는 그런 형편이었으니까요. 저 같은 경우도 대학의 조수나 부수로 들어온 그런 사람들하고는 그나마 접촉이 있었으나 그 외의 조선인들에 대해서는 전혀 몰랐습니다.

미야타 세쓰코

인정식印貞植[40] 씨 같은 사람과는 교류가 있었습니까?

---

[40] 인정식(印貞植, 1907~?) : 고려공산청년회 일본총국 책임 비서를 지낸 사회주의 운동가다. 1921년 평양고등보통학교에 입학했으며 1925년에 일본으로 건너가 호세이대학 예과에 입학했으나, 졸업 직전에 자퇴했다. 종합잡지 『青年朝鮮』의 편집책임자로 일했다. 1936년 조선공산당재건경성그룹에 가입하여 이종국, 이우적 등과 함께 기관지 『赤旗』를 창간하였고 민주주의 민족전선에서 주로 토지 및 농업 관계의 저술 활동을 펼쳤다. 주요 저서로는 『조선의 농업기구분석』, 『조선의 농업지대』, 『조선의 토지 문제』, 『조선농업경제론』 등이 있다.

시카타 히로시

직접적인 접촉은 없었습니다. 사실 저희 쪽에서도 그들과의 교류 같은 걸 추진한다거나 그럴 여유가 없었기 때문이기도 하고 또 그런 부분들에 대해 따로 신경을 써 주는 선배도 없었습니다.

우부카타 나오키치

『조선경제의 연구』 제3권을 보면 박문규라는 사람이 토지조사사업에 관하여 상당히 훌륭한 논문을 발표했던데, 그는 어떤 사람이었습니까?

시카타 히로시

그는 저희가 키워낸 제2회 졸업생으로 조수로 지내기도 했습니다. 그런데 제2회 졸업생들은 어찌 된 일인지 상당히 정치적이어서 그 사람 외에도 당시 조수였던 최용달崔容達,[41] 이강국李康國[42] 씨 등이 경찰에 자주

---

41 최용달(崔容達, 1902~?) : 사회주의운동가이자 노동운동가다. 1925년 함흥고등보통학교를 졸업한 뒤, 경성제국대학 법학부에 진학했다. 1927년 박문규·이강국 등과 함께 교내서클 경제연구회에 가입했다. 이때 공산주의 이론 및 식민지 시대 조선 실정에 대하여 공부했으며 1929년 원산부두노동자 파업 당시 진상 조사 및 보고를 위해 경제연구회 대표로 파견되었다. 졸업 후, 경성제대에 조수로 남아 학업을 이어갔다. 이후 보성전문학교 교수로 재직하며 법철학을 공부했다.

42 이강국(李康國, 1906~1956) : 경기도 양주(楊州) 출신의 사회주의운동가이자 정치인이다. 보성고등보통학교를 거쳐 1930년 경성제대를 졸업했다. 재학 중에 유진오 등이 조직한 경제연구회(經濟研究會)에 가입하여 활동했다. 당시 경성제대의 재정학 교수로 부임한 미야케 시카노스케에게 마르크스주의 정치경제학을 배웠다. 1930년 3월 법문학부를 졸업함과 동시에 미야케 경제학교실의 조수로 채용되었다. 이 무렵 이강국은 정치공법연구실, 최용달은 사법연구실, 박문규는 경제연구실에서 근무하고 있었다. 이후 1932년 독일의 베를린대학교에서 유학했는데, 이때 독일공산당에 가입 및 코민테른의 각종 테제를 국내에 전달하는 활동을 한 바 있다. 한편, 자신의 스승인 미야케와 정태식 등이 '미야케교수 적화공작사건'으로 검거되자 1935년 11월 귀국하였다. 귀국하자마자 경찰에 채포되어 예심에 회부되었으나 증거불충분으로 기소유예 처분을 받고 석방되었다. 이후 1953년 남로당(南勞黨) 사건에 연루되어 군사재판에서 사형을 선고받아 1955

끌려가기도 했습니다. 전쟁 말기에는 특히 더 심했지요. 박문규 씨의 논문을 실을 때도 혹여나 걸려 들어가지는 않을까 하고 신경을 바짝 썼던 것도 사실입니다. 상황이 이렇다 보니, 박문규 본인으로서는 하고 싶은 말들이 더 많았을 테지요…….

우부카타 나오키치

심각한 문제를 한발 물러선 조심스러운 태도로 썼다는 걸 단번에 알겠더군요.

시카타 히로시

해방 직후, 이들은 남쪽으로 가 '자, 이제 조선은 우리가 짊어지겠노라!'며 의지가 충만했었으나, 어느 틈엔가 이승만이 등장하고 난 뒤로는 운신이 자유롭지 못하게 되었고 그러다가 북으로 터전을 옮겼습니다. 박문규 씨도 농업상農業相을 연구했다가 지금은 최고인민회의最高人民會議의 상임위원회서기常任委員會書記로 지내고 있습니다. 제 개인적으로는 학자로 계속 남아줬으면 싶었던 이강국 씨는 박헌영 사건 당시 사형되었으며 최용달 씨에 대한 소식은 들은 바가 없습니다.

년에 사형이 집행되었다. 저서로는『민주주의 조선의 건설』이 있다.

미야케 시카노스케(三宅鹿之助) 씨에 대해

우부카타 나오키치

미야케 시카노스케 씨 사건에 관해서도 한 말씀 부탁드립니다.

시카타 히로시

어디나 다 마찬가지겠지만, 대학에서도 보통 '레드'라고 하면 늘 감시의 대상이 되다 보니 저희 강의안 같은 것도 경찰이 전부 입수했다고 하더군요. 그런데 미야케 군은 본래 가와카미 하지메河上肇[43] 박사를 상대로 논쟁을 벌이기도 하고 마르크스주의자라고 자인했던 그런 인물이었습니다. 하지만 실제 운동에는 관여하지 않았지요.

그 무렵에는 학생들 사이에서도 마르크스주의 조직이 몇몇 존재했었는데 그중 한 군데서 미야케 군과 접촉을 시도했던 겁니다. 그러고 나서 그들이 미야케 군 쪽으로 들어갔던 것이고요. 그런데 마침 그때 조선공산당 창립 당시의 거물 중 한 사람인 이 모 군이 경찰에 쫓기고 있었는데, 미야케 군이 본인 관사의 서재 마루 밑에 땅굴을 파서 그를 숨겨줬던 겁니다. 그도 그럴 것이 그 학생들이 거기라면 절대 안전할 거라고 자꾸 그러니까요. 짐작건대 미야케 군은 본디 마음이 약한 데다가 그들의 논

---

43 가와카미 하지메(河上肇, 1879~1946) : 일본의 경제학자이자 사상가다. 교토제대에서 마르크스 경제학을 연구했으며 본인의 연구를 집대성한 논문집『経済学研究』를 발표했다. 1913년부터 1915년까지 2년간 유럽으로 유학을 했으며 귀국 후 신문에 평론『貧乏物語』를 연재·출판했다. 또한 교토제대에서 경제학사 및 경제원론을 담당하는 교수로 재직했으며 칼 마르크스의『資本論』을 번역했다. 1928년에 교수직을 사직한 뒤 공산당에 입당하여 활동하다가 체포되기도 했다. 주요 저서로는『貧乏物語』,『日本尊農論』,『経済学原論』,『第二貧乏物語』,『資本論入門』등이 있다.

리적인 주장 앞에서 끝내 거절하지 못했을 거라고 봅니다.

바로 그즈음 저는 미야케 군과 간도 지방으로 조사를 갔었는데 늘 기운차고 밝았던 미야케 군이 그때는 웬일인지 침울해했던 그런 기억이 납니다. 아니나 다를까 조사를 마치고 돌아온 직후에 단속이 있었는데, 이미 그전에 미야케 군의 부인이 이 모 군을 도망가게 해 준 것 같더군요. 어쨌든 그는 무사히 도망쳤지만 정작 미야케 군은 그 일로 3년 형을 복역하게 되었지요. 당시 미야케 군의 자녀가 너무 어린 터라 그의 아내는 바로 석방되었고요. 그런데 지금 생각해보면 그의 아내는 어떤 의미에서 미야케 군 이상으로 당찬 사람이었지 싶습니다. 어쨌거나 그때는 저 역시도 초반 일주일가량 부당탄압이라고 항의도 하고 야마다 사부로 총장에게 그 건의 해결을 위해 재촉도 해봤습니다만, 이 군을 숨겨 준 것만은 일단 사실이었으니…….

심지어 나중에는 미야케 군을 학교로 불러들인 장본인이 저라면서 교수회에서 어지간히 문제가 되기도 했습니다. 그러나 저는 "내가 제공한 자료를 근거로 그의 채용 결정을 한 것은 다름 아닌 교수회가 아니었느냐?"고 반박을 했었지요. 결국 그 일로 저는 거취문의서進退伺였는지 시말서였는지 정확하게 기억은 잘 안 납니다만, 여하튼 둘 중 하나를 제출할 수밖에 없었습니다.

하타다 다카시

사쿠라이 요시유키桜井義之[44] 씨도 그쪽에 계셨지요?

---

44 사쿠라이 요시유키(桜井義之, 1904~1989) : 쇼와기에 활동한 서지학자(書誌学者)다. 주오대학 경제학과를 다니면서 도쿄제대 법학연구실에서 정치학자이자 사상가인 요시노

시카타 히로시

그는 법학과 전체를 담당하던 조수였는데, 마치 경제과 사람인 양 시도 때도 없이 경제연구실을 드나들던 사람이었습니다. 그『메이지년간 조선연구문헌지明治年間朝鮮硏究文獻誌』[45]도 거의 경제연구실에 있는 도서 대부분을 참고한 것입니다. 그러고 얼마 후에『다이쇼년간편大正年間 編』이『조선행정朝鮮行政』이라는 잡지에 연재되기도 했습니다. 어쨌든 그는 그 후 점점 이쪽 방면으로 깊이 경도된 듯 싶더군요.

하타다 다카시

오우치 씨는 어땠나요?

시카타 히로시

오우치 씨는 저보다 열두 살이나 연상이었는데, 참으로 흥미로운 분이었습니다. 그는 삿포로 예과豫科 시절에 학생운동으로 처분을 받는 바람에 교토의 선과選科를 나오게 되었는데 결국 이것이 문제가 되어 좀처럼 교수가 되질 못했습니다. 그런데도 그분은 늘 유연한 태도를 보이셨지요. 참고로 오우치 씨의 전문 연구 분야는 경제지리와 통계학이었습니다. 개인적으로는 패전 후에 저와 함께 아이치愛知대학 창립 때까지

사쿠조(吉野作造)의 사설 비서로 일했다. 대학 졸업 후, 1928년 9월 요시노의 소개로 경성제대 법문학부 경제연구실의 조수로서 자료실에 배속되었으며, 1933년에는 경성제대 조선경제연구소 연구원으로서 경제학자 시카타 히로시 밑에서 서지 정리 작업을 했다. 1941년에 조선총독부 문서과로 옮겨 조사계주사(調査係主査)로서 조선총독부의 기관지인『朝鮮』의 편집을 담당했다. 1950년에 조선학회(朝鮮学会)가 설립되자 상임간사로 근무한 바 있다. 또한 사쿠라이는 본인이 소장했던 장서를 1974년과 1984년 두 차례에 걸쳐 도쿄경제대학에 기부했다. 주요 저서로는『明治と朝鮮』, 『朝鮮硏究文献誌』등이 있다.

45 桜井義之 編, 『明治年間朝鮮硏究文献誌』, 書物同好会, 1941.

고생을 함께한 사이였으며 한참 나이 어린 저를 한 사람의 연구자로 자리 잡을 수 있도록 여러모로 도움을 주신 분이기도 합니다.

하타다 다카시

시카타 선생님 쪽은 조선사편수회와 유대관계가 없었나요?

시카타 히로시

조선사편수회는 대학의 조선사 강좌와 관련하여 밀접한 관계가 있었습니다. 지금 동양학회東洋學會에서 활약하고 있는 다가와 고조田川孝三[46] 군은 조수 시절부터 편수회로 자리를 옮겼고 스에마쓰 군은 편수회에서 대학의 조교수로 들어왔으며, 나카무라 히데다카中村榮孝[47] 군도 한때 강의차 드나들곤 했습니다. 그리고 국사 강좌를 담당하던 다보하시 기요시 군도 만년에는 편수회를 통솔하기도 했지요. 법제사라든가 경제사 방면에서 관여하기 시작한 것은 중추원의 구관 제도 조사旧慣制度調査 때로 이는 한참 후의 일입니다.

---

46 다가와 고조(田川孝三, 1909~1988) : 일본의 역사가다. 경성제대 법문학부를 졸업한 후 1931부터 1932년까지 경성제대 법문학부에서 조수로 일했다. 1933년부터 1934년까지는 조선사편수회의 촉탁으로 1935년부터 1938년까지는 수사관보 및 중추원의 촉탁을 지냈다. 1940년부터 1943년까지는 조선사편수회 수사관으로 근무했다. 종전 후, 동양문고를 거쳐 도쿄대 동양사학과 교수로 재직했으며 도쿄대에 조선문화연구실을 설립하기도 했다.

47 나카무라 히데다카(中村榮孝, 1902~1984) : 역사학자이며 1923년에 도쿄제대에 입학하여 구로이타 가쓰미의 지도를 받았다. 국사학과를 졸업한 후, 조선총독부 조선사편수회의 촉탁으로서 『朝鮮史』, 『朝鮮史料叢刊』을 편집했으며 그 밖에도 수사관·편수관·교학관 등을 지냈다. 또한 다보하시 기요시(田保橋潔)·스에마쓰 야스카즈(末松保和) 등과 함께 청구학회를 결성하여 활동했으며 1948년부터는 나고야대학 및 덴리대학의 교수를 지냈다. 주요 저서로는 『東亞新秩序の建設と古代大陸経営の先蹤』, 『日鮮関係史の研究』, 『日本と朝鮮』, 『朝鮮 風土·民族·伝統』, 『東海風土記』 등이 있다.

조선 연구의 특수성과 보편성

우부카타 나오키치

조선 연구를 총괄하여 보다 종합적으로 해야겠다고 생각하시게 된 동기는 무엇인지요?

시카타 히로시

결과적인 애기가 되겠습니다만, 조선으로 건너가 그곳의 대학에서 봉직했으니 일단 조선에 관해 연구하는 것이 마땅하다고 여겼습니다. 당시 저희는 말 그대로 조선 땅에 뼈를 묻을 생각이었지요. 물론 굳이 그럴 것 없이 어디서든 일반적인 연구를 하면 되는 거라고 생각하는 사람들도 있었습니다. 사실상 수적으로는 후자에 속하는 사람들이 더 많긴 했습니다. 그러나 우연인지 몰라도 조선을 연구하려는 사람들이 경제과 쪽으로 모여들었던 겁니다. 하기야 오우치 씨를 제외하고는 모두 제가 불러들인 사람들이긴 합니다만……. 세계 어디를 가든 남들이 하는 똑같은 연구를 하겠다는 입장을 표명하던 사람을 제쳐놓고 보면, 조선을 연구하려는 사람들 중에는 일반적인 이론을 일단 조선과 결부시켜 고찰하려는 쪽과 조선 그 자체에 집중하여 연구하고자 했던 사람들이 있었는데, 저나 스즈키 군의 경우는 후자에 해당됩니다. 기왕에 조선으로 갔으니 더욱 흥미를 가지고 실천적으로 그 관련성을 파악하고자 했던 것이지요. 한편, 야마다와 이토 군 등은 애초부터 본인들의 연구를 더욱 중점적으로 여겼기 때문에 당장 눈앞에 놓인 선결과제를 처리하는 쪽이었습니다. 그중 스즈키 군은 주어진 문제를 현실적인 정책론으로 전환시켜 연구하곤 했습니다. 그리고 저는 역사 쪽에 관심을 가지게 되었고요.

일본에서의 사회경제사 연구와 저희 연구와의 관계에 대해서 말씀드리자면, 저희 쪽에서는 '각자 제 갈 길 간다'는 식이다 보니 일본 본국의 연구와는 동떨어진 감이 있었습니다. 요즘은 좀 달라지기 시작했습니다만, 그때만 해도 일본 학자들은 본인이 흥미롭게 여기는 개별 연구 외에 다른 자료는 거의 읽지 않는 그런 경향이 있지 않았습니까? 그런 의미에서 제 논문 역시 당시에는 잘 읽히지 않았을 겁니다. 오히려 조선인들이 제법 읽어준 것 같더군요.

의미에 관하여

미야타 세쓰코

조선 연구와 일본과의 관련성 그리고 조선에 관해 연구한다는 그 의미가 궁금합니다.

우부카타 나오키치

연구 수준이 높아질수록 해당 연구와 연구자의 문제의식이 분리되는 느낌이 드는 건 다른 지역 연구에서도 마찬가지입니다. 학문적으로 그 수준이 아무리 높다고 한들 일본 사회의 문제의식과의 관계가 명확해지지 않으면, 새로운 전망은 생겨날 수 없지 않겠습니까? 각 분야에서 전문가들이 양성되고는 있지만 그렇다고 이들이 다른 연구자들과 활발한 소통을 이루고 있는 건 아닙니다. 이러한 사례를 바탕으로 새로운 조선 연구를 어떻게 확립해 나갈 것인지 이런 부분을 문제시 여겨야 하지 않을까요?

일본 사회에서 살아간다는 것과 조선을 연구하는 것이 어느 지점에서 관계하는지도 고려의 대상이라고 봅니다만, 이는 조선인이 조선사를 연구하는 것과는 분명 다른 겁니다. 그러한 문제에 대해 하타다 선생님께서는 어떻게 생각하시는지요?

하타다 다카시

갑자기 그런 질문을 받으니 마땅한 대답이 얼른 안 나오긴 합니다만, 어쨌든 학문을 연구하는 경우라면 반드시 현실적인 부분에 관심을 두고 출발해야 한다고 봅니다. 그렇지 않고서는 제대로 된 연구란 불가능한 법이지요. 그러나 사실 그것만 가지고 연구를 지속한다는 것도 여간 어려운 일이 아닙니다. 더 솔직하게 말씀드리면 그냥 좋으니까 하는 겁니다. 저 같은 경우는 법칙성을 발견하는 데에 상당히 흥미를 느끼는 편입니다. 그리하여 제 나름대로 법칙에 대한 여러 가설도 세워보고 또 그와 관련된 다양한 방면에서 모색 중이기도 합니다. 특히 조선사 연구 안에서 일정한 법칙 같은 것을 발견하게 된다면 그 법칙 자체를 바꿔가고픈 그런 생각을 하고 있습니다.

시카타 히로시

자국인이 자국의 역사를 연구하는 것은 지극히 자연스러운 일이나 외국인으로서 다른 나라의 역사를 연구하는 것은 매우 부자연스러운 일이라고 여깁니다. 가령 이탈리아인이 일본에 관한 것을 자기네와 관련지어 생각하는 것은 쉬운 일이 아니겠지요. 그러나 그들이 일본을 연구하는 것이나 조선 침략사를 연구하는 것 모두 연구 그 자체가 순수 객관적이라는 점에서는 동일하다고 할 수 있습니다. 어쩌면 외국인 쪽이 어떤 의미에서는 역사의 객관성·법칙성을 발견하는 데에 보다 용이한 측면이 있지 않을까요. 다시 말해, 외국인은 해당 국가의 민족 감정에 대한 이해가 부족한 편이지만, 그렇기 때문에 오히려 더 냉철하게 대상을 바라볼 수 있는 게 아닐까 싶은 겁니다. 뭐 이것도 앞으로 한 10년 정도 지나 봐야 알 수 있는 일이겠습니다만……. 아무튼 그렇기 때문에 조선인이 현재 그러한 역사를 쓰고 있는 것은 당연하다고 생각합니다. 사실 저는 조선 연구로는 밥벌이를 할 수가 없기 때문에 현재 학교에서 영국사를 가르치고 있는데, 관련 서적 중에 프랑스인 모루아André Maurois[48]가 쓴 『영국사英國史』는 지금 말씀드린 그런 입장에서 보더라도 상당히 흥미롭습니다. 어떤 의미에서는 영국인보다 더 깊게 파악하고 있는 지점도 있고요. 저는 바로 그러한 이점도 있다고 생각합니다. 어쨌든 연구는 근본적으로 본인이 좋으니까 하는 거라고 봅니다.

미야타 세쓰코

처음부터 선뜻 좋아서 한다기보다 연구를 하다 보니 어느새 좋아지는 게 아닐까 싶습니다.

---

48 앙드레 모루아(André Maurois, 1885~1967) : 프랑스의 소설가이자 평론가이며, 본명은 에밀 살로몽 빌헬름 에르조그(Emile Salomon Wilhelm Herzog)이다. 소위 영국통(英國通)으로서 제1차 세계대전 당시 영국군 참모부의 통역관을 맡았으며, 이때의 체험을 살려서 쓴 소설 『브랑블 대령의 침묵』으로 등단했다. 그 밖에도 수많은 소설·평론·전기 등을 발표했는데 그중에서도 『영국사』, 『프랑스사』, 『미국사』 등이 손꼽힌다.

조선 연구의 로컬성

안도 히코타로

예를 들면, 경제학이나 정치학을 연구하는 이들은 그야말로 진정한 학자로 여기는 반면 조선 연구나 중국 연구를 하는 자들은 그저 조선 연구자·중국 연구자라 칭하며 본인들의 연구 분야인 경제학이나 정치학의 연구 범주 안으로 이들을 포함시키려 들지 않았습니다. 그러다 보니 조선 연구자나 중국 연구자 쪽에서는 '당신네는 현실을 모르고서 그저 원리나 법칙만 떠벌리고 있을 뿐이다'라는 식으로 교류의 통로를 차단해 버리고 말았던 겁니다. 이처럼 상호 간의 커뮤니케이션이 거의 이루어지지 않는 것은 요즘도 마찬가지라고 보며, 실제 그러한 분위기는 아직도 저희 주변에 만연합니다. 그리고 앞서 언급된 지역 연구area study 같은 것이 생겨나면 개별 연구자는 자연스럽게 그쪽으로 조직화되고 위치 지워지다 보니 연구자 스스로도 왠지 본인의 연구 영역이 그 방면에 있을 거라고 받아들이게 됩니다. 개별 연구자는 바로 이러한 위험성을 지니고 있다고 생각합니다.

하타다 다카시

중국 연구의 경우는 그러한 점에 있어서 최근 크게 달라졌으며 급기야 사회과학으로 편입되기도 했습니다. 반면, 조선 연구는 아직도 로컬 연구로서 존재하고 있긴 합니다만······.

안도 히코타로

지금 말씀하신 바로 그 로컬성에 현실적인 흥미를 느껴 조선 연구의 길로 발을 들여놓는 것이지요.

하타다 다카시

역시 조선 연구는 사회과학이 될 수 없는 것이로군요. 하기야 조선 연구 그 자체를 따로 분리해 놓고 보더라도 그 안에서 공통된 무언가를 도출해내기란 쉬운 일이 아니지요.

안도 히코타로

흔히 조선 연구에는 조선에 대한 사랑이 결여되어 있다고들 하는데, 사실 그와 반대로 조선 연구에 사랑을 쏟아붓게 되면 그땐 또 그 나름대로 거기에 완전히 매몰되어 버리는 경향이 있습니다.

활용되지 못하는 조선 연구의 축적

우부카타 나오키치

시카타 선생님은 현재 영국 경제사 강의를 하고 계시는 건가요?

시카타 히로시

네, 그렇습니다. 꽤 오래전부터 강의해 왔습니다.

우부카타 나오키치

조선과 연관된 강의는 안 하시는군요.

시카타 히로시

강의를 하려 해도 일단 학생이 없으니까요. 가끔 대학원에서 조선에 관련한 수업을 맡은 적도 있긴 합니다만, 그때마다 종강까지 남아 있는 학생이라고는 그저 일본인 한 사람과 조선인 한 사람뿐이었습니다.

미야타 세쓰코

정말 아쉽네요. 그러고 보니 조선과 관련하여 전문적으로 연구하셨 던 분 중에는 그런 선생님들이 많으시네요. 젠쇼 선생님도 쇼와 여자대 학昭和女子大學에서 가정과家庭科 같은 걸 가르치고 계시고 와타나베 선생 님도 조선교육사 강좌는 더 이상 하시지 않는 것 같더군요.

우부카타 나오키치

조선의 집락集落을 연구하신 오다우치 미치토시小田內通敏[49] 선생님께서 도 돌아가시기 전까지 국립음악대학國立音樂大學에서 강의를 하셨는데, 아 마 그 대학 학생들은 그분이 그런 연구를 하셨던 분이라는 사실을 전혀 몰 랐을 겁니다. 이는 단지 오다우치 선생님 한 개인의 문제만이 아니라, 전반

---

[49] 오다우치 미치토시(小田內通敏, 1875~1954) : 일본의 지리학자다. 도쿄 고등사범학교 지리역사전수과를 졸업한 후 와세다 중학교에 근무하면서 지리역사학회를 조직하여 기 관지 『지리와 역사(地理と歷史)』를 발간했다. 이후 조선총독부 촉탁으로 위촉되어 함경 북도를 제외한 16개 부락을 조사한 뒤 『조선부락조사예찰보고(朝鮮部落調査豫察報 告)』로 엮어 1923년에 조선총독부에서 발간하기도 했다.

적인 상황이 제대로 잘 갖춰져 있지 못했던 것이 원인이라고 생각합니다. 이는 오다우치 선생님의 그 독특한 연구에 대해서도 "이이즈카 고지飯塚浩二[50] 씨를 제외하고는 여타의 지리학자들은 거의 평가조차 하지 않았던 것 같다.(「老いを知らぬパイオニア……故小田通敏先生の生涯」, 1954)"라는 사례만 보더라도 알 수 있습니다.

연구의 발전을 위해

안도 히코타로

시카타 선생님, 앞으로 조선사가 어떤 방향으로 나아가야 하는지 그에 관한 의견이 있으시면 한 말씀 부탁드리겠습니다.

시카타 히로시

좀 구체적으로 말씀을 드리자면, 사회사나 경제사를 연구해온 분이 예전에 하타다 군이 작업했던 그런 통사通史 같은 것을 일본인의 입장으로 써 볼 필요가 있다고 생각합니다. 이는 어떤 의미에서는 굉장히 어려운 일이겠지만, 그런 통사가 하나 있으면 다른 분야로 진입할 수 있는 기반을 마련할 수도 있거니와 일본에는 아직 조선사회경제사를 다룬 통사

---

50 이이즈카 고지(飯塚浩二, 1906~1970) : 일본의 지리학자다. 지리학뿐만 아니라 경제학·역사학·문화학 등 폭넓은 분야에서 활동했다. 도쿄제대 경제학부를 졸업한 후 프랑스 정부 유학생으로서 프랑스에서 유학했으며 귀국 후 외무성 국제문화사업부의 촉탁 및 도쿄제대 교수를 역임했다. 주요 저서로는 『人文地理学』, 『東洋の文化』, 『日本の精神的風土』, 『東洋への視角と西洋への視角』, 『地理学と歴史』 등이 있다.

가 없으니 한번 시도해 볼 필요가 있다고 봅니다.

안도 히코타로

그럼, 오늘은 이쯤에서 마치도록 하겠습니다. 감사합니다.

1962.12

조선총독부의 조사사업

출석자

젠쇼 에이스케(善生永助)
안도 히코타로(安藤彦太郎)
오자와 유사쿠(小沢有作)
하타다 다카시(旗田巍)
미야타 세쓰코(宮田節子)

조사사업의 진흥

안도 히코타로

오늘은 지난번 심포지엄 말미에도 잠시 언급되었던 사회과학적이라는 측면에 무게를 두고 토론을 이어 가도록 하겠습니다. 그리고 이 자리에는 조선총독부에서 조사사업에 종사하셨던 젠쇼 에이스케 선생님을 모시게 되었는데, 다들 아시다시피 선생님께서는 저서 31권, 논문 228편이라는 실로 방대한 업적을 이루신 바 있습니다. 특히 올해 만 77세라는 연세가 무색할 만큼 건강을 잘 유지하고 계시며 현재도 쇼와여자대학昭和女子大学에서 교수로 재직하고 계십니다. 그럼, 이른바 조선총독부 조사사업의 개척자로서 훌륭한 공적을 쌓아 오신 젠쇼 선생님께 말씀을 청해 듣도록 하겠습니다.

젠쇼 에이스케

먼저 조선에 관련한 여러 말씀을 나눌 수 있는 이런 자리에 초청해 주신데에 깊은 감사의 말씀을 드립니다. 저는 와세다에서 공부하던 시절(메이지 41~43)부터 중국에 흥미를 느껴 어학도 중국어를 택했으며 당시 와세다에 설립된 지나협회支那協會(초기 명칭 日淸協會)의 회원으로서 연구하기도 했습니다. 그리고 메이지 43년에 졸업하고서는 저널리즘 쪽에서 일하면서 혼다 세이이치本多精一[1] 박사와 함께 『재정경제시보財政經濟時報』라는 경제잡지를 발행하기도 했습니다.[2] 그 후 이 잡지에 발표했던 글들을 엮어 『최근지나경제最近支那經濟』,[3] 『전후의 지나戰後の支那』,[4] 『최근의 지나 무역最近の支那貿易』[5] 등을 출판한 바 있습니다.

이상에서 언급한 바와 같이 사실 처음부터 조선에 특별한 관심이 있었던 것은 아니었습니다. 다이쇼 11년 중반, 조선총독부관방朝鮮總督府官房[6]에 조사과調査課가 설치되었는데 그 이듬해인 다이쇼 12년 여름에 조사과 과장인 오오니시 이치로大西一郎[7] 씨가 상경上京하시어[8] 제게 그쪽

---

1 혼다 세이이치(本多精一, 1871~1920) : 신문기자이자 경제평론가다. 도쿄제대 법과대학을 졸업했으며 도시샤(同志社)대학 교수를 거쳐 오사카마이니치 신문(大阪朝日新聞)의 경제부장으로 취임했다. 그러다 정치경제·신문 사업 시찰 및 연구를 위해 퇴사한 뒤 해외로 떠났다. 귀국 후에는 도쿄니치니치신문(東京日日新聞) 사장 겸 주필이 되었으며 1914년에는 재정시보사(財政時報社)를 설립하여 『財政經濟時報』를 발간했다. 주요 저서로는 『地方財政問題百話』, 『新日本の財政經濟』 등이 있다.

2 당시 젠쇼는 『財政經濟時報』의 편집장을 지냈다.

3 善生永助, 『最近支那經濟』, 丁未出版社, 1917.

4 善生永助, 『戰後の支那』, 丁未出版社, 1920.

5 善生永助, 『最近の支那貿易』, 東洋研究会, 1924.

6 정확한 명칭은 '朝鮮總督府總督官房'이며, 조선총독부에 설치된 내부부국(內部部局)으로 조선총독의 관방(官房)을 가리킨다.

7 오오니시 이치로(大西一郎, 1887~1950) : 일본의 정치가로 1912년에 도쿄제대 정치과를 졸업함과 동시에 고등문관시험에 합격했다. 이후 홋카이도청 경시(警視), 이와테현 학무과장, 효고현 시학관·지사관방주사·학무과장, 가가와현 경찰부장 등을 거쳐 조

일을 좀 돕지 않겠느냐고 권하셨던 겁니다. 그 당시 저는 마이니치신문毎日新聞의 『이코노미스트』지[9] 기자로 지내고 있었는데, 오오니시 씨께서 친히 말씀하신 터라 일단 한 2~3년 정도 있다가 그만둘 생각으로 조선으로 갔던 겁니다.

다이쇼 12년 7월에 받은 총독부의 사령辭令에는 "조선사정에 관한 조사 및 소개 업무를 촉탁한다"라고 기재되어 있습니다. 제가 조선에 갔을 당시 조선총독부관방의 조사과는 조사계調査係, 통계계統計係 그리고 나중에 따로 독립하긴 했지만 국세 조사國勢調査에 관련한 사무를 담당하는 부서 등으로 구성되어 있었습니다. 그중 조사계는 영어·독어·불어·중국어가 가능한 전문 촉탁과 일반경제 사회에 관한 조사를 담당하는 촉탁이 별도로 존재하는 제법 규모가 큰 조사 조직이었습니다. 참고로 이는 제1차 사이토斎藤 총독 시절에 정무총감을 지낸 아리요시 주이치有吉忠一[10] 씨의 발안으로 생겨난 조직입니다.

그러나 얼마 안 가 아리요시 씨는 관직을 그만두셨고 이러저러하는 사이 다이쇼 14년에 행정정리가 단행되었습니다. 게다가 당시 조사과장

선총독부사무관 겸 참사관, 경상북도 내무부장, 복흥국(復興局) 토목부서무과장 등을 지냈다. 1926년 퇴관한 뒤로 도쿄시 조역(助役)을 거쳐 1929년에 요코하마시 조역으로 취임했으며, 1931년에는 요코하마시의 시장으로 선출되었다.

8   "大正11年9月16日 敍任及辭令 總督官房庶務部勤務ヲ命ス 事務官 大西一郎"(1922.9.22, 3035호 3면), "大正11年10月13日 敍任及辭令 總督官房庶務部調査課長ヲ命ス 事務官 大西一郎"(『조선총독부 관보』 3054호, 1922.10.14, 2면), "大正11年11月9日 敍任及辭令 京畿道, 黃海道, 平安南道, 平安北道管內ヘ出張ヲ命ス 朝鮮總督府事務官 大西一郎"(1922.11.11, 3076호, 1면) 등의 자료에 따르면 당시 오오니시는 조선에서 직접 일본으로 건너가 젠쇼에게 조사과 업무에 관한 제의를 한 것으로 추정된다.

9   1923년 3월에 오사카마이니치신문사(大阪每日新聞社, 현·每日新聞大阪本社)에서 창간한 잡지다.

10 아리요시 주이치(有吉忠一, 1873~1947) : 일본의 내무관료다. 지바(千葉)현·미야자키(宮崎)현·가나가와현(神奈川)현 등의 지사 및 조선총독부정무총감을 지냈다.

마저 해외 체류 중이었던 터라 '조사과'는 그 길로 폐지되었으며 그로 인해 기존의 조사과 업무의 일부가 '조사계'로서 '문서과文書課'로 흡수되었습니다. 어떤 경우든 조사 기관이 제일 먼저 정리되기 마련이니까요. 아무튼 저는 바로 이 문서과 조사계에 그대로 남아 쇼와 10년까지 조사사업 업무에 몸담게 되었던 겁니다.

그 후에는 만철경제조사국滿鐵經濟調査局(훗날의 産業部資料室)으로 옮겨가 주로 조선인 문제·동업조합同業組合·집락 등에 관련한 업무를 담당했습니다. 그리고 쇼와 13년에 척무성拓務省의 외곽단체로서 척식장려관拓殖獎勵館이라는 조직이 생기고 나서부터는 이쪽 업무를 맡는 등 주로 조선에 관한 업무를 담당했습니다. 이어 쇼와 15년 여름에 만주국 총무청總務廳의 기획처에 촉탁으로 부임하여 만주국에서의 조선인 관계·촌락·시가지의 국토계획總合立地計画 조사를 담당하다가 전쟁이 일어난 그 해 가을에 도쿄로 돌아왔습니다. 전시기에 이어 전후기에도 줄곧 쇼와여자대학에서 교편을 잡고 있다 보니 조선에 관해서는 점점 소원해질 수밖에 없었으며 특히 최근의 사정에 대해서는 전혀 아는 바가 없습니다. 그나마 쇼와 28년부터 격년으로 열리는 덴리天理대학의 집중강의 '조선사회경제朝鮮社會經濟'나 관동관구경찰학교関東管区警察学校[11]에서 일 년에 한 번씩 하고 있는 조선의 사회경제와 관련한 강의 정도가 전부입니다. 그럼, 지금부터 조선총독부 조사와 관계된 당시의 정황 등을 중심으로 본격적인 이야기를 해 볼까 합니다.

---

11 관동관구경찰국(関東管区警察局)의 기관 중 하나로, 관동관구경찰국 직원을 비롯한 상급경찰관 및 호위관(護衛官)을 육성하는 역할 외에도 국가공무원으로 새로 채용된 경찰관들의 초임 교양 및 전문적인 실무 운용과 관련한 교육·연구·조사를 맡은 기관이다.

조선총독부관방에서 발행하던 정기간행물로는『조선총독부시정연보朝鮮總督府施政年報』,『조선총독부통계연보朝鮮總督府統計年報』,『조선요람朝鮮要覽』등이 대표적입니다. 그 밖에도 관광객이나 학생들에게 배포하는 팸플릿이라든지 또 제가 그리로 가고 나서부터 시작된 월간『조선총독부조사휘보朝鮮總督府調査彙報』(훗날『조사월보調査月報』로 개명)도 있었습니다. 물론 그 이전부터 발행 중이던 잡지『조선朝鮮』이 있었는데, 이는 조선에 거주하는 사람들뿐만 아니라 내지의 학자들에게도 집필을 의뢰하여 일반인들에게 조선사정朝鮮事情을 소개하는 것을 목적한 잡지였습니다.

한편, 저희 조사과에서 조사한 내용은 그 발행기관으로서 부정기적으로나마 조사 자료를 발간하기도 했습니다. 그런데 기존의 관청 조사 자료는 집필자 이름을 드러내지 않고 관청명役所名으로 발행 해왔으나, "조선 같은 상황에서는 추후 책임 소재 등의 문제가 발생할 것을 대비하여 집필자가 명확하게 제시되는 것이 좋지 않겠냐"는 저의 의견이 계기가 되어 그때부터 조사 자료에는 전부 집필자 서명을 표기하여 출판하게 되었습니다. 다만, 그때 제가 담당했던 조사 자료가 나중에는 1년에 두세 권씩 나오게 되다 보니 주변으로부터 '너무 나대는 거 아니냐'는 식의 오해를 받기도 했으며 또 일부 몇 사람한테서는 "그런 쓸데없는 것을 자꾸 내는 것이야말로 실로 무익한 일"이라며 따가운 질책을 받기도 했습니다. 그러나 제 생각은 달랐습니다. 조사 자료는 학술연구와 달라서 시정참고라든가 연구 자료가 될법한 것들은 가능한 빠르고 널리 소개하는 것이 옳다고 여겼기 때문에 상사의 너른 양해와 격려하에 애당초부터 지속적인 출판을 방침으로 세워두고 시작했던 일입니다.

그렇지만 당시 저를 돕던 조수가 편집교정에 한 명, 조사 담당에 한 명

이렇게 두 명밖에는 없었습니다. 그런데 그마저도 좀 익숙해진다 싶은 2년 차를 넘기면 승진 후에 임관任官하여 각자 전문적인 다른 업무를 담당하게 되어 새로운 사람을 다시 구해야 하는 이런 식이 반복되다 보니 좀처럼 일의 능률이 오르지 않았습니다. 그러나 학벌 관념도 강한 데다가 관료주의 역시 상당했던 당시에 사학私學 출신으로서 그 어떤 후원자도 없던 제가 13년이나 한 곳에서 조사에 전념할 수 있었던 것은 온전히 관대한 상사의 비호 덕이었기에 그저 감사할 따름입니다.

이어서 그 당시 제가 어떤 생각으로 조사에 임했는지를 간단히 말씀드려볼까 합니다. 먼저 그리고 건너가 가장 당혹스러웠던 점은 조선의 상업과 관련한 조사가 턱없이 부족하다는 것이었습니다. 농업 쪽은 전문 기사技師분들이 많이 계시다 보니 각종 조사가 다양하게 이루어지고 있었던 반면, 일본인 상인들의 진출과 자본 투자에 수반되는 문제 등을 포함하여 조선의 상업 사정에 대해서는 전혀 모르고 있더군요. 그리하여 저는 일단 조선의 시장에 관한 조사를 실시했습니다. 당시는 다이쇼 말기였는데 그때까지만 해도 조선에서는 전국 1,300여 곳에서 5일마다 시장이 열려 상당히 활발한 거래가 이루어지고 있었습니다. 아무튼 관련 사진까지 첨부하여 발행했던 그 자료는 내지 쪽에서도 주목을 받았으며 조선 내에서도 시장세폐지론市場稅廢止論을 불러일으키는 등 여러 방면에서 세간의 이목을 집중시켰습니다. 그리하여 자료의 재판再版 요청이 쇄도하게 되었고 이에 새로운 연구 자료를 추가해 출판한 것이 바로 『조선의 시장경제朝鮮の市場經濟』(쇼와 4)[12]입니다.

---

12 善生永助, 『朝鮮の市場経済 再版』(調査資料 27), 朝鮮総督府, 1929.

그러자 이번에는 출판사 측에서도 이를 발매했으면 싶다기에 조선지
방행정학회朝鮮地方行政學會에서 판매한 적도 있습니다. 이와 더불어 내국
상업內國商業의 상태를 명확히 밝히는 데에 참고가 될 만한『조선인의 상
업朝鮮人の商業』[13]과 그에 이어『시가지의 상권市街地の商圏』[14]을 출판하는
등 조선의 상업관습과 관련하여 다각도로 고찰한 바 있습니다.

이상에서 언급한 조사 연구를 위해 조선의 각 지방을 다니던 와중, 새
롭게 알게 된 것이 화전火田 문제입니다. 그 당시 조선에서는 일본에서
거의 본 적 없는 대규모 화전경작火田耕作이 이뤄지고 있었는데, 이와 관
련한 수리水利 · 치산치수治山治水 역시 결코 방치할 수 없는 문제라고 생
각하여『화전의 현상火田の現状』[15]이라는 조사 자료를 내기도 했습니다.
그 무렵 총독부 쪽에서도 화전 문제에 주목하여 교토대학의 하시모토
덴자에몬橋本伝左衛門[16] 씨를 비롯한 내지의 몇몇 학자들이 도모하여 화
전조사회火田調査會를 조직했는데, 이는 나중에 화전 정리 및 북조선개발
계획으로 발전하기도 했습니다.

화전 문제에 이어 '조선의 계朝鮮の契'에 대해서도 다뤘는데, 여기서 '계'
라는 것은 조합의 성질을 지닌 것으로 당시 저에게는 상당히 생경하게 느
껴졌던 분야이기도 합니다. 그런데 마침 조선인 촉탁 중에 이각종李覚鐘이
라는 분이 '경상남도의 계'에 대해서 조사하고 계셨기에, 그분과 상의하여

13　善生永助,『朝鮮人の商業』(調査資料 11), 朝鮮総督府, 1925.
14　善生永助,『市街地の商圏』(調査資料 14), 朝鮮総督府, 1926.
15　善生永助,『火田の現状』(調査資料 15), 朝鮮総督府, 1926.
16　하시모토 덴자에몬(橋本伝左衛門, 1887~1977) : 일본의 농업경영학자다. 도쿄제대 농
　　과대학을 졸업한 후 니혼칸교은행(日本勧業銀行)에서 근무했으며 영국 · 미국으로 유학
　　을 다녀오기도 했다. 귀국 후 교토제대 교수 및 농학부장을 역임했다. 대학에 농업계산
　　학(農業計算学) 강좌를 최초로 설치한 인물로도 유명하다. 주요 저서로는『農業経営学』,
　　『農業政策要綱』,『農業土地問題』 등이 있다.

연구 범위를 전 조선으로 확장시켜 조사하기도 했습니다. 이후에 농촌진
흥운동農村振興運動[17]이 시행될 무렵 '계'라는 조직을 농촌진흥에 활용할 필
요가 있다 하여 부락마다 식산금융殖産金融을 도모하는 단체로서 식산계殖
産契를 조직하도록 했던 적도 있습니다. 한편, 함경북도 지사로 계셨던 도
미나가 후미카즈富永文一[18] 씨가 '계'와는 다르긴 하지만, '향약鄕約' 조직을
추진하여 관북향약關北鄕約이라는 것을 만든 사례도 있습니다.

　그 밖에 제가 주력했던 분야는 인구 문제입니다. 구체적으로는 이조 시
대부터의 변동 상황 등을 다루었는데, 인구 현상은 경제 상태를 보여주는
중요한 지표라고 생각했기 때문입니다. 이와 관련한 출판 자료들 중에 다
이쇼 14년에 처음으로 출판한 『조선의 인구 연구朝鮮の人口研究』[19]는 국세
조사國勢調査의 참고자료로서 정리해둔 것이었습니다. 이후에도 『인구 현
상人口現象』,[20] 『인구 문제人口問題』[21] 등을 출판하는 등 지속적인 흥미를 가

17　1932년에 조선총독부가 수립·추진한 식민지 관제 운동이며, 경제 대공황으로 인해 농
　　촌 경제와 사회가 위태로워지면서 식민 지배 체제가 위기를 맞게 되자 이를 극복하기
　　위해 시행된 운동이다.
18　도미나가 후미카즈(富永文一, 1891~?) : 도쿄제대 법과대학 재학 중에 문관 고등시험에
　　합격했으며 졸업 직후인 1916년 6월에 조선총독부 시보(朝鮮総督府試補)로서 조선에
　　건너왔다. 1918년의 도사무관(道事務官, 황해도)을 비롯하여 총독부사무관, 총독부감
　　찰관, 학무국장, 조선사편수회위원, 조선식산은행이사 등을 역임했다. 특히 향약 정책
　　에 주력하면서 다양한 논고를 발표했는데 관련 자료는 다음과 같다. 富永文一, 「往時の朝
　　鮮に於ける自治の萌芽 郷約の一斑—(一)」, 『朝鮮』 76, 1921.5, 47~58쪽; 「往時の朝鮮に
　　於ける自治の萌芽 郷約の一斑—(二)」, 『朝鮮』 78, 1921.8, 68~79쪽; 「往時の朝鮮に於け
　　る自治の萌芽 郷約の一斑—(三)」, 『朝鮮』 79, 1921.9, 84~91쪽. 그 밖에도 「地方財政の
　　見地より」, 「朝鮮地方制度の從斷觀」, 「地方行政の權威者」, 「地方自治に就いて(一~二)」 등
　　지방행정에 관련한 다양한 논문을 발표한 바 있다.
19　善生永助, 『朝鮮の人口研究』, 朝鮮印刷出版部, 1925.
20　원문에는 『人口現象』로 되어있으나, 이는 『朝鮮の人口現象』(朝鮮総督府, 『朝鮮の人口現
　　象(調査資料)』 22, 1927)의 오기이다.
21　원문에는 『人口問題』로 되어있으나, 이는 『朝鮮の人口問題』(朝鮮總督府, 1935.4)의 오
　　기이다. 「朝鮮の人口問題」라는 제목으로 『朝鮮』(236)에 4~196쪽에 걸쳐 게재한 자료
　　를 같은 해 4월에 단독으로 출판한 것으로 보인다.

지고 조사를 진행해나갔습니다. 또한 이 같은 인구 문제와 관련지어 도시·농촌의 취락을 조사한『조선의 취락朝鮮の聚落』前·中·後篇[22]도 출판한 바 있습니다.

이후 소작 제도 조사가 문제시되었을 당시, 업무상의 필요에 의해『조선의 소작관습朝鮮の小作慣習』[23]이라는 자료를 서둘러 엮어내기도 했습니다. 이는 기존의 문헌 자료와 더불어 토지 조사 당시 미발표된 자료를 첨부하기도 했으며 또 약간의 청취 조사 같은 것도 시행하여 작성한 것입니다. 이를 전후하여 총독부 농무과農務課에서는『조선의 소작관행朝鮮の小作慣行』[24]이라는 상당히 방대한 기초 조사 결과를 정리하여 간행하기도 했습니다. 이러한 저의 미미한 조사가 소작 제도 개선에 있어 어느 정도 참고가 되지 않았나 싶습니다.

여기서 한 가지 더 말씀드리자면, 한참 전부터 조사 계획을 미리 세워두고 실시했던「조선의 생활 상태 조사朝鮮の生活狀態調査」[25]라는 자료에 관한 내용입니다. 사실 그 이전에 지리학자 오다우치 미치토시 씨가 조선총독부의 촉탁으로 계셨을 때 부락 조사를 계획하셨는데, 그만 예찰조사豫察調査 단계에서 행정정리가 되어 버리고 말았던 겁니다. 이에 저는 그 조사를 계승하여 부락뿐만 아니라 범위를 더욱 확장시켜 종합 조사와 지역 조사를 병행하여 조선의 생활 상태를 밝히고자 했습니다. 당시의 사정상 대규모 조사는 불가능했기 때문에 조사계 업무의 일부로서 연간 약 20만 엔의 예산하에 조사를 지속할 수 있도록 승인을 받았습니

---

22 원문에는『朝鮮の集落』으로 되어있으나, 이는『朝鮮の聚落』의 오기이다.
23 善生永助 編,『調査資料 第26輯 朝鮮の小作慣習』, 朝鮮総督府, 1923~1935.
24 朝鮮総督府,『朝鮮ノ小作慣行』上, 1932.
25 善生永助,「朝鮮の生活狀態調査」,『朝鮮』179, 1930, 85~96쪽.

다. 사실 당초 계획으로는 전 조선의 각 지방 8개소가량의 지역 조사 및 종합 조사로서 인구 및 집락, 가족 제도, 사회조직, 경제기구, 문화, 민족성 등과 관련하여 6권 정도로 엮어낼 생각이었습니다만, 그때 총독도 우가키宇垣 총독으로 바뀐 데다가 시기 또한 만주사변 발발 무렵이다 보니 "요즘 같이 여러모로 선전이 필요한 마당에 조사에다가 그만한 돈을 쓰는 것이 과연 어떨지 모르겠다"라는 상사의 의견으로 인해 조사 활동은 여러 가지로 제약을 받게 되었습니다.

그런 반면 일본의 대학 등지에서는 저희의 생활 상태 조사에 대해 격려를 보내주기도 했습니다만, 조선 현지의 일부 학자들의 평가는 아무래도 좋지 못했습니다. 상황이 이러하다 보니 작업하는 데에 애로사항도 많아지고 점차 제대로 된 조사 이행마저 어려워져 저는 결국 쇼와 10년 말경에 총독부를 떠나게 되었습니다. 하지만 그전에 계획해 두었던 가족 제도, 사회조직, 경제기구 등을 충분히 매듭짓지 못하고 조선을 떠났던 것이 너무나도 송구스러워 그 후에도 일본척식협회 · 만철 · 만주국 등에서 조선과 관련된 업무를 맡아 어느 정도 힘을 보태기도 했습니다. 그러나 얼마 못 가 전쟁에 돌입하게 되는 바람에 그때부터 조선에 관한 내용들을 발표할 기회 자체가 없어지게 되었고 그 후로는 이전 상태 그대로 머물고 만 것입니다.

끝으로 조선 체류 당시 제가 주력했던 주제들을 다시 한번 정리해보자면, 조선의 시장 · 상업 · 물산 · 산업 · 계 · 화전 · 소작관습 등을 비롯하여 재해에 동반되는 각종 현상, 인구 집락 그중에서도 동족부락, 성姓에 관한 사항 그리고 생활 상태 조사 등이 그러합니다. 참으로 변변찮은 성과들인 데다가 개중에는 미완성인 것도 있다 보니 그저 부끄러울 따름입니다.

총독부의 제약 속에서

안도 히코타로

본격적인 토론에 들어가기 앞서 조선총독부 조사사업의 성격과 조직 그리고 조사가 정책에 도입되거나 혹은 도입되지 못했던 상황 그리고 양심적인 조사 이행 과정 중에 겪게 되신 곤란한 상황들에 대해서도 자세하게 말씀해 주셨으면 합니다. 당초 선생님께서 부임하셨을 때, 조사과는 관방官房에 속했던 것으로 알고 있습니다만 몇 명 정도의 규모였는지요?

젠쇼 에이스케

14~15명이었던 걸로 기억합니다. 하지만 이후의 행정정리로 인해 문서과에 속한 조사계가 된 후로는 7~8명 정도였습니다. 저와 무라야마 지준 씨, 마쓰다 고라는 한학漢學 선생님까지 촉탁은 그렇게 세 명뿐이었습니다. 그 밖에 조선 쪽 사람으로는 이왕李王 씨의 학우였던 조대호趙大鎬라는 자가 있었습니다만, 그 사람은 정책적인 촉탁인지라 업무는 거의 하지 않았습니다. 제가 그만두고 난 이후에 대해서는 아는 바가 별로 없지만, 사쿠라이 요시유키 씨가 들어오셨다던가 그런 이야기는 얼핏 들은 적이 있습니다.

조사과 초기에는 그들 외에도 영어 2명, 독일어·불어·중국어에 각 한 명씩 촉탁을 두는 등 어학 쪽에만 해도 이렇게 촉탁이 잔뜩 있었으나, 이후의 행정정리로 인해 단 한 명도 남김없이 모조리 정리되었습니다. 심지어 마쓰다 씨가 노령으로 그만두신 후로는 저와 무라야마 씨 두 명당 조수 한 명이 배치될 정도로 열악한 상황이었습니다. 그때 조수를 단

몇 명만이라도 더 두었더라면 훨씬 많은 자료를 낼 수 있었을 겁니다.

　조사 자료는 학술연구와는 달라서 몇 년씩 공들여 조사한다기보다 그 때까지 총독부 내부에 보관되어 있는 미발표 자료들을 정리하여 공개하는 것을 목적으로 삼았습니다. 『조사휘보調査彙報』(月報)는 각 과의 조사 전문가분들이 보유하고 계시는 자료나 원고를 받아 와 그걸 엮어 출판하는 것을 목표로 삼고 있었습니다. 그런데 초반에는 외부 원고가 당최 들어오지 않는 바람에 거의 한 권을 제가 혼자 쓰게 되는 경우도 있었습니다. 물론 나중에는 저희 작업의 성격을 알고 여러 방면에서 원고가 모여들긴 했습니다만……. 아무튼 초반에는 『조사휘보』뿐만 아니라 잡지 『조선』 쪽에서도 페이지를 못 채우는 상황이라고 하여 저는 거의 매호마다 집필을 하게 되었습니다. 게다가 조선을 소개하는 것 또한 저의 역할이었기 때문에 내지의 잡지 『도요東洋』[26] 같은 데에도 한창 기고를 했었습니다. 사정이 이렇다 보니 목록상으로는 무수히 많은 내용들을 쓴 것으로 보일 수밖에요. 사실 저는 오랜 신문기자 생활로 몸에 밴 습관이 있다 보니 낮에는 어슬렁거리며 자료를 찾아다니다가 본격적인 작업은 퇴근 후에 집에서 했습니다. 특히 그 당시는 가족과 함께 영화도 한 편 제대로 못 봤을 정도로 필사적으로 일했지요. 하지만 이러한 저의 작업 방식이나 근무 패턴을 알 리 없는 어떤 이들은 "저 사람은 매일 빈둥거리고 놀면서 월급만 엄청나게 받아간다니까!"라며 험담하기도 했습니다.

26　이는 동양협회(東洋協會)에서 회보(會報)로 발행된 『東洋時報』(1907~1921)의 후속 잡지인 『東洋＝The oriental review』(1922~1944)을 가리킨다. 실제로 善生永助, 「日露 貿易の將來如何」, 『東洋時報』 (218)11月號, 東洋協會, 1916.11을 비롯하여, 善生永助, 「滿洲に於ける農村經濟」, 『東洋＝The oriental review』 44-9(513) 9月號, 東洋協會, 1941.9까지 비교적 정기적으로 수많은 논고를 게재한 바 있다.

하지만 그때 통계자료라든가 원고 작업으로 닥치는 대로 써 버린 탓인지 지금은 서경書痙[27]이라는 병에 걸려 오른손으로는 단 한 글자도 쓸 수 없게 되어버렸습니다. 그동안 너무 혹사시켜 이제는 닳고 닳은 걸까요?

어쨌든 그때는 자료에 어떻게든 통계자료를 많이 실어 출판해야 했습니다. 왜냐하면 그 자료들은 조선총독부에서 내는 것이기 때문에[28]내용에 있어 조선인에 관련된 것이라든가 내지와 조선과의 관계 같은 크나큰 문제를 언급하는 식의 논의는 불가능했으며 어떤 결론 같은 것도 쉽게 내릴 수가 없었습니다. 그리하여 자료를 제시하면서 실태나 동향을 보여주는 방식을 취했기 때문에 통계자료가 터무니없이 많아지게 된 겁니다. 한번은 누가 『조선의 요업朝鮮の窯業』[29]이라는 자료를 달라고 하기에 애써 보내줬더니, "이렇게 다짜고짜 통계만 잔뜩 실려 있는 책은 무용하다"며 굳이 돌려준 적도 있었으니까요. 참고로 민족 문제에 대한 언급은 절대적으로 터부시했습니다. 저도 그 일을 그만두었으니 그나마 거리낌 없이 말할 수 있었던 것이지, 사실 이는 중대한 문제이기 때문에 가볍게 들먹여서는 안 되는 겁니다.

게다가 조사 방식에 있어서도 꽤 애를 먹었던 기억이 있습니다. 지금과 달리 그때만 해도 저희가 조선인 가정으로 찾아가 '현재 무엇을 먹고 사는지, 수입은 어느 정도 되는지' 그런 것들을 물어보면 뺨을 후려갈기던 시대였기 때문에 그런 조사는 아무래도 조선인에게 부탁하는 편이 낫다고 판단하여 그렇게 진행하기도 했습니다. 그러던 어느 날 개성開城 어딘가에

---

27 글을 쓰려 하면 일어나는 경련이나 동통(疼痛)으로 일종의 신경증을 말한다.
28 朝鮮總督府, 『生活狀態調査』, 朝鮮總督府, 1929~1934.
29 善生永助, 『朝鮮の窯業』(調査資料 18), 朝鮮総督府, 1926.

서 물 긷는 장면을 찍고 있노라니, 와세다를 다닌다던 어떤 학생이 냉큼 다가와 "조선의 안 좋은 점만 찍어 대는 너희들은 도대체 뭐 하는 것들이냐?"며 달려드는 바람에 사진기까지 뺏길 뻔한 적도 있었습니다.

이어 시정참고와 관련한 이야기를 좀 더 해보자면, 본래 관청 업무의 특성상 상사에게 건건이 의견을 구할 수가 없기 때문에 문서과장에게 먼저 이러이러한 범위 안에서 조사하면 어떠할지 저의 소견을 전달하고 나서 허락을 얻는 방식이었는데, 관청 업무는 예산 외에도 그 밖의 다른 일에 구속을 받다 보니 좀처럼 신속하게 진행되지 못했습니다. 짐작건대, 세제개정·소작 제도·화전·시장 문제 등의 조사 자료는 곧장 관청의 기초 자료가 된 경우도 있었을 거라고 봅니다. 물론 그런 상황에서도 비전문가들이 무턱대고 서둘러 처리하는 바람에 나중에 전문 부국部局에서 질책을 받는 경우도 있었습니다. 그리하여 앞서 언급했던 『조사휘보』의 원고는 각 과를 돌아다니며 전문가들에게 의뢰하기로 했던 겁니다.

참고로 『시정 25년사施政二十五年史』[30]에 대해 말씀드리자면, 이는 저희 조사계에서 마련한 일정 공간을 활용하여 각국局·과課에서 장기간 근무한 분들로부터 관련 이야기를 청취한 뒤 이를 자료로 엮은 것으로서 집필은 오다 쇼고 선생님께 부탁드렸습니다. 내부적인 이야기이긴 합니다만, 그건 총독시대사總督時代史로 구성된 것입니다. 사실 저는 산업, 교육, 경찰 부문으로 분리하길 원했으나 기어코 총독시대사로 진행하라더군요. 예를 들면, '우가키 총독의 공적은 야마나시山梨 총독에 비해 이렇다'라는 식으로 말이지요. 결국 '25년사'에서는 '우가키 총독이 가

30　朝鮮総督府, 『施政二十五年史』, 1935.

장 훌륭한 사람'이라 하고, '30년사'에서는 '미나미지로南次郎가 가장 뛰어나다'라고 적는 그런 식이었기 때문에 역사가 입장에서는 여러모로 힘든 작업이었다고 생각합니다. 사정이 이렇다 보니 역사가들 사이에서는 이런저런 논의의 대상이 됐겠습니다만, 어쨌거나 결과적으로는 그토록 엄청나게 방대한 자료가 나오게 된 겁니다.

하타다 다카시

마쓰다 선생님께서는 『일선사화日鮮史話』[31]도 집필하신 것으로 알고 있는데, 참 여러 방면에서 뛰어난 능력을 갖춘 분이라고 생각합니다.

젠쇼 에이스케

네, 그분은 최초의 토지 조사 기사였는데 심지어 한시漢詩에도 능통하셨기 때문에 역대 총독이 시를 짓거나 하면 그걸 첨삭할 사람이 필요하다고 하여 총독부에 계셨다고 합니다.

총독부에서는 축사祝辭라든가 식사式辭 등을 작성하는 담당이 따로 있었는데, 우가키 씨는 그런 걸 본인이 직접 쓰기도 했습니다. 여담입니다만, 사이토 총독은 축사 담당자가 실수로 '쇼와 7년'이라고 해야 할 부분을 '다이쇼 7년'이라고 적었는데도 그걸 그대로 태연하게 읽고 넘기는 그야말로 대인의 품격을 갖춘 분이셨습니다.

---

31 松田甲, 『日鮮史話』 1 · 2, 朝鮮総督府, 1926; 松田甲, 『日鮮史話』 3~6, 朝鮮総督府, 1927~1930.

하타다 다카시

아소 다케키 씨나 이마무라 도모 씨와는 업무적으로 어떤 관련성이 없었는가요?

젠쇼 에이스케

그분들은 중추원 쪽의 조사과에 계셨습니다. 당시는 중추원에도 조사과가 있었는데, 이는 총독부의 조사과와는 아무런 관계가 없는 곳입니다. 총독부 관방의 조사과는 시정참고 혹은 조선에 대한 소개 등을 직접 담당했으며 조사계도 여럿 두었습니다.

하타다 다카시

하지만 담당하셨던 업무로 보자면 상당한 관련성이 있었을 것으로 판단됩니다만, 그렇지 않았다는 것이 참으로 흥미롭네요. 예를 들면, 성姓에 관한 조사라든가 말입니다.

젠쇼 에이스케

당시 이마무라 씨는 고참 선배 격으로서 제 근무처로 자주 오시곤 했습니다. 그분은 본격적인 역사가는 아니지만, 풍속風俗에도 상당히 밝은 분인지라 쓰신 글들이 대단히 흥미로워 제가 거듭 부탁 말씀을 드려 『조선』에도 글을 써주시곤 했습니다. 성姓에 대해서는 이마무라 씨가 중추원을 통해 『조선의 성명씨족에 관한 연구 조사朝鮮の姓名氏族に関する研究調査』[32]를 출판

---

32 원문에는 『朝鮮の姓名氏族に関する調査研究』로 되어있으나, 이는 『朝鮮の姓名氏族に関する研究調査』(今村鞆 編, 朝鮮総督府中枢院, 1934)의 오기이다.

한 자료가 있는데, 그건 제가 쓴『조선의 성씨와 동족부락朝鮮の姓氏と同族部落』[33]과는 별개의 것입니다. 저의 경우는『조선의 성朝鮮の姓』과 관련하며 여기에『조선의 취락朝鮮の聚落』의 일부인 동족부락을 다룬 것인데, 이는 초기 국세 조사의 자료로서 조선의 첩妾 제도를 조사하고자 했던 것입니다. 그때 통계를 내보니 남편이 있는 여성은 굉장히 많은 반면에 아내가 있는 남성의 수는 의외로 적었습니다. 이처럼 상호 간에 상당한 격차가 있었는데, 그 이유는 여성 본인이 첩인 경우 자신을 첩이라고 말하지 않았기 때문입니다. 그 당시 이왕 씨가 첩의 자식이라든가 조선의 귀족은 대부분 첩을 두고 산다는 식의 조사로 이어지게 되면 곤란하다고 하여 결국 첩에 관한 상세 조사는 저지당하고 말았습니다. 이와 달리 성姓에 관련한 조사는 시행해도 무방하다고 하여 국세 조사 자료 중에서 세대주의 성을 추출하여 그 통계를 작성했던 겁니다. 요컨대 남편과 아내와 성이 다를 경우, 아내의 성 중에는 그 국세 조사에 기재된 250여 종의 성과 다른 별도의 성이 존재했을지도 모른다는 겁니다. 참고로 이 성에 관한 조사만 해도 상당한 경비가 들었습니다. 그리고 동족부락을 소개할 때는 별도로 조회照會도 실시했습니다만, 기초는 역시 국세 조사였습니다.

하타다 다카시

경성대학 쪽에서 '이런 점은 특별히 신경 써주길 바란다'거나 그런 경우는 없었나요?

---

[33] 善生永助,『朝鮮の姓氏と同族部落』(井上民族政策研究所研究叢書 3), 刀江書院, 1943.

젠쇼 에이스케

어떤 희망 사항 같은 것이 있었다면 당연히 그런 것들을 고려해서 작성했겠지요. 오히려 그보다는 1년에 두세 권씩이나 자료를 내는 자체를 그리 좋게 생각하지 않았습니다. 일단 그런 부분이 더 컸던 것 같습니다. 아마도 연구 영역을 침범한다는 뭐 그런 것이 아니었을까요?

하타다 다카시

설령 침범한다손 치더라도 아무런 지장이 없었을 거라고 생각합니다만……

젠쇼 에이스케

문득 좀 우스웠던 일이 떠오르는군요. 어느 날 내지의 모 대학교수가 저를 찾아와 농담 섞인 말로 "내 연구실에서 이러이러한 조사를 할 테니 자네는 안 했으면 좋겠네. 뭐 연구야 해도 그만이지만 발표는 하지 말았으면 하는 걸세"라고 하는 게 아닙니까?

파벌주의(sectionalism)

하타다 다카시

일종의 파벌주의로군요.

젠쇼 에이스케

학벌 관계는 굉장히 복잡하고 까다롭습니다. 『지리대계地理大系』를 준비할 때도 누구누구가 집필하면 본인은 안 쓴다던 학자도 있었으니까요. 실제 그런 경우, "그분에게는 부탁드리지 않았습니다"라고 하면 그제야 "그렇다면 한번 써 보겠네"라는 식이었지요. 그때는 또 『일본지리대계日本地理大系』[34]와 『일본지리풍속대계日本地理風俗大系』[35]가 동시에 기획되어 양쪽에서 사진이라든가 기삿거리를 수집하는 데에 엄청난 경쟁을 벌였습니다. 그 당시 저에게도 양쪽 직원이 찾아왔기에, 두 쪽에 같은 집필자는 재미없으니 다른 집필자를 추천하겠다고 해도 방금 말씀드린 그런 사정 때문인지 쉽지 않아 보이더군요.

하타다 다카시

고쿠쇼 씨의 작업은 『경제사논고経済史論考』[36]에 실려 있는 두세 편 외에 다른 것이 더 있었나요?[37]

젠쇼 에이스케

그분은 시찰이나 강연 등으로 자주 오시긴 했습니다만, 논문이나 그밖의 저작은 따로 없는 것 같습니다. 참고로 고쿠쇼 씨는 본인 연구실에서 일하던 분을 조선총독부로 보내시기도 했습니다.

---

34 改造社 編, 『日本地理大系』 1-12, 別卷 1-5, 改造社, 1929~1931.
35 『日本地理風俗大系』 1~18卷, 新光社, 1929~1932.
36 黒正巌, 『経済史論考』, 岩波書店, 1924.
37 여기서 언급한 『経済史論考』는 黒正巌의 단독 저서다.

안도 히코타로

고쿠쇼 선생님께서는 교토대학을 졸업하셨군요.[38]

미야타 세쓰코

아. 그러고 보니 젠쇼 선생님께서 『소작관습小作慣習』[39]을 출판하신 비슷한 시기에 『소작관행小作慣行』도 나왔군요.[40]

젠쇼 에이스케

아. 그 둘은 전혀 관계가 없습니다. 『소작관행』은 농무과農務課에서 대규모로 시행한 실태 조사의 결과를 정리한 것이지만, 제가 쓴 책은 주로 문헌을 통해 과거 관습을 조사한 내용입니다. 물론 직접 다니면서 청취한 내용도 좀 포함되어 있긴 합니다만……

미야타 세쓰코

그렇다면, 중추원이나 농무과에서는 동시기에 같은 총독부 내에서 동일한 조사 작업을 상호 간에 아무런 관련성 없이 이루어졌다고 봐도 되겠군요.

젠쇼 에이스케

각 국・각 과의 조사는 당면한 필요성에 따라 시행되기 때문에 말씀

---

38 고쿠쇼 이와오는 교토제국대학 법과대학 정치경제학과(京都帝国大学 法科大学 政治経済学科)에 입학했다가 2년 후 경제학부로 전과하여 일본경제사를 전공했다.
39 정확한 자료명은 『調査資料 第26輯 朝鮮の小作慣習』이다.
40 정확한 자료명은 『朝鮮ノ小作慣行』이다. 善生永助 編, 『朝鮮ノ小作慣行』上, 朝鮮総督府, 1932.

처럼 그렇게 제각각이라든가 무계획적으로 이행되는 일은 있을 수 없습니다. 즉, 중추원에서는 구관 조사旧慣調査를 각국에서는 그 소관사항所管事項에 관련된 조사를 이행함으로써 조선통치의 전반을 총독관방 조사과에서 시행한다는 취지였기 때문에 이들 간에 특이하게 여길 만한 모순이나 중복 같은 것은 없었습니다.

안도 히코타로

다이쇼 11년 관방조사과官房調査課가 생기기 전에는 조사과가 없었던 것이군요.

젠쇼 에이스케

농무국·학무국 등 각 국·과에는 조사를 담당하는 부서가 분명 있었을 겁니다. 또한 토지 조사, 세제 조사, 자원 조사, 지질 조사, 고적 조사 같은 것을 지속 사업으로 보고 특별기관이 설치된 적도 있었습니다. 다만, 관방에 직속한 조사 기관은 아리요시 정무총감 시절에 설치된 것이 최초입니다.

안도 히코타로

그렇다면, 아리요시 씨 시절에는 그 전까지 각 과에서 제각각 무계획적으로 이뤄졌던 조사를 종합하여 관방조사과라는 것을 만들고자 했던 건가요?

젠쇼 에이스케

그런데 그게 그렇지가 않습니다. 각국의 조사는 각기 그대로 있지만, 총독 관방에서 조선사정을 소개하고 조선의 기초 조사를 시행하는 것은 문화정책의 추진상 필요하다는 구상 하에서 조사과를 두었던 거라 그건 전혀 별개의 것이었습니다.

안도 히코타로

애초에 그러한 기구 안에서도 파벌주의의 원인이 있었던 거군요.

젠쇼 에이스케

관방 쪽은 조선통치를 위해 당면한 필요 사항들을 조사한다는 취지였습니다. 그러나 저는 이전에 경제 관련한 연구를 비교적 많이 했었기 때문에 그쪽으로 옮겨간 뒤에도 그 방면의 조사 자료를 많이 내곤 했던 겁니다. 그런데 이와 달리 제 이전에 있던 사람들은 중학교에서 영어나 독일어 등을 가르치다 올라온 듯싶더군요. 한 마디로 딱히 조사 기관에서의 유경험자들을 수용했던 것이 아니었기 때문에 이들에게서는 조사 자료가 그다지 제출되지 않았던 것입니다.

조사는 여기까지 이르렀다

안도 히코타로

당시 조사의 테마 같은 것은 선생님께서 결정하셨는지요?

젠쇼 에이스케

그건 모두 각자가 알아서 정했습니다. 참고로 앞서 말씀드린 첩에 관련한 조사만 못 했을 뿐이고 그 외에는 전부 시행했습니다. 그러니까 2~3년 후에 실시할 조사를 미리 생각해 놓고 그와 관련한 자료들을 차근차근 수집해 가는 식으로 말입니다. 1년에 2, 3권의 책을 낸 적도 있었습니다만, 이런 조사는 예산과 직결되는 일인지라 자금이 있으면 있는 만큼 투자하여 조사한 내용들을 엮어 출판했습니다. 인쇄 부수는 대부분 천 부 정도였는데 이를 일본의 대학을 비롯한 주요 도서관, 저명한 학자, 정치가 그리고 조선 내의 관청이나 학교 등으로 보냈습니다. 물론 조사 내용에 따라 인쇄 부수가 더 많은 경우도 있긴 했습니다.

안도 히코타로

총독부 쪽에서 입법 참고의 목적으로 직접 조사를 명령했던 경우는 없었나요?

젠쇼 에이스케

거의 없었습니다. 인구 조사를 했을 당시 이케가미池上 정무총감이 산지대山地帶의 사망률이 유난히 높은 것 같다며 이 부분에 대한 별도의 설명이 필요하다고 해서 총감에게 직접 보고하러 갔던 기억이 있습니다. 그 후 이와 관련하여 산지대의 위생 상태를 조사하는 조직이 따로 생기기도 했습니다. 어쨌든 직접적인 보고를 했던 경우는 그런 정도이고 대체적으로는 조사 자료에 대해 나중에 이러니저러니 하는 일이 없다 보니 별 거리낌 없이 자료를 만들어 나갔습니다. 저희처럼 본관本官 관리

출신이 아닌 자들은 작업을 하는 데에 여러모로 어려운 면이 있긴 했습니다만, 그래도 13년이나 지속적으로 각종 조사를 이행할 수 있었던 것은 앞서도 말씀드렸다시피 상사의 너른 이해가 있었기 때문이라고 생각합니다.

안도 히코타로

촉탁의 지위는 어느 정도였나요?

젠쇼 에이스케

본관 관리는 아니지만 관리복무규율官吏服務規律에 의해 속박되는 지점이 있긴 있었습니다. 물론 본관 관리들보다는 비교적 자유롭게 의견을 말할 수 있었지만 말이죠. 그 대신 저는 전임 촉탁이라 담당 업무만 맡아 했습니다. 아무튼 처음에는 그저 2~3년 정도 지내면서 조선을 좀 알고 돌아올 생각이었습니다만, 어쩌다 보니 그토록 오래 머물게 되었지요.

안도 히코타로

『조사휘보』를 내기로 한 것은 어떤 계기였나요?

젠쇼 에이스케

그건 당시 조사과장의 발안에 의한 것이었습니다.

하타다 다카시

조사과장이라는 분은 조사의 필요성에 대한 인식의 정도가 높았던 분이었나요?

젠쇼 에이스케

조사과장인 오오니시 씨는 아리요시 씨가 효고현의 지사로 있을 당시 아리요시 씨의 부하직원으로 지낸 적이 있었습니다. 그 후에 오오니시 씨가 가가와香川현의 경찰부장으로 있을 때 발탁되었는데, 오오니시 씨는 훗날 도쿄시의 조역助役[41]을 거쳐 요코하마시 시장이 되신 훌륭한 분이었습니다. 그리고 오오니시 씨 밑에는 조사과 사무관을 지내던 스스키다 요시토모薄田美朝[42]라는 사람이 있었는데, 그는 훗날 도조東條 내각의 경시총감을 지내던 사람이었습니다. 이 사람도 아리요시 씨가 요코하마현 지사로 지내던 시절의 사무관이었던가 아무튼 그런 연고가 있던 사람입니다.

안도 히코타로

아리요시 씨도 고토 신페이 씨처럼 생각하는 스케일이 큰 분이었나요?

젠쇼 에이스케

사실 아리요시 씨는 얼마 안 가 그만두셨기 때문에 잘은 모릅니다만, 청렴한 성품에 근직謹直하신 데다가 식견 또한 뛰어난 행정관인지라 관리로서는 상당히 훌륭한 분이었던 것 같습니다.

---

41 일본의 '市·町·村'의 '長'을 보좌하는 '副市町村長'을 가리킨다.
42 스스키다 요시토모(薄田美朝, 1897~1963) : 일본의 내무관료·정치가·변호사다. 도쿄제대 법률학과를 졸업했으며 재학 중에 고등시험행정과시험에 합격했다. 졸업 후 내무성에서 경찰부 특별고등경찰과에 배속되었으며, 이후 가가와현 경시를 거쳐 조선총독부 총독관방서무부(總督官房庶務部) 및 경무국 등에서 근무했다. 1937년에는 만주로 옮겨 치안부차장(治安部次長)으로 취임했으며 1943년 4월 경시총감이 되었다.

조사의 여러 가지 애로사항

미야타 세쓰코

지금까지 여러 말씀을 해주셨는데요. 당시의 조사 방식에 대해 어떤 경우라도 좋으니 구체적인 사례를 들어 한 말씀을 부탁드려도 될는지요?

젠쇼 에이스케

워낙에 적은 인원으로 꾸려가던 작업인지라 무척 애를 먹었습니다. 생활 상태 조사 같은 경우는 저와 가까이 지내던 군수라든지 부윤府尹의 근무지에다가 직접 의뢰하는 방식을 취해 사진 촬영과 취재를 하곤 했는데, 그럴 때마다 해당 관리를 비롯한 여러 사람에게 수고를 끼친 경우가 많았습니다. 구체적으로는 오시마 요시오大島良士[43] 씨가 부윤으로 있던 평양부平壤府를 비롯하여 수원군水原郡 · 제주도濟州島 · 강릉군江陵郡 · 경주군慶州郡 등지에서도 여러분에게 도움을 받았습니다. 생활 상태 조사는 영내領內를 샅샅이 조사하는 것인지라 고생이 특히 더했습니다. 또 다른 조사 방식으로는 문서로 조회하는 방법이 있었습니다. 일본 관청에서는 보통 문서

---

43 오시마 요시오(大島良士, 1890~?) : 조선총독부관료이자 실업가다. 가가와현 출신으로 1915년에 도쿄제대 법과대학 독법과(独法科)를 졸업한 후 대학원에 진학했다. 같은 해 고등문관시험에 합격했으며 이듬해 조선총독부시보(朝鮮総督府試補)가 되어 도사무관(道事務官) · 함경북도재무부장(咸鏡北道財務部長) · 경상남도재무부장(慶尚南道財務部長) · 경기도재무부장(京畿道財務部長) · 전라북도내무부장(全羅北道内務部長) · 평양부윤(平壤府尹) · 부산부윤(釜山府尹) · 경기도내무부장(京畿道内務部長) 등을 지냈다. 1936년에 퇴관한 후에도 1942년까지 경성에 살면서 동아질업주식회사사장(東亜窒業株式会社社長) · 협동유지주식회사사장(協同油脂株式会社社長) · 만주협동유지주식회사사장(満州協同油脂株式会社社長) · 조선수산개발주식회사고문(朝鮮水産開発株式会社顧問) 등을 역임했다.

로 조회하는 경우, 좀처럼 회신이 없는데 조선에서는 총독부가 중심이었기 때문에 소속관청이 전부 문서조회에 회답을 해 주다 보니 저희는 이 방식을 자주 활용했습니다. 동족 부락 조사의 경우도 문서조회 방식을 주로 이용했지만, 더러는 '동족의 공적을 소개해 주는 거라면 대환영'이라면서 동족 부락민들이 적극적으로 찍어준 사진을 전해 받은 경우도 있었습니다. 그리고 『소작관습』의 경우, 토지 조사 당시 기초 조사의 미발표 자료였던 오래된 문서나 문헌도 이용하긴 했으나, 대개는 조수를 동반하여 현장으로 직접 가서 새롭게 조사한 내용이었습니다.

하타다 다카시

청취 조사 말씀이시군요. 그때 조사표調査票는 사용하셨습니까?

젠쇼 에이스케

당시는 상황이 여의치 않아 보통 하던 방식인 자료 기입까지는 부탁하지 못했습니다. 그저 군수를 통해 직원들에게 '이러이러한 사람들이 와 있으니, 언제까지 해당 답변을 해주라'라는 식의 말만 좀 해달라고 부탁하는 정도였습니다. 다만, 강릉군을 조사할 때는 어느 농학교 교장이 상당히 적극적으로 협조해 준 경우가 있긴 했습니다. 그러니까 당시 교장이 그 학교 학생들을 상대로 각자 집에서 '한 달에 시장을 몇 번 가는지, 어떠한 생활을 하고 있는지' 등을 대신 조사해 주기도 했던 겁니다. 아무튼 조회 조사라는 것 자체가 아무래도 한계가 있는지라 처음에는 응대를 잘 해주다가도 좀 길어진다 싶으면 성가시다면서 성화를 내는 바람에 조사하기가 무척 어려웠습니다.

하타다 다카시

청취나 질의 같은 건 조선인을 통해서 하셨나요?

젠쇼 에이스케

그렇긴 합니다만, 그게 생각처럼 순조롭게 잘 되지는 않더군요. 일본에서 대학을 나왔다 하더라도 예를 들어, 생활 상태 조사라는 것을 조선말로 전달하면 민정 조사民情調査처럼 뭔가 확 와 닿지 않는 그런 말로 바꾸어버리니까요. 다른 예로는 산간 지방에 자리한 어느 분교장分敎場의 평소 상태를 살펴봐야겠다 싶어 찾아가면, "지금 보면 곤란하니, 내일 오슈!"라는 겁니다. 그리하여 이튿날 다시 가보니, 전날과 달리 싹 꾸며 두는 바람에 생각처럼 여러모로 조사가 제대로 안 되는 경우가 있었습니다. 저는 어떻게 해서든 조선의 있는 모습 그대로의 상태를 알고자 한 것인데 대부분 저런 경우밖에는 딱히 얻을 게 없었습니다.

안도 히코타로

지금까지 말씀해 주신 바에 의하면 조사의 성격상 만철이나 대만과는 전혀 다른 방식이로군요.

젠쇼 에이스케

그렇습니다. 상당히 다릅니다. 조선 사정에 관한 '소개' 업무 차원에서 보면 특히 그렇습니다. 규모 면에서도 몹시 작았고요. 물론 조사 자료야 많이 내긴 했습니다만……. 게다가 총감도 바뀌어버린 터라 애초에 세워두었던 취지와는 전혀 다른 조사 기관이 되었을지도 모르겠네요. 그리고 관동대진재 당시에도 총독부의 국·과장들이 7~8반班으로 나뉘어 한신阪神 지방이나 도쿄 부근 등의 구역별로 조선의 사정을 소개하러 왔었습니다. 이들은 당초 계획인 조선의 사정을 소개하는 데에 보다 알기 쉽도록 소규모 조사 자료를 주된 자료로 삼았으며 그와 동시에 외국의 식민지통치에 관한 자료 수집을 드러내기 위해 외국어 가능자도 몇 명 포함시켰던 것으로 보입니다.

안도 히코타로

일본이나 외국으로 '조선 사정'을 보다 적극적으로 소개하고 선전하지 않으면 안 된다는 '반성'이 있었던 걸까요?

젠쇼 에이스케

그렇습니다. 그런 이유로 영화 반班 같은 것도 마련되어 있었으니까요. 같은 의미로 외사과外事課의 오다 야스마小田安馬[44] 씨에게 집필을 부탁하여 『영문조선요람英文朝鮮要覽』이라는 자료를 출판하기도 했습니다.

미야타 세쓰코

선생님께서 조사활동가로서 너무나도 유능하시어 그 전에는 각 과에서 따로따로 나뉘어 조사했던 것을 전부 맡아 하시다 보니 조사의 성격이 변해버렸다는 말씀인가요?

---

[44] "大正15年7月14日 總務官房外事課勤務ヲ命ス 通譯官 小田安馬"(1926.7.20, 4175호, 5면), "大正15年8月14日 敍任及辭令 學務局兼務ヲ命ス 通譯官 小田安馬"(1926.8.16, 4197호, 3면) 등의 조선총독부 관보 자료를 통해 총독부통역관(總督府通訳官)으로 활동했던 인물임을 알 수 있다.

젠쇼 에이스케

그런 일은 단연코 없습니다. 만약 그렇다고 한다면 제가 부족했던 탓이겠지요.

안도 히코타로

만철의 경우, 과학정치가로 불리는 고토 신페이가 처음부터 대규모 조사를 하나로 통합한 뒤 이를 다시 과학적으로 조사한 결과 그대로를 만주경영에 활용코자 했습니다. 대만에서의 경험을 살려서 말이죠. 물론 조선의 경우는 그렇지 않았습니다만……

지배자로서의 약점

하타다 다카시

그게 같은 식민지통치라고 해도 어떤 태도랄까 그런 것이 달랐다고 생각합니다. 마치 외국에 나가 있는 느낌이 들었던 건 아니었을까요? 당연한 말이겠지만, 일본 국내였다면 애초에 일본전국조사부日本全國調査部 같은 것은 존재하지도 않았을 테죠. 각 성省이 맡아서 하니까요. 바로 이러한 것을 규모만 축소시켜 그대로 적용·시행했던 게 아닐까 싶습니다.

안도 히코타로

무슨 까닭이었을까요?

하타다 다카시

역시 식민지라는 의식이 없었던 게 아닐까요?

미야타 세쓰코

그래도 3·1사건 후에는 민족 사정을 잘 몰랐다는 식의 반성이 제법 있었습니다. 3·1의 원인을 조선인 고유의 생활감정을 무시했던 것에서 찾기도 하고 또 그것이 소규모이긴 하지만, 조사과를 설치하게 된 동기가 아니었을까요?

하타다 다카시

게다가 일한병합 당초에는 치안유지에 온갖 힘을 쏟아버린 게 아닐까도 싶습니다. 데라우치 초대 총독의 무단정치와 같이 상대방이야 어찌되든 상관없다는 식으로 말이죠.

안도 히코타로

식민지 경영의 거시적인 이미지가 없었다는 느낌이 드네요. 만철의 경우도 처음에는 상당히 대단한 의미를 부여받고서 조사부가 출발했으나, 이후 다이쇼 3년에 축소 과정을 거친 뒤 급기야 나중에는 그저 지지地誌[45]만 담당하는 식으로 조사부의 행정정리가 있었습니다. 한편, 대만은 일본과 영 다른 곳이기도 하고 또 러시아와의 관계도 있는 데다가 심지어 얼마 후에는 중국의 민족운동 물결마저 범람하고 있었으니 애초에

---

45 특정 지역의 인문지리적 현상을 분류·연구 기록한 서적을 가리킨다.

품었던 고토의 꿈이 다시금 재현되기도 했던 겁니다. 그러나 조선의 경우, 아리요시의 구상은 고토 신페이의 그것과는 달랐던 듯싶습니다. 그리고 우가키 시절에는 점점 더 속료적屬僚的이랄까요 관료적으로 변해 갔고요.

젠쇼 에이스케

참고로 당시 일본에서 관광단이 찾아온 터라, 저희가 이런저런 조선의 사정을 설명할 일이 있었는데, 그때 "내가 하겠네!"라며 우가키 총독 본인이 도맡아 했던 적이 있었습니다.

안도 히코타로

본인 선전이로군요.

젠쇼 에이스케

우가키 총독 시절[46]에는 조사라기보다 선전 같은 것들이 쏟아지듯 나왔습니다. 그때는 총독의 입김으로 인해 『시정년보施政年報』 같은 것도 형식 자체가 바뀌어 페이지 수가 대폭 주는가 싶더니, 아니나 다를까 『조선요람』도 엄청나게 얄팍해져 버렸습니다.

---

46 우가키 가즈시게(宇垣一成, 1868~1956)는 1927년 4월 15일부터 1927년 10월 1일까지 조선총독 임시대리를 거쳐, 1931년 6월 17일부터 1936년 8월 5일까지 제6대 조선총독을 지냈다.

안도 히코타로

어떤 시기에는 『조사월보』가 관방조사과에서 간행되기도 했는데 그때는 작성자도 각 과에서 조사 관련 업무를 담당하던 사람 이름으로 적어내는 식이었습니다. 한때는 조사과에서 전체적으로 종합 정리하는 그런 분위기가 있었는데, 이를 우가키가 재차 축소시켜 버린 겁니다.

미야타 세쓰코

농촌진흥운동 당시 지도부락指導部落 조사를 위하여 현황 조사를 상당히 철저하게 시행한 것으로 알고 있는데, 그럼 그 자료들은 체계적으로 정리되지 못했던 건가요?

젠쇼 에이스케

정리를 하긴 했습니다. 그 무렵부터는 미나미南·고이소小磯 총독의 황국신민의 서誓와 같이 농촌진흥운동이 하나의 신앙처럼 되어버렸으니까요.

안도 히코타로

그렇다면, 선생님께서 맡아 하셨던 조사는 무척 귀중한 성과를 올렸음에도 불구하고 점차적으로 충분히 수용되지 못하게 되었다고도 할 수 있겠군요.

젠쇼 에이스케

당시 너무나도 다급하게 작성한 조사였기 때문에 각 방면의 전문가들이 보면 그리 대단치 않을 수도 있습니다.

만철 시대

안도 히코타로

쇼와 11년에 만철로 옮기신 그 이후의 상황을 좀 자세하게 말씀해 주셨으면 합니다.

젠쇼 에이스케

그 무렵은 만철에서 경제조사국(훗날 산업부자료실)의 만주경제반滿洲經濟班으로 들어갔던 시기입니다. 그때 오오가미 스에히로大上末広[47] 군이 주임이었고 저는 촉탁으로 있었습니다. 만주 5개년 계획을 관동군 쪽에서 위탁받아 그 입안을 담당했는데, 저는 앞서 말씀드린 대로 협동조합이나 부락 관련, 즉 집단농촌이라든가 조선인이 속해있는 집단부락 등을 주로 다뤘습니다.

---

[47] 오오가미 스에히로(大上末広, 1903~1944) : 교토제대를 졸업한 후, 만철에 입사하여 경제조사회(経済調査会) 제6부에 소속되어 근무했다. 1936년에는 경제조사회가 산업부(産業部)로 재조직되었을 당시 주임으로서 중국경제조사계획(中国経済調査計画) 입안에 관여했다. 이후 동아연구소(東亜研究所) 연구원을 거쳐 교토대 동방문화(京大東方文化) 연구원으로 근무했다.

안도 히코타로

같은 반班에는 또 어떤 분들이 계셨는가요?

젠쇼 에이스케

오오가미 씨 외에도 와다 고우사쿠和田耕作[48] 씨, 마쓰오카 미즈오松岡瑞雄[49] 씨가 계셨습니다. 그중 오오가미, 마쓰오카 두 분은 이미 돌아가셨고 스즈키 코헤이鈴木小兵衛 씨는 반이 달랐습니다.

안도 히코타로

오오가미 씨가 실제로 조사를 지도하신 건가요?

젠쇼 에이스케

네. 그렇습니다. 저와는 개인적으로도 무척 친밀하게 지냈던 사람입니다. 그는 훗날 교토대학의 조교수로 지내다가 가족을 두고 신징新京으로 갔는데 거기 도착하자마자 만철사건満鉄事件으로 인해 바로 체포되었습니다. 게다가 엎친 데 덮친 격으로 파라티푸스Paratyphus에 걸려 병원에 입원해 있는 사이 그의 빈집에 화재가 난 겁니다. 그런데 오오가미 씨는 그것도 모르고 "나는 이제 죽을 날이 얼마 안 남은 것 같소. 허나 내가

---

48 와다 고우사쿠(和田耕作, 1907~2006) : 일본의 정치가다. 교토제대 경제학부를 졸업한 후 남만주철도(南満州鉄道)에 입사하여 조사부에서 근무했다. 1937년에 기획원조사관(企画院調査官)이 되었으며, 전후에는 민주 사회주의연구회의(民主社会主義研究会議)를 창설하여 사무국장으로 취임했다. 주요 저서로는 『私の昭和史』, 『歴史の中の帝国日本 大東亜戦争は避けられなかった』 등이 있다.

49 마쓰오카 미즈오(松岡瑞雄, 1905~1954) : 만철조사부(満鉄調査部)의 초대이사장을 지낸 인물이다. 주요 저서로는 『戦後九州における石炭産業の再編成と合理化』, 『調査部ノ任務及組織ニ基本問題ニ関スル私見』 第2部, 『九州地方工場要覧』 등이 있다.

죽더라도 집에 소장해둔 서적들이 제법 많으니 그 책들을 팔아 쓰면 당분간은 먹고 살 수 있을 것"이라며 가족들을 걱정했다더군요. 참으로 가슴 아픈 일이었습니다.

안도 히코타로

만철사건 당시 선생님께서는 어떤 상황이었는지요?

젠쇼 에이스케

그때 저는 이미 도쿄로 돌아간 상태였습니다.

안도 히코타로

그럼, 만철에는 11년부터 13년까지 계신 셈이군요. 그 당시 주로 어떤 일을 하셨는지요?

젠쇼 에이스케

그때 그렇게 여기저기 다니는 편은 아니었지만, 그래도 빈장浜江성의 아청阿城현 조사나 지린吉林성 조사 그리고 조선인 잡거부락雜居部落 조사 차 지린에서 조금 떨어진 따툰大屯이라는 곳으로 간 적이 있습니다. 그 밖에는 만주국 산업부의 농촌실태 조사에 참여하기도 했습니다. 물론 당시 조사 자료는 만철이 아닌 총독부 쪽 자료가 되었습니다만……

안도 히코타로

귀국하시고 나서는 어떠셨는지요?

젠쇼 에이스케

도쿄 척무성 외곽단체인 척식장려관의 촉탁으로 지냈습니다. 그곳은 이른바 척식에 대한 지식을 보급하는 외곽단체로서 대만·사할린樺太 등의 조사 그리고 와카야마和歌山현의 해외 이주 부락 조사를 했습니다.

안도 히코타로

그 후 만주로 다시 가신 뒤에는 어떤 일을 맡으셨는지요?

젠쇼 에이스케

기획청企画庁의 종합입지계획 담당으로서 농촌이나 시가지 조사에 임했습니다. 그중에서도 특히 조선인과 관계된 조사를 담당했습니다.

안도 히코타로

그리고 16년에 그만두신 것은 전쟁 때문이었는지요?

젠쇼 에이스케

만주국·만철의 경우, 촉탁은 1년 계약이었습니다. 저는 15년에 갔기 때문에 마침 16년도 말까지가 2년째 되는 해로서 계약 기간이 다 되었던 겁니다. 그리고 그해 가을 도쿄로 돌아오자마자 바로 전쟁이 일어났습니다. 그러니 그 전에 다롄大連에 마련해두었던 집도 완전히 처분하고 왔었지요.

안도 히코타로

총독부와 만철·만주국에서의 각 조사 방식과 조직의 운영 방식 등의 차이가 있었는가요?

젠쇼 에이스케

이들 모두 엄청나게 대규모인지라 조선총독부와는 비교할 수도 없습니다. 그렇게 규모가 큰 조직 내에서 일부분을 담당하다 보면 맡은 부분만 하면 되기 때문에 1년간 한 가지 항목이 배정되는 정도로 상당히 여유로운 조사였습니다. 그러니까 전체적으로 무언가를 조급하게 하지 않아도 되는 그런 분위기였던 거죠. 거기서는 오히려 너무 아등바등 일하면 젊은이들한테 안 좋은 소리를 듣게 될 정도였으니까요. 어쨌든 자금도 넉넉한 데다가 인재도 많고 더군다나 각 분야의 전문가들이 다수 존재했기 때문에 혼자서 이것저것 도맡아 할 수 있는 상황도 아니었습니다. 그에 비해 조선 같은 경우는 뭐든 다 혼자서 해야 했지요. 아무튼 비교가 안 됩니다. 가령 5개년 계획의 업무가 갑작스레 밀어닥치던 상황에서도 그 많은 사람이 일사천리로 각자의 일을 척척 분담하고서 다음 무슨무슨 요일에 맞춰 그 업무 내용을 한꺼번에 보고하는 방식이 가능했습니다. 다만, 자세히 들여다보면 만주국은 잡다하니 통일성이 없었습니다. 게다가 우수한 인물들이 얼마나 있었는지 몰라도 어쨌든 그 대부분은 이런저런 연고를 통해 각지에서 부랴부랴 끌어모았던 것 같더군요. 예를 들면, 5·15 사건 관계자라든가 개중에는 대신大臣급의 거물도 있었고요. 하지만 서로 누가 어떤 일을 담당하는지 전혀 모르는 상태였습니다. 당시 저의 담당은 종합입지계획에 관한 조사로서 집단농촌이나 조선인들이 입식入植해 있는 곳과 관련한 조사업무였습니다. 참고로 당시 만주국 쪽은 한참 전부터 이미 비상사태에 대비하고 있었다 하니 그 야말로 임전태세臨戰態勢를 갖추고 있었던 겁니다.

하타다 다카시

아무튼 만주와 조선은 굉장히 다르군요.

안도 히코타로

도쿄로 돌아오시고 나서는 어떠셨나요?

젠쇼 에이스케

귀국하고 나서는 먼저 가족을 소개疏開[50] 시킨 뒤 저의 집을 전재민 홋카이도 개척협회戰災者北海道開拓會의 본부로 빌려주어 약 30명 정도 되는 사람들이 와 있었습니다. 저도 그곳의 촉탁이 되어 다소나마 힘을 보태기도 했는데 특히나 그 자리에는 관리도 있는가 하면 상인도 있었습니다. 당시 전재戰災로 집을 잃은 사람들 가운데 희망자를 모집하여 홋카이도로 이주시킨다고 하니 전재부흥에 있어서는 굉장히 힘든 일이었지요. 이 홋카이도 개척협회는 도쿄도東京都 · 홋카이도청北海道庁 · 홋카이도농업조합연합회北海道農業組合聯合會 · 홋카이도흥농공사北海道興農公

---

50 재해나 공습의 피해를 대비하여 도시에 집중되어 있는 인구 · 시설 등을 분산시키는 것을 일컫는다. 일본에서는 1943년 12월에 도시소개실시요강(都市疏開実施要綱)에 따라 게이힌(京浜), 나고야(名古屋), 한신(阪神), 기타규슈(北九州)의 도시소개(都市疏開)가 결정되었으며, 1944년 3월 일반소개촉진요강(一般疏開促進要綱)이 결정되었고 같은 해 7월 이후 본격적으로 조직적인 인원소개(人員疏開)가 개시되었다. 이후 1945년까지 약 1,000만 명의 주민이 소개(疏開)한 것으로 알려졌다.

社 등이 공동으로 설립한 협회로서 저 역시 홋카이도의 입식지入植地를 몇 차례 조사한 적도 있습니다. 그리고 쇼와 18년부터는 사이타마埼玉현의 농촌협동조합 업무를 보기도 했습니다. 그때는 무슨 일이라도 없으면 기차도 탈 수 없는 시절이었으니까요. 게다가 더 이상은 학문적인 연구 같은 건 가능한 시절이 아니었기도 하고요.

안도 히코타로

전후에 쇼와여자대학에서 교수가 되신 거로 압니다만, 태평양전쟁 무렵에는 조사업무도 안 하셨던 건가요?

젠쇼 에이스케

네, 몇 년간 좀 쉬었습니다. 다만, 전쟁 중에 조선에서 끌려온 노동자를 돌보는 중앙협화회中央協和會라는 곳이 있었는데 그곳은 세키야 데이자부로關屋貞三郎[51] 씨가 회장으로 있었던 후생성의 외곽단체였습니다. 여기서 저는 따로 수당을 받지 않는 촉탁이 되어 여기저기 불려 나와 강연을 다니기도 했습니다. 조선에 관계된 일이라면 그런 정도이고 쇼와 18년 봄부터 1년간 총독부의 촉탁으로서 조선의 '황민화상황皇民化狀況'을 시찰하거나 각지에서 강연을 하기도 했습니다.

---

51 세키야 데이자부로(關屋貞三郎, 1875~1950) : 도치키(栃木)현 출신의 식민지기 관료를 지낸 인물이다. 1899년 도쿄제대 법과를 졸업한 후 내무성에 입사했으며 이후 대만총독부 사무관, 사가(佐賀)현 등의 내무부장을 거쳐 1910년 조선총독부 내무부 학무국장, 중추원 서기관장 및 경성전수학교(京城專修學校)의 초대 교장을 지냈다.

안도 히코타로

전후 한동안은 조선 연구가 잊혀져 버린 셈이로군요. 그때가 바로 조선전쟁이 일어나 미국 같은 나라가 눈독을 들이기 시작한 무렵이지 싶습니다.

젠쇼 에이스케

부끄러운 이야기입니다만, 당시 제가 알고 지내던 모 서점에 손을 써서 갖고 있던 조선 관련 사료들을 전부 미국 국회도서관에 넘겨버렸습니다. 책으로는 거의 2천 권 정도였으며 사진은 또 다른 시기에 미국 대학에 팔았는데, 사실 그때만 해도 훗날 조선 연구가 부활할 줄은 몰랐던 겁니다. 그리고 자꾸만 일본이 독단적인 데다가 악행만 저지른다고들 하니까 차라리 그런 자료는 미국 쪽 사람들에게 보여주는 편이 좋을 것 같다는 의도도 마음 한편에 있긴 했습니다. 하지만 무엇보다 그 무렵은 시절이 그러하다 보니 목돈이 필요한 상황이기도 했고 말이죠. 만약 그 자료들을 지금까지 가지고 있었더라면 엄청나게 귀중한 자료였을 텐데 말입니다……. 여담이지만 그때 도서들을 미국으로 넘기기 전에 조선인 연구자 이재무李在茂 씨가 찾아와 그걸 좀 싸게 얻을 수 없겠냐고 묻더군요. 저는 그 사람의 인품도 좋고 평상시 너무나도 열심인 데에 호감을 느껴 이런 사람이 내 책들을 자료 삼아 공부를 해주었으면 하는 생각이 들기도 했습니다만, 저의 생활 형편상 공짜로 줄 수도 없고 해서 일단 그가 제시한 가격으로 넘기려고 했었습니다. 그러자 그는 책값을 마련해 다시 오겠다고 했지만, 때가 때인지라 개인의 힘으로는 그만한 돈을 좀처럼 구할 수 없었던 모양입니다. 나중에 알게 된 일이지만, 그 후에 그가 병으로 세상을 떠났다는 소식을 듣고 가슴 깊이 애도했던 기억이 있습니다.

새로운 조선 연구를!

안도 히코타로

참으로 안타깝군요. 지금 생각해보면 바로 그런 과정들을 거쳐서 오늘날에 이른 것일 텐데 말입니다. 그럼, 끝으로 선배로서 앞으로 조선 연구에 대한 선생님의 희망과 부탁 말씀이 있으시면 해주시길 바랍니다.

젠쇼 에이스케

시종일관 현지 조사에 몸담았던 저의 입장으로서는 '그저 하루빨리 일본과 조선이 정당한 국교를 회복하여 일본의 학자가 현장을 직접 볼 수 있게 되고 또 그리하여 새로운 관점에서 조선을 연구하게 된다면 얼마나 좋겠는가' 그런 생각을 하게 됩니다. 저의 바람은 그 정도입니다. 그리고 저야 이미 과거의 조선 연구자이고 또 당시에도 그나마 비교적 자유로운 입장이긴 했어도 어찌 됐든 총독부의 관리로서 임한 일이 많았던 것도 사실인지라 그러한 조선관이 아닌 자유로운 입장에서 새로운 관점으로 조선을 바라보고 연구하시는 것이 현재로서는 가장 필요한 일이라고 여깁니다.

오자와 유사쿠

선생님은 일본의 아카데미즘에서 언제나 소외된 위치에 계셨고 또 촉탁이라는 형태로 조사를 맡아 오신듯합니다. 바로 그럴 수밖에 없었던 전전 일본의 학문 성립의 양상 전체가 문제적이었다고 느껴집니다. 그런 의미에서 조선뿐만 아니라 전전의 학문에 관하여 어떠한 생각을 갖고 계시는지 궁금합니다.

젠쇼 에이스케

말씀드렸다시피 저는 조선에 관련한 조사를 담당했고 게다가 관청에 소속되어 이행한 조사가 주를 이루었기 때문에 아무래도 행정구획에 중점을 두게 되었습니다. 그런데 이를 두고 경성대학의 아키바 씨는 '사회학의 입장에서 어떻다'라는 식으로 비판을 하셨지요. 저희 조사는 사회학이라든가 정치학·경제학 등에 얽매이지 않고 현재 조선에 대한 지식과 더불어 앞으로 해결해야 할 문제점들을 명백하게 밝히고 또 그것을 바탕으로 정치가가 정책을 세워나가도록 만드는 것이었기 때문에 아키바 씨의 그런 비판은 뜻밖이었습니다. 사실 저는 방금 말씀드린 그러한 의미에서 제 나름대로는 꽤 과감하게 썼다고 생각합니다. 예를 들면, 빈민이나 궁민窮民이 조선에 얼마나 존재하는지를 다루기도 했으며 심지어 구황식물의 실태 자료 같은 것이 총독부 쪽에서 발간될 수 없을 때는 잡지 『도요』에다가 게재하는 등 기회가 있을 때마다 발표를 마다하지 않았습니다. 하지만 아무래도 '조선 통치가 이렇게나 잘 되고 있다'고 피력하려는 참에 그런 종류의 자료가 나오면 곤란했겠지요. 또 실제로 그러한 자료가 자꾸 나오다 보니 총독의 평판도 나빠졌던 것이 아닐까 싶습니다. 그러고 보니 마키야마牧山[52] 씨의 『조선신문朝鮮新聞』도 대담하게 쓰는 편이었습니다. 일례로 총독의 시찰 전에 꺾인 보리 이삭을 애써 실로 엮어 매어 부러진 것을 안 보여주려 했다는 기사 같은 것도 싣곤 했으니까요. 그런데 그런 기사뿐만 아니라 궁민의 상황을 자료에 근거하여 제대로 설명하기도 했습니다. 게다가 대학을 졸업한 조선인들의 실업 문제에 관해서도 '교육을 장려하여 향학심向學心이 고양되긴 했지만, 결국 취직을 못 하고 있다 보면 사상이 이상해지는 것은 지극히 당연한 일이니 이에 주의해야 되지 않겠느냐'는 그런 글도 게재했습니다. 물론 특수한 풍속습관을 전하는 경우도 있었습니다만, 저는 그와 같은 기사를 통해 조선의 생활 상태가 어떠하다는 것을 일본인 전체 그리고 정치가들이 신속하고 정확하게 알아야 할 필요가 있다고 생각했습니다. 하지만 이 마저도 도중에 중단되어 너무나도 유감스럽습니다.

오자와 유사쿠

선생님께서 하셨던 업무의 전반이 결국 일본 학문에 대한 비판이 되고 있음을 새삼 깨닫게 됩니다.

1963.1

---

52 마키야마 고조(牧山耕蔵, 1882~1961) : 나가사키(長崎)현 출신의 정치가다. 1906년에 와세다대학 정치경제과를 졸업한 후 조선으로 건너왔다. 경성거류민단의원(京城居留民団議員), 경성학교조합회의원(京城学校組合会議員), 조선신문사(朝鮮新聞社) 사장 등을 역임했다.

조선사편수회 사업

스에마쓰 야스카즈(末松保和)
하타다 다카시(旗田巍)
우부카타 나오키치(幼方直吉)
미야타 세쓰코(宮田節子)

하타다 다카시

이번에는 메이지 이후 학자들의 연구 업적들을 좇으며 그와 더불어 앞으로 나아갈 방향에 대하여 다양한 각도에서 토론을 이어가도록 하겠습니다. 지난 회에는 저와 시카타 선생님, 문학 방면에서는 김달수 씨, 나카노 시게하루 씨께서 참석하시어 여러 말씀을 해 주셨는데요. 그에 이어 오늘은 스에마쓰 선생님께서 자리를 함께하시게 되었습니다. 아시다시피 선생님께서는 오랫동안 경성대학에서 연구를 하셨는데, 당시 경성대학이라고 하면 일본인의 조선 연구로서는 가장 중심이 되는 곳이었다고 할 수 있습니다. 물론 경성 이외 지역에도 연구자들이 계셨긴 합니다만 그래도 역시 핵심은 경성이었으며, 선생님께서는 바로 그곳의 중추적인 지위에서 활약하셨던 겁니다. 오늘은 선생님께서 몸소 겪으신 경험담을 바탕으로 경성에서의 조선 연구에 관해 말씀을 전해 듣고자 합니다.

스에마쓰 야스카즈

무엇부터 말씀을 드려야 할지 모르겠습니다만, 일단 저의 이력을 간단히 소개드리고 나서 방금 하타다 선생님께서 말씀하신 내용에 관해 언급해 보고자 합니다.

저는 대략 18년 정도 경성에 머물렀는데, 그 초반에는 총독부 관리로서 조선사편수회의 편수관보編修官補라는 직위에 있다가 이후 약 10여년을 경성대학에서 교수로 지냈습니다.[1] 관리에서 대학교수로 직업이 바뀌기는 했습니다만, 다행히 연구 내용 면에 있어서는 커다란 변화 없이 조선사 연구로만 18여 년을 지속했다고 볼 수 있습니다.

그럼, 먼저 조선사편수회에 대해 말씀을 드려보겠습니다. 익히 아시는 바와 같이 다이쇼 14년에 조선사편수회관제朝鮮史編修會官制가 공포되어 총독부 직속 사업으로서 조선사의 편수가 개시되었습니다. 이를 주재하신 분은 이나바 군잔稻葉君山 선생님이시며 곁에서 추진력 있는 참모역할을 맡아주신 분은 현재 나고야대학에 계신 나카무라 히데다카 씨입니다. 당시는 제가 대학에서 일본사, 그중에서도 에도 시대에 관한 논문을 이제 막 썼을 무렵인데 그때 나카무라 씨가 혼자서는 아무래도 좀 불안하니 졸업생을 한 명 보내 달라고 하여 이에 구로이타 선생님께서 저더러 가라고 하신 겁니다. 솔직히 저는 가고 싶지 않았지만, 선생님의 명령이니 억지로 갔던 것이지요.

그렇게 어쩔 수 없이 방향전환을 하게 된 바람에 조선으로 간 지 3개

---

1 스에마쓰는 1927년 도쿄제대 국사학과를 졸업한 직후 조선사편수회의 촉탁(1927.5.13~1928.3.21) 및 수사관보(1928.3.21~1935.4.13)를 거쳐 수사관(1935.4.13~1935.6.8)으로서『朝鮮史』등의 편수사업에 종사했으며, 1933년부터 경성제대 법문학부 조교수를 거쳐 1939년부터는 동 대학 교수로 지내다가 패전과 동시에 일본으로 돌아갔다.

월도 못 가 신경쇠약에 걸려버렸고 그에 연달아 풍토병으로 적리赤痢[2]까지 앓게 되었습니다. 그나마 다행이었던 것은 그로 인해 일본으로 돌아올 수 있었던 겁니다. 그러고 나서는 그대로 계속 일본에 있으려고 했으나 그게 또 그렇게는 안 되더군요. 결국은 이듬해 3월 다시 나가게 되었고 그길로 눌러앉게 되었습니다.

먼저 조선사편수회에 들어가 『조선사朝鮮史』[3]의 제1편부三國時代, 제2편부新羅統一時代를 담당한 지 5여 년 만에 각 편부를 완성했고 이후 배속 전환 되어 그때부터는 제5편부(李朝 後期의 前半) 그리고 마지막 편부인 정조조正祖朝 24년가량의 편찬을 맡게 되었습니다. 참고로 이때 주임은 이나바 씨였습니다.

요컨대 『조선사』의 제1·2편의 전반을 비롯하여 부분적으로는 제5편에도 관여하게 된 것입니다. 그런데 그러한 과정을 조선사 공부나 연구 측면에서 보면, 단순히 편수자에 그친 것이 아니라 조금 과장되게 표현하자면 마치 대학원에 들어간 것처럼 지내지 않았나 싶습니다. 그 이유는 이나바 선생님과 이마니시 선생님 두 분의 직접적인 가르침을 받을 수 있었기 때문인데, 당시 이마니시 선생님께서는 제1·2편부의 주임이긴 했지만 출근을 하신 건 아닙니다. 1주일에 한 번 혹은 2주에 한 번 꼴로 제가 해둔 작업을 댁으로 가지고 가면 선생님께서 그 내용을 봐주시거나 또 제가 여쭤보는 부분에 대해 답을 해주시곤 했습니다. 이렇듯 저

---

2 이질(痢疾)의 일종으로 점액, 혈액 또는 농이 섞인 빈번한 설사, 복통, 이급후증(裏急後症) 등을 일으키는 급성 전염성 질환이다.

3 朝鮮史編修會 編, 『朝鮮史』, 朝鮮印刷株式會社, 1932~1940. 구성은 다음과 같다. 第1編 (1-3卷) : 新羅統一以前 / 第2編 : 新羅統一時代 / 第3編(1-7卷) : 高麗時代 / 第4編(1-10卷) : 朝鮮時代前期 / 第5編(1-10卷) : 朝鮮時代中期 / 第6編(1-4卷) : 朝鮮時代後期 / 卷首 : 総目録 / 総索引

는 성향이 다른 두 선생님 곁에서 조선사의 고사古史 부분을 공부할 수 있게 된 셈이었지요.

아시다시피 이나바 선생님은 나이토 선생님의 계통을 이은 분으로 어떤 형식이랄까 견해랄까 그런 점에 있어서 매우 특징적인 분입니다. 한편, 이마니시 선생님은 이나바 선생님과는 전혀 경향을 달리하는 고증학파였습니다. 그러다 보니 저로서는 『조선사』 1・2편의 자료를 수집하는 과정을 통해 두 분의 사고방식이라든가 연구방식 등을 배울 수 있었던 겁니다. 지금 생각해보면 너무나도 훌륭하신 두 선생님을 모실 수 있었음에 감사할 따름입니다.

그런데 여기서 한 가지 더 드리고픈 말씀은 편수회에서 추진력 있게 참모 역할을 맡아 해주었던 나카무라 씨가 계셨다는 것도 간과해서는 안 된다는 겁니다. 다들 잘 아시겠지만, 나카무라 씨는 독특한 연구를 하던 분이었습니다. 그 시절 저희 집과 나카무라 씨의 집이 그다지 멀지 않았는데, 어느 정도인고 하니 제 서재에서 나카무라 씨의 서재가 훤히 보이는 정도의 거리였습니다. 그리고 평소 제가 잠자리에 들 즈음에야 그의 서재에 불이 들어왔고 그러고는 새벽녘까지 내내 그 불빛은 꺼지지 않았습니다. 이는 저에게 있어서 상당한 자극이 되어 저 역시 섣불리 잠을 청할 수가 없었습니다.

조선사 연구를 하는 사람들 중에 지금 말씀드린 두 분의 선생님과 또 한 분의 선배가 있었다는 사실만으로도 우둔한 저에게 있어서는 다시없는 조건이었다고 생각합니다. 그런 나카무라 씨와 제가 뜻을 모아 창설한 것이 바로 '청구학회靑丘學會'이며 그 기관지로 『청구학총靑丘學叢』이라는 결실까지 보게 된 겁니다. 『청구학총』 제1호를 낸 것은 쇼와 5년 8

월로 기억합니다. 그때 저희 둘 다 한창 의욕 충만한 24~25세 정도였으니 편수 사업만으로는 뭔가 성에 안 찬다고 할까요 아무튼 시야가 너무 좁다고 느꼈던 겁니다. 그래서 경성대학의 선생님들이나 총독부 관리들도 동참하는 조선사 연구 학회를 만들어보자는 의견을 나누게 되었고 이를 실현시키기 위해 이런저런 계획들을 엄청나게 구상하곤 했습니다. 마침 그 무렵 경성대학에서도 각 분야의 전문가들이 저마다의 학문을 조선과 접목시키려 하는 등 다들 조선에 관한 연구로 열기가 무르익던 시절이었습니다. 실제로 형법 전공의 후와不破 선생님[4]께서는 조선형법사朝鮮刑法史를 연구하고자 하셨고 또 시카타 선생님은 조선경제사에 적극적인 관심을 표명하셨다는 사례가 그러합니다. 아무튼 그리하여 그때 저희 둘이서 각 선생님들을 개별적으로 일일이 찾아뵙고 고문 혹은 임원 등을 맡아주십사 부탁을 드리러 다녔는데, 가는 데마다 저희 뜻에 동의해 주신 덕에 『청구학총』이 나올 수 있었던 것입니다. 『청구학총』은 그 후로도 약 10여 년간 지속되다가 쇼와 14년 10월에 발간한 제30호를 끝으로 종간하게 되었습니다.

저희가 낸 『청구학총』이 조선인들에게도 하나의 자극이 되어 '진단학회震檀學會'라는 학회가 생겼고 이어 『진단학보』라는 잡지도 나왔습니다. 『청구학총』이 자극이 되었다고 하면 조선인들 쪽에서는 불만을 드러내며 영 달가워하지 않겠지만, 『청구학총』의 발간 당시 조선인 임원도 2, 3명 포함되어 있었던 것은 분명한 사실이니까요. 하지만 아무리 그래도

---

4 후와 다케오(不破武夫, 1899~1947) : 일본의 법학자다. 도쿄제대 법학부를 졸업한 후 1929년에 경성제대 조교수를 거쳐 교수가 되었으며 1939년에는 규슈제대에서 교수 및 법문학부장을 지냈다. 주요 저서로는 『刑の量定に関する実証的研究』, 『刑事責任論』, 『刑法総論講義案』 등이 있다.

주류는 역시 일본인 학계와 일본인들이 만든 잡지였습니다. 그러자 이에 맞서 조선인을 주체로 하며 언문혼용의 조선어로 운영되는 조선 연구 단체인 '진단학회'가 생기게 되었던 겁니다. 이렇듯 진단학회 설립부터 『진단학보』의 출판에 이르기까지 전체적인 부분에 걸쳐 『청구학총』이 관련되어 있다고 생각합니다.

그런데 조선사편수회 사업은 편년체사編年體史의 편수로서 내용 요약 부분은 일본어 '강문綱文'으로 하고 거기에 '사료史料'를 더하는 형식으로 구성되었는데, 이를 외부에 발표하기 위해 사료 전체를 인쇄하기에는 분량이나 시간상으로도 엄청난 일이기 때문에 '강문'만 출판했던 겁니다. 또 자료 출처의 '사료명史料名'은 주기注記로만 달아두고 사료 그 자체는 인쇄하지 않는 것으로 하여 쇼와 7년부터 13년까지 상당한 시간을 들여 완성한 것이 바로 37권짜리 『조선사』입니다. 이는 분명 일본의 조선 통치가 남긴 하나의 산물임에 틀림없지만, 그것이 과연 조선사 연구에 얼마나 보탬이 되었는지에 대한 부분에서는 다소 이론異論의 여지가 있을 거라 생각합니다. 사실 조선사편수 사업은 조선통치, 즉 정치의 한 부분으로서의 조선사편수인 것입니다. 하지만 거기에는 모순점이 존재했는데, 우선 식민지 역사를 통치자의 손으로 엮어낸다는 것은 통치의 한 방편으로서는 일단 유효한 방법이라고 할 수 있습니다. 심지어 '총독부가 조선의 역사를 명확히 하기 위해 조선의 사료를 모아 조선의 역사를 쓴다'고 하니 한때 일부 조선인들은 반기기까지 했습니다. 그러나 이는 얼마 못 가 한계를 드러내고 말았는데, 즉 조선사 연구는 하면 할수록 조선 민족이나 문화 등을 소환하여 이를 다시금 의식하게 만드는 가장 유력한 방법이기도 했던 겁니다. 따라서 처음에는 정치적 일환으로서 착수하여 그 초기에는 꽤 인정받은 사업이었으나 이를 진척시켜 나가면 나갈수록 애초에 내세웠던 정치의 일환이 아닌 역방향, 한마디로 역효과를 초래할 수밖에 없었던 겁니다.

본디 식민지에서 그 나라의 역사를 지배자 혹은 통치자가 쓴다는 것은 이러한 모순이 존재하기 마련입니다. 설령 그 출발이 정치의 방편이라는 데에 있었다 할지라도 결국에는 그렇지 않은 쪽으로 점차 발전할 수밖에 없는 것이 아닐까 싶습니다. 그런 점에서는 총독부 관리가 조선을 통치하는 것과 역사가가 조선의 역사를 편찬하는 것과는 그 입장의 차이가 상당히 컸던 것으로 여겨집니다. 게다가 흔히 총독부의 녹을 먹은 역사가는 '어용학자御用學者'라고 불리곤 하는데 이는 전적으로 옳지 않다고 생각합니다.

참고로 앞서 언급한 『조선사』는 다음과 같이 여섯 편으로 나뉘어 편수되었습니다.

第一編(新羅統一 以前)

第二編(新羅統一 時代)

第三編(高麗時代)

第四編(李朝前期)

第五編(李朝中期)

第六編(李朝後期)

사실 『조선사』에 대한 구체적인 평가는 각 편마다 별도로 이루어져야 한다고 생각합니다. 또한 편수회 사업의 전체적인 입장에서 보면 37권짜리 『조선사』를 출판했다는 그 사실보다 전제 혹은 방증할 만한 자료로서 민간의 사료를 채방採訪하여 주요한 자료는 복본화해두고 그보다 더 중요한 자료는 활자 혹은 사진판으로 출판했다는 그러한 지점들을 보다 높게 평가해야 마땅하다고 생각합니다.

나카무라 히데다카 씨가 구로이타 박사기념회회편博士紀念會編의 『고문화의 보존과 연구古文化の保存と研究』에 실은 논문[5]에 따르면, 지방·민간으로부터 빌린 사료는 4,950건에 이르고 복본으로 만든 것은 약 2,000여 권에 달했다고 합니다. 그리고 이들 가운데 새롭게 인쇄 공표된 것이 『조선사료총간朝鮮史料叢刊』인데 이는 전후 20종에 이릅니다. 이어 문헌 사료의 대표적인 사진집으로 『조선사료집진朝鮮史料集眞』 정편正編과 속편續編 3질帙[6]이 출판되었습니다.

편수회에 관한 내용은 이 정도로 하고, 지금부터는 경성대학에서의 조선사 연구 및 조선 연구에 대해 말씀드리겠습니다. 먼저 경성대학은 메커니즘mechanism으로서는 조선사편수회에 필적할 수 없었다고 봅니다. 경성대학 내에 조선사라든지 조선문학 그리고 조선 어학 등의 강좌가 있긴 했지만, 이는 어디까지나 각 선생님들의 개인적인 연구에 해당되며, 총독부가 편수회를 따로 조직해 편수관·편수관보를 임명하여 이루어지는 그런 대규모 사업에 비교하면 경성대학에서의 연구는 개별적인 소규모 연구 정도라고 할 수 있습니다. 물론 이들의 연구를 한데 모아

---

5   中村栄孝,「朝鮮史の編修と朝鮮史料の蒐集」, 黑板博士記念会 編, 『古文化の保存と研究―黑板博士の業績を中心として』, 吉川弘文館, 1953, 359~424쪽.

6   정편(正編) : 朝鮮史編修会 編, 『朝鮮史料集真』 上, 朝鮮總督府, 1935; 朝鮮史編修会 編, 『朝鮮史料集真』 下, 朝鮮總督府, 1936. 속편(続編) : 朝鮮史編修会 編, 『朝鮮史料集真 続』, 朝鮮總督府, 1937.

보면 그 내용이 무척 다채롭긴 합니다만, 그래도 조선사편수회가 조선 연구에 있어 가장 근본적인 기구이자 대규모 조직이었음에는 틀림이 없습니다.

제가 조선에 머무는 동안 절반은 편수회에 있었고 그 나머지는 경성대학에 있었는데 대학에서는 마치 고립된 연구실에만 존재하는 그런 사람이 될 것 같은 일종의 불안감이랄까 고독감 같은 걸 느끼기도 했습니다.

그러나 이를 다른 측면에서 보면, 경성대학에서의 조선 연구는 각 전문가들이 각자의 전문적인 이론에 의거하여 특수한 조선 연구를 하기 때문에 당시 조선사편수회에서는 할 수 없었던 다방면의 업적을 이룰 수 있었다고 생각합니다. 그중에서도 제가 경탄해 마지않았던 연구는 바로 나이토 기치노스케 교수의 법제사 연구나 시카타 교수의 사회경제사 연구입니다. 저는 총독부가 직접 조선사를 연구한다는 데에 한계와 모순이 있다고 여기는 입장인데, 그나마 다행으로 여기는 것은 그 모순이 그리 확대·발전하지 않았다는 점이며 그마저도 보다 구체화되기 전에 일본의 통치 시대가 끝났다는 겁니다.

다소 두서없긴 합니다만, 전반적인 내용 정리는 이상으로 마치고자 하며, 관련 내용에 질문이 있으신 분은 말씀 부탁드립니다.

하타다 다카시

그럼 저부터 질문드리겠습니다. 『조선사』는 스에마쓰 선생님 말씀처럼 일정한 한계가 있긴 합니다만, 이는 그 자체만으로도 실로 엄청난 결과물이라고 생각합니다. 게다가 보급도 상당히 이루어진 편이고요. 한 가지 궁금한 것은 『조선사』의 형식에 있어 어떤 모델 같은 것은 없었는가 하는 점입니다.

스에마쓰 야스카즈

그건 역시 일본의 도쿄대사료편찬소東大史料編纂所[7]의『대일본사료大日本史料』나『대일본고문서大日本古文書』의 형태를 그대로 가지고 간 겁니다. 물론 직접적으로는『대일본유신사료大日本維新史料』의 흐름을 답습한 것이지요.

하타다 다카시

전문적인 입장에서 보면 그 방대한 결과물의 근간이 될 만한 자료들을 제시해주는 편이 좋지 않았을까 싶기도 합니다만……. 하기야『유신사료維新史料』[8]가 사료史料 그 자체와는 본질적으로 조금 다르긴 하지요.

스에마쓰 야스카즈

네, 그렇습니다. 하지만 최종적으로는『유신사료』에 가깝다고 할 수 있습니다.

하타다 다카시

아무래도 당시『유신사료』의 형태를 취할 것인지에 대한 논의가 분명 있었을 거라고 생각됩니다만, 혹시 그 과정에 대해 알고 계신 바가 있으신지요?

---

7 정확한 명칭은 '東京大学史料編纂所(Historiographical Institute, the University of Tokyo)'이다. 도쿄대학사료편찬소는 도쿄대학의 부속연구소로 국내외 사료에 관한 조사, 수집・복사, 분석, 편찬 업무를 하고 있으며, 1793년 도쿠가와 막부의 원조를 받아 국학자 하나와 호키이치(塙保己一)가 창립한 화학강담소(和学講談所)를 그 원류로 삼고 있다.
8 『대일본유신사료(大日本維新史料)』를 가리킨다.

스에마쓰 야스카즈

그건 말입니다. 사료까지 전부 다 출판하자면 분량이 지금의 몇십 배나 되기 때문에 어쩔 수 없이 강문만 내기로 했던 겁니다.

하타다 다카시

그렇다면, 그 당시 조선사편수회의 관제 발포라든지 그런 것의 성립과정을 알 수 있는 자료가 있는지요?

스에마쓰 야스카즈

가장 손쉽게 찾아볼 수 있는 자료로는 10년 정도 전(쇼와 28)에 구로이타 선생님의 기념회에서 출판한 『고문화의 보존과 연구』 안에 실린 나카무라 히데다카 군의 「조선사의 편수·조선사료의 수집朝鮮史の編修·朝鮮史料の蒐集」[9]이라는 논문에 해당 내용이 잘 정리되어 있습니다. 참고로 나카무라 군의 이 논문이 계기가 되어 『조선사편수회사업개요朝鮮史編修會事業概要』[10](쇼와 13)가 간행되었는데, 여기에는 다양한 내력來歷이라든지 수집한 자료의 건명건수件名件數까지 자세하게 적혀있어 마치 관청의 사업보고문 같은 형식을 띠고 있습니다. 이 두 자료를 참고하시면 될 것 같습니다.

우부카타 나오키치

그럼 그 자료들은 『조선사』 37권과 별권으로 나온 것인가요?

---

9 원문에는 「朝鮮史の編修·朝鮮史料の蒐集」로 되어있으나, 이는 「朝鮮史の編修と朝鮮史料の蒐集」(中村栄孝, 『古文化の保存と研究—黒板博士の業績を中心として』, 黒板博士記念会 編, 吉川弘文館, 1953, 359~424쪽)의 오기이다.

10 朝鮮総督府朝鮮史編修会 編, 『朝鮮史編修会事業概要』, 朝鮮総督府朝鮮史編修会, 1938.

스에마쓰 야스카즈

네, 별권으로 나왔습니다. 참고로 가철假綴이긴 해도 150페이지가량
됩니다.

하타다 다카시

말씀대로라면, 구로이타 선생님을 비롯하여 나카무라 히데다카 씨라
든가 스에마쓰 선생님 등 한 마디로 구로이타 문하의 수재들이 잇따라
조선으로 갔던 거로군요. 사실 당시 다른 조선사 전문가들 입장에서는
'마침 참 잘 되었다' 싶었겠는데요.

스에마쓰 야스카즈

초반에 말씀드린 바와 같이, 그 사업이 아무리 학문적인 것을 표방한
다고 해도 역시나 정책적인 성격에서 벗어날 수는 없었습니다. 따라서
이케우치 씨는 그런 점에서 본인 스스로도 그렇고 또 외부적으로도 직
접 관여할 만한 입장에 놓일 수 없었던 게 아닐까 싶습니다.

하타다 다카시

바로 그런 지점에서 『유신사료』를 모델로 삼은 것과 뭔가 관계가 있
다고 생각하는 겁니다. 『유신사료』라는 것은 가네코 겐타로金子堅太郎[11]

---

11 가네코 겐타로(金子堅太郎, 1853~1942) : 메이지기의 관료이자 정치가로 사법대신(司
法大臣), 농상무대신(農商務大臣), 추밀고문관(枢密顧問官) 등을 역임했으며, 니혼대학
의 초대총장을 지내기도 했다. 이후 유신사편찬회(維新史編纂会) 발족에 관여하여 임시
제실편수국총재(臨時帝室編修局総裁), 『明治天皇紀』 편찬국총재, 유신사료편찬회총재
등을 거쳐 제실편찬국총재를 역임했다.

인가 누군가 하는 고위직에 있던 인물의 직속 기관[12]에서 다뤄왔던 것입니다. 한편, 문부성 내에서도 사료편찬과는 별개의 형태로 작업을 하고 있었던 것이지요.

스에마쓰 야스카즈

그렇기 때문에 그 편찬사업에 있어서 정치성이라 하나요? 그런 걸 부정할 수가 없는 겁니다. 이건 구로이타 선생님께 직접 들은 내용입니다만, 그 조선사편수회의 관제官制가 제정될 당시 일본 정부 당국에서는 이를 불허했다고 합니다. 그건 식민지에서 식민지의 역사를 일본인의 손으로 직접 연구한다는 것은 통치와 정반대된다는 이유였는데, 그게 구로이타 선생님의 한 마디로 단번에 통과가 되었다더군요. 즉, 당시 내무대신인 미즈노 렌타로水野錬太郎[13] 씨에게 "조선사를 연구하지 않으면 일본사를 알 수가 없습니다!"라고 했다는 겁니다.

하타다 다카시

역시 구로이타 선생님다운 발언이네요. 그럼 이나바 씨가 조선사편수회로 갔던 건 어떤 이유였나요?

---

12 유신사료편찬회(維新史料編纂会)를 말하며, 이는 메이지유신에 관한 사료의 수집 및 편찬을 목적으로 1911년 5월 10일 칙령 145호에 의해 문부성 내에 설치된 메이지유신관계사료(明治維新関係史料) 편찬기관이다. 이노우에 카오루(井上馨)에 이어 가네코 겐타로가 총재가 되었다. 『維新史料綱要』(10冊), 『大日本維新史料』(19冊), 『維新史』(5巻,付録1巻) 등을 간행했으며, 1949년 도쿄대학 사료편찬소(東京大学史料編纂所)로 흡수되었다.

13 미즈노 렌타로(水野錬太郎, 1868~1949) : 일본의 내무관료이자 정치가다. 내무대신, 조선총독부정무총감, 문부대신, 귀족원의원 등을 역임했던 인물이다.

스에마쓰 야스카즈

당시 구로이타 선생님께서는 조선사편수 사업에 있어 추진자 역할을 맡고 계셨는데, 듣자하니 구로이타 선생님께서 먼저 본인과 오랜 교우지간인 나이토 고난 선생님께 이를 권했다고 합니다. 그런데 정작 나이토 선생님께서는 본인을 대신하여 이나바 씨를 추천했다더군요.

우부카타 나오키치

구로이타 · 나이토 콤비에 의해 이나바 씨가 등판된 셈이군요.

스에마쓰 야스카즈

네, 그렇게 된 겁니다. 바로 이런 점에서 다시 한번 구로이타 선생님의 정치성을 엿볼 수 있습니다.

우부카타 나오키치

그러면 이케우치 선생님은 이미 오래전부터 편수회와 관계가 없었던 건가요?

스에마쓰 야스카즈

네, 직접적으로는 그렇습니다. 대신 구로이타 선생님의 부탁으로 본인 제자인 스토 요시유키周藤吉之[14] 군과 마루가메 긴사쿠丸亀金作[15] 군,

---

14 스토 요시유키(周藤吉之, 1907~1990) : 일본의 동양사학자다. 조선총독부조선사편수회 촉탁, 동방문화학원(東方文化学院) · 동대동양문화연구소(東大東洋文化研究所)의 연구원을 거쳐 도쿄대 교수를 지냈다. 주요 저서로는『中国土地制度史研究』,『宋代経済史研究』,『唐宋社会経済史研究』,『清代東アジア史研究』등이 있다.

이 두 사람을 보내시긴 했습니다. 그리고 그 전에 제 동기이자 동양사를 연구하는 우시오다 후키조潮田富貴蔵[16] 군이 저와 함께 조선으로 갔었는데, 그 당시 저희 둘 다 노이로제에 걸리고 말았습니다. 그리하여 둘이 상의한 끝에 일본으로 돌아오게 되었지요. 그렇게 일본에 오자마자 우시오다 군은 이케우치 씨를 찾아가 "편수회는 도저히 못 견디겠습니다!"라고 하니, 이에 이케우치 씨는 단박에 "알겠네!"라고 답했다더군요. 여러모로 이케우치 씨는 이나바 씨와는 전혀 맞지가 않았던 겁니다. 그리고서 우시오다 군은 바로 니이가타 고교新潟高校[17]로 갔습니다. 말씀드렸다시피 저 역시 우시오다 군과 같이 돌아왔는데, 그때 구로이타 선생님께서는 유럽 · 미국 등지로 나가시고 일본에 안 계셨습니다.[18] 상황이 이렇다 보니 구로이타 선생님이 직접 데리고 간 사람이 선생님 본인도 안 계신 틈에 일본으로 돌아와서는 그길로 눌러앉아 있는 건 말도 안 된다며, 아무도 저를 상대해 주지 않았습니다. 그리하여 어쩔 수 없이 이듬해 봄, 다시 바다 건너 편수회로 갔던 겁니다. 그리고 이번에는 그전과 달리 각오를 단단히 다지고서 자리를 잡아 나갔지요.

---

15 마루가메 긴사쿠(丸亀金作, 1905~?) : 도쿄제대 졸업 직후인 1933년 9월 15일부로 조선사편수회에 촉탁으로 부임하여 사무를 담당했다. 주요 논문으로는 「高麗と宋との通交問題」(一) · (二), 「上代日朝関係雑考」 등이 있으며, 저서로는 『日本上古史の研究 — 年代を探る』, 『満洲史研究』 등이 있다.

16 우시오다 후키조(潮田富貴蔵, ?~1972) : 1927년 5월 31일부터 1927년 8월 24일까지 조선사편수회의 수사관보로 지낸 인물이다.

17 실제로 우시오다 후키조(潮田富貴蔵)는 新潟高等学校(旧制)에서 '東洋史' 담당 교수로 1927년부터 1941년까지 재직했다.

18 학술연구를 목적으로 1908년부터 2년간 사비를 들여 구미(欧米) 각지로 유학을 떠난 바 있다.

미야타 세쓰코

앞서 언급하신 편수회가 그 뒤로 계속 지속하였다 하더라도 경성대학에서는 조선 연구에 관한 대단한 업적이 나오지 않았을 거라는 의견이시군요. 그럼 그건 전쟁이라는 외부적·세계적인 요소 때문이 아니라 학문적인 방법에서 문제가 있었던 걸까요?

스에마쓰 야스카즈

넓은 의미로 보자면 방법상의 문제라고 할 수 있을지 모르겠지만, 어쨌든 그런 식으로는 더 이상 발전할 수 없었다고 생각합니다.

경성대학에 관하여 한 가지 더 드리고 싶은 말씀은 바로 학생 관련한 문제입니다. 다시 말해, 조선의 대학생들이 조선사를 어떻게 보았는가 하는 것입니다. 확실한 수치는 기억이 안 나지만, 조선사를 전공했던 조선인 학생은 전체의 3분의 2에 해당되었으며 나머지 3분의 1은 일본인이었던 걸로 기억합니다. 당시 이들이 어떤 마음으로 조선사를 연구했는지, 이를 가만히 생각해보면 그건 그저 순수한 마음이었다고 봅니다. 왜냐하면 조선인이 조선사를 연구하면 일단 취직은 안 되는 거로 봐야 했으니까요.

미야타 세쓰코

지금의 일본과도 같군요.

스에마쓰 야스카즈

저는 경성대학이 창립되고 약 10여 년쯤 지나 조선으로 갔습니다만,

그 당시에도 이미 그러한 분위기가 팽배했습니다. 그런데도 불구하고 조선사를 연구하겠다고 들어왔으니, 그 자체가 벌써 순수한 거라고 생각합니다. 한편, 바로 그런 이유로 사상적으로는 민족의식에 있어서 그 누구보다 강한 면이 있었다고 생각합니다. 당시 조선인 학생의 대다수는 시대의 흐름에 편승하여 조선사라든가 조선어보다는 법과 쪽으로 많이 갔습니다. 아무래도 법과가 가장 무난하기도 하고요. 게다가 본래 조선인들은 법과를 숭배하는 경향이 강하기도 했고 또 실질적으로 취직하는 데에 장래가 가장 밝았으니까요. 그런데 그런 와중에도 남들과 전혀 다른 방식으로 살아가던 사람이 있었습니다. 바로 조선인이 일본문학을 연구하는 경우인데, 전후를 막론하고 단 한 명이었다고 봅니다. 그러나 일본사를 연구한 사람은 아무도 없더군요. 이는 당시 조선과 일본의 정치적 관계에서 파생한 특수현상이 아닐까요. 아무튼 이러한 정황들을 미루어 보아 조선인 학생이 조선사학과나 조선어학·문학과에 들어간다는 그 자체를 순수한 거라고 여기는 겁니다. 게다가 그런 이유로 인해 전후 조선사·조선어 연구는 남·북쪽 모두 상당히 진보했다고 생각합니다. 하지만 그 역시도 해방 이전, 즉 총독부 시절의 전통이 그러한 전후의 발전을 이끌어 온 것이라고 할 수 있겠습니다.

하타다 다카시

아, 그렇습니까? 일본사를 연구한 사람이 단 한 명도 없었나요? 그 또한 문제적이군요.

미야타 세쓰코

어째서 일본사를 연구하려는 마음이 안 생기는지……. 이 역시 양 국가 간의 관계가 호전되면 관련 연구자가 나올 수도 있겠습니다만……. 그래도 재일조선인 학생들만큼은 일본사를 꼭 연구해줬으면 하는 바람입니다.

하타다 다카시

더 이상 일본을 '35년간 조선을 지배했던 나라'라고 생각하지 않아도 되는 그런 시대가 온다면 당연히 연구자도 늘어날 거라고 생각합니다만……. 그래도 역시 감정적인 부분은…….

미야타 세쓰코

조선인 학생으로서 역사를 연구하는 경우에는 주로 어떤 주제와 어느 시대 그리고 무엇을 중심으로 연구하는지요?

스에마쓰 야스카즈

물론 이조 시대입니다. 주자학의 논쟁적인 부분이나 그러한 경향을 띠는 지점에 있어 조선인 학생들은 상당한 재능이 있는 것 같습니다.

하타다 다카시

김석형金錫亨[19] 씨도 그렇지요.

---

[19] 김석형(金錫亨, 1915~1996) : 대구고등보통학교를 거쳐 1940년에 경성제대 법문학부 조선사학과를 졸업했으며 학사논문으로 「이조 초기 국역(國役)편성의 기저」(『진단학

스에마쓰 야스카즈

아니요. 그는 연구 대상 시기가 이조이긴 합니다만, 주요 관심 분야는 군대 쪽입니다.

미야타 세쓰코

선생님께서는 역사관 문제, 특히 민족 문제를 둘러싸고 학생들과 충돌하신 적은 없었는지요?

스에마쓰 야스카즈

그렇게까지 깊게 학생들과 접촉하지는 않았습니다. 게다가 민족 문제는 애초에 터부시되었고요. 물론 당시는 '민족'만 금기시했던 것이 아니라, '사회社會'라는 언어 자체가 '사회주의社會主義'를 연상시킨다고 해서 경원시되었습니다.

하타다 다카시

그런 점에서는 도쿄와 좀 다르군요. 저는 쇼와 3년에 도쿄제대 동양사학과에 입학하여 쇼와 6년에 졸업했습니다만, 그 당시 '사회'라는 어휘는 굉장히 유행이었습니다.

보』, 1941)를 제출했다. 1945년 10월 서중석(徐重錫)의 보증으로 공산당에 가입하여 활동하다가 1946년에 월북하여 평양에 신설된 김일성종합대학 역사학부 교수로 취임했다. 이후 1948년 역사편찬위원회를 설치했을 때 부임위원이 되어 위원회의 운영을 맡았으며, 간행 잡지인 『력사문제』에 고려·조선과 관련된 6편의 논문을 게재하였다. 주요 저서로는 『리조병제사』, 『조선통사』(상) 중에 고려후기 부분, 『봉건지배계급을 반대한 농민들의 투쟁(고려편)』 등이 있다.

미야타 세쓰코

하타다 선생님의 학생 시절 무렵이라면 조선에서는 소작쟁의가 일어나고 공산주의운동이 활발해지기 시작할 때였으니 더욱 그랬겠네요.

스에마쓰 야스카즈

그런 이유로 경성대학에서 강좌명을 정할 때도 상당히 신경을 썼다더군요. 일례로 서양사 강의는 있으나 서양사학과는 설치할 수 없었던 그런 경우 말입니다. 이는 서양사를 공부하다 보면 아일랜드의 독립이라든지 어디어디의 무슨무슨 독립이라든지 이런 것들을 연구 주제로 삼으려는 학생들이 속출하게 될 것을 우려했던 건 아닐까요?

미야타 세쓰코

그럼 서양사 강의로는 어떤 수업을 했었나요?

스에마쓰 야스카즈

사실 서양사는 개설만 했을 뿐입니다.

우부카타 나오키치

그래도 서양경제사 연구자로는 다카하시 고하치로高橋幸八郎[20]가 있었지요.

---

20 다카하시 고하치로(高橋幸八郎, 1912~1982) : 1935년에 도쿄제대 문학부 서양사학과를 졸업했으며, 1941년 경성제대에 부임했다. 패전 후에는 도쿄대 사회과학연구소에서 근무했으며 1948년 토지제도사학회(土地制度史學會) 설립을 도모한 바 있다. 프랑스정부의 초빙교수로서 1952년 봄부터 약 2년간 프랑스로 건너갔으며, 이때 논문 「La place de la Revolution de Meiji dans l'histoire agraire du Japon」을 발표했다. 주요 논문으로는 「ヨーロッパ經濟史に於ける型の把握」, 「フランス革命」, 「佛蘭西農業史」, 「市民革命の

스에마쓰 야스카즈

네, 하지만 다카하시 군은 패전 직전에 한 3년 정도 있었습니다.[21]

미야타 세쓰코

그럼 강좌명을 '조선사'라는 이름으로 설치해 둔 건가요?

스에마쓰 야스카즈

네, 조선사학은 제1강좌, 제2강좌 이렇게 두 개가 있었으며 꽤 주요 과목으로 취급했습니다.

우부카타 나오키치

당시 조선인 학생들의 성적은 어떠했나요?

스에마쓰 야스카즈

조선인이 대학까지 들어왔다는 그 자체로 이미 우수한 학생들이라고 할 수 있습니다. 그 당시 소·중·고교 시험의 배율을 살펴보면, 일본인 쪽은 소학교부터 중학 그리고 고교까지 비교적 거뜬히 들어갈 만한 정원이었으나 조선인 쪽의 경쟁률은 상당히 높았습니다. 특히 전문학교 이상에서는 전체 학생 수 가운데 조선인의 수가 그 절반을 넘을 수 없다는 불문율이 있었기 때문에, 그러한 과정을 통과하고 입학한 학생들이

構造」, 「フランス革命における土地問題」 등이 있으며, 주요 저서로는 『近代資本主義の成立』, 『近代社会成立史論 : 欧洲経済史研究』 등이 있다. 二宮宏之, 「高橋幸八郎先生を悼む」, 『土地制度史學』 25-1, 土地制度史学会, 1982.10, 74~75쪽 참고.

21 "任京城帝國大學助教授, 敍高等官七等 高橋幸八郎"(『조선총독부관보』 4434호, 1941.11.5, 5면)

니 전체적으로 매우 우수했습니다.

하타다 다카시

백남운 씨의 『조선봉건사회경제사朝鮮封建社會經濟史』가 쇼와 12년에 출판된 것으로 알고 있습니다만, 그때 스에마쓰 선생님은 백남운 씨라든가 경제학 쪽 분들과 교류가 있었는지요?

스에마쓰 야스카즈

아니요, 당시 그들과의 교류는 없었습니다.

하타다 다카시

이마니시 씨와 백남운 씨와는 어떠했는가요?

스에마쓰 야스카즈

그 부분은 잘 모르겠지만, 사쿠라이 요시유키 씨와는 책상을 나란히 두고 지낸 적이 있었던 것 같습니다.

하타다 다카시

사쿠라이 씨도 연희전문의 교수가 되었던 건가요?

스에마쓰 야스카즈

촉탁의 형태가 아니었나 싶습니다만, 어쨌든 경성대학에 출입이 잦았던 것은 사실입니다.[22]

하타다 다카시

그렇다면, 진단학회와의 교류는 어땠습니까?

스에마쓰 야스카즈

그건 전혀 없었습니다. 다만, 진단학회의 주요 멤버 중의 한 사람인 이병도李丙燾[23] 씨가 청구학회의 멤버이긴 했으나 그것도 사실상 이름뿐이었습니다. 이 씨는 저희가 가기 전부터 조선사편수회의 수사관보를 맡고 있었고 또 나중에는 촉탁이 되기도 했는데 그게 다 명목뿐이었습니다.

하타다 다카시

이케우치 선생님과 이병도 씨는 서로를 존경하는 사이였던 것 같습니다만……. 경성에서의 일본인 학계와 이병도 씨는 아무런 관계가 없었나요?

스에마쓰 야스카즈

일단 저희와 교류가 있긴 했지만 그렇다고 어떤 한 문제를 놓고 논쟁을 벌이는 정도까지는 아니었다고 생각합니다.

---

22 사쿠라이는 대학 졸업 후, 1928년 9월 요시노의 소개로 경성제대 법문학부 경제연구실의 조수로서 자료실에 배속되었으며, 1933년에는 경성제대 조선경제연구소 연구원으로서 경제학자인 시카타 히로시 아래서 서지 정리 작업을 했다.

23 이병도(李丙燾, 1896~1989) : 역사학자다. 보성전문학교 법률학과 졸업 후, 와세다대 문학부 사학급사회학과(史學及社會學科)를 졸업했으며 재학 당시 교수였던 요시다 도고와 쓰다 소키치에게 학문적 영향을 받아 조선사를 연구했다. 또한 1934년 진단학회(震檀學會)를 창립하여 『震檀學報』를 간행했는데, 그 이전까지는 도쿄제대 사학과 중심의 학술지인 『史學雜誌』와 『東洋學報』, 조선사편수회 기관지인 『靑丘學叢』 등에 조선사 유학사(儒學史) 및 고려 시대 풍수도참사상에 관한 다양한 논문을 발표했다. 해방 후부터는 서울대학교 사학과 교수를 역임했다. 주요 저서로는 『朝鮮史大觀』, 『국역 삼국사기』, 『資料韓國儒學史草稿』 등이 있다.

미야타 세쓰코

시카타 선생님께서 말씀하셨을 때도 그런 이야기가 있었는데요. 그러니까 상호 간에 폐쇄적인 그룹이 많이 있었다는 그 말씀 말입니다.

우부카타 나오키치

당시 다보하시 씨는 업무상 어떤 식으로 관계하고 계셨는가요?

스에마쓰 야스카즈

처음에는 조선사편수회와 전혀 관계없이 경성대학에서 국사학 강좌를 담당했던 인물이었습니다. 그런데 조선사 제6편의 외국과 관련된 부분의 편집을 진행하다 보니 다보하시 씨의 전문지식이 없으면 불가능할 것으로 판단되어 그분을 촉탁으로 모셨던 겁니다. 그때 다보하시 씨는 "번거로운 일이지만, 구로이타 씨의 명령이라면 따를 수밖에 없지 않겠냐"며 관여하게 되신 겁니다. 참고로 다보하시 씨는 연구자로서의 능력만 있는 것이 아니라, 관료가 되고자 하는 성향이 무척 강했던 사람이었습니다. 그러니까 조선사편수회의 촉탁 같은 게 아니라 어떻게든 주임이 되려는 그런 사람이었지요.

그 후 『조선사』의 인쇄도 어지간히 마무리되자 이나바 씨는 만주의 건국대학建國大學으로 가시고 나카무라 군은 총독부 학무국의 편수관이 되었습니다. 그리고 제가 경성대학 쪽으로 갈 무렵, 다보하시 씨는 편수회의 주재자主宰者가 되었습니다. 그때부터는 본인이 기획했던 방침대로 편수 사업을 운영했던 것 같습니다. 그 주된 업무로는 『조선사』가 일청전쟁 개시일로 끝나기 때문에 그 이후의 사료를 수집하는 것이었습니다. 그 밖에도 『근대조선사연구近代朝鮮史研究』라든지 『조선통치사논고朝鮮統治史論稿』 등을 출간하기도 했습니다.

우부카타 나오키치

『근대일지선관계의 연구近代日支鮮關係の研究』[24]라는 것도 있었지요.

스에마쓰 야스카즈

그건 편수회와 일절 관계하지 않던 시절(쇼와 5)에 『경성제국대학 법문학부 연구조사책자京城帝国大学法文学部研究調査冊子』 제3집으로 출판했던 겁니다. 다보하시 씨는 그것을 기점으로 하여 이후 15년가량을 오로지 조선근대사 연구에 관한 업적들을 쌓아왔던 겁니다. 조선근대사를 모르면 일본근대사는 물론이거니와 일본근대외교사, 동양국제관계사까지도 제대로 알 수가 없는 법이지요. 게다가 당시 조선근대사는 사료적으로도 처녀지處女地이었으니 연구를 하면 할수록 그에 대한 흥미가 고조되었을 테고 또 그러다 보니 더욱 깊이 빠져들게 된 거라고 생각합니다.

우부카타 나오키치

다보하시 씨가 연구하는 데 있어 조력자가 있었나요?

스에마쓰 야스카즈

그에 관해서는 먼저 다보하시 씨의 대표작 『근대일선관계의 연구近代日

---

24 田保橋潔, 『近代日支鮮關係の研究－天津條約より日支開戰に至る』(京城帝國大學法文學部研究調査冊子 3), 京城帝國大學, 1930.

鮮関係の研究』[25] 상・하 2권에 관해 말씀을 안 드릴 수가 없겠네요. 그 엄청난 규모의 저작은 다보하시 씨의 도량으로 쓴 것은 분명 사실이지만, 사료의 발췌 등은 조선사편수회라는 기구를 활용하여 이루어진 것입니다. 여담이긴 합니다만, 다보하시 씨가 방금 말씀드린 『근대일선관계의 연구』를 그 전에 학위논문으로 제출했었는데, 그때 해당 논문의 심사 주임으로 일본사를 연구하시는 ○○ 선생님이 맡으셨다고 합니다. 그런데 다보하시 씨가 그 논문에 적은 일청전쟁에 대한 견해가 '일청전쟁은 일본 육군의 음모다'라고 해석되어 결국 논문은 통과되지 못했다고 들었습니다.

미야타 세쓰코

그럼 그 후에 비밀출판이 되었던 건가요?

스에마쓰 야스카즈

일단 조선총독부에서 출판하려면 일반에게 공개하지 않는다는 명분을 내세우지 않을 수 없기에 '㊙'라는 도장만 찍었을 뿐이지 특별히 비합법적으로 출판한 것은 아닙니다.

하타다 다카시

방금 말씀하신 ○○ 선생님과 관련한 이야기는 금시초문이네요. 흥미롭군요.

---

25 원문에는 『近代日鮮關係史の研究』라고 되어있으나, 이는 『近代日鮮関係の研究』 上・下 (田保橋潔, 朝鮮総督府中区院, 1940)의 오기이다.

미야타 세쓰코

여기서 잠시 화제를 바꿔보자면, '경성대학'이 창립될 무렵은 3·1운동 이후에 민족독립의 풍조와 맞물려 조선 내부에서는 조선인 본인들의 민립대학을 건립하자는 운동이 일어났던 시기였습니다. ……'경성대학'의 설립은 그런 기운을 다른 데로 돌리고자 했던 걸까요?

스에마쓰 야스카즈

3·1운동은 다이쇼 8년에 일어났고 경성대학의 관제공포는 다이쇼 13년에 있었으니 경성대학을 창립하려는 움직임은 순연純然한 조선의 학술적 개발을 위해서 뿐만 아니라, 역시 그런 민족운동에 대한 하나의 정책으로써 고안되었던 것이 아닐까 싶습니다.

우부카타 나오키치

앞서 언급을 하신 것 같긴 합니다만, 국사학에 대응하여 조선사학을 설치했을 때 어떤 문제는 없었는지요? 다시 말해, 국사학 안에 조선사학을 포함할 것인가 하는 그런 문제 말입니다.

스에마쓰 야스카즈

국사에 포함하지 않고 조선사를 따로 설치한 것 역시 지금 말씀드린 정치적인 방향과 정책을 반영한 하나의 과제로서 취급했기 때문에 순조롭게 진행되었다고 생각합니다. 물론 그 실제적인 사정이야 잘은 모릅니다만……. 다만, 그 당시 조선사의 위치가 굉장히 불분명했던 것만큼은 사실입니다. 참고로 도쿄대학에서 조선사를 동양사 안에 포함시켰던 것은 쇼와 7년경이었는데, 당시 교토대학에서는 조선사를 국사 안에 포함시키고자 했습니다.

하타다 다카시

도쿄에서도 그러한 경향이 있었군요.

미야타 세쓰코

조선사를 일본사 안으로 편입시킨다 하더라도 시기적인 부분에 있어 문제가 없었는가요? 예를 들어, 일한합병 이전은 조선사라 하고 그 후는 일본사 안으로 포함한다든가 그런 식으로 말입니다.

스에마쓰 야스카즈

그런 건 전혀 없었습니다. 저희가 경험한 조선사라는 것은 최종적인 종지부의 위치가 다르다는 겁니다. 심지어 저희 선생님은 개설사를 통해 최근 50년간은 역사가 아니라고 말씀하시기도 했습니다. 그러니 일한병합 후의 조선사 같은 건 생각도 할 수 없는 시대였던 것이지요.

미야타 세쓰코

그래도 조선의 농업에 관련해서는 일본에서 제법 구체적인 분석을 하기도 했습니다.

우부카타 나오키치

글쎄요. 그것도 뭐 병참기지라든가 생산력 향상이라는 관점이 중심적이었습니다. 야나이하라 씨가 발표한 일련의 식민지 정책 논문을 별도로 하면 말이죠.

미야타 세쓰코

그 밖에도 인정식印貞植 씨의 논문은 지금 시점에서 보더라도 배울 점이 제법 많지 않습니까? 무엇보다 논문에서 소개하고 있는 사료만 해도 상당히 다양한 형태인데, 특히 이조 이후의 자료가 더욱 그러합니다. 그러니까 일반 서적이 아닌 평범한 문서 예를 들면, 스토우周藤 선생님께서 쓰신 토지 관련한 문서 등이 그렇습니다.

스에마쓰 야스카즈

편수회는 비교적 오래된 자료, 즉 고려 말이라든가 조선 초기의 문서 같은 것들은 상당히 귀중하게 취급했습니다. 그런데 이조 후반의 고문서는 모아도 모아도 끝이 없을 만큼 많다 보니……. 게다가 연구의 흥미가 그런 일반적인 사회경제사적 측면에서 조선을 본다는 데까지는 확대되지 못했기 때문에 적어도 조선사편수회에서는 근대문서를 수집하는 데에 거의 애를 쓰지 않았습니다. 물론 특수연구자라고 할 수 있는 시카타 씨 같은 분은 실록 연구와 병행하여 끊임없이 고문서들을 사들이셨지만요. 참고로 고문서 수집으로 가장 유명한 분은 조선사 연구의 개척자라 불리는 가와이 히로타미 박사이며, 그 수집 자료는 현재 교토대학 도서관에 소장되어 있습니다. 다만, 그 당시 대학이나 편수회의 사업 차원에서 계획적으로 고문서를 수집하는 단계까지는 이르지 못했던 것 같습니다.

하타다 다카시

오늘은 이쯤에서 마치도록 하겠습니다. 감사합니다.

1963.2

* 고노 로쿠로(河野六郎, 1912~1998) : 일본의 언어학자다. 도쿄제대 언어학과를 졸업한 후, 경성제대 조선어학과 조교수를 거쳐 도쿄 교육대학 교수를 역임했다. 고노의 스승은 오구라 신페이로 당시 조선어의 역사와 계통에 관심을 두고 방언을 연구했다. 또한 한국어 방언에 대해 중선 방언(中鮮方言), 서선 방언(西鮮方言), 북선 방언(北鮮方言), 남선 방언(南鮮方言), 제주도 방언(濟州島方言) 등 다섯 개의 방언권으로 구획하였다. 주요 논문으로는 「朝鮮漢字音の研究」, 「朝鮮語聲點について」 등이 있으며, 저서로는 『朝鮮方言學試攷―鋏語攷』, 『鷄林類事』 등이 있다.

일본의 조선어 연구

출석자

*고노 로쿠로(河野六郞)
하타다 다카시(旗田巍)
미야타 세쓰코(宮田節子)

하타다 다카시

이번에는 고노 선생님을 모시고 일본의 조선어 연구사에 관해 말씀을 들어보고자 합니다. 먼저 제가 이 분야에 있어 전문가가 아닌지라 그저 느낀 대로 말씀을 드리자면, 메이지 20년대는 일본의 역사학이 학문적으로 연구되기 시작한 시대 혹은 일본의 학문이 근대적인 방향성을 설정한 시대라고 생각하며 바로 이 시기에 조선 연구가 상당히 왕성했던 것 같습니다. 이 무렵에는 언어학자, 역사가, 법제사가法制史家를 불문하고 학계 전체가 조선에 관심을 가지고 있었습니다. 그 시절 조선 연구의 양상을 살펴보면 굉장히 언어학적이지 않았나 싶습니다. 특히 일본의 고대사나 조선의 고대사 그리고 상호 간에 관련된 여러 측면이 조선어와 일본어 연구 및 고대 언어를 중심으로 이루어진 듯합니다. 이런 분위기는 법제사가도 그러하거니와 역사가도 마찬가지였으니 이는 하나의 흐름이었던 것 같습니다. 거기서 한층 더 나아가 다양한 방향으로 확장되었는데, 그중 하나는 '일선동조론'이라는 형태로 이어졌습니다. 한편, 일본의 언어는 독특한 형태로서 발달했다는 의견에서 비롯되어 국수적인 방향성을 지닌 그러한 사고방식도 존재했습니다. 이처럼 언어학이 일본의 학문에 있어서나 조선관 형성에 있어서도 커다란 역할을 담당했던 것 같습니다. 게다가 이는 어쩌면 지금까지도 계속되고 있지 않나 싶습니다. 그런 의미에서 오늘은 고노 선생님으로부터 언어학 연구의 역사를 일본의 입장에서 들어보고자 합니다. 그런 후 질의응답의 형식으로 토론을 이어가도록 하겠습니다. 그럼, 고노 선생님 말씀 부탁드리겠습니다.

고노 로쿠로

하타다 선생님께서 언급하신 일본에서의 조선어 연구사에 관하여 개괄적으로 설명해 드리자면 다음과 같습니다.

먼저 머리말에 해당하는 이야기부터 시작해보겠습니다.

아시아의 여러 언어가 진정한 의미에서 언어학의 대상으로 취급되기 시작한 것은 굉장히 새로운 현상입니다. 다만, 조선어는 언어학자들의 시선을 끄는 데에 있어 가장 늦된 언어 중의 하나라고 할 수 있습니다. 한편, 중국어는 옛날부터 늘 주목을 받아온 언어였으며 일본어는 특히 이번 전쟁을 계기로 미국 쪽에서 굉장히 밀도 있게 연구되고 있습니다. 하지만 조선어는 그 중간의 깊은 골짜기 같은 지점에 있는지라 뭔가 잊혀진 듯 주목되지 못한 언어였습니다. 더군다나 조선어의 언어학적, 혹은 문헌학적인 연구의 단서를 마련한 것은 다름 아닌 일본인 학자들이었습니다.

학문도 하나의 사회적인 활동인 이상 정치적인 관심은 직·간접적으로 과학적인 활동에 영향을 미치기 마련인데, 특히나 외국어 연구는 해당 국가와의 정치적 관련성이 높아질수록 그에 자극을 받아 이뤄지기 때문에 초반에는 실용적으로 연구되던 것이 점점 과학적인 형태를 갖춰

가기 시작하는 거라고 생각합니다. 일본에서의 외국어에 대한 관심은 더욱 그러합니다.

과거 도쿠가와 시대德川時代에도 이씨 조선과의 국교를 계기로 조선의 언어가 한 차례 학자들의 주의를 끌었으나, 이후 메이지기의 일한 양국 간 외교상의 분규 등을 거쳐 결국에는 한국병합으로 치닫는 일련의 정치 정세가 조선어에 대한 커다란 흥미를 불러일으켰던 것입니다. 방금 하타다 선생님께서 말씀하신 내용은 대체로 이 무렵에 해당됩니다. 그런데 병합 후에는 그러한 일반적인 관심이 금세 식어버린 데다가 만주사변에 이어 지나사변까지 발발하자 이번에는 중국어가 부각되었습니다. 그때 일본은 만주 및 북지北支와의 접촉을 더욱 빈번히 하게 되었고 그러면서 점차 만주나 몽고에 존재하는 여러 언어에 관심이 깊어지게 된 겁니다. 그러고는 얼마 안 가 전쟁이 확대되기 시작하자 이번에는 남방의 세계가 시야에 들어오게 되었고 이에 인도차이나, 필리핀 등 남양南洋의 여러 언어가 갑작스레 시선을 모으게 되었습니다. 사실 이러한 자극 그 자체가 이른바 제국주의적인 것이겠지만, 아무튼 그런 과정 속에서 과학적 연구의 종자를 남기게 되었으며 이후 그 씨앗이 점차 움트기 시작하여 오늘에 이르렀다고 생각합니다. 조선어학 역시 그러한 과정의 한 현상이라고 볼 수 있습니다.

도쿠가와 시대에는 조선과의 국교나 무역 등의 실제적인 요구를 통해 조선어에 대한 관심이 조금씩 생겨나게 되었으며 이러한 기운機運에 편승하여 다소나마 학문적인 흥미를 가지게 된 것입니다. 물론 조선어 그 자체를 연구하는 그런 정도까지는 나아가지 못했지만 말입니다. 여하튼 이와 관련하여 주목할 만한 당대 인물로는 아라이 하쿠세키新井白石와 그

동문인 아메노모리 호슈雨森芳洲[1] 등을 들 수 있습니다.

아라이 하쿠세키는 그의 저서『동아東雅』[2]를 통해 일본어의 어원을 다루는 과정에서 미미하게나마 조선어를 활용했다는 것은 익히 잘 알려진 사실입니다. 물론 그렇다고 해서 그가 가진 조선어 지식이 그토록 대단했다고는 생각되지 않습니다. 반면, 아메노모리 호슈는 당시 조선 무역을 독점하고 있던 쓰시마번對馬藩에서 관직을 지내는 동안 조선어를 능숙하게 익힌 것뿐만 아니라 심지어 조선어에 관한 책도 저술한 바 있습니다. 그중 현존하는 것은『전일도인全一道人』밖에 없지만 그 외에도 그의 저작으로 추정되는『운략언문韻略諺文』,『수초아언酬酢雅言』,『인리의 완韌履衣椀』[3] 등이 있습니다.

도쿠가와 시대의 조선어에 대한 관심이 최고조에 이르렀다고까지야 할 수 없겠지만, 메이지 시대에 비하면 그나마 양호한 편이지 않았나 싶습니다. 앞서 말씀드렸다시피 메이지 시대로 들어서면 조선과의 정치적 관계가 긴박해지기 시작해, 무엇보다 실용적인 견지에서 조선어의 지식이 필요해지게 되었기 때문입니다. 물론 이러한 정치적 동향을 계기로 학자들 사이에서도 언어에 대한 흥미가 생겨난 것이 사실이긴 합니다

1 　아메노모리 호슈(雨森芳洲, 1668~1755) : 조선 후기에 부산 초량 왜관(草梁倭館)을 방문한 일본 쓰시마번의 외교관이자 유학자다. 1685년 에도 시대 주자학(성리학)의 대가였던 기노시타 준안(木下順庵1621~1698)의 문하에서 공부했으며, 1693년에 쓰시마로 건너가 조선과의 외교와 무역을 담당하는 외교관으로 활약했다. 1702년에는 조선으로 파견되는 참판사(參判使)로 선발되어 부산 왜관을 방문했으며, 이후 본격적인 조선어 학습과 조선 문물에 대해 공부했다. 이때 조선어 입문 학습서인『交隣須知』를 비롯하여『酉年工夫』,『乙酉雜錄』,『常話錄』,『勸懲故事諺解』등을 저술했다. 그 밖에도『治要管見』,『橘窓茶話』등이 있다.
2 　新井白石 編, 大槻如電 校,『東雅』20-1, 吉川半七, 1903.
3 　원문에는『鞡履衣椀』로 되어있으나, 이는『韌履衣椀』의 오기이다.

만, 사실상 이 시기에는 실용과 연구의 관련성이 거의 없다고 할 수 있습니다. 따라서 당시 몇몇 실용적인 문법서가 편찬되긴 했지만 이들 중에 과학적인 기술이라 여길 만한 것은 거의 없습니다. 연구 분야 쪽 역시 마찬가지로 아직 맹아기였던지라 주로 역사가나 법제사가들 예를 들면, 시라토리 구라키치 선생님이나 미야자키 미치사부로宮崎道三郎[4] 선생님, 나카다 카오루中田薫[5] 선생님 등에 의한 비교·고찰이 이루어진 정도였습니다. 그러던 와중, 조선어 연구에 언어학적인 방법을 도입하신 분이 바로 가나자와 쇼자부로 선생님이십니다. 참고로 가나자와 선생님께서는 올해 90세의 고령임에도 상당히 정정하십니다.

앞서 언급했던 메이지기에 뿌려진 그 씨앗은 일한병합으로 인해 현지 조사도 수월해지고 문헌 수집까지 가능해지자 서서히 움트기 시작했습니다. 그러나 조선어의 학문적 연구 방면에서 보자면 환경적으로는 분명 잘 갖추어져 있었지만, 실제로는 예상했던 그런 평탄한 길로 나아가지 못했습니다. 그 이유는 진정한 언어학적 방법이라는 것이 아직 알려지지도 않았을뿐더러, 조선어의 학문적 연구에 대해 흥미를 느끼는 사람도 상당히 적었기 때문입니다. 게다가 총독부 당국 또한 그러한 연구를 장려하기는커녕 오히려 반대 정책을 취하고 있지 않았나 싶습니다.

---

4 미야자키 미치사부로(宮崎道三郎, 1855~1928) : 일본의 법학자다. 도쿄제대 법학부를 졸업한 후 문부성 어용 관립학무국(文部省御用掛官立学務局)에서 근무했으며, 문부성 유학생 자격으로 독일에서 유학했다. 귀국 후 제국대학 법과대학 교수로 부임했다. 주요 논문으로는 「日本法制史ノ研究上ニ於ケル朝鮮語ノ價値」, 「阿利那禮河卜新羅ノ議會」 등이 있다.
5 나카다 카오루(中田薫, 1877~1967) : 일본의 법학자이며 주전공은 일본법제사다. 도쿄제대 정치학과을 졸업한 후, 동 대학에서 조교수로 근무하다가 문부성 유학생 자격으로 유럽에서 유학 생활을 보냈다. 귀국 후에는 교수로 부임했다. 주요 저서로는 『德川時代の文学と私法』, 『法制史論集』, 『西洋法制史』, 『獨逸法制史』, 『仏蘭西法制史』, 『古代日韓交渉史斷片考』 등이 있다.

물론 그렇다고 해서 총독부 쪽에서 저희가 하는 일을 두고 대놓고 반대를 한다거나 그런 경우는 없었습니다. 여하튼 조선어학의 건설은 그나마 소수의 뜻있는 연구자들의 굳건한 노력에 의해 간신히 기초를 다질 수 있었다고 생각합니다. 또한 지금까지 말씀드린 바와 같이 이토록 어려운 개척 사업에 공헌하신 여러분 가운데 특히 가나자와 쇼자부로 선생님, 아유가이 후사노신鮎貝房之進[6] 선생님, 마에마 교사쿠前間恭作[7] 선생님 그리고 저의 은사이신 오구라 신페이小倉進平[8] 선생님 이 네 분이야말로 주목해야 할 분들이라고 생각합니다. 먼저 가나자와 선생님께서는 주로 일본과 조선 양 언어의 계통적·역사적 관계에 관해 연구를 하셨습니다. 이어 아유가이 선생님은 조선의 옛 기록들에 나타난 고어古語의

---

6 아유가이 후사노신(鮎貝房之進, 1864~1946) : 일본의 언어학자·역사학자·가인이다. 도쿄 외국어학교 조선학과를 졸업한 후 1894년에 조선으로 건너와 경성의 5개 사립 소학교 창립의 총감독을 맡았다. 1902년에 만들어진 이른바 한국연구회(韓國硏究會)에서 조선의 역사와 문화를 연구했으며 총독부박물관 개관 이후 조선총독부 박물관 협의원 등을 역임하며 조선의 고서들과 골동품 수집했으며, 조선 고대의 지명(地名)·왕호(王号) 등의 고증과 민속학적 연구에 주력했다.

7 마에마 교사쿠(前間恭咋, 1868~1942) : 일본의 조선어학자다. 1891년 게이오의숙대학 졸업과 동시에 당시 조선으로 건너와 1910년까지 체류했다. 1894년 조선영사관 서기를 거쳐 조선총독부의 통역관으로 활동하면서 조선어 연구에 종사했다. 조선고적(朝鮮古籍)에 정통했던 마에마는 장서가로도 유명한데 동양문고(東洋文庫) 창설 시기에 본인이 수집한 서적 및 자료들을 1차 기증했으며, 마에마의 사후 유족들에 의해 2차 기증이 이루어졌다. 이는 수집본(蒐集本) 822部, 2,310여 권의 책 외에도 고지도(古地図)와 탁본(拓本)에 이르기까지 종류도 다양하다. 주요 저서로는『在山楼蒐書録』,『古鮮冊譜』,『韓語通』,『竜歌古語箋』,『雞林類事麗言攷』등이 있다.

8 오구라 신페이(小倉進平, 1882~1944) : 일본의 언어학자다. 도쿄제대에서 언어학을 전공했으며, 졸업 후 1911년에 조선총독부에서 근무하면서 조선어 연구를 시작했다. 1924년부터 2년간 유럽 및 미국으로 유학했으며, 귀국 후 경성제대 교수로 부임했다. 조선어 관련 문헌 자료를 수집·정리하는 한편 방언 연구에도 주력했다. 이후 1933년부터 1943년까지 도쿄제대 언어학과 주임 교수가 되었다. 주요 저서로는『朝鮮語学史』,『国語及朝鮮語発音概説』,『南部朝鮮の方言』,『朝鮮語と日本語』,『朝鮮語の系統』,『朝鮮語における謙讓法·尊敬法の助動詞』,『朝鮮語方言の研究』(上·下) 등이 있다.

해명을, 마에마 선생님은 고언문古諺文 문헌이나 이두吏讀 문법 연구를 그리고 오구라 선생님은 조선어와 관련한 문헌의 해명이라든지 조선어의 역사적·지리적 연구 등 각 분야에 있어 귀중한 공헌을 하신 바 있습니다. 이분들의 업적은 하나같이 모두 조선어학의 초석을 마련한 것이라고 할 수 있으며, 이들의 일관된 특징으로는 넓은 의미에서의 역사적인 연구에 집중하셨다는 것입니다.

이러한 여러 선배의 남다른 노력의 결과로 조선어학의 기초가 확립되었으나, 이를 계승·발전시켜 나가야 할 저희 후배 세대의 수가 극히 적다는 점은 참으로 유감스러운 일이 아닐 수 없습니다. 조선어라는 언어는 동양의 많은 언어 가운데 그리 빛을 발하지 못한 언어에 속합니다. 그 이유는 영어와 독일어, 프랑스어와 이탈리아어처럼 계통이 확실한 자매어姉妹語가 없기 때문이며 그러다 보니 비교언어학적인 흥미를 덜 느끼게 되는 겁니다. 조선어와 일본어와의 관계에 대해서는 잠시 후에 구체적으로 말씀드리겠습니다만, 어쨌든 이 둘의 관계가 명료하지 않다는데에 그 원인이 있습니다.

그러나 조선어에 매력을 느끼지 못하는 가장 큰 요인은 바로 과거 조선의 중요한 기록들이 조선어로 적혀 있지 않다는 것입니다. 즉, 모두 한문으로 기록되어 있었던 것이지요. 게다가 조선어로 된 고전문학 작품의 수도 상당히 적고 말입니다. 제가 이런 식으로 말하면 조선 사람들한테 호된 질책을 받을지도 모르겠으나, 진정한 의미로서의 클래식이라는 것이 거의 존재하지 않았다고 볼 수 있습니다. 이러한 사정은 조선 연구에 있어 조선어의 위치를 부당하게 저평가하도록 만들었으며 그로 인해 조선어에 대한 흥미 역시 현저하게 줄어들었던 겁니다. 대체로 일본의 젊은이들은 유럽 혹은 미국 같은 현란한 곳에 온통 마음을 **빼**앗긴 반면, 이웃한 존재에 대해서는 그다지 흥미가 없습니다. 그러나 이처럼 많은 사람 눈에 띄지 않는 언어이긴 해도 저희 일본인으로서는 그 무엇보다 연구할 보람이 있는 언어가 아닌가 싶습니다. 모르긴 몰라도 향후 일본 학계가 공헌할 수 있는 유망한 외국어 영역은 바로 조선어와 중국어라고 생각합니다. 특히 조선어에 관해서는 연구·조사할 여지가 엄청나게 남아 있기 때문에 앞으로 학생들에게 기대하는 바가 큽니다. 소수이긴 하지만, 다행스럽게도 최근에는 젊은 학생들 가운데 본격적으로 조선어 연구에 전념하고 있는 이들도 생겨나고 있으며 또 제법 뛰어난 성과를 올리고 있으니 일본에서의 조선어학 연구의 미래는 그리 어둡지 않을 거라고 생각합니다.

그럼, 이제부터 각 분야의 여러 선배의 업적에 대해 간략하게나마 짚어보도록 하겠습니다. 참고로 이상의 말씀은 서론에 해당하며 지금부터가 본론에 속한다고 할 수 있습니다.

각 연구 영역에서의 성과와 방향

1) 현대어의 연구

언어 연구의 기초는 그 무엇보다도 현대어, 그러니까 지금 이 시대에 살아있는 언어의 적확한 파악이라고 할 수 있습니다. 언어학 연구의 근본적 대상이 음성언어인 이상 문자로 적힌 어휘, 즉 문자언어에 관한 연구도 음성언어의 연구가 기초적으로 이루어진 후에야 가능한 겁니다.

이렇듯 음성언어와의 상대적 거리를 고려해야 해당 연구가 가능해지므로 조선어 연구 역시 현재 살아있는 형상을 명확히 밝힌 뒤에야 비로소 그 과학적 기초를 획득할 수 있는 것입니다. 따라서 이제까지 현대어의 기술記述이 어떤 식으로 이루어졌는지 그 양태를 살펴보고자 하며, 편의상 음운·문법·어휘로 구분하여 서술하도록 하겠습니다.

음운의 기술

현대어의 음운체계를 명확히 하기 위해서는 음성학적 기술이 절대적으로 필요한데, 현재 이 방면의 연구가 그리 만족스러운 상태는 아닙니다. 그나마 개설적인 연구로서 오구라 선생님의 『국어 및 조선어 발음개설國語及び朝鮮語發音槪説』[9](다이쇼 12)이 대표적이라 할 수 있습니다. 또한 오구라 선생님께서 『오다선생 송수기념조선론집小田先生頌寿記念朝鮮論集』(쇼와 9)[10]에 기고하신 「언문의 로마자 표기법諺文のローマ字表記法」[11]이 있으며, 이 논문에서는 발음에 관한 선생님의 견해를 살펴볼 수 있습니다. 그 밖에도 현재 도쿄대학의 핫토리 시로服部四郎[12] 교수 역시 언어에 관심을 가지신바 『음성학音聲學』(岩波全書, 쇼와 26)을 출판하기도 하셨는데, 여기서도 조선어에 대한 관찰이 곳곳에서 드러납니다. 하지만 조선

---

9 정확한 도서명은 『國語及朝鮮語發音槪説』이다.

10 小田先生頌寿記念会 編, 『小田先生頌寿記念朝鮮論集』, 大阪屋号書店, 1934.

11 小倉進平, 「諺文のローマ字表記法」, 『小田先生頌寿記念朝鮮論集』, 大阪屋号書店, 1934, 85 ~142쪽.

12 핫토리 시로(服部四郎, 1908~1995) : 일본의 언어학자다. 도쿄제대 언어학과를 졸업했으며 음성학 외에도 중국어, 러시아어, 아이누어 등 폭넓게 연구했다. 이들 연구를 통해 언어의 공시론적 기술 방법과 역사비교 연구 방법을 탐색했다. 주요 저서로는 『アクセントと方言』, 『現代語の研究と土耳古諸方言』, 『蒙古とその言語』, 『国語ローマ字の綴字法の研究』, 『音声学』, 『日本語の系統』, 『言語学の方法』, 『英語基礎語彙の研究』 등이 있다.

어 자체를 전반적으로 다룬 저작물은 극히 최근까지도 부재했습니다. 그런 가운데 우메다 히로유키梅田博之[13] 군의 연구는 조선어에 관한 내용이 포괄적으로 잘 정리되어 있는 편입니다. 우메다 군은 핫토리 선생님의 제자로 도쿄대 언어학과를 졸업한 인물[14]로서 특히 그의 영문논문인 「The Phonemic System of Modern Korean」(『言語研究』 32, 1957)은 음운 기술音韻記述을 한층 더 진전시켰다고 볼 수 있습니다.

문법의 기술문

'문법'은 어떠한 실용문전實用文典에서든 반드시 언급되는 항목입니다. 실용문전의 다수는 메이지 시대에 완성된 것이라서 지금 보면 그 어휘가 퍽 예스러운데 오히려 그런 의미에서 당시의 모든 실용문전이 하나의 자료가 되는 겁니다. 그러한 사례 중에서 마에마 선생님의 『한어통韓語通』(메이지 42)[15]이 가장 훌륭하다고 생각합니다. 마에마 선생님은 사실 제대로 된 학력을 갖춘 분은 아닌 듯하지만 어학적인 감각만큼은 실로 뛰어납니다. 표현이나 술어 같은 것은 결코 언어학적이라든가 문학적이라고 할 수는 없지만, 내용 파악 면에서는 굉장히 정확합니다. 이 『한어통』의 또 다른 특징으로는 역사적 기술을 곳곳에 포함하고 있다는 것입니다. 그러나 이러한 실용적 학습서의 대부분은 사실 과학적인 문

---

13 우메다 히로유키(梅田博之, 1931~2019) : 일본의 언어학자다. 도쿄대학 언어학과를 졸업했으며, 도쿄외국어대학 아시아·아프리카 언어문화연구소(東京外國語大學アジア·アフリカ言語文化研究所)에서 근무했다. 방언 조사를 위해 1965부터 1966년까지 한국에 머물렀으며 이후에도 관련 조사를 위해 수차례 방문했다. 조선학회상임 간부·편집위원으로 활동했으며 한국외국어대학 대학원에서 일본어학 강의했다. 주요 저서로는 『朝鮮語の基礎』, 『やさしい日本語』, 『日本語の發音』 등이 있다.

14 우메다 히로유키는 도쿄대학 인문과학연구과 언어학과를 1959년에 졸업했다.

15 前間恭作, 『韓語通』, 丸善, 1909.

법서라고 할 수가 없습니다. 본래 현대 조선어는 꽤 복잡한 문법체계를 가지고 있기 때문에 여러 가지로 흥미로운 양상을 내포하고 있음에도 일본인의 저작뿐만 아니라, 조선인이나 외국인에 의한 저작에서도 조선어의 문법체계를 적확하게 파악하고 있는 사례는 아직 없는 상황입니다. 그러나 조선어의 구조가 일본어의 그것과 굉장히 유사하다 보니 대개는 국문법國文法에 준하여 다룰 수 있는 것으로 여기곤 합니다. 그러면서 일본어 문법체계에 따른 문전文典은 그나마 요점 정도라도 잘 파악되어 있을 것으로 여기지만, 사실은 전혀 그렇지 못합니다. 이들 문전이 가진 결함 중의 하나는 일본어 문법의 체계화에 있어 상당히 불충분하다는 것입니다. 그런데 사실 이보다 더 심각한 문제는 각 문법 형태의 용법에 관한 깊이 있는 고찰이 제대로 이루어지지 않았다는 점입니다. 당시 이 방면에서 개척자 역할을 맡아주셨던 여러 선배의 관심 자체가 오로지 구시대나 구문서 등의 오랜 과거에 맞춰져 있었으며 또 이들 대부분이 역사적인 방면을 지향하고 있었기에 현대어의 기술에 대해서는 그다지 흥미를 느끼지 않았던 것 같습니다. 반면, 근대의 언어학은 역사적 연구 못지않게 이른바 공시적共時的[16] 혹은 기술적 연구의 필요성이 논의되고 있으며, 더 나아가 언어 연구의 기초적인 작업으로서 현대어의 문법체계에 관한 기술을 상당히 중요하게 여기는 추세입니다. 참고로 오오에 다카오大江孝男[17] 군이 1958년에 발표한 논문 「On the Indicative

---

16 이는 언어학자 소쉬르의 용어로 언어는 시대에 따라 변화하지만 특정한 시기에 있어서는 일정한 체계와 구조를 갖는 현상을 뜻한다.

17 오오에 다카오(大江孝男, 1933~) : 일본의 언어학자다. 도쿄대 언어학과를 졸업했으며, 와세다대학 강사를 거쳐 도쿄외국어대학 아시아・아프리카 언어문화연구소에서 근무했으며, 수차례 한국에 방문하여 방언 조사를 담당했다. 이후에도 국어심의회한자부회(國語審議會漢字部會)이 한자 사용상황 조사 한국 조사단의 일원으로 방문했다. 또한

Endings in Modern Korean」(『言語研究』34)은 이 분야에 대단히 중요한 기여를 했다고 생각합니다.

어휘의 기술

사실 여러모로 불비한 상황은 어휘 쪽이 더합니다. 참고로 '어휘의 기술'은 보통 사전 형태로 나타나는데, 일본인이 저술한 조선어사전은 개중에도 극히 드뭅니다. 그런 가운데 그나마 대표적인 사전으로서 조선총독부가 편찬한『조선어사전朝鮮語辭典』(다이쇼9)[18]을 들 수 있습니다. 그러나 이마저도 사전 편찬에 종사했던 사람들의 대다수가 조선인 학자였으며 일본인은 몇 안되는 인원이 가담한 정도였기 때문에 온전히 일본인 저작이라고는 할 수 없을 것입니다. 이 사전의 특색 중 하나는 조선어 그 자체보다 조선한어朝鮮漢語의 수록에 있으며, 사물의 이름 설명에 도해図解[19]를 더해 둔 것을 또 다른 특징이자 장점으로 들 수 있습니다. 단점은 여러 가지를 꼽을 수 있겠는데, 우선 조선어휘의 수가 너무나도 부족하다는 것이며 두 번째는 해설이 불친절하다는 점입니다. 그리고 가장 의아한 점은 분명 현대조선어사전임에도 불구하고 이두가 너무 많이 들어가 있다는 것입니다. 도대체 무슨 이유로 이두를 삽입했는지 그 자세한 내막은 알 수 없지만, 분명한 것은『조선어사전』이 나중에 만들어진 조선어사전에도 상당한 영향을 끼쳤다는 점입니다. 그 밖의 사전은 사전이라기보다 거의 어휘집 같은 것

한국국립국어연구원이 주최한 '북한의 국어사전에 관한 국제학술회의'에 참가하기도 했다. 주요 논문으로는 「中期朝鮮語動詞の-o-～-u-語幹に就いて」, "On the Indicative English s of Modern Korean", 「朝鮮の言語」 등이 있으며, 저서로는『라디오 일본·NHK국제방송 일본어강좌 교과서』, 『言語學』 등이 있다.

18 朝鮮総督府 編, 『朝鮮語辞典』, 朝鮮総督府, 1920.
19 글로 된 설명을 보충하기 위해 그림을 끼워 넣어서 풀이한 것을 가리킨다.

이므로 일일이 따로 열거하지는 않겠습니다. 한편, 조일사전朝日辭典으로는 후나오카 겐지船岡献治[20] 씨의『선역국어대사전鮮譯國語大辭典』[21](다이쇼 8)이라는 것이 있는데 이는 상당히 흥미롭습니다. 물론 그렇다고 해서 전체적으로 다 훌륭하다고 할 수는 없겠지만, 그래도 대단한 역작이라고 생각합니다. 후나오카 씨는 간누시이거나 아니면 그와 관련된 직업에 종사하시는 분 같습니다. 참고로 이 사전의 서문을 읽어보면 "조수로 조선의 젊은이들이 두 명 들어왔는데, 사전 편찬 같은 일은 엄청나게 고된 작업인지라 이들 중 한 사람은 사전이 완성되기도 전에 사망했다"라고 적혀 있습니다. 어쨌거나 요즘 시대에도 사전의 불비함은 언어를 학습하는 데에 있어서 커다란 장애가 되고 있습니다. 따라서 질적・양적 모든 면에 있어서 충실한 조일사전이 하루속히 편찬되어야 한다고 생각하는 바입니다. 말이 나온 김에 한 가지 덧붙이자면 덴리天理 쪽에서는 꽤 오래전부터 이 사전작업을 진행하고 있는 것으로 알고 있습니다. 덴리교天理教 70주년을 기념하여 조선학회朝鮮學會[22]라는 이름으로 사전작업을 시작했으며 저도 거기에 가담한 적이 있습니다. 참고로 현재 이곳의 카드를 쥐고 있는 것은 오야사토おやさと 연구소[23] 쪽입니다. 아마 지금은 저와 같은 대학 출신인 나카무

---

20 원문에는 船岡厭治라고 되어있으나, 이는 船岡献治의 오기이다.

21 원문에는『鮮訣國語大辭典』라고 되어있으나, 이는『鮮譯國語大辭典』(船岡献治, 大阪 屋號書店, 1919)의 오기이다.

22 조선학회(朝鮮学会) : 1950년(쇼와 25) 10월에 나카야마 쇼젠(中山正善)을 중심으로 설립된 학회이다. 주로 조선과 조선 각지의 언어, 종교, 문화, 역사 등을 연구하며 덴리대학을 본거지로 하여 설립되었다. 조선 관련한 학회로는 일본 최초로 결성되었으며 현재도 존재한다. 기관지『朝鮮学報』(季刊誌)가 있으며, 2020년 현재 회원수는 약 400명에 이른다.(https://chosengakkai.sakura.ne.jp/)

23 오야사토 연구소(おやさと研究所) : '오야사토'란 인간이 태어난 근원임과 동시에 모두가 돌아갈 근본이자 고향을 가리킨다. 오야사토 연구소는 아시아의 종교와 종교 사정을 조사・연구하기 위해 설치된 '덴리교 아시아문화 연구소(天理教亜細亜文化研究所)'를

라 다모쓰中村完 군이 관리를 도맡아 그 사전작업을 보충하고 있을 겁니다. 물론 이 사전이 언제 출판될는지는 알 수 없지만 말입니다. (이 사전은 쇼와 42년에 『현대조선어사전(現代朝鮮語辭典)』이라는 이름으로 출판되었음—편자 주)

2) 역사적 연구

조선반도의 역사는 유구하지만 그렇다고 해서 그것이 곧 조선어의 역사가 오래되었음을 의미하는 것은 아닙니다. 왜냐하면 이씨 조선에 이르기까지 조선의 정통한 문어文語는 한문漢文이었기 때문입니다. 따라서 조선어가 형태적으로 드러나게 된 것은 15세기 중반, 즉 1443년에 언문이 생겨나고부터며 이를 민족의 문자로서 크게 의식했던 것은 언문이 만들어진 그 직후와 최근 들어서입니다. 그 중간 시기는 벌써 언문이라는 그 이름에서부터 드러나듯 언문이란 존재는 남성들로부터 내내 경시되었으며 그저 부녀자들 사이에서나 사용되던 그야말로 찬밥 신세였던 겁니다. 이러한 사정으로 인해 조선어의 역사는 대략 고려 시대까지는 잘 알 수가 없습니다. 따라서 실제적인 조선어의 역사는 그 이후 다시 말해, 이조 초기부터 지금에 이르는 약 500년간에 해당한다고 볼 수 있습니다. 물론 그렇다고 해서 신라나 고려 시대에 아무것도 없었다는 것은 아닙니다. 어떻게든 한자를 활용하여 조선어를 나타내고자 했던 노력의 흔적만큼은 인정할 만하니까요. 그러나 그런 사례는 극히 단편적일 뿐입니다.

그 전신으로 두고 있으며, 1956년에 지금의 명칭으로 바뀌었다. 『天理敎辞典』, 『글로컬 천리(グロ力ール天理)』, 『Tenri Journal of Religion』를 간행하고 있다. (한국 사이트 https://www.tenri-u.ac.jp/korean/ariirh00000007t3.html. 일본 사이트 http://www.tenri-u.ac.jp/oyaken/index.html)

문헌해제와 자료의 복각

조선어사朝鮮語史를 연구하기 위해서는 우선 잔존한 문헌의 성질을 명확하게 밝혀내지 않으면 안 됩니다. 당연한 말이지만 이는 문헌의 해제가 기초적인 작업이 되는 이유이기도 합니다. 조선어 자료의 해제로서 제일 먼저 언급되는 것은 오구라 선생님의 『증정조선어학사增訂朝鮮語學史』(쇼와 15)입니다. 이 역작은 다이쇼 9년에 나온 초판 『조선어학사朝鮮語學史』 이후 약 20년 만으로, 오구라 선생님 말씀에 의하면 그 초판에 비해 질과 양적인 모든 면을 비약적으로 증대시켰으며 그 제목이 의미하는 바는 조선어에 관한 연구 활동의 역사라고 하시더군요. 그렇기 때문에 문헌해제가 전부는 아니지만, 해당 문헌에 대한 해설이 대부분을 차지할 수밖에 없었던 겁니다. 그 해제는 선생님께서 수집하신 자료 외에도 당신께서 직접 발견하신 자료들에 관해서도 해제를 해두셨는데 오구라 선생님은 일단 조선어와 관련된 문헌이라면 일망지하一望之下에 알아보셨습니다. 물론 현재로서는 『증정조선어학사增訂朝鮮語學史』가 출판된 이후의 연구 문헌이나 그 후에 알려진 고문헌에 관해서는 증보가 필요하며 또 부분적으로는 정정해야 할 지점도 더러 있습니다. 그러나 이 저작을 통해 조선어 사료 및 조선어 연구 문헌의 골자를 알 수 있으므로 앞으로도 오래도록 조선어 연구자들에게 있어 일대 지침이 될 것이라는 점에서는 의심의 여지가 없습니다. 이에 한 말씀만 더 보태자면, 아마도 올해 안에 그 재판본이 나올 듯합니다.[24] 그리고 이 작업은 간노 히로오

---

24 본 좌담회는 1963년 10월에 기록되었으며, 고노 로쿠가 보주를 단 『朝鮮語學史』의 증보판은 1963년이 아닌 이듬해에 출판되었다. 내용은 다음과 같다. 小倉進平, 河野六郎 補注, 『朝鮮語学史─増訂補注』, 刀江書院, 1964.

미 管野裕臣[25] 군이 도맡아 했으며 저는 보주補注를 달았습니다. 보주라고
해봐야 그저 새로운 문헌의 이름을 적는 정도입니다만, 그래도 10년이
라는 세월 동안 그 작업하느라 적잖이 힘들었던 것도 사실입니다. 저는
이 책의 보주를 위해 한국, 북조선, 일본 각지 그리고 외국으로는 소련
등지를 다니기도 했으며 보주의 양만 해도 400자 원고지로 350매에 달
합니다. 또한 이 『증정조선어학사增訂朝鮮語學史』[26]와 병행하여 마에마
선생님의 『고선책보古鮮冊譜』가 있는데, 이는 동양문고東洋文庫에서 나온
것으로 제1권은 전전에 나머지는 전후에 출판되었으며[27] 이 역시 상당
한 역작이라고 할 수 있습니다. 참고로 『고선책보』는 언문 문헌뿐만이
아니라, 조선의 고문헌 전반에 걸쳐 해설한 것입니다. 게다가 해제에 관
해서는 가나자와 박사의 『조선서적목록朝鮮書籍目録』[28](메이지 44), 『탁족
암장서륙십일종濯足庵藏書六十一種』[29](쇼와 8), 조선총독부의 『조선도서해
제朝鮮圖書解題』(다이쇼 4·8) 그리고 사쿠라이 요시유키 씨의 저작에도
약간씩 언급된 부분이 있습니다.

본디 문헌해제는 연구에 커다란 지침을 주기 때문에 그 자체만으로도

---

25 간노 히로오미(管野裕臣, 1936~) : 일본의 언어학자다. 주요 논문으로는 『中世朝鮮語の
声調体系について』, 「現代朝鮮語正書法論の構築」, 「北朝鮮文法学の系譜とソ連言語学の関
係」, 「朝鮮語語彙のクラスをめぐって」 등이 있으며, 저서로는 『朝鮮語の入門』, 『朝鮮の漢
字音の話』 등이 있다.

26 원문에는 『朝鮮語學史』로 되어있으나, 내용상 『增訂朝鮮語學史』로 추정된다.

27 前間恭作 編, 『古鮮冊譜』 第1冊 ア~コ(東洋文庫叢刊 11), 東洋文庫, 1944; 前間恭作 編,
『古鮮冊譜』 第2冊 サ~ソ(東洋文庫叢刊 11), 東洋文庫, 1956; 前間恭作 編, 『古鮮冊譜』 第3
冊 タ~ワ(東洋文庫叢刊 11), 東洋文庫, 1957.

28 원문에는 『朝鮮書藉目録』로 되어있으나, 이는 『朝鮮書籍目録』(金沢庄三郎, 1911)의 오
기이다.

29 원문에는 『濯足庵藏書六一種』로 되어있으나, 『濯足庵藏書六十一種』(金沢庄三郎 編, 金沢
博士還暦祝賀会, 1933)의 오기이다.

상당한 가치를 지니지만, 해설이 첨부된 문헌을 직접 볼 수 없으면 실제적인 연구에는 아무런 도움이 되지 못합니다. 그렇다고 해서 그런 고문헌들을 전부 입수할 수 있는 것도 아니며 이제는 그 실물조차 볼 수 없는 것들이 너무나도 많습니다. 그러다 보니 영인공간影印公刊된 자료들의 가치가 더욱 높아지게 되는 겁니다. 이러한 자료들 가운데 가장 주목해야 할 것은 경성제국대학의 법문학부에서 발간한 규장각총서奎章閣叢書[30]라고 할 수 있습니다. 이 총서 가운데 언어와 직접적인 관계가 있는 자료로는 제1의 『심양상계瀋陽狀啓』, 제4, 제5의 『용비어천가龍飛御天歌』, 제8의 『박통사언해朴通事諺解』 그리고 제9의 『노걸대언해老乞大諺解』의 5부部가 그에 해당합니다. 먼저 『심양상계』는 이두가 포함된 문헌으로 『용비어천가』는 언문에 의한 최초의 문헌으로서 그리고 『박통사언해』와 『노걸대언해』는 근대 조선어 국어자료로서 각각 중요한 문헌입니다. 더군다나 전부 입수 자체가 불가능하거나 구하기 어려운 자료들이기 때문에 이들의 공간公刊이 학계에 이바지하는 바는 대단히 큽니다. 게다가 『박통사언해』와 『노걸대언해』는 근세 중국어의 구어 자료로서도 매우 중요합니다. 한편, 경성제대에서 『첩해신어捷解新語』라는 일본어 교과서를 영인한 바 있는데, 이는 국어사료國語史料로서도 특수한 의

---

[30] 규장각총서(奎章閣叢書)는 다음과 같다. ① 京城帝国大学法文学部 校訂, 『瀋陽狀啓』(奎章閣叢書 1), 京城帝国大学法文学部, 1935. ② 京城帝国大学法文学部 編, 『大東輿地図』(奎章閣叢書 2), 京城帝国大学法文学部, 1936. ③ 朴誾・朴祥・宋翼弼, 『把翠軒遺稿 訥斎先生集 批選亀峰先生詩集』(奎章閣叢書 3), 京城 帝国大学法文学部, 1937. ④・⑤ 京城帝国大学法文学部 編, 『竜飛御天歌』上・下 1-10(奎章閣叢書 4-5), 京城帝国大 学法文学部, 1937~1938. ⑥ 金健瑞 等著, 『増正交隣志』(奎章閣叢書 6), 京城帝国大学法文学部, 1940. ⑦ 魚叔権, 『攷事撮要』(奎章閣叢書 7), 京城帝国大学法文学部, 1941. ⑧ 京城帝国大学法文学部 編, 『朴通事諺解』(奎章閣叢書 8), 京城帝国大学法文学部, 1943. ⑨ 崔世珍 翻訳, 京城帝国大学法文学部 編, 『老乞大諺解』(奎章閣叢書 9), 京城帝国大学法文学部, 1944.

의를 지니고 있으며 특히 조선어에 관련한 자료로서『박통사언해』,『노걸대언해』와 더불어 근대 조선어 구어 연구에 있어서 결코 빠뜨려서는 안 될 자료입니다. 그 밖에도 중추원에서『대명률직해大明律直解』를 출간했는데, 중추원에서는 이를 계기로 이두에 관한 요령을 터득하여 핸드북『이두집성吏讀集成』을 공간하기도 했습니다. 지금까지 언급한 내용은 모두 전전에 해당되는 것으로서 종전 후에는 한국에서도 많은 자료의 영인공간을 해 주고 있으니 너무나도 고마울 따름입니다. 이로써 지금까지 볼 수 없었던 수많은 책이 잇따라 나오게 되어 저희로서도 그 혜택을 받는 셈이니까요. 한편, 교토대학의 국문학연구실에서는 하마다 조 교수의 노력으로 일본에 관련한 자료로서『첩해신어』,『개수첩해신어改修捷解新語』,『왜어류해倭語類解』 등을 영인공간 하여 학계에 커다란 기여를 하고 있습니다. 게다가 가가와대학香川大學에서는『이로파伊路波』라는 희귀본을 복간하기도 했습니다.

고대조선어의 연구

① 문자

언문 발명 이전의 조선에서는 오로지 한자만으로 조선의 언어를 표현했습니다. 신라의 '금석문金石文'이나 '향가鄕歌'에서의 특수한 한자 사용법 또는 '이두' 등 한자의 사용방식은 실로 다양합니다. 또한 이들을 만요가나万葉仮名의 선조라고 여기는 경우도 있으나, 실은 만요가나보다 한층 더 복잡합니다. 이러한 한자사용에 대해 명확하게 밝혀내는 작업은 고대 조선어의 해명에 있어 결정적인 역할을 하기 때문에 예전부터 일본 학자들의 시선을 끌었던 겁니다. 도쿠가와 시대에도 이와 관련하여 약간의

언급이 있긴 했지만, 본격적인 연구가 이루어진 것은 메이지 이후 오카구라 요시사부로, 시라토리 구라키치, 가나자와 쇼자부로 등의 여러 선배에 의해서입니다. 특히 가나자와 선생님은 수 편에 달하는 이두 및 토吐에 관한 연구논문을 발표하시어 우리 가나仮名의 원형이 이미 조선에 있었다는 것을 실증하신 바 있습니다. 그러나 고대조선어의 한자사용에 관한 전반적인 부분을 거론하신 분은 역시 오구라 선생님이시며 선생님의 『향가 및 이두의 연구鄕歌及び吏讀の硏究』(쇼와 4)가 바로 그 성과물입니다. 이 대저大著는 현재 꽤 많은 부분에서 수정을 요하는 역사적인 자료가 되었습니다만, 고대 조선에서의 한자사용에 관한 연구의 기초를 다졌다는 점에서는 획기적인 자료라고 할 수 있습니다. 사실 고대 조선에서 한자를 사용하여 조선의 언어를 나타내고자 했던 노력은 여러 방면에서 드러나는데, 특히 조선의 독특한 한자 사용법이나 국자國字[31] 같은 조선 특유의 한자를 만들어 냈던 것을 그 예로 들 수 있습니다.

이처럼 문자 방면의 연구는 무척이나 흥미롭습니다. 참고로 이와 관련한 연구로 아유가이 후사노신 선생님의 『잡고雜考』 제3집(쇼와 6)에 실린 「속자고 부속훈자, 속음자俗字攷 附俗訓字, 俗音字」[32]라는 논문이 있습니다. 『잡고』의 전체적인 구성은 그간의 소소한 연구들을 한 데 모아둔 것으로 이 또한 귀중한 성과라고 생각합니다.

---

31 국어를 표기하는 글자를 뜻한다.

32 원문에는 「俗字考, 附俗訓字, 俗音字」로 되어있으나, 이는 「俗字攷 附俗訓字, 俗音字」의 오기이다. 鮎貝房之進 編, 『雜攷』, 朝鮮印刷株式會社;近澤出版部, 1931~1938.(『雜攷 第1輯－新羅王位號並に追封王號に就きて』;『雜攷 第2輯－日本の韓, 新羅, 任那, 百濟, 高麗, 漢, 秦等の古訓に就きて』(2卷2冊);『雜攷 第3輯－俗字攷 附俗訓字, 俗音字』;『雜攷 第4輯－花郎攷』;『雜攷 第5輯－白丁 附水尺, 禾尺, 楊水尺 別錄茶の話』;『雜攷 第6輯－俗文攷 附書年月日例』(2編2冊);『雜攷 第7輯－日本書紀朝鮮地名攷』(2卷2冊);『雜攷 第8輯－姓氏攷及族制攷』;『雜攷 第9輯－奴婢攷, 倡優妓及雜戱, 技, 雜技』)

② 언어

고대조선어의 주요한 자료로서는 소수의 금석문 외에도『삼국사기三國史記』,『삼국유사三國遺事』등의 고서에서 볼 수 있는 약간의 어휘도 그에 해당합니다. 그중 가장 눈여겨봐야 할 것은 단연『삼국유사』및『석균여전釋均如傳』에 등장하는 신라의 고전 시가인 '향가'라고 할 수 있습니다. 향가에 관해서는 부분적으로 가나자와 선생님, 아유가이 선생님, 마에마 선생님들께서 그 해독을 시도하시긴 했으나, 전면적인 해독에 착수하신 분은 역시 오구라 선생님이시며 앞서 언급한『향가 및 이두의 연구』가 바로 그 결과물입니다. 다만, 이 해독은 여러 가지로 불충분한 지점들이 있어 양주동梁柱東[33]이라는 사람과 가나자와 선생님 간에 논쟁이 일기도 했습니다. (그 당시 저희는 학생 때였던 것으로 기억합니다.) 그 후에 양주동 씨의『조선고가연구朝鮮古歌研究』[34]가 출판되었는데 이는 상당한 수정 작업을 거친 것으로서 씨의 뛰어난 탁견을 엿볼 수 있습니다. 그러나 양 씨의 연구 역시 옥석혼효玉石混淆[35]로서 현재 한국 내에서 여러 논쟁이 있는 듯합니다. 앞서 언급한 오구라 선생님의 연구는 제목에서도 드러나듯 이두 연구이기도 합니다. 먼저 이두에 관하여 짧게 말씀드리면, 오쿠리가나送り仮名[36]에 해당

---

33 양주동(梁柱東, 1903~1977) : 개성(開城) 출신의 시인・국문학자・영문학자로 와세다대학 영문과를 졸업했다. 유학을 마친 뒤, 평양 숭실전문학교 교수를 지냈으며 1929년에『文藝公論』을 발간하여 일련의 시를 발표하기도 했다. 1935년부터는 신라 향가(新羅鄕歌) 연구에 전념하였으며,『青丘學叢』19호에「향가의 해독(解讀)─특히 원왕생가(願往生歌)에 대하여」를 발표하여 당시 경성제대 교수 오구라(小倉進平)의 향가 연구인『향가 및 이두 연구(鄕歌及び吏讀の研究)』의 오류를 논박하여 학계에 큰 충격을 주기도 했다. 이후 동국대 교수로 재직했다. 주요 저서로는『朝鮮古歌研究』,『民族文化毒本』,『詳註國文學古典讀本』,『文章讀本』,『國文學研究論考集』,『世界文化讀本』등이 있다.

34 梁柱東,『朝鮮古歌研究』, 博文書館, 1942.

35 옥과 돌이 어지럽게 뒤섞여 있다는 뜻으로, 좋은 것과 나쁜 것이 뒤섞여 좋고 나쁨을 구분하지 못할 때 쓰이는 말이다.

하는 것을 한자로 표기한 것인데 이는 문서류에 쓰입니다. 그런데 일본에서는 이를 확대해석하여 옛날식의 한자를 사용하여 조선의 언어로 나타내는 방식을 모두 이두라고 여기는 사람도 있는 것 같습니다. 이두 연구는 가나자와 선생님, 아유가이 선생님 등 여러분들이 하셨지만, 그중에서도 마에마 선생님의 「약목석탑기의 해독若木石塔記の解読」(『東洋學報』 15-3, 다이쇼 15)[37]은 참으로 훌륭한 연구라고 생각합니다. 게다가 최근에 발표된 다케다武田 군의 새로운 연구도 눈여겨볼 만한 합니다. 마에마 선생님은 앞서도 잠시 언급한 바와 같이 어학적 감각이 뛰어난 분이십니다. 그리고 고대조선어를 해명하기 위해서는 중기 이후, 즉 언문이 생겨난 그 직후의 연구가 절대적으로 필요한데 선생님께서는 특히 이 방면에 있어서 상당히 조예가 깊은 분입니다. 그 밖에도 중국 송 대의 쑨무孫穆라는 사람이 저술한 『계림유사鷄林遺事』에는 고려어高麗語가 상당수 등장하는데, 그 내용을 풀어내어 밝혀낸 『계림유사려언고鷄林類事麗言攷』[38]도 바로 마에마 선생님의 저서입니다.

　　기타 『니혼쇼키』나 『니추레키二中曆』[39]에 등장하는 옛 조선어[40]에 관

36　한문을 훈독하기 위하여, 한자의 오른쪽 아래에 다는 가나(仮名)를 뜻한다.

37　원문에는 「岩木石塔記の解讀」로 되어있으나, 이는 「若木石塔記の解読」의 오기이다.

38　원문에는 『鷄林遺事麗言考』로 되어있으나, 이는 『鷄林類事麗言攷』(前間恭作, 東京 : 東洋文庫, 1925)의 오기이다.

39　가마쿠라 초기에 만들어진 사전(事典) 형식의 자료로서 총 13권으로 구성되어 있으며, 편자는 미상이다. 내용은 神代・皇室・書籍・芸能 등 약 80여 항목에 걸쳐 각 항목에 관련한 인명 및 사항들이 언급되어 있다. 구성은 다음과 같다. 第一巻 : 神代 人代 后宮 女院 公卿 侍中 / 第二巻 : 年代 儒職 官局 都督 廷尉 循吏 酷吏 諸司 祭主 / 第三巻 : 仏聖 大仏 造仏 教法 仏具 法用 祖師 / 第四巻 : 僧職 座主 僧数 法場 / 第五巻 : 乾象 方隅 八卦 属星 歳時 年歯 行年 閏月 日計 / 第六巻 : 坤儀 関路 諸国 請印 / 第七巻 : 官職 官名 叙位 除目 年官 公文 計 / 第八巻 : 儀式 礼儀 勅使 供膳 産所 宝貨 畜産 刑法 鑑誡 / 第九巻 : 医方 呪術 怪異 種族 姓 尸 名字 / 第十巻 : 京兆 宮城 隣閭 名家 当任 諸国 / 第十一巻 : 經史 倭書 / 第十二巻 : 詩人 登省 倭歌 詩草 切韻 書詩 書体 訳言 / 第十三巻 : 芸能 一能 博棋 名人 名物 十列.

해서는 시라토리 선생님이나 신무라(新村) 선생님[41]께서 연구하신 바 있습니다. 저희는 이러한 여러 선배의 연구를 통해 고대조선어에 관한 많은 시사점을 얻을 수 있습니다. 어쨌든 조선어의 한자 사용방식은 만요가나보다 훨씬 복잡하며 그 해독 또한 너무나도 난해하다는 것은 분명한 사실입니다. 따라서 이에 관한 전면적인 해명은 먼 훗날의 커다란 과제가 될 것입니다. 그때는 앞서도 잠시 말씀드렸다시피 먼저 중기어中期語를 제대로 파악해두지 않으면 논의조차 불가능하다는 것을 염두에 두시기를 당부드리는 바입니다.

중기조선어의 연구

'중기조선어中期朝鮮語'라는 말은 조선어사朝鮮語史를 구분하는 데에 있어 편의상의 문제로 제가 붙인 명칭입니다. 이 시기에는 먼저 언문의 발명이라는 하나의 큰 사건이 있었으며, 당시의 가장 두드러진 징표Merkmal로는 분로쿠의 역文祿の役을 들 수 있습니다. 이것이 어째서 문제가 되는지 그

---

40 위의 각주 39의 구성에서도 볼 수 있듯이, 第十二卷의 '訳言歷'에는 고려어(高麗語), 범어(天竺語), 페르시아어(波斯国語) 등의 숫자 1부터 10까지 가타가나로 표기되어 있다. 기록 중에는 오류도 많지만, 한글 발명 이전의 조선어를 표음문자로 기록한 귀중한 자료로 여겨지고 있다.

41 내용상 신무라 이즈루(新村出, 1876~1967)로 추정된다. 신무라는 일본의 언어학자이자 문헌학자로『広辞苑』의 편자로 유명하다. 도쿄제대 문과대학 박언학과를 졸업했으며, 소쉬르의 언어학 등 유럽의 언어이론 도입에 힘쓴 인물로 알려져 있다. 특히 국어사와 어원, 외래어, 남만문화(南蛮文化)에 관한 고증 등을 통해 일본의 언어학·국어학의 확립에 기여한 것으로 평가되고 있다. 주요 저서로는『東方言語史叢考』,『東亜語源志』,『言語学概論』,『外来語の話』 등이 있다. '조선어'에 관한 신무라 이즈루의 논문은 다음과 같다. ① 新村出,「國語及び朝鮮語の數詞について─(承前完結)」, 京都文学会 編,『芸文』7-4, 内外出版印刷, 1916. 4. 13~27쪽 ② 新村出,『東方言語史叢考』, 岩波書店, 1927 가운데 조선어와 관련하여「國語及び朝鮮語の數詞について」(1~30쪽)와「朝鮮司譯院日滿蒙語學書斷簡解説」(31~44쪽)가 게재되어 있다.

이유를 말씀드리자면, 바로 이때 대부분의 주요 문헌들이 분실되었다는 점과 그때 많은 사람이 여기저기로 이동을 한 탓인지 이 전쟁役[42]을 기점으로 상당한 변동이 있었기 때문입니다. 물론 최근에는 문헌이 조금씩 발굴되고 있기 때문에 그리 쉽게 단정할 수는 없지만 분로쿠의 역이 일어난 시기가 1592년이니 대체로 15~16세기를 하나의 에포크epoch[43]로 삼아 중기中期라 이름 붙인 것입니다. 그리고 그 이후부터 현대까지를 근세, 그 이전을 일괄적으로 고대조선어라 명명하는 바입니다.

① 문자

'문자'라는 것은 다시 말해, 언문을 가리키는데 이에 대한 관심은 도쿠가와 시대부터 있긴 했으나, 본격적으로 논의되었던 것은 역시 메이지 이후입니다. 그 관심의 중심은 언문의 구조 특히 기원에 관한 것으로서 이와 관련해서는 여러 설이 있습니다. 그중 가나자와 선생님은 언문 구조의 기초가 인도의 음운학에 있다는 것을 확인하신 바 있습니다. 이는 선생님께서도 언급하신 내용입니다만, 언문의 자음자子音字 체계는 본래 중국의 음운학에 따른 것입니다. 사실 중국 음운학의 두자음頭字音 체계라는 것은 본래 인도의 영향을 받은 것이니 어쩌면 너무나도 당연한 주장입니다. 이에 시라토리 박사께서는 거기서 한층 더 나아가 문자의 형태에서도 범자梵字와의 유사성을 고려하여 살피셨습니다. 이처럼 언문의 기원에 관하여 가장 날카로운 안목을 가진 분은 시라토리 선생님이

---

42 일본에서는 역사상 인민(人民)을 공무로 징용한 전쟁을 가리키며, 분로쿠·게이초의 역(文禄·慶長の役)으로 표현하는 임진왜란 역시 그에 해당하는 사례로 삼고 있다.
43 epoch(époque) : 어떤 중요한 사건이나 변화들이 일어난 시대 또는 획기적인 새 시기를 뜻한다.

라고 할 수 있습니다. 시라토리 선생님은 먼저 파스파 문자,[44] 이는 티베트 문자를 개조한 몽고 문자로 그 파스파 문자의 기원설을 주장하셨는데 나중에는 발음기관을 상징하는 것으로서 조선인들이 독창적으로 만든 것이라고도 하셨습니다. 이 견해는 훗날 적어도 자음 문자 체계에 관련한 내용에서만큼은 옳았다는 것이 지금으로부터 약 30~40년 전에 발견된 『고본훈민정음古本訓民正音』을 통해 실증되었습니다. 여기에는 이전까지 볼 수 없었던 해설 딸린 글이 실려 있었는데, 그 내용에 따르면 언문이라는 것은 다른 문자를 고쳐 만든 것이 아니라 순전히 상징에 의해 독창적으로 완성된 문자라는 것입니다. 다만, 모음문자는 시라토리 선생님께서 생각하신 것처럼 발음의 상징은 아니었던 것 같습니다. 하지만 그 모음문자 역시 'ㆍ', 'ㅡ', 'ㅣ'를 근간으로 하여 만들어졌다는 것이 또한 선생님께서 말씀하신 그대로였습니다. 그런데 이 세 문자가 어째서 그 바탕이 되었는지는 현재까지도 불분명합니다.

요컨대 『고본훈민정음』의 발견을 통해 사실 그 전까지 제기되었던 여러 설이 소용없어져 버리게 된 겁니다.

② 음운에 대하여

언문은 지금이야 24개의 요소문자要素文字(자음문자 14·모음문자 10)로 되어있지만, 창제 당시는 28자(자음문자 17·모음문자 11)였습니다. 다시 말해, 4자가 줄었는데 그 줄어든 4자 가운데 자음자의 하나인 'ㅿ', 모음

---

44 파스파 문자(Phags-pa script, 八思巴文字) : 티베트 문자를 기초로 삼아 원나라 말을 나타내기 위해 네모꼴로 만든 음소문자이다. 이는 1265년에 국사(國師)인 라마승 파스파(Phags-pa, 八思巴)가 원나라 세조 쿠빌라이 칸으로부터 명을 받아 만든 것으로서 1269년에 반포되었다.

자의 하나인 ' · '은 이들을 나타낼 음소音素가 없어진 결과 사용할 수 없게 된 거라고 생각됩니다. 이처럼 중기어의 음운체계는 현대의 음운체계와는 조금 다르다는 것이 분명해진 이상, 그에 대한 복원이 고려되지 않으면 안 된다고 봅니다. 그러나 이에 관한 전면적인 연구는 아직 불충분한 상태입니다. 그나마 소실된 음운에 관해서는 오구라 선생님에 의해 어느 정도 연구가 이뤄진 바 있습니다. 예를 들면, 'ㅿ'의 음가音價를 일종의 'z' 같은 음이었을 것이라 추정하신 것이 그러합니다. 참고로 저도 이와 관련하여 간략하게나마 고찰한 적이 있습니다.

중기어의 음운 현상에서 가장 특징적인 것은 모음조화母音調和라는 현상인데, 요즘의 문헌에서는 상당히 드문 현상이지만 그 당시 문헌을 통해서는 매우 명확하게 나타납니다. 이러한 사실을 밝혀내신 분 또한 오구라 선생님과 마에마 선생님이십니다. 게다가 이는 조선어를 알타이 Altai어 계통으로 귀속시키려는 주장에 있어 하나의 유력한 근거가 되고 있습니다. 또한 소위 '된소리濃音'로 변한 복두자음複頭子音의 존재에 관해서도 오구라 선생님의 연구가 주목됩니다.

중기어의 음운체계 그리고 현대어로의 추이 더 나아가 고대에서 현대로 이어지는 음운변화의 흔적을 더듬어가는 조선어음운사朝鮮語音韻史 연구는 현재 한국에서도 다양하게 이뤄지고 있긴 합니다만, 그래도 여전히 향후 과제로 남아있습니다.

③ 문법
중기어의 문법 연구는 조선어문법사朝鮮語文法史의 기반을 형성하므로 이것이 제대로 되어 있지 않으면 조선어문법사 연구 자체가 불가능합니

다. 이 시기의 문법 연구에 있어 가장 업적이 뛰어난 분은 단연 마에마・오구라 이 두 선생님이라고 생각합니다. 그중에서도 마에마 선생님의 『용가고어전龍歌故語箋』[45]은 중기어 연구자들의 필수 참고서입니다. 이 책은 『용비어천가』에 나타난 조선어를 해설한 것으로 그 문법 해설은 중기어 문법의 기초를 두고 있습니다. 오구라 선생님의 저작 중에는 이러한 체계적인 문법기술文法記述은 없지만, 그 대신 『조선어에서의 겸양법, 존경법의 조동사朝鮮語における謙讓法、尊敬法の助動詞』[46]라는 연구가 있으며 이는 문법사적 연구에 있어서 주목해야 할 연구서입니다.

중기어 문법의 체계적인 연구 혹은 중기어에서 근세어로의 변천을 다룬 연구는 이제야 겨우 그 실마리를 잡은 정도이며 조선어 문법사가 완성되기까지는 아직 여러 문제가 산적해 있습니다. 저도 그런 문제에 대해 잠시 다룬 적이 있는데, 구체적으로는 '텐스tense'와 관련하여 두세 번 발표한 적도 했습니다. 또한 오오에 군의 어간모음語幹母音 연구(「중기조선어동사의 ⊥/丅 어간에 관해서(中期朝鮮語動詞の⊥/丅語幹について)」,『朝鮮學報』제12호, 1958)는 한국에도 자극을 주어 여러 가지로 논의되고 있습니다.

조선 한자음의 연구

조선어 학습에 있어 한 가지 어려운 점은 조선 특유의 한자음漢字音을 꼽을 수 있습니다. 여기서 조선 특유의 한자음이란 과연 무엇이며, 중국어음中國語音의 어느 시대를 반영하고 있는지 등에 관하여 살펴볼 필요가 있는데 이 역시 상당히 흥미로운 연구라고 생각합니다. 이미 스웨덴의

---

45 前間恭作, 『竜歌故語箋』(東洋文庫論叢 2), 東洋文庫, 1924.
46 小倉進平, 『(朝鮮語に於ける)謙讓法・尊敬法の助動詞』, 東洋文庫, 1938.

칼그렌Bernhard Karlgren[47] 씨는 그의 획기적인 저작『중국음운학연구中國音韻學研究』를 통해 조선자음이 중국의 중고음복원中古音復原에 있어 중요한 자료임을 지적하면서 이를 상당히 적극적으로 활용하고 있습니다. 그러나 조선자음이 중국음운 사료로서의 가치는 상당하지만, 이를 사료로서 취급하기 위해서는 조선자음사朝鮮字音史 연구가 전제되어야 하며 조선자음사는 또 조선음운사朝鮮音韻史의 흐름 안에 위치시키지 않으면 안 됩니다. 그런데 상술한 바와 같이 조선음운사 연구는 아직 미완성 상태이며 조선자음사 쪽은 아예 미개척 분야라 해도 무방할 정도입니다. 그렇다 보니 칼그렌 씨의 조선자음 취급법 또한 대단히 엉성한 축에 속합니다. 게다가 그는 조선자음의 모태를 너무나도 무비판적으로 당초唐初에서 찾으려 했습니다. 이에 반해, 국어학자 아리사카 히데요有坂秀世[48]라는 분은 조선자음이 보여주는 여러 특징을 근거로 하여 그 모태가 송대宋代의 개봉음開封音에 있다는 새로운 학설을 주창하셨습니다. 이 학설은 참으로 흥미롭긴 합니다만, 여러 비판의 여지가 존재합니다. 사실 저도 이 방면에서 다소나마 조사를 해 봤습니다만, 앞선 그의 주장과 달리

---

47 칼그렌(Bernhard Karlgren, 1889~1978) : 스웨덴의 동양학자・언어학자다. 웁살라 및 파리에서 수학하였다. 중국 각지의 방언을 조사하여 중국어의 상고(上古)・중고(中古)에서 현대에 이르는 음운론(音韻論)과 문학론을 연구했으며, 예테보리대학교 극동어 교수 및 스톡홀름 극동고고박물관장을 역임했다. 또한『중국 음운학 연구(Études sur la phonologie chinoise)』를 저술하여 수・당(隋・唐)의 중고한어(中古漢語)의 음계(音系)를 비교언어학적 방법으로 복원한 바 있다. 그 밖의 저서로는『解析字典』,『諧聲條例』,『詩經研究』등이 있다.

48 아리사카 히데요(有坂秀世, 1908~1952) : 일본의 언어학자・일본어학자다. 도쿄제대 언어학과를 졸업한 아리사카는 음운론 특히 음운사 연구에 있어 상당한 업적을 남긴 학자로 평가되고 있다. 문학박사 학위를 받은『音韻論』을 비롯하여『国語音韻史の研究』,『上代音韻攷』등의 주요 저서가 있다. 그중 조선 한자음에 관해서는 有坂秀世,「漢字の朝鮮音について」,『国語音韻史の研究』, 明世堂書店, 1944, 295~318쪽에 수록되어 있다.

당대唐代의 장안음長安音에서 그 모태가 있는 것이 아닌가 싶습니다.

또한 조선자음 사료로서는 고대조선어 자료들 안에서 활용되고 있는 자음이 가장 오래된 것입니다. 이 자음 중에는 과거 일본의 사정에 관하여 오오야 도오루大矢透[49] 박사가 연구하신 추고기유문推古期遺文[50]에서 보이는 고자음古字音과 거의 필적할 만한 부분이 있습니다. 하지만 이 연구는 고대조선어 자료가 완전히 해독되지 않으면 정확하게 알 수가 없기 때문에 아직까지 이 방면에 관한 구체적인 연구는 존재하지 않습니다.

이어 중기의 언문 문헌의 한자에는 반드시 자음이 붙어있습니다. 이는 문헌상으로는 가장 확실하고 오래된 자료가 될 터이나, 사실 언문 문헌의 한자에 붙은 자음은 자료 가치가 그리 높지 않습니다. 그 이유는 이 자음이란 언문이 생겨남과 동시에 계획·편찬된 운서韻書『동국정운東國正韻』[51]의 자음을 일컫는 것으로, 이는 중국자음학의 체계를 기계적으로 조선자음에 적용시킨 지극히 인위적인 것이라 기존의 자음을 충실하게 옮겨내지 못하고 있기 때문입니다. 따라서 전통적인 자음 연구는 그보다 조금 더 지난 시대의 자료에 의존하지 않을 수 없습니다. 참고로 최근에는 이 방면의 연구들이 제법 나오고 있으니 퍽 다행스러운 일이 아닐

---

49 오오야 도오루(大矢透, 1851~1928) : 일본의 국어학자다. 가나(仮名)의 역사적 변천과 상대일본어(上代日本語)의 음운 연구로 유명하다. 1886년부터 문부성에서 근무했으며 이후 대만 총독부민정부(總督府民政部)의 직원을 거쳐 문부성 국어조사위원회위원이 되었다. 주요 저서로는『語格指南』,『日淸字音鑑』,『国語溯原』,『現行普通文法改定案調査報告』1 등이 있다.

50 大矢透이 집필한『仮名源流考』에는 '推古期遺文'에 관한 내용이 들어있다. 国語調査委員会 編, 大矢透執筆,『仮名源流考』(本編), 国定教科書共同販売所, 1911.

51 동국정운(東國正韻)이란 우리나라의 바른 음이라는 뜻으로, 중국의 음운에 관련 책『홍무정운(洪武正韻)』에 대비되는 것이다. 세종 30년인 1448년에 집현전 학사 신숙주(申叔舟)·최항(崔恒)·박팽년(朴彭年) 등이 왕명을 받고 편찬하여 간행한 우리나라 최초의 표준음에 관한 책으로 6권 6책의 활자본으로 되어 있다.

수 없습니다. 저도 이 연구 자료들을 활용하여 먼저 조선 자음을 정리한 후 그 역사적 배경에 관하여 고찰한 적이 있긴 하지만 아직도 많은 과제가 남아있습니다.

3) 비교 연구

조선어가 우리나라 학자들에 의해 처음으로 다뤄졌던 것은 주로 비교 연구의 관심이라는 측면에서였습니다. 조선이 위치하는 지리적 상황 때문에 조선어가 계통적으로 일본어와 가까운 관계에 있는 것이 아니냐는 의문은 누구나 가지고 있었습니다. 또한 일조양국의 역사적 관계에서 보더라도 언어의 교류 부분 역시 고려할 만한 연구 대상이 되었던 것은 당연합니다. 이리하여 메이지 시대에는 이 언어에 대한 관심이 일본어와의 관계라는 측면에 쏠려있었으며, 이 방면의 연구를 개척하신 분 또한 시라토리 선생님이었습니다.

시라토리 선생님은 『니혼쇼키』나 중국 『사서史書』에 나타나는 고대조선어 연구를 하셨습니다. 선생님은 본래부터 연구 범주가 워낙 넓은 편인지라 고대조선어 연구와 관련해서도 우랄·알타이 계통의 관점으로 연구를 하셨으며 그중에는 정곡을 찌르는 지점들도 적지 않습니다. 그러나 엄밀하게 말하자면, 이를 비교언어학적 연구라고 할 수는 없다고 봅니다. 이 부분에 있어서는 오히려 가나자와 선생님의 『일한양국어동계론日韓兩國語同系論』[52]이 보다 적합한 연구가 아닐까 싶습니다. 물론 여기서도 자료상에 시대착오anachronism적인 지점이 있긴 하지만, 어찌 되었

---

52 金沢庄三郎, 『日韓両国語同系論』, 三省堂書店, 1910.

든 비교언어학의 방법을 도입한 최초의 시론試論이라고 할 수 있습니다. 게다가 『일한양국어동계론』에 영어 번역을 첨부하여 외국에 발표하기도 했으며 그로 인해 유럽 학계에도 소개된 바 있습니다. 예를 들면, 슈미트Schmidt[53]의 유명한 저작 등에서의 언급이 그러합니다. 그 후 오구라 선생님도 비교언어학적 고찰을 적잖이 시도하시긴 했습니다만 결과적으로는 양 언어의 계통 관계는 현재 더욱 불분명해진 상태입니다. 한편, 가나자와 선생님은 여전히 동계론同系論을 의심치 않으시고 전부 그런 각도에서 고찰하고 계시는데 이와 관련한 저작이 바로 앞서 하타다 선생님께서 잠시 언급하셨던 『일선동조론』입니다. 이는 내용 면에 있어서는 꽤 실용적인 연구라고 생각되며, 어느 누구도 좀처럼 알아차리지 못할법한 문제적인 요소들까지도 잘 드러나 있다고 봅니다. 참고로 비교 연구 쪽은 현재 람스테트G. J. Ramstedt[54]와 포페Nicholas Poppe[55] 같은 학자들의

---

53 요하네스 슈미트(Johannes Schmidt, 1843~1901) : 독일의 언어학자다. 언어학자 A. 슐라이허(August Schleicher)의 제자로서 인도유럽어의 비교문법을 배웠으나, 스승의 언어 계통수설에 반대하여 『인도 및 유럽 각 언어의 근친관계(Die Verwandtschaftsverhältnisse der indogermanischen Sprachen)』를 통해 언어파문설(言語波紋說) 또는 언어파동설(言語波動說, wave theory)을 주장했다.

54 람스테트(Gustaf John Ramstedt, 1873~1950) : 핀란드 출신의 동양어학자다. 알타이 비교언어학의 권위자로 알려져 있는 람스테트는 핀란드 초대 주일공사(駐日公使)로서 도쿄에 오게 되었다. 당시 일본에서 외교관으로서의 활동과 동시에 언어학자로서도 연구를 활발히 했는데, 이때 시라토리 구라키치의 소개로 도쿄 제대의 초빙강사로 부임되기도 했다. 알타이어의 기원설 등 람스테트의 연구는 언어학에서는 신무라 이즈루(新村出), 긴다이치 쿄스케(金田一京助) 등이, 조선연구에서는 오구라 신페이가 많은 영향을 받은 것으로 알려져 있다. 주요 저서(訳書名)로는 『フィンランド初代公使滞日見聞録』, 『七回の東方旅行』 등이 있다.

55 포페(Nicholas N. Poppe, 1897~1991) : 러시아의 언어학자다. 주로 'N. N. Poppe'로 표기한다. 몽골어를 주 전공으로 삼아 몽골어, 퉁구스어, 투르크어를 포괄하여 알타이어족의 가설체계를 세웠다. 람스테트와 함께 당시 조선어의 계통에 관해서도 중요한 연구를 남겼는데, 포페의 논문에서는 조선어를 알타이어 계통이라고 보았다. 주요 저서로는 『Yakut Grammar for students』, 『The Alar dialect』, 『Grammar of the Buriat-Mongolian language』, 『Introduction to Mongolian comparative studies』 등이 있다. 참고로 원문에는 포페란

알타이 비교언어학이라는 구조 안에서 조선어가 차츰 거론되기 시작했으나, 이 역시 아직은 크게 논할 만한 정도가 못됩니다.

4) 방언 연구

현대 조선어도 몇 개의 방언으로 나뉘어 있습니다만, 이 방언의 자료적인 가치를 누구보다도 빠르게 알아보시고 이를 수집·정리하는 데에 노력을 기울인 분은 바로 오구라 선생님입니다. 선생님의 방언에 관한 조사 보고는 시시때때 여러 형식으로 발표되었는데, 이들을 한데 엮어 선생님의 유작으로서 이와나미에서 발간한『조선어 방언의 연구朝鮮語方言の研究』[56] 두 권이 있습니다. 상권은 그간 방언에 관하여 쓰신 선생님의 여러 논문을 모아둔 논문집이며, 하권은 그에 수록된 자료들로 구성되어 있습니다. 앞서 언급한 바와 같이 오구라 선생님은 실로 다양한 연구를 하셨지만, 그중에서도 가장 큰 공적은 바로 이 방언 연구와 조선어학사 연구라고 생각합니다. 오늘날에는 한국이나 북조선에서도 방언 조사가 이뤄지고 있으나, 선생님의 이 대작과 같은 총괄적인 저작은 아직까지 없는 것 같습니다. 참고로 저 역시 선생님의 훌륭하신 업적에 뒤를 이어 선생님께서 수집해두신 자료를 연구·조사의 근간으로 삼아『조선어방언학시고朝鮮方言学試攷』[57](쇼와 20)를 낸 적이 있습니다. 제 이야기라 조금 뭐합니다만, 이 책은 다소 반향이 있었던 듯 싶습니다.

이제 결론으로 들어가 보겠습니다. 지금까지의 대략적인 설명으로도

(ポッペラン)이라고 되어있으나, 이는 Nicholas Poppe의 포페(ポッペ)의 오기이다.
56 小倉進平,『朝鮮語方言の研究』(上·下), 岩波書店, 1944.
57 원문에는『朝鮮語方言學試考』로 되어있으나, 이는『朝鮮方言学試攷—「鋏」語考』(河野六郎, 京城帝国大学文学会論纂 11, 東都書籍京城支店, 1945)의 오기이다.

가늠하실 수 있겠지만 저희 선배들은 너무나도 불리한 조건이었음에도 불구하고 그전까지 누구도 되짚어보지 못했을 법한 동아東亞의 언어 연구를 묵묵히 맡아 하시며 그 과학적 연구의 기초를 확립하셨습니다. 오늘날 한국 및 북조선에서는 모국어, 즉 언어와 관련되는 연구에 있어 대단히 눈부신 성과를 올리고 있습니다만, 그들의 연구 동향을 자세히 살펴보면 저희 선배들이 쌓아 올리신 업적들을 토대로 하여 그 위에 하나의 대단한 구축을 시도하고 있는 것으로 보이며 이러한 경향은 특히 한국에서 현저하게 드러나고 있습니다. 북조선 쪽은 그와 더불어 러시아의 영향도 있기 때문에 북조선과 한국의 차이는 현대어의 문법 문제에서도 두드러집니다. 북조선은 소련의 영향으로 문법을 상당히 중히 여기지만, 한국에서 그런 성향은 거의 없습니다. 오히려 역사적인 방향으로 흐르고 있다고 볼 수 있습니다.

우리는 이 위대한 선배 여러분들의 뒤를 이어 그들의 연구를 발전시켜야 할 책무를 느끼는 바입니다. 그런 와중 참 다행스럽게도 저희 후속 세대 중에는 이미 근대적 언어학의 방법을 습득한 뛰어난 인재들이 존재하기에 미래에 대한 희망을 이어가고 있습니다. 물론 보다 많은 사람이 관심을 가지고 이를 더욱 적극적으로 계승해 나가야 하는 것은 두말할 나위 없는 일이겠지요. 그러니 앞으로도 여러분께서 보다 새롭고 보다 발전된 연구에 애써주시기를 간곡히 바라는 바입니다.

끝으로 재미난 일화 하나를 소개하자면, 앞서 언급한 『조선방언학시고』가 출판된 것은 쇼와 20년 4월이었습니다. 당시는 종이 질도 아주 형편없는데다가 이 책이 나오자마자 현해탄에 적의 잠수함이 출몰하는 바람에 책을 밖으로 보낼 수도 없는 상황이었습니다. 그렇기 때문에 당시 만주에서 돌아오신 도쿠나가德永 씨가 그리로 가시기 전에 이미 갖고 계셨던 한 권 그리고 제가 일본으로 돌아올 때 가지고 온 한 권 이렇게 두 권밖에 없을 터인데, 너무나도 이상한 것은 미국 군인이 그 책을 가지고 있었던 겁니다. 그 당시 대부분은 전부 온돌 아궁이 같은 데서 태워 버렸을 거라고 생각했는데 말이지요…….

하타다 다카시

지금까지 고노 선생님께서 상당히 여러 말씀을 자세히 해주셨는데요, 이와 관련하여 토론을 이어가도록 하겠습니다.

하타다 다카시

상식적인 질문일는지 모르겠습니다만, 사실 저는 가나자와 선생님의 『일선동조론』을 통해 비교언어학 연구라는 것이 시작되었다고 생각하는데 이에 대해 어떻게 생각하시는지요?

고노 로쿠로

이런 말씀을 드리게 되어 뭐합니다만, 가나자와 선생님께서 하신 연구는 동계론同系論뿐이지 않습니까? 물론 『일선동조론』은 일본의 오래된 자료에서 발견되는 것들을 실증적으로 다루어 무척 흥미로운 지점이 있긴 합니다. 가령 신라의 가타가나片仮名[58]와 같은 내용이 그러하지요. 이는 좀처럼 입수하기도 어려운 자료인데 말입니다.

---

58 金沢庄三郎, 『新羅の片仮字－比較国語学史の一節』, 金沢博士還暦祝賀会, 1932.

사실 저도 계통론이 옳지 않다는 것은 아니지만, 아무리 연구해도 뭔가 명확하지가 않다는 겁니다. 저 같은 사람은 좀 더 비관적이기도 하고요. 만약 그 관계가 분명하다면, 관련 분야의 전문가가 아니더라도 누구든 얼핏 보고 대번에 알아차릴 수 있었을 겁니다. 예를 들면, 인도에서 산스크리트 Sanskrit를 발견했을 때 그리스어나 프랑스어를 연구하고 있는 사람이라면, '아, 이건…이렇다.'라는 식으로 바로 알아봤겠지요. 누가 봐도 비슷하니까요. 한편, 일본어와 조선어의 비교에 있어서 가장 문제가 되는 부분은 일단 구조가 닮았다는 겁니다. 그렇다 보니 분명 뭔가 관계가 있을 거라고 섣부르게 생각해 버리는 것이지요. 또 설령 그렇다 하더라도 저희 연구자들의 흥미는 역시 어휘 쪽인지라 이 어휘상의 관련성이 드러나지 않으면 아무런 의미가 없는 셈입니다. 또 인도·유럽어 등은 그런 소재로서의 일치성이 있기 때문에 그것을 바탕으로 보다 확장된 구상이 가능하지만, 일본어와 조선어는 같은 계통이라고 해 봤자(같은 계통일지도 모르겠습니다만) 아무리 살펴봐도 어휘의 연결성이 없기 때문에 그와 같은 주장을 하기에는 명확한 근거가 부족하지 않나 싶은 겁니다.

하타다 다카시

그렇다면, 가나자와 선생님의 『일선동조론』과 같은 사고방식은 기타 사다키치의 '조선은 일본의 분가다. 따라서 일한병합은 본가로 돌아온 것이다.'와 같은 것이라고 할 수 있겠군요.

고노 로쿠로

분가, 본가라는 것도 좀 그렇긴 합니다만……. 어렵네요. 그 점은.

하타다 다카시

그와 반대로 현재 북조선에서는 '조선이 본가이고 일본이 분가'라는 식, 그러니까 동조론을 역전시킨 연구가 일부에서 이뤄지고 있습니다.

고노 로쿠로

조선에는 또 한 가지 묘한 점이 있는데 태백太白이었는지 장전長田이었는지는 잊어버렸습니다만, 어쨌든 그런 어족語族을 자기들이 만들어버린 겁니다. 사실 계통론이라는 것은 저희도 연구 초반에 제일 하고 싶었던 분야이기도 했습니다만, 결국은 글쎄요……. 잘 모르겠네요.

하타다 다카시

그리고 시라토리 씨의 조선어 연구도 현재 상당히 좋게 평가되고 있긴 합니다……. 여담이지만, 이 분은 매 여름마다 언어를 하나씩 터득했다는 전설이 있습니다.

고노 로쿠로

비교언어학 같은 것은 이론적으로는 그렇게 어려운 이론이 아니라고 생각합니다. 그러나 전체적으로 언어학 외에는 뭔가 근본적인 사항들이 불분명하다는 느낌이 듭니다.

하타다 다카시

그 전에 쓰보이 구메조 씨, 이 사람은 착상하는 방식이 정말 황당하더 군요. 자리에 누워 가만히 생각하다가 어떤 비슷한 어휘가 있다 싶으면

'이것은 어디에서 비롯되었다.'라는 식으로 언어의 출신지를 죄다 찾아내는 겁니다.

고노 로쿠로

쓰보이 선생님께서 쓰신 국어國語의 뭐라든가 아무튼 그 비슷한 제목의 책이 있는데, 그 책은 선생님께서 집필하시고 마에마 선생님이 주석을 달아두셨습니다. 마에마 선생님께서 그와 관련한 내용을 직접 쓰시지는 않았지만, 그래도 어느 정도 그 분야에 대해 생각은 하고 계셨던 것 같습니다. 예를 들면, 동지나東支那와의 관계 같은 것 말입니다.

하타다 다카시

쓰보이 선생님은 저희가 학생이었던 그 당시에도 이미 연로하셔서 명예교수로 계셨는데, 꽤 리버럴한 분이었던 것으로 기억됩니다. 쇼와 초기에도 히라 이즈미平泉 씨 같은 사람을 조롱하기도 하셨고 말이지요. 한편, 그분의 언어 연구에 관해서는 아마추어가 봐도 뭔가 좀 엉성하고 이상하지 않느냐는 식으로 정평이 나있기도 했습니다.

고노 로쿠로

연구자들이 언어에 달려드는 것은 고대사를 연구하다 보면 생겨나는 당연한 현상입니다. 일단 문헌이 적으니까요.

하타다 다카시

그런데 요즘은 고대사 연구자라도 언어학을 연구하지는 않습니다. 이 역시 일종의 반동이라고 볼 수도 있는데, 일본사 경우에도 그렇고 조선사도 마찬가지입니다. 하지만 조선사에서는 특히 『삼국사기』나 『고려사』의 지리지地理誌에 실려 있는 지명의 의미를 저희라도 어떻게든 해독하고 싶은 부분이기도 합니다. 이조의 지리지도 좋고요. 여기에는 부곡部曲[59] · 소所[60] · 진津 · 관館 · 역驛 등이 기재되어 있는데, 이들 모두 특수한 조선식 한자로 적혀 있습니다. 이를 하나씩 해독하다 보면 상당히 흥미로운 지점들을 발견할 수 있습니다. 일례로 고이부곡高伊部曲이 그러한데, '고이부곡'은 『고려사』에 '方言猫也'라는 주가 달려있습니다. 그걸 해석하면 바로 고양이猫라는 뜻이지요. 이런 류에는 전부 정식 한자가 아니라, 이른바 이두 한자가 등장한다는 것이 특징적입니다. 즉, 문자는 중국의 문자이지만 내용 면에서는 중국의 부곡과 또 다른 겁니다.

고노 로쿠로

『삼국사기』의 지리지[61]에 적힌 한자가 지나식으로 되어있는 사례도 있습니다. 여기서 더욱 흥미로운 점은 그것이 일본어와도 제법 닮은 데가 있다는 겁니다. 참으로 신기합니다. 심지어 일본과 가까운 남쪽이 아니기에 더욱 그렇습니다. 일본과 꽤 거리가 있는 중부에서 북쪽 지리에까지 일본

---

59 부곡(部曲) : 삼국 시대부터 조선 시대 초까지 경상북도 청도군 지역에 존속했던 특수한 계층의 사람들이 거주하던 지역을 가리킨다.
60 고려 시대 말단 행정구획으로, 향(鄕) · 부곡(部曲) · 장(莊) · 처(處)와 함께 부곡제(部曲制)를 구성하며 주로 왕실 · 관아에서 필요로 하는 수공업 · 광업 · 수산업 부문의 공물(貢物)을 생산하였다.
61 『三國史記』의 구성은 다음과 같다. 本紀: 卷1~卷28 / 新羅本紀: 卷1~卷12 / 高句麗本紀: 卷13~卷22 / 百済本紀: 卷23~卷28 / 年表: 卷29~卷31 / 雜志: 卷32~卷40 / 祭祀, 楽: 卷32 / 色服, 車騎, 器用, 屋舎: 卷33 / 地理: 卷34~卷37 / 職官: 卷38~卷40 / 列伝: 卷41~卷50.

어와 닮은 표기법이 나타나니 이를 과연 어떻게 해석해야 하는지……

고노 로쿠로

그런데 일본의 조선어 연구의 미래와 관련하여 조금 신경 쓰이는 지점이 있습니다. 조선에 대해 연구하기 위해서는 지나를 모르고서는 할 수가 없는 법인데, 요즘 연구자들은 일단 그런 점에 어려움이 있는 것 같습니다. 현대어는 어떨지 모르지만, 어휘가 조금만 역사적으로 들어가도 이들은 손도 못 대니까요. 젊은 연구자들은 현대어 연구야 두말할 나위 없이 열정적으로 임하고 있겠습니다만, 그런 그들에게 현대어와 동시에 지나에 관한 연구도 해야 하지 않겠느냐고 하면 엄청 버거워할 것이 분명합니다. 그런 의미에서 요즘 학생들은 저희 때보다 점점 더 불리해지는 듯합니다. 일단 한문 교육도 적고 말이죠. 상황이 이렇다 보니 언문 문헌은 제쳐두고서라도 일단 자료에 한자가 들어가게 되는 경우라면 현대어와 지나에 대한 연구를 동시에 하는 것은 어렵지 않나 싶습니다.

하타다 다카시

그와 관련하여 한 말씀 보태자면, 저희가 연구하는 데에 있어 적잖은 애로사항이라면 바로 예전 자료가 전부 한자로 적혀 있다는 겁니다. 중국의 제도건 뭐건 그냥 그대로 문자로 옮겨 적어두었으니까요. 그런데 사실 부곡의 경우만 해도 그저 문자만 보면 중국의 그것과 같을 거라고 생각하지만, 실제 내용은 완전히 다릅니다. 지금까지 이런 식으로 속은 것들이 엄청나게 많았을 테고 또 그렇게 해서 조선의 독자적인 제도를 놓친 부분도 상당했을 겁니다.

고노 로쿠로

향후 과제로서 메워나가야 할 부분은 바로 조선의 한어^{漢語} 문제가 아닐까 싶습니다.

하타다 다카시

그럼, 오늘은 이것으로 마치도록 하겠습니다. 감사합니다.

1963.10

* 와타나베 마나부(渡部学, 1913~1991) : 식민지기 조선에서 활동한 교육학자이자 관료다. 와타나베의 본적은 일본 에히메현(愛媛県)이며, 1921년(당시 나이 8세)에 '보통학교장'인 아버지를 따라 조선으로 건너와 평안북도 박천(博川)에서 '소학교'를 졸업했다. 경성제대에서 교육학을 전공했으며 조선총독부 학무국 및 경성제대 이과교원양성소 교수로 근무했다. 주요 논문으로는 「朝鮮後期の社会的変動—韓国における李朝史研究の動向」, 「朝鮮における「書堂」の展開過程」, 「韓国における近代史研究への模索」 등이 있으며, 주요 저서로는 『朝鮮近代史』, 『近世朝鮮教育史研究』 등이 있다. 홍종욱, 「식민자 와타나베 마나부(渡部學)의 교육론—한국교육사 연구의 원점」, 『동방학지』 179, 연세대 출판부, 2017 참고.

* 무라야마 마사오(村山正雄, 1921~?) : 이와테(岩手)현 출신의 역사학자다. 1954년에 도쿄대학 대학원을 수료했으며 조선학회 상임 간사를 지낸 바 있다. 번역서로 김석형의 『三韓三國の日本列島内分國について』가 있으며, 주요 논문으로는 「古代の日朝関係について—金錫亨教授の論文を批判する」, 「朝鮮関係神社攷」 등이 있다. 旗田巍・井上秀雄 編, 『古代の朝鮮』, 學生社, 1974, 집필자 약력 소개 참고.

아시아 사회경제사 연구

출석자

모리타니 가쓰미(森谷克己)
하타다 다카시(旗田巍)
*와타나베 마나부(渡部学)
미야하라 도이치(宮原兎一)
*무라야마 마사오(村山正雄)
미야타 세쓰코(宮田節子)

하타다 다카시

본 심포지엄은 회를 거듭하면서 각 분야의 여러 선생님을 모시고 그 분들의 경험과 연구를 중심으로 다양한 말씀을 듣고 있습니다. 바로 그러한 과정을 통해 저희는 그저 그분들의 뜻을 충실히 헤아려 보다 심도 있는 연구를 해 나가고자 하는 마음으로 지금까지 이어오고 있습니다. 게다가 참으로 다행스럽게도 저희가 알고 있는 범위 내에서나마 꽤 좋은 결과를 얻고 있으며 그와 동시에 일본 학회 쪽에서도 저희 심포지엄을 상당히 주목하고 있습니다.

그런 의미에서 오늘 이 자리에 모리타니 선생님을 모시고 다양한 말씀을 청해 듣고자 합니다. 잘 아시는 바와 같이 선생님께서는 30여 년 전, 경성대학에 계시면서 조선경제의 연구를 착수하셨던 분입니다. 그 당시 그러니까 쇼와 초기 무렵 저는 학생이었는데, 모리타니 선생님의 성함은 대학 시절 내내 들어왔던 터라 무척 친숙했습니다. 아시아의 생산양식이라는 문제로 한창 떠들썩하던 시기에 선생님께서는 솔선하여 그러한 문제에 전념하셨으며, 특히 비트포겔[1]의 『동양적 사회의 이론東洋的社会の理論』[2]을 번역하신 것으로 유명하셨습니다. 물론 비트포겔이 지금이야 여러 가지로 비판을 받고 있지만, 당시만 해도 젊은이들에게 상당히 매력적인 존재였습니다. 그런 점에서 그의 글을 번역하신 모리타니 선생님께 모두 경의를 표했던 것이지요. 이후 선생님께서는 그러한 이론들을 바탕으로 조선경제에 관련한 연구를 하셨으며 그 연구결과들은 경성대학의 법문학회 논문집에 수차례 게재되었고 단행본으로도 몇 번이나 출판되었습니다. 이러한 선생님의 연구 성과들은 저희에게도 상당한 영향을 미쳤습니다. 그런 의미에서 저 역시 언젠가 선생님을 직접 뵙게 되면 꼭 여쭤보고 싶었던 질문이 있었기에 이런 자리를 빌려 말씀드려 볼까 합니다. 다름이 아니라, 선생님께서 전쟁기에 집필하신 『동양적 생활권東洋的生活圈』[3]이라는 저서를 통해 여러 지점을 논하신 바

---

1   칼 비트포겔(Karl August Wittfogel, 1896~1988) : 독일의 기호학자이자 비교사회학자다. 하이델베르크대학에서 M. 베버의 지도를 받은 후, 1925~1933년간 프랑크푸르트대학 사회연구소에서 아시아, 특히 중국 사회에 관하여 마르크스주의의 입장에서 연구하였다. 1934년 나치스 정권의 탄압을 피해 미국으로 망명했으며, 1935년 중국으로 건너가 중국 농촌 사회의 특징 및 공업발전의 정체성(停滯性), 관료주의적 봉건국가의 경제적 기초 등에 관한 연구에 전념하였다. 국가의 치수관개 사업을 중국 사회의 기초적 요인으로 생각하여, '물의 이론'을 제시한 것으로 유명하다. 주요 저서로는 『중국의 경제와 사회(Wirtschaft und Gesellschaft Chinas)』, 『중국 사회의 역사(History of Chinese society)』, 『市民社会史(Geschichte der bürgerlichen Gesellschaft)』, 『동양적 사회의 이론(Die Theorie der Orientalischen Gesellschaft)』, 『동양적전제주의(Oriental Despotism: A Comparative Study of Total Power)』 등이 있다.
2   Karl August Wittfogel, 森谷克己・平野義太郎 訳, 『東洋的社会の理論』, 日本評論社, 1939. 원서의 서지사항은 다음과 같다. Karl August Wittfogel, "Die Theorie der orientalischen Gesellschaft", *Zeitschrift für Sozialforschung*, Vol. 7, No. 1/2, Paris : Alcan, 1938.
3   森谷克己, 『東洋的生活圈』, 育生社弘道閣, 1942.

있는데, 선생님의 그러한 의견이 비트포겔의 번역 또는 당시 한참 논의
되던 아시아적 생산양식과 어떠한 관련성이 있는지에 대한 질문입니다.

그럼, 먼저 모리타니 선생님의 말씀을 청해 들은 후 질의응답 형식으
로 토론을 이어가도록 하겠습니다.

모리타니 가쓰미

제가 오늘 이 자리에 나올 수 있었던 것은 경성제국대학에 재직하면서
조선, 특히 그 역사에 관해 다소 공부한 바가 있기 때문이지 않나 싶습니
다. 당시 역사 분야가 저의 전문 영역은 아니었지만, 다소나마 여러 가지
로 관련된 글을 쓰다 보니 그런 것들이 이따금씩 화젯거리가 되고 있는 것
같습니다. 그리고 그럴 때마다 관련 사항에 대한 질문을 받으면 이에 반드
시 답을 해야 한다는 의무감이랄까요, 아무튼 그래야 하는 책임이 있다고
여기는 바, 오늘 이렇게 참석하게 되었습니다. 그런데 송구스럽게도 사실
요즘에는 강의 같은 데에 쫓겨 지내다 보니 조선에 관한 깊이 있는 공부를
하고 있다고 말씀드리기는 좀 어려운 형편입니다. 참고로 하타다 선생님
의 『조선사朝鮮史』[4]는 출판되자마자 저도 읽어봤습니다만, 저의 연구 계
발啓發에 있어서도 큰 도움을 준 지점들이 여럿 있었습니다. 바로 그 부분
을 포함하여 옛날, 그러니까 전쟁 전에 주력했던 연구들을 중심으로 방금
하타다 선생님께서 질의하신 내용까지 개괄적으로나마 말씀드리도록 하
겠습니다. 그럼, 일말의 화젯거리를 제공한다는 정도에 의미를 두고 하나
씩 기억을 더듬어 가 보도록 하겠습니다.

---

4   旗田巍, 『朝鮮史』(岩波全書 154), 岩波書店, 1951.

쇼와 초기 무렵부터 아시아적 생산양식을 중심으로 한 논쟁이랄까 아무튼 여러 견해들이 한창 오고가던 당시 저는 그 논쟁의 중심에 선 적도 있습니다. 제가 조선으로 건너간 시기는 쇼와 2년으로 대학 졸업 후 경성제대의 조수로 가게 되었지요. 법학부를 나온 관계로 법률 쪽의 조수로서 노동법이나 사법민상법私法民商法 등과 관련한 업무를 맡기로 하고 건너갔던 것입니다. 그러나 사실은 처음부터 식민지 민족 문제라든지 제국주의론 같은 문제에 흥미가 있기도 했었거니와 재외연구在外研究로 출발하기 전에 도쿄대 조교수인 히라노 요시타로平野義太郎 선생님으로부터 민족 문제를 현지에서 공부하는 것도 좋지 않겠냐는 권유를 받기도 하여, 조선으로 가게 된 겁니다. 그런 데다가 사실 법률은 애초에 공부할 마음도 없었던지라 2년쯤 지나 경제학 쪽의 조교수가 되었습니다. 마침 그 무렵 프랑크푸르트대학의 사회과학연구소社會科學研究所라는 곳에서는 그로스만Grossmann, Henryk(1881~1950)의 『자본주의 제도의 축적 및 붕괴의 법칙資本主義制度の蓄積ならびに崩壞の法則』(1929)[5]이 출판된 데에 이어 프리드리히 폴록Pollock, Friedrich(1894~1970)의 『소비에트 연방에서의 계획경제의 시도ソビエト蓮邦における計画經濟の試み』(1929),[6] 비

5　원문에는 『資本主義體制の蓄積と崩壞の法則』로 되어있으나, 이는 『資本主義制度の蓄積ならびに崩壞の法則』의 오기이며 원서의 서지사항은 다음과 같다. Grossman, H., *Das Akkumulations : und Zusammenbruchsgesetz des kapitalistischen Systems(zugleich eine Krisentheorie)*, Leipzig : Hirschfeld, 1929. 이후 그로스만의 저서를 모리타니와 아리사와가 공역·출판한 번역서가 있다. 헨리크 그로스만(ヘンリーク グロースマン), 아리사와 히로미(有澤廣巳)·모리타니 가쓰미(森谷克己) 共訳, 『資本の蓄積竝に崩壞の理論』, 改造社, 1932.

6　원서의 서지사항은 다음과 같다. Pollock, Friedrich, Attempts at Planned Economy in the Soviet Union 1917 - 1927 (in Georgian), Leipzig, 1929. 이후 フリードリッヒ ポロック, 森谷克巳 訳, 『ソヴィエト聯邦計劃経済史論』(フランクフルト大学社会科学研究所叢書 2), 同人社書店, 1932.

트포겔의 『중국의 경제와 사회中國の經濟と社會』(1931)[7] 그리고 보르케나우Franz Borkenau(1900~1957)가 근대적 세계관의 성립사成立史에 관해 쓴 『봉건적 세계상에서 근대적 세계상으로封建的世界像から近代的世界像へ』(1934)[8] 등이 잇따라 출판되었습니다. 그런데 당시 프랑크푸르트대학에 체류하고 계시던 히라노 선생님께서 그로스만의 저서가 나오기도 전에 그 책의 교정쇄를 보내주시면서 번역해 볼 생각이 없느냐고 권유하시기에 아리사와 히로미有澤廣己[9] 선생님과 공역으로 그로스만의 책을 번역하게 되었습니다. 그 밖에도 비트포겔의 『중국의 경제와 사회』의 번역서에 일부를 담당하거나 폴록의 저서도 번역한 바 있습니다. 이러한 일련의 작업을 통해 학생 시절부터 줄곧 관심을 두고 있었던 역사의 견해 같은 것을 제법 배울 수 있었다고 생각합니다. 그러한 공부를 하는 동안 조선 문제를 외부에서 다시 말해, 민족 문제로서 바라보고 그 민족의 본질이 무엇인가 하는 이런 것들부터 조선 문제를 고찰하지 않으면 안 될 것 같다는 생각에 민족이론에 관한 글을 쓴 적도 있습니다.(「사회민주주의의 민족이론社會民主主義の民族理論」,[10] 京城帝大法學會論集, 『조선경제의 연

---

7   원서의 서지사항은 다음과 같다. Karl August Wittfogel, *Wirtschaft und Gesellschaft Chinas : Versuch der wissenschaftlichen Analyse einer großen asiatischen Agrargesellschaft*, Leipzig : Hirschfeld, 1931.

8   원서의 서지사항은 다음과 같다. Franz Borkenau, Der Übergang vom feudalen zum bürgerlichen Weltbild. Paris 1934.

9   아리사와 히로미(有澤廣己, 1896~1988) : 일본의 통계학자·경제학자다. 도쿄제대 경제학부를 졸업했으며 1925년부터 1928년까지 통계학 연구를 위해 독일 유학을 다녀왔다. 1938년에는 인민전선사건(人民戰線事件)으로 대학을 사직했다가 1945년에 대학에 복귀하여 호세이대학 교수 및 총장을 지내기도 했다. 특히 경제통계를 실증경제적으로 분석한 것으로 유명하다. 주요 저서로는 『インフレーションと社会化』, 『再軍備の経済学』, 『日本工業統制論』, 『学問と思想と人間と－忘れ得ぬ人々の思い出』 등이 있으며, 공역서로는 有澤廣己·内藤勝 譯 『統計学』; 有澤廣己·脇村義太郎 譯 『カルテル·トラスト·コンツェルン』 등이 있다.

구』, 쇼와 4) 그리고 앞서 말씀드린 바와 같이 비트포겔의 저서를 번역해

보니 그런 식의 연구 방법을 활용하면 조선의 역사 연구에 있어서도 일

정 부분 도움이 되지 않을까 하는 생각에서 「구래舊來의 조선 농업 사회

에 관한 연구를 위하여旧來の朝鮮農業社會についての研究のために」[11]라는 논문

을 쓰기도 했습니다. 이는 비트포겔식의 견해 또는 연구 방식에 따라 비

교적 새로운 자료를 수집・분석하여 정리해본 것입니다.(『朝鮮社會經濟史

研究』(京城帝大法學會論集 6), 쇼와 8) 한편, 후쿠다 도쿠조福田德三[12] 박사의

유물사관 비판에 관련한 논문이 「유물사관 경제사 출입점의 재음미唯物

史観経済史出立点の再吟味」[13]라는 표제로 다이쇼 말기부터 쇼와 초기에 걸

쳐 잡지『가이조改造』에 몇 차례 게재되었는데, 이를 한 권의 책으로 엮

어 출판한 것이『유물사관 경제사 출입점의 재음미唯物史観経済史出立点の

再吟味』[14]입니다. 저는 이 책을 그야말로 재음미再吟味 해 볼 필요가 있지

않나 싶었습니다. 방법론이라고 할까요? 그런 역사 연구의 방법론적인

---

10 원문에는「社會民主主義の民族理論」으로 되어있으나, 이는「社會民主主義の民族理論斷片」
    (森谷克巳, 『京城帝国大学法文学会第一部論集』第2至6冊, 刀江書院, 1929)의 오기이다.

11 森谷克己, 「旧來の朝鮮農業社會についての研究のために」, 『朝鮮社会経済史研究』(京城帝国
    大学法文学会第一部論集 6), 京城帝国大学法文学会 編, 刀江書院, 1933, 297~520쪽.

12 후쿠다 도쿠조(福田德三, 1874~1930) : 일본의 경제학자로, 사회정책학파・신력사학
    파로서 경제이론 및 경제사 등을 도입한 일본 경제학의 개척자로 알려져 있다. 도쿄상과
    대학을 졸업했으며 1898년부터 독일에서 유학하여 Lujo Brentano에게 사사했다. 후쿠
    다는 조선의 봉건 제도 결여설에 의한 정체성론(停滯性論)을 주창한 최초의 인물이기도
    하다. 주요 저서로는『Die gesellschaftliche und wirtschaftseinheit in Japan』(坂西由蔵
    訳,『日本経済史論』), 『経済学研究』, 『経済学教科書』, 『経済学考証』, 『唯物史観経済史出立
    点の再吟味』 등이 있다. 공저로는 Lujo Brentano와의『労働経済論』과 번역서로는
    (Adolf Heinrich Gotthilf Wagner・Lujo Brentano 의『最近商政経済論』가 있다.

13 원문에는「唯物史觀出入点の再吟味」로 되어있으나, 이는「唯物史観経済史出立点の再吟
    味」의 오기이다.

14 원문에는『唯物史觀出入点の再吟味』로 되어있으나, 이는『唯物史観経済史出立点の再吟
    味』(福田德三, 改造社, 1928.)의 오기이다.

문제에 관해 고찰하고픈 생각이 들었기에, '과연 마르크스의 이른바 아시아적 생산양식이란 무엇을 가리키는지' 그런 문제에 관한 소고小考를 정리해 보게 되었던 겁니다. 당시 후쿠다 씨는 마르크스 이론에 대해 다음과 같은 비판을 던지셨는데 그 내용인즉슨, "마르크스는『공산당선언共産黨宣言』의 모두冒頭에서 자신의 테제에 따라 기존의 모든 사회 역사는 계급투쟁의 역사라고 말한 바 있다. 이후 그는 아시아적 생산양식이라는 하나의 사회계급을 구상하면서 무계급 사회라는 것이 역사 초기에 이미 존재했다는 결론에 도달한 듯한데, 그렇게 되면 기존의 모든 사회 역사는 계급투쟁의 역사라는 그 테제가 이미 수정된 것이 아니냐'라는 것이었으며, 이는 후쿠다 씨의 주요한 비판적 논점 중의 하나였다고 생각합니다. 그와 동시에 "마르크스가 아시아적 생산양식이라는 하나의 양식을 구상하는 데에 활용한 인도 혹은 동양 쪽에 관련한 문헌 자료의 독해 방식에는 문제가 있다" 다시 말해, "자료의 활용법에 오류가 있다"는 지적을 하신 겁니다. 특히 "인도에 관한 문헌 자료를 제대로 이해하지 못했다"는 비판을 더하기도 했습니다. 저는 바로 후쿠다 씨의 이 같은 비판 내용을 직접 확인하고픈 마음에서 아시아적 생산양식에 관한 공부를 해 볼 요량으로 마르크스 문헌에 파고들어 연구를 시작했던 겁니다. 이후 이 문제와 관련하여 가장 먼저 쓴 글은 쇼와 8년경에 발표한 「동양적 사회에 관한 헤겔과 마르크스東洋的社會に關するヘーゲルとマルクス」라는 논문(잡지『社會』, 쇼와 8.1월호)인데, 이를 통해 방법론적인 문제에 관하여 다소나마 의견을 제시한 바 있습니다. 그렇게 방법론적인 문제에 관해 한창 책을 쓰고 있던 무렵, 지금은 돌아가셨습니다만 경성제대에서 통계학 및 경제지리 등을 연구하시던 오우치 다케지 선생님과의 소소한 일화가 하나 있습니다. 당시 선생님께서 잘 알고 지내던 쇼카샤(章華社)라는 서점 쪽에서 오우치 선생님께『각국 사회경제사총서(各國社會經濟史叢書)』중의 하나인 중국 경제사의 집필을 의뢰했는데, 그때 선생님께서 그 작업을 저에게 권하시는 게 아닙니까? 그리하여 저는 하룻강아지 범 무서운 줄 모른다고 선뜻 그 제안을 받아들였던 겁니다. 그 후 쇼와 8년으로 기억합니다만, 그 책을 쓰기 위해 먼저 「지나 사회경제사의 제문제支那社會經濟史の諸問題」라는 논문을 썼으며 또한 중국 경제사를 공부해 나가는 데에 어떤 것들이 중심적인 문제가 되는지에 관해 정립해보기도 했습니다. 참고로 당시 독일에서 출판된『사회과학 및 사회정책 자료집社會科學及び社會政策のアルヒーフ』[15]이라는 잡지에도 유사한 표제의 비트포겔의 논문이 실렸는데, 저는 그 논문에서도 상당한 영향을 받은 바 있습니다. 요컨대 '중국 경제사를 연구 데에 있어 어떤 것들이 가장 문제적인가'라는 문제설정 후에 중국 경제사를 종합적으로 정리해본 것입니다. 이후 총 2여년이라는 시간이 소요된 이 작업은 마침내 쇼와 9년에 완성되었습니다.(『지나사회경제사支那社會經濟史』)[16] 한편, 방법론적인 문제에 대해 논한 「아시아적 생산양식론アジア的生産樣式論」이라든가 「아시아적 생산양식재론アジア的生産樣式再論」 등을 발표하면서 논쟁의

---

15 원문에는『社會科學及び社會政策のアルヒーブ』로 되어있으나,『社会科学・社会政策アルヒーフ』의 오기이다. 참고로 이는『Archiv fuer Sozialwissenchaft und Sozialpolitik』의 번역서로서 독일의 사회과학자 막스 베버(Max Weber, 1864~1920)가 편집을 맡아보던 잡지이다. 우리말로는『사회과학 및 사회정책 잡지』로 번역되고 있다. 베버는 이 잡지에 1904년 「사회과학적 및 사회정책적 인식의 객관성(Die Objektivität sozialwissenschaftlicher und sozialpolitischer Erkenntnis)」, 1904년부터 1905년에는 「프로테스탄티즘의 윤리와 자본주의 정신(Die Protestanische Ethik and der Geist des Kapitalismus)」 등의 논문을 집필하였다.
16 森谷克己,『支那社会経済史』(各国社会経済史叢書 4), 章華社, 1934.

중심에 서게 되었던 겁니다. 그러고 나서 얼마 후 쓰시마 다다유키對島忠
行 씨의 권유로 이러한 논의들까지 통합 정리하여 12년에『아시아적 생
산양식론アジア的生産様式論』[17]이라는 책을 출판하기도 했습니다. 그런데
당시는 이 같은 방법론적인 문제 및 중국 경제사에 관한 공부와 더불어
조선에 관한 공부도 병행하고 있었습니다. 물론 이 역시 처음에는 앞서
말씀드렸던 비트포겔의『중국의 경제와 사회』의 영향을 받은 「구래舊來
의 조선 농업 사회에 관한 연구를 위하여」[18]라는 논문이 그 출발점이었
습니다. 이는 일본 자본이 조선으로 유입되어 조선의 사회경제 체제의
여러 변화가 일어나기 전, 즉 '본래의 조선 사회의 경제구조'라는 것은
도대체 어떠한 것이었나?'라는 문제의식을 가지고 공부를 시작했던 겁
니다. 당시 가장 신뢰했던 문헌 자료는 메이지 37~38년 무렵의 일본 농
상무성農商務省의 기사技師들이 조선으로 건너가 조선 팔도의 실태 조사
결과를 정리해 둔 「한국토지농산조사보고韓國土地農産調査報告」[19]라는 보
고서입니다. 이는 일본제국이 조선을 장악하고 조선의 경제사회구조를
변화시키기 전, 그러니까 본래의 조선 사회의 경제구조를 파악하는 데
에 도움이 되지 않을까 싶어 곧잘 활용했던 자료입니다. 그렇게 점차 역
사 방면에도 흥미를 가지고 몰두하기 시작했으나, 조선사를 중심으로
새로이 연구해 나갈 여력도 없었거니와 특히 이씨 조선 시대의『이조실

---

17 森谷克己,『アジア的生産様式論』(日本政治・経済研究叢書 6), 育生社, 1937.
18 원문에는 「従来の朝鮮農業事會の研究のために」라고 되어있으나, 이는 「旧來の朝鮮農業社
     會についての研究のために」의 오기이다.
19 明治37, 38이 아닌 明治40, 즉 1907년에 간행된 보고서이며 해당 내용은 다음과 같다.
     小林房次郎等, 「京畿道・江原道・忠清道」, 農商務省農務局 編,『韓国土地農産調査報告』,
     1907; 木田幸介等, 「咸鏡道・黄海道・平安道」, 農商務省農務局 編,『韓国土地農産調査報告』,
     1907; 三成文一郎等, 「慶尚道・全羅道」, 農商務省農務局 編,『韓国土地農産調査報告』, 1907.

록』이라는 그 방대한 문헌을 자유롭게 읽고 연구한다는 것은 평생이 걸려도 불가능하지 싶었습니다. 그리하여 '이 분야는 다른 전문가분께 맡기고 나는 그분들의 연구결과를 이용할 수밖에 없겠다. 내가 할 수 있는 것은 오히려 그 이전 시기, 즉 고대부터다'라고 생각하게 된 겁니다. 그리고 그때 활용할 만한 자료로서 제일 먼저 떠오른 것이 바로 중국의 『삼국지三國志』 「위서 동이전魏書 東夷伝」에 등장하는 조선 관련한 기사였습니다. 말하자면 서양의 타키투스Tacitus의 『게르마니아Germania』에 비할 수 있지 않을까 싶어 면밀하게 탐독했던 것이며, 이때 얻은 결과를 정리한 것이 「조선 원시 사회 전형기의 『동이東夷』 제종족의 상태朝鮮原始社會の轉形期における『東夷』諸種族の狀態」[20]라는 논문입니다. 이 논문은 영광스럽게도 하타다 선생님의 『조선사』에 실리기도 했지요. 다만, 「위서 동이전」을 그토록 세밀하게 읽었음에도 불구하고 나중에 보니 한 군데 잘못 이해한 데가 있더군요. 그리고 「위서 동이전」과 더불어 『삼국사기』도 혼자 읽는 데 어려움이 없었기에 그 정도까지의 근본 사료들은 상세히 읽어가며 나름대로 면밀한 공부가 가능했습니다. 그런데 고려사高麗史로 넘어오니 『식화지食貨志』 정도는 어떻게 읽겠습니다만, 그 외에는 도저히 무리인지라 전문가에게 맡길 수밖에 없다고 느꼈던 것이지요.

당시 조선사 공부에 있어 자주 활용했던 그 밖의 자료로는 조선총독부에서 출판한 『조선사』가 있었는데, 저는 이 자료를 통해 조선의 사회경제사 개관槪觀을 어느 정도 파악할 수 있었습니다. 그리하여 쇼와 10년경 야마구치 상업고등학교山口高商[21]에서 간행하는 『동아경제연구東亞經濟研

---

[20] 森谷克己, 「朝鮮原始社會の轉形期における『東夷』諸種族の狀態」, 『アジア的生産樣式論』(日本政治・經濟研究叢書 6), 育生社, 1937, 283~299쪽.

究』라는 잡지로부터 의뢰를 받아「조선사회경제사개론朝鮮社會經濟史槪論」
을 게재하기도 했습니다. 그런데 이 논문이 어떤 분의 주목을 받았는지
(아무래도 나카무라 히데다카 씨로 짐작됩니다만……) 후잔보富山房[22]에서『국
사사전國史辭典』의 출판이 결정되었을 때 국사國史 중에서 경제 분야에 관
련하여 조선의 경제를 역사적·개괄적으로 설명해 달라는 위촉을 받아
『국사사전』의 조선경제사 파트를 맡아 글을 쓴 적도 있습니다. 이상에서
말씀드린 바와 같이 제가 조선경제사에 관하여 한데 정리한 것으로는 잡
지『동아경제연구』에 게재한 논문과『국사사전』에 쓴 글 이 두 가지가
아닐까 싶습니다. 이후 점차 전쟁기로 들어서게 되면서 이러한 일련의
작업 이외는 시국적인 논문이나 주어진 주제를 의뢰받아 쓴 잡문 등이
주를 이루었습니다. 그러므로 그 이후부터는 예전처럼 제대로 된 공부를
했다고 볼 수도 없으며 특히 전시하에 쓴 잡문들은 지금에 와서 거론해
봐야 그저 오랜 상처를 건드리는 것에 불과하다고 생각합니다.

그러므로 그보다는 '지금까지 축적된 조선 연구를 어떻게 활용할 것
인가?', 조선사회경제사를 중심으로 고려할 경우 과연 어떤 변화가 생기
는가?' 등을 문제시 여겨야 한다고 봅니다. 그러기 위해서는 일단 누구
에 의해, 어떠한 연구가 기여·축적되었는지를 살펴봐야 합니다. 조선
독립 후에는 조선경제사 연구에 상당한 진척이 있는 듯한데, 아무래도
해방 전까지만 해도 그러한 연구 자체가 상당히 적었고 또 그마저도 일
본인에 의한 연구가 주를 이뤘다고 생각합니다. 이미 많은 분께서 지적

---

21 山口高等商業学校는 1905년 4월에 설립된 旧制専門学校로 山口高商은 그 약칭이다.
22 후잔보(富山房) : 1886년에 설립된 일본 출판사로 전전(戰前)에는 하쿠분칸(博文館)과
   함께 대형 출판사 중의 하나였다.

하셨듯이 후쿠다 도쿠조 박사의 「한국의 경제조직과 경제단위^{韓國の經濟}
組織と經濟單位」(메이지 37)라는 논문은 독일 역사학파 특히 블뤼허Bluche
r[23]적인 관점으로서 경제사를 경제단위의 발전으로 파악한다는 입장 때
문에 문제시되었다고 봅니다. 하지만 이는 초기의 자급 자족적인 경제
에 이어 도시를 중심으로 한 지역 경제 그리고 국민 경제로의 발전 과정
을 짚어나간다는 견지에서 작성된 것으로서 바꿔 말하면 조선경제의 역
사적인 연구였다고 생각합니다. 그에 이어 가와이 히로타미 박사께서
『경제대사전經濟大辭書』(다이쇼 2)을 통해 조선의 경제사적 사항 특히 토
지 제도에 관하여 해설을 해두셨는데 이 자료 역시 조선경제사회사의
연구를 진척시키는 데 있어 상당히 유용하지 않나 싶습니다. 그리고 와
다 이치로和田一郎 박사께서 여러 문헌을 두루 섭렵하여 정리하신 『조선
의 토지 제도 및 지세 제도 조사보고서朝鮮の土地制度及地稅制度調査報告
書』(다이쇼 9)[24]도 무척 도움이 되는 자료라고 여깁니다. 그 밖에도 니시
사토 시즈오西郷静夫 씨의 『조선농정사고朝鮮農政史考』(다이쇼 10)[25]와 아
사미 린타로浅見倫太郎 씨의 『조선법제사고朝鮮法制史稿』(다이쇼 11)[26] 등이
있습니다. 특히 경제사를 공부하는 데 있어 법제사에 관한 지식은 필수
적이므로 아사미 씨의 연구는 그런 의미에서도 매우 중요한 자료였다고

---

23 블뤼허(Gebhart Leberecht von Blücher, 1742~1819) : 프로이센의 군인으로 1815년
   워털루(Waterloo) 전투에서 나폴레옹(Napoleon)은 블뤼허가 이끄는 동맹군에 의해
   참패를 당한 바 있다.
24 朝鮮總督府臨時土地調査局 編, 『朝鮮ノ土地制度及地稅制度調査報告書』, 朝鮮總督府, 1920.
   『朝鮮ノ土地制度及地稅制度調査報告書』의 서문 말미에 "朝鮮總督府臨時土地調査局殘務整
   理 朝鮮總督府 鐵道部長 和田一郎"이 적혀있다.
25 이 자료는 현재 증보판만 남아 있는 상태다. 西郷静夫, 『朝鮮農政史考』(改訂增補版), 朝鮮
   農会, 1937.
26 淺見倫太郎, 『朝鮮法制史稿』, 巖松堂書店, 1922.

생각합니다. 게다가 이타니 젠이치猪谷善―[27] 씨의 「계의 연구契の研究」[28]
나 고쿠쇼 이와오黑正巖[29] 씨가 '조선경제의 계급론朝鮮經濟の階級論'과 관
련하여 다룬 자료도 유용합니다.(『經濟史論考』, 다이쇼 12년에 간행한 제1편
「조선경제사의 연구(朝鮮經濟史の研究)」)[30] 이들 모두 저희가 연구하는 데 있
어 상당히 유익한 자료였다고 할 수 있습니다. 이후 쇼와기에 들어서면
조선인 학자 또는 조선인 연구자들이 쓴 자료들이 하나둘씩 나오기 시
작합니다. 그중 제일 먼저 백남운 씨의 『조선사회경제사朝鮮社會經濟
史』(쇼와 8)[31]를 들 수 있는데, 이는 조선 고대 사회경제사에 관한 내용입
니다. 그에 이어 백남운 씨가 고려 시대에 관하여 연구한 내용을 토대로
엮어낸 『조선봉건사회경제사朝鮮封建社會經濟史』 상권(쇼와 12)[32]도 있습
니다. 이러한 자료들은 사회경제사적 연구이자 조선인이 쓴 연구로서도
매우 유의미하지 않나 싶습니다. 물론 이청원李淸源[33] 씨의 『조선사회사

---

27 이타니 젠이치(猪谷善一, 1899~1980) : 일본의 경제학자다. 도쿄상과대학을 졸업한 후
   파리에서 유학하고 돌아와 동 대학의 조교수를 거쳐 교수가 되었다. 주요 저서로는 『経
   済学説の相対性』, 『朝鮮経済史』, 『世界経済学要論』, 『日満支経済論』, 『戦時経済の再出発』
   등이 있다.
28 정확한 논문명은 「조선에서의 계의 연구(朝鮮に於ける契の研究)」이며, 서지사항은 다음
   과 같다. 猪谷善一, 「朝鮮に於ける契の研究」, 『商學研究』 4-2, 商学研究発行所, 1924.
29 고쿠쇼 이와오(黒正巖, 1895~1949) : 일본의 경제학자이자 농업사가·농촌 사회사학
   자다. 교토제대 경제학부를 졸업했으며, 일본경제사, 경제지리학 등을 연구했다. 또한
   조선 및 만주를 시찰하기도 했다. 1922년에는 문부성 재외연구원으로서 농사(農史) 연
   구를 위해 유럽·미국 등지에서 유학했으며, 이듬해인 1923년에 『経済史論考』를 출판
   했다. 주요 저서로는 『日本経済史』, 『百姓一揆の研究』, 『経済史論考』, 『日本経済史』, 『経
   済地理学原論』 등이 있다.
30 黒正巖, 「朝鮮經濟史の研究」, 『經濟史論考』, 岩波書店, 1924, 1~56쪽.
31 白南雲, 『朝鮮社會經濟史』, 改造社, 1933.
32 白南雲, 『朝鮮封建社會經濟史』 上(高麗の部), 改造社, 1937.
33 이청원(李淸源, ?~?) : 한국의 사회주의자·역사학자다. 생몰년은 미상이나, 함경남도
   출신으로 1927~1928년 사이에 일본으로 건너가 마르크스주의 운동가로 활동하다가
   사회경제사의 관점에서 조선학 연구의 가닥을 잡은 것으로 보인다. 1943년 일본 토목건
   축 노조 활동 중에 치안유지법 위반 혐의로 구속되었을 즈음부터 조선경제사연구회를

독본朝鮮社會史讀本』[34]이었나? 그런 것도 있었는데, 아무튼 이러한 연구들이 차곡차곡 축적되어 온 것입니다. 요컨대 우리가 이 축적된 연구들을 활용하려면 지금 말씀드린 다양한 자료들을 반복적으로 재검토하는 과정을 통해 배워야 할 것은 배우고 흡수해야 할 것은 흡수하면서 앞으로 나아가야 하지 않을까 생각합니다.

대단히 주제넘은 말씀을 드리는 것 같아 외람됩니다만, 전후에 출판된 하타다 선생님의 『조선사』에 앞서 선생님께서 전전에 쓰신 것으로 기억하는 고려 시대의 사원경제寺院經濟와 고려 시대 농민봉기農民一揆에 관한 연구는 조선사회경제사의 연구에 있어 하나의 착목점으로서 상당히 중요한 연구라고 생각하며 또 제 개인적으로는 그러한 연구들이 무척 인상 깊게 남아 있습니다. 그리고 하타다 선생님의 『조선사』(岩波全書, 쇼와 26)는 조선사 연구에 있어 각 방면의 전문적인 연구들이 집대성 혹은 집약화된 것이라고 생각합니다. 그리하여 향후 연구과제는 『조선사』 안에서 선생님 본인께서도 여러 가지 문제로서 인식하고 계셨던 그런 지점들에 있지 않나 싶습니다. 따라서 저희도 그러한 부분들을 읽어보고 '이러이러한 점은 더욱 개별적인 연구로서 심도 있게 진행할 필요가 있겠다', '이런 점은 근본적으로 명확히 해야 할 문제가 내포되어 있지 않은가?'라고 여길 만한 문제적인 지점들을 보다 확장시킴으로써 조선

중심으로 노동단체에 관계하며 공산주의 사상을 선전했다는 기사가 1936년 7월 『동아일보』에 실려 있다. 해방 이후 인민공화국의 후보중앙위원, 민주주의민족전선의 토지농업문제연구 위원으로 활동하다가 1946년 월북했다. 주요 저서로는 『朝鮮革命論』,『朝鮮社會運動の略史と今後の展望』,『朝鮮社會史讀本』,『朝鮮讀本』,『朝鮮歷史讀本』,『朝鮮近代史』 등이 있다. 김일권·최석영·정숭교, 『한국 근현대 100년과 민속학자』, 한국학중앙연구원출판부, 2014, 95쪽 참고.

34 李清源, 『朝鮮社會史讀本』, 白揚社, 1936.

사 연구를 이른바 분업에 의한 협업으로 이뤄나가려는 자세로 연구를 진척시켜야 할 것입니다. 다시 말해, 『조선사』를 공통의 기반으로 삼고 거기서 문제로 제기되고 있는 일련의 사항 등에 대해 개별적·전문적으로 연구에 깊이를 더하여 그 문제에 대한 해명에 있어 협업의 결실을 거두어 나가는 방향으로 진행하는 것이 축적된 선행연구들을 향후에도 잘 활용할 수 있는 하나의 방법이지 않을까 싶습니다.

하타다 다카시

지금 말씀을 들으니 선생님께서는 아시아적 생산양식의 문제에 상당히 전념하신 것으로 사료됩니다. 사실 저는 쇼와 3년에 대학에 입학했습니다만, 정작 선생님의 연구를 읽기 시작한 것은 대학 졸업 즈음으로 기억합니다. 그 연구 자료들을 살펴보니 쇼와 8년에 헤겔과 마르크스가 등장하더군요. 그럼, 경성대학에서 조선경제에 관한 연구 자료를 집필하신 것은 쇼와 10년경이었나요?

모리타니 가쓰미

쇼와 8년, 경성제대의 논집 『조선사회경제사연구朝鮮社會經濟史研究』에 게재된 논문은 「구래舊來의 조선 농업 사회에 관한 연구를 위하여」였습니다. 이 논문은 당시 『아시아적생산양식론』이라는 논문집에는 적당치 않다고 판단하여 수록하지 않았습니다. 그 이유는 해당 논문이 조선 연구의 서론 정도를 다룬 것에 지나지 않는다고 판단했기 때문입니다. 아무래도 조선의 역사에 관해 보다 심도 있게 공부하지 않고서는 도움이 될 법한 혹은 읽을 만한 제대로 된 내용은 쓸 수 없다고 생각했습니다. 다만, 그 논문을 쓰게 된 취지를 말씀드리자면 이렇습니다. 주제넘은 말씀입니다만, 역사 연구자들은 오로지 사료에만 의지를 하시는데 사실 역사라는 것이 역사 기록만 가지고서는 충분한 이해를 얻을 수 없는 법입니다. 물론 역사를 생산력, 생산양식, 생산에 연관된 여러 관계 등의 발전과 진보로 이해하는 입장이라면 연구 소재로서는 비교적 새로운 것에 의지하지 않을 수 없겠지만, 그래도 결국에는 생산에 대한 분석이 필요할 수밖에 없습니다. 왜냐하면 인간의 노동력이나 생산도구 혹은 여러 자연조건 등이 생산력을 구성하고 있기 때문이며 그중에서도 주요 요소라고 할 수 있는 자연조건들, 즉 토지의 비옥도, 지형, 기후 조건 등에도 주의를 기울여야 합니다. 그리고 그러한 조건들이 생산력을 구성하는 이상, 생산력 또는 생산양식과 생산관계를 통해 역사를 이해하기 위해서는 그 생산력을 구성하고 있는 요소에 대한 분석이 제대로 이루어져야 합니다. 따라서 생산 · 재생산 과정의 분석에 있어 조선 종래의 생산 방법인 농업이 주가 되는 이상, 인간의 주체적 조건이라고도 할 수 있는 민족의 기질이나 성향 · 체질 및 생산도구나 기술 등 이런 것들 역시 생산에 관계된다는 것임을 염두에 두어야 합니다. 더 나아가 환경요소라고 할 수 있는 자연조건도 생산에 상당한 관련이 있기 때문에 이러한 다양한 조건들에 대한 충분한 지식 습득을 바탕으로 하여 생산 발전을 살펴보지 않으면 역사의 이해는 불가능하지 않을까 하는 생각에서 조선사 연구의 서론 정도에 해당하는 글을 썼던 것입니다. 참고로 논문집 『아시아적생산양식론』을 출판할 당시 이 논문을 수록하지 않은 또 다른 이유는 훗날 유물론적 사고방식을 조선의 역사 연구에서 다시 한번 구체화시켜 뭔가 조선과 관련된 체계적인 책을 낼 경우에 활용할 생각이었기 때문입니다.

하타다 다카시

지금 선생님 말씀을 듣다 보니, 선생님께서는 사회과학으로서의 조선 연구 혹은 조선사 연구라는 방향성을 의식적으로 구상하고 계신듯합니다. 그러나 그 이전 혹은 당시 아니 어쩌면 지금도 그럴지 모르겠지만, 조선 연구 특히 조선사 연구는 사회과학으로서의 성격이 굉장히 결핍되어 있습니다. 그렇다 보니 오히려 닥치는 대로 고증하는 그런 연구 방식이 그나마 나은 편이라고 할 정도입니다. 그렇다면, 선생님께서 사회과학으로서의 조선 연구라는 방향성을 잡으신 것은 역시 대학 시절에 경험하신 여러 공부와 관계가 있는 것인지요? 혹은 제가 대학에 입학했을 때는 마침 신진카이新人會[35]의 해산으로 엄청난 싸움을 벌인 적도 있었는데, 뭔가 그런 것들과의 관련이 있는 건가요? 꼭 직접적인 경험이 아니더라도 말입니다.

모리타니 가쓰미

학생 시절에는 특히 조선 연구를 할 거라는 생각은 없었습니다. 물론 당시 조선에서 유학 온 학생 중에 김양하金良瑕, 정광현鄭光鉉[36] 등은 고등

---

35 전전에 도쿄제대를 중심으로 활동한 학생운동단체다. 러시아혁명과 쌀소동(米騷動)에 영향 받아, 1918년 12월에 요시노 사쿠조(吉野作造)의 지도하에 결성되었으며, 1929년 11월 해산되기 전까지 학생운동에 있어 중핵적인 존재였다. 1919년 3월부터 1922년 4월까지 기관지『데모크라시』를 발행했다.

36 정광현(鄭光鉉, 1902~1980) : 평양 출신의 법학자다. 1921년 일본의 메이지학원(明治學院) 중학부를 거쳐 오카야마(岡山) 제6고등학교를 졸업한 후 도쿄제대 법학부 영법과(英法科)를 졸업했다. 이후 평양숭실전문학교 및 연희전문학교 등에서 교수로 지냈다. 또한 조선총독부 중추원 구관습제도조사과 연구원으로서 친족상속에 관한 관습 조사를 이행했다. 해방 후에는 서울대 법과대학 교수로 임명되었다. 주요 저서로는『姓氏論考』, 『신친족상속법요론』,『한국가족법연구』,『敵産關係法規並手續便覽』,『판례로 본 3·1 운동사』 등이 있다.

학교 시절부터 같은 연구회, 즉 '사회과학연구회社會科學硏究會의 동료이 자 친구였으며 김 군과는 대진재 후 도쿄에서 함께 하숙한 적도 있습니 다. 그렇다고 해서 당시 조선 연구라든가 조선의 역사 연구 쪽으로 나갈 생각을 했던 건 아닙니다. 다만, 사회과학이랄까요? 유물사관식의 연구 는 무척 열심히 임했으며 민족 문제에 대해 공부한 적도 있습니다. 쿠노 Cunow[37]라는 당시 베를린대학 교수가 학생들을 상대로 강의한 내용을 정리한『마르크스의 역사・사회 및 국가이론マルクスの歷史、社会並に国家理 論』[38]이라는 책이 있었는데, 그 원본을 가지고 다이쇼 14~15년 무렵 히 라노 요시타로 선생님을 지도교수로 모시고서 매주 한 차례씩 도쿄대 정문 앞에 있는 카페에 방을 하나 빌려 연구회[39]를 꾸렸는데, 그 결과물 로 쿠노의 책을 번역하여 출판하기도 했습니다.[40] 쿠노의 그 책은 이론

37 쿠노(Heinrich Wihelm Carl Cunow, 1862~1936) : 독일의 경제사가・인류학자・사회
    학자로 수정파 마르크스주의 대표자 중 한 사람이다. 독학으로 사회주의를 연구한 후 독일
    사회민주당에 입당했으며, 1917년부터 1923년까지는 당 기관지『신시대(Die Neue Zei
    t)』의 편집자를 지내기도 했다. 제1차 세계대전 후, 바이마르공화국 당시 베를린대학교
    교수로 취임하였으나 이후 나치스 정권에 의하여 파면되었다. 주요 저작으로는『마르크스
    의 역사・사회 및 국가이론(Die Marxsche Geschichts-, Gesellschafts- und
    Staatstheorie : Grundzüge der Marxschen Soziologie)』, 『일반경제사(Allgemeine
    Wirtschafts-geschichte)』등의 저서를 남겼다.
38 원문에는『マルクスの歷史・社會・國家理論』로 되어있으나, 이는『マルクスの歷史、社会
    並に国家理論』의 오기이다.
39 연구회의 정확한 명칭은 '社会科学硏究会法制硏究会'이다.
40 모리타니가 언급하는 연구회, 즉 社会科学硏究会法制硏究会가 번역한 쿠노의 원서 및 번
    역서의 서지사항은 다음과 같다. Heinrich Wihelm Carl Cunow, *Die Marxsche Geschichts-,
    Gesellschafts- und Staatstheorie : Grundzüge der Marxschen Soziologie* 2, Berlin : Vorwärts,
    1920~1921; 森谷克己 訳, 『マルクスの民族、社会並に国家観』(マルクスの歷史、社会並に
    国家理論 2-1), 同人社書店, 1926; 鳥海篤助・社会科学研究会法制研究会 訳, 『マルクスの
    階級鬪争理論』(マルクスの歷史、社会並に国家理論 2-2), 同人社書店, 1926; 鳥海篤助 訳,
    『婚姻及び家族の発展過程』(マルクスの歷史、社会並に国家理論 2-3), 同人社書店, 1927;
    東利久 訳, 『マルクスの経済概念』(マルクスの歷史、社会並に国家理論 2-4), 同人社書店,
    1926; 鳥海篤助・濱島正金 訳, 『マルクスの唯物的歷史理論』(マルクスの歷史、社会並に国

적인 부분, 즉 민족, 국가, 역사 혹은 변증법 등에 관한 내용을 학생들을 대상으로 설명한 책이었기에 저에게는 상당히 많은 영향을 주었습니다. 사실 저는 학생 시절부터 오히려 중국 문제 쪽에 흥미가 있는 편이었습니다. 그런 제가 조선에 대해 공부하게 된 것은 조선으로 가고 나서부터이며, 관련 공부는 앞서 말씀드린 그러한 순서대로 진행해 나갔던 겁니다. 그런데 방금 말씀드린 사회과학 쪽 공부는 여러모로 애로사항이 많았습니다. 그때는 생활상의 여유가 없었던 그런 환경 탓일지도 모르겠으나, 여하튼 근본자료를 자유롭게 활용할 수 있는 기회 자체가 좀처럼 없었기 때문에 그런 공부는 거의 불가능했다고 볼 수 있습니다. 그리하여 저 역시도 사회과학 쪽의 공부와 병행하여 조선에 관한 글을 쓰기도 했던 겁니다. 게다가 역사가분들은 그때나 지금이나 마찬가지이지만 저마다의 전공 연구 범위가 비교적 좁다고 할까요? 다시 말해, 한 나라의 역사를 연구하는 데 있어 특정한 어떤 시대 혹은 일면에만 주력하고 계시는 데다가 본인이 연구하고 있는 전공 분야 이외의 연구에 대해 이런저런 의견을 제시하는 것 자체를 뭔가 쓸데없는 일이라 여기시는지 도무지 발언하시지 않는 그런 경향이 상당히 강한 것 같습니다. 물론 그 당시는 더 심하지 않았나 싶습니다.

미야타 세쓰코

조선으로 가시고 나서 민족 문제에 흥미를 느끼셨다는 조금 전의 말

家理論 2-5), 同人社書店, 1927; 社会科学研究会法制研究会・東利久 訳, 『マルクス主義と倫理』(マルクスの歴史、社会並に国家理論 2-6), 同人社書店, 1927; 森谷克己 訳, 『マルクスの唯物弁証法』(マルクスの歴史、社会並に国家理論 2-7), 同人社書店, 1927.

씀은 상당히 인상 깊네요. 그런데 당시 일본의 조선 지배에 대해 선생님
께서는 그 지배자의 한 사람으로서 어떻게 느끼셨는지요?

모리타니 가쓰미

저를 두고 점차 풍토화風土化되어 갔다는 식으로 비평하신다면 어쩔 수
없는 일이겠지만, 저도 사실 처음에는 '아시아 혹은 동양에서의 민족 문
제란 식민지 민족의 문제다', '제국주의 국가에 대한 식민지 민족의 문제'
라며 철저하게 비판적인 사고방식을 가지고 있었습니다. 그러나 경성제
국대학의 직원으로서 안주安住하며 지내다가 이후 전쟁기로 접어들자,
존재가 의식을 결정했다고 할까요? 그러한 주위의 영향을 받게 되니 조
선의 민족 문제라는 것은 제국주의 본국에 대한 식민지 민족의 해방이라
는 문제로 인식하게 되어 당초와 같이 철저하게 비판적으로 생각할 수가
없게 되었습니다. 이는 물론 결과적으로는 잘못된 생각이었지만 저는 당
시의 환경 다시 말해, '이미 조선이 일본과 일체一体가 된 이상 일본 제국
주의 틀 안에서 일본인과 동등한 권리를 누리게 될 때까지 조선 민족의
지위를 높여가는 방향으로 나아갈 수밖에 없는 것이 아닌가' 그렇게 생각
할 수밖에 없었던 겁니다. 따라서 일본 제국주의에 대한 식민지 민족의
해방이라는 원칙론적 입장에서 조선 민족의 문제를 생각하는 것은 불가
능했으며, 일본제국 내에서의 조선 민족의 지위를 고양시키는 방향으로
나아가지 않으면 안 된다는 전망하에서 조선의 현실 문제를 볼 수밖에 없
다는 쪽으로 사고방식이 자연스럽게 변해갔던 겁니다.

하타다 다카시

그 부분은 제일 나중에 따로 여쭙고 싶었습니다만…….

미야타 세쓰코

그와 관련하여 예를 들면, 백남운 선생님께서 "역사 발전에서의 유일한 특수성은 그 발전단계의 특수성이다"라고 말씀하신 것처럼 이른바 조선사를 합법적인 측면에서 보고자 하는 것에 대해 아시아적 생산양식이라는 특수한 단계를 설정했던 것은 '어떤 식으로 생각해 봐도 일본의 제국주의 침략 그 자체로밖에는 보이지 않는다. 다시 말해, 가장 핵심적인 내부에 본인도 휘말려 들어가 있음에도 불구하고 여전히 조선 사회의 특수성을 강조하여 자신의 이론을 합리화했다'는 식의 비판도 있기 때문에 그와 관련하여 질문을 드렸던 겁니다. 오늘 초반에도 민족 문제에 관하여 여쭤봤습니다만, 과연 선생님의 이론이 그런 관점만으로 깡그리 비판받을 수 있는 것인가 싶은 겁니다. 덧붙여 일본 지배라는 조건 속에서 분명 변질의 영향은 있었겠지만 그래도 그 안에서 저희들이 계승할 만한 것이 있는지, 만약 있다면 어떠한 점인지도 여쭙고 싶습니다.

하타다 다카시

앞서 선생님께서 하신 말씀처럼 주변 환경이 그렇게 만들어 버렸다고 말하면 그만이겠습니다만, 선생님의 연구만 놓고 본다면 비트포겔의 이론 혹은 아시아적 생산양식의 이론이라는 것이 모리타니 선생님께서 말씀하신, 즉 "일본제국 내에서 조선 민족의 지위를 높이고 또 일본제국으로부터의 해방이라는 식으로 나아가지 않으면 안 된다……"라는 식으로

자연스럽게 발전해 가게 된 것인가요? 그렇지 않으면, 오히려 학문보다 외부적인 영향들이 강하게 작용했던 것인가요? 이런 말씀을 드리는 이유는 히라노 선생님께서도 비트포겔의 저작을 번역하셨고 또 아시아적 생산양식에 대한 논의도 하셨습니다만, 종국에는 『대아시아주의의 역사적 기초大アジア主義の歷史的基礎』[41]라는 책을 쓰셨습니다. 물론 모리타니 선생님과는 상당히 차이가 있긴 합니다만, 어쨌든 대동아공영권大東亞共榮圈과 유사한 사고방식을 갖게 되신 겁니다. 그것이 과연 외부적인 조건 안에서 어쩔 수 없이 그렇게 자연스레 뜻을 접게 된 것인지 혹은 비트포겔식으로 가다 보면 종국에는 그렇게 되는 건지 그런 의문이 드는 겁니다.

무라야마 마사오

사실 저는 오늘 예정에 없이 참석하게 되어 이렇게 갑작스레 말씀을 드리게 되었습니다만, 일단 저 같은 경우는 그나마 젊은 세대로 소위 전중파戰中派[42]에 속하는 부류라고 생각합니다. 그런데 선생님께서 말씀하신 것처럼 과거 역사가들 중에는 확실히 자신의 연구 분야만을 고수하느라 그 밖의 연구에 대해서는 발언을 아끼는 사람들도 다수 있었다고 생각합니다. 물론 이 또한 동양사학의 전통에 입각한 것이긴 합니다만……. 반면, 선생님께서는 보다 폭넓은 사회경제사를 연구하셨으며 또 앞서 말씀하신 그런 동양에 관련한 서적 번역 같은 선행 작업을 해 주셨습니다. 이처럼 선생님께서는 일련의 역사가와는 다른 관점에서 연구

---

41 平野義太郎, 『大アジア主義の歷史的基礎』, 河出書房, 1945.
42 제2차 세계대전 당시에 청년 시절을 보낸 세대를 일컫는다.

를 해오셨으며, 또 그런 것들을 전쟁과도 관련짓고 계신다고 생각합니다. 그런 의미에서 동아생활권東亞生活圈이라는 식의 사고방식과 선생님의 작업을 어떻게 결부시키셨는지 그에 관한 선생님의 의견을 들려주셨으면 합니다.

모리타니 가쓰미

비트포겔의 이른바 '아시아적 사회의 이론'은 아시아·동양이라는 것을 특별한 사회, 즉 일체로서의 특별한 생산양식에 입각한 사회로 생각하는 것이기 때문에 일본을 중심으로 했던 다시 말해, 일본 지배하에서의 아시아 여러 민족의 연대와 일체화를 추진해 나가려는 대아시아주의에도 연관되듯이 그러한 사고방식이 비트포겔의 '아시아적 사회의 이론'에는 분명히 존재한다고 생각합니다. 따라서 저는 일종의 전향轉向이라는 그런 의식조차 없이 비교적 수월하게 『동양적 생활권』 같은 책을 썼는데, 그 밖에도 시국적인 여러 잡문까지 쓸 수 있었던 것은 역시나 비트포겔의 '아시아적 사회의 이론' 안에서도 그러한 방향으로 나아갈 수 있는 계기가 있었지 않았나 싶습니다. 다만, 비트포겔의 '아시아적 사회'라는 것은 마르크스가 말한 '아시아적 생산양식'과 동일한 의미는 아니라고 봅니다. 마르크스가 하나의 사회단계로서 언급하고 있는 '아시아적 생산양식'이란 비트포겔이 이해한 '아시아적 사회'와는 다른 사회의 경제적 구성을 의미하고 있다는 바로 그 지점을 『아시아적 생산양식론アジア的生産樣式論』[43]을 통해 강조하고자 했던 겁니다. 다만, 그 『아시아적 생

---

43 森谷克己, 『アジア的生産樣式論』, 育生社, 1937.

산양식론』의 본론 후반부의 어느 장章에 실은 「사회경제사에서의 동양의 특수성社會經濟史における東洋の特殊性」에서는 동양 여러 나라의 역사적 배경은 유럽·서양과 다른 별도의 역사 과정을 되짚어가면서 사회의 경제적 구조가 별개였다는 것을 강조하고 있기 때문에 이를 지나치게 부각시키는 것은 대아시아주의와 너무 쉽게 연관 지으려 한다는 식의 자기비판이기도 합니다. 저도 마르크스의 '아시아적 생산양식이란 이런 사회의 경제적 구성을 의미했던 것'이라는 주장까지는 괜찮다고 봅니다. 그러나 거기서 한층 더 나아가 비트포겔 류의 사고방식으로 동양의 여러 민족의 역사적 배경은 서양의 그것과는 전혀 다른 별개의 사회 경제적 구성의 역사였다는 것을 과하게 강조했던 점은 기본적으로 잘못되었다고 생각합니다. 잘 아시다시피, 비트포겔은 유물사관에 대해 처음부터 비판적으로 보고 이에 대한 수정을 시도했던 인물입니다. 즉, '역사 이전은 원시 사회이고 그 원시 사회는 무계급 사회였으며, 그런 사회가 계급적으로 분열하게 되는 시초는 노예제 사회이고 그 후 봉건제·농노제 사회로 진행된다'는 인류 역사에 관한 일반적인 테제를 원칙적으로 수정했던 겁니다. 게다가 비트포겔은 '역사의 과정은 원시 사회가 분해되면 오히려 봉건제·농노제 사회로 나아가거나 아니면 아시아적이자 동양적인 토지 소유가 집중화된 전제적·관료제적인 사회로 진행되는 등 그 어느 쪽인가로 나아가는 것이 오히려 역사가 진행되는 원칙적인 방향'이라고 주장했습니다. 또한 '노예제 사회라는 것은 고대 그리스·로마에서만 성립했던 그러니까 세계사적 과정에서 말하자면 오히려 예외적인 것'이라는 견해를 내세우던 인물입니다. 이는 그가 『동양적 사회의 이론』을 통해 본인의 주장을 일괄하는 단계에서 그런 원칙론을 주장

했습니다만, 저는 바로 그 지점에 대해 일찍부터 의문을 가지고 있었습니다. 그가 고대의 노예 소유자 사회를 그리스·로마의 고대에 한정하거나 동양적 관료제 사회를 봉건적인 사회와 전혀 다른 것, 즉 원칙적으로도 아예 다른 것으로서 파악하는 입장을 강조하게 되면서 역사적 견해에 오류가 생긴 거라고 저는 그리 생각합니다.

하타다 다카시

비트포겔의 최근 이론[44]은 실로 무시무시합니다. 이는 그 '물水의 이론Hydraulic Theory'이 숙명론宿命論이 되고 그것이 다시 엄청난 정치론이 되었으니까요. 그의 주장에 따르면 일본은 관리가 가능한 작은 강이 많은 나라이기에 봉건 사회가 가능하지만, 중국이나 러시아 같은 경우는 강의 규모가 거대하기 때문에 전제야만專制野蠻이라는 식의 숙명론으로 빠지게 된다는 겁니다. 여담입니다만, 그가 수년 전 일본에 왔을 때 저희 학교에도 방문하여 이런저런 이야기를 들은 적이 있었습니다만, 그야말로 상당하더군요. 그의 말대로라면 소련이나 중국은 이미 곤경에서 벗어날 수 없는 상황이 되어버린 게 아닌가 싶은 것이……. 반면, 일본은 한껏 치켜세우면서 강의 규모가 작은 데다가 지방 권력이 생겨나 봉건제가 형성되었으니 머지않아 근대 사회를 이룰 거라고 했습니다. 그렇다면, 그의 저서 『동양적 사회의 이론』에는 그런 주장의 배경이 될 만한 어떤 요소가 있는 것이 아닐까요?

---

44 Karl August Wittfogel, *Oriental Despotism: a Comparative Study of Total Power*, Yale University Press, 1957.

모리타니 가쓰미

글쎄요. 비트포겔의 그 치수 사회治水社會의 이론은 점차 극단적인 방향으로 치닫고 있던 게 아닐까 싶습니다. 하지만 그의 동양역사관이 그런 방향으로 발전해 가게 된 계기는 이미 처음부터 내재되어 있었다고 봐도 좋을 것 같습니다. 그는 원래 유물사관이라고 할까요, 변증적 유물론이라고 할까요. 아무튼 그런 기초이론에 관해서도 엄청나게 공부를 했던 사람입니다. 특히 생산에 대한 분석에 상당히 주력하여 연구했기 때문에 그런 점에 있어서는 저에게 많은 공부가 되었습니다. 이때 그 생산의 구성요소로서 인간노동력, 노동수단 그리고 자연 요인을 헤아리지 않으면 안 된다고 생각하는데, 그 자연적 요인들 가운데 물水의 요소를 특별히 강조하는 사고방식이 점차 극단적으로 나아갔던 게 아닐까 싶습니다. 다시 말해, '관개수灌漑水가 동양에서는 생산력에 있어 특히나 중요한 요소로서 농기구는 변변치 못해도 물이라는 인자因子가 생산력에 더해짐에 따라 생산의 잉여가 발생하게 된다. 즉, 물을 인공적으로 공급하지 않는 농업과 달리 물의 공급이 이뤄지는 아시아는 물에 의해 추가적인 생산력을 얻을 수 있고 그에 따라 필요노동의 이상, 즉 잉여노동에 의한 생산물의 수확이 가능하다. 그로 인해 동양의 지배계급은 영화를 누릴 수 있었다.'라는 지점까지는 이해가 됩니다만, '물을 관리하는 것이 동양에서는 상당히 중요했다. 그렇게 되면 물을 관리하는 데에 있어 치수규모治水規模의 문제가 생겨난다'는 이 부분은 좀처럼 납득하기 어려운 지점입니다. 방금 말씀하셨듯이 일본 같은 경우는 전부 지역 하천인 데다가, 국토를 가로질러 관통하는 거대 하천이 없습니다. 그렇기 때문에 치수는 각 지방에서 해결이 가능한 것입니다. 따라서 국토가 다수의 봉건적인 영유지로 분할이 가능하여 봉건적인 체제가 완성되는 데에 별다른 장해가 없었던 겁니다. 그런데 중국 또는 그 밖의 동양에서는 초지방적超地方的인 하천이 존재하기 때문에 국토를 봉건적으로 분단하게 되면 치수 문제를 해결할 수가 없는 그러한 국가를 비트포겔은 '수리 사회 hydraulic society'라 칭하고 있습니다. 그의 초반의 주장, 즉 '생산력을 구성하는 요소로서 동양의 농업 생산에 있어 물이 특별하고도 중요한 역할을 담당하며 그로써 추가적인 잉여생산이 발생한다. 따라서 동양에서는 물이 중요한 역할을 담당해왔다'는 그 정도까지는 문제가 없습니다만, 거기서 더 나아가 '수리 사회'라고 명명한 것도 뭐한데 이에 그치지 않고 이번에는 물이 생산력 인자로서 그 생산력을 통해 사회를 규정해가는 사고방식에서 벗어나 갑자기 거대한 치수의 과제를 안고 있는 국가에서는 그 치수 문제를 수행하기 위해 집권적인 권력이 생겨날 수밖에 없다는 논리로 확장된 것이 문제적이라는 겁니다. 이어 비트포겔은 '수리 사회'에서 봉건적 관계는 형성될 수 없으며 그 대신 관료주의가 생겨났다는 방식, 즉 대규모 치수 과제를 해결하기 위한 존재로서 각종 사항을 설명하는 방향으로 나아갔습니다. 이 부분에서 비트포겔의 사고방식에 오류가 생겨난 게 아닌가 싶습니다.

와타나베 마나부

그렇다면, 선생님께서 비트포겔 연구에 몰두하시게 된 동기는 무엇인지요?

모리타니 가쓰미

비트포겔의 저서는 비교적 이른 시기부터 일본에 들어왔습니다. 가장

먼저 『원시 공산주의와 봉건주의原始共産主義と封建主義』라는 팸플릿이 들어왔고 이어 『시민사회사市民社會史』[45]라는 그의 저서가 소개되었습니다. 이 책은 사회경제사와 관련한 여러 문헌에서 인용한 내용들로 구성되었는데, 그런 의미에서 보면 문헌 자료로서 상당히 공부가 되는 책으로써 이는 1924년에 출판되었습니다. 앞서 잠시 언급했듯이 그는 저희 학생 시절에 일본에 방문한 적도 있습니다. 아무튼 『시민사회사』외에도 『깨어나는 중국めざめゆく中國』,[46] 『쑨원전孫逸仙伝』등의 중국 문제에 관한 책도 일본에 들어와 있었습니다. 참고로 후자는 1927년[47]에 전자는 1929년에 출판되었습니다. 이어 독일에서 간행된 마르크스주의 잡지에 지리적 유물론을 비판하는 논문도 나와 있었습니다. 이러한 자료들을 통해 학생 시절부터 비트포겔에 주목했던 것이지요. 그리고 저는 그 무렵에 사적유물론史的唯物論 이론의 이해를 돕기 위한 도서를 비롯하여 중국 문제를 다룬 내용 또는 독일 사회경제사가들의 저작 등에서 인용한 내용들로 구성된 『시민사회사』와 같이 모쪼록 공부에 도움이 될 만한 책 등을 집필했습니다. 그리고 나서 얼마 후에 출간된 그의 『중국의 경제와 사회中國の經濟と社會』를 읽어봤더니, 이는 그때까지의 중국 연구를 면목 일신한 참신한 연구로서 중국의 생산 · 재생산과정 · 생산을 구성하고 있는 각종 생산력 그 자체의 분석을 비롯하여 역사에 관해서도 일괄적으로 설명되어 있었습니다. 물론 그에 앞서 마라르Mad'iar Liudvig(1891~1940)의 『중국

45   Karl August Wittfogel, *Geschichte der bürgerlichen Gesellschaft : Von ihren Anfängen bis zur Schwelle der großen Revolution*, Wien : Malik, 1924.
46   원서 서지사항은 다음과 같다. Karl August Wittfogel, *Das erwachende China, Ein Abriß der Geschichte und der gegenwärtigen Probleme Chinas*, Wien : AGIS Verlag, 1926.
47   원문에는 1927년으로 되어있으나, 실제 출판연도는 1926년이다.

농촌경제연구中国農村経済研究』(1928.4)⁴⁸가 출판되긴 했습니다만, 중국의
농촌 경제를 중심으로 다룬 마라르의 저서와 달리 비트포겔의 저작은 농
업뿐만 아니라 중국의 공업적 생산과정 또는 상업이나 고리대자본高利貸
資本에 관한, 즉 중국의 경제 성장 과정에 대한 전반적인 분석 내용이 상
당히 충실하다고 느꼈습니다. 따라서 그의 저작을 번역한다는 것은 제
개인적으로도 대단히 공부가 될 것으로 여겼기에 그 작업을 하게 되었으
며 그러한 번역 과정을 통해 비트포겔식의 사고방식에 자연스럽게 접근
하게 된 겁니다.

하타다 다카시

사실 저희 학생 시절에는 비트포겔을 상당히 높이 사는 추세였습니
다. 특히 유물사관 같은 거로 뽐을 내려는 무리에게는 더욱 그랬지요.
실은 저희 동양사 쪽에서도 그의 이론을 언급하긴 했어도 그것을 실증
한 논문은 적습니다. 그나마 시다 후도마로志田不動麿 씨가 위진남북조魏
晉南北朝 시대의 농업 문제를 다룰 때 잠시 언급한 정도인데, 심지어 시다
씨 본인조차도 더 이상은 무리라고 말씀하였듯 그 실증은 불가능했습니
다. 하지만 당시는 비트포겔의 그런 이론을 언급하지 않으면 뭔가 연구
자들 사이에서 거론조차 되지 못하는 그런 분위기가 있었습니다. 하니
고로羽仁五郎⁴⁹ 씨가 『동양에서의 자본주의 발달東洋における資本主義の發

---

48 원문에는 『中國農業經濟論』라고 되어있으나, 이는 『中国農村経済研究』 上(Mad'iar
    Liudvig, プロレタリア科学研究所中国問題研究会 訳, 希望閣, 1931)의 오기이다.
49 하니 고로(羽仁五郎, 1901~1983) : 마르크스주의 역사학·역사철학·현대사를 전공
    한 일본의 역사가다. 도쿄제대 법학부 입학했으나 휴학 후, 역사철학 공부를 위해 독일
    로 유학을 떠났으며 현대사 및 유물사관에 관해 연구했다. 귀국 후 동 대학 문학부 사학
    과로 전과했다. 1929년 프롤레타리아 과학연구소 창설에 가담했다. 주요 저서로는 『歷

達』[50]이라는 책을 출판하신 것이 쇼와 7~8년경인데 이는 비트포겔의 이론 그대로라고는 할 수 없지만, 그래도 상당 부분 포함되어 있는 것은 사실입니다. 그 밖에도 마자르[51]나 소련 쪽 연구자들의 '물의 이론'이 상당한 인기를 끌었습니다. 그리고 지금이야 비트포겔에 대한 비판이 가능하지만, 저희 때만 해도 상당히 선진적인 이론이라고 여겼던 것 같습니다. 알고 보면 그의 이론에는 커다란 오류가 있는데도 말이지요.

와타나베 마나부

그 당시 저는 학생이었던지라 문과대 선생님께서 강의하셨던 일본사학 수업을 들은 적이 있는데, 그때 역사 방면으로 사노 마나부佐野学[52] 씨의 일본사를 읽곤 했습니다. 그런데 한참 읽고 있노라니 사노 씨는 기존의 것들을 완전히 뒤집는 그런 견해를 제창하고 계시더군요. 한편, 그 무렵의 역사는 전부 문화사밖에 없었기 때문에 모리타니 선생님의 연구 논문 「구래舊來의 조선 농업 사회에 관한 연구를 위하여」가 나왔을 때 저희들은 상당한 매력을 느꼈습니다.

史学批判叙説』, 『東洋に於ける資本主義の形成』, 明治維新 現代日本の起源』, 『日本人民の歴史』 등이 있다.
50 羽仁五郎, 『東洋に於ける資本主義の形成』, 三一書房, 1948.
51 마자르 공화국(Magyar Köztársaság), 즉 헝가리를 가리킨다.
52 사노 마나부(佐野学, 1892~1953) : 일본의 사회주의운동가이자 역사학자다. 도쿄제대 정치과를 졸업한 후 한때 만철에서 근무하기도 했다. 와세다대학에서 강사로 근무하던 중인 1922년에 일본공산당창립에 참가하여 당 중앙위원이 되어 다양한 활동을 펼쳤다. 1928년 모스크바에서 열린 코민테른 제6회 대회에 출석했으며 이듬해 상하이에서 검거되었다. 그러다 1933년 옥중에서 나베야마 사다치카(鍋山貞親)와 함께 전향을 표명했다. 주요 저서로는 『露西亜社会史』, 『唯物論哲学としてのマルクス主義』, 『レーニン主義二三の研究』, 『日本歴史』, 『プロレタリア日本歴史』, 『天皇制と社会主義』, 『獄中記―転向十五年』 등이 있다.

모리타니 가쓰미

저의『동양적 생활권』은 한창 전쟁 중에 쓴 것으로 지금 돌이켜보면 정말 부끄럽기 짝이 없으며 또 이렇게 말하면 좀 그렇긴 합니다만, 그 책에 수록된 논문들이 전부 대아시아주의적인 방향에서 완전한 성공을 거둘 거라는 그런 생각을 가지고 쓴 것은 아닙니다. 당시 상황이 상황이었던지라 시장을 겨냥한 대량생산이 아닌 일단 주문을 받으면 생산하는 주문생산방식이었기 때문에 그렇기도 하고 또 한편으로는 세계가 그로스라움広域[53]으로 갈라져 가는 것에 대한 의문을 품은 채로 썼던 글입니다. 하지만 전체적으로는 결국 전쟁의 구실거리가 되어버렸습니다만······.

하타다 다카시

한 가지 더 여쭙고 싶은 것은 선생님의 여러 견해 가운데 물의 이론 외에 공동체에 관한 의견이 대단한 화제가 되고 있다고 생각됩니다만, 이 부분 역시 비트포겔을 통한 발상인 것인지요? 그게 아니라면 어떤 것에 의한 것이었는지도 여쭙습니다.

모리타니 가쓰미

공동체에 주목해야 한다는 생각은 비트포겔 쪽이라기보다 오히려 마르크스와 엥겔스가 역사에 관해 쓴 저작에서 영향을 받았다고 생각합니다. 비트포겔의 저작에서는 '원시적인 양상을 띤 공동체가 동양에서는 최근까지도 존재하며 그것이 동양 사회를 특징짓게 한다'는 식의 사고

53　그로스라움(Groβ raum)은 독일어로 '넓은 방', '큰 공간', '하나의 실체로 이해되는 더 큰 영역'을 의미한다.

방식은 그다지 드러나지 않는다고 봅니다. 오히려 그런 생각은 마르크스가 주창한 '아시아적 생산양식'에 관해 제 나름의 이해방식에 의해 그런 점들을 강조했던 것입니다.

하타다 다카시

동양 사회와 조선 사회에 대한 선생님의 견해는 다소 입각점이 다르다는 생각이 듭니다. 물의 이론과 공동체 이론 중 어느 쪽에 더 큰 비중을 두고 계신지요? 아무래도 물의 이론 쪽이 더 크지 않은가요? 더불어 상호 간의 관련성에 대해서도 한 말씀 부탁드립니다.

모리타니 가쓰미

당시 시국에 적합한 내용을 쓰게 되고 나서부터 물의 이론 등을 강조하게 된 것 같습니다. 그러나 제가 중국 역사에 관해 조금이나마 공부를 해 본 바로는 공동체 이론이나 물의 이론 뭐 어느 쪽이 됐든 이들을 지나치게 강조하게 되면 상당히 일면적一面的인 방향으로 흘러가기 마련이라고 생각합니다. 공동체라는 것도 하기야 중국도 마찬가지가 아닐까 싶습니다만, 조선에서는 혈연적인 공동체로서 지금까지 존속하고 있으며 이는 역사적 사회의 경제적 구조를 제약하고 있습니다. 노예 제도를 예로 들면, 원시 사회가 해체되어 계급으로 구분되면 어디서든 그 시작은 노예와 노예소유자로 나뉩니다. 그러나 일단 '총체적 신예제總體的臣隷制'를 별도로 놓고 보자면 동양의 여러 국가에서는 노예 제도가 아무래도 그리스·로마의 고대처럼 발달했다고는 할 수 없습니다. 특히 그리스·로마 고대의 노예제 전성기와 같은 상황처럼 노예 노동력이 압도적인 역할을 한다거나 혹은 유일한 생산 노동력으로서 이용된다는 그런 식이 동양의 역사 시대歷史時代[54]에도 존재했다고 할 수는 없지 않나 싶습니다. 일례로 중국의 전한말년前漢末年무렵, 즉 기원전 1세기경에 노예가 상당수 있었던 시기가 있긴 했으나, 그때도 주요 생산 노동력은 가족 구성원과 농기구를 소유하고 토지를 보유한 경작 농민이었습니다. 이 또한 원시적이자 혈연적인 공동체라는 것이 인보상부隣保相扶의 공동체적 관계가 강하게 보존되고 있었기 때문에 간혹 공동체 구성원 전체가 노예와 같은 취급을 받는 일이 있긴 했어도 그것이 완전히 노동력으로서 제삼자에게 그러니까 주인에게 전적으로 소유되는 그런 경제적 의미에서의 노예제라는 것이 동양에서 존재하기란 어렵지 않았나 싶은 겁니다. 특히 역사 시대로 들어가면 시대를 노예소유자 경제 시대로 구분할 만큼 두드러지게 발달했다고 말하기는 어렵지 않을까요. 게다가 그런 공동체가 보존되었기에 구성원인 생산자가 노예로 전락하는 일 다시 말해, 공동체가 노예소유자와 노예로 나뉘는 그런 분화는 일어날 수 없었다고 생각합니다. 이어서 물의 이론에 대해 말씀드리자면, 저는 물의 문제는 역시 서양의 근대공업화가 이뤄지기 이전 단계, 즉 농업 사회였던 시대의 서양 그리고 종래의 중국이나 조선 또는 그 밖의 동양 여러 국가 간의 차이는 관개수灌漑水와 관련된다고 봅니다. 즉, 관개수라는 것이 동양의 농업 생산에 특별한 생산력의 한 요소로서 추가됨에 따라 그 차이

---

54 역사 시대(歷史時代, Recorded history) : 역사의 시대 구분 방법 중 하나로서 문자로 기록되어 문헌상으로 그 내용을 알 수 있는 역사적 시대를 가리킨다. 한편, 문헌상으로는 정확히 알 수 없고 고고학적인 방법 예를 들면, 유물 등을 통해 알아낼 수 있는 시대를 선사 시대라고 한다. 그러나 최근 고고학의 발달로 문헌 자료뿐만 아니라, 구비(口碑) · 회화(繪畵) · 유물(遺物) 등도 그 연구대상에 속한다.

를 만들어 내는 하나의 조건이 되었다고 생각합니다. 물론 역사를 연구하면서 지금 언급한 내용들을 어떤 식으로 파악하여 어떤 방식으로 설명할 수 있는지 그러한 문제들이 존재하긴 합니다만, 그래도 일단 이러한 지점들이 반드시 고려되어야 한다는 생각에는 변함이 없습니다.

미야하라 도이치

선생님께서는 중국과 조선, 양국의 사회경제를 이론적으로 익히 살펴보셨을 텐데요. 조선의 사회경제가 중국과 크게 다른 점은 어떤 것이 있는지 또 어떤 점이 조선 사회의 특질이라고 생각하시는지 그에 대한 의견을 여쭙습니다.

모리타니 가쓰미

대략적으로 말씀을 드리자면, 아시다시피 중국의 문명 발생은 조선이나 일본에 비해 굉장히 일찍 일어났으며 또 상당히 이른 시기부터 발전을 거듭해 왔습니다. 바로 거기서부터 생겨나는 역사 과정의 차이를 생각할 수 있는 겁니다. 중국의 역사 과정에 대해서는 고대 사회경제구성의 추이 문제, 노예소유자경제 시대부터 봉건경제 시대로의 이행 시기 문제 등에 관한 역사가들의 견해는 아직도 일정하지 않은 것 같습니다. 한편, 조선이 역사 무대에 등장하기 시작한 것은 간략히 말하자면 중국이 다른 민족의 침입으로 인해 중국 고대제국이 해체된 시기에 조선의 서북쪽이 중국의 군현적 지배로부터 벗어난 후부터입니다. 그때 중국은 이미 1500년 또는 2000년이나 되는 역사를 거쳐 왔고 그런 시간들을 통해 역사 과정이 자연적으로 발전하게 된 것입니다. 다시 말해, '원시 사회가 계급 사회로 발전했으며 이어 노예소유자경제에서 초기 봉건적 질서로, 더 나아가 봉건적 관료주의로의 발전'이라는 식으로 중국의 역사는 형성되어 온 것입니다. 중요한 것은 조선이나 일본 모두 이러한 선진 중국의 영향을 크게 받았다는 겁니다. 실제로 중국에서 한제국漢帝國이 쇠약해지자 그 틈을 타고 외부민족이 들이닥쳤는데 이때 마침 유럽의 민족대이동 시기와 동시기에 조선도 삼국 시대로 접어들어 그야말로 역사 시대로 들어서게 되었습니다. 이러한 관계 속에서 역사 과정이 선진적인 이웃 나라의 영향으로 인해 대폭 수정될 수밖에 없었던 것이지요. 따라서 선진적인 중국과 조선 더 나아가 일본이라는 동아東亞의 여러 국가 간에는 아무리 고대라고 해도 다른 나라와의 교류 없이 한 나라의 역사나 생활상의 다양한 관계들이 형성될 수는 없었습니다. 그러니 전쟁이나 평화 사절의 교환 같은 형태로서 이루어지는 인접 국가와의 교류를 통해 생활상의 여러 관계가 형성되어 왔다고 생각해야 합니다. 그러나 그렇다고 해서 조선의 역사 과정이 이른바 자연적인 역사 과정, 즉 원시 사회, 노예제 사회, 봉건 사회라는 유물사관의 단계설대로 자연적인 발전을 이루었다는 식으로 생각해 버리는 것은 연구를 잘못된 방향으로 진척시킬 우려가 있습니다. 따라서 역사 연구를 할 때는 이런 부분들을 염두에 두지 않으면 그릇된 방향으로 흘러가기 쉽다고 보는 겁니다. 백남운 씨는 『조선사회경제사』 안에서 삼국 시대를 노예제 시대인 것처럼 설명하셨는데, 만약 그 설명을 입증해줄 만한 충분한 증거가 제시되었다면 그런 주장도 유효하겠지만 그게 없으니 문제적이지 않나 싶습니다. 오히려 역사 방면에 문외한인 입장에서 지금 언급한 그런 지점들을 보면 노예소유자경제 시대를 조선사의 삼국 시대, 즉 역사 시대의 초기로 보는 데에는 아무래도 의문의 여지가 있으리라 봅니다. 물론 실제 노예가 있던 시기에는 노예제가 다수 존재했었다는 증거를 제시할 수도 있겠습니다만……. 그리고 중국의 경우는 사실 이른 시기부터 농업 사회였긴 하지만, 점차 상업도 생겨나고 공업적 생산도 가내공업이라 불리던 단초적인 단계를 벗어나 사회적 분업으로서의 수공업적인 단계, 더 나아가 매뉴팩처manufacture와 유사한 형태로도 어느 정도 발달한 상태였습니다. 공업 자본주의의 맹아와 관련한 문제는 중국에서도 여전히 중요한 문제로서 논쟁이 벌어지고 있는 것 같습니다만, 근대적·국제적 관계 속으로 진입하기 이전에 자국 안에서 공업자본주의적인 요소가 톤야세問屋制[55] 방식의 공업 형태 또는 매뉴팩처 같은 형태로 이미 발생했고 또 그 발달 상태도 중국의 경우는 상당히 진척되었다고 할 수 있지 않을까요? 이처럼 공업자본주의의 맹아 문제는 중국 내에서도 상당한 문제가 될 수 있습니다. 한편, 조선 같은 경우는 근대자본주의의 발생이라는 문제를 논하기 위해서 조선이 일본과 교섭을 이루게 되고 이로써 일본으로부터의 자본 진출이 이루어져 조선 땅에서 생산수단을 획득한 후 임금 노동자를 고용하여 생산하는 형태가 생겨났기 때문에 기존의 조선 자체에서 톤야세 형태 혹은 매뉴팩처 형태의 공업이 얼마나 생겨날 수 있었는지 이런 것들이 먼저 파악되어야 한다고 생각합니다. 그러나 이 부분은 제가 조선에서 체류하던 당시 그에 관한 면밀한 공부를 하지 못

---

55 톤야세 가내공업(問屋制家內工業) : 톤야(問屋), 즉 상업자본가가 분산되어 있는 가내공업자(직접생산자)에게 원료 및 노동수단을 빌려주어 상품을 생산하게 만드는 경영형태를 말한다. 이는 초기자본주의 과정에서 다수 존재했으며 매뉴팩처 경영 양식과도 공존했다. 그러나 이와 같은 상인자본은 산업혁명을 거쳐 기계식 대량공업의 등장에 따라 감소하긴 했지만, 아직도 하청 제도(下請制度)의 형태로 잔존하고 있다.

했기 때문에 뭐라 자세히 말씀드릴 수는 없지만, 어쨌든 이러한 점에서 중국과의 차이가 발생하는 것이 아닌가 싶습니다.

미야하라 도이치

그와 관련해서는 선생님께서 문제 삼으신 생산력이라는 측면에서 설명 가능하지 않을까요? 물론 중국과의 교류라든가 영향 관계도 있겠습니다만, 그래도 조선 독자적인 생산력 같은 것에 이 문제의 실마리가 있지 않을까 싶습니다.

모리타니 가쓰미

근대의 조선사 특히 이조 말기 무렵에 초점을 두고 깊이 연구해보지 않으면 상인자본이나 고리임자본의 축적이라든가 톤야세 공업, 매뉴팩처의 존재 등 이런 문제에 관해서는 정확하게 알 수가 없다고 생각합니다. 만약 일본과의 교류가 이뤄지기 그 이전부터 조선에 임금노동의 충당이나 톤야세 공업 형태 및 매뉴팩처 형태가 존재했다면 이는 조선 내에서 농민들이 다소나마 자주성을 가지고 잉여생산의 축적이 가능해지게 되었음을 의미하는 것이겠지요. 반면, 그런 것들이 존재하지 않았다면 조선 고대의 농민들이 너무나도 심하게 착취를 당한 나머지 잉여생산을 축적할 수 있는 여지조차 남기지 못했다는 것이 아닐까요? 그렇다면 농민의 지위가 가령 농노적이었다고 해도 이는 노예에 가까웠다고 할 수 있을지도 모르겠군요. 이 부분에 대해서는 보다 실증적인 연구가 나오기를 기대하는 바입니다.

하타다 다카시

이어 경성대학 시절의 연구 협력 방법에 관한 질문입니다만, 선생님께서는 당시 스에마쓰 선생님, 시카타 선생님, 오우치 선생님들과 의견 교환이랄까 토의 등을 하신 적이 있는지요? 더불어 기타 조선인 학자나 조선사편수회 사람들과의 관계는 어떠셨나요?

모리타니 가쓰미

경성제대에서는 경제연구실이라 해서 경제학에 관련한 학과를 담당하던 사람이 그룹을 만들었는데, 당시 대학 논집에 조선경제에 관한 논문을 쓰게 될 경우 각자가 선호하는 주제를 선정하여 쓰곤 했습니다. 다만, 그 과정 중에 자발적인 토론을 해가며 방법론이라든가 전체적인 방향성을 어디에 두고 맞춰나갈 것인지 이런 것들까지 논의하는 이른바 연구의 협력을 도모하는 그런 분위기까지는 형성되지 못했습니다. 그래서 조선사를 전문적으로 연구하시는 분들의 협력관계와 관련해서는 스에마쓰 씨에게 『삼국지』「위서 동이전」에 관한 평가 등에 대해 의견을 여쭈었던 기억이 있습니다.

조선인 연구자 중에는 가끔씩 연구실로 찾아와 의견을 주고받던 인정식 군이 있었는데, 그는 『조선의 농업기구朝鮮の農業機構』[56]라는 책을 쓰기도 했습니다. 그 책을 집필할 당시 인 군은 일본에 있었는데, 이후에 조선으로 돌아와서도 종종 연구실로 찾아와 조선의 농업에 대해 열띤 토론을 벌인 적도 있었습니다. 기억에 남아 있는 분은 대략 이런 분들입니다. 참

---

56 印貞植, 『朝鮮の農業機構』, 東京 : 白揚社, 1935.

고로 제가 조선으로 건너간 초기에 여러 학생이 모여 연구회를 만들었는데 그중에는, 전후 북조선과 재일조선인의 귀환 교섭이 시작되던 당시 조선 적십자사의 부위원장이라던 유기춘柳基春이라는 의학부 학생이었습니다. 그 밖에도 같은 의학부 학생이었던 이연우李延雨 군과 법문학부에 다니던 황순봉黃舜鳳 등의 여러 학생과 더불어 연구회를 꾸린 적이 있습니다. 문득 떠오르는 기억은 당시 이 연구회로 인해 쇼와 5년의 어느 여름날, 검사가 들이닥쳐 가택수색을 한 적이 있었습니다. 다행히도 그때는 개인 집에서 하는 연구회와 대학에서 공인받은 사회문제연구회社會問題硏究會였나 사회과학연구회社會科學硏究會였던가 아무튼 그런 연구회와 이래저래 뒤섞여 혼동되는 바람에 간신히 살아남았습니다.[57] 만에 하나 학내의 연구회와 별도로 개인 집에 학생들이 모여 있었다는 사실이 밝혀지기라도 하면 그 자체만으로도 치안유지법에 걸려 해고당하는 것이 너무나도 당연했던 그런 시절이었습니다……

하타다 다카시

젠쇼 씨 등 그런 분들과의 교섭은 어떠셨나요?

모리타니 가쓰미

공식적인 모임에서 자리를 함께한 적은 있어도 별도의 개인적인 교섭은 없었습니다.

---

57 당시 이 연구회의 이름이 '社会科学研究会法制研究会'였으므로 유사한 명칭으로 생긴 에피소드로 추정된다.

하타다 다카시

그럼, 무라야마 씨 같은 분과는 어떠셨나요? 경제연구실과는 관련이 없었는가요?

모리타니 가쓰미

아니요, 마찬가지였습니다. 다만, 당시 경제조사기관연합회經濟調査機關連合會의 경성지부가 있어 정기적인 모임이 열리곤 했는데 그런 모임을 통해 젠쇼 씨 같은 사람들과 만난 적이 있긴 합니다.

하타다 다카시

그러면 당시 그 분들과 조사의 계획을 짠다든가 그런 건 없었는가요?

모리타니 가쓰미

글쎄요, 공동으로 조사연구 계획을 세우는 그런 일은 없었습니다.

미야타 세쓰코

그 연구회에는 인정식 씨 같은 사람도 들어가 계셨나요?

모리타니 가쓰미

인정식 씨는 가입되어 있지 않았습니다. 당시 이 연구회는 경성제대의 경제연구실 멤버를 비롯하여 조선은행朝鮮銀行의 조사과 사람들, 특히 젠쇼 씨처럼 조선총독부에서 조사를 담당하시던 분 또는 식산은행殖産銀行의 조사과나 조선금융연합회朝鮮金融連合會 소속의 조사 담당자들로 구성되어 있었습니다.

하타다 다카시

히사마 겐이치久間健一[58] 씨는 독자적으로 조사를 하셨는지요?

미야타 세쓰코

제 기억으로 히사마 선생님은 소작관小作官으로서 각 도道를 순회하시지 않았나 싶습니다. 안 그래도 요전에 히사마 선생님을 만나 뵈었는데, 인정식 씨와는 연락도 꽤 자주 주고받는다고 하시더군요. 게다가 그의 저작에 담긴 자료는 대부분 선생님께서 빌려주신 거라고 하셨습니다. 물론 이건 개인적인 관계입니다만······.

하타다 다카시

바로 그런 점에 있어서 만주나 중국 등의 조사와 조선의 경우가 달랐던 것 같습니다. 일례로 베이징에 만철滿鐵의 지소支所가 있었는데 거기서는 베이징대학 사람들과의 교류도 이뤄지곤 했으니까요. 그런데 경성의 경우는 대학 사람들은 그들끼리만 교류하지 않았나요?

모리타니 가쓰미

그런 느낌은 좀 있었습니다. 만주나 중국의 화베이華北, 화중華中 방면

---

58 히사마 겐이치(久間健一, 1902~1970) : 일본의 농업경제학자다. 조선총독부 소작관을 역임했으며, 1930년대부터 조선 농업에 관한 연구 저술을 발표했다. 주요 논저로는 『朝鮮農業経営地帯の研究』, 『朝鮮農業の近代的様相』 등이 있다.

의 만철 조사 기관은 상당한 재정적 배경을 근간으로 하여 여러 활동이 가능했습니다. 조선에서도 조선은행의 조사과 같은 데는 그런 부분에 있어 여유가 있었기 때문에 경제적인 의미로 보자면 비교적 자유롭게 조사를 할 수 있었습니다. 다만, 이런 경우는 업무 조사 쪽에 중점을 두었던 것이 아닌가 싶긴 합니다만……

하타다 다카시

바로 그 점이 의문입니다. 고고학의 대가라고 불리는 하마다 고사쿠浜田耕作[59] 선생님께서는 저서 『민족과 역사民族と歷史』(6-1, 다이쇼 10)[60]를 통해 조선 고고학의 현상現狀은 일본보다 훨씬 계획적이고 종합적이라며 상당히 고평한 반면, 일본은 각자가 알아서 하고 있기 때문에 여러모로 곤란한 점이 많다고 언급하셨습니다. 이는 조선을 무척 극찬하신 거라고 봅니다만, 경제 조사 쪽은 이런 점에 있어서 좀 달랐나요?

모리타니 가쓰미

그건 그렇습니다. 저희도 그런 느낌이 들었습니다. 시기적으로도 다이쇼 말기 무렵에는 조선의 통치방침이 다소 변하기도 했고 또 그런 영향에선지 고적 조사古跡調査 같은 데서 상당히 훌륭한 결과물이 나오지

---

59 하마다 고사쿠(浜田耕作, 1881~1938) : 일본 내 '근대 고고학의 아버지'로 불리는 고고학자다. 도쿄제대 문과대학 사학과를 졸업한 후, 동 대학원에서 미술사를 전공했다. 유럽에서의 유학생활 중 고고학을 연구했으며 귀국 후, 교토제대 고고학연구실의 초대교수로 취임하여 고고학의 교토학파를 형성했다. 또한 중국 및 조선을 포함한 아시아 유적을 조사하기도 했다. 주요 저서로는 『通論考古学』, 『百済観音』, 『東亜文明の黎明』, 『慶州の金冠塚』, 『新羅古瓦の研究』, 『考古学研究』 등이 있다.
60 浜田耕作, 『民族と歷史－古代地震史, 日鮮満民族史』, 日本学術普及会, 1921~1923.

않았나 싶습니다. 그에 비해 민간인을 동원하여 조직적으로 시행하는 대대적인 조사 같은 것은 완전히 결여되어 있다는 느낌이 들었습니다.

하타다 다카시

전쟁 중에 동아연구소東亞硏究所가 도쿄에 생기고 나서 만철이나 그 밖의 조사 기관들의 통합화를 착수했습니다만, 그럴 때 조선의 연구자나 경성대학의 경제연구자들에게 연락 같은 것이 있었나요?

모리타니 가쓰미

동아연구소가 생길 그즈음, 호리에堀江 씨와 오자키 호쓰미尾崎秀實[61] 씨 같은 분으로부터 연락을 받긴 했습니다. 다만, 오자키 씨와는 개인적인 친분이 있다 보니 연락을 받게 된 것이지 동아연구소와 경성제대의 조선경제연구소가 조직적으로 연락을 취해 조사연구를 시행한다는 그런 연락은 없었습니다.

하타다 다카시

조선은 이미 일본 소유라는 그런 사고방식이었군요.

---

61 오자키 호쓰미(尾崎秀實, 1901~1944) : 일본의 평론가·저널리스트·공산주의자다. 도쿄제대 법학부를 졸업한 후, 『아사히신문』의 기자를 비롯하여 내각촉탁, 만철조사부 촉탁 직원으로 근무했다. 대학 재학 중에는 『資本論』, 레닌의 『帝国主義論』, 『国家と革命』을 읽으며 사회주의에 관심을 가지기 시작했다. 동 대학원에 진학한 후로는 '史的唯物論' 연구회에 참여하여 공산주의 연구에 전념하게 되면서 본격적인 공산주의자가 되었다. 주요 저서로는 『現代支那批判』, 『支那問題叢書』, 『東亜民族結合と外国勢力』 등이 있다.

모리타니 가쓰미

조선 연구에 관한 연락이라기보다 제가 중국에 대해 다소나마 공부한 적이 있었기 때문에 연락을 한 것 같습니다. 말씀처럼 조선은 이미 일본의 소유가 되었기 때문이라는 그런 것이었을까요? 그래서인지 아무래도 더 이상 돈을 들여 연구·조사를 할 필요가 없지 않겠나 뭐 그렇게 생각했던 것 같습니다. 물론 아무리 그렇더라도 조사나 연구를 일체 안 할 수는 없으니 구관 조사旧慣調査라든가 아니면 역사 문헌을 편찬하는 그런 정도밖에는 고려하지 않았던 것 같습니다. 반면, 중국이나 만주는 바로 이때부터 더욱 집중적으로 조사를 시행해야 했기 때문에 일반인들의 관심을 조금이라도 그쪽으로 돌리기 위하여 '연구도 대단히 적극적으로 하고 있다'는 모습을 밖으로 보여주지 않으면 안 되는 그런 상황이었을지도 모릅니다.

하타다 다카시

대만과 비교해 봐도 조선의 연구는 조직적이지도 않을뿐더러 주력하는 방식도 좀 허술한 느낌이 드는군요.

모리타니 가쓰미

하지만 조선총독부에서 나온 37권짜리 『조선사』 같은 것은 굉장히 훌륭하다고 생각합니다.

하타다 다카시

그건 분명 그렇습니다. 그러나 현실적인 실태 조사라는 점에서는 뭔가 결여된 그런 느낌이 듭니다.

미야하라 도이치

『조선사』 편찬은 주로 역사학자들이 하셨는데, 앞서도 언급했지만 보통 역사가들은 현실적으로 조선인이 일본인의 어떤 수탈의 대상이 되었는지 그런 점에는 그다지 관심이 없으신 듯합니다. 그런데 선생님처럼 그러한 연구방식으로 공부하신 경우는 상당히 깊은 속죄의식이라고 하나요, 가해자의식을 갖고 계신 것이 아닌가 싶습니다만, 이 점에 대해서는 어떻게 생각하시는지요?

모리타니 가쓰미

그렇습니다. 조선 연구는 저희가 쇼와 초기에 조선에 갔을 때 이미 고적 조사 등은 상당히 잘 되어있었습니다. 물론 지금 보면 미흡한 점이 많겠습니다만, 당시로서는 비교적 훌륭한 결과물이었지요. 그러나 조선을 연구하기로 한 이상, 조선의 역사에 관해 연구하지 않으면 안 되기 때문에 일단 조선에 남아있는 문헌 특히 학문적으로 관심을 가지고 있던 대상을 접근 가능한 형태로 제공해주는 것이 제일 낫지 않을까 그런 생각을 했습니다. 사실 이런 부분에 있어서는 저 역시도 공부를 좀 해보려고 해도 관련 문헌을 좀처럼 이용할 수가 없었으니까요. 물론 이씨 조선 시대는 실록이 있긴 하지만 저 혼자의 힘으로는 그 자료를 활용한다는 것이 도저히 불가능했습니다. 그래서 『조선사』가 37권으로 출판되었을 때, 이 자료라면 연구에 큰 도움이 되겠구나 싶었습니다. 참고로 저의 학문적인 관심은 사회경제사 쪽이었으며, 비교적 이전 시기에 집중되어 있었습니다.

하타다 다카시

그럼, 향후 조선 연구에 있어 '이런 부분은 착실히 짚어줬으면 좋겠다' 싶은 점들이 있으면 한 말씀 부탁드리겠습니다. 분명 선생님의 그러한 말씀은 앞으로 저희가 연구하는 데에 있어도 상당한 참고가 될 것으로 생각됩니다.

모리타니 가쓰미

저는 현재 일본의 조선학계에서 어떤 분이 무슨 연구를 하고 계시는지를 전혀 모르는 상태이기 때문에, 웬만한 건 이미 하고 계시거나 일련의 성과들은 벌써 나왔을지도 모릅니다. 따라서 그런 부분에 있어서는 어떤 말씀도 드릴 자격이 없습니다. 그리하여 지극히 일반적인 우견愚見이나마 한 말씀 드리자면, 자국의 역사는 자국에서 하는 것이 가장 좋다는 이런 생각에는 찬성할 수 없다는 겁니다. 이제는 조선이나 중국에서도 자국에 관한 것은 자주적으로 연구할 수 있게 되었기 때문에 기왕지사 외국인으로서 다른 나라에 대해 연구하기로 했으면 지금까지 가지고 있던 마음가짐을 달리해야 한다고 생각합니다. 일례로 중국 연구의 경우, 해방 전에는 일본인의 중국 연구가 중국 쪽에서도 어느 정도 존중을 받았으나 해방 후에는 오히려 중국인 그들의 자체적인 연구가 상당히 활발하게 이뤄지고 있습니다. 그렇게 되면 우리 역시 중국인들의 연구에 관심을 게을리할 수가 없는 것이죠. 그와 마찬가지로 조선 연구를 하는 데에 핵심이라 할 수 있는 조선 학계 내에서 이뤄지는 연구에 대해 지속적인 주의를 기울이지 않으면 안 된다는 겁니다. 한 마디로 조선 학계의 연구 성과와 정황을 모른 채 우리 쪽에서 독자적으로 하는 연구가 무슨 의미가 있겠느냐는 것이지요. 특히나 조선의 경우는 현재 남북으로 분단되어 있고 학계 경향도 남과 북이 상당히 다릅니다. 아니, 다를 수밖에 없는 환경에 놓여있습니다. 북조선의 경우는 방법론적이랄까 세계관적이랄까 그러한 점에서는 연구자들이 모두 근본적으로는 같은 방향을 지향하며 또 유사한 이론적 수단으로써 연구하고 있습니다. 이는 중국의 경우도 마찬가지인데, 그렇다면 저희 일본인의 조선 연구라는 것도 세계관이라든지 방법론적인 문제부터 상당한 검토가 필요해지게 될 거라는 그런 생각을 하고 있습니다. 끝으로 역사 연구에 관한 바람을 말씀드리자면, 조선의 문헌 중에는 조선사 전문가들은 쉽게 이용이 가능하지만 전문가가 아닌 경우는 그 이용 자체가 수월하지 않은 경우가 너무 많습니다. 이런 부분들을 좀 더 용이한 형태로 만들어 제공해주신다면 일본에서 조선 연구를 추진하는 데에 있어 무척 도움이 될 것으로 생각합니다. 또한 연구자들은 본인이 주력하고 있는 연구 분야에만 관심을 둘 것이 아니라 그 범주를 넓혀나갈 필요가 있습니다. 그와 더불어 방법론적으로도 상호 간의 활발한 논의를 통해 현재 연구 중인 내용에 관하여 소통하시기를 당부드립니다. 하타다 선생님의『조선사』나 북조선에서 나온『조선통사朝鮮通史』[62]에 관해서도 각 분야의 전문가들이 어우러져 이른바 부업에 의한 협업으로써 연구해 갈 수 있기를 바라 마지않습니다.

하타다 다카시

상당히 긴 시간을 할애해 주신 데다가 다소 곤란한 질문들까지 자세하

62 과학원력사연구소 편,『조선통사』상, 평양 : 과학원출판사, 1962.

게 답해주시어 얼마나 감사한지 모르겠습니다. 그럼, 오늘은 이것으로 마치도록 하겠습니다.

1963.11

편자 주   모리타니 가쓰미 씨는 본 좌담회가 있은 지 약 1년 후인 1964년 11월 17일에 서거하셨습니다. 그 이듬해 11월 유고 논문집『중국사회경제사연구中國社會經濟史研究』[63]가 유족에 의해 간행되었습니다. 선생님의 이력 및 저술·논문·번역 목록 등은 유고논문집에 잘 정리되어 있습니다.

---

[63] 森谷克己,『中国社会経済史研究－森谷克己遺稿論文集』, 子安美知子等, 1965.

* 박상득(朴尙得, 1927~ ?) : 1927년에 한국에서 출생했으며 이후 도일하여 나가노현에 위치한 오타리(南小谷) 소학교와 오오마치(大町)중학교를 거쳐 1945년에 도쿄고등사범학교(東京高等師範學校)에 입학했다. 1952년 도쿄대학 문학부 심리학과 졸업한 후, 도쿄조선중고학교(東京朝鮮中高學校)의 교원을 거쳐 중앙조선사범학교(中央朝鮮師範學校) 강사 및 재일본조선인총련합회(在日本朝鮮人總聯合会) 중앙교육 전문위원과 민족교육연구소 소장 등을 역임했으며, 조선대학교(일본)에서 교원으로 재직했다. 주요 저서로는 『1957年度在日朝鮮人初級學校 國語敎科書 總語彙表』, 『敎育心理學』, 『在日朝鮮人の民族敎育』 등이 있으며, 『梅泉野錄』(共譯)과 이사벨라 버드 비숍의 『朝鮮奧地紀行』 1, 2를 번역했다. 朴尙得 編著, 『在日朝鮮人の民族敎育』, ありえす書房, 1980, 저자 소개 참고.

메이지 이후의 조선교육 연구

출석자

와타나베 마나부(渡部学)
아베 히로시(阿部洋)
우부카타 나오키치(幼方直吉)
오자와 유사쿠(小沢有作)
니지마 아쓰요시(新島淳良)
하타다 다카시(旗田巍)
*박상득(朴尚得)
에비하라 하루요시(海老原治善)[1]
미야타 세쓰코(宮田節子)

와타나베 마나부

먼저 이러한 자리에 함께할 수 있는 기회를 주신 데에 감사의 말씀을 드립니다. 사실 조선교육을 연구하고 있는 사람들의 수가 워낙 적다 보니 모든 분야를 혼자서 맡아 할 수도 없고 게다가 저는 제도나 정책 같은 주류 쪽은 아는 바가 별로 없는 터라 그 방면에 있어서는 나카무라 히데다카 선생님을 비롯한 여러분께 여쭤볼 내용도 적잖으며 또 새로운 분야에 있어서는 오자와 선생님 등 젊은 연구자분들의 다양한 의견을 기대하는 바입니다.

사실상 여러모로 연구상의 한계가 있긴 합니다만, 그래도 지금까지 제 나름대로 연구해 온 내용을 중심으로 몇 말씀 드리고자 합니다.

우선 일본인에 의한 조선교육의 연구는 학술적 비판을 견뎌내는 것이라

---

1   원문에는 海老原治基로 되어있으나, 이는 海老原治善의 오기이다.

는 일정한 한계가 있었다는 전제 조건하에 말씀을 드리자면, 일단 정신사精神史 연구가 주를 이루며 그 밖에는 약간의 제도사制度史 연구, 단편적이나마 사상사思想史 연구 그리고 총독부의 정책 해설 혹은 논평 같은 것이 있습니다. 그러나 그마저도 수적으로는 극히 적은 편입니다. 그리고 전후 연구 또한 젊은 분들의 노력으로 어느 정도 진척되고는 있지만 그래도 아직까지는 양적으로나 질적으로 모두 불충분하여 통일된 하나의 견해를 내세울 만한 단계에는 결코 이르지 못했습니다. 그나마 하타다 선생님의『조선사』를 통해 사회경제사적 관점과 관련하여 교육에 관한 내용이 각 방면에서 언급되고 있기는 합니다. 하지만 지난 심포지엄 당시 모리타니 선생님께서 말씀하신 그러한 선상에서 심도 있게 연구를 진행해가는 것이 무엇보다 중요하지 않나 싶습니다. 말씀드렸다시피 저는 저 나름의 연구적인 한계가 있는 고로 일단 세 가지 정도의 문제, 즉 결과적 혹은 방법론적인 그런 문제들을 제기해두고자 하며 이는 곧 제 연구의 한계이자 조건이라는 것을 염두에 두고 들어주셨으면 합니다.

저의 이력에 대해서는 조선사연구회朝鮮史研究會의 회보會報 제7호에「나와 조선사연구私と朝鮮史研究」라는 글을 통해 대략적인 소개 글을 실은 적이 있어 익히 알고 계실지도 모르겠습니다만, 좀 더 간략히 말씀드리자면 다음과 같습니다. 저는 쇼와 13년 3월에 경성제국대학 법문학부 철학과(세부 전공 교육학)를 졸업한 뒤, 바로 조선총독부 학무국 학무과로 들어가 초등사범교육계初等師範教育係의 촉탁으로 1여 년 정도 있다가 입대를 했습니다. 제대 후에는 경성사범학교부속 소학교京城師範學校付屬 小學校의 훈도訓導[2] 겸 교유教諭[3]가 되었는데, 그러고 나서 얼마 못 가 전쟁이 발발했지요. 그리하여 총독부가 제3차 조선인 초등교육 보급 확충계회第三次朝鮮人初等教育普及擴充計畵과 의무교육제義務敎育制 실시준비를 시행하게 되어 쇼와 16년에 다시 조선총독부 학무국 학무과로 들어가 초등사범교육계의 계장이 되었습니다. 그 후 쇼와 18년에는 경성제국대학 이공학부 부설 이과 교원양성소京城帝國大學理工學部付設理科敎育養成所의 교수가 되어 한동안 겸직하다가 이듬해인 쇼와 19년에는 대학에 완전히 몸담게 되었습니다. 종전 후 일본으로 돌아온 뒤로는 센다이仙台의 도호쿠 가쿠인東北學院대학 및 효고현립농업兵庫県立農業大學대학 등을 거쳐 지금은 무사시武藏대학이라는 신제대학新制大學[4]에서 강의를 하고 있습니다. 지금까지 말씀드린 바와 같이 총독부에 있었으니 본래는 정책이나 제도 연구를 적극적으로 해야 했습니다만, 솔직하게 말씀드리면 제가 워낙에 청개구리 같은 기질이 있다 보니 거꾸로 그런 정책이나 제도 등을 적용받는 입장에 관련한 것들만 주로 연구해왔습니다. 그러니까 당시로서는 질책받을 만한 일만 했던 것이지요. 아무튼 이러한 배경을 바탕으로 제가 제기하고자 하는 첫 번째 문제는 정책이나 제도 연구가 어떤 의미를 지니는지 또 어떤 문제를 내포하고 있는지 그런 점입니다. 두 번째는 조선교육과 조선'반도'교육이 과연 완전하게 일치하는지에 대한 문제입니다. 다시 말해, 이 두 가지 개념이 별도로 성립하는 것은 아닌지 특히 근대의 '조선반도'의 교육은 '일본 외지'의 교육이 아니었나 하는

---

2   훈도(訓導) : 식민지기 초등학교 교사를 이르는 말이다.
3   교유(教諭) : '가르치고 타이른다'라는 의미 외에도 '중등학교의 교원'을 가리킨다.
4   신제대학(新制大学) : 1947년에 제정된 학교교육법에 따라 고등교육을 시행하는 교육기관을 말한다. 학제개혁에 의해 학교교육법이 시행되었으며, 그 이전의 제국 대학령이나 대학령 등에 따라 대학은 구제대학(旧制大学)으로 불리게 되었다. 또한 전전의 구제대학, 구제고등학교, 사범학교, 고등사범학교, 대학예과 및 구제전문학교가 4년제 신제대학으로서 재편되었다.

겁니다. 세 번째는 다소 추상적으로 들릴 수도 있겠습니다만, 입체적이고 발전적인 사고방식 즉 쿠르트 레빈K. Levin[5]의 표현을 빌려 '다이내미컬한 사고방식'으로 임하지 않으면 조선교육은 제대로 파악할 수 없다는 그런 사고방식이 왜 필요한 것이며 또 그것이 구체적으로 무엇을 의미하는지 등에 관한 문제입니다.

이러한 세 가지 문제점은 앞서 말씀드린 대로 저의 문제의식임과 동시에 한계라는 점에 있어 거듭 양해의 말씀을 드립니다. 그럼, 지금부터 일본인에 의한 조선교육 연구의 진행 형태와 또 거기서 파악된 조선교육 내용이 어떠한 것인지를 살펴보도록 하겠습니다.

1 메이지 전반기의 조선 연구

와타나베 마나부

갑오개혁甲午改革(1894)이 일어나기 전까지 일본인들에 의한 조선 연구는 학술적 연구라기보다 그 당시의 실정을 소개하는 조사였습니다.

그 무렵 전반적인 조선 사정에 관한 각종 해설서가 무수히 간행되었는데 예를 들면, 『조선안내朝鮮案內』,[6] 『조선기문朝鮮紀聞』,[7] 『동아지대세

---

5 쿠르트 레빈(Kurt Zadek Lewin, 1890~1947) : 독일계 미국 사회심리학자다. 게슈탈트 심리학의 확립에 기여한 레빈은 1932년 나치스의 박해를 피하여 미국으로 이주했으며, 아이오와대학 교수를 거쳐 매사추세츠 공과대학에 그룹 다이내믹스 연구소를 창설했다. 토폴로지, 벡터와 같은 개념들을 도입하여 독자적인 역학적 심리학설을 체계화했다. 주요 저서로는 『퍼스낼리티의 역학설(A dynamic theory of personality)』, 『토폴로지-심리학의 원리(Principles of topological psychology)』, 『심리학적 힘의 개념적 표시와 그 측정(The conceptual representation and measurement of psychological forces)』 등이 있다.

東亞之大勢』,[8] 『한국에서 성업하는 첫걸음韓國成業手引』[9] 등이 그러하며 개중에는 교육에 관해 다룬 것도 있었습니다. 이러한 서적들 중에서 맨 먼저 나온 책은 에노모토 다케아키榎本武揚[10]의 『조선사정朝鮮事情』(메이지 9, 1876)[11]이었습니다. 이는 프랑스 출신의 천주교 선교사인 샤를 달레[12]가 견문보고서를 통해 조선의 제반 사정을 소개한 것으로 교육 관련해서도 어느 정도 상세하게 언급하고 있습니다.

이들과 달리 교육 그 자체만을 직접적인 대상으로 삼아 기록한 것으로는 단행본 다나카 토우사쿠田中登作의 『아세아제국교육일반亞細亞諸國教育一斑』(메이지 25, 1892)[13]이 있습니다.

그러나 이들 모두 조선교육만을 다루는 데에 그쳤을 뿐, 한발 더 나아

---

6 하야시 부이치(林武一) 編, 『朝鮮案内』, 林武一, 1891; 朝鮮總督府, 『朝鮮案内』, 1925.

7 스즈키 노부히토(鈴木信仁), 오오토리 케이스케(大鳥圭介) 閱, 『朝鮮紀聞』, 愛善社, 1885; 스즈키 노부히토(鈴木信仁), 오오토리 케이스케(大鳥圭介) 閱, 『朝鮮紀聞』, 博文館, 1894.

8 스에히로 시게야스(末広重恭), 『東亜之大勢』, 青木嵩山堂, 1893.

9 나가타 신조(長田信蔵), 『韓国成業手引』, 大阪渡韓奨励会, 1903.

10 에노모토 다케아키(榎本武揚, 1836~1908) : 에도 시대의 군인이다. 네덜란드에서 항해술·조선술·기관학·포술·국제법 등을 공부했으며, 가이요마루(開陽丸)의 선장 및 러일 사할린-쿠릴 교환조약에 특사로 파견되는 등 다방면의 요직을 거치며 활약했다. 『朝鮮事情』는 프랑스인 선교사인 샤를 달레(Claude Charles Dallet), 榎本武揚 譯, 『朝鮮教会史(Histoire de L'Eglise de Corée)』 중에 국내사정(國内事情)을 기록한 서론의 일부를 번역한 것이다.

11 Claude Charles Dallet·van Meerdervoot Pompe 抄訳, 榎本武揚 重訳, 『朝鮮事情－原名·高麗史略』, 集成館, 1882에 재판(再版)되었다.

12 클로드 샤를 달레(Claude Charles Dallet, 1829~1878) : 프랑스의 선교사이자 시인으로 당시 동양 선교를 위해 일본·중국·인도차이나 등지에서 포교 활동을 이어갔다. 샤를 달레가 쓴 『朝鮮教会史(Histoire de L'Eglise de Corée)』는 1,000페이지에 달하는 방대한 책으로 한국 기독교와 역사를 연구하는 데 중요한 문헌으로 여겨지고 있다. 또한 조선에 입국한 적이 한 번도 없었던 그가 『朝鮮教会史』를 엮어 낼 수 있었던 것은 당시 조선에서 선교활동을 하던 다블뤼(Daveluy) 주교를 비롯한 여러 프랑스 전도사들이 그에게 보낸 비망록·보고서·편지들을 자료로 삼았기 때문이다.

13 田中登作 編, 『亜細亜諸国教育一斑』, 普及舍, 1892.

가 그 역사적 발전상發展相을 통일감 있게 파악했다고는 볼 수 없습니다. 한마디로 당시 시점에서의 안내서 또는 실정 소개서에 해당한다고 볼 수 있습니다. 그렇지 않은 경우는 기타 다양한 분야의 전반적인 사정이나 다른 나라들의 교육 사정을 소개하는 그 일부로서의 기록과도 같은 것이었습니다. 즉, 이 시기의 연구는 한 마디로 안내서 같은 성격을 지녔다고 할 수 있겠습니다. 다만, 다나카의 『아세아제국교육일반』은 책 곳곳에 일정한 평가를 더해 두었을 뿐만 아니라 아시아의 지사志士와도 같은 비분강개의 어조를 띤 논평도 추가되어 있습니다.

하지만 당시의 조선교육 내용은 일종의 국가 제도로서 시행되고 있는 상황으로 파악되고 있었으며, 그에 대한 평가 역시 극도로 부정적이었습니다. 즉, 『조선사정』에서는 "학문이라는 것은 치국治國의 기초를 이루며 또한 국가시험을 시행하여 인재를 등용하는 것도 전부 학문에 따른다. 그러나 나라가 점차 부패하고 형해화形骸化되어가다 보니 그 학문의 내용 또한 어학이라든가 유명무실한 생리학에 지나지 않는다. 따라서 조선에는 참된 학문이 없다"라고 혹평하고 있으며, 이러한 사고방식은 훗날까지도 강한 영향을 끼쳤습니다. 이에 더해 『아세아제국교육일반』에서는 "관립 학교도 이름만 그럴싸할 뿐 아무런 실속이 없으며, 근대식 학교가 설립되긴 했으나 그 규정은 곧 허문虛文으로 변질되었다. 요컨대 조선은 정치·경제적인 것뿐만 아니라 교육의 근본조차 이미 바닥을 드러냈으며 그 남은 흔적마저 극한 망국의 경지로 영락되었다"[14]라며 심히 부정적으로 평가하고 있습니다.

---

14 위의 책, 14~16쪽 참고.

2. 메이지 후반기의 조선교육 연구

갑오년 이후의 연구 특징으로서 그 첫 번째는 개인적 관심에 의거하는 소개형식의 탐사 영역을 초월하여 어떤 배후 단체의 영향 또는 부담하에서 고찰이 이뤄지고 있었다는 것이며, 두 번째는 단순히 당시의 시점에만 해당되는 평면적인 소개 영역을 탈피하여 과거와 미래까지 혹은 현재의 상태와 이상이라는 확대된 관점을 포함하게 되었다는 것입니다.

이 무렵 초반의 대표적인 문헌으로는 오카구라 요시사부로岡倉由三郎[15]의 「조선국민교육신안朝鮮國民敎育新案」(메이지 27)[16]과 혼다 요이쓰本多庸一[17]의 「조선교육담朝鮮敎育談」(메이지 30)[18]을 들 수 있습니다. 이들 모두 동방협회東方協會에서 강연한 내용을 담은 것으로 당시 일본인들의 조선교육에 대한 이해를 집약적으로 보여주고 있습니다. 오카구라는 일본 외무성에서 파견된 한국[19]의 일어 교사였으며 혼다는 대일본해외교육회장大日本海外敎育會長, 즉 아오야마학원장靑山學院長이었습니다. 이어 『조선개화사朝鮮開化史』(메이지 34)[20]의 저자 쓰네야 세이후쿠恒屋盛服[21]

15　오카구라 요시사부로(岡倉由三郎, 1868~1936) : 일본의 영어학자다. 라디오 등의 통신 교육에 의한 영어강좌를 처음으로 시도하면서 영어학습의 붐을 일으켰다. 영문저작 『일본의 정신(The Japanese Spirit)』이 유명하다.

16　岡倉由三郎, 「朝鮮國民敎育新案」, 『東邦協会ヶ報』 2, 東邦協会, 1894, 2~12쪽.

17　혼다 요이쓰(本多庸一, 1849~1912) : 일본의 기독교 전도자·목사·교육자·정치가다.

18　本多庸一, 「朝鮮敎育談」, 『東邦協会ヶ報』 40, 東邦協会, 1897, 60~70쪽.

19　원문 그대로다.

20　恒屋盛服, 『朝鮮開化史』, 博文館, 1901.

21　쓰네야 세이후쿠(恒屋盛服, 1855~1909) : 메이지기의 국가주의자다. 청일전쟁이 발발하자 조선으로 건너와 조선의 내정개혁에 관여했다. 이후 동아동문회(東亜同文会) 간사를 역임했으며 국민동맹회(国民同盟会)를 조직하기도 했다. 주요 저서로는 『海外殖民論』, 『朝鮮開化史』, 『海外殖民論』 등이 있다.

는 동아동문회원東亞同文會員이자 한국의 내각 보좌관을 지녔으며『한국교육의 현재와 장래韓國教育の現在及將來』(메이지 38, 外交時報)[22]를 쓴 마쓰미야 슌이치로松宮春一郎는 일본 외무성과 관련된 인물인 듯싶습니다.

메이지 말기에는 한국정부 부내部內의 일본인 관리가 일본어로 작성하여 한국학부편韓國學部編에서 간행한『한국교육韓國教育』(메이지 42)[23]과『한국교육의 과거와 현재韓國教育ノ既往及現在』(메이지 42),[24]『한국교육의 현상韓国教育ノ現状』(메이지 43) 등이 주를 이루었으며 이들에 관해서는 별도의 설명이 필요 없을 정도입니다. 이에 더해 비교적 자유로운 분위기로 논한『조선반도朝鮮半島』[25]는 당시『대한일보大韓日報』주필이었던 야마지 조이치山道襄一[26]가 쓴 것으로 이는 총독부의 의뢰를 받아 한국 사회를 조사했던 것입니다.

요컨대 이 시기의 연구는 일본 각종 단체의 조선에 대한 적극적인 관심(그 내용이 무엇이든 간에)과 각자 지향하는 바에 입각한 역사적인 추구까지도 포함하고 있는 지적 탐구의 영역으로 들어선 것들이었습니다.

이 당시에 파악된 일련의 내용들은 그 범주가 확대됨에 따라 부분적으로는 상이한 지점들도 더불어 생겨나기 시작했지만, 그래도 대부분은

---

22 松宮春一郎,「韓國教育の現在及將來(De l'instruction publique en Corée)」,『外交時報 (Revue diplomatique)』, 1905.7.10, 186~192쪽.

23 學部 編,『韓國教育』, 1909.

24 원문에는『朝鮮教育の既往及現在』로 되어있으나, 이는『韓國教育ノ既往及現在』(學部 編, 1909)의 오기이다.

25 山道襄一,『朝鮮半島』, 日韓書房, 1911.

26 야마지 조이치(山道襄一, 1882~1941) : 일본의 정치가이자 저널리스트다. 와세다대학 정치경제학과를 졸업했으며, 신문사의 주필로 활동하다가 조선으로 건너왔다. 합병 후,『대한일보(大韓日報)』가 폐간되자 잡지『新半島』를 경영했으며, 조선총독부의 촉탁으로서 습속 조사를 시행했다. 中国新聞의 주필로도 활동했다. 주요 저서로는『日本再建論』,『朝鮮半島』등이 있다.

메이지 30년을 전후한 당대의 이해방식들을 집약하고 있다고 볼 수 있습니다. 그중에서도 상당히 양심적으로 기술하고 있는 혼다 요이쓰의 『조선교육담朝鮮教育談』과 메이지 40년을 전후한 이해방식의 집약체라 할 수 있는 『한국교육』 등이 대표적입니다.

우선 혼다는 "경성에는 여러 종류의 신학교新學校가 상당히 번창하고 있다. 하지만 경성, 인천, 부산 등을 제외하고서는 학교다운 학교는 없는 것과 마찬가지다"라고 논하고 있는데, 그러한 상태에 이르게 된 역사적 과정에 관한 고찰은 별도로 드러나지 않습니다. 그러나 이는 '일본의 교육이 조선에 비해 훨씬 "우월하기" 때문에 조선에 우리나라의 문화를 나누고자 한다'는 의지를 에둘러 말하고 있는 것으로서 결국은 조선교육의 지체된 현상에 대한 견해이기도 합니다. 이어서 "먼저 일본에 들여와 한 차례 적용시켰던 것을 다시 조선에 도입시키"는 방향으로 조선교육을 진행해야 한다고 덧붙여 설명하고 있습니다. 다시 말해, 일본교육 선진론日本教育先進論＝朝鮮教育遲滯論과 선진교육이식론先進教育移植論과의 조합에서 이러한 조선교육관이 성립된 겁니다. 기본적으로는 이러한 사고방식과 거의 흡사한 생각을 가진 오카구라 역시 "조선에는 애당초 교육이라는 것 자체가 존재하지 않는다고 하여도 이는 결코 과혹한 평가가 아니다"라며 보다 직설적으로 단언하고 있습니다.

이어 메이지 말기의 『한국교육』에서는 「조선교육의 연혁대요韓國教育 ノ沿革大要」[27]를 통해 역사적인 시대 구분을 제시하고 있는데, 그에 따르면 "제1기는 1895년 서정개혁庶政改革까지이며 제2기는 그때부터 1905년

---

27 學部 編, 「韓國教育ノ沿革大要」, 『韓國教育』, 1909, 1~2쪽.

통감부 설치까지, 제3기는 그 이후" 이렇게 3기로 구분하고 있습니다. 그리고 제1기의 교육 제도로서 '서당書堂 → 향교鄕校 → 성균관成均館→ 문과급제文科及第 → 관리등용官吏登用'이라는 수학체계修學体系가 존재한다고 적고 있으며, "이 교육방법은 한학 이외에는 일상 문명의 아무런 가르침을 주지 못하는 데다가 수백 년을 두고 내려온 굳은 누습으로서 결코 솎아낼 수 없는 것이 있다."라고 적고 있습니다. 즉, 갑오개혁까지 약 3천 년에 걸친 조선교육의 모든 역사적 발전을 제1기로 한데 묶어 그저 하나의 시대로 단일화해버리고서는 그 교육 제도의 단순고정화單純固定化와 교육방법의 고루함 및 지체성을 강조해가며 극도의 부정적인 평가를 내리고 있는 것입니다. 이는 역시 일본교육선진론과 선진교육이식론의 조합을 통해 성립된 것으로서 한마디로 '구제 불능이니 우리가 바로잡아 주자'는 방식의 이론적 표현이나 다름없었습니다.

3. 총독부 시절의 연구

병합 후의 연구는 자료상의 편의성과 더불어 연구의 범위도 확대되었으며 그 내용 또한 한층 치밀해지긴 했으나, 다른 한편으로는 정책적 관심이 더욱 지배적이었던 것도 사실입니다. 이들 연구는 그 저자에 따라 ① 평론가 계통의 연구 ② 관료 계통의 연구 ③ 학자 계통의 연구, 이렇게 세 가지로 나누어 생각할 수 있습니다. 물론 저자에 따라 어떤 경우는 두세 가지로 나뉘기도 합니다. 이 가운데 ③ 학자 계통의 연구는 다시 ⓐ 역사학자 계열 ⓑ 기타 분야의 학자 계열 ⓒ 교육학자 계열로 구분됩니다.

① 평론가 계통의 연구는 메이지기에 많이 볼 수 있는데, 앞서 언급한 다나카의『아세아제국교육일반』같은 것이 그 선구적인 연구에 해당하며, 야마지의『조선반도』안에 실린 교육론 등에도 세밀하게 살펴봐야 할 지점들이 적잖이 있습니다. 반면, 병합 후의 이 계통의 자료에는 어용적인 성격의 논평이 많다 보니 눈여겨볼 만한 내용은 거의 없다고 볼 수 있습니다. 물론 어용성 그 자체를 고찰하는 데는 귀중한 자료이긴 합니다. 또한 일본 학자의 여행기 같은 것도 몇 편인가 실려 있으며 개중에는 시사성 짙은 내용도 더러 있긴 하지만 그래도 결국은 여행기에 속한다고 볼 수 있습니다. 이 계통의 연구는 상당히 잡다한 데다가 그 수도 엄청난데, 제가 이에 관해 충분한 탐색을 거친 것이 아니기 때문에 그 공통된 양상을 명확하게 추려낼 수는 없었습니다. 따라서 이쪽 방면은 새로운 시각에 입각한 향후의 연구 개척을 기대하는 지점이기도 합니다.

② 관료 계통의 연구는 당연히 당국 정책의 정당화에 주안점으로 둔 것이 다수를 이룹니다. 이들은 특히 총독부 이후의 '신교육新教育'의 진전進展에 관하여 보다 상세하고 객관적으로 기록하고 있는데, 이는 그간 얼마나 '진전'을 이루었는지를 부각시키기 위한 목적으로 그 이전 시대의 교육까지도 더불어 언급하고 있습니다. 그 대표적인 연구 사례로는 데라우치寺內 총독의『조선통치삼년간성적朝鮮統治三年間成績』(다이쇼 3),[28] 시대하라 다이라幣原坦의『조선교육론朝鮮教育論』(다이쇼 8),[29] 유게 고타로弓削幸太郎[30]

---

28 朝鮮總督府 編,『朝鮮統治三年間成績』, 京城 : 朝鮮總督府, 1914.

29 幣原坦,『朝鮮教育論』, 東京 : 六盟館, 1919.

30 유게 고타로(弓削幸太郎, 1881~?) : 조선총독부의 관료를 지낸 인물이다. 1904년 고등문관시험에 합격한 후 전매국(專売局)을 비롯하여 지바현 경시(千葉県 警視), 가고시마현 사무관(鹿児島県事務官)을 지냈다. 이후 조선총독부서기관, 학무과장, 종교과장, 철도부장 등을 역임했다. 주요 저서로는『朝鮮の教育』,『朝鮮を訪ふ』,『朝鮮施政史』등이 있다.

의 『조선의 교육朝鮮の敎育』(다이쇼 12),[31] 다카하시 하마키치高橋浜吉[32]의 『조선교육사고朝鮮敎育史考』(쇼와 2),[33] 오노 겐이치大野謙一의 『조선교육문제관견朝鮮敎育問題管見』(쇼와 11)[34] 등이 있습니다.

물론 이 계통의 선구적인 연구는 앞서 언급한 『한국교육』이며, 그 내용은 전술한 기타 사례들과 일관됩니다. 즉, 이들 모두 특히 통감부 이후의 '신교육'의 진전을 제도나 정책에 맞춰 객관적으로 기술·해설하고 있는 것입니다. 하지만 결국 서술의 중심은 당국의 시책이 얼마나 '진전' 되었는지를 드러내는 것이므로 전대의 역사는 그저 이를 증명하는 수단으로 이용되고 있을 뿐이며, 이를 위해 그 지체성을 반복적으로 강조하고 있습니다.

이들 연구의 특징적인 지점은 조선교육지체론에는 변함이 없을뿐더러 그에 한발 더 나아가 정체단절론停滯斷絶論, 却下論 그리고 선진교육이식론 先進敎育移植論으로 발전된 데에 이어 이 선진교육이식론은 다시 일본교육 연장론日本敎育延長論인 '황민교육설정론皇民敎育設定論'으로 진행되었다는 것입니다. 다시 말해, '완전히 뒤처져 있다' → '뒤처진 것은 폐廢하라' → '진보된 적절한 사례를 일본을 통해 취하라(조선인들의 자발적인 배움을 유도하여)' → '일본인이 되어라(조선인임을 버려라)'라는 도식으로 나타납니다. 게

---

31 弓削幸太郎, 細井肇 編, 『朝鮮の敎育』, 東京 : 自由討究社, 1923.

32 다카하시 하마키치(高橋浜吉, 1887~?) : 조선에서 소학교와 중학교 교원을 지냈으며, 경성공립공업전문학교(경성고등공업학교) 교수 및 조선총독부 시학관을 지낸 관료다. 저서 『朝鮮敎育史考』는 조선 근대교육사에 있어 본격적인 연구서로서 당시 새로 부임해 오는 일본인 관료나 교원 그리고 교원양성과정 이수자를 대상으로 하는 강연 자료 및 교육 자료로서 널리 사용되었다. 주요 저서로는 『朝鮮敎育沿革略史』, 『朝鮮敎育史考』 등이 있다. 강명숙, 「다카하시 하마키치(高橋濱吉)의 조선교육사 서술과 그 함의」, 『한국교육사학』 40-4, 한국교육사학회, 2018 참고.

33 高橋濱吉, 『朝鮮敎育史考』, 京城 : 帝國地方行政學會朝鮮本部, 1927.

34 大野謙一, 『朝鮮敎育問題管見』, 京城 : 朝鮮敎育會, 1936.

다가 그 후반에 이르면 지리학적인 '조선"반도"의 교육'이라고는 해도 더이상 '조선교육'이라고 말하기 어려운 상황이 되었습니다.

데라우치는 "조선은 상하계층 모두 한결같이 피폐의 극치에 빠져있는 상태"이며 그 교육은 "지극히 유치한 지경에 처해있"기 때문에 시세민도時勢民度[35]에 맞추어 "확호불발確乎不拔[36]의 위신을 보지保持하면서 충량忠良한 제국신민帝國臣民을 육성"하고 있음을 주창했습니다. 한편, 시데하라는 그 풍부한 역사 지식을 지렛대로 삼아 당국 정책의 정당화에 힘쓰고 있음을 내세웠습니다. 즉, 조선은 문운文運에 있어서 구태舊套를 답습할 뿐이며 완전히 침체하여 쇄신의 의지를 보이지 않았으나 바야흐로 병합 후 '동화同化'라는 조선교육의 요의要義에 준하여 "본인이 속하는 국가에 충실"한 사람으로서 거듭나는 교육으로 장려하지 않으면 안 된다. 그렇지 않으면 언제까지나 "안심입명安心立命[37]의 경애境涯에 이를 수 없"으며 "그 불행은 가늠할 길이 없다"라는 학무국장의 강설講說을 발췌하여 적고 있습니다. 이러한 교육의 '정치적현단계즉응론政治的現段階卽應論'은 앞서 언급한 『한국교육』의 소론에서도 농후하게 드러난 바 있습니다. 다시 말해, 정치상의 기성사실旣成事實을 조선 '사람'임을 가리지 않고 교육으로써 밀어붙이고 있는 것입니다.

유게는 위의 저서를 통해 본인이 담당했던 정책에 대한 해설과 함께 부분적으로는 데라우치에 대한 비판도 적고 있는데, 그는 이 모든 것이 그저 상사의 지휘에 따른 것일 뿐이라며 도무지 책임 의식이라고는 찾

---

35 시세에 따른 백성의 문화생활의 정도를 뜻한다.
36 단단하고 굳세어서 뽑히지 않음을 의미한다.
37 무엇에도 흐트러지지 않는 완전히 평정(平定)한 편안함에 달한 마음의 상태를 말한다.

아볼 수 없는 기술을 이어가고 있습니다. 이어 다카하시는 조선 구시대의 교육을 원전사료原典史料에 의거하여 매우 구체적으로 조사했으며 일본이 조선으로 진출한 후의 교육에 관해서도 당국의 관계 자료를 상세히 싣고 있습니다. 그러나 결국은 그저 자료집처럼 나열식 서술에 그치고 말았습니다. 오노 씨의『조선교육문제관견朝鮮敎育問題管見』역시 자료해설식입니다.

이들 관료 계통 연구자들의 소론所論은 요컨대 지체된 이조 시대까지의 교육을 각하이탈却下離脫 시킴으로써 조선반도 위에 결실 있는 새로운 교육이 구축되고 또 진전을 이루었다=公立普通學校體制는 것입니다. 즉, 조선교육은 종언을 맞이하고 새로운 반도=外地교육이 시작되었다는 '단절적斷絶的'인 비약진전론飛躍進展論을 주찰하고 있습니다.

이처럼 '단절' 구조의 붕괴 없이 조선교육을 연구하는 것이야말로 이후의 연구자들에게 주어진 요청이었으며, 이에 입각하여 등장한 것이 바로 사학자들의 제도사 연구였습니다.

③ 학자 계통의 연구 중에서도 ⓐ 역사학자의 조선교육 연구는 근대역사학의 방법으로서 실증적 연구 방식에 의해 경성에서만 볼 수 있었던 원전사료를 충분히 활용했으며, 게다가 단절구조를 허무는 일 없이 자연스럽게 조선교육의 사적史的 흐름을 서술하는 데에 적합한 제도사 연구라는 형식을 취했습니다. 이로써 당시 유력한 두 제도사 연구가 출현하게 되었는데, 다카하시 도오루高橋亨[38]의『조선의 교육제도략사朝鮮の敎育制度略

---

38 다카하시 도오루(高橋亨, 1878~1967) : 일본의 조선학 연구자다. 도쿄제대 문과대학 한문학과를 졸업했으며, 1903년에 대한제국의 초빙으로 한성관립중학교 교사로 조선에 오게 된다. 조선총독부 종교조사과 촉탁이 되어 각지에서 고서와 금석문을 수집했으며 남부로의 조사여행을 계기로 조선의 유교연구를 시작했다. 이후 경성제국대학 교수

史』(다이쇼 9)[39]와 오다 쇼고의 『조선교육제도사朝鮮敎育制度史』(다이쇼 13) 등이 그러합니다. 이에 앞서 일찍이 시데하라 다이라의 『조선교육론朝鮮敎育論』[40]의 부록에 실려 있는 「조선의 문교朝鮮の文敎」[41]는 과거 제국교육회帝國敎育會에서 했던 강연 내용을 수록하고 있습니다. 여기에는 역사학자이기도 했던 저자 본인이 "이번 편은 실로 조선교육략사라고 이를 만하다"[42]라고 언급하고 있는데, 이는 『증보문헌비고增補文獻備考』에 의거한 제도적 연혁 해설로서 이 같은 방식의 연구에서는 단연 선구적이었습니다. 제도 사에서는 '어떤 시대는 이러이러했으며…… 또 어떤 시대는 이러저러했다…… 그다음 시대에는……'라는 식으로 제도의 형자적形姿的 사실을 평 판나열식平板羅列式의 시대순으로 그저 정확하게만 기술하면 되기 때문에 그들에게 있어서는 상당히 편리했던 연구 방식이라고 볼 수 있습니다.

한편, 다카하시 박사는 『조선의 교육제도략사』의 모두에서 "조선의 교육 제도는 지극히 간단한 데다가 너무 단조로워 고려부터 이조까지 조금도 변화한 흔적, 즉 발달의 흔적을 찾을 수가 없다"라고 단언하고 있으며 '고려, 이조, 갑오년 이후' 이렇게 3기로 나누어 학제의 변천을 기술하고 있습니다. 고려의 학제는 12세기 초 17대 인종기仁宗期에 '완비完

로 임용되었으며, 패전 후 덴리대학의 조선학과 교수로 재직했으며 조선학회(朝鮮学会) 창립 후에는 부회장에 취임하기도 했다. 주요 논저로는 『韓語文典』, 『朝鮮の物語集』, 『朝鮮の俚諺集』, 『李朝仏教』(朝鮮思想史大系 1), 『内鮮関係政治文化思想史』 등이 있다.

39 高橋亨, 『朝鮮の教育制度略史』, 朝鮮総督府学務局, 1920.

40 幣原坦, 『朝鮮教育論』, 六盟館, 1919.

41 幣原坦, 「朝鮮の文教」, 『朝鮮教育論』, 六盟館, 1919, 331~360쪽.

42 와타나베는 「조선의 문교」 서두에 실린 글을 간략하게 추려서 인용하고 있으나, 해당 부분의 원문은 다음과 같다. "左の一篇も、嘗て帝国教育會で講演した所であるが、朝鮮教育略史とでもいふべきものであるから、之を附録の第二とする。(왼편에 실린 내용 또한 일찍이 제국교육회에서 강연한 것인데, 전반적으로 조선교육략사라 칭할만하기에 이를 제2의 부록으로 삼고자 한다)" 幣原坦, 「朝鮮の文教」, 『朝鮮教育論』, 六盟館, 1919, 331쪽.

備되었는데, 이는 곧 '이조까지를 통튼 조선 학제의 완비'에 다름 아니었다는 것입니다. 즉, 이조는 고려의 학제를 거의 그대로 계승했기 때문에 그런 의미에서 보자면, 15세기 초기에 이미 이조학제가 완비되었다는 말입니다. 이리하여 '이조국李朝國 초기에는 사인士人의 자제들이 8, 9세에 책을 품고 서당에 다니기 시작해 7, 8년간 천자문千字文부터 소학小學, 사서四書의 소독素讀을 익힌 뒤 향교로 올라가 수년간 공부하여 진사생원進士生員 시험을 치른 후, 성균관에 들어가 문과文科를 익힌다'라는 일반적인 수학체계가 성립되었으며 과거제 또한 이미 갖춰져 있었습니다. 그러나 '이조 중세李朝中世에 이르자 먼저 향교가 쇠미衰微하'여 그 교육이 유명무실해진 것입니다. 그러자 각지에서 서원書院이 족생簇生하기 시작했는데, 이는 유생儒生의 시세횡의時勢橫議와 향사享祀의 장場이 된 것 외에 교육에 있어서 거의 공헌한 바가 없었습니다. 그리하여 이조성대李朝盛代에 이르러서는 중간 교육기관이어야 할 향교 및 서원이 '그 기능을 상실했다'고 볼 수밖에 없습니다. 다만, 성균관대학은 사류士流 유일의 고등교육기관으로 번성했으나 이마저도 선조조宣祖朝 이후 후대로 내려가면서 정치가 문란해지고 과거제의 병폐가 증대함에 따라 결국 성균관은 대학의 기능을 잃게 된 것입니다. 이를 두고 그는 "이조의 정치사政治史가 곧장 당쟁사黨爭史로 이르는 바람에 대학은 그 의의를 상실하고 말았다. 그러나 이는 앞선 향교의 쇠퇴에 잇따른 것으로서 오늘날에는 대학마저 쇠망하여 사실상 이조의 교육기관은 전멸한 상태에 이르렀다"라고 적고 있습니다.

이어 "그 후 갑오개혁에 따라 과거를 폐지하고 신학제新學制를 실시했으나, 이는 시세민도에 적합하지 않아 그 영향이 미미해 활성화되지 못했다"

라며 일련의 과정을 다음과 같이 언급하고 있습니다.

　　이러한 혼돈스러운 정황은 10여 년 동안 지속되었으나, 이후 메이지 38년
의 통감부 설치와 그에 이은 일본의 학제 고문(顧問)을 두고 나서야 비로소
새로운 발달 궤도상으로 진입할 수 있었다.

　　요컨대 '조선의 교육 제도는 고려 이후에 진보된 바가 없고, 그마저도
이조 후기에는 괴멸해 버렸다. 그런데 통감부 설치 이후 비로소 발달의
궤도에 올랐다'는 것입니다. 이는 근세와 근대와의 명확한 단절론입니
다. 다만, 그 내용 중에 이해하기 어려운 지점은 서당을 기초로 하는 수
학체계가 이조초기에 성립되었다고 서두에서 확언한 바 있음에도 불구
하고 교육 제도의 괴멸에 대해서는 향교, 서원, 성균관에 관한 설명만 있
을 뿐 서당에 대해서는 전혀 언급하지 않은 부분과 이조의 교육기관이
'전멸'했다고 단언하고 있는 점입니다. 바로 여기에 논리적 결함이 있는
것입니다. 게다가 '전멸'을 논함과 동시에 '한편에서는 통일적·역사적
인 파악을 위한 한 줄기의 희망이 남아있다'는 식의 주장 또한 너무나도
아이러니합니다. 따라서 제 연구의 이론적 출발점 가운데 하나는 바로
이러한 지점에서 요청되었던 것입니다. 그렇지만 이『조선의 교육제도
략사』에서 근대에 해당하는 부분은 단 몇 줄에 그칠 뿐,(이조 교육에 관해
서는 결여화론缺如化論, 즉 부정각하론否定却下論에 입각하고 있긴 합니다만 어찌
되었든) 이조의 교육 과정에 대해서는 정확하고 일관된 서술을 제공하고
있으니 후학들에게 있어서는 제1의 필독서라고 생각합니다.
　　이어 오다 쇼고의『조선교육제도사』는 역사적 관점을 더욱 확대하여

삼국 시대, 신라통일 시대, 고려 시대, 이조 시대, 최신最新 시대로 구분하고 있으며 최신 시대는 여기서 더 나아가 갑오개혁 이후와 보호 시대保護時代로 나누어 그 학제를 상술하고 있습니다. 『조선교육제도사』에서는 "조선구시朝鮮旧時의 교육 제도는 두말할 것도 없이 유학儒學에 관한 제도"라고 적고 있는데, 이에 더해 정부가 제정한 제도 외에 '사적으로 발달한 지점'에 대해서도 착목하고 있으며 더 나아가 최근세最近世의 일본에 의한 신교육에 대해서는 "교육의 의의 또한 자연스레 구시대와 달라지게 되었"기에 한 시기를 구분하여 기술할 가치가 있다고 기록하고 있습니다.

그 논지는 '이조의 교육 제도는 유교와 함께 이를 고려 시대부터 계승하여 배양·발달시켰음에 다름 아니'라는 관점하에서 나열식이긴 해도 나름대로 각 분야에 걸쳐 객관적으로 서술하고 있으며, 갑오개혁 이후에 관해서도 법령法令에 입각하여 학제 구성을 정태적情態的·해부학적解剖學的으로 해설하고 있습니다. 이런 부분에 한해서는 대단히 정확하고 뛰어나다고 할 수 있습니다. 또한 『조선의 교육제도략사』처럼 수학체계에 대해 지적하고 있는 것은 아니지만, 『고려도경高麗圖經』에 나오는 '향鄕 선생'을 구체적인 사례로 언급하면서 "鄕 선생이라는 것은 옛날부터 오늘에 이르기까지 조선에 존재하는 수만 명의 서당 선생"과 같다고 설명하는 것으로 보아 당시 사적으로 설립된 '수만 개의 서당'이 존재했다는 것을 인지하고 있음을 알 수 있습니다. 그러나 갑오개혁에 의해 생겨난 소학교가 "오로지 한적漢籍을 소독素讀하는 데에 전력을 기울이거나 아니면 습자習字를 가르치는 것에 그치고 있을 뿐, 학급의 편성이나 교사校舍의 설비 등에 있어서는 거의 염두에 두지 않았기에 사실상 기존의 서당과 조금도 다를 바가 없었다"라며 교육 방법과 설비의 외형적 형태로서만 서당의 잔재성殘滓性을 주장하고 있습니다.

상술한 바와 같이, 『조선교육제도사』는 '교육의 의의가 변했다'며 신교육을 별도로 기술하고 있으나 그것이 어떤 의의로 변화했는지에 관해서는 언급하고 있지 않기 때문에 그 교육 제도의 적극적인 해명에는 도움 되는 바가 전혀 없습니다. 단적으로 말하자면, '변했기 때문에 변한 것이다'라고 하는 것과 하등의 차이가 없는 겁니다. 또한 통감부 설치 후에 사립학교의 증가에 관해서는 "어떤 하나의 의미로서 갑작스레 교육열의 발흥을 초래했다"라고 적은 것으로 보아 그러한 교육(=反日救國의 조선인 본인들의 교육)도 교육으로 인정하는 것 같습니다만, '어떤 하나의 의미로서의 교육'이란 정확히 어떤 의미인지 이에 대해서는 아무런 언급조차 없습니다. 어쨌든 '의의가 변한 교육'이라든지 '어떤 하나의 의미로서의 교육'과 같이 내용 면에서는 명확한 규정조차 따로 없이 그저 '교육'만을 다루고 있기 때문에 그 근대 부분에 관해서는 사실 비평하려고 해도 할 만한 것이 별로 없습니다. 즉, 여기서 언급되고 있는 근대의 교육은 이처럼 내용이 부재한 공허한 개념일 따름입니다. 따라서 이러한 일련의 논리적 구조에서도 앞서 언급한 근세부터의 단절론이 부상하고 있는 것입니다.

③ 학자 계통의 연구 중 ⓑ 역사학자 이외의 여러 학자(교육학자 제외)의 조선교육 해명에 관련한 연구는 제법 많은 편인데, 그중에서도 호소카와 가로쿠細川嘉六[43]의 『식민사植民史』(쇼와 16),[44] 아베 요시오의 『이퇴계李退

---

43 호소카와 가로쿠(細川嘉六, 1888~1962) : 일본의 저널리스트·정치학자다. 도쿄제대 법학부 정치학과를 졸업한 후, 오하라 사회문제연구소(大原社会問題研究所)에서 식민지 문제 등을 연구했으며. 이후 독일·프랑스·영국·러시아 등지에서 유학했다. 1942년에 잡지 『改造』에 발표한 「세계사의 동향과 일본(世界史の動向と日本)」으로 검거되기

溪』(쇼와 19),[45] 스즈키 에이타로鈴木榮太郎[46]의『조선농촌 사회답사기朝鮮農村社會踏查記』[47] 등이 가장 유력한 연구입니다. 특히 스즈키 교수의 농촌 사회학적인 시좌視座와 방법에 따른 구체적인 조사연구는 농촌에서의 민중 생활에 유기적으로 깊숙이 관련되는 조선교육에 관하여 상당히 유효한 지점으로서 주목하고 있습니다. 이어 아베 교수의 퇴계 연구는 사상사적으로도 철저한 해명을 해 주었을 뿐만 아니라, 전후의 연구와도 이를 접목시켜 일본과의 교류 관계에 있어 분명한 근거를 제시해 주고 있습니다. 그리고 호소카와 씨의『식민사』에는 조선교육에 관련된 언급이 있는데 내용인즉슨, 명색이 총독부라는 간판을 내걸고서도 '조선인의 문화 수준은 극도로 낮다'는 것을 지적하며 이는 '보통교육 특히 초등교육의 미보급'의 결과라고 단정하고 있습니다. 이어 초등교원 내에서도 조선인 교원과 일본인 교원 간의 급여 부분에 있어 '극심한 격차'를 수치로 제시하면서 당국의 차별 정책에 대해 지적하고 있습니다. 한편, 산업부문에 대한 결론에 이르러서는 아래와 같이 언급하고 있습니다.

현재 조선은 여전한 봉건적 기저 위에 외래의 독점적 대자본을 용립(聳立)시키고자 하며, 이로써 내지와 동일한 관계를 조선에서도 점차 재현해 가고 있는 중이다.

도 했다. 전후에는 공산당에 입당했다. 주요 저서로는『植民史』가 있다.

44 細川嘉六,『植民史』, 東京 : 東洋經濟新報社, 1941.

45 阿部吉雄,『李退溪』, 東京 : 文教書院, 1944.

46 스즈키 에이타로(鈴木榮太郎, 1894~1966) : 일본의 사회학자다. 도쿄제대 문학부를 졸업한 후, 교토제대 대학원에 진학했다. 기후고등농림학교의 교수, 경성제대에서 조교수를 거쳐 1947년부터는 홋카이도대학에서 교수로 지냈다. 주요 저서로는『農村社会学史』,『日本農村社会学原理』,『朝鮮農村社会踏查記』,『日本農村社会学要論』,『都市社会学原理』등이 있다.

47 鈴木榮太郎,『朝鮮農村社會踏查記』, 東京 : 大阪屋號書店, 1944.

이를 위의 언급과 연결 지어 생각해보면, 봉건적 기저의 극도로 낮은 문화 수준을 '여전한 정체'라고 여기는 듯합니다. 그렇다면, 이조 이후에도 지속되는 '여전한 정체'에 따른 '극도의 낮은 문화 수준'이란 어떠한 것일까요? 이는 총독부의 식민지 지배 정책이 다면적인 근대 방식의 수립에 그침으로써 일반 민중을 극히 낮은 '생활 수준'으로 밀어 넣었다는 것이 분명합니다. 그러나 교육에 관한 한, 이미 이조 시대에 상당한 정도의 초등교육 보급이 민중에 의해 자주적으로 획득되었으며 아무리 재지봉건在地封建 세력의 장악 아래 존재했다 하더라도 시대적 조건에 따라 그들은 근대교육으로 개화해 나갈 내면적 동향을 충분히 터득하고 있었습니다. 따라서 당시 이들의 교육에 있어 도시는 차치하더라도 농촌에서만큼은 적어도 일본의 근세 말기보다는 발전했던 것이 아니었을까 싶습니다. 또한 이시카와石川[48] 박사의 조사에 따르면 근세의 데라코야 개업 수치의 누계累計는 11,237개로 인구 3,000만 명에 약 20,000개의 데라코야가 있었다고 추정되고 있습니다. 한편 조선의 경우, 메이지 44년 말의 통계에 의하면 인구 1,300만 명에 서당이 16,540개(실제로는 더 많음)로 면面(일본의 村에 해당)당 3.8개의 서당이 존재했습니다. 그런데 그것이 지배계급의 부패와 외세의 침입에 의해 자주적인 발전이 저해되었으며, 지배자 교체 후에는 완벽하게 이질적인 교육이 주입된 데다가 경제적 빈곤과 행정적 탄압이 맞물리는 바람에 근대적 성장을 형중화形衆化하지 못한 채 고뇌와 저항 그리고 쟁투의 과정 속에서 내재

---

[48] 와타나베가 언급하고 있는 이시카와 박사는 일본의 교육학자인 이시카와 겐(石川謙, 1891~1969)으로 추정된다. 이시카와는 도쿄고등사범학교를 졸업했으며 1941년 「세키몬 심학 연구(石門心学の研究)」로 도쿄제대 문학박사를 취득했다. 주요 저서로는 『寺子屋』, 『石門心学史の研究』, 『五人組から隣組へ 教養講座』, 『近世庶民教育史』, 『日本学校史の研究』, 『寺子屋 庶民教育機関』 등이 있다.

적 창조의 전개를 이루어 가고 있었다고 볼 수 있습니다. 총독부가 추진한 '근대식'(설비나 방법 등 외형적인 것만 근대적이었던) 교육이 '불모不毛의 상태'였다는 것은 분명합니다. 그러나 이는 강제적으로 불모 상태가 된 것, 즉 식민지적 근대교육에서의 불모에 따른 이질 문화의 침식에 대한 조선 민족의 저항이기도 했습니다. 물론 그렇다고 해서 조선 민족 자체가 불모였던 것은 아닙니다. 따라서 상술한 이론을 지나치게 직선적으로 강조하다 보면, '본래 극도로 낮은 수준이었다. 게다가 일본의 정책이 그것을 그대로 내버려 두었다'라는 이중지체론二重遲滯論으로 발전되어 결국 조선은 뒤처진 국가로 여겨지고 마는 겁니다. 그리고 바로 그 지점에서 '改心한 일본'의 재진출에 대한 논거를 마련한 것이 아닐까요? 이런 이유로 저는 '여전히 극도로 낮은 문화 수준'이라는 견해에는 적잖이 경계하는 입장입니다.

이어 ③ 학자 계통의 연구 중 ⓒ 교육학자들의 각종 연구가 있는데, 여기에 해당되는 학자들은 모두 저의 은사들이시며 현재도 활동하고 계시기 때문에 비판은 좀 삼가고 싶습니다만, 그래도 여기서 언급된 문제들의 해당 분야와 그 의의에 대해서만큼은 지적해둘 필요가 있습니다. 물론 그래 봐야 열 손가락 안에 꼽히는 정도이긴 합니다만……

이 계열의 주된 연구 분야로는 첫 번째 근세의 초학용初學用 교과서 연구를 들 수 있으며 연구 시각은 정신사적 연구에 해당합니다. 사실 이 계통의 연구는 그리 자주 거론되는 분야는 아니지만, 중국의 전통을 이어 가면서도 조선 독자적인 진전을 드러냈던 분야로서 상당히 중요하다고 생각합니다. 두 번째는 총독부치하의 조선교육 연구인데, 이들 전부가 해설식의 소개 정도로 그치고 있습니다. 이어 세 번째는 '향약鄕約' 연구입니다. 이는 '학교' 교육에 있어 이조 시기의 지체와 단절론을 극복한

총독부의 신교육 진전이라는 이 두 논법의 간극을 좁히고 사회교육 분야에서의 조선교육의 실용을 추구한 것으로써 그것이 가진 의의는 상당히 크다고 볼 수 있습니다. 다만, 이 역시 연구 시각이 정신사에 경도되었으며 '향약의 해害는 도적보다 심하다'(丁茶山, 『牧民心書』)라는 식의 사회경제사적 측면의 고찰은 결여되어 있습니다.

4. 단절론 극복을 위한 연구(전후의 연구)

전후의 연구로서는 아베 히로시阿部洋[49] 씨의 기독교 계열 사립학교 연구,[50] 시미즈 게이슈清水慶秀 씨의 조선교육령朝鮮教育令의 구조에 관한 연구,[51] 오자와 유사쿠 씨의 식민지 교육정책의 연구 등이 있으며 최근에는 교토대학의 스가이 요시노부菅井鳳展 씨의 연구가 한창 진행 중에 있다고 합니다. 먼저 아베 씨의 연구는 기독교계 학교가 조선 민중의 '內修外攘'이라는 슬로건에 의한 반일애국운동反日愛國運動의 일환으로 전개된 것이라 논하고 있으며, 시미즈 씨의 연구는 식민지 지배를 위한 교육

---

49 아베 히로시(阿部洋, 1931~) : 일본의 교육학자다. 기타규슈 출신으로 1954년 규슈대학 교육학부를 졸업했으며 동 대학원에서 교육사를 전공했다. 국립교육연구소(国立教育研究所)에서 아시아 교육연구실장을 역임했으며, 후쿠오카현립(福岡県立)대학 교수를 지냈다. 주요 저서로는『中国の近代教育と明治日本』,『中国近代学校史研究 清末における近代学校制度の成立過程』,『「対支文化事業」の研究－戦前期日中教育文化交流の展開と挫折』등이 있다.

50 阿部洋,「併合初期における朝鮮総督府とキリスト教主義学校－植民地教育政策の一側面」, 日本教育学会, 1960.

51 清水慶秀,「朝鮮に於ける日本の植民地教育-3-」,『広島女学院大学論集』통호9, 1959.11; 「朝鮮に於ける日本の植民地教育-4-」,『広島女学院大学論集』통호10, 1960.

이라 할지라도 그로 인해 획득된 근대지식의 기능적 활용에 따라 조선 인들의 휴먼파워人間力[52]가 될 수 있는 이른바 '얇은 힘'이라는 지식의 객관적 보편성의 관점을 내세우고 있습니다. 이어 오자와 씨의 연구는 조선의 식민지교육을 '부負의 유산Negative heritage'이라 규정하고 있는데, 이는 일본교육의 기저에 잠재한 일그러진 부분에 대해 적극적으로 다가선 의견이라고 볼 수 있습니다. 저의 개인적인 소견으로는 이상의 모든 연구가 '단절'의 극복이라는 방향을 제시하고 있는 것으로 이해되며 그런 의미에서 아베 씨는 기독교계 교육의 조선 민중과의 연속을, 시미즈 씨는 현대 재일조선인들의 지식구조에 대한 연속을, 오자와 씨는 현대 일본교육에 대한 마이너스의 연속을 각자의 관점에서 시도한 것이라고 생각합니다.(이 항목에 대해서는 편집 과정에서 따로 추가한 내용임-편자 주)

그리고 저의 연구 동기나 과정에 관해서는『조선사연구회회보朝鮮史研究會會報』제7호를 참고해주시길 바라며 아울러 제가 지금까지 발표한 20여 편의 논문들은 모두 '사적인 초등교육에 있어서 조선인들의 자발적 교육의 즉자적 전개'를 주제로 삼은 것입니다.

한편, '조선에서는 사학私學이 일찍부터 발달했다'는 유홍렬柳洪烈[53] 씨의 연구가 제 연구의 출발점이었으며, 이후로는 전술한 바와 같이 다카

---

52 일본 내에서 통용되는 인간력(人間力)이란 사회를 구성하고 운영하는 존재임과 동시에 자립한 한 명의 인간으로서 강인하게 살아가기 위한 종합적인 능력을 뜻한다. 또한 이러한 인간력은 학교, 가정, 지역 및 산업 등의 각각의 장(場)을 통해 단계적·상승적으로 배양·육성되는 것으로 설명된다. 따라서 역자는 인간이 가진 지각 능력·통찰력·생활력 등을 포괄하는 '휴먼 파워'로 번역하였다.

53 유홍렬(柳洪烈, 1911~1995) : 경기도 장단(長湍) 출신의 역사학자다. 경성제대 사학과 졸업했으며, 진단학회·한국사학회 등에서 임원으로 활동했다. 성리학을 근간으로 한 조선조 사회사상과 이념에 대해 연구했다. 주요 저서로는『朝鮮獨立思想史攷』,『韓國文化史』,『韓國天主教會史』,『高宗治下 西學受難의 研究』,『韓國社會思想史論攷』등이 있다.

하시 도오루 박사의『조선의 교육제도략사』의 가르침을 좇아 기존 제도사의 맹점 혹은 사각지대였던 서당 교육의 진전을 추구해왔습니다. 참고로 이는 근세에 발달한 봉건성을 기저에 두면서도 일본인 연구자의 단절론과는 무관하게 근대 안에서도 조선인의 자주독립에 대한 저항적 성격이 교육의 전개로서 깊이 파고들었던 사실을 기술한 것입니다.

사실 단절론을 통해 파악할 수 있는 공립보통학교 체제(=총독부의 신교육)의 실체는 극히 일부에 지나지 않습니다. 비록 설비나 방향성에 있어서는 다소간의 결함이 있긴 하지만, 그래도 조선인들의 자발적 교육은 단절된 것이 아니라 역사적으로 연속하여 전개되어 왔다고 봐야 합니다. 특히 공립보통학교를 둘러싼 유심적遊心的 역동성을 내포한 주변 부차적인 영역의 광대하고도 완강한 존재가 이를 증명하고 있습니다. 이는 조선인 교육에 가해졌던 가차 없는 억압에 대항하는 그들의 고뇌와 저항의 메타모포제Metamorphose(형태변화)와 다를 바 없습니다.

이러한 조선에서의 사적인 초등교육의 전개에 대해 지금까지 밝혀낸 점들을 간추려 보면 다음과 같습니다.

① 이조 초기 : 재향在鄕 유신儒臣이 개인 서재를 개방하여 동몽童蒙을 교육한 서재형 서당(祠廟 없음)이 고려 말의 영향을 그대로 이어받아 널리 시행되고 있었음은 유홍렬 씨의 연구를 통해서도 밝혀진 바 있으며 관련 내용은『경국대전經國大典』에서도 찾아볼 수 있다.

② 16세기 초기 중종기中宗期 : 주자학의 발달에 따라 도학적道學的인 군거사업群居肆業의 유관儒館(祠廟 있음)으로서의 서원書院이 성립했다.

③ 16세기 중엽 : 초등교과서인『동몽선습童蒙先習』[54]이 완성되었으며

17세기에는 그 간행이나 보급뿐만 아니라, 천자문 · 유합類合[55] 등의 학습 도구적인 초학 제1차 서적에 맞서 당시 학문의 백과전서 격이자 초보적 단계를 객관적으로 전수하는 내용의 학습적인 초학 제1차 서적이 성립했는데, 바로 이때 초등교육과정이 확립되었다.

④ 16세기 후반 : 과업科業과 도학적 학문이라는 이대도야체계二大陶冶体系가 성립하여 서원이 흥융興隆했으나 서당은 그 산하에 초등단계적 지절肢節로서 흡수되었다.

⑤ 17세기 후반기 : 이 시기부터 전형적인 노비 및 농민이 소멸해 가는데金錫亨, 그와 병행하여 사묘祠廟를 두지 않는 하급서원으로서의 서당이 새로이 계층분화를 실현해가던 재향인사在鄕人士의 자주적인 협동에 의해 성립 · 보급되기 시작하면서(=향촌서당) 그 존재성을 주장하게 되었다. 그러자 정부도 이를 인정하지 않을 수 없게 되어 교육체제 안에 편입시키고자 했다.(孝宗 10년의 鄕學之規)

⑥ 18세기 : 정요서政要書가 성행했다. 향촌에서의 서당의 존재를 전제했으며 이에 따라 농민에 대한 봉건적 교화를 강화함과 동시에 지방행정 수준에서 진보적인 사림 관료에 의한 '시의적절한 조치時宜之措'를 실시하고자 했다.

⑦ 18세기 말 : '郡縣이 一鄕(→面)마다 수십 村(→洞里=大字(字))[56]을

---

54 조선 시대 동몽(童蒙) 교재 중에서도 가장 이른 시기에 저술되었으며, 초학 아동들이 『千字文』 다음 단계에서 학습했던 대표적인 아동교재다. 내용 중에는 역사에 관한 서술에 있는데, 특히 우리나라가 국토는 좁으나 예악(禮樂)과 문물 면에서는 중국에 비견할 수 있음을 강조하여 아동들로 하여금 자국 역사를 긍정적으로 바라볼 수 있도록 하였다.
55 작자 미상의 한자를 수량 · 방위 등으로 유별(類別)하여 새김과 독음을 붙여 만든 한자 입문서로 목판본 1책으로 되어 있으며,『千字文』과 함께 널리 사용된 입문서 중의 하나다.
56 字 : 町 · 村 가운데의 한 구획의 이름으로 우리나라의 리(里) 정도에 해당하며 오오아자(大字) · 코아자(小字)가 있다.

소유하며 대략 4, 5 村마다 반드시 한 개의 서재를 두었다. 재좌齋座에서는 모든 학생 수의 평균치를 내어 훈장夫子 한 명당 수십 명의 아동을 맡는다『牧民心書』라는 보급 편재의 상태를 드러냈다. 영국의 지리학자 비숍Isabella Bird Bishop[57] 여사 외에 구미인歐米人들도 19세기 말에 이를 답사하여 확인 한 바 있다.

⑧ 통감부 설치 전후부터 각종 사립학교가 증가(인가받은 것 2,250개소, 페이지 43)했으며 한 군郡당 백여 개에 이르는 곳도 있다. 물론 이들 학교는 초등 정도(실질적으로)가 대부분이며, 서당의 전신 같은 것들이 많았다는 사실은 훗날 각 보통학교의 연혁에서도 잘 드러난다. 종교학교는 위에서 언급한 인가받은 사립학교 중 1,116개에 해당한다. 서당은 '1만을 넘는다'라고도 하고 '3만에 달할 것'이라고도 한다.

⑨ 병합 초기에는 탄압에 의해 사립학교가 격감(→다이쇼 8년 679개교)했는데, 이와 대조적으로 서당은 격증(다이쇼 2년 18,238개소→다이쇼 8년 23,336개소, 당시 조선인의 인구는 약 1,700만 명, 동리 수는 28,299 동리)했으며 보통학교는 517개교에 이르렀다. 얼마 후에 3·1운동이 발발했다.

⑩ 쇼와 5년(1930)에는 총독부가 구심적으로 종합수렴의 노력을 다한 결과, 공립보통학교는 1,606개교에 달했으며 각종 사립학교는 498개교

---

57 이사벨라 버드 비숍(Isabella Bird Bishop, 1831~1904) : 영국 요크셔주 출신의 여행가·탐험가·기행작가·사진가다. 1892년에 여성 최초로 왕립지리학회(Royal Geographical Society)의 회원이 되었다. 본래 '비숍'은 그녀의 남편 성이다. 남편이 사망한 후 페르시아, 쿠르디스탄, 티베트, 한국, 중국, 일본 등의 장거리 여행을 하게 된다. 이때를 계기로 3년간 몇 차례에 걸쳐 조선과 중국을 방문하여 고종과 명성황후를 만나기도 했으며, 귀국 후 조선 여행기『조선과 그 이웃나라(Korea and Her Neighbours)』를 출간했다. 이 책에는 당시 수도인 한양의 정경, 결혼과 장례 풍습, 종교, 1896년 선교사업 총계, 1806~1895년간의 주요 수출품, 기생, 민요, 서민 생활, 궁중의 모습 등 조선의 사회, 문화, 정치, 경제 전반에 걸쳐 기록되어 있다.

로 감소했고 서당도 14,041개로 줄어든 반면, 사설학술강습회私設學術講習會는 증가했는데 추정 수치로는 1,500개를 초월한다. 그 해, 조선 초등교육시설의 총수는 주변의 부차적인 시설까지 더해 17,539개였으며 그 중 공립보통학교가 차지하는 수는 불과 9.2%였다. 총독부의 식민지학교와 이들 사적 교육시설 특히 당국이 '학교'가 아니라고 일컬었던 교육시설들 간의 기능적인Functional 관계의 상정은 불가피하다.

⑪ 1933년에는 조선반도 외의 유격근거지遊擊根據地·해방지구解放地區에서 조선인민정부의 인민 신교육이 조직되었다. 이는 투쟁에 의한 창조다.

이상과 같이, 아직까지는 연구상의 단층적인 측면이 존재하긴 하지만 그래도 역사적인 일관성으로서 통일성 있는 파악은 어느 정도 가능하지 않을까 싶습니다. 이는 물론 북조선의 약진躍進을 제외하고서는 엄두도 낼 수 없는 일입니다.

5. 마무리

향후 연구를 위한 문제 제기

끝으로 향후 연구에 대한 소견을 말씀드리자면 다음과 같습니다. 첫 번째, 제도나 정책 연구는 앞서 언급했다시피 형자적 수준에 머물 것이 아니라 그 내부까지 깊이 있게 고찰하여 단조로운 현상적·나열식 서술에 그치지 않는 즉, 일관적이고 통일성 있게 밝혀 나갈 필요가 있음은 두 말할 나위도 없는 일입니다. 두 번째, 근대에 관해서도 일차적으로는 제도나 정책의 해명을 부정적인 매개로 삼아 이뤄지는 연구가 절대적으로 '필요'하긴 하지만, 그와 동시에 '조선교육' 그 자체를 밝히려는 노력이 없다면 그것은 엄밀하고 충분한 연구라고 할 수 없습니다. 그러므로 '조선반도'에서 '일본인들이 무엇을 했는가?' 이 역시 중요하나, 그보다는 '식민지하의 조선인들은 어떠했는가? 당시 그들은 무엇을 했는가? 그리고 그것이 의미하는 바는 무엇인가?' 이런 지점들이 더욱 주요하다고 생각합니다. 세 번째, 이상으로 말씀드린 내용은 조선교육 연구의 '시원始元'의 문제와도 상호 관련성이 있습니다. 일단 '학교'를 시원으로 삼게 되면 제일 먼저 정식 학교가 거론되기 마련이며 그에 따라서 제도나 정책이 가장 근본적인 중요성을 지닐 수밖에 없습니다. 그런데 그렇게 되면 이제까지 서당이나 사설 학술강습회는 '학교'가 아니라고 주장했던 당국의 논리 구조에 걸려들게 되고 맙니다. 따라서 '조선인의 도야陶冶(＝상태로서의)에 더욱 무게 중심을 두어야 할 것입니다. 그 이유는 거기에 여러 교육 작용의 결과로서 완성된 근세 이후의 전통적·민족적인 것과 더불어 제도와 정책적인 억압 속에서 실현된 자주적 전개 그리고 총독부가 시행한 교육 등의 다양한 양태가 중층적·합성적으로 집적되어 있기 때문입니다. 그러므로 이에 대한 분석과 종합적인 이해가 대단히 중요하며 또 그러한 과정 없이 서당, 강습회, 사회교육에 대한 제대로 된 논의는 불가능하다고 생각합니다. 사실 북조선의 다수의 뛰어난 민족 간부들은 '학교'가 만들어 낸 도야의 결과가 아닙니다. 네 번째, 조금 전에 제시한 이러한 접근 방식을 취하기 위해서는 독자적인 연구 방법이 필수적입니다. 추상적인 표현일는지 모르겠으나, 연구 고찰은 단순한 징후로서의 현상 인식을 넘어 대립 모순적인 '관계'를 동적動的으로 파악하는 지점에까지 심화시키지 않으면 안 됩니다. 즉, 시종일관 '악한 실증주의' 만을 반복해서는 '조선교육'에 대해 결코 이해할 수 없다는 것입니다. 억압하에서의 적응과 저항, 후퇴와 진전, 고뇌와 쟁투 그 안에서 현현하는 조선인들의 잠재潛在와 현재顯在 그 양면의 메타모포제와 거기서 비롯되는 창조 등을 자세히 살펴봐야 할 것입니다.

오자와 유사쿠

그럼, 오늘의 토론을 위해 이 자리에 참석하신 선생님들을 한 분씩 소개해 드리도록 하겠습니다.

먼저 조선대학朝鮮大學[58]에서 교육학을 담당하고 계시는 박상득[59] 선생님, 중국교육과 조선교육에 관한 상세 조사를 바탕으로 이들과 일본 간의 깊은 관계 양상을 좇고 계시는 규슈대학의 아베 히로시 씨, 조선사에 관한 심도 있는 연구를 하고 계시며 그 분야에 있어 조예가 상당하신 도쿄 도립대東京都立大의 하타다 선생님, 조선의 근대사를 연구하고 계시는 미야타 세쓰코 씨, 우부카타 선생님은 익히 잘 알고 계시리라 생각합니다. 이어서

---

58 조선대학교(日本) : 1956년에 발족했으며 재일본조선인총연합회와 북한 정부의 지원을 받고 있다. 그러나 일본 문부과학성에서 인정한 정식 대학이 아니라 각종학교로 분류되어 있다. 현재 일본 도쿄도 고다이라시(東京都 小平市)에 위치해 있다. 참고로 광주광역시에 소재한 동명의 조선대학교와는 무관하다.

59 박상득(朴尙得, 1927~?) : 1927년에 한국에서 출생했으며, 이후 도일하여 나가노현에 위치한 오타리(南小谷)소학교와 오오마치(大町)중학교를 거쳐 1945년에 도쿄고등사범학교(東京高等師範學校)에 입학했다. 1952년 도쿄대학 문학부 심리학과 졸업한 후, 도쿄조선중고학교(東京朝鮮中高學校)의 교원을 거쳐 중앙조선사범학교(中央朝鮮師範學校) 강사 및 재일본조선인총련합회(在日本朝鮮人總聯合会) 중앙교육 전문위원과 민족교육연구소 소장 등을 역임했으며, 이후 조선대학교(일본)에서 교원으로 재직했다. 주요 저서로는 『1957年度在日朝鮮人初級學校 國語敎科書 總語彙表』, 『敎育心理學』, 『在日朝鮮人の民族敎育』 등이 있으며, 『梅泉野錄』(共譯)과 이사벨라 버드 비숍의 『朝鮮奧地紀行』 1·2를 번역했다.

일본 제국주의교육을 연구하고 계시는 국민교육연구소國民敎育硏究所의 에비하라 하루요시海老原治善[60] 씨, 동 연구소에서 중국교육을 연구하고 계시는 니지마 아쓰요시新島淳良[61] 씨 그리고 저는 오자와입니다.

오늘은 일본, 중국, 조선이라는 동아시아 세계에서의 교육을 어떻게 생각하는지 이런 문제에 관해서도 깊이 있는 의견을 나누어 보았으면 합니다.

그리고 바로 그런 의미에서 오늘 와타나베 선생님의 말씀은 여러모로 유의미한 지점이 많았다고 생각합니다. 그 논점을 요약해 보자면 첫 번째, 이조 이전의 가치를 인정하지 않는다는 태도가 지배적이었다는 점이며, 두 번째는 일본인의 손으로 이루어진 조선교육에 관한 연구가 이른바 일본의 조선 지배를 더욱 공고히 하는 식으로 여겨지는 경우가 다분하다는 점입니다. 그리고 이에 따라 오히려 일본교육이 그런 관점을 적극적으로 보급하고 정당화시키고자 한다는 의견이 제출되고 있다는 점이 그 세 번째라고 할 수 있습니다.

하지만 한편에서는 그러한 교육방식에 대해 비판하는 의견 및 연구도 등장하고 있습니다. 앞서 다른 측면에서도 『식민사』의 저자인 호소카와 씨의 견해에 비판이 있긴 했으나, 그와 동시에 야나이하라 다다오矢内原忠雄[62] 씨의 식민지 정책에 있어 동화주의 교육을 대상으로 비판한 사례도 있

---

60 에비하라 하루요시(海老原治善, 1926~2005) : 일본의 교육학자다. 도쿄교육대학을 졸업했으며, 국민교육연구소(国民教育研究所) 회원, 간사이대학 및 도쿄가구게이대학(東京学芸大学) 교수 등을 역임했다. 주요 저서로는 『現代日本教育政策史』, 『昭和教育史への証言』, 『現代日本教育実践史』, 『教育政策の理論と歴史』, 『戦後日本教育理論小史』 등이 있다.

61 니지마 아쓰요시(新島淳良, 1928~2002) : 일본의 중국문학자다. 제1고등학교 문과를 중퇴한 후 도쿄 도립대학 비상근강사 및 와세다대학 전임강사 등을 거쳐 와세다대학 정경학부 교수가 되었다. 주요 저서로는 『中国の教育』, 『毛沢東の哲学』, 『プロレタリア階級文化大革命』, 『新しき革命』, 『中国の論理と日本の論理』, 『阿Qのユートピア』, 『魯迅を読む』 등이 있다.

습니다. 참고로 이와 관련하여 당시 일본인이 착수한 것은 아니지만 전전의 신흥교육운동 와중에 일제 치하의 조선교육의 현 상황을 담은 팸플릿이 조선인에 의해 작성된 적이 있었는데, 이때 그 중요성을 알아본 일군의 일본인 교육연구자와 교사들이 있었습니다. 그와 마찬가지로 오늘 와타나베 선생님께서도 바로 그러한 형태로 드러나는 조선교육 및 일본의 식민지교육에 대한 비판방식이 무릇 일본의 조선교육 연구의 태도였다는 지적과 동시에 앞으로 어떤 방법을 통해 어떠한 문제들을 대처해가며 연구해야 하는지에 대해 제언을 해주신 거라고 생각합니다.

그런 의미에서 우선 일본인에 의한 조선교육 연구를 어떻게 진행해 나가야 하는지 그와 더불어 기존에 축적된 연구들을 부정적인 매개 혹은 긍정적인 매개로서 어떻게 계승하여 진척시킬 것인지 이런 사항들을 오늘 토론의 주요 주제로 삼고자 합니다. 두 번째로는 일본의 교육학 그 권역 밖에서 조선교육을 하던 사람들을 일본의 교육학계 내부에서는 어떻게 받아들여야 하는지에 대한 토론 역시 필요하다고 봅니다. 앞서 와타나베 선생님께서 많은 인물을 거론하셨습니다만 그들은 사실 일본의 교육학, 즉 교단교육학教壇教育學이라 불리는 교육학의 범주 안에 속하는 학자라고는 할 수 없는 사람들입니다. 이들은 오히려 권외에서 조선교육에 관한 연구를 해왔던 인물들이라고 할 수 있는데, 문제는 이에 대해

---

62 야나이하라 다다오(矢內原忠雄, 1893~1961): 일본의 경제학자·교육가·식민정책학자다. 도쿄제대를 졸업한 후 1920년에 도쿄제대 경제학부의 조교수가 되었다. 구미유학 후 교수로서 식민지정책을 강의했다. 1937년『中央公論』에 발표한 논문「国家の理想」의 反軍·反戦思想가 문제가 되어 대학을 사직했다가 1945년 모교로 복귀한 바 있다. 이후 1951년부터 1957년까지 도쿄대학 총장을 지냈다. 학창시절부터 성서연구회(聖書研究会) 및 잡지『嘉信』등을 통해 반전평화를 주창했다. 주요 저서로는『植民政策講義案』, 『植民及植民政策』,『満洲問題』,『南洋群島の研究』,『日本精神と平和国家』,『帝国主義研究』, 『聖書講義』등이 있다.

전혀 이상스레 여기지 않았던 일본교육 연구의 성질 혹은 경향이 지금 까지도 지속되고 있다는 것입니다. 따라서 이 문제에 대해 각자 어떻게 생각하시는지 이에 관한 논의가 필요합니다. 이어 세 번째 토론 주제로 는 '보다 일본인의 민족의식에 의거한 시점에서 조선인을 일본제국의 신민으로 만들자'라는 비과학적인 주장을 내세우던 일본인 교수 문제를 비롯하여 일본인 전체의 민족의식 그리고 문화의식에도 문제가 있다고 생각하므로 관련 사안에 대한 논의도 있어야 할 것입니다. 네 번째는 마 침 오늘 이 자리에 중국, 조선, 일본 각 분야의 선생님들께서 자리를 함 께 하고 계시니 와타나베 선생님의 발표를 계기로 일본인에 의한 조선 교육의 이해방식과 조선 그 자체에 대한 이해방식 그리고 중국교육의 이해방식 더 나아가 아시아의식의 문제 및 국민교육과의 관계 등 다양 한 부분에 걸쳐 토론이 이뤄졌으면 하는 바람입니다.

이상의 네 가지 주제를 중심으로 논의를 진행하다 보면 나름의 성과 를 얻을 수 있을 것으로 사료됩니다. 그럼, 자유롭게 말씀 부탁드립니다.

와타나베 마나부

먼저 최근에 발표된 새로운 연구로는 오자와 선생님의 「조선총독부의 황민교육정책朝鮮總督府の皇民教育政策」[63]이 있으며, 아베 선생님께서도 잡 지『교육학연구教育學研究』에 「병합 초기의 조선총독부와 기독교주의학교 併合初期における朝鮮總督府とキリスト教主義學校」(『教育學研究』27-2, 쇼와 36)[64]라

---

63 원문에 기재된 「朝鮮總督府の皇民教育政策」라는 제목의 논문은 검색되지 않으며, 『岩波 講座現代教育学』 5(日本近代教育史), 岩波書店, 1962 중에 Ⅷ. 植民地の教育 항목의 '台 湾・朝鮮における「皇民化」教育' 중 '二. 朝鮮のばあい' 348~361쪽에 실린 내용을 가리키 는 것으로 추정된다.

는 논문을 게재하신 바 있습니다. 그리고 히로시마여자학원대학広島女子学院大学의 시미즈 게이슈 씨는 조선교육령을 중심으로 연구하셨습니다. 아마 전후 연구자로는 대략 이 정도일 겁니다. 정말 소수이지요.

아베 히로시

병합 전후의 실정은 어떠했나요?

와타나베 마나부

메이지 25년에는 대일본해외교육회大日本海外教育會,[65] 32년에는 동아동문회東亞同文會[66]가 조선인 교육에 착수하여 경성을 기준으로 남쪽은 전자가 북쪽은 후자가 맡는 협정을 맺게 되었습니다. 그런데 이들 틈새로 히가시혼간지 오오타니 파東本願寺大谷派[67]가 파고들어와 광주농업학

---

64 원문에는 출판연도가 '쇼와 36년'로 되어있으나, 실제로는 '1960년, 즉 쇼와 35년'에 출판되었으며 정확한 서지정보는 다음과 같다. 阿部 洋, 「併合初期における朝鮮総督府とキリスト教主義学校--植民地教育政策の一側面」, 『教育学研究』 27-2, 日本教育学会, 1960. 111~122쪽.

65 대일본해외교육회(大日本海外教育會) : 1894년에 설립되어 1896년 '京城學堂'이라는 일어학교를 설립하여 일본어 교육활동에 종사한 단체이다. 1899년에는 '京城學堂'을 東亞同文會의 산하학교로 하여 재정적인 보조를 받으면서 운영되었고, 1906년에 한국통감부가 개설되어 '京城學堂'이 이관될 때까지 약 10년간 한국에서 일본어 교육을 실시했다. 金山春樹, 「舊韓末 한국에서의 일본어 교육에 관한 一考察－大日本海外教育會의 활동을 중심으로」, 고려대 석사논문, 2006, 19쪽 참고

66 東亜同文会 : 1898년부터 1946년에 걸쳐 일본에 존재했던 민간외교단체 및 아시아주의 단체이다. 상하이에 설립된 동아동문서원(東亜同文書院)의 경영모체였던 것으로 알려져 있으며, 일본과 아시아 여러 국가들과의 국제교류를 목적으로 설립된 재단법인 카잔카이(霞山会)의 전신이다.

67 일본 불교의 대표적 종파인 진종(眞宗) 혼간지(本願寺)는 도쿠가와 이에야스(德川家康) 시대에 동서로 분리되어 두 개의 혼간지로 나뉘었는데, 1873년 히가시혼간지(東本願寺)는 '오오타니파(大谷派)'로 니시혼간지(西本願寺)는 '혼간지파(本願寺派)' 혹은 '혼파(本派)'로 불리게 되었다. 개항기 일본 불교의 각 종파는 식민지 개척사업의 일환으로 조선 포교에 나섰는데, 진종 오오타니파뿐만 아니라, 진종 혼간지파 역시 이에 앞장서

교光州農業學校, 원산元山과 기타지역에 두세 군데의 교육시설을 설립하기도 했습니다. 그 밖에도 아라나미 헤이지로荒波平治郎가 초대 교장으로 있던 부산 개성학교開成學校, 야쿠시지 지로藥師寺知曨[68]가 설립한 강경학당江景學堂 등의 일어학교日語學校는 사립학교라기보다 사숙의 형태로 1930년을 전후하여 존재했습니다. 이상은 합병 이전에 조선에서 행한 일본인들의 교육 활동 사례에 속합니다.

미야타 세쓰코

선생님께서 앞서 제안하셨던 세 가지의 연구과제는 무척 흥미롭습니다. 저는 그에 더해 또 하나의 관점이 필요하다고 봅니다. 다시 말해, 일본 제국주의 하에서 이뤄졌던 조선교육을 연구 대상으로 삼을 경우 당시 일본이 행했던 조선에서의 민족 파괴 교육은 바로 일본인 자신들의 교육마저 일그러뜨렸다는 지점을 절대 간과해서는 안 된다는 것입니다. 실제적인 역사교육 하나만 보더라도 알 수 있듯, 바로 이러한 문제를 와타나베 선생님의 연구와 유기적으로 결부시켜 고찰해 나가는 것이 향후 연구에 있어서도 중요한 지점이라고 생각합니다.

1894년 11월에 부산으로 시찰원을 파견하였고, 이후 포교장을 설립하였다. 출처 : 한국향토문화전자대전(http://www.grandculture.net/ko/Contents/Index)

68 야쿠시지 지로(藥師寺知曨) : 야쿠시지 지로가 한국에 온 시기는 1895년이며 그 지역은 인천이었다. 이후 『朝鮮新報』의 신문기자로 일했고 『朝鮮開導論』을 발표했으며, 강경(江景)에 '韓南學堂'을 세워 운영에 직접 관여했다. 1927년에 일본으로 돌아갔으며 그 후 벳부(別府)의 온천 개발과 관광 산업 발전에 주력했다. 윤영민, 「약사사지롱(藥師寺知籠)와 『문법주석한어연구법(文法註釋韓語硏究法)』」, 『한민족문화연구』 50, 한민족문화학회, 2015, 210쪽 참고.

와타나베 마나부

네, 그런 관점은 필수 사항이니 결코 빠뜨릴 수 없습니다. 하지만 그런 범위에만 머무르고 있는 한, 조선을 직접적인 연구 대상으로 삼는 연구에까지는 나아갈 수 없기 때문에 그것을 부정적인 매개로 삼아 조선인이 얼마나 고통을 겪었으며 또 그에 대해 어떤 해결책이 마련되었는지 이런 부분을 제대로 파악하지 않으면 조선에 관한 진정한 이해는 근본적으로 불가능하다고 생각합니다. 그리고 사실 바로 그런 부분들이 현재 북조선교육에서 한창 꽃을 피우고 있는 것이지요.

참고로 제가 작년에 발표했던『동몽선습』과 관련한 연구[69]를 한 사례로 들 수 있습니다. 사실 총독부 당국은 '서당에서 이러이러한 서적을 사용하라'고 하는 경우는 있어도 '무슨 무슨 서적은 사용할 수 없다'라고 하지는 않았습니다. 이러한 본래의 조선교육 자체를 모르는 채로 총독의 훈령訓令 같은 것만 읽다 보면『동몽선습』의 존재조차 영원히 알 수가 없는 겁니다. 그리고 바로 여기에 총독부의 교활함이 있는 것이지요. 만약『동몽선습』의 존재나 그 내용을 안 상태에서 훈령을 보면 '아, 역시 이 부분에서는『동몽선습』을 고의로 누락시켰구나'하고 알아차리게 될 터이고 또 그렇게 되면 이를 통해 당국의 정책이 어디로 향하고 있었는지가 명확하게 드러나게 되니까요. 총독부 측에서는 그런 면을 우려했던 겁니다. 따라서 일본인과의 관계도 중요하지만, 이러한 부분들까지 간파하기 위해서라도 조선 그 자체를 제대로 파악할 필요가 있다는 것입니다.

---

69 渡辺学, 「李朝期の初等教科書『童蒙先習』」について」, 『武蔵大学論集』 10-4, 武蔵大学経済学会, 1963.

우부카타 나오키치

학교교육과 서당의 관계에 관해 질문을 드리자면, 서당은 도대체 어디서 누구에 의해 세워진 것인지요? 그리고 행정단위와의 관계는 어떠한지도 더불어 여쭙습니다.

와타나베 마나부

관련 사례는 여럿 있습니다만, 개중 '계契'에 의한 예가 가장 많습니다. 이는 다시 '동계洞契[70]에 의해 이뤄지는 것 그중에서도 동주민洞住民 전부를 포함하는 것과 동내유지洞內有志들로 한정되는 것이 있으며 '서당계書堂契', '학계學契' 등 기능 사회, 즉 목적 집단에 의한 예가 있습니다. 물론 개인이 꾸려나가는 경우도 있었지요. 그렇다 보니 오카구라 요시사부로는 "서당이라는 것이 있는데, 이는 가르치는 사람에 따라 이리저리 달라질 수가 있기 때문에 그리 가치가 있는 것은 아니다"라고 말한 바 있습니다. 반면, 이사벨라 비숍Isabella B. Bishop 여사 같은 사람은 오카구라와 달리 동족집단에 있어 '계'에 대한 고찰이 필요하다고 주장한 바 있습니다. 참고로 다가와 고조田川孝三[71] 선생님께서 북쪽은 동족 성향의 '계'가 많다고 하셨는데, 글쎄요 그건 잘 모르겠습니다. 제 개인적으로는 앞서 말씀드린 스즈키 에이타로 선생님식의 조사가 제대로 진행되었더라면 관련한 내용들이 좀 더 명확해지지 않았을까 싶은 생각이 듭니다.

---

70 마을 또는 동리의 복리증진과 상호부조를 위하여 공유재산을 마련하고 관리하는 자치조직으로, 대동계(大洞契)·이중계(里中契)·동중계(洞中契)·동리계(洞里契)·촌계(村契)라고도 한다.
71 원문에는 田川孝三郎로 되어있으나, 이는 田川孝三의 오기이다.

미야타 세쓰코

선생님께서는 앞서 서당이 총독부 설치 무렵부터 점차 증가추세를 보이다가 단숨에 급증했던 시기에 3·1운동이 일어났다고 말씀하셨는데요. 이는 구체적으로 어떠한 관련성이 있었던 건가요?

와타나베 마나부

당국이 공립보통학교를 늘리는 대신 각종 사립학교를 정리해나가자 이에 따라 서당이 급증했으며 그 후 얼마 안 가 3·1운동이 일어났다는 전반적인 사실밖에는 현재로서 알 수 있는 것이 없습니다. 다만, 3·1운동이 전 조선에서 동시다발적으로 일어났던 데에는 서당을 매개로 한 재지민들 간의 교류와 결합이 있었을 것이라고 상정해 볼 따름입니다.

미야타 세쓰코

당시 피고들의 통계를 보더라도 서당에 관계한 사람이라고 해야 하나요? 아무튼 서당교육을 받았을 것으로 추정되는 사람들이 많았는데, 저는 이들이 도대체 어떤 식으로 관련되었던 것인지 도통 모르겠습니다. 혹시 이를 밝혀낼 만한 자료에 대해 알고 계시는 바가 있으신지요?

와타나베 마나부

저 역시 총독부 설치시기부터 3·1운동이 일어나기까지 '사립학교탄압 → 서당급증 → 3·1운동'이라는 총체적·기능적(함수적)인 관련이 있었다는 정도가 현재로서 말할 수 있는 전부입니다.

아베 히로시

선생님께서는 앞서 서당이라는 존재와 그곳에서 이뤄지는 교육이 소위 조선인 근대교육의 맹아 혹은 기초가 되었다고 말씀하셨는데, 저는 바로 이럴 때 언급되는 '근대화'라든지 '근대'에 관련한 부분에 의문이 듭니다. 극단적으로 보자면, 일단 '근대화'라고 하는 경우는 유럽식으로 말해 현실적인 것을 기반으로 한 이른바 실학적이고 일상생활에 도움이 되는 것으로 여기는 것입니다. 선생님께서도 이를 통해 이성적인 근대교육이 가능하다고 언급하시기도 하셨지요. 그런데 만약 그것이 사실이라면 분명 어딘가에서 전환이 일어나지 않으면 안 되는 겁니다. 또 그렇게 되면, 당시 서당이 담당했던 기능이 극히 정치적인 안티 재팬anti-japan의 프로파간다에 지나지 않았다는 결론에 이를 수도 있습니다. 물론 이를 두고 교육이라 이른다면 그건 두말할 것도 없이 그릇된 주장일 테지요. 사실 저는 교육이라 일컫는 경우, 이데올로기적인 측면과 더불어 자본주의화에 대응했던 내용을 담고 있는 학교교육＝서당교육이 존재했다고 생각하기 때문에 이런 부분들이 아무래도 납득이 안 가는 겁니다.

와타나베 마나부

그것이야말로 일본인이 조선교육을 오인한 근본적인 지점이라고 생각합니다. 서당의 경우, 남조선에는 오늘날까지도 남아있다 하니 이 자리에 계신 분들도 직접 가서 보시면 "조선에서 이뤄지는 교육이라는 게 참 별 볼 일 없는 것"이라고 하실 게 분명하며, 저 역시 그러하리라 생각합니다. 다시 말해, 교육 내용이라든가 설비 그리고 교육 방법 같은 것은 언뜻 봐도 케케묵고 낡은 데다가 변변찮을 테니까요. 그런데 여기서 중요한 사실은 일본의 조선 침입이 계기가 되어 민족적 자각을 일깨우게 되었다는 것입니다. 결국 근대의 근본이란 개개인의 자각에 있으니까요. 한편, 해방투쟁사解放闘爭史에서는 전국 방방곡곡에 있던 서당이 학교가 되었다고 언급되어 있습니다. 실제로 현재 북조선에는 서당이 진즉에 사라지고 없기도 하고요. 그것은 바로 민족적 자각에 입각하여 자발적으로 비약적인 발전을 이루어냈던 것이라 여깁니다. 그러나 식민지 지배 하에서는 탄압이 너무나도 극심하기 때문에 민족적인 개체를 존속시키기 위해서는 서당이라는 형태를 취할 수밖에 없었던 겁니다. 이처럼 이면의 다양한 양상들을 파악해가며 그 민족의 고뇌를 이해해야 한다고 생각합니다.

아베 히로시

저 같은 경우, 근대라는 것은 자본주의화資本主義化로 한정해서 보는 입장입니다. 그리고 이건 좀 다른 이야기입니다만, 다이쇼 5년의 개량서당改良書堂[72]에서는 일상생활에 관계가 깊은 것, 즉 읽기, 쓰기, 주산 등을 가르친다는 일정한 기준이 잡혀 있었습니다. 그에 비해 종래의 서당은 구태의연한 데다가 실속 없는 교육이라 하여 그 내용을 크게 바꾸었는데, 이런 경우에 그 의의를 어떻게 봐야 하는 걸까요?

---

72 20세기 초 신교육 실시에 따라 재래의 서당을 시대에 맞는 교육기관으로 개조한 서당이다. 1908년 일제의 통감부는 '서당관리에 관한 건'을 반포하여 서당의 시설을 개량하여 실용적으로 만들기 위해 교수방법·교수시간·교육내용 등에 대한 개선을 촉구했다. 이후 1918년에 이어 1929년에 '서당규칙'을 개정하였는데, 이를 통해 서당의 설립을 도지사인가제로 하여 설립을 어렵게 만들어 기존의 서당을 폐쇄하는 등 탄압을 강화하였다. 그로 인해, 1930년대 이후 서당의 수는 급격히 감소하였을 뿐 아니라, 서당을 간이학교(簡易學校)로 개편했다. 한국민족문화대백과사전 참고. http://encykorea.aks.ac.kr/Contents/Item/E0001608

와타나베 마나부

당시 학무국장은 다음과 같은 말을 했습니다.

근대 보통교육의 보급과 일반의 향학심 증진에 따라 서당 교육도 종래와 마찬가지로 한문 소독素讀에만 만족할 수 없어 스스로 힘써 보통학과를 담당하는 서당을 마련하였는데, 그 수는 전도全道를 통틀어 700교에 육박하는 상황에 이르렀다.

위의 "보통교육의 보급과 일반의 향학심 증진에 따라"라는 막연한 원인 설정의 방식에는 문제가 있습니다. 즉, 자신들이 시행한 교육이 성공했기 때문에 조선인도 이를 자각하여 보통학교와 같은 형태로 흉내 내기 시작했다는 식의 표현이 그러합니다. 총독부의 정책 훈도를 받아 개량서당이 되었던 건지 아니면 조선인들이 스스로 자신들의 근대교육을 건설해가려는 희구希求의 현현顯現이었는지 현재로서는 쉽게 단언할 수 없지만, 그래도 저는 후자라고 생각합니다. 그리고 '공립학교에 들어가면 그 교육 내용에 있어 조선 민족으로서는 도저히 견뎌내기 어려울 정도로 규제를 받는다', '사립학교는 탄압받는다'라는 식이라면 조선인은 도대체 어떻게 해야 하는 건가요? 또 '개량서당'이라는 것은 본래 국어(=일본어), 산술, 이과 등의 근대적인 과목을 가설加設하도록 했던 서당입니다만, 막상 조선인이 자각하여 근대적 교육을 시행코자 자발적인 움직임을 시도하기라도 하면 이를 즉각적으로 알아차리고서는 득달같이 간섭하여 총독부 교과서의 사용 여부를 캐물으며 총독부 방침에 따른 학과목을 가르치도록 했습니다. 이는 보통 성가신 일이 아니었을 거라고 생각합니다. 그리하여 학교령學校令에 규제되지 않는 서당에서 본인들의 역사를 교육하고자 하면 다시금 총독부에서 편집한 역사를 가르치도록 했던 것이지요. 자꾸 이런 식이 반복되다 보니 그들은 다시 숨어 들게 되는 겁니다. 따라서 저는 개량서당으로 바뀌지 않았던 쪽이 진정한 의미의 근대적 개량서당인 경우가 더 많지 않았나 싶습니다.

아베 히로시

실은 말이죠. 중국 같은 경우도 사숙이 있긴 합니다만 청조정부나 국민정부 모두 그 사숙을 학교 보급에 있어 마이너스라고 주장하고 있습니다. 물론 그럼에도 불구하고 사숙은 여전히 존속되고 있습니다만⋯⋯. 그런데 중국의 근대화에 대한 오늘 와타나베 선생님의 말씀에 의거하여 생각해 보면, 사숙이야말로 중국인에 의한 자주적 근대화의 지반을 이루고 있다는 결론에 이르게 되는데 말이지요⋯⋯.

에비하라 하루요시

봉건 사회를 통틀어 일본의 데라코야에서는 산업교과서産業教科書만 해도 700여 종의 교과서가 사용되었다고 합니다. 상식적으로 생각해 봐도 당시 실제적인 일상교육이 이뤄지지 않았다면, 그렇게 많은 종류의 교과서를 생각해 낼 수는 없었을 거라고 봅니다. 그렇다면, 서당에서는 일본의 데라코야에서 사용되던 교과서에 해당되는 교재 같은 것이 없었던 건가요?

아베 히로시

문제는 바로 그겁니다. 참고로 서당에서는 김일성金日成 사진을 향해

매일 절을 합니다. 이는 나름의 중요한 의의가 있긴 합니다만, 어떻게 설명을 해야 할지 모르겠군요…….

와타나베 마나부

서당에서는 일상어인 언문을 배우는데 사실 이 언문이 정식으로 사용된 것은 아닙니다. (참석자들에게 사진을 보여 준다) 기존의 사대부 자제들의 정식교육에서는 한자만 배웠습니다. 그러다가 합병 후의 보통학교에서는 일본어를 강도 높게 가르쳤던 것이지요.

서당은 앞서 말씀드린 대로 현재 남쪽에는 존재하지만, 북쪽에는 이제 없습니다. 이는 도대체 어떤 이유일까요? 정말로 민중들의 바람에 딱 들어맞는 근대교육 시스템이 생기기만 하면, 서당이 그 시스템에 흡수되는 것은 아닐까요?

미야타 세쓰코

그 문제는 참으로 중요한 지점이라고 생각합니다. 저 역시 이와 관련하여 몇 가지 여쭙자면, 이조와 일제하에서 서당이 담당했던 역할이 어떻게 다른 건가요? 그리고 서당에서의 교육 내용에는 과연 어떤 변화가 있었는지요?

와타나베 마나부

서당에서 가르치는 내용은 교과서만 한정하고 보면 그다지 변화가 없습니다. 그런데 여기서 주의를 요하는 부분은 전면적인 기능 변화에 있습니다. 도쿠나가 이사미德永勳美의 『한국총람韓國總覽』[73]에 따르면, 과거

"상민常民은 뜻志이 있는 자만이 언문으로 표현된 얼마간의 한자를 배움으로써 일상생활의 편의를 도모하려 했다"라고 되어있습니다. 이와 관련한 보다 구체적인 내용은 오카구라 씨의 논문 안에 게재되어 있습니다. 그런데 그것이 합병 후, 그 의미가 변하기 시작했던 겁니다. 즉, 언문은 일상생활의 실용어라는 의미 외에 그야말로 '일본'어에 맞선 '조선'어가 되었던 것이지요.

미야타 세쓰코

기능이 변했다는 부분은 알겠습니다만, 내용 그러니까 교과서 내용에 관해서는 잘 이해가 안 되는데요. 좀 더 구체적으로 설명해주실 수 있으신지요?

와타나베 마나부

개량서당에서는 소위 서구 수준의 근대적인 교과도 추가되었습니다. 그러나 그런 경우에는 총독부가 편집한 교과서를 사용해야 하는 정치적인 규제를 가하기 때문에(「서당규칙발포에 관한 건書堂規則發布ニ関スル件」 訓令), 감독이 느슨한 서당에서 조선인들이 독자적인 근대화를 꾀하려고 하면(이것이 개량서당 출현의 원동력입니다만), 이에 간섭하여 '일본'식으로 근대화시키고자 했던 겁니다. 구체적으로는 국정교과서를 사용하게 하는 방식으로 말이죠. 그렇게 일본식 근대학교로의 전환을 촉구했던 것입니다.

상황이 이렇다 보니 조선인은 또다시 외부세계를 굳게 차단해버리고 자기들만의 세계로 틀어박히게 되는 것이죠. 이것이 바로 심리학에서 말하는

---

73 德永勲美, 『韓国総覧』, 博文館, 1907.

'각화殼化' 현상으로서 저는 이런 점을 살펴봐야 한다고 생각하는 겁니다.

아베 히로시

네, 그러나 개량서당의 의미를 내용적인 측면만으로 파악하는 것에 대해서는 납득하기 좀 어려운 데가 있습니다. 오히려 정책 방면으로 생각할 수도 있을 테니까요. 따라서 개량서당에 관한 명확한 변혁이라는 선생님의 견해에는 여전히 의문이 남습니다.

와타나베 마나부

사립대학 규칙에 따르면, 교사가 이력서를 제출하고 나서도 '조선 총독이 부적합하다고 판단한 자'(몹시 일방적인 말투입니다만)로 결론 나면 이 사람은 채용에서 제외됩니다. 그래서 사립대학에서는 아무것도 할 수가 없는 것이지요. 따라서 서당이라는 형태를 취하지 않을 수가 없는 겁니다. 그러면 또 당국 입장에서는 더더욱 서당에 대한 감시를 강화하여 그 '환골탈태'를 꾀하는 그런 식이었습니다.

아베 히로시

참고로 1932년에 올가 랭Olga Lang[74]은 이렇게 말했습니다. "중국의 경

---

74 원문에는 'オルガノ ラング'라고 되어있으나, 이는 Olga Lang, 즉 オルガ ラング의 오기이다. 올가 랭(Olga Lang, 1850~1947) : 미국의 사회학자다. 1935년부터 1937년에 걸쳐 비트포겔 박사의 지도 아래, 태평양문제조사회(太平洋問題調査會)와 컬럼비아대학과 협동주최로 이뤄진 중국 사회실태조사(中國社會實態調査)에 참가했으며 그때 얻은 자료를 기초로『중국의 가족과 사회(Chinese Family and Society)』를 저술하였다. 이는 구체적으로 '베이징협화의학부속병원의 사회사업부(北京協和醫學附屬病院の社會事業部)'에 의해 약 4,000건의 기록에서 얻은 환자기록과 통계자료로 베이징(北京)·톈진(天津)·상하이(上海)·우시(無錫)·푸젠(福建) 등에서 계급별, 연령별로 이뤄진 면접 조사와

우에도 근대적으로 서구화된 학교가 점차 들어오고 있지만, 사숙은 예전과 조금도 다를 바 없이 동일하게 운영되었다." 이 말인즉슨, 서구화된 학교가 들어왔어도 그것이 주는 플러스적인 효과는 전혀 없었다는 것입니다.

니지마 야쓰요시

와타나베 선생님의 지금 말씀처럼, 같은 사숙이라 해도 대만의 경우書房는 상당히 유사한 지점들이 있긴 하지만, 본토 쪽에서는 '완전한 식민지가 아니'라고 하는 그런 지점에서부터 큰 차이가 있습니다. 대만의 경우 예를 들면, 사숙에서 공부한 뒤 공학교公學校를 다녔던 우쭤류吾濁流[75]라는 사람의 수기가 있는데 그 내용을 보면 "서방에서 배우는 내용은 지극히 구태의연하다. 그러나 그 구태의연함에도 의미가 있는 것은 한문을 가르친다는 데에 있었다. 하지만 공학교에서는 한문을 전혀 가르치지 않는다."라고 적고 있습니다. 실제로 쇼와 13년 무렵부터, 즉 일중전

화베이(華北)·화난(華南)·화중(華中)에서의 10개 도시의 22개 대학과 8군데 고등학교의 학생들로부터 얻은 1,700건의 서면 조사 그리고 푸젠과 광둥(廣東)에서 26동족에 관해 이뤄진 생활 조사이다. 대표적인 저서로『중국의 가족과 사회(Chinese Family and Society)』(Yale University Press, 1946)가 있다. 狩野直禎,「〈批評·紹介〉オルガ ラング 著·小川修 訳,『中國の家族と社會』」, 東洋史研究, 東洋史研究会, 1954 참고.

[75] 우쭤류(吳浊流, 1900~1976) : 타이완 신주(新竹) 출신의 교사·기자·작가이며 본명은 우젠톈(吳建田)이다. 1910년 신푸공학교(新埔公學校)에 입학했으며, 1920년에 타이완총독부국어학교(台湾总督府国语学校)를 졸업한 후 약 20년간 교사로 근무했으나, 1940년에 타이완 출신 교사를 모욕한 장학사에게 항의해 교사직을 그만두게 된다. 이듬해인 1941년에 중국으로 건너가 난징의『대륙시보(大陆新报)』에서 약 1년 동안 기자로 일하다가 1942년에 다시 타이완으로 돌아와『타이완일일신보(台湾日日新報)』,『민보(民報)』등에서 기자로 활동했다. 교사로 재직 중이던 1936년에 발표한 단편소설『수월(水月)』을 비롯하여『포츠담 과장(波茨坦科长)』,『의사선생의 어머니(先生妈)』등 여러 편을 창작했다. 특히 대표작인『아시아의 고아(亚细亚的孤儿)』는 1943년 일본어로 집필을 시작해 2년 뒤인 1945년에 탈고했으며 이후 1959년에는 중국어로도 번역되는 등 여러 차례 재판되었다.

쟁이 시작되고 나서부터는 한문을 더 이상 가르치지 않게 되었습니다. 그런 시기에도 서방이 아직 남아있었다는 것은 서방에서의 가르침이 중국인으로서의 인간 형성이라는 측면에 도움이 되었기 때문이라고 생각합니다. 이처럼 같은 한문을 가르친다 하더라도 대만과 본국에서의 그 기능이 각기 다르게 나타난다고 생각합니다만, 이에 대해 어떻게 보시는지요?

아베 히로시

네, 말씀처럼 기능의 차이로 이해하지 않으면 파악할 수가 없습니다.

와타나베 마나부

실증적·오성적悟性的인 수준만으로는 피압박의 고난 속에서 살아온 사람들을 이해할 수는 없다고 생각합니다. 심리학에서 말하는 바와 같이, 분노라는 것은 노성怒聲을 지르는 것에서만 드러나는 것이 아니라 극단적인 정중함, 이 역시 분노의 표출인 경우가 있습니다. 그렇기 때문에 어떠한 징후Symptom로서가 아닌 그 원형적 요소를 파악해야 하는 것이지요. 따라서 고난에 빠져 있는 민족의 진정한 모습을 징후만으로 파악하려는 태도에서 벗어난 사고방식이 아니고서는 그 무엇도 제대로 이해할 수 없을 거라고 봅니다.

에비하라 하루요시

신흥교육운동新興敎育運動을 연구하는 신교간담회新敎懇談會라는 모임이 있습니다. 조선에서 신흥교육운동을 벌이다가 검거된 조코上甲[76] 씨라는 분이 후쿠오카福岡에서 친히 오시어 그 당시의 일들을 말씀해 주신 적이 있습니다. 그때 들은 이야기 중에서 가장 인상에 남는 것은 만세사건 이후 민중 교육에 대한 열의가 상당히 고조되었다는 것입니다. 그리고 일본인 교사가 조선의 오지에 있는 학교로 발령이 나는 경우에는 생명보험에 가입하고 나서 부임했다는 이야기도 들려주셨습니다. 일본의 경우를 예로 들자면, 니가타新潟현 기자키무라木崎村 소작쟁의[77]가 일어났을 당시 독자적으로 세운 무산소학교無産小學校(다이쇼 15)에서 있었던 일로서 이전까지의 교육과정에서 소작인의 자녀라는 이유만으로 받아왔던 차별에서 벗어났을 때 아이들의 학습의욕이 엄청나게 향상되었다는 기록이 있습니다. 또한 노다쇼유쟁의野田醬油爭議[78]가 있었던 당시의 무산소학교에서도 이 같은 현상은 마찬가지였습니다. 불과 1주일가량 경험했던 그때의 교육이 아이들에게 있어서는 평생 잊을 수 없는 기억으

---

76 조코 요네타로로(上甲米太郎, 1902~1987) : 다이쇼·쇼와기에 조선에서 공립보통학교교원을 지낸 사회활동가다. 1920년 3월 에이메현 소재의 오오즈(大洲)중학을 졸업한 뒤 같은 해 4월에 조선의 경성고등보통학교부설 임시교원양성소에 입학하여 이듬해 3월에 졸업했다. 1922년 4월 경상남도 함안군 함안공립보통학교에 교원을 시작으로 합천군 야로공립보통학교 및 사천군 곤명공립보통학교 교장 등을 지냈다. 1930년에는 교육노동자조합운동에 관심을 갖기 시작해『プロレタリア科学』·『戰旗』·新興教育研究所發行에서 발행하는 잡지『新興教育』등을 구독하다가 투고도 하게 되는 등 활발한 활동을 펼치게 된다. 그 후 경성고등보통학교 학생 4명과 함께 교육자노동조합에 관련한 공부모임과 타 학교 교장에게 관련 내용의 팸플릿을 송부했던 일로 인해 1930년 12월 5일에 치안유지법위반으로 체포되었다. 조코가 1919년부터 1929년에 걸쳐 쓴 일기(총 47권)가 학습원대학 동양문화연구소 우방문고(学習院大学東洋文化研究所友邦文庫)에 기탁되어 있다.

77 기자키무라소작쟁의(木崎村 小作爭議) : 니가타(新潟)현 기자키무라(木崎村)를 중심으로 일어난 소작쟁의로 오바덴쟁의(王番田爭議)·와다무라쟁의(和田村爭議)와 더불어 '일본의 3대 소작쟁의' 중의 하나로 알려져 있다.

78 노다쇼유쟁의(野田醬油 爭議) : 정확한 명칭은 '노다쇼유노동쟁의(野田醬油勞働爭議)'로 일본 지바(千葉)현 히가시카쓰시카(東葛飾)군 노다초(野田町)에 위치한 노다 쇼유 주식회사(野田醬油株式会社, 現·kikkoman)에서 1922년(다이쇼 11)부터 1928년(쇼와 3)에 걸쳐 연속적으로 발생한 대규모 노동쟁의를 가리킨다.

로 남았다고 들었습니다.

이처럼 민족 해방 투쟁에 의해 교육열이 고조되었다는 것은 일본의 무산계급 운동의 경우를 생각해 봐도 충분히 짐작할 수 있습니다.

와타나베 마나부

말씀을 듣고 보니 그 당시 실제로 가르쳤던 교재나 관련 자료들이 남아 있었다면 더 좋았을 거란 생각이 듭니다. 예를 들어, '책 표지는 조선총독부편집의 국사國史(물론 일본의 역사)였지만 표지 속의 실질적인 내용은 이조사李朝史였다. 그러다가 시학視學[79]이 오면 그걸 잽싸게 숨겼다'는 식의 구체적인 기록이 있었으면 확실할 텐데 말입니다.

미야타 세쓰코

실제 그런 류의 자료가 있습니다. 정평농민조합定平農民組合[80]에 관한 자료가 그러한데, 그 기록에 따르면 함경남도 정평군에서는 농민조합이 생기자마자 바로 야학夜學이 형성되었는데, 1930년 말경에는 그런 야학이 37군데나 생겼으며 학생 수는 1,203명에 달했습니다. 학습 장소는 주로 공민관公民館을 이용했고 당시 교과서는 『자본주의의 계략資本主義のか

---

79 학교 교육이나 경영 따위의 시찰 또는 그런 사람을 가리킨다.

80 1926년경 사회주의적 청년단체가 결성되었으며, 이를 모체로 삼아 1927년에 정평농우회(定平農友會)가 결성되었고 1928년 2월에는 조선농민총동맹 정평농민동맹(朝鮮農民總同盟 定平農民同盟)으로 개편되었다. 이후 1930년 6월 정평농민조합(定平農民組合)으로 바뀌었다. 당시 행동강령으로는 '민족적 차별 절대반대', '노동자 계급과의 동맹', '청년부, 부인부, 농업노동부, 소년부의 설치 촉진', '계급적 농민자위단의 조직', '농민단체의 강화, 전국적 통일 및 미조직 농민의 조직' 이외에 26개의 행동강령을 제출하면서 출현하였다. 참고 : 우리역사넷(http://contents.history.go.kr/mobile/nh/view.do?levelId=nh_050_0030_0030_0030_0020)

らくり』[81]이라든가 무산자 동화童話인『어찌하여なぜなの』[82]라는 책이었는데, 이들은 모두 일제 지배의 본질을 폭로한다는 명확한 목적을 띤 도서였습니다. 그런데 여기서 드는 의문은 이런 야학이 사설학술강습회에 포함되는 걸까요?

와타나베 마나부

거의 대부분이 사설학술강습회겠지요. 참고로 당시 이들은 도경찰부道警察部 감독부監督部의 감독을 받아야 했는데, 보통 순사들은 교육 쪽은 잘 모르기 때문에 겉으로 대충 봐서 문제가 없으면 그걸로 그냥 넘어갔습니다. 게다가 본래는 일 년마다 새로이 신청하여 허가를 갱신해서 운영을 해야 했지만, 실제로는 몇 년씩 그냥 그대로 지속되어 실질적인 학년제學年制 형태를 드러내고 있었습니다.

한 번은 경기도京畿道의 진위군振威郡 오성면梧城面에 있는 사설학술강습회에 간 적이 있었는데, 물론 거기도 서당을 전신으로 삼았던 곳입니다. 그런데 아니나 다를까 바닥은 흙마루인 데다가 초라하기 짝이 없는 낡은 책상들이 놓여 있었습니다. 게다가 그 내부를 둘러보니 한쪽 벽에는 김일성 사진이 걸려 있었고, 다른 한쪽에는 이조연표李朝年表가 붙어 있기도 했습니다. 아마도 공식적으로는 국정교과서로 가르치고 '있는 것으로 되어 있었'을 테죠. 바로 이러한 잠행적인 형태로 저항해가면서

---

81 야마카와 히토시(山川均),『資本主義のからくり』, プロカルト叢書刊行所, 1925.
82 헤르뮈니아 추어 뮐렌(Hermynia zur Mühlen), 아라하타 간손(荒畑寒村) 訳,『なぜなの』, 無産社, 1926. 참고로 헤르뮈니아는 나치 시대 금서 작가(저술가 포함) 목록에 포함된 인물이다. 서장원.『망명과 귀환이주』, 집문당, 2015, 787쪽. Hermynia zur Mühlen, *Warum*, Märchen, 1922.

근근이 근대화의 길을 더듬어가던 그들은 일본 문화가 민족 문화를 완전히 침범시키지 못하도록 최선을 다했던 것입니다. 한편, 진정으로 자신들의 근대적 교육을 적극적으로 구축할 수 있었던 것은 간도間島의 해방지구 안에서였습니다. 하지만 양쪽 모두 틀림없이 조선 민족이 이루어 낸 것임을 잊어서는 안 됩니다.

최근 북조선에서는 모노그래픽monographic[83]식의 조사도 시행하고 있으니 그러한 구체적인 지점들에 대해서는 점차 해명되어 갈 것으로 생각합니다.

오자와 유사쿠

일본·중국·조선의 경우, 봉건에서 근대로 이행하는 그 방식에 대해서는 지금까지도 문제가 되고 있습니다. 또한 상호 간에 여러 가지로 분명치 않은 지점들이 있긴 하지만, 일단 일본인으로서 무엇에 가장 중점을 둘 것인지를 명확히 함에 따라 일본인·중국인·조선인 각자 나름대로의 교육 특질이 부각되지 않을까 싶습니다. 예를 들어, '조선에서는 서당에서 민족의 역사를 가르쳤으며, 그들은 이를 통해 조선인이 되었다. 즉, 서당에서의 교육 내용은 전근대적이었으나 그 배움을 통해 조선인으로서 존재할 수 있었다'는 것이 당시 교육 내용의 가장 중심점이었다면 이를 다시 근대화 시점에서 살펴봤을 때 그 교육 내용 편성 방식은 어떠했는지 그리고 그 내용 가운데 특히 어느 지점에 더욱 중점을 두고 있었는지 등을 고찰할 필요가 있다고 생각합니다.

---

83 단일 주제에 관해 보통 단행본 형태로 쓴 논문을 말한다.

또 한 가지 일본의 모든 데라코야가 그대로 발전하여 학교가 된 것은 아닙니다만, 기류桐生[84] 지방과 같이 데라코야가 한창 성장하던 시기에는 일상생활에 필요한 전반적인 것들을 데라코야에서 가르쳤습니다. 그리하여 당시는 데라코야 그 자체가 바로 학교로 이행 가능한 형태를 갖추고 있었던 겁니다. 따라서 향후 연구자들께 당부드리고 싶은 것은 이 무렵의 교육 내용에 있어 무엇이 중점적이었는지를 고려해가면서 다시 한번 심도 있게 검토해주셨으면 하는 바람입니다. 그러한 재고찰의 과정을 통해 '조선의 서당교육 내용이 전근대적이었지만, 이를 배움으로써 조선인으로 살아갈 수 있었고 그리고 반일사상이란 바로 그것을 바탕으로 형성된 것으로……'와 같은 일련의 추이 양상에 대한 자세한 논의가 가능해질 것이라고 생각합니다.

와타나베 마나부

서당에서 사용되는 서적들은 책 서문마다 "기존 사례에 의거하여 당국이 지정했다"라고 적혀 있었으며, 이 지정도서들 가운데『유합類合』[85]은 조선에서 만든 문자학습용 책이며『계몽편啓蒙篇』,[86]『격몽요역擊蒙要譯』은 유교적인 의례도덕儀禮道德을 평이하게 설명한 책입니다. 그리고『소학小學』은 언해본이 사용되었습니다.『효경孝經』,『사서四書』,『통감通鑑』등은 중국에서 만든 책이고,『고문진보古文眞寶』,『명심보감明心寶

---

84 여기서 기류(桐生) 지방은 군마(群馬)현 동부에 위치한 시(市)를 가리킨다.
85 기본 한자를 수량 방위 등의 종류에 따라 구별하여 새김과 독음을 붙여 만든 조선 시대의 목판본으로 된 한자입문서로 저자는 미상이다.『類合』은 한자를 의미에 따라 유별(類別)한 책으로『千字文』과는 달리 조선에서 만들었다는 점에 의의를 두고 있다.
86 원문에는『啓蒙編』으로 되어있으나, 이는『啓蒙篇』의 오기이다.『啓蒙篇』은 간행연도 및 저자 등 모두 미상이다.

鑑』,『문장궤범文章軌範』,『당말팔가문독본唐末八家文讀本』이들은 문장 연습용으로 만든 중국책이며, 당시唐詩 등도 있습니다. 그리고『동몽선습』은 조선총독부가 훈령을 통해 배제시켰던 바로 그 책입니다. 참고로 이『동몽선습』은 16세기에 만들어진 초학용初學用 책으로 그 내용은 보시는 바와 같이 '경문經文을 약술한 것'으로서 도덕적인 글귀를 포함하고 있는데『소학』처럼 도덕훈계식의 내용이 아니라, 당시 학문의 백과전서 같은 요소를 갖춘 초보적인 기초 지식을 객관적으로 기술한 책입니다. 학문의 의의를 서술하거나 중국·조선의 역사 사실을 설명하는 부분들은 앞서 말씀드린 바와 같이 이두로 읽을 수 있도록 해두어 그것으로 가르쳤던 겁니다. 그런데 이를 총독부가 대놓고 배제했던 것이지요. 그 외에는『이십일도회고시二十一都懷古詩』[87] (柳得恭) 등과 같은 좀 특수한 책도 있었는데 이런 것들과 함께『동몽선습』을 조선총독부 교과서에서 누락시킨 이유는 그 내용을 통해 아이들이 민족의 역사를 깨우친다거나 민족적 자각의식을 불러일으키게 되는 것을 우려했기 때문입니다. 이를 거꾸로 생각해보면, 바로 그러한 교재들을 사용하는 서당 교육이 조선인 측에서 꾀하는 하나의 구체적인 목적이었을 것이라고 생각합니다. 그렇기 때문에 당국은 상당히 교활한 형태로 그러한 책들을 서당의 학습용 서적에서 배제하고자 했던 것입니다. 앞서 부정적인 매개라는 말을 언급하기도 했지만, 총독부가 그 책을 배제했다는 것에서부터 조선인의 서당 교육이 무엇을 목적하고 있었는지를 알 수 있습니다.

---

87 원문에는『十二古都詩』으로 되어있으나, 이는『二十一都懷古詩』(柳得恭 撰, 出版者不明, 1877)의 오기이다.

오자와 유사쿠

한편, 일본의 데라코야의 경우는 우선 일상생활에 필요한 '읽고 쓰고 셈하는 것'을 가르쳤는데, 그렇다면 일종의 민족 위기가 데라코야의 교사라든가 교육 내용에 반영되는 경우가 있었는지요?

에비하라 하루요시

글쎄요. 그건 저도 들은 바가 없습니다만, 일반적으로는 말씀하신 대로 일상에서 활용되는 학문을 가르쳤으며 이후 막부 말기로 가면 갈수록 권력 내부를 장악하는 정책이 강화된 것이 아닐까 싶습니다. 따라서 영국처럼 부르주아지bourgeoisie가 엄청나게 발전한 경우에는 Merchant Taylors' Company 양복학교洋服學校 같은 것을 부르주아들이 자력으로 설립해버리는 그런 식으로 부르주아 혁명을 일으키면 결국 그들이 세운 양복학교가 전문학교로 이행되는 사례도 있긴 합니다. 그러나 일본의 경우, 거기까지는 이르지 못했던 것이 아닐까요? 따라서 나중에는 도야마 씨 등이 말한 국학[88]에 관심을 기울였던 다나카 쇼조田中正造[89]

---

[88] 에비하라가 언급하고 있는 '국학', 즉 다나카 쇼조가 관심을 기울였다는 '국학'은 정확하게는 '히라타국학(平田國學)'을 일컬으며 주창자인 히라타 아쓰타네를 비롯한 해당 내용은 다음과 같다. 히라타 아쓰타네(平田篤胤, 1776~1843) : 에도 후기의 의사 · 신도가 · 사상가 · 국학자다. 이른바 '히라타국학(平田國學)'으로 일컬어지는 그의 국학 연구는 신도에 중심을 두고 있으며, 특히 복고신도(復古神道)와 황국우월론을 주장했다. 이 같은 히라타의 사상은 존왕양이 운동에 크게 영향을 끼쳤으며, 그의 유명론(幽冥論) 역시 유명하다. 주요 저서로는『新鬼神論』,『阿妄書』,『古道大意』,『俗神道大意』,『靈能眞珠』,『古史傳』등이 있다.

[89] 다나카 쇼조(田中正造, 1841~1913) : 메이지 시대의 사회운동가이자 정치가다.『도치기신문(栃木新聞)』을 창간하여 자유 민권운동에 참여했으며, 중의원 의원에 당선되기도 했다. 특히 일본 최초로 공해(公害) 사건이라 불리는 아시오(足尾) 동산광독(銅山鑛毒) 사건에 관해 메이지 천황에게 직접 상소를 올려 화제가 되었다. 만년에는 치수사업에 힘을 쏟았다.

같은 사람들이 새로운 일본의 이미지를 그리게 되었던 게 아닌가 싶습니다. 하지만 데라코야까지는 글쎄 어떨는지요.

와타나베 마나부

데라코야와 관련한 저의 경험을 말씀드리자면, 제가 효고현의 사사야마篠山에 있었을 당시 거기에도 데라코야가 있었는데 그곳이 바로 세키몬 심학사石門心學舍[90]였습니다. 그러니까 심학사라는 형태로 데라코야를 운영했던 것이지요. 그런데 과거에 사사야마의 번주藩主인 아오야마青山 가문은 막번幕藩의 고위급 다이묘인지라 늘 부재중이었습니다. 그러다 보니 영지領地에서는 극소수의 무사들만으로 농민을 지배해야 했던 겁니다. 따라서 이들을 하급관리로 쓰기 위하여 그들에게 문자를 가르치고자 했으며, 이를 위해 학습 공간을 마련하게 되었던 것이지요. 그런데 이때 문자만 가르치면 위험하기 때문에 심학사라는 형태로 가르치게 된 것입니다. 일본의 경우, 데라코야는 보통 마치가타町方[91]에서 많이

---

90 세키몬심학(石門心学) : 일본의 에도 중기에 활동하던 사상가 이시다 바이간(石田梅岩, 1685~1744)을 시조로 삼은 윤리학(倫理學)의 한 일파다. 특히 평민을 위한 쉽고 실천적인 성격이 특징적이며 도덕교(道德教) 또는 심학(心學)이라고도 불린다. 이시다 바이간은 "상인이라도 성인의 도를 알아야 한다"라고 주장했는데, 이는 상인들도 공자의 가르침을 배워 의(義)에 합당한 부를 쌓아야 한다는 뜻이며 이것이 바로 상인도(商人道)이자 훗날 세키몬심학의 기초가 되었다. 이시다는 다양한 종교와 사상을 진리의 소재로 삼아 일상생활에서 쉽게 적용 가능한 충효신의(忠孝信義)를 설파했는데, 초기에는 도시를 중심으로 퍼져나가다가 에도 후기 무렵에는 농촌이나 무사에 이르기까지 전국적으로 보급되었다. 임태홍, 『일본 사상을 다시 만나다』, 성균관대 출판부, 2014, 181쪽 참고. 또한 데지마 도안(手島堵庵)이 자택에 열었던 고가쿠샤(五楽舍)가 최초의 심학사인데, 이후 심학이 전성기를 맞이하면서 전국에 180여 개 이상의 심학사가 생겼다. 주요 심학사(心學舍)는 다음과 같다. 교토(京都) : 五楽舍, 修正舍, 時習舍, 明倫舍, 恭敬舍. 오사카(大坂) : 明誠舍. 효고(兵庫) : 中立舍 등이 있으며, 와타나베(渡部)가 가리키는 곳은 바로 이곳이다.

91 에도 시대의 용어로 '마치(町)'는 인구도 많고 조닌(町人, 상인)이 거주하는 번화한 장소

발달했던 것으로 보이며 농촌에 있는 데라코야는 마을 관리인 양성소 같은 그런 곳이었습니다. 조선의 경우는 도시가 그다지 발달하지 않았기 때문에 농촌에 서당이 그토록 엄청나게 생겼던 겁니다. 또한 일본의 경우 재향상인在鄉商人과 관련한 최근 연구들에 의하면 메이지유신에 가담하면서 하나의 세력을 형성했던 이들이 바로 재향상인이었다고 합니다. 즉, 마치가타 상인이 아니었던 것이지요. 마치가타 상인은 그 다수가 특권적으로 번정藩政과 밀접한 관계를 맺고 있었는데, 그렇지 않은 농촌의 재향상인들이 점차 상품생산자화가 되어가는 과정에서 농민의 상품유통과 결부되어 생겨나기 시작했던 것입니다. 이들에게 있어서 봉건체제 같은 것은 진절머리 나는 방해물이었기 때문에 하급, 소위 혁신파 무사들과 한패가 되어 막부를 전복시키고자 했으며 그렇게 메이지유신에 가담하는 주체적 세력으로서 성장해 나갔던 것입니다. 이처럼 일본에서도 메이지유신이 어느 날 갑자기 일어난 것이 결코 아닙니다. 만약 이들의 생활 반경 내에 데라코야가 존재했더라면 분명 또 달랐을 거라고 생각합니다. 혹자는 "그렇다면, 우리 스스로 데라코야를 만들어 그에 적합한 교육을 했더라면 좋지 않았겠느냐"라고들 하는데 사실 그 정도까지의 성장을 이루지 못했던 것이 당시 일본의 실정이었다고 생각합니다. 한편, 조선의 경우는 그야말로 외국의 침입이 있기 전까지는 극단적으로 말하자면 일종의 봉건적인 꿈에 빠져있다가 외세가 들어오고 나서부터 제법 달라진 민족적 자각의 발흥이라는 것이 서당 교육 안으로 유

를 가리킨다. 본서에서 말하는 조선 시대의 '도시(都市)'와 달리 메이지 시기 '마치가타(町方)'는 우리나라의 읍보다는 크지만 그렇다고 도시라고는 할 수 없을 정도의 규모를 나타내는, 즉 '인구가 많이 모여든 곳'에 해당되므로 원문발음대로 '마치가타'로 표기한다.

입된 거라고 저는 그리 생각합니다……

에비하라 하루요시

제가 이조에 관해 잘 모르기 때문에 드리는 질문이겠습니다만, 그 경우 직인職人들의 도제교육徒弟敎育 같은 사례 안에서 새로운 발전의 조짐은 없었는가요?

와타나베 마나부

경성의 육의전六矣廛이라는 시전市廛에는 봉건적 특권을 지닌 상인이라든지 또 '기술자'라 하여 하나의 신분으로 구분된 부류가 있긴 했으나, 일본식의 직인 같은 존재는 없었다는 것이 현재까지의 통설입니다. 그러나 최근에는 북조선이나 일본 등에서 다른 의견이 제출되고 있는데, 그중 가지무라 히데키梶村秀樹[92] 군의 "그렇지 않다. 이조 말에도 매뉴팩처가 생겨나고 있었다"라는 주장대로 실제로는 있었던 것이 아닌가 싶기도 합니다.

와타나베 마나부

북조선의 역사학에서는 바로 그런 사례들을 발굴하고 있는 것이군요. 이처럼 일반 사회경제사 연구의 진전 없이 교육사만으로는 더 이상의

---

[92] 가지무라 히데키(梶村秀樹, 1935~1989) : 일본의 역사학자로 도쿄대학 문학부 동양사학과를 졸업했으며 전공은 조선 근현대사(朝鮮近現代史)다. 주요 역서 및 저작으로는 번역서 『東学史－朝鮮民衆運動の記録』, 『白凡逸志－金九自叙伝』 등이 있으며, 저서로는 『조선에서의 자본주의의 형성과 전개(朝鮮における資本主義の形成と展開)』, 『조선사－그 전개(朝鮮史－その展開)』 등이 있다.

연구를 진척시킬 수는 없는 법입니다.

아베 히로시

앞서 언급한 그 기능전환의 문제 말입니다만, 중국의 경우는 해방구解放区와 변구辺区[93]에서의 민영학교民營學校 역시 사숙의 연장이라고 생각합니다. 아쉽게도 이에 관해서는 자세히 아는 바가 없습니다……

니지마 아쓰요시

해방구의 경우, 표면상의 정책만 놓고 보자면 일본이 동북 지역에서 사숙을 개량하여 그곳에서 황민화를 위한 교육을 활발히 했던 것과 마찬가지라고 생각합니다. 결국 이를 위한 이용 도구로 활용된다면 천자문을 가르치든 삼자경三字經을 가르치든 아무런 상관이 없었던 거죠. 물론 어느 정도 개량된 천자문을 가르치긴 했습니다. 그리하여 베이징사범대학北京師範大學에서 엮은 『중국근대현대교육사中國近代現代教育史』[94]의 '동북에서의 노예화교육奴隷化教育'이라는 장章에는 "사숙은 악용되었다"라고 명확하게 기재되어 있습니다. 다시 말해, 봉건 도덕을 주입하는 데에 있어 사숙이 일본 제국주의자에 의해 이용되었다는 것을 의미합니다.

아베 히로시

결국 공영학교와 민영학교를 놓고 여러 과정을 겪다가 그렇게 두 갈

---

93 중국 변경(邊境)의 공산당 자치 군정 지구로 '소비에트 구'라 부르던 것을 1937년 제2차 국공합작에 의해 개칭된 행정상의 명칭이다.
94 서지사항이 검색되지 않는 것으로 보아 자료명의 오기로 추정된다.

래로 나뉘게 되었는데, 이때 민중들은 역시나 민영학교 쪽으로 갔습니다. 그리고 저는 그 민영학교의 전신을 사숙이라고 보는 것이고요. 제 개인적으로는 이 부분을 보다 깊이 파고들어 연구해 가다 보면 뭔가 해답이 나올 것 같은 느낌이 들긴 합니다만……

니지마 아쓰요시

저는 그렇지 않다고 봅니다. 그러니까 사숙이 민영학교로 연속되지 않았다고 생각합니다. 그 이유 중 하나는 41년에 감녕변구甘寧辺区의 시정망령施政網領에서 신문자新文字(로마자)를 공용문자로 보급할 것을 규정함에 따라 일반 소학교에서 로마자를 가르치지 않으면 안 되게 되었습니다. 그랬더니 로마자를 꺼리던 농민들이 사숙을 만들어 버린 겁니다. 그런데 이후 정풍운동整風運動[95]이 있고 나서 정책이 재차 바뀌어 학교에서도 한자를 가르치게 되자, 그들이 다시 학교로 돌아오게 되었던 것입니다. 따라서 말씀처럼 사숙이 그대로 학교로 바뀐 것이 아니라는 말이지요. 또 다른 이유로는 39, 40년에 생산 문제로 굉장한 어려움을 겪게 되었는데, 바로 이 시기에 기존의 사숙들이 상당수 망해버리고 말았습니다. 그러자 한때는 어느 부유한 농민이 학교를 경영하던 시절도 있었

---

[95] 정풍운동(整風運動) : 중국 공산당의 당내투쟁을 효과적으로 전개하기 위하여 마오쩌둥(毛澤東)이 주창한 당원 활동 쇄신 운동이다. 마오쩌둥은 정풍을 "사상작풍(思想作風)과 공작작풍(工作作風)을 정돈하는 것"이며, "전당(全黨)의 비판과 자기비판을 통하여 마르크스주의를 배우는 것"이라 정의했다. 1942년 옌안(延安)을 중심으로 전개된 이후 1948, 1950, 1957년 대규모의 정풍운동이 벌어졌으며, 1964년에는 '문예정풍(文藝整風)'이라는 구호까지 등장했다. 각 기관은 정풍운동을 위해 중앙에서 지시한 22개 문건을 학습했는데, 이 문건에는 공식문건과 개인의 저작물이 포함되어 있었고 그중 마오쩌둥의 저작이 6편으로 가장 많았다. 외국의 문건, 특히 레닌이나 스탈린의 저작도 포함되어 있었다.

습니다. 그후 생산의 자급운동 등으로 인해 다시금 활기를 띠게 된 것은 43년경입니다. 이쯤 되자 해방된 부인이나 농민, 중농층 등이 신교육에 적극적인 관심을 자발적으로 보이기 시작했고 바로 이러한 과정 속에서 새로운 사숙이 자연발생적으로 우후죽순 생겨났던 겁니다. 따라서 실제 적으로는 거의 대부분이 새로 생겨난 사숙이었기 때문에 이를 두고 연 속된 형태라고 봐서는 안 된다고 생각합니다. 다만, 로마자에 대항하여 발생한 사숙이라는 부분에 있어서는 대만에서 일본어 교육에 맞서 존속 했던 서방과의 유사한 점이 있긴 합니다. 참고로 대만의 서방에서 가르 쳤던 것은 고전은 고전이긴 합니다만, 실제로는 한자 읽는 법을 푸젠어 福建語, 광둥어廣東語, 객가어客家語, 즉 여러 방언으로 읽는 것이 주를 이 루었습니다. 그리고 이때 사용하던 문자가 한자라는 점은 상당히 큰 의 미가 있다고 생각합니다. 게다가 동북에서는 아무리 전쟁 중이었어도 적어도 40년대에 이르기까지는 중국어를 가르칠 수 있었으며, 심지어 한문과漢文科라는 학과도 없어지지 않았습니다. 한편, 대만의 경우는 중 국어를 전혀 가르칠 수 없기 때문에 객가족客家族[96]이든 푸젠인福建人이 든 모두 서방에 가면 토어土語[97]로 수업이 가능했으며 또 한자를 통해 중 국 대가정大家庭의 일원이랄까요? 여하튼 그런 본토와의 유대를 느낄 수

---

96 객가족(客家族) : 타이완에 살고 있는 한족의 한 갈래로 북부의 구릉지와 핀텅(Pintung) 구역 남쪽에서 살며 주로 농사를 짓는다. 이들을 '하카족'이라고도 하며 타이완 인구의 약 13%를 차지하는 것으로 추산된다. 약 700~1,000년 전 중국 북부와 중부에서 푸젠 성(福建省), 광둥성(廣東省) 등의 동남부로 내려온 한족 일부분이 1700년대 초 타이완 으로 이주하여 형성되었다. 언어는 광둥어와 비슷한 하카중국어와 중국 표준어를 사용 한다.
97 토어(土語) : 외국인의 침입이나 다른 지역으로부터의 이주(移住)로 인해 해당 지역에 서 사용하지 않던 언어가 사용될 경우, 그 지역 원주민들이 사용해 온 언어를 토어라고 한다.

있었던 겁니다. 근대적 인간의 경우, 개성의 자각이라는 것이 하나의 중심축이긴 하지만 또 다른 커다란 축으로서의 필요 요소는 민족주의 문제와 민족적 자각을 들 수 있습니다. 이는 추후 혹여나 다른 환경에 처하게 될지라도 그 전과 조금도 달라질 바 없는 한결같은 동포의식만으로 당면한 상황을 충분히 해결할 수 있으며, 실제 그런 일이 닥칠 경우 그 기능전환이 일어나기도 합니다. 그런데 바로 그때 언어를 잃어버리게 되면 그러한 민족적 자각을 일깨우는 데에 방해를 받게 되는 것이지요. 이런 의미에서 근대적 자각이 일어난 그 순간에 민족의 언어를 잃는다는 것은 대단히 심각한 문제라고 생각하는 것입니다. 아시다시피 대만은 50년간 일본어 교육이 강제되었습니다. 이자와 슈지伊沢修二[98]가 학무부장으로 취임한 이후로는 강제적인 일본어 교육이 대만교육의 중심이 되었는데, 이에 대항하여 전통적인 중국인으로서의 자각을 유지하고자 했던 것이 바로 서방이라고 생각합니다.

더불어 당시 교과서에 실린 중국인의 역사를 공학교에서는 가르치지 않았지만 서방에 가면 배울 수 있었다는 것도 특징으로 들 수 있겠습니다.

우부카타 나오키치

프랑스의 알제리 정책이 그토록 가열한 탄압을 가했음에도 불구하고 끝까지 정복할 수 없었던 것은 키산의 모스크입니다. 모스크는 ○○○

---

98 이자와 슈지(伊沢修二, 1851~1917) : 대만총독부의 초대 학무부장을 역임했던 인물이다. 이자와는 대만 영유 이전부터 "대만을 일본이라는 신체의 일부분으로 삼아, 인간의 마음 밑바탕부터 대만을 일본화"시킬 필요가 있다고 보고, 학무부장 취임 직후부터 대만인들을 대상으로 적극적인 일본어, 즉 국어교육 정책을 실시했다. 정준영, 「식민지 교육정책의 원점-이자와 슈지의 동화주의와 청각적 근대성」, 『정신문화연구』 34-2, 한국학중앙연구원, 2011, 156쪽 참고.

에서는[99] 단순한 종교가 아닙니다. 이는 곧 모든 정치·경제정책의 문제와 직결되어 있으며 그 전체적인 거점지로서 이스라엘이 있습니다. 바로 거기서 아라비아인들의 민족적 연대를 이어나갈 수 있었던 것이지요. 역시 언어와 역사가 관건인 듯싶습니다. 물론 그 해석은 시대에 따라 변하기 마련입니다만……

와타나베 마나부

결집의 거점 측면에서 보자면, 선교사들은 최초의 교회학교教會學校[100]를 서당의 형태로 취했던 사숙에서부터 출발시켰습니다. 이는 몇몇 종교계열의 사립 보통학교 및 각종 사립학교의 연혁기沿革記를 통해서도 실증되는 지점입니다. 게다가 소규모인 경우는 되레 발생의 형태가 더 자연스러웠으며, 합병 후에는 오히려 서당의 형태를 취하면 당국의 감독자가 그다지 찾아오지 않았기 때문에 당시 근대 기독교의 총독부에 대한 저항은 그러한 형태를 취해왔던 겁니다.

아베 히로시

그것은 오히려 반대 아닙니까? 총독부보다 언더우드Underwood, 즉 선교사 쪽이 서구화의 리더 격으로서의 지위를 먼저 확립하고 있었는데, 이후에 총독부가 들어와 그 주도권의 인정 여부를 두고서 사립학교

---

99 ○○○는 내용의 흐름상 일정한 장소 및 단체(국가) 등으로 추정되나, 원문(カンガンカイ)의 불분명한 기재로 해독이 불가능하여 공란으로 남겨둔다.
100 church school 또는 日曜學校라고도 하며 교회가 운영하는 학교를 가리킨다. 선교 초창기 당시 학교(당시 공립보통학교)에 가지 못하는 사람들을 위해 교회가 사람을 모아 주간(週間)에 일반학과와 성경을 가르쳤으며, 사립의 성격이 짙었다.

령私立學校令의 개정이 있었던 것이지요. 따라서 지금 선생님께서 말씀하신 서당에 대한 언급은 조금 확인이 필요하지 않나 싶습니다만……

와타나베 마나부

다이쇼 초기에 서당의 증가에 관한 언더우드의 글을 직역해 보면, "서당이라는 표제는 이전에 학교로 분류되었던 그 유형에 따른 것이며, 서당에 허용된 대폭적인 자유는 앞 절에서 설명한 바와 같이 소규모 학교를 서당이라는 명목하에 설립할 것을 독려했기 때문이다.(*Modern Education in Korea*, 1926, p.179)"[101]라고 되어있습니다. 이처럼 미션 계열의 학교까지 포함하여 지방의 소규모 학교와 서당은 실질적으로 큰 차이가 없었습니다. 따라서 황해도와 평안도에서 벌였던 당초 선교사의 교육 사업을 훗날 도시의 그것으로 유추해서는 곤란합니다.

위 언더우드의 글은 요컨대 '서당'이라는 '형태'가 초반에는 그 발족 양상 등이 자연스러웠으나 시간이 흐를수록 뭔가 독자적인 교육을 유지하기 위한 방패막이로 이용되고 있었다는 견해를 드러내고 있는 것입니다.

아베 히로시

이 역시 수치상으로 보면 오히려 그 반대 아닌가요? 당시 총독부는 일단 미션 스쿨을 승인해 놓고서 사립학교령을 통해 일일이 간섭했기 때

---

101 해당 내용의 원문은 다음과 같다. "This is partly due to the classification of what were formerly listed as schools under this heading and partly to the fact that the greater freedom allowed to the Sohtang has encouraged the opening under this title of such little schools as we described in a former section."(Horace Horton Underwood, *Modern education in Korea*, New York : International Press, 1926, p.179)

문에, 서당이라는 형태로 잠시 물러섰던 겁니다. 그런데 그마저도 서당 규칙書堂規則[102]에 의해 통제되었던 것이지요. 그래서 결국 이런 것들이 3·1운동으로 이어지게 되었고, 이후 3·1을 경험한 당국이 그제야 사립학교령을 개정한다는 식의 역관계力關係가 형성되었던 것입니다.

박상득

그런 지점들이 소비에트 교육학에서 언급된 것을 본 적이 있습니다. 다시 말해, 우리가 일본에서 하고 있는 민족민주교육民族民主教育의 학교교육 파트를 보면 '상당히 근대적인 시설을 갖춰놓고 교육하는 곳도 있긴 하지만, 개중에는 도저히 학교라 이를 수 없는 데도 있지 않느냐'는 식의 소감이 실려 있었습니다. 저는 서당 역시도 이와 관련된 부분이 있다고 생각하며, 사실상 오늘날 서당의 주된 기능은 일제히 전환된 상태라고 여깁니다. 이른바 일본 제국주의의 식민지가 된 경우, 그 기능이 변하게 되는 원인은 서당에서 가르치는 민족의 언어와 역사를 통해 일본의 식민 지배에 저항하는 그 원동력을 부여하는 장소가 된 것이 아닌가 싶은 겁니다. 물론 제국주의 침략이 없는 경우라면 똑같은 것을 가르쳐도 성격의 변혁 같은 것은 있을 수 없겠지요. 따라서 동일한 교육을 하더라도 그러한 조건의 차이에 따라 기능이 전환된다는 것은 역시 타당한 의견이지 않나 생각됩니다. 그런 경우 우리가 학교에서 가르치는 것, 게다가 32년경

---

102 서당규칙(書堂規則) : 1918년 2월 21일 총독부령 18호(總督府令 18號)로 공포된 법률로 서당 개설을 위해서는 도지사의 허가를 받게 하였으며, 서당에서도 일어를 가르치게 하는 등 한민족교육의 요람처럼 되었던 서당 교육마저 황국신민화의 도구로 이용·통제 하였다. 국사편찬위원회, 한국역사용어 시소러스 참고.(http://thesaurus.history.go.kr /TermInfo.jsp?term_id=39852424)

간도 부근에 김일성 원사元師의 지도로 형성된 학교의 형태 그리고 아동단兒童団의 바탕이 된 것 역시 바로 서당이었습니다. 참고로 서당의 발달사는 크게 세 시기로 나눌 수 있습니다. 그러니까 봉건 시대, 일제하 그리고 현재로 말이지요. 서당은 지금 6,000여 개 정도가 남조선에 남아 있다고 하는데, 설령 거기서 가르치는 내용에는 아무런 변화가 없다 할지라도 정치적 조건의 차이에 따라 생겨나는 본질적인 기능의 변화에 대해서 자세히 살펴봐야 한다고 생각합니다. 이 부분 역시 앞서 말씀하셨던 것처럼 그 교육의 내용뿐만 아니라, 사회 · 정치적 동향과 어떻게 관련지을 것인가 하는 시점과도 결부시켜 고려되어야 하지 않을까 싶은 겁니다. 따라서 와타나베 선생님께서 이런 문제들의 근본적인 파악을 위해 제기하셨던 그러한 방향성은 저희 입장에서도 지극히 소망하는 바입니다.

예를 들어 학교교육제도사學校教育制度史, 즉 관제교육官制教育만을 살펴본 경우에는 조선 인민 또는 조선 민족의 형태를 확실하게 드러낼 수는 없다고 보기 때문입니다. 그런 점에서는 역시 서당이라든가 일본 제국주의 시절의 강습회 또는 야학회 같은 다양한 형태로 이뤄졌던 서민교육의 형태를 보다 중요시해야 마땅하다는 그러한 관점도 저희의 방향성과 일치하는 지점입니다. 그러나 이 부분과 관련해서는 어떠한 기록 자료도 남아 있지 않습니다. 따라서 저희는 조선의 문헌들 중에서도 보다 민족유산이라 할 만한 것들을 지속적으로 발굴해 낼 필요가 있습니다. (반면, 관제교육 그 자체에 관한 보고서라든가 이와 관련한 기록들은 존재합니다.) 또 한 가지 문제적인 지점은 남녀 교육에 관한 것으로서 서당의 경우든 성균관이든 향교의 경우든 교육이라는 것은 관제 혹은 서민계통의 학교라고 해도 거의 남자에게만 한정되어 있었습니다. 그런데 당시 여자들을 위한 교육도 분명 이뤄지고 있었다는 사실을 간과해서는 안 됩니다. 다만, 그것이 어떠한 형태로 이루어졌는지 이에 관해서는 아무런 문헌도 전해지는 바가 없지만, 그래도 존재했던 것만은 분명한 사실입니다. 앞으로 저희는 이와 관련한 연구에 더욱 힘써야 할 것인데, 여기서 가장 핵심적인 지점은 언문 교육이 어떻게 이뤄졌는지 그 형태를 파악하는 것이라고 생각합니다. 하지만 조선에서는 언문을 경시하여 특히 남자로서 취급할 만한 것이 못 된다고 여겨왔습니다. 이를테면, 연산군燕山君 같은 사람은 자신을 비방하는 글이 언문으로 적혀 있는 것을 본 이후로 언문을 알고 있는 학생들을 모조리 죽였다든가, 언문 서적들을 죄다 불태워 버리는 등으로 철저하게 탄압하는 바람에 그러한 기록 역시 전혀 남아 있지 않습니다. 그러다 보니 오늘날과 같이 잔존한 기록들을 추적해가며 그것을 토대로 연구를 진행하는 측면에서는 입증할 만한 자료가 아무것도 없는 셈인 것이지요. 이러한 부분들까지도 교육 종사자로서 마땅히 해결해야 할 하나의 과제로서 제기되고 있습니다. 그런데 차분히 생각해보면 저희가 여태껏 알지 못했던 여러 자료가 일본에 제법 남아 있지 않을까 싶더군요. 그도 그럴 것이 각종 자료가 식민지 시대에 일본으로도 마구 유입되었으니 말입니다…… 따라서 바로 그런 자료들을 여러분들께서 적극적으로 발굴해주었으면 하는 바람을 오늘 이 자리를 빌려 말씀드리는 바입니다.

거듭되는 이야기입니다만, 이른바 조선 민족의 형성 문제와 관련하여 오늘날 저희가 일본에서 행하고 있는 교육의 내용이라든지 방향성에 있어 가장 기본이 되는 것은 조선어와 조선의 역사를 가르치는 것입니다. 그런데 그런 과정에서 문제시되는 지점은 역시 서당과의 관련성 및 민족 형성의 문제라고 할 수 있습니다. 한편, 일본 제국주의 시대의 동향이 어떠했는가 하는 것과 오늘날 우리들의 교육이 그러하다는 것은 결국 일본 국민의 교육 문제와도 연결되는 하나의 접점으로 볼 수 있으며이 또한 앞으로 저희가 심도 있게 연구해야 할 부분이라고 생각합니다.

와타나베 마나부

말씀을 듣던 중 문득 여성교육에 관한 에피소드가 하나 떠올라 말씀을 드리자면, 제 친구 중에 오영진吳泳鎭[103]이라는 사람이 있는데 그는 현재남조선 영화계에서 조선의 나루세 미키오成瀨巳喜男[104]라고 불리고 있습니다. 그런데 그 친구가 여성들이 바느질하면서 부르는 노래를 채록·수집한 뒤에 그걸 일본어로 번역하여 졸업논문으로 썼다고 합니다. 그러니까 엄마가 아이에게 바느질하는 법을 노래로 가르치는 것인데, 그 노래에는 바느질뿐만 아니라 생활상에 필요한 여러 교육 지침이 담겨있던 것입니다. 저희도 바로 이와 같은 사례들을 발굴해야 하는 겁니다. 참고로조선교육을 몸소 경험하시면서 애를 쓰셨던 시대라 다이라 선생님께

---

103 오영진(吳泳鎭, 1916~1974) : 한국의 극작가·시나리오작가·영화이론가다. 평양고등보통학교(平壤高等普通學校)를 거쳐 경성제대 조선어문학과를 졸업하였다. 재학 중에 「영화예술론」이라는 논문을 조선일보에 발표함으로써 문단에 데뷔했다. 졸업 후, 일본에 건너가 도쿄발성영화제작소에 입사하여 조감독으로서 본격적인 영화 수업을 받았다. 귀국한 후에는 『國民文學』에 창작 시나리오 「배뱅이굿」의 발표를 통해 정식 데뷔했다. 대표적인 작품으로는 고전과 민속을 현대화한 「배뱅이굿」, 「맹진사댁 경사」, 「허생전」, 「살아 있는 이중생 각하」, 「정직한 사기한」, 「해녀 뭍에 오르다」, 「모자이크 게임」, 「무희」 등이 있다.

104 나루세 미키오(成瀨巳喜男, 1905~1969) : 일본의 영화감독으로, 여성영화의 대표감독으로 불렸다. 희극영화 〈찬바라부부(チャンバラ夫婦)〉로 감독 데뷔했으며, 1934년 훗날 도호(東宝)로 이름을 바꾼 PCL로 소속을 옮긴 후, 초기작 〈아내여 장미처럼(妻よ薔薇のやうに)〉을 발표했으며 그 밖에도 〈부운(浮雲)〉, 〈아내(妻)〉, 〈부부(夫婦)〉, 〈딸·아내·어머니(娘·妻·母)〉, 〈흐트러진 구름(乱れ雲)〉 등 수많은 작품을 남겼다.

서 당시 느끼신 바를 아래와 같은 글귀로 담아내신 바 있습니다.

조선 사람은 형세가 불리해지면 그에 복종하는 듯한 자세를 취하지만 그런 와중에도 자신들만의 고유한 무언가를 만들어 나가기 때문에 일본은 이에 대해 각별히 조심하지 않으면 안 된다.

아베 히로시

이건 좀 다른 문제이긴 합니다만, 정규 학교에서 여성교육을 처음으로 시행했던 것은 미션 스쿨입니다. 흥미로운 일화를 소개하자면, 그때 그 미션스쿨의 학교 선생님들이 전부 여성인지라 간혹 내빈으로 남성이 찾아올 경우에는 장막을 쳤다는 겁니다. 자신들의 모습을 안 보여주려고 말이죠.

에비하라 하루요시

저 역시 주제에서 좀 벗어날지도 모르겠습니다만, 오키나와의 지배와 조선의 문제와는 상당한 관련성이 있지 않나 싶습니다. 예를 들면, 일청전쟁에서 승리한 후 비로소 오키나와 주민들이 소학교를 다니기 시작했다는 기록이 있는데, 이는 그전까지야 중국 한문 등의 영향을 받았지만 일청전쟁이 끝나고 난 후부터는 일본에 대한 귀속감을 가지게 되었다는 그런 의미일 테지요. 또한 당시 오키나와에서의 동화 정책이 굉장히 잘 진행되었다고 해서 조선의 교육개혁에도 오키나와에서의 동화 정책이 유효하지 않겠냐는 논의까지 나왔습니다. 그리고 다이쇼 8년에 고등교육 기관을 상당수 신설하여 본토에 배치했으나, 오키나와만은 전문학교를 세우지 않았던 사실도 있습니다. 이와 관련해서는 앞으로 좀 더 연구해 볼 생각입니다.

오자와 유사쿠

오늘은 주로 일본·중국·조선의 교육 발전 방식에 관하여 각각 비교·대조하는 형태로 논의를 진행해왔습니다. 물론 와타나베 선생님께서 말미에 제기하신 일본인에 의한 조선 연구의 향후 방향성에 관한 전면적인 토론은 이뤄지지는 못했지만, 그래도 중요한 지점들에 대해서는 어느 정도 의견을 나눌 수 있었다고 생각합니다. 더불어 이번 심포지엄은 구체적인 사실에 입각하여 향후 조선교육 연구에 관한 방향성 및 연구 태도 등이 논의되었다는 점에서는 나름의 성과가 있지 않았나 싶습니다. 그럼, 시간 관계상 오늘은 이 정도로 마치도록 하겠습니다.

1964.5

　　전공했으며, 조선총독부박물관(朝鮮總督府博物館) 및 도쿄예술대학자료관(東京芸術大学資
　　料館)에서 근무했다. 주요 저서로는 『新羅・高麗の仏像』, 『海東の仏教』, 『朝鮮美術への道－
　　随想』, 『朝鮮回顧録』, 『韓国曹渓禅への招待』, 『海東佛教美術圖彙』 등이 있으며, 기념 논집으
　　로는 『조선의 고문화론을 기리며－나카기리선생 희수기념논집(朝鮮の古文化論讃－中吉先
　　生喜寿記念論集)』이 있다.

조선의 미술사 연구

출석자
*나카기리 이사오(中吉功)
하타다 다카시(旗田巍)
오오쓰보 세이지(大坪靜仁)
미야타 세쓰코(宮田節子)

미야타 세쓰코

본 심포지엄은 지금까지 총 8회에 걸쳐 진행되어 왔으며 그간에 논의된 주된 내용은 일본에 축적된 조선 연구들을 우리가 어떻게 받아들여 어떠한 방식으로 계승해야 할 것인지에 대한 문제였습니다. 매번 심포지엄을 준비할 때마다 고고학이나 미술사 더 나아가 민속, 음악, 무용, 연극 방면에까지 논의해 볼 예정이었으나 관련 분야에 있어 적격이라 사료되었던 선생님들의 여러 정황과 잘 안 맞다 보니 거푸 미뤄지다 오늘에 이르게 되었습니다. 더군다나 매 심포지엄 후, 본지의 많은 독자 분께서 미술사나 고고학 분야에 관해서도 심포지엄을 열어주길 바란다는 요청도 적지 않았습니다. 그리하여 오늘은 도쿄예술대학東京藝術大學의 나카기리 선생님으로부터 조선미술사朝鮮美術史와 관련한 말씀을 듣고자 이렇게 자리를 마련하게 되었습니다. 참고로 일본에서는 미술사 쪽의 전문가가 극히 적어 특수 분야로 취급되고 있는지라 조선사 전반에 걸쳐 통달하고 계신 하타다 선생님께도 따로 부탁 말씀을 드려 오늘 심포지엄의 사회를 맡아주시게 되었습니다. 그럼, 선생님들 잘 부탁드립니다.

하타다 다카시

아이고, 아닙니다. 저도 이 방면으로는 아는 바가 전혀 없지만, 그래도 무척 중요한 분야라는 것만큼은 잘 알고 있습니다. 평소 미술사를 연구하시는 분들이 너무나도 적다는 데에 늘 안타깝게 여기고 있는 한 사람으로서 이렇게 나카기리 선생님께서 이 분야를 전문적으로 연구하고 계신 데에 그저 감사할 따름입니다. 그럼, 나카노 시게하루 선생님께 말씀을 청해듣도록 하겠습니다.

나카기리 이사오

저는 약 30여 년 전부터 신라의 불상佛像만을 주로 연구해왔습니다. 그 가운데 오늘은 38선의 북쪽에 위치한 금강산金剛山의 유점사楡岾寺[1]에 있는 오삼불五三扒이라는 불상에 관해 말씀드려 볼까 합니다. 이 오삼불이라는 것은 『동국여지승람東國與地勝覽』에 등장하는데 좀 더 자세히 말씀드리면 『동국여지승람』 권45, 고성高城의 불자佛字 항項, 유점사 조條에 민지기閔漬記 부분을 인용하여 오삼불의 연기緣起를 기록하고 있습니다.

저는 이와 관련한 내용으로 쇼와 13년에 『고고학考古學』이라는 학술잡지에 발표한 적이 있습니다.[2] 참고로 이 오삼불은 대부분 산일散逸되고 그

---

1 강원도 고산군 서면 금강산(金剛山)에 있었던 사찰로 일제강점기에는 31본산(三十一本山 : 식민지기 한반도의 사찰 가운데 중심 사찰을 선정하여서 한 지역의 다른 사찰을 관할하게 한 제도) 중의 하나였다. 사지(寺誌)에 따르면 원래 이 절은 서기 4년(유리왕 23)에 창건되었다고 하며, 53불(佛)의 연기(緣起)와 관련된 창건설화가 전해지고 있다. 당시 이 절은 우리나라 중세 건물 중에서 가장 높고 화려한 건물로 꼽혔으며 53불을 안치한 능인전(能仁殿), 수월당, 연화사, 제일선원, 반룡당(盤龍堂), 의화당(義化堂), 서래각(西來閣) 등 6전 3당 3루가 있었다. 그러나 6·25전쟁 때 파괴되어 지금은 그 터만 남아 있고, 지금은 조선 세조 때 조성된 13층 석탑과 묘향산 보현사로 옮긴 동종(銅鐘)이 보존되었다.

당시 42~43점밖에 남아 있지 않았으며 주로 여래형如來形이었습니다. 불상에는 여래如來, 보살菩薩, 천부天部, 명왕明王 등 여러 종류가 있는데 유점사에는 여래형과 보살형이 있습니다. 그중 여래형 36구軀를 분류해 보니 4가지 형식으로 분류가 가능하여 이에 대해 쇼와 13년에 발표를 했던 겁니다. 현재 나라문화재연구소奈良文化財研究所의 부장으로 계시는 가야모토 모리토榧本杜人[3] 씨께서 당시 저의 학설을 긍정적으로 봐주시어 많은 분들께 소개도 해주시고 때로는 강연의 자리를 빌려 관련 내용을 공표해 주신 덕에 오늘날에는 거의 정설처럼 되었습니다.

그 36구軀[4]의 여래형을 분류하면, 제1형식과 제2형식 그리고 제3형식과 제4형식으로 나눌 수 있습니다. 제1형식은 통견通肩이라 하여 양어깨에서 법의法衣를 앞쪽으로 축 늘어뜨리는 것을 말하며, 제2형식도 상반신은 통견이지만 하상下裳의 주름이 양다리 위로 흘러내리는 것입니다. 제3, 제4형식은 상반신에 조하쿠条帛[5]를 왼쪽 어깨에서 오른팔 쪽으로 비스듬히 걸치고 있으며 배 앞부분으로 매듭을 드러냅니다. 제3형식의 하상은 제1형식과 같고 제4형식의 하상은 제2형식과 같습니다. 이렇게

---

2 中吉功, 「楡岾寺小金銅佛—特に如來形表現に對する一管見」, 『考古学』9-9, 東京考古学会, 1938.9, 421~433쪽.

3 가야모토 모리토(榧本杜人, 1901~1970) : 본명은 가야모토 가메지로(榧本龜次郎)이며 학계에서는 모리토(杜人)라는 아명으로 활동했다. 1930년에 조선총독부 학무국 종교과 및 박물관의 촉탁이 되어 고적 조사와 박물관 업무에 종사했다. 이후에도 조선고적연구회의 업무를 지속했으며 1941년부터는 경성제대에서 자료정리를 담당했다. 1946년에 나라현 중요미술품 조사원 및 국립박물관 나라분관에서 근무했다. 그 밖에도 도쿄국립박물관 학예부 고고과 유사실장(有史室長) 및 헤이세이궁 발굴부의 부장 등을 역임했다. 저서로는 『樂浪漢墓』와 사후에 간행된 『朝鮮の考古學』 등이 있다. 동북아역사넷 참고.(http://contents.nahf.or.kr/item/item.do?levelId=ku.d_0003_0030_0020_0040)

4 원문에는 '躰'로 되어있으나, 불상을 세는 단위인 '軀'의 오기로 보인다.

5 불상의 상반신에 비스듬하게 걸쳐 휘날리게 하는 견포를 말한다.

총 4가지 형식으로 나눌 수 있습니다. 대좌臺座는 불상에 따라 다르지만, 대체로 제1형식과 제2형식이 같으며 제3형식과 제4형식은 다른 형식을 취하고 있습니다. 이 4가지 형식을 기준으로 하여 살펴보면 신라불新羅佛의 특징을 파악할 수 있습니다. 뭐, 시쳇말로는 **감정**鑑定의 기준이 될는지도 모르겠군요. 아무튼 불상에 관심이 없는 사람일지라도 이 기준에 따르면 그 불상이 중국 불상인지, 일본 불상인지 혹은 신라 불상인지를 확실하게 구별할 수 있습니다. 사실 이와 관련해서는 참고할 만한 문헌이 전혀 없기 때문에, 그저 양식으로 판단하여 실증할 수밖에는 없습니다. 또한 불상의 대부분은 신라일통 시대新羅一統時代 초기부터 시작됩니다. 신라는 상대·중대·하대로 구분되며 그중 중대·하대를 신라일통 시대라고 하는데, 그 일통 시대 중에서도 초기의 불상이 가장 많이 남아있습니다. 개중에는 앞서 말씀드린 4가지 형식으로 분류되는 여래형이 다수 남아있습니다.

일본에는 일본 특유의 불상이 있고 중국에는 중국 특유의 불상이 있는데, 그 중간 정도에 해당하는 신라 불상의 존재는 무척이나 귀하다고 할 수 있습니다. 한편, 오삼불은 현재 북쪽에 있는지라 몇 해 전 고려대학高麗大學의 이홍직李弘稙[6] 교수께서 제가 가지고 있는 사진을 전부 복사해가셨습니다. 바로 지금 이 자리에 가지고 온 사진들인데, 이를 모아 한국 학자가 도판圖版으로 만들 계획에 있는 겁니다. 한국 쪽에서는 현

---

6 이홍직(李弘稙, 1909~1970) : 경기도 이천 출신의 역사학자다. 도쿄제대 국사학과를 졸업했으며, 귀국 후 이왕직국조보감 찬집위원회 촉탁이 되었다. 1958년에 고려대 사학과 교수가 되었으며, 그 뒤 중앙도서관장·박물관장 등의 교내 보직을 역임했다. 주요 번역서로 『시베리아제민족의 원시종교(西伯利亞諸民族一原始宗敎)』가 있으며, 저서로는 『韓國古文化論攷』, 『讀史餘摘』, 『國史大事典』 등이 있다.

지의 유점사로 갈 수가 없기 때문에 이 사진들은 더욱 귀중한 자료가 되겠지요. 북쪽의 공화국에서는 아직 유점사의 불상 연구에 손길이 미치지 않은 것 같습니다. 지난번에 『조선문화사朝鮮文化史』(1963. 11, 朝鮮民主主義人民共和國 社会科學院 歷史研究所 編)를 읽어 볼 기회가 있었는데, 그걸 보니 이쪽 방면으로는 아직 연구에 착수하지 않았다는 것을 알겠더군요. 이참에 북쪽에서 사진을 상세히 찍어 유점사 불상도집楡岾寺佛像圖集을 출판해주었으면 하는 바람입니다.

유점사의 불상은 능인보전能仁寶殿이라는 대웅전大雄殿에 안치되어 있습니다. 대웅전이란 일본에서는 선종禪宗의 본당을 일컫는 말로서 조선에서는 일반적으로 사용되는 말이기도 합니다. 이는 일본의 호류지法隆寺의 금당金堂에 필적하는 것으로 사원의 중심가람伽藍[7]에 해당합니다. 그 불상은 유점사의 능인보전 안에 있는 느릅나무 가지를 수없이 가로엮어 둔 그 위에 올려 둔 것입니다.[8] 오늘 이 자리에 들고 나온 이 사진은 아마 돋보기로 보지 않으면 알아보기 어려울지 모르겠습니다만, 어쨌든 이런 식으로 세워져 있습니다. 그리고 어떤 연유로 안치된 것인지 그것이 문제인데, 이에 관해서는 앞서 언급한 이조 성종成宗 8년 유酉[9] 12월에 완성된 『동국여지승람』 권45의 유점사 조条 민지기閔漬記 부분을 인용한 전설이 실려 있긴 하지만, '지극히 괴상망측하여 믿을 수가 없다極怪妄不

---

7 승가람마(僧伽藍摩)의 준말로, 승려(僧侶)들이 불도(佛道)를 닦으면서 머무는 절을 일컫는다.
8 나카기리가 소장한 사진이 정확히 어떤 것인지는 알 수 없지만, 현재 확인 가능한 사진(첨부 사진 참고)으로 보충 설명을 하자면 다음과 같다. 해당 사진을 얼핏 보면, 나카기리의 말처럼 켜켜이 쌓인 느릅나무 가지 위에 불상이 놓인 것처럼 보이지만, 실제는 가지 위에 불상을 올려 둔 것이 아니라 불상 뒤편에 느릅나무 가지들이 배경처럼 장식되어 있음을 확인할 수 있다. 따라서 해당 사진에 대한 정확한 설명은 '느릅나무 가지 앞에 불상이 놓여 있다.'는 식으로 표현해야 옳을 것이다.
    사진 출처 : https://terms.naver.com/entry.nhn?docId=66619&cid=43667&categoryId=43667

足傳信'라며 특별히 주의해서 다루고 있지는 않습니다. 마침 일본에도 호류지에 사십체불四十体仏이라는 것이 있는데, 이는 아미타여래阿弥陀如來의 사십팔원四十八願을 본떠 그 이름을 붙인 것이라고 생각됩니다. 유점사도 이와 마찬가지로 『불설관약왕약상보살경佛說觀藥王藥上菩薩經』에 의거하여 그에 따라 오삼五三이라는 숫자를 붙인 것은 아닌지, 즉 이 경전에서 유래하여 '오삼불'이라는 이름이 생겨난 것은 아닐까 하고 고우모토框本 씨께서 추정하시기도 했습니다. 그러나 제 생각은 이렇습니다. 당시 신라에서 불교가 상당히 번성했기 때문에 절에다가 불상을 지속적으로 바쳤던 것인데, 이때 본인의 돌아가신 부모님이나 선조 등의 봉양을 위해 하나 또는 두세 체體씩 바쳤던 불상이 어느새 오십삼 체에 이르러 '오삼불'이라는 명칭이 생겨난 것이 아닐까 싶습니다. 만약 처음부터 오삼체라는 특정한 불상을 한꺼번에 제작한 것이라면 시대양식이 똑같

유점사 느릅나무 사진

9 식년(式年) : 정규적으로 시기를 정하여 과거를 시행한 해를 말하는데, 태세(太歲)가 자(子)・묘(卯)・오(午)・유(酉)가 드는 해로, 4년마다 한 번씩 돌아왔다. 이와 같은 식년시(式年試)으로 따져 닭(酉)의 해를 가리킨다.

아야 하지 않겠습니까. 그런데 양식으로도 그렇고 형식으로서도 제각기 다른 것으로 봐서는 오랜 시간에 걸쳐 하나둘씩 바치다 보니 어느새 오삼체가 되었다라고 밖에는 생각할 수 없는 겁니다. 어쨌든 하나하나 저마다 각각의 특징을 띠고 있어 참으로 흥미롭습니다. 혹여 조선연구소朝鮮研究所에서 이 사진들을 활용하여 신라불을 연구하시고자 하는 분이 계신다면 기꺼이 제공해 드리도록 하겠습니다.

이상으로 여래형 불상에 관한 설명을 마치고 지금부터는 보살형菩薩形에 대해 간략히 말씀드리도록 하겠습니다. 본래 여래如來라는 것은 아미타여래阿彌陀如來나 석가여래釋迦如來, 아축여래阿閦如來 등의 여래를 일컬으며, 보살菩薩은 관세음보살觀世音菩薩, 십일면관세음보살十一面觀世音菩薩, 문수보살文殊菩薩, 보현보살普賢菩薩 등을 말합니다. 불교에서 보살은 여래의 경지에 이르는 과정 중인 부처佛를 말하며 한층 인간세계에 가까이 위치한 부처라고 할 수 있습니다. 그러니까 보다 인간적이기 때문에 조형에도 여러 장식을 하는 겁니다. 예를 들면, 관음의 경우에는 물병水瓶을 들고 있다든지 보관寶冠에 화불化佛[10]을 새겨두거나 하는 것이지요. 이처럼 보살은 신체에 여러 장식을 하는 것이 일반적입니다. 목걸이나 귀걸이, 팔찌 등 영락瓔珞[11]이라 칭하는 장식을 몸체에 늘어뜨리는데 이는 보살 형상에 있어 일종의 규칙과도 같은 것으로 여래와는 다른 부분이기도 합니다.

참고로 최근에는 신라의 보살 양식을 분류해 보았으며 그에 관한 내용은 『조선학보朝鮮學報』(天理大学 朝鮮學會發行) 제37권 38 합병특집호合倂

---

10 변화한 부처, 곧 변화불(變化佛)을 의미한다.
11 부처의 목·팔·가슴 같은 곳에 두르는 구슬이나 보석 등으로 꿰어 만든 장신구를 가리킨다.

特輯號를 통해 조만간 발표할 예정입니다. 그리고 그 보살 양식을 제1형식, 제2형식, 제3형식 이렇게 세 가지 타입으로 나누어 보았는데, 이는 제가 수집한 수많은 사진을 통한 분류로써 유점사 오삼불의 여래형 분류와 마찬가지로 실증적으로 도출해낸 것입니다. 이 세 가지 기준으로 다양한 보살형을 분류해 가다 보면, 신라 보살형의 특징을 파악하는 데도 무척 용이합니다. 석가여래의 양협시兩脇侍는 문수보살과 보현보살이며, 아미타여래의 양협시는 관음보살과 세지보살勢至菩薩입니다. 여기서 관음, 세지 이 두 보살을 분류하면 앞서 말씀드린 것과 같이 세 가지 형식으로 나뉜다는 것을 알 수 있습니다. 이 사진은 제1형식에 속합니다. 보시다시피 관음보살은 머리에 보관을 얹고 이마에 화불을 새기고 손에는 물병을 쥐고 있으며 가슴 쪽에는 영락을 걸치고 있습니다. 어깨에서부터 천의天衣를 나부끼며 팔에는 비천臂釧을 팔목 부근에는 완천腕釧을 끼우고 있습니다. 세지보살은 보관에 주둥이가 좁고 목이 긴 술병이 새겨져 있는데 그 외에는 대체로 관음보살과 동일합니다. 다만, 관음보살과 다른 점은 보통 손에 물병을 쥐지 않는다는 것입니다. 이처럼 보살은 여래와 달리 여러 장신구로 치장하고 있습니다. 그중에서도 제1형식은 가장 오랜 신라일통 시대 초기에 많으며 제2형식과 제3형식은 그 후에 만들어졌습니다. 이는 중국, 일본과의 비교 연구를 통해서도 추정할 수 있습니다. 미술사라는 것은 그 대부분이 양식 연구인데, 개중에 연호명年號銘이라도 새겨져 있으면 연대의 기준을 파악할 수 있지만 그것이 없을 때는 양식으로 판단할 수밖에 없습니다. 이상 말씀드린 세 형식을 기준 삼아 신라 보살상菩薩像을 살펴보고 있노라면 신라불에 대한 인식이 상당히 깊어져 갑니다.

미술사라는 것은 그 대부분이 양식 연구라고 해도 과언이 아닙니다. 앞서 말씀드린 대로 불상에 연호명이 존재하면, 그것을 표준삼아 연호가 없는 다른 불상들에 적용하여 시대를 특정할 수가 있습니다. 그러나 아쉽게도 신라 불상들 가운데 연호명이 새겨진 불상은 그리 많지가 않습니다. 그나마 다행스럽게도 감산사甘山寺(경주군 내동면 신계리)[12]의 석조미륵石造弥勒과 아미타阿弥陀 이 두 불상에는 광배光背 뒤에 개원開元 7년 운운云云이라는 명문銘文이 명기되어 있는데, 이를 통해 당唐 현종玄宗의 개원 7년 즉, 신라의 성덕왕聖德王 18년(719)에 만들어졌다는 것을 밝혀낼 수 있었습니다. 게다가 성덕왕대聖德王代의 황복사지삼층석탑皇福寺址三層石塔 안에서 발견된 황금제여래좌상黃金製如來坐像과 황금제여래입상黃金製如來立像은 이들을 보관해둔 동함銅函의 뚜껑 안쪽의 각명刻銘에 의해 성덕왕 5년(706) 이전의 그리 멀지 않은 시기의 것이라는 것도 알 수 있었습니다. 이처럼 각명이 있는 경우에는 그것이 시대판정의 기준이 되는 것이지요. 그러나 신라 시대는 명銘이 새겨져 있는 불상의 수가 극히 적기 때문에 몇 안 되는 재명불在銘佛은 그 존재 자체만으로도 상당히 귀중합니다. 그리고 바로 이런 불상들을 과학적 근거로 삼아 불상의 양식을 규명해 나가는데, 이 같은 과정이 미술사를 연구하는 하나의 방법이지 않을까 싶습니다. 여기서 한 가지 더 드리고 싶은 말씀은 불상을 고찰하기 위해서는 불교사佛敎史를 연구하지 않으면 안 된다는 겁니다. 불교사 연구는 절대 도외시할 수 없습니다. 그 이유는 아미타경阿彌陀經이 신라에 어느 시기에 들어왔는지, 즉 원효元曉, 의상義湘 등의 고승高僧이

---

12 경주군 내동면 신계리(慶州郡 內東面 薪溪里)로 기재된 원문의 감산사 소재지는 이후 외동읍 괘릉리로 개칭되었으며 감산사 역시 절터만 남아있다.

입당入唐하여 미타彌陀의 경전을 활발하게 도입했던 것이 어느 시기였으며, 어떠한 소疏[13]를 만들었는지, 이러한 것들이 밝혀지면 신라에 아미타상阿彌陀像의 조성造成이 급격히 증가하게 된 배경이라든가 명랑明郞[14] 대덕大德[15]이 밀교를 수입하면서 그때 같이 들어왔을 것으로 추측되는 밀교 예술에 대해서도 알아낼 수 있기 때문입니다. 게다가 의상義湘이 함형원년咸亨元年(670년)에 들여온 화엄경華嚴經 역시 무척 흥미롭습니다. 이처럼 불상을 연구하기 위해서는 반드시 불교사를 알고 있어야 하며, 불교사와의 관련성을 추적해가면서 불상의 형식을 탐색하는 과정은 특히 조선에서 더욱 필요한 게 아닐까 싶습니다. 이와 더불어 중국·일본 불상의 횡적 관계 역시 조사할 필요가 있습니다. 더군다나 중국·조선·일본 3국의 불상 양식은 서로 상관관계가 있기 때문에 결코 간과할 수는 없습니다. 그런 의미에서 저 역시 현재 암중모색 중에 있는 것이 바로 이 불교사입니다. 사실 제가 그다지 불교에 소양이 없다 보니 그 어려움이 더한 것 같습니다. 이미 돌아가셨습니다만, 조선 불교사에 조예가 깊었던 에다 도시오江田俊雄(전 고마자와駒沢대학 교수) 씨께서 만약 살아계셨더라면 그분께 조언을 구할 만한 것들이 한두 가지가 아닙니다. 참으로 아쉬울 따름이지요. 그리고 지금부터 어언 30여 년 전에 고마자와대學의 학장을 지내셨던 누카리야 가이텐忽滑谷快天[16] 씨의 강연을 들은 적

---

13 경(經)·논(論) 등을 해석한 해설서를 말한다.

14 원문에는 朝郞으로 되어있으나, 이는 明郞의 오기이다. 승려 명랑은 632년에 당나라에 들어가 635년에 귀국한 승려로 밀교를 최초로 신라에 들여온 인물이다.

15 넓고 큰 덕 또는 그러한 사람 혹은 부처를 가리킨다.

16 누카리야 가이텐(忽滑谷快天, 1867~1934) : 일본의 불교학자이자 조동종(曹洞宗)의 승려다. 고대선학(古代禪学) 및 동양선학사상사(東洋禪学思想史)를 연구했으며, '忽滑谷禪学(忽滑谷派)'라 불리는 선도사상(禪道思想)을 확립했다. 잡지『達磨禪』을 창간했으며, 1920년에는 曹洞宗大学(現·駒沢大学)의 학장으로 취임했다. 주요 저서로는『禪学

이 있습니다만, 지금 생각해도 그분 역시 상당히 훌륭한 분이라는 생각
이 듭니다. 아주 짧은 기간이었지만, 누카리야 씨도 전전에 조선에 머무
르신 적이 있는데 그때 조선의 여러 불교학자와 교류하셨고 그것이 계
기가 되어 그 후에『조선선교사朝鮮禪敎史』(쇼와 5)[17]라는 책을 출판하시
기도 했습니다. 저는 지금도 이 책의 도움을 상당히 많이 받고 있습니다.
다만, 주로 선학禪學 쪽에 주력한 것으로서 밀교 방면은 그리 자세하지
않은 듯 합니다만, 그래도 신라는 선종이 성행했기 때문에 초심자들에
게는 퍽 유익한 자료라고 할 수 있습니다. 그리고 이능화李能和[18] 씨의
『조선불교통사朝鮮佛敎通史』(2冊, 다이쇼 7)[19]도 놓칠 수 없는 명저名著입니
다. 이 책은 한문으로 적혀 있으며 주로 기본사료를 싣고 있는 것이 특징
적입니다. 이어『조선금석총람朝鮮金石總覽』(2冊, 다이쇼 12)[20]이 있는데,
이 또한 불교사 연구에 있어 필독해야 할 근본사료입니다. 저는 이 세 가
지를 기본 자료로 삼고서 불교사에 관해 모색 중에 있습니다. 그러나 신
라의 한문이 여간 어려운 게 아닌 데다가 특히 금석문金石文에는 사어死語

批判論』,『禪の妙味』,『禪学思想史』,『朝鮮禪敎史』 등이 있다.

17 忽滑谷快天,『朝鮮禪敎史』, 春秋社, 1930.

18 이능화(李能和, 1869~1943) : 역사학자이자 민속학자다. 충북 괴산군 출신으로 어릴
    때부터 한문을 익혔으며 1889년 영어 학당에 입학하여 영어를 습득했다. 이후 한성한어
    학교, 관립 법어학교를 거쳐 일어 야학사를 다니는 등 다양한 외국어를 익혔다. 국문연
    구소의 위원을 역임했던 이능화는 평소 불교에도 관심이 많아 불교진흥회의 간사로 취
    임하여 활동하면서『불교진흥회월보』,『불교계』,『조선불교통사』 등을 발간했다. 또한
    조선사편찬위원회와 조선사편수회의 위원으로 있으면서 15년간『朝鮮史』 편찬사업에
    종사했다. 그 밖에도 청구학회(靑丘學會) 및 국민총력조선연맹 문화부 문화위원으로도
    활동했다. 주요 저서로는『朝鮮新敎源流考』,『朝鮮基督敎及外交史』,『朝鮮神話考』 등의
    종교 관련 저서를 비롯하여『朝鮮儒敎之陽明學』,『朝鮮儒學及儒學思想史』 등의 사상서와
    『朝鮮喪制禮俗事』,『朝鮮女俗考』,『朝鮮巫俗考』 등의 풍속서 그리고 기타『李朝京城市
    制』,『朝鮮十亂錄』,『朝鮮道敎史』 등이 있다.

19 李能和,『朝鮮仏敎通史』上・中・下編, 新文館, 1918.

20 朝鮮總督府 編,『朝鮮金石總覽』上・下, 朝鮮總督府, 1919~1923.

에 가까운 한자, 즉 그다지 사용되지 않는 한자가 빈번하게 나오기 때문에 그 부분에 문외한인 저로서는 무척이나 애를 먹고 있습니다. 참고로 저는 수년 전에 『조선학보』(제17집, 쇼와 35)에 「実相寺鉄造薬師如来像小論」[21]이라는 글을 게재한 적이 있습니다만, 이는 『조선금석총람』 상권의 목차 38에 실린 「鳳巖寺智證大師寂照塔碑(慶尙北道 聞慶郡 加恩面, 新羅 景明王 8年(924) 建玄)」[22]의 비문을 인용하여 적은 것입니다. 그중에 "度我爲僧, 報公以佛, 乃鑄丈六玄金像, 伝之以銃"[23]라는 문사文辭가 있는데, 이는 봉암사의 장육현금상丈六玄金像의 주조를 마친 후, '銃＝윤이 나는 쇠'로 불상에 전채伝彩한 것과 관련된 내용입니다. 원래 선불銑佛에는 도금鍍金이 불가능하기 때문에 이 '伝之以銃'라는 것을 어떤 의미로 해석해야 좋은지 그리고 그에 앞서 애초에 이 '현금상玄金像'이라는 것이 과연 어떠한 질質의 불상인지 의문스러워 불상 연구가이자 불교학에도 조예가 깊으신 마쓰모토 에이치松本榮―[24] 박사(도쿄예술대학 교수)께 여쭤봤더니, 일본에는 그런 용어 자체가 없다고 말씀하시더군요. 저는 이제껏 중국 문헌 안에서도 이런 용어를 본 사례가 없습니다. 그런데 그 용어가 조선

---

21 원문에는 「實相寺鉄造葉師如來像小論」로 되어있으나, 이는 「実相寺鉄造薬師如来像小論」(中吉功, 『朝鮮学報』 通号 17, (天理)朝鮮学会, 1960)의 오기이다.
22 원문에는 봉엄사 증각대사 적조탑비(鳳巖寺證覺大師寂照塔碑)라고 되어있으나, 이는 봉암사 지증대사 적조탑비(鳳巖寺智證大師寂照塔碑)의 오기이다. 朝鮮總督府 編, 『朝鮮金石總覽』 上, 朝鮮總督府, 1919~1923, 88~96쪽 참고.
23 "度我爲僧, 報公以佛, 乃鑄丈六玄像, 伝之以銃"를 번역하면 다음과 같다. '나를 승적에 넣어 중이 되게 하였으니, 공에게 불(佛)로써 보답하겠다하여, 이에 장육현금상을 주조하네, 황금으로 발라서.'
24 마쓰모토 에이치(松本榮一, 1900~1984) : 일본의 미술사학자다. 히로시마현 출신으로 도쿄제대를 졸업했다. 동방문화학원 도쿄연구소 연구원(東方文化学院東京研究所研究員)을 거쳐 1924년에는 국립박물관부속 미술연구소 소장 및 도쿄 예대(東京藝術) 교수가 되었다. 주요 저서로는 『돈황화의 연구(燉煌畵の研究―附圖)』, 『돈황화의 연구도상편(燉煌画の研究図像篇)』 등이 있다.

의 신라 시대의 비문에 등장하니 실로 흥미로운 지점이 아닐 수 없습니다. 『조선학보』 제17집의 주석에도 간략하게 적어두었습니다만, '玄은 黑'이므로 '玄金'이란 '검은 빛깔의 쇠', 즉 '철'을 의미한다는 것을 그때 비로소 알았습니다. 따라서 '玄金像'이란 '쇠로 만든 불상鐵佛'을 가리켰던 겁니다. 이렇듯 사실 알고 보면 아무것도 아니지만, 신라의 금석문을 읽는다는 것은 한문 지식이 미천한 저에게 있어서는 여간 애를 먹는 일이 아닙니다. 아무튼 불상을 조사하기 위해서는 불교사를 차근차근 풀어나가는 과정은 필수적이라 하겠습니다. 이건 여담입니다만, 한국 동국대學東國大學의 황수영黃寿永[25] 교수도 "나카기리 씨가 玄金像이라는 신라이후의 고어古語를 해석해 주셨다"고 말씀하시면서 그간의 고생을 알아주시니 그저 기쁠 따름입니다. 참고로 '현금상'은 신라 하대下代에 이르러 처음으로 사용된 용어로 추정됩니다. 당시에 동銅이 몹시 귀해지다 보니 『삼국사기』에도 동의 사용을 금한다는 내용이 실려 있는데, 이를 통해서도 확인할 수 있습니다. 그러니까 재정이 궁핍해지기 시작한 신라 말기는 쇠퇴의 일로를 겪던 시대이기 때문에 동으로 된 불상을 만든다는 것은 굉장한 사치였을 겁니다. 실제 동으로 주조된 조각이 줄어들기도 했으니까요. 그러다 보니 자연스럽게 철을 사용하게 된 거라고 저는 그리 생각합니다. 그리고 바로 이때 '현금상'이라는 단어가 등장하기 시작한 것입니다. 한편, 신라 하대는 중국의 오대五代 무렵에 해당하며

---

25 황수영(黃寿永, 1918~2011) : 개성 출신의 불교미술사학자다. 한국의 미술사학계를 대표하던 인물로 특히 불교미술에 조예가 깊었다. 도쿄제대 경제학부를 졸업한 후, 개성 상업중학교 교감 및 국립박물관 박물감 등을 거쳐 1956년에는 동국대 문리대 교수로 임용된 후 동국대 박물관장, 총장을 역임했으며 국립중앙박물관, 문화재위원장을 지냈다. 저서로 『한국의 불교미술』, 『불교와 미술』, 『한국의 불상』, 『반가사유상』 등이 있다.

동시기 중국 대륙에서도 철불鐵佛이 유행하기 시작했습니다. 당대唐代는 철로 만든 불상鐵佛의 수가 적긴 하지만, 그래도 당말부터 오대에 걸쳐서는 철불이 상당수 나오기 시작합니다. 이에 대한 연쇄반응인지 어떤지는 모르겠습니다만, 신라 하대에도 꽤 많은 철불이 만들어졌으며 이는 곧 신라 조각의 커다란 특질이기도 합니다.

여기서 한 가지 더 말씀드리자면, 동으로 도금한 불상을 금동상金銅像이라 하는데 본래 이상적인 불상의 조형은 당연히 금상金像일 테지요, 일설에 의하면 후한後漢의 명제明帝가 꿈에 금인金人[26]을 봤는데, 그 금인이 바로 불상이었다고 전해집니다. 어찌되었든 불상을 금으로 만들면 너무 고가가 되기 때문에 도금한 불상을 대용代用하는 풍조가 생겨난 것으로 추측되며, 그것이 곧 금동상인 것입니다. 금동상은 금 못지않게 빛나기 때문에 금상이라 해도 아무런 손색이 없을 정도입니다. 참고로 신라에는 순금으로 된 불상이 2점 발견되었는데, 이는 앞서 말씀드린 황복사지삼층석탑 안에서 발견된 여래 입상立像과 좌상坐像 2구軀입니다. 그 밖에는 대체로 금동상이 많으며 드물게는 은상銀像, 니상泥像도 있습니다. 그 후 말기가 되면 철불이 많아지게 된다는 것은 앞서 말씀드린 대로입니다.

조금 다른 이야기입니다만, 일본에서는 미술사학회美術史學會 회원이 현재 500~600명 정도 되는데, 그 대부분이 일본과 중국, 서양의 미술사를 전공하는 사람들이며 조선 미술사를 연구하고자 하는 이는 단 한 명도 없습니다. 상황이 이렇다 보니 일본의 고대 미술을 연구하는 사람들 가운데 조선에 관해 잘 모르는 사람들이 의외로 많아 저는 상당히 놀랐

---

26 '쇠붙이로 만든 사람의 상' 또는 '몸이 금빛인 부처나 불상(佛像)'을 일컫는 말이다.

습니다. 그런 의미에서 보면 재작년에 돌아가신 와키모토 라쿠시켄脇本 楽之軒 씨(본명은 十九郎)[27]는 미술사가美術史家로서 특이한 존재였다고 할 수 있습니다. 그분은 이미 30여 년 전에 "일본 무로마치 시대의 수묵화水 墨畵를 연구하기 위해서는 반드시 조선화朝鮮畵를 연구해야 한다"라고 말 씀하셨는데 이는 실로 혜안이 담긴 말씀이었습니다. 더불어 가토 간가 쿠加藤灌覚라는 무척 영민하신 분도 떠오르네요. 이 분은 소위 척척박사 로 불리던 분으로서 무엇이든 모르는 것이 없던 사람이었습니다. 게다 가 역대 총독이나 부인들에게 환심을 사 절대적인 신뢰를 얻는 특수한 재능을 가진데다가 심지어 조선어도 능통하고 여러모로 학식이 풍부한 그런 인물입니다. 실로 박학다식한 놀라운 사람이었지요. 그런 그가 슈 분周文[28]이라는 무로마치 시대의 수묵화의 명수이자 셋슈雪舟[29] 등의 선 배 격에 해당하는 사람이 조선에 간 적이 있다는 것을 『이조실록』 안에 서 발견해 냈던 겁니다. 이 발견은 미술사학에 있어 특필할 만한 가치를 지닌 일이었으며 그 후로도 여러모로 과제를 던져주었던 계기가 되었습

---

27 와키모토 라쿠시켄(脇本楽之軒, 1883~1963) : 일본의 미술사가로 본명은 十九郎이다. 미술공구회(美術攻究会, 훗날 東京美術研究所)를 설립했으며, 기관지『画説, 훗날 『美術 史学』)을 창간했다. 이후 도쿄예대 교수가 되었으며 중요미술품등조사위원, 국보보존 회위원으로 활동했다. 저서로는『平安名陶伝』가 있으며 주요 논문으로는「日本水墨画壇 に及ぼせる朝鮮画の影響」,「信貴山縁起の研究」 등이 있다.

28 슈분(周文, ?~?) : 무로마치 시대 중기의 선승(禅僧)이자 화승(画僧)으로 셋슈(雪舟)의 스승이다. 산수화・화조화, 불상조각에 능했다.

29 셋슈(雪舟, 1420~1506) : 무로마치 시대에 활약한 수묵화가・선승이다. 선종 승려이 자 수묵화의 대가인 셋슈는 교토에서 산수화가 슈분(周文)으로부터 그림을 배웠으며, 당시 지배 세력인 오우치가(家)의 후원을 받아 중국행에 동행했다. 이를 계기로 명대 산 수화로부터 큰 영향을 받아 그의 작품에는 중국 회화의 영향이 반영되어 있다. 셋슈의 산수화는 거대한 산과 나무, 아득히 멀리 보이는 집, 거대한 자연 속의 작은 인물들을 특 징으로 한다. 〈紙本墨画秋冬山水図〉,〈四季山水図巻〉,〈紙本墨画山水図〉 등 셋슈의 작품 은 국보・중요문화재로 지정되어 있다.

니다. 그 방대한 『이조실록』을 읽는다는 것만으로도 이미 그는 엄청난 사람이라고 생각합니다. 와키모토 선생님은 이를 계기로 「일본 수묵화단에 미치는 조선화의 영향日本水墨画壇に及ぼせる朝鮮画の影響」[30]이라는 논문을 당시 『미술연구美術研究』에 집필하셨는데, 이는 이 방면에서의 유일한 논문입니다. 일본의 수묵화를 연구하는 사람들은 조선에서 받은 영향이 있었음을 막연하게 언급하고 있지만 정작 조선화의 특징이 어떤 것인지조차 관심 있게 연구하는 사람은 없습니다. 조선화뿐만 아니라, 조선에 대한 것은 일체 알려고도 하지 않는 경향이 있습니다. 안타까운 일이지요. 아스카飛鳥, 나라奈良 시대의 조각을 연구하는 사람들의 수는 수십 명에 달하는 반면, 조선의 불상 조각을 연구하려는 사람은 의외로 적은 듯합니다. 그러다가 중국 것도 아니고 일본 것도 아닌 불상이나 그림 등을 맞닥뜨리게 되면, '**조선 것**이 아닌가 싶다'라는 그런 말들을 꼭 하곤 합니다. 일의대수一衣帶水로 이웃한 조선반도의 문물을 우리는 좀 더 알 필요가 있지 않을까요? 그러니 여러분께서 일본 문화의 원류인 조선 문화를 보다 심도 있게 파고들어 연구해주시기를 거듭 당부 드리는 바입니다. 그런 의미에서 최근 구마가이 노부오熊谷宣夫[31] 씨(문학박사)는 고려 및 이조 불화佛畵에 관한 기초 조사를 하고 계신 듯하며, 마쓰바라 사부로松原三郎[32] 씨(문학박사)도 신라 불상에 대해 전문적으로 연구를 하

---

30 원문에는 「日本水墨畵における朝鮮畵の影響」라고 되어있으나, 이는 「日本水墨画 壇に及ぼせる朝鮮画の影響」(脇本十九郎, 『美術研究』 3-4(28), 国立文化財機構東京文化財研究所, 1934.4, 159~167쪽)의 오기이다.

31 구마가이 노부오(熊谷宣夫, 1900~1972) : 일본의 미술사가로 도쿄제대 미학미술사학과를 졸업했다. 졸업 후, 제국미술원부속미술연구소(帝国美術院附属美術研究所)의 촉탁이 되어 동양미술문헌총목록편찬(東洋美術文献総目録編纂) 사업에 참가했다. 이후 조선총독부 박물관의 촉탁으로서 조선으로 건너와 오타니 탐험대(大谷探検隊)가 가지고 온 서역미술품(西域美術品)을 조사했다. 주요 저서로는 『雪舟等楊』, 『西域の美術』 등이 있다.

고 계시니 참으로 든든합니다. 모쪼록 일본만의 미술사가 아니라 조선과의 상관관계에서 살펴보는 등 보다 너른 시야에 입각한 일본 미술사 연구가 되기를 바라 마지않습니다.

하타다 다카시

분명 나카기리 씨의 말씀처럼, '일본에는 조선의 불상, 불화 등 그런 조선 문화 연구의 전통이 없다'라고 대략적으로는 그렇게 말할 수 있겠습니다. 더불어 그런 식으로 무시되어 온 것을 나카기리 씨 같은 분들께서 고군분투하셨다는 것도 잘 들었습니다. 그와 관련하여 제가 한 가지 여쭙고자 하는 것은 여래를 네 가지 양식으로 그리고 보살을 세 가지 양식으로 구분하셨는데, 이런 것들과 일본의 여래라든가 보살 양식과의 관련성은 어떻게 되는지요?

나카기리 이사오

결코 일본을 도외시하고 연구했던 것은 아니지만, 일본의 불상은 너무나도 복잡다기複雜多岐하다 보니……. 아무튼 일본은 아스카 시대에 불교가 들어온 뒤로 다양한 불상이 만들어졌습니다. 이어 나라조奈良朝를 거쳐 헤이안조平安朝가 되고 나서 밀교가 들어왔는데, 밀교의 경우는 불상의 종류가 수백여 개에 이르고 형상形相 역시 상당히 복잡합니다.

---

32 마쓰바라 사부로(松原三郎, 1918~1999) : 일본의 미술사가다. 도쿄제대 미학미술사학과를 졸업한 후, 대학원에 진학하여 「中国金銅仏及び、石窟造像以外の石仏に就ての研究」로 문학박사를 수여했다. 주요 논문으로는 「新羅石仏の系譜-特に新発見の軍威石窟三尊仏を中心として」, 「飛鳥白鳳仏と朝鮮三国期の仏像-飛鳥白鳳仏源流考として」, 「天平仏と唐様式」 등이 있으며, 주요 저서로는 『中国仏教彫刻史研究』, 『中国仏教彫刻史論』, 『韓国金銅仏研究として-古代朝鮮金銅仏の系譜』 등이 있다.

이에 비해 현교顯教[33]의 경우, 그 불상들은 대부분 단순합니다. 물론 조선에도 밀교가 들어갔습니다만 조형 쪽으로는 눈여겨 볼 만한 것이 없으며 불상 역시 그 수가 상당히 적기 때문에 주목할 만한 것은 별로 없습니다. 다만, 화엄교華嚴敎는 원효 · 의상들에 의해 융성해진 관계로 그 유적과 유물의 수가 제법 됩니다. 게다가 신라는 남아있는 회화가 별로 없기 때문에 결국 불상 조각(석불, 금동불, 철불)이 미술 분야에 있어 중요한 위치를 차지하게 되는 겁니다. 신라의 조각을 연구하기 위해서는 반드시 아스카 · 나라조의 금동불, 그중에서도 특히 오랫동안 호류지에 소장되었던 48체불體佛부터 공부하지 않으면 안 됩니다. 왜냐하면 그 48체불 중에 조선계朝鮮系 불상이 존재하기 때문입니다. 더불어 아직 짐작 단계이긴 합니다만, 조선계 불상은 조선에서 만들어진 것과 귀화 조선인이 만든 것으로 나누어 생각할 수 있습니다. 물론 순수 일본인 불공佛工이 만든 불상도 상당수 존재했을 테지요. 아무튼 이런 부분은 참으로 흥미롭긴 합니다만, 이를 제대로 풀어나가기란 여간 어려운 일이 아니라고 봅니다. 따라서 신라의 금동불과 아스카 · 나라 조의 금동불과의 비교연구는 우리에게 남겨진 커다란 과제라고 할 수 있습니다. 하타다 선생님께서 말씀하신 것도 바로 그런 지점입니다. 허나 이들을 막상 비교해야하는 단계에 이르면 일본에 있는 조선계 불상의 수가 너무 적기 때문에 연구 대상으로 삼는 데에 어려움이 있습니다. 따라서 신라불의 연구는 일단 그에 관한 것만 독자적으로 해 나갈 수밖에 없는 것이 지금의 형편

---

33 현교(顯敎)는 비밀의 가르침, 즉 밀교(密敎)에 대조하여 언어나 문자 상으로 분명히 설시(說示)된 가르침을 뜻한다. 한편 밀교(密敎)는 비밀불교(祕密佛敎) 또는 밀의(密儀) 종교의 약칭으로 진언(眞言)밀교라고도 하는데, 일반의 불교를 현교(顯敎)라 하는 것에 대한 대칭어다.

입니다. 그렇지만 호류지에서 오랫동안 소장했었던 48체불 가운데 조선에서 제작된 불상이 몇 점 섞여 있다는 것은 학자들 사이에서는 거의 정설로 통하고 있으며, 저도 그에 동의하는 바입니다. 그런 의미에서 일본 아스카 시대의 금동불 연구는 일단 신라불의 연구부터 시작하지 않으면 제대로 풀어나갈 수 없을지도 모르겠습니다.

이어 귀화인과 관련하여 말씀을 드리자면, '이러이러한 것은 귀화인이 만든 불상이다'라고 단정하는 것은 몹시 어려운 일입니다. 그렇다고 해서 '이 불상은 아무래도 조선 느낌이 난다'는 식으로 설명한다 해도 그에 대한 결정적인 증거 역시 좀처럼 찾을 수가 없습니다. 따라서 귀화인 불사佛師가 제작한 것이라고 단정 짓는 것은 문헌기록을 수반하지 않는 한 상당히 어려운 문제입니다. 구니나카노 무라지키미마로國中連公麿呂[34] 같은 사람은 도다이지東大寺의 대불大佛의 주조鑄造를 완성한 역사적 인물(그의 선조는 백제에서 건너온 귀화인)로서 조도다이지造東大寺 차관次官의 직위를 받은 대불사大佛師입니다. 그러나 이와 같은 예는 극히 드문 경우에 해당하며, 그 외에 문헌에 등장하지 않는 이루 다 헤아릴 수 없는 수많은 귀화인 불사들의 활약은 과연 어떠했는지 저는 이 부분이 몹시 궁금합니다. 그들 중에는 귀화한 무명의 불사는 물론이거니와 구니나카노처럼 세습된 조상기술자造像技術者 명인들도 꽤 많지 않았겠나 싶습니다. 그리고 이들의 2세, 3세 불사가 만든 불상은 이른바 순 조선식도 아니고 또 그렇다고 순 일본식도 아니지만, 어딘지 모르게 조선풍이 남아있기 때문에 소위 혼혈混血의 예술 형상이 시각적으로 느껴지는 듯합니다. 48체불 중에는 그러한 지점에서 언급되는

---

34 구니나카노 무라지키미마로(國中連 公麿呂, ?~774) : 일본 나라 시대의 불사(佛師)로 도다이지(東大寺)의 대불(大仏) 제작에 종사한 불사(佛師)로 알려져 있다.

몇몇 불상이 있습니다. 즉, 순연한 조선제朝鮮製 불상이라고 하기에는 이미 일본적인 감각의 맹아가 느껴지기 때문에 그 중간 정도의 분위기를 풍기는 그런 불상 말입니다. 바꿔 말하면, 대체적으로는 일본풍이지만 왠지 귀화인의 손자쯤 되는 이가 만든 불상이라고 여겨지는 그런 것들이죠. 다만, 이는 어디까지나 시각적인 문제인지라 개인차가 있을 수는 있습니다. 아무튼 그에 해당되는 적합한 사례로는 옛날 호류지에 소장되었던(현재 도쿄국립박물관에서 소장중) '병인丙寅'이라는 명銘이 새겨진 동으로 만든 사유반가상思惟半跏像을 들 수 있습니다. 오늘 이 자리에서 그 조형적인 특징을 조목조목 자세하게 전부 말씀드리기는 어렵습니다만, 대표적으로는 덕수궁德寿宮 미술관에 소장 중인 왜소한 체구에다가 흑색 빛깔을 띠는 동조반가상銅造半跏像을 들 수 있습니다. 그러니까 이 동조반가상에는 전체적으로 일본풍이 느껴지는 요소들도 있기 때문에 이른바 혼혈적인 요소가 가미되었다는 것을 느낄 수 있습니다. 게다가 광좌框座에 '歳次丙寅年正月生一八日記高屋大夫爲韓婦人名阿麻古願南旡頂礼作秦也'라는 전명鐫銘[35]이 있는데, 이는 고옥대부高屋大夫가 부인 아마고阿麻古를 위해 본상本像을 만들었다는 것을 의미합니다. 이를 바탕으로 헤아려 보건대 본상은 우리나라에서 만든 것이 분명하지만 부인의 이름이 '韓婦人阿麻古'라고 되어있는 것으로 보아 그 출신은 한반도의 귀화인이었음이 틀림없습니다. 따라서 이 불상은 아마도 귀화 조선인 2, 3세 정도의 불사에 의해 만들어졌을 것으로 짐작됩니다. 이처럼 좀 더 세밀하게 조사해보면 혼혈적 요소를 지닌 불상도 다수 찾아낼 수 있을 거라고 봅니다. 어쨌든 아스카 시대의 금동불들 중에서 조선적 요소를 추

---

35 '돌에 새기다'라는 뜻이다.

려내 보는 것도 무척 흥미로운 일이라 여기며, 이 부분에 대해서는 앞으로
반드시 연구해 나가야 할 미해결의 과제라고 생각합니다.

하타다 다카시

초보적인 질문을 하나 더 드리자면, 고류지廣隆寺의 미륵보살弥勒菩薩[36]
은 조선 불상이라고 들었습니다만, 이를 양식으로 설명하자면 어떤 양
식에 속하는지요?

나카기리 이사오

고류지 미륵보살은 저의 분류법과 달리 사유상思惟像 또는 반가사유
상이라고도 합니다. 이는 신라일통 이전의 삼국 시대의 것입니다. 이번
심포지엄에서 삼국 시대 쪽은 크게 거론하지 않았습니다만, 사실 이왕
가李王家의 미륵상은 신라 이전에 제작된 것입니다. 저도 이 미륵상이 어
디에서 발견된 것인지를 밝혀내기 위해 이왕가의 원부元簿를 조사해 봤
지만, 끝내 알 수가 없었습니다. 그런데 마침 시모코리야마下郡山[37] 씨라

---

36 이는 일본 교토 고류지에 소장된 〈고류지 목조미륵보살반가상(廣隆寺木造彌勒菩薩半跏
    像)〉을 가리킨다.
37 시모코리야마 세이치(下郡山誠一, 1883~?) : 일본의 조류학자다. 도쿄제대 부속 특수
    교원 양성소에서 생물학을 공부했으며, 1908년에 당시 조선으로 건너와 이왕직(李王
    職) 어원(御苑) 사무총국 촉탁으로 부임하여 창경원(昌慶苑) 공사에 참여했다. 한국의
    조류를 연구하여 1918년에 355종이 수록된『(李王家博物館所藏)朝鮮産鳥類目録』을 발
    표했다. 또한 1940년에는 당시 창경원(昌慶苑)의 초대원장을 지냈으며 패전 후 일본 지
    바(千葉)로 돌아갔다. Bergman Sten, 신복룡·변영욱 역주,『한국의 야생동물지』, 집
    문당, 1999, 12쪽. 또한 승정원일기에는 "하군산성일(下郡山誠一)에게 박물관 조사 사
    무를 촉탁하였다.(奏任待遇)(下郡山誠一博物館調査事務를 囑托홈)"라는 기록이 남아 있
    다.『承政院日記』,「純宗」, 2, 162쪽 참고. 시모코리야마가 여러 매체를 통해 게재한 글은
    다음과 같다. 下郡山誠一,「부산 근해의 당멸치에 관하여(釜山近海のカライフシに就て
    へ)」(圖入),『魚学雑誌』, 東京 : 東京堂, 1913;「호랑이란 이런 것(虎とはこんなもの)」,『朝

는 분이 덕수궁 미술관의 주임으로 계셨다 하니 그분께 여쭤볼 생각입
니다. 참고로 이 분은 메이지의 유명한 국문학자 오치아이 나오부미落合
直文[38] 씨의 동생인 아유가이 후사노신 씨의 조카로 현재 지바千葉에 계
십니다. 여하간 이 반가사유상이 남쪽에서 왔다는 설에 대해서는 일본
학자들 모두가 수긍하는 분위기입니다. 더불어 조선 경주에 소재한 어
느 박물관에는 목이 없는 반가사유상이 소장되어 있는데, 이는 세키노
다다시 선생님께서 메이지기 경주 서쪽에 있는 송화산松花山 기슭의 금
산재金山齋부근에서 발견하신 것입니다. 여기서 주목할 점은 그 반가사
유상이 발견된 장소에 의거하면, 신라형식이라는 얘기가 됩니다. 그런
데 다른 한편에서는 '아무래도 백제형식인 것 아니냐'는 의견도 심심찮
게 나오고 있습니다. 사정이 이렇다 보니, 여러 의견을 종합하여 '신라와
백제가 같은 형식을 취하고 있는 것이 아니겠냐'는 결론에 이르게 된 겁
니다. 물론 저희 쪽에서는 백제형식일 거라는 쪽에 무게를 두고 있긴 합
니다만, 그렇다고 그걸 증명할 만한 확실한 근거가 있는 것은 아닙니다.
그저 막연하게 그렇게 생각하는 것이지요. 참고로 세키노 씨도 신라보
다는 어딘가 백제 쪽과 유사한 것 같다고 말씀하시기도 했습니다. 다시
말해, 그 반가사유상은 남쪽에서 온 것이라는 뜻이지요. 이는 북위北魏

　　鮮地方行政』, 京城 : 朝鮮地方行政學會, 1926; 「수렵조선 현재와 옛날이야기(狩獵朝鮮今
　　昔話)」, 『狩獵と畜犬』, 狩獵と畜犬社, 1939; 「조선의 자연과 취미(朝鮮の自然と趣味)」,
　　『文献報国』, 朝鮮総督府図書館, 1942.
38　오치아이 나오부미(落合直文, 1861~1903) : 일본의 가인이자 국문학자다. 본명은 아유
　　카이 모리미쓰(鮎貝盛光)였으나 국학자인 오치아이 나오아키(落合直亮)의 양자가 되어
　　오치아이 나오부미라를 이름을 얻게 된 것이다. 조선어학자 아유가이 후사노신(鮎貝房
　　之進)과는 형제지간이다. 제1고등중학교(현 도쿄대학) 등의 여러 학교에서 교편을 잡
　　는 한편 가집(歌集) 및 문학전서(文学全書)를 간행하는 등 다양한 문필활동을 전개했다.
　　주요 저서로는 『日本文学全書』, 『孝女白菊の歌』 등이 있다.

나 북방北方의 것이 아니라 남방식南方式이라고 세키노 씨는 본인의 저서 『조선미술사朝鮮美術史』[39]에서 그리 말씀하셨으며, 저도 그렇게 생각합니다. 그런데 말입니다. 남양南梁에는 불상 자체가 거의 없습니다. 그나마 서하산棲霞山 기슭에 남양의 불상이 조금 있긴 하지만, 비교할 만한 것은 못됩니다. 아무래도 양梁에서 백제 쪽으로 직통했던 문화인 것 같다는 생각이 듭니다. 요컨대 남쪽에서 온 불상은 백제 쪽 그리고 신라의 불상은 남방南方과 북방의 불상과 형식이 같다는 거죠. 이러한 저희들의 감각에 따라 고류지의 미륵보살은 백제식이 아닌가 싶은 겁니다.

미야타 세쓰코

선생님께서는 불상을 여러 양식으로 분류하고 계신데 그렇다면 전체적으로 신라불의 특질을 어떻게 파악하셨는지요. 더불어 그 본질에 대해서도 선생님께서는 '한아閑雅'의 아름다움이라고 표현하셨는데 '중국의 것도 아니며 일본의 것도 아닌 조선 독자적인 것이다'라는 것은 또 어떤 의미인가요? 전문가가 아닌 저희로서는 잠깐 본 것만으로는 감이 잘 안 오는 터라 여쭙습니다.

나카기리 이사오

그건 말이죠. '閑雅'라는 말은 문학적으로 표현한 것인데, 너무나 다양한 양식들을 접하다 보니 그 느낌을 추상적으로 말하게 된 겁니다. 말하자면 '한적한 아름다움' 그런 거지요. 그에 비해 중국의 불상은 몹시 악

---

39 関野貞, 『朝鮮美術史』, 朝鮮史学会, 1932.

착같고 드센 느낌이며 북위의 불상은 어딘가 강한 면이 있습니다. 한편, 일본 불상은 뭔가 세련되고 말쑥한 편입니다. 그리고 그 중간 정도의 분위기가 느껴지는 것이 바로 조선 불상입니다. 사실 일본 불상은 달리 말하면 재치가 좀 부족하다고 해야 하나요? 그러니까 불상이 너무 말쑥합니다. 불상이 아닌 도기陶器만 떠올려 보더라도 이마리야키伊万里焼き[40]도 그렇고 구타니야키九谷焼き[41]나 세토야키瀬戸焼き[42]도 그저 말끔하니 뭔가 지나치게 세련된 느낌이 듭니다. 이에 비해 중국의 도기는 어딘가 강한 분위기가 느껴지는데, 조선의 도기는 그와 달리 어떤 위트랄까 친밀감이랄까 아무튼 그런 느낌이 있습니다. 조선의 다완茶碗 그러니까 조선 도기는 일본의 다인茶人들이 사족을 못 쓰는 그런 면이 있습니다. 이를테면 우리도 살면서 자기 곁에 너무 뛰어난 사람이 있으면 뭔가 답답하고 좀 경직되기 마련인데, 조선의 도자기들은 그렇지가 않다는 겁니다. 괜스레 점잔을 뺀다거나 그런 딱딱한 분위기가 아니라 마음이 편안해지는 그런 것이 바로 이조의 도자기입니다. 물론 이런 느낌이 불상에 고스란히 적용되는 것은 아니지만, 군이 비유해 보자면 중국의 부처님은 몹시 강한 면을 가지고 있는데 비해 일본 부처님은 너무 깔끔하고 단정하다고 할 수 있겠습니다. 그런 점에서 조선의 부처님은 어딘가 '閑雅

---

40 이마리(伊万里)는 사가(佐賀)현 남부에 있는 시(市)로 도자기, 즉 이마리야키(伊万里焼)로 유명하다. 이 이마리야키는 1615년경 규슈 북부 아리타(有田)의 이마리요(伊萬里窯)에서 한국인 도공(陶工) 이삼평(李參平)이 처음으로 구웠던 도자기다. '이마리야키'라는 이름은 이 도자기를 수출하는 이마리항(伊万里港)에서 유래하였다.

41 구타니(九谷)는 이시카와(石川)현 노미(能美)시 소재의 지역 이름이며 구타니야키(九谷焼)로 유명하다. 구타니야키는 청·녹·황의 다채로운 색채와 화려한 그림이 특징이다.

42 세토(瀬戸)는 아이치(愛知)현 중북부의 야타카와 상류 변에 자리 잡은 요업도시로 도자기 식기(食器)생산지로 유명하다. 세토야키(瀬戸焼)는 세토시와 그 인근에서 생산되는 도자기를 지칭한다.

한 면이 있어 매력적이라는 것이지요.

하타다 다카시

말씀대로라면 조선 불상의 특색은 신라불을 특징짓는 전체적인 인상
이나 양식에서 비롯되었다는 말이 되는데요. 그럼, 신라 이외의 불상들
은 어떠한지요?

나카기리 이사오

사실 그게 참 어려운 지점입니다. 일단 고구려불高句麗佛은 그 수가 너
무나도 적습니다. 보통 고구려불이라고 하면 삼국 시대에 속하니까요.
게다가 신라일통 시대가 되면 이미 백제 불상은 없다고 봐야죠. 한편,
백제의 불상은 어딘가 부드러운 남방식의 분위기를 엿볼 수 있습니다.
그 수가 극히 적긴 하지만, 머릿속으로 그리 계산을 해보는 겁니다.

오오쓰보 세이지

그건 잔존하는 불상의 수가 적은 데서 기인한 것이 아닐까요? 그에 비
해 전제로 두고 있다거나 혹은 기원으로 삼고 있는 중국이나 일본 쪽은
불상이 너무나도 많다 보니 이들을 가지고 계통화하고 있는 거라고 생
각합니다. 그 수많은 불상 중에는 인상이 그리 강하지 않은 불상, 세련
미가 덜한 불상, 즉 앞서 조선 불상의 특징이라 말씀하신 그런 분위기의
불상도 당연히 존재하기 마련이지요. 나라奈良의 대불大佛처럼 큰 규모
의 사업으로 제작된 불상은 세련된 듯 보이겠지만, 조선 쪽은 불상의 수
가 워낙 적기 때문에 '훌륭한 불상이 더 이상 남아 있지 않다든가, 아니

면 여기저기 각지에 분산되어 남아 있기 때문에 중국처럼 강한 면도 없고 일본처럼 과하게 세련된 면도 없는 그저 그 중간의 '친근한', '부담감이 없는' 그런 특색을 조선 불상에서 엿볼 수 있다' 이런 식으로 정리해 버린 게 아닐까요?

나카기리 이사오

물론 또 다른 특색을 띠는 불상이라든지 빼어나게 뛰어난 불상도 있겠지요. 다만, 아직 우리가 발견하지를 못했으니…….

오오쓰보 세이지

저도 그렇게 생각합니다. 그러니까 조선 불상 중에는 말쑥한 분위기의 불상도 있을 거라고 말입니다.

나카기리 이사오

네, 분명 있습니다. 하지만 전체적으로 보면 조선의 불상은 어딘가 친근함이 느껴지는 불상이라고 표현할 수 있겠습니다.

오오쓰보 세이지

사실 조선의 도자기 같은 경우도 뭔가 이렇게 별난 모양새로 되어있는 것이 좋은 거라고들 하는데, 저는 그래도 역시 도자기라면 중국 도자기가 제일이지 않나 싶습니다…….

나카기리 이사오

그건 말이지요. 제가 앞서 '조선의 불상이나 도자기 같은 것들은 재치가 느껴지기 때문에 좋아한다'라고 했던 것은 이조 시기의 도자기를 두고 하는 말입니다. 고려자기는 말이죠. 그게 여간 뛰어난 게 아닙니다. 굉장히 훌륭합니다. 그러니까 제가 '閑雅'의 아름다움이라고 표현한 것은 이조 시기 도자기를 두고 한 말입니다.

하타다 다카시

말씀을 듣던 도중 문득 그 양식에 관한 의문이 생겨 여쭙자면, 중국과의 관련성은 어떠하며 또 양식은 어디서 비롯된 것인가요? 조선 독자적으로 나온 것인가요?

나카기리 이사오

이 역시 어려운 문제로 아직 미해결 상태입니다. 연구 대상을 관음과 세지보살에 한하여 『조선학보』에 글을 게재하기도 했습니다만, 저는 조선의 불상은 중국의 직접적인 모방直模일 거라고 생각합니다. 중국에서는 경전에 준하여 불상을 제작하는데, 조선의 불상은 바로 이러한 중국 불상의 직접적인 모방이라고 보는 겁니다. 그러니까 양식은 직접모방이지만, 거기에는 조선 민족의 색채가 담기기 때문에 '閑雅'의 아름다움이 생겨나는 것이고요. 중국인이 만든 억세고 기운 넘쳐 보이는 불상이 아니라, 뭐랄까 조선다운 그런 맛이 드러나는 것이지요.

오오쓰보 세이지

저도 직접모방일거라고 생각합니다.

나카기리 이사오

조선은 모든 것들이 본인들만의 독자적인 것이 아닌 중국의 양식을 본뜬 것이기는 해도 거기에는 그 나름의 조선 민족 고유의 색채가 드러난다고 생각합니다. 결국 그런 식으로밖에는 이해할 수가 없습니다. 이는 일본도 마찬가지라고 생각합니다.

오오쓰보 세이지

선생님께서도 앞서 말씀하셨듯이, 저 역시 불상 연구를 위해서는 불교사 연구를 병행해야 한다고 생각합니다. 이와 더불어 경전과의 관계라든가 어떤 불상이 어떠한 형식으로 만들어졌는지 그런 연구도 수반되어야 한다고 여기는데, 그렇다면 신라에는 어떤 경전이 들어왔던 걸까요?

나카기리 이사오

그건 말이죠. 이건 정말 문제시 여길 만한 부분입니다. 이 역시 불교사 연구를 하지 않으면 도무지 알 수가 없습니다. 거듭되는 말입니다만, 이처럼 불교사 연구는 필수적입니다.

오오쓰보 세이지

불교 쪽에서는 불교사 연구를 하지 않는 건가요?

나카기리 이사오

불교 관계자는 불교에 대해서만 연구하니까요. 그렇기 때문에 저희가 불상 연구를 하기 위해서는 불교 경전 연구도 병행할 수밖에 없습니다. 사실 불교사에는 신라에 어떤 경전이 들어왔는지 그에 관한 내용이 기록되어 있습니다. 하지만 그렇다고 해서 조선 사람들이 그런 경전을 읽고 '이건 이런 식으로 해야겠다'를 염두에 두고 불상을 만들었을 거라고는 생각하지 않습니다. 그저 중국의 것을 그대로 베낀 거라고 봅니다.

오오쓰보 세이지

저도 불상의 수인手印 같은 것이 신라 경전에 나와 있나 싶어 찾아봤지만, 역시나 없더군요. 그래서 말입니다만, 조선 사람들이 과연 중국의 경전을 읽을 수 있었는지 그 여부가 의문스럽습니다.

일동(一同)

그건 읽을 수 있었겠죠. 한문은 아마 요즘 사람들보다 더 잘 읽었을 겁니다.

하타다 다카시

그럼요. 그쪽(唐土)으로 유학도 갔으니 말이지요.

오오쓰보 세이지

유학을 간다 해도 그렇게 중국어를 잘 알고 가는 게 아니라서……

하타다 다카시

그 당시는 그야말로 생활 속에서 이래저래 부딪쳐가면서 배웠기 때문에, 중국어는 능숙하게 말할 수 있었을 테고 경전도 잘 읽었을 겁니다.

오오쓰보 세이지

그럼, 그 점에 대해서는 우려하지 않아도 되겠네요.

미야타 세쓰코

목숨을 걸고 오직 공부 하나만 보고 간 것이기 때문에 더욱 그럴 거라고 생각됩니다만……

오오쓰보 세이지

사실 저는 그렇기 때문에 그런 점이 더 의문스러운 겁니다. 사실 일본만 해도 금동불 같은 것은 거의 조선이나 중국과 관련 있는 사람들이 만든 것이 아닌가 싶습니다. 글자를 쓴다든가 말하는 것도 마찬가지고요. 따라서 '당시 일본인은 지금 우리가 생각하고 있는 것만큼 문화의 정도가 높지 않았다'라는 식으로 주장해도 어느 정도 해결되는 지점들이 있지 싶은데요……

미야타 세쓰코

일본의 불상이라든지 그 밖의 것들이 말이죠……

하타다 다카시

그건 어느 시대에 관한 말씀인가요?

오오쓰보 세이지

물론 나라 시대 이전입니다.

하타다 다카시

그렇군요.

오오쓰보 세이지

따라서 저는 일본인이 독자적으로 고안하여 불상을 조각할 수 있게 된 것은 헤이안 이후라고 생각하는 겁니다.

나카기리 이사오

그건 그렇습니다. 헤이안기平安期의 목조木彫는 일본에서 독자적으로 발달한 것입니다. 그 이유는 일본에는 그 재료로 삼을 만한 나무가 많기 때문인데, 반면 조선에는 나무 자체가 상당히 적은 편입니다. 그러므로 목조는 일본 독자적인 거라고 할 수 있습니다……. 그리고 일본의 밀교 도상図像[43] 역시 중국의 영향을 받지 않은 일본 독자적인 것으로서 밀교 연구도 일본 고유의 것이라고 생각합니다.

---

43 회화 · 조각 · 공예품 등에 나타낸 인물이나, 그 밖의 형상을 말한다.

나카기리 이사오

저희가 암중모색이라 하는 것은 현존하는 문헌이 극히 적기 때문인데, 이를 거꾸로 생각하면 연구하는 데는 오히려 수월한 건지도 모르겠습니다. 아무튼 문헌 그 자체가 존재한다는 것은 분명한 사실입니다. 단지 저희가 아직 못 찾았을 뿐……. 불전佛典도 들어왔을 테니까요.

하타다 다카시

고려 초기에는 대장경大藏經까지 나왔지요.

미야타 세쓰코

그만한 걸 만들 수 있다는 것은 역시 그 전에…….

나카기리 이사오

그렇습니다. 그 이전 그러니까 신라 시대에 상당한 밑바탕이 마련되어 있지 않았다면 그 정도까지는 불가능한 법이지요. 이와 관련한 문헌만 해도 어마어마하게 있었을 터인데, 그 대부분은 소실되고 말았습니다. 이렇다 보니 연구하기에는 도리어 수월하다고 해야 하나요? 아무래도 자료가 없으니 상상의 세계가 되어버리니까요. 이에 대해 하타다 선생님께서는 어떻게 생각하십니까? 신라나 고려보다 이조 쪽이 연구하는 데 있어 더 복잡하고 그렇지 않은가요? 문헌이 워낙 많으니까 말입니다.

미야타 세쓰코

일단 이조실록을 읽는 그 자체만으로도 워낙 엄청난 일이라서…….

나카기리 이사오

게다가 문집文集도 있습니다. 그런 점에서는 고려 쪽이 수월하고 신라는 그보다 더 손쉽고……

오오쓰보 세이지

이조실록, 그 정도 읽는 데도 제법 시간이 걸리는데 대장경을 읽었는지 그 여부는……

하타다 다카시

아무리 그래도 대장경을 전부 읽는다는 건 상당히 고된 일이니까요. 하지만 다른 것은 일절 신경 쓰지 않고 오로지 그것만 하는 외길 인생을 사는 걸 테니 읽었을 법도 합니다.

나카기리 이사오

맥락에서 좀 벗어나긴 합니다만, 한참 전에 하신 질문에 대한 답을 마저 드려야 할 것 같습니다. 송구하게도 모든 질문에 명쾌한 답변을 드리지는 못하겠습니다만, 앞서 제기된 '일본의 불상 양식과 신라의 불상 양식을 비교할 수 있는가' 이 질문의 답은 이렇습니다. 일단 현교의 불교 동상銅像을 기준으로 한다면(밀교의 경우는 또 다른 문제겠지만), 일본의 나라조, 48체불 그리고 신라불을 두고 서로 비교해보면 상호 간의 영향 관계가 의외로 별로 없다는 겁니다. 사실 우리는 상관관계에 대해 으레 언급하곤 하는데, 자세히 들여다보면 일본에 미친 신라의 영향이 생각보다 미미하지 않았나 싶은 경우가 더러 있습니다.

하타다 다카시

그건 참 흥미로운 의견이네요.

오오쓰보 세이지

그 말씀은 불사가 들어오지 않았다는 것인가요?

나카기리 이사오

아스카 시대에는 백제나 고구려의 승려가 들어왔습니다만, 나라조에는 조선과의 영향 관계가 그다지 없습니다. 짐작건대, 당시는 이미 일당교통日唐交通이 한창 활발해지고 있던 무렵이었기 때문에 조선을 도외시한 것이 아닐까 싶습니다. 그러니까 불상을 중심으로 생각해보면 신라의 영향은 적다고 볼 수 있죠.

하타다 다카시

그건 일본으로 말하자면, 어느 시대인가요?

나카기리 이사오

나라조입니다. 이시다 모사쿠石田茂作[44] 씨의 연구에 의하면, 화엄교의 교전教典[45]이 신라에서 들어왔다고 합니다. 그런데 정작 그 교전이 조선에

---

44 이시다 모사쿠(石田茂作, 1894~1977) : 일본의 불교고고학자로 불교유물이나 불교유적을 대상으로 한 불교고고학을 제창했다. 도쿄고등사범학교(現・筑波大学) 국어한문과를 졸업했으며, 이후 감사관보(鑑査官補)로서 도쿄제실박물관(東京帝室博物館)에서 근무하다가 1957년부터는 나라(奈良)국립박물관장을 역임했다. 주요 저서로는『写経より見たる奈良朝仏教の研究』, 『法隆寺と正倉院』, 『奈良朝の文化』, 『法隆寺 献納宝物の由来』등이 있다.

는 없고 일본에만 남아 있습니다. 하지만 이런 사례는 그저 한두 가지 있을 뿐이고 나라조와 신라 간의 영향 관계는 의외로 미미한 편입니다. 요컨대 경전이 들어오긴 했으나 신라의 불상이 일본에 미친 영향은 별로 없었다는 겁니다.

하타다 다카시

많은 영향을 미쳤던 시대는 역시나 삼국 시대로군요.

나카기리 이사오

그렇습니다. 물론 문헌상으로는 불상의 수가 적긴 합니다만⋯⋯. 일례로 호류지에 남아 있는 48체불 가운데 조선에서 만들어진 것으로 추측되는 불상이 몇 점 있는데, 그렇게 추정하는 이유는 그 불상들이 조선에서 건너온 것이 아니라면 도무지 해명이 불가능하기 때문입니다.

하타다 다카시

유치한 질문일는지 모르겠습니다만, 그 '백제관음百濟觀音'[46]이라 불리는 것도 백제 불상인가요? 당최 모르겠네요.

나카기리 이사오

그게 또 상당히 재미있습니다. 어쨌든 이름이 백제관음이라고 되어있으

---

45 종교의 근거가 되는 법전(法典)을 가리킨다.
46 '백제관음(百濟觀音)'은 호류지(法隆寺)에 소장 중인 아스카 시대에 만들어진 불상(목조관음보살상)으로 일본의 국보(国宝)로 지정되어 있다.

니까요……. 그런데 그게 어찌 된 영문인지 그 내막을 도통 모르겠더군요. 미술사학계에서도 백제관음이라는 이름으로 통용되고 있으니, 다들 백제에서 스님이 왔다거나 그런 뭔가가 있었을 거라고들 하는데 그와 관련된 문헌이 전혀 없는 겁니다. 양식으로 판단해 봐도 아무런 관련성이 없고요.

하타다 다카시

어떤 재료로 만들었나요?

나카기리 이사오

녹나무樟木입니다. 사실상 이 재료는 조선에는 없는 겁니다. 녹나무는 따뜻한 지방에서 자라는 나무이기 때문에, 북방은 아니라는 것이지요. 약간 남쪽 지역이 아닐까 싶습니다. 혹자는 불상의 유려한 의상을 구실 삼아 억지로 조선계朝鮮系라고 하는 사람도 있긴 합니다.

하타다 다카시

얼굴 생김새는 다르네요. 조선이나 일본 등의 불상에는 없는 얼굴이 아닙니까. 뭔가 특이한…….

나카기리 이사오

메밀잣밤나무椎로 만든 미륵보살이 백제 양식에 속한다는 것은 이미 대체적인 정설로 되었습니다. 몇 해 전에 박물관으로 들고 온 학생이 손을 부러뜨렸다[47]던 그 불상은 조선계라고 생각합니다. 그런데 그 불상의 재료가 편백나무檜더군요. 나고야대학의 모 선생님의 연구에 의하면 그 재목材木은 조선에도 있을 가능성이 고려되고 있다고 합니다.

하타다 다카시

그렇다면 그 또한 조선 쪽 사람들이 만든 건가요?

나카기리 이사오

네, 조선인 귀화인이 만든 것이라고 생각합니다. 백제관음상百濟觀音像, 法隆寺 외에 주구지中宮寺의 반가상半跏像 같은 경우도 그렇다고 봅니다. 물론 각자의 취향에 따라 여러모로 다르겠습니다만, 호류지의 불상은 이미 일본화되었다는 흥미로운 점이 있습니다. 즉, 일본화된 미美의 극치를 보여주고 있다고나 할까요. 그러나 혹자는 조선과의 관계가 굉장히 밀접하다는 이유만으로 다른 불상을 선호한다고 하는 경우도 있을 겁니다.

하타다 다카시

지금까지의 말씀처럼 그 이전, 즉 삼국 시대의 불상과 일본 불상과의

---

47 나카기리의 언급에는 사실과 다른 부분이 있으며 이를 당시의 신문 기사 내용을 토대로 바로 잡자면 다음과 같다. 1960년 8월 18일에 교토대학의 20세 학생이 미륵보살상(弥勒菩薩像)을 만지다 불상의 오른손 네 번째 손가락이 부러뜨린 사건이 발생했는데, 이는 당시 '고류지 미륵보살 손가락 파손사건(広隆寺弥勒菩薩の指折り事件)'이라 하여 각종 매체를 떠들썩하게 했다. 당시 교토지방검찰청(京都地方検察庁)은 이 학생을 문화재보호법위반(文化財保護法違反) 혐의로 조사했으나, 결국 기소유예처분(起訴猶予処分)으로 사건은 종결되었다. 불상의 부러진 손가락은 그 파편을 그러모아 복원된 상태다. 따라서 본 좌담회에서 '박물관으로 가지고 온 학생(博物館にもってきた學生)'이라는 언급은 사실과 다르다. 더군다나 사건 발생 직후 해당 학생이 취재진에게 "이게 진품이란 말인가?(これが本物なのか)…… 감시하는 사람이 없었던지라 장난삼아 만져보다가…(監視人がいなかったので、いたずら心で触れてしまったが…)"라고 대답한 기록이 남아있다. 학생 취재 내용은 『아사히신문』 기사 내용을 발췌한 것이다.(「広隆寺指折り事件を報ずる」, 朝日新聞記事, 1960.8.20, 朝刊)

관계에 대해서는 어느 정도 의견이 나오고 있군요. 그렇다면, 이러한 연구들이 정밀한 연구 단계에까지 이른 상태라고 보시는지요?

나카기리 이사오

앞서 말씀드린 대로 일본인은 일본 것만 연구하고 있습니다. 조선의 삼국 시대에 대한 것을 연구하는 사람은 없습니다.

하타다 다카시

일본에 남아 있는 것만 볼 뿐, 조선의 것을 보지 않는다는 말씀이군요.

나카기리 이사오

가까운 사례로 중국의 조각에 관한 연구를 하고 계신 마쓰바라 사부로 박사께서는 조선에 대해서는 전혀 모르시겠다며 제가 가지고 있는 사진들을 좀 보여 달라고 자주 찾아오시곤 합니다. 이처럼 미술사 분야에서도 아직 해결되지 않은 과제가 산적합니다.

오오쓰보 세이지

선생님, 일본 연구자들이 조선에 대해 연구하지 않는다는 것은 처음부터 방대한 자료를 가지고 정공법正攻法으로 연구했던 사람들이 적다는 말씀이신가요?

나카기리 이사오

네, 그렇습니다. 일례로 세키노 다다시 씨는 건축사가建築史家로서 헤이조궁平城宮을 연구하셨는데 당시 그 헤이조궁을 본인의 발걸음으로 측량했던 분입니다. 그런데 그 측정 결과가 오늘날 과학적으로 측량한 결과와 별반 다르지 않습니다. 실로 대단한 분이셨죠. 그분은 메이지 39년(1906)[48]에 도쿄대학 공과대학의 기요紀要[49]에 논문을 발표하셨는데, 그 논문이 계기가 되어 헤이조궁 발굴의 시작이 되었던 겁니다. 게다가 건축 조사를 위해 조선으로 가셨으며, 그 조사 자료를『한국건축조사보고韓國建築調査報告』[50]로 내신 바 있습니다. 또한 세키노 씨는 부수적으로 조각과 회화도 연구하셨는데, 이 역시 지금까지도 관련 연구의 기본이 되고 있습니다. 그러니까 현재 많은 이들이 나름대로 연구 중에 있습니다만, 당시 세키노 씨의 그러한 연구가 모든 연구의 기본이 되고 있는 것입니다.

하타다 다카시

아무래도 일본인에게는 '조선에는 그리 대단한 것이 없다'는 선입관이 있었던 게 아닐까 싶습니다. 정책적으로도 그런 게 있었던 것 같고요. 따라서 조선에서 아무리 훌륭한 것을 만들어 봐야 그저 외국인에게 내보이는 기념품 정도로 봤던 것이지요. 그러다 보니 당시 일본의 동양사 연구자들 사이에서도 조선사를 연구하는 사람은 무시하는 그런 분위기가 있었던 겁니다. 모 선생님 같은 분은 전 세계의 다양한 분야에 두루

---

48 일본 국립국회도서관(https://www.ndl.go.jp/)의 기록에 따르면 출판일은 메이지 39년, 즉 1906년이 아닌 1907년이다.

49 関野貞,「平城京及大內裏考」,『京帝国大学紀要』(工科第3冊), 東京帝国大学, 1907.

50 1904년『韓國建築調査報告』로 발간된 원본을 1941년『朝鮮의 建築과 藝術』로 다시 발간했다. 関野貞,『韓国建築調査報告』, 東京帝國大學工科大學, 1904; 關野貞,『韓國의 建築과 藝術 : 東京帝國大學 韓國建築調査報告』, 1941.

관심을 가지고 계셨으며 말 그대로 뭐든지 훤히 알고 계신 분이었습니다. 그런 분도 조선만큼은 의욕이 안 생긴다고 하시더군요. 다시 말해, 전부 중국을 모방한 것이니 그런 걸 연구해봐야 아무 소용이 없다는 겁니다. 그런 선입관이 학자들에게도 있었던 것이죠. 덮어놓고 무작정 싫어한다고 할까요. 그런 말들이 뭔가 정설처럼 되어있었지 싶습니다.

미야타 세쓰코

그런 분위기는 미술 분야에서도 마찬가지였군요.

하타다 다카시

그러니까 저 같은 경우만 봐도 조선사를 연구하면서 문화적인 방면은 전혀 연구가 안 되어 있으니 참……. 지금 나카기리 씨의 말씀을 들으면서 조선사 연구자로서 너무나도 부끄러운 이유가 바로 그런 부분입니다. 또 하나는 탈아론脫亞論을 들 수 있겠습니다. 일본인들에게는 유럽만을 염두에 두고 유럽이 가장 훌륭하고 뛰어나다는 그런 사고방식이 있다 보니 조선사 연구나 동양사 연구 특히 조선에 관한 활발한 연구가 이뤄지지 않는 것이지요. 한마디로 '조선의 문명을 사랑한다'라는 그런 것이 없는 겁니다. 만에 하나 조선의 문명을 진정으로 사랑했던 그런 경우가 있다면, 그건 예외 중의 예외일 테지요.

나카기리 이사오

아, 참고로 그 시텐노지四天王寺의 기와와 와카쿠사 가람若草伽藍[51]의 기와는 모두 백제 계통이라고 이시다 모사쿠 씨께서 말씀하셨는데, 사실 후지타 료사쿠 선생님께서 조선에서 유적을 발굴하셨을 때도 똑같은 것이 나왔습니다. 그리고 백제의 절寺 같은 경우도 탑塔, 금당金堂 그리고 강당講堂이 정중앙선상에 위치하고 있는데, 이는 나니와浪速의 시텐노지에도 그대로 나타나고 있습니다. 그리하여 백제의 사지寺趾를 파 보지 않으면 일본의 가람 연구도 불가능하다는 결론에 이르러 쇼와기 그것도 전쟁이 일어나기 직전이 되어서야 비로소 조선 연구가 필요하게 되었던 겁니다. 그 전까지는 하타다 선생님께서 말씀하신 바로 그런 상태였습니다.

오오쓰보 세이지

그렇습니다. 저희 주변에도 조선에 관련한 연구자를 본 적이 없습니다.

하타다 다카시

현재 일본 내에서 조선어를 가르치는 대학은 거의 없습니다. 덴리대학과 오사카외국어大阪外國語대학뿐이지 싶습니다.

미야타 세쓰코

지금까지 언급되었던 바로 그런 시각 때문에 제대로 된 연구랄 것 하나 없는 흐리멍덩한 상태가 되어 버린 겁니다.

하타다 다카시

그렇습니다. 따라서 그 선입관을 깨부수지 않으면 안 됩니다.

---

51 호류지 경내에서 발견된 절터로, 소실되어버린 창건 당시의 호류지의 유구(遺構)로 추정된다 하여 창건호류지(創建法隆寺)라고도 불린다.

미야타 세쓰코

젊은 사람들 중에도 조선 문화가 좋다든가 조선 미술을 연구하고 싶다든가 하는 경우는 예외적입니다. 심지어 연구하고 있는 사람 중에서도 조선의 문명 그 자체를 사랑한다기보다 뭔가 사상적, 이데올로기적인 면에서 접근하는 경우가 많은 듯합니다.

하타다 다카시

뭐라고 해야 할까요. 접근 방식이랄까요? 문명 같은 것을 대하는 자세에 문제가 있는 거로군요.

나카기리 이사오

그래도 개중에는 그렇지 않은 사람도 있습니다. 일례로 일본의 아시카가足利 시대의 나전螺鈿 세공이 있는데, 이와 관련하여 제대로 연구하기 위해서는 반드시 조선을 연구해야 한다는 이도 있으니까요. 참고로 그 나전은 이번에 중요문화재로 지정되었습니다.[52] 그 외에도 오쿠라슈코칸大倉集古館[53]에 소장 중인 고려 시대의 미술품[54] 또한 상당히 훌륭합니다.

---

52 아시카가(足利) 시대 정확하게는 무로마치(室町) 시대의 공예품 가운데 중요문화재로 지정된 나전 세공에 관한 자세한 내용은 다음과 같다. 명칭 : 桃蒔絵螺鈿輪花盤 / 원수(員数) : 1枚 / 종별 : 공예품(工芸品) / 시대 : 무로마치 / 지정번호(등록번호) : 00877 / 국보・중요문화재 구분 : 중요문화재 / 중요문화재 지정년월일 : 1958.2.8. 출처 : 일본 문화청 데이터베이스 : https://kunishitei.bunka.go.jp/
53 도쿄 미나토구(港区)에 위치하며 공익재단법인 오쿠라문화재단(公益財団法人大倉文化財団)에서 운영하는 미술관으로, 일본・동양 고미술(古美術) 중심의 사립미술관이다.
54 오쿠라슈코칸(大倉集古館)에는 중요미술품(重要美術品)으로 지정된 조선・고려 시대 (13世紀)의 〈唐草文螺鈿箱〉가 소장되어 있다.

미야타 세쓰코

조선에는 나전 세공이 많지요.

나카기리 이사오

그건 정말 조선의 독자적인 특산품이라고 해도 좋습니다.

일동

아무리 생각해도 역시 일본인들의 자세가 문제군요.

미야타 세쓰코

그러니까 있는 것도 안 보이는 겁니다.

하타다 다카시

보려는 용기가 없는 것이지요.

오오쓰보 세이지

젊은이들 입장에서는 정작 연구를 하려고 해도 실물이 없으니 또 잘 모르는 거고요.

하타다 다카시

옛날에는 말입니다. 중국 연구도 그랬습니다만, '연구한다는 것은 그 대상이 사실은 별거 아니라는 것을 점차 깨달아가는' 그런 과정이라 여기곤 했습니다. 이는 쓰다 소키치 선생님 같은 분에게도 적용되는 바입

니다. 그 정도의 대학자가 말이죠. '연구하면 할수록 중국은 별거 없다. 저런 것들을 흉내 냈다가는 일본은 망해 버릴 거다'라는 것이 그의 결론이었으니까요. 이것이 바로 탈아론인 겁니다. 물론 그 안에는 당시 전쟁 중의 대아시아주의大アジア主義에 대한 저항도 있었을 테지만……

나카기리 이사오

그 말씀은 선생님께서 연구를 하시고 나서 내리신 결론입니까?

하타다 다카시

글쎄요. 어쨌거나 연구를 하면 할수록 그런 생각이 듭니다. 앞서 여러 차례 언급된 시라토리 선생님의 경우, 독일어로 쓰신 논문을 서구 학회에 발표하셨는데 그것이 동양사의 개조開祖가 되었습니다. 바로 이러한 것이 동양사학의 분위기라고 할 수 있지요. 즉, '유럽을 따라잡고, 추월하자!'는 그 기세를 그대로 몰아……

미야타 세쓰코

선생님, 그런데 말입니다. 이조나 고려의 도자기 같은 것도 뭔가 골동 품상이 자의적으로 다루고 있는 느낌이 드는데, 실제 이에 관한 자세한 연구로는 어떤 것들이 있는지요? 저 개인적으로는 관련 내용에 대해 별로 들어보지를 못했기에 여쭙습니다. 그저 뭔가 상당히 고가의 물건으로서 보통의 일본 사람들은 손도 못 대볼 만한 것이 되어버려서 말이죠.

하타다 다카시

그런 경우는 대상에 대해 존경심을 가지고 바라보는 것이 아닌 겁니다. 실제로 바로 그런 부분들의 영향이 상당하며 이 또한 일본의 정책과도 깊은 관계가 있습니다.

나카기리 이사오

작고하신 이마니시 류 선생님께서 개인적으로 저를 상당히 아껴주신 덕택에 종종 댁으로 방문하여 여러 가지 가르침을 받곤 했습니다. 저는 그때 일본인들이 나쁜 짓을 상당히 많이 했다는 이야기를 듣곤 했는데, 지금 기억나는 사례로는 일러전쟁 전후에 일본인들이 개성開城 부근에 있는 고분古墳을 도굴하기 시작했고 이후 점차 많은 이들이 이와 유사한 일로 인산인해를 이뤘다더군요.(그런데 모든 범죄의 이면에는 여자가 있기 마련이듯 실제 그 사건에도 많은 여성이 얽혀있었다고 합니다) 저는 당시의 그러한 난굴乱掘로 인해 고려 도자기의 학문적 연구를 할 수 없게 되어버린 것이 아닐까 싶습니다. 어쨌든 당시 선생님께서 이에 대해 몹시 분개하셨던 기억이 있습니다. 사실 이마니시 선생님처럼 진정으로 조선을 사랑하고 또 정열을 가진 분은 요즘 드물지 않을까요? 여기서 또 한 가지 간과할 수 없는 사실이 있습니다. 바로 이왕가박물관李王家博物館의 창설을 담당했던 스에마쓰 구마히코末松熊彦 사무관을 비롯한 여러분이 갖은 애를 써가며 산일散逸될 지경이었던 조선의 고미술품을 고가로 구입하여 수집하신 일이 그러합니다. 당시 이왕가박물관에서 고미술품을 고가로 사 준다고 하니, 전 조선의 고미술품들이 마치 개미떼가 꿀단지에 모여들듯 쏟아져 들어왔다고 합니다. 그 유명한 동조보살반가상銅造菩薩半

跏像[55]도 어딘가의 절에 있던 것이 바로 이 무렵에 이왕가박물관으로 옮겨진 것으로 추정됩니다. 그리고 고 후지타 료사쿠 선생님께서는 종종 이런 말씀을 하셨습니다. 즉, "군국주의의 권화權化와 같이 지금까지 조선인들이 두려워했던 데라우치 마사타케寺內正毅[56] 총사령관을 다시 판단할 때가 반드시 있을 것이"라고 말이지요. 이제 와서 데라우치 총사령관을 거론하는 것은 특히 조선인의 입장에서 보면 불구대천不俱戴天[57]의 원흉元兇이라고 할지도 모르겠으나, 한 사람의 인간으로 보자면 그는 조선의 고문화와 미술을 지극히 사랑하고 또 보호하신 분이라는 겁니다. 이러한 이야기는 전부 선배들에게서 들은 내용입니다만, 이렇게 악도 있고 선도 있는 것이 인간계人間界의 어쩔 수 없는 운명일지도 모르겠습니다. 이상에서 말씀드린 바와 같이 일본인 중에는 조선의 고문화재에 대한 선의와 악의의 양극단을 모두 품고 있었다는 정도로 저의 변변찮은 이야기를 이만 마칠까 합니다.

하타다 다카시

조금 전에 말씀하신 일본 동양사 학계의 일반적인 분위기로 보자면, 이마니시 선생님께서는 그런 점에 있어서 조금 남달랐던 분이셨지 싶습니다. 다시 말해, 진정으로 조선에 뿌리를 두고 조선 독자적인 것에 매

---

55 본서에서 언급한 〈銅造菩薩半跏像〉은 일본 도쿄국립박물관에 소장중인 것으로, 이왕가박물관측에서 사들인 반가사유상은 〈금동미륵보살반가사유상(金銅彌勒菩薩跏思惟像)〉이다.

56 데라우치 마사타케(寺內正毅, 1852~1919) : 메이지 시대와 다이쇼 시대에 활동한 육군 군인이자 정치가다. 교육총감, 육군대학교 교장 등을 거쳐 제1차 가쓰라 타로 내각을 시작으로 3대 내각에 걸쳐 육군대신을 역임했다. 육군대신과 대한제국의 통감을 겸임했으며 이어 초대 조선총독을 지냈다.

57 '하늘 아래 같이 살 수 없는 원수' 또는 '죽여 없애야 할 원수'를 뜻한다.

진하여 연구하는 그런 면에서 말입니다. 따라서 다소 세련되지 못한 구석이 있었을지언정 그분의 성의만큼은 대단하지 않았나 그런 생각이 듭니다. 그 점에서 이마니시 선생님의 작업은 영원히 남을 거라 사료됩니다. 다만, 당시 이마니시 선생님과 도쿄 학회와의 밀접한 연결성이 있었더라면 더 좋았을 거라는 아쉬움이 드는군요…….

그럼, 오늘은 이 정도로 마무리하도록 하겠습니다. 긴 시간 동안 감사했습니다.

1965.10

편자 부기 나카기리 이사오 씨가 소장하고 계신 조선미술사에 관한 귀중한 사진 자료는 순차적으로 복제·정리하여 일본조선연구소(日本朝鮮研究所)에 비치하기로 했으며, 현재 관련 작업은 순조롭게 진행되고 있습니다. 이 방면에 관심 있는 분들께서는 이를 적극 활용하여 연구에 힘쓰시기를 기대하는 바입니다.

* 미카미 쓰기오(三上次男, 1907~1987) : 일본의 동양학자이자 고고학자다. 도쿄제대 동양
사학과를 졸업했으며, 이후 동아고고학회(東亜考古学会)의 유학생으로서 중국에서 고고학
을 공부했다. 기마민족국가(騎馬民族国家)・동양도자기사(東洋陶磁器史) 연구로 유명하며
새로운 연구 분야로서「陶磁貿易史」를 개척한 것으로 알려져 있다. 주요 저서로는『陶磁の道
ー東西文明の接点をたずねて』,『陶磁の道 東西文明の接点をたずねて』,『ペルシアの陶器』등이
있다.

조선의 고고학 연구

출석자

*미카미 쓰기오(三上次男)
와타나베 마나부(渡部学)
고토 다다시(後藤直)
미야타 세쓰코(宮田節子)

미야타 세쓰코

오늘은 미카미 선생님을 모시고 조선의 고고학 연구사에 관한 말씀을 들어보도록 하겠습니다. 특히 일본인들이 조선의 고고학을 연구한 시기는 언제부터인지 또 그들의 연구 방식은 어떠했는지 등을 포함한 그 전반에 대해 자세한 말씀 부탁드립니다.

와타나베 마나부

고고학에 대해 전혀 모르는 사람들에게 설명하시듯이 그렇게 말씀해주셨으면 합니다.

미카미 쓰기오

아이구. 그거 어렵군요.(웃음)

미야타 세쓰코

애초에 조선의 고고학을 일본인들이 어떤 식으로 시작을 하게 되었던 건가요? 근대 과학으로서의 고고학은 일본인이 제일 먼저 시작한 건지요?

미카미 쓰기오

네, 그렇습니다.

미야타 세쓰코

그렇다면, 그런 부분부터 말씀해 주시면 감사하겠습니다.

미카미 쓰기오

조선의 고고학을 일본인이 선구적으로 착수한 것은 사실입니다. 물론 그 방식이 어떠했는지는 여러 각도에서 생각할 수 있겠지만, 일단 조선의 고고학이 일본의 식민지 정책의 일환으로 이뤄졌다는 것은 중요한 사실입니다. 이는 실제 연구를 하고 계신 여러분들도 의외로 의식하지 못하는 지점이기도 한데, 기본적인 주요 사항에 관해서는 추후에 따로 정리를 해볼 생각입니다. 우선 이러한 상황 속에서 당시 연구가 어떻게 이뤄졌는지부터 말씀드리겠습니다.

일본인이 조선반도에서 고고학 분야에 착수한 시기는 일러전쟁 전, 즉 20세기에 들어서고 나서부터입니다. 그 이전에는 외국인 그러니까 영국인이라든지 혹은 미국인들이 조선반도에 관한 조사를 한 적이 있습니다. 일례로 윌리엄 고우랜드William Gowland[1]라는 사람을 들 수 있는

데, 이 사람은 일본의 고분 조사도 했던 사람입니다. 그런 그가 조선으로 건너가 지석묘支石墓를 처음 보고 이를 'dolmen(고인돌)'이라 명명했던 겁니다. 그러나 그 이상의 진전은 없었습니다. 그 밖의 다른 예도 몇몇 있긴 합니다만, 전반적으로 보면 일본인 학자들이 선구적이었다고 해도 무방합니다.

일본인 최초로 조선반도의 고고학적 연구를 시작했던 인물은 세키노 다다시 씨로 당시 도쿄제대 공과대학이 조선의 건축 조사를 세키노 씨에게 명했던 겁니다. 그리하여 그분께서 조선으로 건너가 서울 및 기타지역에 남아 있는 건축물을 조사한 뒤 그에 관한 보고서를 공과대학을 통해 제출하셨는데, 그것이 바로 그 유명한 『한국건축조사보고』입니다. 그러니까 일러전쟁 전에 이런 일들이 이뤄졌던 것이요. 이 시기는 일본의 조선 고고학연구사에 있어 사전기史前期에 해당되며, 이때만 해도 이런 연구가 아직 일본 식민지 정책의 일환으로는 편입되지 않았던 것 같습니다. 또한 일본에서의 조선 고고학적 연구가 자연과학자였던 세키노 씨에 의해 먼저 이뤄졌던 것은 그 후 일본인에 의한 조선의 고고학 연구에 있어 하나의 방향을 결정지었다고 해도 좋을 듯싶습니다. 물론 좋은 의미로서 말입니다.

이후 일러전쟁이 시작되었고 그 전승戰勝의 결과 조선반도 혹은 남만주 지역이 일본의 정치적 지배하에 들어가자, 일본의 대륙진출과 관련

---

1 윌리엄 고우랜드(William Gowland, 1842~1922) : 영국 출신의 고고학자다. 1872년 메이지 정부의 초빙으로 도일하여 1888년까지 16년간 일본에 체재하면서 406기의 횡혈식 석실분(石室墳)을 조사하고 140기의 약측도(略測圖)를 남긴 바 '일본 고고학의 아버지'로 불린다. 특히 1884년에 한국으로 조사여행을 와 지석묘 조사 및 삼국 시대 토기를 수집하기도 했다. 주요 논문으로는 「The Dolmens and Burial Mounds in Japan」, 「The Burial Mounds and Dolmens of the Early Emperors of Japan」, 「The Dolmens and other Antiquities of Korea, Metals and Metal-working in Old Japan」 등이 있다.

하여 일본인들에 의한 조사가 조선반도 또는 지금의 랴오닝성遼寧省 방면으로까지 뻗어 나가게 되었습니다. 이는 점령지의 처치處置라는 문제와도 관련해서 이뤄졌는데, 그 조사는 이 방면에서 이전부터 조사를 해오신 세키노 씨에게 일임되었습니다. 세키노 씨는 다니이 사이이치谷井濟一[2] 씨, 구리야마 슌이치栗山俊一 씨 등 건축학 쪽의 본인 제자들을 데리고 조선으로 건너가 점령지에서의 유적 조사를 하셨습니다. 한편, 같은 시기의 연구자들로는 야기 소자부로八木奘三郎[3] 씨, 이마니시 류 씨, 시바타 조에柴田常惠[4] 씨 등이 계십니다. 그중 야기 씨나 시바타 씨 등은 일본 국내에서 다이쇼 시대에 활약하신 분들로서 바로 이런 분들이 점령지에서의 유적 조사에 종사하셨던 것입니다. 그리고 그 무렵 처음으로 낙랑고분樂浪古墳이 조사의 대상으로 떠오르기 시작했는데 당시 세키노 씨가 평양 부근에서 대규모의 고분들을 발견하여 이를 본격적으로 조사하게 되었던 겁니다. 조선에서의 유적 조사 초기에 낙랑 고분이 조사 대상으

---

2 원문에는 谷井精一로 되어있으나, 이는 谷井濟一의 오기이다. 다니이 사이이치(谷井濟一, 1880~1959) : 도쿄제대 사학과를 졸업했으며, 1909년 세키노의 한국 조사 당시 조수로 내정된 이마니시 류가 다른 조사에 참여중인 관계로 다니이가 대신 하게 되었다. 이후 세키노가 서양으로 유학하기 전까지 실시한 거의 모든 조사의 실무를 담당했으며, 『朝鮮古蹟圖譜』의 편집에서도 주도적인 역할을 했다. 낙랑 고분 발굴 조사, 부여 능산리 고분, 나주 반남면 고분군의 발굴 조사에도 참여했다. 동북아역사넷 참고. http://contents.nahf.or.kr/item/item.do?levelId=ku.d_0003_0010_0020_0020

3 야기 소자부로(八木奘三郎, 1866~1942) : 일본의 고고학자다. 도쿄제대 인류학교실(人類學敎室)에서 근무한 적이 있으며, 대만 총독부학무과의 촉탁을 거쳐 조선이왕직박물관(朝鮮李王職博物館) 및 여순박물관(旅順博物館), 만철홍보과(滿鉄弘報課) 등에서 근무했다. 주요 저서로는 『考古便覧』, 『考古学研究法』, 『普通人類学』, 『満州考古学』 등이 있다.

4 시바타 조에(柴田常惠, 1877~1954) : 일본의 고고학자다. 도쿄제대 이학부 인류학교실에 근무했으며, 『東京人類学雑誌』의 편집 담당을 비롯하여 각지의 유적·유물 조사에 종사했다. 이후 내무성의 촉탁으로 임명받았다. 주요 저서로는 『筑後石人写真集』, 『中尊寺大鑑』, 『仏像綜鑑』 등이 있다.

로 부상했다는 것은 다른 의미에서 보자면 그 후 일본인의 조선 고고학 연구에 있어 하나의 방향을 제시해주었다고 볼 수도 있겠습니다. 덧붙여 이 당시는 낙랑 고분뿐만 아니라, 이마니시 씨 등에 의한 신라 유적 등이 조사되기도 했습니다.

모색의 시대

그 후 1910년에 한국병합이 이루어졌는데, 이 시기 그러니까 일러전쟁 말부터 합병까지는 일본의 조선 고고학 연구에 대한 하나의 모색의 시대라고 할 수 있겠습니다. 다시 말해, 일본의 조선 연구 방향이 아직 결정되지 않아 어떤 식으로 조사를 하면 좋을지를 물색하던 시기였으며, 이는 다이쇼 5년(1916) 무렵까지 계속되었습니다. 그런 과정 중에 총독부가 대륙고고학大陸考古學과 관련 있는 인물들을 잇달아 소집하여 조사를 의뢰하게 되었는데, 이때의 핵심 인물 역시 세키노 씨였습니다. 참고로 세키노 씨 개인적으로는 식민지주의자로서의 의식이 그다지 없었으며 오히려 건축학자로서 매우 실증적이고 객관적으로 대상을 바라보는 그런 성격의 학자였다고 생각합니다. 아무튼 당시 그분은 먼저 조선 내부의 제너럴 서베이General Survey(전체 조사)를 시행했습니다. 그리고 너무나도 황폐한 여러 건축유적을 어떻게 보존할 것인지를 두고 세키노 씨 나름대로 여러모로 고심을 하셨던 것으로 보이며, 그 일환으로써 무수한 유적과 건축 사진들을 찍어 이를 후세에 전하고자 하신 겁니다. 그 결과물이 바로 전 15권짜리로 엮은『조선 고적도보朝鮮古蹟圖譜』[5]입니다. 이를 완성하는 데는 쇼와 12년부터 13년

(1937~1938)까지라는 상당한 시간이 소요되었습니다.[6] 참고로 당초의 계획으로는『조선고적도보』에 해설이 첨부될 예정이었으나, 결국은 해설첨부 없이 마무리 되었습니다.(단, 1, 2권에는 간단한 해설이 붙어 있긴 합니다) 이『조선고적도보』에는 이후 사라진 유적이나 건조물建造物들이 상당수 포함되어 있기 때문에, 그런 의미로서는 오늘날 상당한 가치를 지니고 있다고 생각합니다. 특히 조선전쟁의 결과 수많은 유적이 파괴되어버렸는데, 그 원형이 이 책을 통해 확인되는 경우가 더러 있습니다. 따라서 어떤 의미에서는 일본이 행했던 여러 작업 중에서도 실로 대단한 성과였다고 할 수 있습니다.

앞서 언급한 조사 작업에는 1910년부터 1916년에 이르는 동안 몇 명의 학자들이 새로이 추가되었습니다. 그중 한 사람이 도리이 류조鳥居竜藏[7] 씨인데, 세키노 씨가 역사 시대歷史時代의 유물에 중점을 두신 것에 반해 이 분은 주로 선사 시대先史時代 유적에 중점을 두고 전체적인 조사를 시행했습니다. 다만, 유감스러운 점은 도리이 씨의 조사보고가 거의 발견되지 않는다는 것입니다. 그분이 기여하신 상당한 노력에도 불구하고 그 유산이 후세에 남아 있지 않다는 것은 너무나도 안타까운 일입니

---

5 朝鮮總督府 編,『朝鮮古蹟圖譜』(1~7), 朝鮮總督府, 1915~1920; 朝鮮總督府 編,『朝鮮古蹟図譜』8-14, 朝鮮総督府, 1928~1934; 朝鮮総督府 編,『朝鮮古蹟図譜』15, 朝鮮総督府, 1935.

6 미카미의 발언과 달리 1935년, 즉 쇼와 10년에 전 15권이 완성되었다.(위의 각주 자료 참고)

7 도리이 류조(鳥居竜藏, 1870~1953) : 인류학자·고고학자·민족학자·민속학자다. 청일전쟁 이후 일본이 대만을 영유하게 되면서 요동반도 조사를 실시했고 이듬해 대만에서 처음으로 인류학적 조사를 이행했다. 대만 조사 뒤에는 서남중국의 묘족 및 오키나와 조사를 마친 후 1905년에 도쿄제대 강사로 임용되었다. 이후 조선총독부 촉탁으로서 조선의 무속문화를 연구했으며 1918년 도쿄제대의 시베리아 파견 명령에 따라 시베리아 조사를 한 바 있다. 주요 저서로는『人種学』,『蒙古旅行』,『蒙古及満洲』,『極東民族』,『苗族調査報告』,『上代の東京と其周囲』,『満蒙の調査』,『黒竜江と北樺太』등이 있다.

다. 그리고 구로이타 가쓰미 씨가 이 무렵부터 가담하게 되었습니다만, 저의 추측으로는 아마도 구로이타 씨가 일본사를 연구하시는 분이기 때문에 일본사와의 관련성으로 합류하신 거라고 생각합니다. 아울러 그분은 호태왕 비好太王 碑[8]에 관한 조사도 하셨는데, 이는 조사 그 자체로서뿐만 아니라 동시에 정책적인 면에 있어서도 상당한 관계가 있지 않았나 싶습니다. 하지만 그에 관한 명확한 자료가 있는 건 아닙니다.

총독부 시절

일러전쟁에 이어 합병 후, 고고학에서의 연구 모색이라는 일련의 준비단계를 거쳐 1916년에는 하나의 커다란 방향성이 확립되었습니다. 바로 중추원 내부에 '조선고적조사위원회朝鮮古蹟調査委員會'라는 것을 설치하여 모든 고적 조사는 그 위원회에 의해 이루어지는 것으로 결정되었던 것입니다. 이 위원회가 몇 명의 위원을 임명하면 그 위원들이 실제 조사를 하는 것인데, 이는 훗날까지 두고두고 상당한 영향을 미치게 된 일대의 결정이었습니다. 그런데 이를 거꾸로 생각하면 조선의 고적 연구는 총독부에 의해 이뤄지는 것으로서 그 이외의 대상을 함부로 연구해서는 안 된다는 말이 됩니다. 게다가 어떤 면에서는 메이지 말부터 다이쇼 초반에 걸쳐 일어난 엄청난 도굴을 방지한다는 의미도 있긴 있었습니다. 실제로 이로 인해 도굴을 면한 유적도 많았던 것 같습니다. 어쨌

---

[8] 우리에게는 '호태왕'보다는 '광개토대왕'으로 더 잘 알려진 고구려 19대왕의 비석으로 비각의 현판에는 한자로 '호태왕비(好太王碑)'라 적혀 있다.

든 이는 일본의 식민지기 조사의 실천적 기초가 되었던 것만은 분명합니다. 그리고 당시 위원으로서 세키노, 도리이, 구로이타 씨 등에 이어 이케우치 히로시, 하마다 고사쿠, 하라다 요시토原田淑人[9] 씨 등이 추가로 임명되었습니다. 이들 위원 중에는 식민주의자가 그다지 없었다는 것이 어떤 의미에서는 퍽 다행스러운 일이었다고도 할 수 있습니다. 여하튼 이들은 다이쇼 5년부터 매년 조선 유적의 전체적인 조사를 하게 되었습니다.

그러고는 얼마 후, 그 유명한 3·1 만세 사건이 일어났습니다. 이 사건 이후 총독부는 조선인들의 민심을 다소나마 완화시키려는 목적으로 문화 사업을 추진하게 되었으며 1921년 무렵에는 보다 적극적인 고적 조사가 이뤄지기 시작했습니다. 그전까지 중추원이라는 외국外局에 설치되었던 것을 내국內局에 두게 되는, 즉 학무국學務局 안에 고적조사과古跡調査課가 생기게 된 것입니다. 그리하여 이곳을 중심으로 문화방면에 박차를 가하게 되었습니다. 이와 더불어 앞서 언급했던 위원들에 의한 조사도 점점 활발해지기 시작하여 각 방면의 전문가들 역시 유적 연구에 본격적으로 착수하게 되었습니다. 그 과정에서 주목할 만한 다양한 유적 조사가 이루어졌는데, 그중에서도 과거 세키노 씨에 의해 행해졌던 낙랑 시대의 유적 조사가 특히 중점적으로 진행되었습니다.

'어찌하여 낙랑 시대의 유적이 이토록 각광을 받았는가?' 이에 관해서

---

9 하라다 요시토(原田淑人, 1885~1974) : 일본의 동양고고학자다. 도쿄제대 사학과를 졸업했으며, '일본 근대 동양고고학의 아버지'로 불린다. 1916년 조선총독부는 고적조사위원회를 조직했는데 이때 고고학자인 하라다와 하마다 고사쿠가 위원으로서 참가했으며, 당시 하라다는 경상북도 경주 보문동(慶尚北道慶州普門洞) 조사 및 낙랑 고분 발굴 작업에 임했다. 주요 저서로는 『日本考古学入門』, 『中国考古学の旅 訪中考古学視察団報告』, 『支那唐代の服飾』, 『漢六朝の服飾』, 『楽浪』, 『牧羊城』, 『東京城』 등이 있다.

는 여러 문제가 내포되어 있겠습니다만, 일단 고고학자의 입장에서 단순하게 생각해보면 낙랑 고분에서는 멋들어진 '유물'이 출토되기 때문에 조사 그 자체만으로도 상당히 보람 있는 작업이라고 생각할 수 있습니다. 또한 이 조사는 조선뿐만 아니라 중국 한대漢代 문화의 성격을 파악하는 데에 유익하다는 측면도 있었을 겁니다. 그러나 조선 고고학에 있어 정작 중요한 것 다시 말해, 당시 연구자들에게는 전체적인 통찰에 입각한 연구 자세 같은 것이 결여되어 있었습니다. 오히려 이제껏 고고학자들이 가지고 있던 결함을 그대로 이어가고 있었다고 볼 수 있습니다. 즉, 전반적인 사항들이 관철된 연구방침에 의한 조사가 아니라 '유적·유물' 조사만이 전부라는 식의 그런 사고방식이 만연했으며 또 어쩌면 그러한 생각들이 낙랑 조사에 엄청난 힘을 쏟아 붓게 만든 크나 큰 원인이지 않았나 싶습니다.

한편으로는 낙랑유적 조사를 진행해가는 동안 다른 유물 조사의 중대성에 대해서도 점차 알아 가기 시작했습니다. 잘 아시다시피 그 부근에는 고구려 유적이 워낙 많은데, 그중에서도 벽화 고분 같은 경우는 존재 자체가 희귀한데다가 그림 내용도 상당히 풍부하기 때문에 이 방면에도 적극적인 관심을 기울였으며 또 그러면서 경주의 신라 고분까지도 주목을 받게 되었던 겁니다. 애초의 시작은 메이지 말경의 이마니시 씨의 경주 조사부터였으나 그것이 본격화된 것은 다이쇼 10년에 금관총金冠塚이 발견되고 나서입니다. 이는 사실 우연한 기회에 발견된 것인데,[10] 어느 날 경주

<hr />

10 신라의 금관이 출토되어 붙은 이름이다. 1921년 9월에 경주시 노서리 현지점에서 가옥 공사 중에 우연히 발견된 것인데, 이미 파괴된 고분인 데다 정식으로 발굴 조사된 것이 아니어서 묘의 구조나 유물의 정확한 상황은 밝혀지지 않았다. 출토물은 금관을 비롯하여 장신구·무구(武具)·용기 등이며 특히 구슬 종류만 해도 총 3만 개가 넘게 발굴되

남쪽 교외지의 어떤 농민이 토지 정지整地[11] 작업을 하던 도중 뜻하지 않게 수많은 금제품金製品이 쏟아져 나왔던 겁니다. 그러자 그 발굴 자체가 일체 중단되었지요. 그러고 나서 이런 문제는 정부에서 조사하지 않으면 안된다고 하여 하마다 씨 등이 중심이 되어 조사를 해 보니 '지하의 쇼소인正倉院'[12]이라 불릴 만한 고분이 발견되었던 겁니다. 다이쇼 10년에 있었던 이 일이 계기가 되어 이후 조선의 신라 고분 연구는 상당한 주목을 모으게 되었습니다. 본래 신라 고분은 구조상 도굴이 원체 어렵기 때문에 그때까지도 크게 훼손되지 않았으며, 그렇기 때문에 오히려 이 당시에 현저한 성과를 얻을 수 있었던 것입니다.

또한 이를 전후하여 임나任那 지방의 조사도 시작되었습니다. 하지만 임나 지역 고분의 다수는 견혈식竪穴式의 석관石棺 또는 횡혈식橫穴式의 석관인지라 출입이 수월하다 보니 도굴이 잦아 조사하는 데에 여러 가지로 어려운 점이 있었습니다.

이처럼 이 당시 조사의 핵심은 역시 고분이었습니다. 물론 그렇다고 해서 다른 조사가 전혀 이뤄지지 않았던 것은 아니며, 고분 이외에도 근근이 조사가 이루어지긴 했습니다. 일례로 경상남도 김해의 패총貝塚이 그러한데 이 조사는 다이쇼 9년부터 하마다, 우메하라 씨를 중심으로 이뤄졌습니다. 이때 비로소 패총의 과학적·고고학적 조사가 시행되어 유적의 의미도 새삼 알게 되었으며 또 이를 통해 1~3세기 남조선의 문화 양태를 확인할 수 있었습니다. 그러나 이 김해 패총 조사는 당시로서는

있다. 금관총의 원형은 지름이 45m, 높이 12m정도의 규모로 이는 신라 시대에만 존재했던 돌무지무덤(積石塚)으로 알려져 있다.

11 건축을 위해 땅을 고르게 만든다는 뜻이다.

12 일본의 나라현 도다이지(東大寺)에 있는 일본 왕실의 유물 창고다.

오히려 예외적인 연구였을 겁니다. 또 한 가지 흥미로운 것은 지금의 낙동강洛東江 연안에서 이전까지 발견된 적이 없는 새로운 성격의 유물이 우연히 출토되었다는 것입니다. 이는 북아시아적 혹은 내륙 아시아적인 요소가 강한 청동기구靑銅器具로 추정되는 것으로서 이를 통해 조선반도의 고대 생활 및 문화양식 안에 내륙 아시아와 관련되는 무언가가 있을지 모른다는 가능성이 제기되어 이후에 관련 연구도 이루어졌습니다. 이에 대한 내용은 후지타 료사쿠 씨와 우메하라 스에지梅原末治[13] 씨가 「남조선에서의 한대유적南朝鮮における漢代の遺蹟」[14]이라는 보고서로 발표한 바 있는데, 이는 이 시대에 있어 새로운 문제 제기라고 생각합니다. 즉, 종래에는 조선반도의 외국 관계를 논할 경우 중국과의 관계만 언급하기 일쑤였으나 이 보고서를 계기로 중국 이외의 다른 요소가 조선반도의 고분 문화 혹은 생활양식 속에 존재하고 있었다는 것을 알게 되었던 것입니다.

게다가 이들 조사는 모두 보고문으로 작성하는 것이 의무였기 때문에, 매년 「다이쇼 ○년도 고적조사보고大正○年度古跡調査報告」 혹은 「쇼와 ○년도 고적조사보고昭和○年度古跡調査報告」라는 형태로 출판되었습니다. 이는 굉장히 실증적인 자료였기 때문에 훗날 조선 고고학 연구에 있어 중대한 역할을 하게 됩니다.

그런데 다이쇼 13년(1924)이 되자 총독부에 의한 조사사업에 일대 변

---

13 우메하라 스에지(梅原末治, 1893~1983) : 일본의 동양고고학자다. 일본고고학의 기초를 구축한 인물로 알려져 있으며, 다년간 일본뿐만 아니라 조선, 중국에서 고고학 연구에 종사했다. 주요 저서로는 『欧米に於ける支那古鏡』, 『東亜考古学論攷』, 『朝鮮古代の文化』, 『慶州金鈴塚飾履塚 大正13年度古蹟調査報告』 등이 있다.

14 원문에는 『南朝鮮における漢代の遺跡』로 되어있으나, 이는 『南朝鮮における漢代の遺蹟』(藤田亮策・梅原末治・小泉顕夫, 『大正十一年度古蹟調査報告』 二, 朝鮮總督府, 1925)의 오기이다.

화가 일어나게 되는데, 그건 바로 총독부의 고적조사과가 폐지되어 버린 겁니다. 이는 국내 문제와도 관련성이 있습니다. 즉, 당시 일본 국내는 제1차 대전 이후의 불황으로 인해 군축軍縮[15]이 시행되는 등 긴축정책이 맹렬하게 실행되던 때였습니다. 그러니까 이런 상황에서 고적 조사는 당장 시급한 사업이 아니었던 것이지요. 본래 문화 사업은 여차하면 언제든지 1순위로 없애버리는 것이 일본에서는 통상적인 일이었으며, 아니나 다를까 고적조사과 역시 이때 폐지되어버리고 맙니다. 그로 인해 고적 조사에 편성되던 예산은 삭감되었으며 이로써 그때까지 총독부에 의지하여 진행해왔던 일련의 조사들까지도 더 이상 불가능해지는 등 전반적인 조사의 축소는 필연적이었습니다. 그 뒤로는 일종의 타성으로서 조사가 이뤄지다가 다이쇼 13년 이후는 완전히 활기를 잃고 말았습니다.

반면, 일본 국내에서는 조선 문화에 대한 관심이 역으로 높아지게 되었습니다. 이는 과거 고적조사위원회 시절에 작성된 보고서가 잇달아 발간됨에 따라, 조선반도의 고대·중세 문화에 대한 이목이 집중되고 있는 마당에 이를 그냥 내버려 둘 수는 없지 않느냐는 요청이 제기되었기 때문입니다.

그러나 조선총독부 쪽에서는 3·1 사건의 뒤처리도 다 끝났고 하니 딱히 적극적인 움직임을 보이지 않았습니다. 돈은 돈대로 들고 그렇다고 즉각적인 효과를 볼 수 있는 것도 아닌 데다가, 자꾸 이런 조사를 하다 보면 조선 본연의 역사가 확연하게 드러나게 될 테니 총독부 입장에

---

15 군비(軍備)를 축소하는 것으로 일반적으로 군축은 국가의 재정 부담을 줄이기 위해 시행된다.

서는 오히려 곤란하다고 생각했을 테지요.

그럼에도 불구하고 일본 측 학자들 중에서는 문화적인 방면에 있어 '일본을 제대로 밝히기 위해서는 조선을 모르면 일본도 알 수 없다'는 의견이 나오기 시작했습니다. 이케우치 히로시 교수도 이 같은 의견에 동의하던 인물입니다.

그리하여 쇼와 6년(1931)에 총독부도 적잖은 자금을 대고 일본 국내에서도 기금을 모아 '조선고적연구회朝鮮古跡研究會'가 생겨나게 되었습니다. 이로써 연구가 다시 재개된 것이지요. 뭐, 반관반민半官半民의 형태이긴 합니다만……. 물론 예산은 이전에 비하면 사정이 그리 좋지는 않았습니다.

하지만 이를 계기로 당시 연구자의 범위가 확대되었다는 점은 주목을 요하는 부분입니다. 이때는 총독부의 박물관 직원이나 연구회의 촉탁 등도 이 연구에 참가하게 되었으니까요. 이 정도면 연구회의 구성이 민주화되었다고 생각해도 좋지 않을까 싶습니다.

바로 이 시기를 전후하여 후지타 료사쿠藤田亮策, 고이즈미 아키오小泉顯夫,[16] 가야모토 모리토榧本杜人, 오바 쓰네키치小場恒吉,[17] 아리미쓰 교이

---

16 고이즈미 아키오(小泉顯夫, 1897~1993) : 일본의 고고학자로 교토대 문학부에서 하마다 고사쿠에게 고고학을 배웠다. 1922년 3월부터 고적조사과의 촉탁으로 조선으로 건너왔으며, 총독부 박물관의 일도 겸했다. 경주 금관총에서 출토된 유물을 정리했으며 1922년에 『남조선(南朝鮮)의 한대유적(漢代遺蹟)』을 후지타 료사쿠, 우메하라 스에지와 함께 발간했다. 또한 평양에서의 낙랑 고분 조사 작업에 참가했다가 조선총독부의 고적조사과가 폐지되자 혼자서 조사를 마무리했다. 주요 저서로는 『遺物遺蹟より見たる内鮮の交渉』, 『樂浪漢墓』, 『朝鮮古代遺跡の遍歴ㄴ発掘調査三十年の回想』 등이 있다.

17 오바 쓰네키치(小場恒吉, 1878~1958) : 일본의 문양학자(紋樣学者)·미술사가·화가로 도쿄미술학교(東京美術学校)를 졸업했다. 1912년에는 모교의 조교수가 되었는데 같은 해 세키노 다다시의 요청으로 조선으로 건너와 고구려 고분 벽화를 묘사(模写)했다. 이후 1916년 7월 고적 및 유물보존규칙 발포에 의해 위원회가 제정되면서 조선총독부 박물관 사무촉탁이 되었다. 1931년에는 조선고적연구회 설립 후 낙랑 및 고구려 고분 발굴 조사를 지도했으며 관련 보고서를 발표하기도 했다. 1949년에는 도쿄예술대학(東

치有光教一,[18] 사이토 다다시齊藤忠,[19] 오오 다다아키小野忠明, 후지사와 가
즈오藤沢一夫 같은 사람들도 참여하게 되었던 겁니다. 게다가 단순히 연
구자의 폭만 넓어진 것이 아니라, 연구 대상 역시 확대되어 갔습니다.
물론 고분 조사는 기존과 마찬가지로 꾸준히 지속되었는데, 이는 당시
학자들의 의식상으로도 결과가 화려하게 드러나는 일에 흥미를 느끼는
부분도 있고 또 자금을 대는 쪽에서도 돌멩이만 굴러 나오는 것보다 뭔
가 그럴싸한 것들이 발굴되는 편이 사기 진작에도 도움이 되었으니까
요. 이건 인간의 심리로서 어쩔 수 없는 거라고 생각합니다. 어쨌든 이
런 이유로 고분 조사는 지속되었습니다.

그리고 이러한 조사를 통해 발견된 것이 그 유명한 채협총彩篋塚과 왕
광묘王光墓입니다. 또한 앞서 언급했던 고구려 벽화 고분, 신라 고분이
활발하게 조사되었는데 특히 신라 고분 중의 몇몇 고분은 계획적인 발
굴 작업을 통해 그 성과를 드러냈던 것입니다. 유물이 풍부한 삼국 시대
의 금제품이 상당수 나오는 고분뿐만 아니라, 통일 시대인 8세기 무렵의
고분 조사도 이때부터 시행되었는데, 이 조사는 주로 아리미쓰 씨가 맡
아 하셨습니다. 게다가 기존에는 좀처럼 이뤄지지 않았던 백제의 고분

京芸術大学)의 교수로 부임했다.

[18] 아리미쓰 교이치(有光教一, 1907~2011) : 일본의 고고학자로 주 전공은 조선고고학이
다. 교토제대 사학과에서 고고학을 전공했으며 졸업 후 동방문화연구소(東方文化研究
所)에서 근무했다. 그 후 조선총독부의 촉탁으로서 고분 발굴 조사에 종사했으며 조선
총독부 박물관 주임을 지내기도 했다. 주요 저서로는『半島と大洋の遺跡』,『朝鮮櫛目文
土器の研究』등이 있다.

[19] 사이토 다다시(齊藤忠, 1908~2013) : 일본의 고고학자다. 도쿄제대 국사학과를 졸업
했으며, 문화재보호위원회주임조사관(文化財保護委員会主任調査官) 등을 거쳐 도쿄제
대 교수가 되었다. 사이토는 일본뿐 아니라 동아시아에 이르는 폭넓은 연구와 조사를 이
행했다. 주요 저서로는『朝鮮古代文化の研究』,『朝鮮仏教美術考』,『新羅文化論攷』,『日本
古墳の研究』등이 있다.

조사도 이 시기에 이뤄진 것입니다. 이로써 조선 서남부 지역의 문화까지 새로이 알 수 있게 되었습니다.

이에 더해 신라, 고구려의 수지守址 조사도 시행되었는데, 특히 백제의 사지 조사寺址調査는 일본의 호류지, 시텐노지와도 관련성이 있다 보니 더욱 활발한 조사가 이루어졌으며 이를 통해 양자 간의 문화적 관계가 꽤 분명해지기 시작했습니다.

또한 신석기 시대의 조사도 이 시기에 상당히 조직적으로 실시되었습니다. 그 가운데 함경북도의 웅기패총雄基貝塚[20] 조사는 쇼와 4년부터 6년까지 이루어졌습니다. 듣자하니 당시 웅기 지역은 국경 지역인지라 조사하기에 상당한 애로사항이 있었던 것 같습니다. 조사 스텝으로는 후지타 씨의 밑으로 고이즈미 씨, 가야모토 씨가 있었는데 이들의 이야기를 들어 보면 당시 잡지 『주오코론中央公論』이나 『가이조改造』를 한 권 가지고 간 것만으로도 조사를 받게 되는 삼엄한 분위기였던 터라, 그리로 갈 때는 신원 조사身元調査를 엄중하게 받았다고 합니다. 하지만 이 조사 또한 끝내 그 결과 보고문이 나오지 않아 그 점이 무척 유감스럽습니다.

그리고 그 지석묘支石墓(고인돌) 등의 거석문화巨石文化 조사가 이 무렵부터 시작되었는데, 이는 다이쇼 13년에 평안남도 석천산石泉山에서 150 기基 이상이나 되는 거대한 지석묘 무리가 발견된 것이 그 계기였습니다. 고고학자라면 누구든 이에 대해 명확하게 해명하고픈 그런 마음이 다들 있

---

20 함경북도 웅기군 웅기면(雄基面) 송평동(松坪洞) 용수호(龍水湖) 동안사구(東岸砂丘)의 경사면에 있는 신석기 시대 유적이다. 1929년부터 1931년까지 일본의 고고학자 후지타 료사쿠 등이 발굴 조사했는데, 당시 각종 석기, 골각기, 패각(貝殼) 제품 외에도 무문(無文) 토기, 즐목문(櫛目文) 토기, 마제석기(磨製石器), 패륜(貝輪), 골계(뼈로 된 비녀), 천하석식옥(天河石飾玉), 옥환(玉環), 채문호(彩文壺) 등의 부장품이 출토되었다.

었기 때문에 당시 지석묘에 대한 관심이 높아졌던 것입니다. 더불어 후지타 씨나 고이즈미 씨에 의한 전체 조사도 실시되었습니다.

그 밖에는 대구의 지석묘 조사가 후지타·고이즈미·아리미쓰 등의 여러분에 의해 3회에 걸쳐 실시되었으며, 다행히 그 결과 보고서가 출판되어 현재 저희 연구에도 상당한 도움이 되고 있습니다. 그러는 동안 한편에서는 태평양 전쟁기에 돌입하고 있었습니다.

전시하에는 군軍 시설 확장에 따라 도처에서 유물이 출토된 듯한데, 당시 소수의 고고학자를 동원하여 시행되던 그 조사의 결과 보고서 역시 끝내 발표되지 않았습니다. 고작해야 우메하라 씨의 『조선고문화종감朝鮮古文化綜鑑』[21]에 그 성과의 일부분이 언급되는 그런 정도에 지나지 않습니다.

재야의 연구

이상에서 말씀드린 바와 같이, 일본의 조선고고학 연구는 그 영향력의 정도를 불문하고 시종일관 총독부가 입김을 가한 영역이라는 점을 가장 큰 특색으로 들 수 있습니다.

그 밖에도 조선에 거주하던 일본인들 중에는 고고학에 흥미를 가지고 비공식적으로 연구를 해나가던 사람들도 있었습니다. 게다가 이들이 했던 작업은 총독부가 하지 않았던 신석기 시대=선사 시대에 중점을 두

---

21 원문에는 『朝鮮古文化總監』로 되어있으나, 이는 『朝鮮古文化綜鑑』(1～4)의 오기이며 서지사항 및 간행정보는 다음과 같다. 梅原末治·藤田亮策 編, 『朝鮮古文化綜鑑』 1, 養德社, 1947; 『朝鮮古文化綜鑑』 2, 養德社, 1948; 『朝鮮古文化綜鑑』 3, 養德社, 1959; 『朝鮮古文化綜鑑』 4, 養德社, 1966.

었던 것으로 이는 훗날에 분명 도움이 될 것으로 사료됩니다. 이 같은 작업을 하신 분들로는 요코야마 쇼자부로橫山將三郎, 미야가와 하지메宮川肇, 오마가리 미타로大曲美太郎, 가사하라 가라스마笠原烏丸 씨 등이 있었으며, 가장 유명한 조사로는 함경북도의 유판패총油坂貝塚 조사와 부산 절영도絶影島의 동삼동패총東三洞貝塚 조사 등이 있습니다.

물론 총독부에 속한 연구자 중에도 독자적으로 선사 시대 조사를 하고 있던 사람들이 있었습니다. 예를 들면, 오노 씨에 의한 대동강 연안의 신석기 시대 조사라든가 아리미쓰 씨의 상형석관묘箱形石棺墓, 적석총積石塚 조사 등이 그러합니다. 기존의 조사만으로는 조선반도의 고대 역사 및 생활사生活史 등을 밝히기에는 미흡한 측면이 너무나도 많다는 것을 점차 깨닫기 시작하면서 이를 보완하는 작업들이 조금씩 이뤄지고 있었습니다. 하지만 그러고 얼마 안 가 패전을 맞이하게 되었지요.

이상의 내용들을 정리해보자면, 우선 일러전쟁을 전후한 시기에 이뤄졌던 세키노 씨의 작업은 고고학 조사의 역사적 과정으로서는 사전기史前期에 해당하며 이후 병합부터 다이쇼 5년 무렵까지는 고고학 조사의 방식 및 태도에 대한 모색의 시대, 그 이후에는 조사 자체가 주로 총독부에 의해 집중적으로 이루어진 시대로서 조선고적연구회 설립을 전후하여 연구 체제가 조금씩 민주화되어 가던 시대라고 볼 수 있겠습니다.

또한 연구 대상으로서는 일단 고분 연구가 중점적으로 이뤄졌는데 이는 일본 내에서도 마찬가지였습니다. 그 이유는 고분 조사가 워낙 성과물이 많은 데다가, 연구자 입장에서도 고분에서 출토되는 유물 같은 것은 연구하기에도 비교적 수월한 대상물이었기 때문입니다. 더불어 당시 총독부의 조사사업 그 자체가 지닌 의도나 그 밖의 한계점이 분명 존재하긴 했지만, 그보다는 연구자 스스로가 어떤 연구나 조사 등에 임할 때 해당 연구가 가진 비전이나 그에 대한 의식 같은 것이 불분명했다고 생각합니다. 어쩌면 그로 인해 일본의 고고학자들이 작업하는 데 있어 비교적 객관적인 조사를 이행할 수 있었을지도 모르겠습니다. 당시 고고학 연구에 대한 총독부의 의지야 분명했겠지만 그에 종사하는 학자들은 그 의지를 과연 얼마나 이해하고 있었는지 그건 알 수 없습니다. 오히려 그들은 객관적이고 실증적으로 착수하려는 자세를 보여주고 있었으며 또 그렇기 때문에 당시의 조사 결과들이 비교적 훌륭한 성과로 남을 수 있었던 것이 아닐까 싶습니다. 더불어 조사 결과 자체가 이후의 조선 연구에 큰 도움이 되었기에 저희 입장으로서는 더욱 반길 만한 일이라 여기고 있습니다.

조선반도의 조사는 전부 조선총독부 지도 아래서 시행되는 관제 조사였으며, 이는 두 가지 결과를 낳았습니다. 하나는 일본인 학자에게 조사가 독점되어 버렸다는 것인데, 그로 인해 '어째서 조선의 유적을 조사해야 하는지' 그에 대한 의의 자체가 불분명해지게 되었고 그러면서 점차 효과가 확실한 유적 쪽으로 시선을 돌리게 되었다는 것이 또 다른 결과입니다. 그러다 보니 조사 대상이 지나치게 분묘墳墓 쪽으로 쏠리게 되었으며 그중에서도 특히 낙랑군 시대의 유적으로 편중 현상이 생기게 된 겁니다. 한 마디로 민족 역사의 해명보다 어떻게든 효과가 두드러지는 것에만 집중하게 된 것이죠. 당시 일본에서도 이와 유사한 사고방식으로 조사가 진행되어 왔기 때문에 어쩌면 당연한 일이었을지도 모릅니다. 그런 이유로 선사 시대의 조선 역사의 근간을 이루는 것들에 대한 해명이 부족하다는 결과를 낳게 된 겁니다.

그나마 한 가지 다행스러운 것은 조사 유물들을 서울 한 군데로 집결시켜 두어 조선 이외의 지역으로는 빠져나가지 못하도록 법률로 정해두었다는 것입니다. 그렇지 않았으면 수많은 조선의 유물들이 진즉에 외국으로 다 유출되어 버렸을 거라고 생각합니다. 따라서 혹여나 국외로 빠져나간 것이 있다 하더라도 그런 것들은 총독부 관할하에 이뤄진 조사가 아닌 다른 방법으로 출토된 것입니다. 바꿔 말하면, 총독부가 직접 관계하여 시행된 조사를 통해서 발굴된 유물들은 결코 다른 나라로 유출되지 않았다는 겁니다.

요컨대 정부로서는 조사에 대한 확실한 의지가 있었던 반면, 그에 종사했던 학자들 중에는 식민지주의자가 적었다는 점은 퍽 다행스러운 일이며 그로 인해 그들의 작업 역시 상당히 객관적이고 실증적이었다고 할 수 있습니다. 따라서 그들이 남긴 연구는 독립 이후의 요즘 연구자들에게도 충분히 도움이 될 거라고 생각합니다.

미야타 세쓰코

감사합니다. 알기 쉽게 설명해 주신 덕택에 전문가가 아닌 저희도 잘 이해할 수 있었습니다. 오늘 말씀은 총독부의 문화정책사文化政策史의 일면을 들여다본다는 점에서도 대단히 흥미롭습니다.

미카미 쓰기오

그렇습니다. 총독부가 이를 의식했는지 그 여부는 알 수 없지만, '낙랑 연구를 대단히 장려했다'는 데에도 총독부의 식민지적 문화정책이 내포되어 있었다는 것 역시 너무나도 흥미롭습니다.

미야타 세쓰코

일본의 조선에 대한 교육정책 및 문화정책의 측면에서 보더라도 상당히 참고가 될 말씀이라고 생각합니다.

와타나베 마나부

『시정연보』를 보면「고적 및 유적의 보존古跡および遺跡の保存」이라는 장章이 있는데, 이는 조사·보존·박물관으로 구성되어 있습니다. 이것만 보더라도 근대적 문화 시설이라는 것이 하나의 제스쳐로서 취급될 수밖에 없었던 것은 아니었을까 싶습니다. 하지만 무엇을 위하여 그리 했는지는……

미카미 쓰기오

본래 고고학이라는 것은 그 민족의 역사 발전을 유적이나 유물 연구를 통해 밝혀나가는 것이며, 거기에는 일정한 전망이 없으면 안 됩니다. 물론 그것이 정책이 되면 이야기가 조금 달라집니다만, 연구의 측면에서 보자면 조선사에 대한 일정한 비전은 마땅히 갖추어야 할 요소라고 할 수 있습니다. 예를 들면, 고분 조사만 해도 그저 고분 그 자체만을 조사하는 것이 아니라 조선의 역사와 어떠한 관계에 있었는지 이에 관해 유추를 해 본 뒤에 착수하는 것이 진정한 조사라고 생각합니다. 그러나 조선에서 이뤄지는 조사에 있어 그런 경우는 없었습니다. 뭐, 일본의 경우도 마찬가지이긴 합니다만……

고토 다다시

그런데 조선에서의 석기 시대 연구는 일본에서 야마우치山內 선생님 같은 분이 시작했던 시기와 거의 일치하는 것 같습니다만, 어떻게 보시는지요?

미카미 쓰기오

그건 일본 쪽이 빠르지요.

고토 다다시

이 무렵의 어떤 자극에 의해, 그 전까지는 개별적으로 다루던 것을 역사적 또는 전체적으로 파악하려는 경향이 생기기 시작한 게 아닐까 싶습니다.

미카미 쓰기오

석기 시대의 연구에 관해 말씀드리자면, 일본에서는 이에 대해 적극적으로 임하는 태도를 보였던 반면, 조선에는 그런 게 없었습니다. 오히려 민간인들이 더 흥미롭게 연구를 했던 거죠.

미야타 세쓰코

그런 과정에서 조선인 학자의 참여는 어떠했나요?

미카미 쓰기오

조선인 학자의 참여는 거의 없었습니다. 다만, 민간인 중에 민요 연구자 손진태孫晉泰[22]라는 사람이 있었는데, 그는 조선 이곳저곳을 다니다가 지석묘를 발견하고서 이에 관한 글을 쓰기도 했습니다. 다만, 다소 민속학적이라고 할 수 있습니다. 또 다른 사례로는 이상백李相栢이라는 사람을 들 수 있는데 그는 본래 와세다대학의 농구 선수였다가 독립 후에 IOC 위원을 지낸 인물로서 이 사람 역시 그런 연구에 관심이 있었던 것 같습니다.

아마도 당시는 조선인 학자를 받아들이려는 기구가 총독부 내에는 없었을 거라고 생각합니다. 한마디로 조선인 학자는 아웃사이더였던 거죠.

미야타 세쓰코

그렇다면, 이들의 연구는 전부 재야在野에서 이뤄졌던 거군요.

미카미 쓰기오

네, 그렇다고 볼 수 있습니다. 다만, 그런 와중에 김원룡金元竜 씨가 경성대학에서 고대사古代史를 고고학적으로 공부했었다는 것은 주목할 만한 지점입니다.

미야타 세쓰코

이건 다소 아마추어적인 발상이긴 합니다만, 3·1운동 이후 총독부는 문화정책을 통해 회유정책을 취했다고 생각합니다. 그렇다면 오히려 조

---

22 손진태(孫晉泰, 1900~?) : 한국의 사학자이자 민속학자로, 와세다대학에서 사학과를 전공했다. 졸업 후 동양문고(東洋文庫)에 재직했으며, 귀국 후에는 연희전문대 강사로 부임했다. 또한 한국 최초의 민속학회지인 『조선민속(朝鮮民俗)』을 간행했다. 해방 후에는 서울대학교 사학과 교수로 지냈다. 주요 저서로는 『조선고가요집(朝鮮古歌謠集)』, 『조선신가유편(朝鮮新歌遺篇)』, 『조선민족문화의 연구(朝鮮民族文化-研究)』, 『조선민족사개론(朝鮮民族史槪論)』, 『국사대요(國史大要)』 등이 있다.

선인들이 참여할 법도 하다는 생각이 드는데, 그건 어떻습니까? 한편으로는 그러한 연구를 통해 민족의식의 앙양昻揚과 자국의 과거 역사 연구가 연결된다고 생각합니다만, 그 부분은 또 어떠한가요?

미카미 쓰기오

그건 애당초 그렇게 할 수 없는 구조로 만들어 두었던 것이 아닐까요? 조선인의 역사 연구는 그다지 환영받지 못했으니까요.

미야타 세쓰코

동조론同祖論과 모순되기 때문일까요?

와타나베 마나부

문화정책이라고 해도 총독부 측에서는 '일본인이 조선의 문화를 소중히 여긴다!'라는 그런 태도를 형식적으로 보여준 데 그쳤을 뿐, 조선의 문화 그 자체를 진정으로 귀중하게 여긴다거나 그런 건 아니었을 겁니다.

미야타 세쓰코

그건 그렇겠지만, 저는 조선인들이 민간의 저항 자세로서 본인들의 문화를 자발적으로 발굴하려는 태도를 취했던 것은 아니었을까 하고 추측해봤던 겁니다.

와타나베 마나부

지하 저 몇 미터에 있는 유물조차도 전부 국가 소유이기 때문에, 마음대로 손을 댔다가는 처벌을 받게 되는 경우도 있었을 테고요.

미야타 세쓰코

조선고적연구회가 생겼을 때도 조선인들의 참여는 없었습니까?

미카미 쓰기오

없었습니다. 한 가지 다른 측면에서 말씀드리자면, 조선고적연구회 멤버들에 의한 조사는 매우 면밀하며 기술적으로도 수준이 상당히 높았습니다. 그렇게 고도의 정밀도를 요구하는 조사에 당시 조선인은 들어갈 수가 없었던 겁니다.

그리고 생활의 문제……그런 것과도 관계가 있지요. 한마디로 말하자면, 고고학으로는 먹고살 수가 없었으니까요. 일본에서도 고고학 같은 걸 공부하는 사람은 일단 제대로 밥 벌어 먹고살 수 없다는 것을 전제로 하고 시작하는 꽤나 특별한 사람들이었습니다.

다른 하나는 이건 도리어 조선 분들께 여쭙고 싶은 부분입니다만, 제가 느끼기에 조선 사람들은 왠지 옛 '것'에 대한 관심이 비교적 적지 않나 싶은데요. 어떻게 생각하시는지요? 그러니까 오래된 것들이 자꾸만 버려지는 그런 경우 말입니다. 물론 소수의 몇몇 분들은 역사에 관해 상당한 관심을 가지고 있다고 생각합니다. 민족의식이 투철한 사람들은 특히 그렇지요.

미야타 세쓰코

지금 그 말씀은 일제하에서 그랬다는 것인가요?

미카미 쓰기오

그렇습니다.

미야타 세쓰코

그 당시 상황을 보면, 뭔가 과거 역사를 상당히 소중히 여기는 것 같으면서도 '유물'에 관해서는 또 그렇지도 않아 보이니 저로서는 선뜻 감이 오질 않습니다.

미카미 쓰기오

이조 시대는 그렇지요. 예를 들면, 문헌 등의 문자에 대해서는 민감한 반면 유물에 대해서는 그 태도가 조금 달라집니다.

미야타 세쓰코

문헌 편중주의인 건가요?

미카미 쓰기오

그렇습니다. 비교적 덜 소중하게 여기는 것은 유물 같은 것들이나 그렇고 문자로 적혀 있는 것들은 몹시 중히 대합니다. 따라서 대체적으로 잔존한 유물에 대해서는 그리 관심을 보이지 않는 그런 게 있는 것 같습니다.

와타나베 마나부

참고로 조선에는 골동품점 같은 것이 없는 듯합니다. 이는 결국 유물들을 각자의 집에다가 잘 모셔다 놓고 자기 집 안에서만 애지중지 여기는 것을 의미하는 건 아닐까요? 아니면 그런 것들이 객관적으로도 엄청난 가치가 있기 때문에 군이 외부에 드러내지 않으려는 그런 경향이 있는 것이 아닌가요?

미카미 쓰기오

너무 소중히 여겨 고이 간직해두는 바람에 오히려 외부에서는 볼 수 없게 되었다는 그런 말씀인가요?

와타나베 마나부

만약 그렇다면, 귀중하게 여기는 방식이 너무 봉쇄적이지 않습니까?

미카미 쓰기오

그러니까 바로 그런 이유로 인해 고고학 연구 쪽으로 더 이상 사람들이 모여들지 않게 된 게 아닐까 싶습니다. 한편, 중추원 쪽으로 모여든 사람들 중에는 책이나 문헌에 대해 관심이 높은 이들이 많았습니다.

미야타 세쓰코

그건 이조의 과거 제도의 영향도 있지 않을까요?

와타나베 마나부

그건 중국도 마찬가지입니다.

미카미 쓰기오

물론 중국에서도 그랬습니다만, 특히 청조淸朝로 들어선 뒤에 고증학考證學이 생겨나자 조금이나마 시선을 끌기 시작했습니다. 요컨대 그 전에는 유물이란 애완물愛玩物 혹은 재산으로 여겼을 뿐, 역사를 해명하는 도구가 아니었던 것이지요.

와타나베 마나부

어쨌든 조선에서 고증학은 끝내 성립할 수 없었으니까요.

미야타 세쓰코

그렇다면, 조선인 본인들이 직접 연구한 고고학은 역시 해방 후라고 할 수 있겠군요.

미카미 쓰기오

전후의 고고학은 공화국과 한국에서 상당히 적극적으로 연구되고 있습니다. 다만, 양자 간에는 대상과 방향성에 있어 상이한 지점들이 존재합니다만……

고토 다다시

그런데 한국에서는 고대를 연구한다 해도 그 대상 시기가 선사 시대만 되도 그다지 연구를 안 하는 것 같습니다.

미야타 세쓰코

오늘 초반에 하신 말씀이긴 합니다만, 세키노 선생님께서 고고학 연구에 착수하신 것이 그 후 일본의 조선 고고학 연구에 있어 하나의 방향성을 제공해 주었다고 하셨는데, 이는 어떤 의미에서 하신 말씀인가요?

미카미 쓰기오

그건 세키노 선생님께서 전문적으로 연구하신 건축학이 굉장히 실증적·과학적인 것이기 때문에 그렇습니다. 이는 고고학이 일선동조론의 도구로는 소용되지 않았던 원인 중의 하나라고 생각합니다. 고고학이라는 학문은 애당초 독일 나치에서도 그러했듯이 자칫하면 양날의 칼이 될 소지가 있기 때문에 경우에 따라서는 민족의 역사를 구체적으로 밝히는 단계를 건너뛰고 이를 민족의 우수성을 증명하는 데에 사용되기도 합니다. 보통은 바로 그런 것이 애초의 목적이자 출발점이었으므로 오히려 정치성이 없는 자연과학자가 적합했다는 것은 고고학을 정치적 도구로 삼게 될 여지를 줄였다고 할 수 있겠지요.

미야타 세쓰코

그럼, 총독부의 의도대로 잘 되지 않았다는 말씀인가요?

미카미 쓰기오

그 의도라는 것도 얼마나 이해하고자 했는지 그 역시도 명확하지 않다고 봅니다만······.

미야타 세쓰코

구로이타 선생님께서 합류하신 것은 분명히 정치적인 의도가 있었다고 생각하는데요…….

미카미 쓰기오

그렇습니다. 이마니시 씨, 구로이타 씨가 처음부터 중심이 되었다면 그 방향성은 꽤 달라졌을지도 모르지요.

미야타 세쓰코

이는 스에마쓰 선생님으로부터 들은 이야기입니다만, "조선사를 공부하지 않으면 일본사는 알 수 없는 법"이라는 구로이타 선생님의 그 한마디로 조선사편수회 예산이 대번에 나왔다더군요.

미카미 쓰기오

도쿄대학에서도 처음에는 조선사 강좌를 일본사에 속하도록 편성했었습니다. 그것을 이케우치 선생님이 갖은 애를 써가며 조선사 강좌를 따로 구분하고자 외국사外國史인 동양사학과에 포함시켰던 겁니다. 그러나 전전에는 일련의 이유로 극히 불안정한 강좌였던 데다가 이케우치 선생님의 퇴임과 동시에 결국은 뭔가 애매하게 되어 버리고 말았던 겁니다.

고토 다다시

그런데 옹기 패총에 관한 보고문은 어째서 나오지 않았을까요?

미카미 쓰기오

그 이유 중의 하나는 후지타 씨가 바빴던 탓도 있을 테고, 다른 하나는 요새 지대要塞地帶라는 이유로 다소 주저했던 것도 있었겠지요.

와타나베 마나부

한편, 북조선에서는 전후에도 웅기 패총에 대해 여전히 연구 중에 있습니다.

정책에 밀착하지 않았던 고고학

미카미 쓰기오

일단 고고학 연구는 일본이 남긴 학문적 사업으로서는 꽤 괜찮은 편이었다고 생각합니다. 정책 방면은 별개로 해 두고 말이지요. 어쨌든 '성실한 사람들이 성실한 보고서'를 남겨준 것은 그나마의 성과라고 할 수 있습니다.

와타나베 마나부

선생님 말씀에 따르면, 고고학은 조선사만큼 정책에 밀착하지 않았다고 할 수 있겠네요.

미야타 세쓰코

그리고 조금 전에 내륙 아시아와의 관련성을 말씀하셨는데, 이 부분은 그 후 어떻게 발전했는지요?

미카미 쓰기오

조선은 풍토나 생활방식 등으로 보자면, 본래 중국과의 관계보다 내륙 아시아와의 관계가 더 강하지 않나 싶습니다. 이는 기후나 풍토적으로도 그러하며 또 내륙아시아에서 막강한 세력이 출몰할 경우 조선 왕조는 이들과 밀접한 관계를 맺는 성격이 강했기 때문입니다. 특히 북방의 고구려 같은 경우도 돌궐突厥과 상당히 긴밀한 관계였지요. 따라서 본질적으로는 내륙 아시아적인 면이 강했을 거라는 생각이 드는 겁니다. 다만, 고구려가 기마민족이라고 말할 수는 없습니다. 그 이유는 그들의 기본 생활양식이 농업이기 때문입니다. 단지, 말을 타고 다니는 것만으로 판단하자면 중국·일본 모두 기마민족이 되는데 이들을 그런 식으로 전부 기마민족이라고 해버리면 서로 다른 생활방식에 오류가 생기게 됩니다. 따라서 말을 타고 다닌다고 하여 무조건 기마민족인 것은 아닙니다. 그 생활의 기본을 방축으로 삼는지 농업으로 하는지에 따라 기마민족의 여부를 가늠할 수 있는 겁니다. 지금의 기마민족설에서 가장 무시되고 있는 부분이 바로 이 지점이라고 생각합니다. 그러므로 고구려의 생산 기반이 농업인 이상, 저는 그들을 기마민족이라고 볼 수 없다는 겁니다. 물론 고구려 벽화에 말을 탄 사람이 그려져 있긴 합니다만 그 모티브는 중국 한대漢代의 벽화에서 따온 것입니다.

미야타 세쓰코

선생님, 조선 고고학을 연구하는 일본인들은 현재 직접 발굴에 참여할 수는 없는가요?

미카미 쓰기오

네, 그 점은 무척 유감스럽습니다. 서로가 좀 더 접촉하다 보면 보다 폭넓은 의견이 나올 텐데 말입니다. 따라서 상호 간에 이야기를 나눌 수 있는 장場이 마련되지 않는다면 여러모로 무리일 거라 생각합니다.

미야타 세쓰코

고고학을 연구하고 계신 분들에게 있어서 학술교류는 절실한 문제라고 생각합니다만……

미카미 쓰기오

아이고, 정말 그렇습니다. 그렇지 않으면, 서로가 각자 다른 씨름판에서 씨름하는 격이니까요.

미야타 세쓰코

앞으로 관련 분야를 연구하려는 이들에게 뭔가 그런 방면에서 하실 말씀이 있으신지요.

미카미 쓰기오

거듭 말씀드리지만, 부디 과거의 유산을 제대로 파악하여 연구해주기를 바랍니다. 게다가 현재 공화국이나 한국에서 연구하고 있는 작업을 우리가 먼저 소화하지 않으면 안 된다는 것을 반드시 염두에 두어야 합니다. 이를 위해서는 그저 받아들이기만 할 것이 아니라, 비판도 필요하다고 생각합니다. 물론 그러기 위해서는 서로 간의 접촉을 활성화하는 것이 더 중요하겠지요. 모쪼록 향후 상호 간의 활발한 교류가 이루어지기를 소망하는 바입니다. 특별히 어느 한쪽에 치우치지 않고 말이지요.

와타나베 마나부

그럼, 오늘은 이것으로 마치도록 하겠습니다. 감사합니다.

1968.3

일본과 조선

총괄과 전망

출석자

하타다 다카시(旗田巍)
안도 히코타로(安藤彦太郎)
와타나베 마나부(渡部学)
우부카타 나오키치(幼方直吉)
가지무라 히데키(梶村秀樹)
미야타 세쓰코(宮田節子)

일본인의 조선관

미야타 세쓰코

오늘은 지금까지 총 10회에 걸쳐 진행해왔던 심포지엄의 총괄 정리와 함께 이를 토대로 향후 연구의 방향과 과제에 대해 토론하는 시간을 갖고자 합니다.

먼저 본 심포지엄에서 가장 근본적인 문제로 제기되었던 것은 조선을 대하는 일본인의 태도와 조선관의 문제라고 생각합니다. 이를 하타다 선생님께서 과거 조선 연구는 조선인이 부재한 조선 연구였다고 문제를 제기하셨으며, 우에하라 센로쿠上原專祿 선생님은 '인식의 근거는 대상에 대한 사랑愛, love'이라는 랑케Leopold von Ranke(1795~1886)의 말을 인용하시며 메이지 이후부터 패전까지 일본의 조선 연구는 조선에 대한 사랑이 부재했다고 지적하셨습니다. 또한 이를 중국 연구와 비교하시며 '중국 연구의 경우에는 중국을 그 사랑의 대상으로 삼는 학자들이 있었으나 조선 연구에 있어서 그런 사례는 도통 없었다. 즉, 역사학의 야나기 무네요시가 등장하지 않았던 것이다'라는 식으로 지적하시며, 일본인들의 중국과 조선에 대한 태도의 차이를 제기하셨습니다. 더불어 나카노 시게하루 씨는 문학 분야에 있어 이와 유사한 지적을 하셨는데 다시 말해, 일본문학에서 조선인을 정면에서 진지하게 다룬 작품은 그것이 진보든 반동적인 성향에서든 존재하지 않았다는 것입니다. 단역으로 잠시 등장하는 경우는 있어도 전면적으로 조선인을 다뤘다든가 또 그로인해 일본인의 조선관에 일정한 영향을 미쳤거나 혹은 조선에 대한 어떤 이미지를 제출했던 작품은 없었다는 겁니다. 게다가 조선관의 뒤틀린 현상이 사회과학 분야에서도 상당히 비뚤어진 형태로 등장하고 있음에 모리타니 가쓰미 선생님께서는 몹시 비통히 여기시며 그에 관한 문제를 제기하신 바 있습니다. 나카노 시게하루 씨의 지적 중에서 무엇보다 중요하다고 여겨지는 대목은 전전기부터의 일그러진 조선관도 그러하지만, "사실은 전후에도 보수진영이나 평범한 일반인들이 아닌 심지어 혁신진영마저도 그러한 뒤틀린 조선관과 결코 무관하지 않았다"라고 말씀하신 지점입니다. 지금이야 이런 부분에 대해 여러분들께서 문제적인 사안으로 언급을 하고 계시지만, 62년경에 이런 문제를 제기하셨다는 것은 상당히 대범한 일이 아니었나 싶습니다. 그에 이어 선생님께서는 "혁신진영 내부에서조차도 일본 국가권력에 대한 필사적인 저항력과 반항심 등 조선인들이 지닌 그런 역량을 이용한다거나(물론 일본인들이 그걸 이용할 만큼 그렇게까지 음험한 자들이었다고는 믿고 싶지 않다고 하셨습니다만……) 아니면, 적어도 그런 힘에 어느 정도 의지하려는 태도가 있었던 것은 아닐까 싶다."고도 말씀하셨습니다. 이는 전후 일본의 사상에 있어서도 상당히 중대한 지적이라고 생각합니다.

이처럼 각각의 연구 성과가 어떠했다라고 말하기에 앞서, 이상에서 언급한 일본인의 조선관이 모든 연구에 있어 가장 근본적인 문제로 존재하고 있었다는 것이 본 심포지엄 전체를 통틀어 가장 핵심적인 지점이지 않았나 싶습니다. 게다가 심포지엄을 통해 그런 식으로 뒤틀어진 조선관이 각 연구에 다양한 변질을 주고 있다는 것은 여러 차례 지적된 바 있으나, 그것이 전체적으로 일본인들의 사상 안에서 어떤 식으로 자리 잡게 되었는지 그런 부분은 충분히 전개되지 못했습니다. 이는 저희에게 남겨진 향후 과제가 아닐까 싶습니다. 결국 일그러진 조선관이란 독자적으로 존재하는 것이 아니라, 여러 반동적인 사상과도 결부하여 일정한 역사적인 역할을 수행하고 있었던 것은 아닌지 바로 그런 구조를 밝혀내야 할 것입니다. 그럼, 먼저 일본인의 조선관에 대한 내용부터 토론을 시작해보도록 하겠습니다.

하타다 다카시

현재 저는 학교에서 사회과교육법社會科教育法에 관련된 연구를 하고 있으며 주로 고등학교 교과서를 연구 자료로 삼고 있습니다. 그중에는 메이지 100년에 반대하는 사람이 쓴 것도 포함되어 있는데, 저는 그 내용을 보고 너무나도 놀랐습니다. 이래도 되나 싶더군요. 그러니까 이런 교과서로 배우고 나서 메이지 100년을 반대하네 마네 해서는 안 된다는 겁니다. 왜냐하면 그 교과서에는 병합과 동시에 조선이 사라지고 없기 때문입니다. 그런데 더 문제적인 것은 이런 식의 기술방식이 모든 교과서에 공통된다는 것입니다. 병합 이전의 조선은 일청전쟁, 일러전쟁을 서술하는 부분에서 더러 등장하고 있으나, 그마저도 병합과 동시에 일절 그 자취를 감춰버렸습니다. 그러고 나서 한참 지나 조선전쟁 때 다시 나타나는 이런 식으로 구성되어 있습니다. 그 사이는 완전한 공백 상태인 겁니다. 이와 달리 중국에 관한 부분은 민족해방운동이 상당히 빈번하게 언급되며 심지어 중국공산당도 등장합니다. 반면, 조선과 관련해서는 거의 아무것도 언급되는 바가 없습니다. 그나마 3·1운동이 짧게 기술되는 그런 정도지요. 그렇게 조선의 역사는 '병합'과 동시에 단절되어 버렸습니다. 이는 다음과 같은 논거를 바탕으로 하고 있는 것이 아닐까 싶습니다. 그러니까 '일본으로 병합되어 국가가 사라져버렸으니 역사도 없다'는 그런 식으로 말입니다. 그렇다면 아니, 그렇기 때문에야말로 일본의 사회운동이나 데모크라시운동 안에서는 반드시 조선을 문제로 삼아야 하는 겁니다. 그러나 그 어느 교과서에도 이에 관한 언급은 없으며 조선인의 해방운동을 기술한 교과서 역시 존재하지 않습니다. 이렇게 되면 학생 입장에서는 오히려 어리둥절하지 않겠습니까? "병합"으로 인해 완전히 자취를 감춰버렸던 조선이 전후에 느닷없이 등장하는가 싶더니 급기야 조선전쟁 때는 둘로 나뉘어 싸운다'라는 식으로 기술되어 있으니, 정작 학생들 입장에서는 어떤 조선상을 가지려야 가질 수가 없는 겁니다. 물론 메이지 100년의 반대를 주창하는 그런 사람이 쓴 교과서는 두말할 것도 없습니다. 이 역시 일본인이 조선을 대하는 태도의 문제라고 생각합니다. 시기를 조금 더 거슬러 올라가 세계사 안에서 조선이 제일 먼저 등장하는 것은 한漢 무제의 사군설치四郡設置에서이며 그 이후로는 언제나 정복의 대상으로서 등장합니다. 베트남의 출현방식도 사실상 그러합니다. 이렇듯 아시아에 관해서는 그저 중국만 자세히 기술되어 있을 뿐입니다. 저는 이를 일종의 대국주의大國主義가 아닐까 생각합니다. 그러다 보니 "이런 세계사라면 차라리 만국사萬國史로서 '베트남은 이렇고 조선은 이러하며 인도는 이렇다'라는 식으로 기술하는 편이 낫다"는 극단적인 말도 나오는 것이지요. 이래서는 현재 격동하고 있는 아시아를 제대로 이해하기 어렵지 않을까요?

우부카타 나오키치

조선에 관한 무관심과 일본 국민의 조선에 대한 사고방식, 즉 일본인의 조선관이라는 것이 각 시대의 일반 서민들의 감각과 연구자의 전문적인 파악과는 어떤 관계가 있는지 이 또한 논의되어야 할 지점이라고 생각합니다. 실제로 전후 일본에 잔존하는 조선 유적에 대한 조사가 제법 활발하게 이루어졌는데, 그중에서도 관련 내용을 제법 상세하게 다룬 이진희 씨의 각종 저서 및 논문들을 그 대표적인 사례로 꼽을 수 있겠습니다. 그리고 그 시절의 유적이 현재도 보존되고 있다는 것은 그저 우연한 일이 아니라, 서민들 사이에서 이러한 유적을 사랑하는 마음이 있었기 때문에 남아있는 거라고 생각합니다. 그러한 감정이 없었다면 여태껏 보존되었을 리가 없지요. 또 이 같은 일본 국민의 조선에 대한 자연발생적인 관심이 어떤 시대에는 연구자들의 전문적인 파악과도 상당히 밀착되어 있었는데, 그것이 점차 분리되어 가기 시작한 그 지점에서 문제가 발생했다고 생각합니다. 따라서 일본인의 조선관 문제와 전문가의 연구 파악과의 관계를 사학사적으로 좇을 필요가 있다고 생각합니다.

분명 어떤 시대에는 일본 국민의 관심과 연구자들의 전문적인 파악이 상호 교차하던 시대가 있었을 것인데, 그 간극이 점차 벌어지게 되면서 연구자의 전문적인 파악이 아무리 부분적이라 할지라도 조선에 대한 서민적인 친근감으로부터 차차 분리되어 급기야 제국주의적인 발상으로 조선을 바라보게 되어버린 겁니다. 그리고 보통의 경우, 연구자들은 연구 대상에 대해 일정한 애정을 가지기 마련입니다. 예를 들면, 프랑스문학 연구자는 프랑스에 애정을 갖게 되고 중국문학 연구자는 중국에 대해 애정을 느끼게 되는 법이지요. 그런데 그 대상이 조선인 경우에는 연구를 하면 할수록 애정은커녕 혐오감을 느끼게 되는 겁니다. 유독 조선이나 인도의 경우가 그러합니다. 유럽 사회의 연구자와 달리 조선을 연구 대상으로 삼고 있는 연구자들의 연구 태도 혹은 그 방향성이란 도대체 어떠한 것인지 저는 늘 이런 부분이 의문입니다. 극히 예외적인 경우를 제외하고서는 과거 대부분의 조선·중국 연구자들은 관련 연구를 하면 할수록 그 대상을 경멸하는 그런 경향이 강하지 않았나 싶습니다.

그렇다면 아시아 연구의 경우, 연구자들이 대상을 업신여기는 그런 사고방식은 과연 어디에서 기원하는 걸까요? 앞서도 말씀드렸다시피 일본에 남아 있는 조선 관련한 각종 문화유산과 본인의 연구가 어떻게 중첩되는지 이런 데는 거의 관심이 없습니다. 그저 '그런 것이 있다'라고 해버리고 말 뿐, 정작 그러한 유산을 만들어 낸 조선인에 대해서는 무관심합니다. 바로 이런 부분들이 문제적인 것이지요.

하타다 다카시

그렇습니다. 말씀을 듣고 보니 문제가 좀 있는 것도 같군요. 서민들 중에도 조선을 두고서는 뿌리 깊은 경멸감을 느끼는 이들이 있었기에 오히려 학자들도 덩달아 그에 매몰되어 버렸던 것이 당시의 실정이 아닐까 싶습니다. 그런 점에서는 학자로서의 의식이라기보다 지극히 비속한 의식으로서 대상을 경멸하고 있었다고 생각합니다.

우부카타 나오키치

일본인의 조선관과 관련하여 한 말씀 보태자면, 학자나 전문가의 조선관에 관해서는 그나마 조사가 이뤄지고 있는 반면, 서민들의 조선관에 대해서는 논의된 바가 거의 없으므로 이제부터라도 주목할 필요가 있다고 봅니다. 기실 일청전쟁 이후 중국관과 마찬가지로 조선관 역시 조금씩 틀어지기 시작한 것은 분명합니다. 그러나 하타다 씨께서도「일본인의 조선관 日本人の朝鮮觀」에 소개하셨다시피 일청전쟁 이전까지만 해도 조선인에 대한 모멸관侮蔑觀이 그리 심하지 않았습니다. 물론 그 이전에도 저류에는 서민들의 거부감 어린 조선관이 단편적으로 존재하긴 했습니다. 그저 표면적으로 확연하게 드러나지 않았을 뿐, 가벼이 여겨서도 안 될 지점이 있긴 했습니다. 하지만 방금 언급한 바와 같이 일청전쟁 전까지는 우려할 만큼 심각한 상황은 아니었다는 겁니다. 실제 민예民藝 방면의 야나기 무네요시의 경우만 보더라도 당시 그가 유독 특별나기 때문에 독자적으로 등장했던 것은 결코 아닙니다. 이는 조선 민예품에 대한 일본인들의 전통적인 친근감을 지반으로 하여 나타난 것입니다. 따라서 메이지 이후 일본인의 조선관을 고찰하고자 한다면, 학자의 조선관과 서민의 조선관을 별개로 하여 조사할 필요가 있습니다. 그런데도 후자는 거의 조사되지 않았지요. 물론 서민의 조선관은 단편적인 데다가 그 후 커다란 시대적 조류로 적잖이 일그러져 버린 것이 사실이긴 합니다만, 그들만의 고유한 조선관이 존재했다는 것 역시 틀림없는 사실입니다. 이는 관동대진재關東大震災 당시 조선인들이 당했던 일과도 관련되는데, (이에 관해서는 전후에 조금씩 그 진상이 밝혀지고 있습니다) 그중 예외적이긴 해도 그때 일본 서민들이 조선인을 도왔던 실례도 분명 존재하니까요. 그러므로 일률적으로 '일본인들의 뒤틀린 조선관'이라 단정할 수는 없는 겁니다. 이러한 지점 또한 서민적인 감각과 지배계급이 심어준 일정한 조선관에 대해 역사적으로 분석해 둘 필요가 있다고 여깁니다. 그런 과정 없이 전후에 새로운 조선관이 불쑥 생겨났다는 식의 주장은 다소 비역사적이라고 봅니다. 아울러 관련 사례에 대해 제가 직접 느꼈던 경험을 소개하자면, 다들 알고 계시는 고마쓰가와 사건小松川事件[1] 당시를 들 수 있습니다. 그때는 여느 사건과 달리 어쩐 일인지 일본의 많은 이들이 사건의 용의자였던 모 소년을 돕고자 마련된 모임에 잇따라 가입하는 현상이 벌어졌습니다. 여기서 흥미로운 점은 그들 중에는 의외로 지식층이 아닌 빈곤층이나 젊은층의 상당수가 조선에 대해 친근감을 느꼈다는 겁니다. 이와 같은 사례만 봐도 일본의 배타적인 조선관이라는 극

---

1 1958년에 도쿄도에서 발생한 살인 사건을 가리킨다. 8월 17일, 도쿄도립 고마쓰가와 고교(都立小松川高校)에 다니던 한 여학생(당시 16세)이 행방불명되었다. 며칠 뒤인 8월 21일에 그 여학생의 시체가 학교 옥상에서 발견되었다. 시체가 발견되기 하루 전날인 8월 20일, 요미우리신문사(読売新聞社)로 한 남자가 전화를 걸어 범행을 자백했는데, 그때 녹음된 통화 내용이 8월 29일에 라디오를 통해 전국에 공개되었다. 그러자 목소리가 비슷하다는 등의 각종 제보를 통해 고마쓰가와 고등학교 1학년에 재학 중인 한 남학생이 체포되었다. 그 소년은 '가네코 시즈오'(金子鎭宇)라는 이름의 재일조선인 소년 이진우(李珍宇, 당시 나이 18세)였다. 그 후 1959년 2월에 도쿄지방법원은 살인과 강간치사죄로 이진우에게 사형을 선고했다. 다만, 그에게는 소년법 51조가 적용되지 않는 채 이례적인 속도로 사형이 확정, 집행되었으며 이 사건은 당시 일본 사회에 큰 파장을 일으켰다. 위키피디아 재팬 및 NHK ARCHIVES 小松川高校殺人事件 영상 및 내용 참고 (https://www2.nhk.or.jp/archives/tv60bin/detail/index.cgi?das_id=D0009030025_00000)

단적인 어휘로 일본인의 조선관을 일괄할 수는 없다고 생각합니다. 그러나 문제는 지금껏 위와 같은 사례들이 표면화되지 않았기 때문에 연구자들이 전후를 파악하는 데 있어 그러한 사항들을 잘 반영하고 있지 않으며, 저는 바로 이런 데서 위화감을 느끼는 겁니다. 그런고로 이 같은 문제는 향후 반드시 해결해야 할 과제가 아닐까 싶습니다.

가지무라 히데키

서민적 감각의 문제 말씀입니다만, 두 분께서 지적하신 그런 양면적인 모습은 한 인간의 내부에서도 상호 모순된 부분으로서 동시에 존재하고 있습니다. 하지만 촉발되는 상황에 따라 둘 중의 어느 한 면만이 표출되는 그런 애매한 형태로 존재하는 복합적인 의식 그 자체가 문제적인 겁니다. 따라서 사상의 변혁이란 그저 좋은 요소의 단편들만 그러모아 발전시키면 되는 거라고 단순하게 생각해서는 안 된다고 여깁니다.

우부카타 나오키치

그 점은 저도 동감합니다만, 저의 의도는 어떤 전문적인 파악도 일본인과 조선인을 포함한 민중의 의식변혁을 매개로 하지 않고서는 올바른 발전이 어렵지 않나 하는 방법론적인 의미에서 한 말입니다. 그저 과거의 예외적인 사례들만 줄줄이 쌓아 올린다고 될 일은 아니라는 겁니다.

조선관과 중국관의 차이

안도 히코타로

일본인의 조선관과 중국관의 차이는 어디서 기인하는 걸까요? 대체로 일본의 아시아 연구자들은 연구 대상인 아시아에 대해 애정을 느끼는 경우가 드물지만, 예외적으로 중국에 대해서만큼은 애정을 품고 있는 이들이 제법 됩니다. 이러한 현상에 대해 좀 더 구체적으로 말씀을 드리자면, 아시다시피 일본은 뒤늦게 발달한 후진국으로 과거 흑선黑船에 의해 개항을 강요받았습니다. 그리하여 일본인들 간의 정치적 주장으로서 국권론國權論과 민권론民權論이라는 이 둘의 대립이 등장하게 된 것입니다. 여기서 국권론은 두말할 필요도 없이 유럽이나 미국과 동급이 되기 위해 국위를 발양한다는 것이며, 민권론 또한 유럽과 미국 수준에 이르는 민주국가가 되기 위해 국내개혁을 도모한다는 주장으로 사실은 둘 다 비슷한 지점에서 생겨난 것입니다. 그러나 정책적인 차이는 분명 존재합니다. 다만, 국권론과 민권론의 대극적인 지점들을 살펴보면 상당한 차이가 있긴 하지만 이들 간에는 논리적인 이행과정이 있으며, 그 근본적인 발원지는 동일합니다. 참고로 저는 이를 근대화주의近代化主義라고 명명하려 합니다. 근대주의近代主義라는 별개의 개념이 이미 존재하니까요. 그리고 이 둘의 대극되는 측면은 두 가지로 설명할 수 있는데, 먼저 국권에 대한 민권이라는 대립을 들 수 있습니다. 이 두 사고방식의 패턴은 뒤늦게 발달한 자본주의 국가나 한발 늦게 근대 사회 대열에 들어선 국가들 안에서는 반드시 존재했던 양상입니다. 이는 중국에도 있었고 독일도 마찬가지였습니다. 일례로 독일 경제학에서의 영국식 자유

무역과 독일식 보호무역의 대립이 그러합니다. 심지어 이는 독일이나 기타 유럽 국가들에는 없는 특징적인 것으로서 동양에 대한 서양이라는 대응이 그러합니다. 이 경우 동양은 뒤늦게 위로부터의 부국강병을 급속하게 추진하는 바람에 부르주아 혁명이 철저하지 못했습니다. 일단 메이지유신에 관한 학문적인 분석은 별개로 두고서라도 어쨌든 그런 부르주아 혁명은 철두철미하지 못했으며 여러 봉건적인 유제遺制들이 메이지 천황제 안에 강제로 도입되어 그것이 그대로 잔존하고 있는 겁니다. 게다가 고전의 원류가 조선을 통해 들어온 것이 있다하더라도 정서상 일본인들의 대부분은 그 원류를 중국에서 찾으려고 하며 또 중국 쪽에 가치를 두는 사고방식이 있었던 겁니다. 그 후 '동양 對 서양이라는 사고체계가 생겨났고 이는 결국 '국권론과 동양', '민권론과 서양'이라는 대응으로 발전하게 된 것입니다. 앞서 말씀드린 대로 동양과 서양이라는 대응 구도 역시 마찬가지로 근대화주의에서 생겨난 것이라고 생각합니다. 그러나 모든 것을 동양 쪽에 무게 중심을 두고 관찰하다 보면 상당히 보수적인 쪽으로 치우치게 되고 이를 다시 서양 쪽에 중점을 두게 되면 약간 진보적인 방향으로 기울다가 점차 민권 쪽으로 나아가게 됩니다. 반면, 동양 쪽에 치우치면 국권론 쪽으로 흘러가는 그런 인식이 생겨나는데, 바로 거기서 물질과 정신의 대립 구조가 형성되는 겁니다. 요컨대 동양은 정신이고 서양은 물질로서 대비하여 동양에 중점을 두면 보수적이고 과거 지향적인 데다가 결과적으로는 정신에 중점을 둔다는 그런 사고체계가 생겨나는 것이지요. 한편, 서양 쪽은 물질적인 측면(물론 정신도 존재하지만)과 민권 쪽에 무게를 두고 생각하는 겁니다.

이를 학문적인 측면에서 보자면 동양 쪽에서는 한학이 이에 해당합니다. 도쿠가와 시대의 주자학이 천황제를 수호하는 교학教學으로서 재편성되어 한학이 되었으며, 이를 상대로 양학이라는 대응이 생겨난 겁니다. 한학은 오로지 정신학精神學이며 양학은 응용학문으로서 일본에 체계적으로 수입되었습니다. 그 후 주로 응용학의 발달이 이뤄지고 이에 한학과 양학이라는 대립 양상이 출현하게 된 것입니다. 이어 양학·서양·민권이라는 입장에 기점을 두고 두 가지 대립을 살펴보자면, 국권·동양·정신은 '야만'이며 민권·서양·물질은 '문명'이라는 대립이 생겨납니다. 그중 '야만'과 '문명', 이를 전형적으로 언급했던 인물은 후쿠자와 유키치입니다. 그는 일청전쟁 당시 대단히 흡족해하며 '야만과 문명의 전쟁에서 문명이 승리했다'는 그런 표현을 쓰기도 했습니다. 한편, 국권·동양·정신이라는 쪽에 중점을 두게 되면 아시아의 연대라는 말이 나오게 됩니다. 그리고 민권·서양·물질 쪽을 서력동점西力東漸으로 파악하여 그에 대항한다는 사상이 생겨나는 것이지요.

그런데 이 모든 것들의 근원에는 일본의 근대화로의 이행이 전제되어 있다는 것입니다. 다시 말해 국권·동양·정신 방면의 계열에서 보면 일정한 연대가 형성되지만, 사실 그 연대라는 것도 결국 일본이라는 국가를 무사태평하게 함과 동시에 서력동점에 대비하여 하루빨리 근대화를 이루어 기타 아시아 국가들을 돕지 않으면 안 된다는 주장으로 귀결된다는 겁니다. 하나의 사례로서 중국의 지나보전론支那保全論이 그러한데, 도야마 미쓰루頭山滿[2]는 이를 두고 '지나를 보전하여 동양을 동양답게 만드는 것은

---

2   도야마 미쓰루(頭山滿, 1855~1944) : 메이지부터 쇼와 전기에 활동한 아시아주의자다. 일찍부터 일본의 해외 진출을 주장한 인물로 대로동지회(対露同志会)에 가담한 바 있으며 러일전쟁 개전론을 주창하기도 했다.

신주남아神州男兒의 천직'이라 주장하기도 했습니다. 그러나 이 또한 침략과 같은 이치로서 민권·서양·물질이라는 문명의 계열에서 말하자면 '탈아론脫亞論'이 되는 겁니다. 따라서 '탈아론'이나 '지나보전론' 모두 결과적으로는 매한가지인 것이지요. 저는 바로 이러한 사고의 대응 관계가 있다고 보기 때문에 동양 쪽에 중점을 두고 중국을 연구하다 보면 중국에 대해 친밀감을 갖게 되기 마련이라고 생각하는 겁니다.

이야기의 순서가 좀 뒤바뀐 감이 있습니다만, 국권과 민권의 대립이 생겨났을 때는 국권의 대상으로서 조선을 의식했으나 동양과 서양이라는 대응 구조에 이르자 조선은 여기서 빠지게 됩니다. 이는 곧 중국의 영향이 그만큼 강하다는 것을 의미합니다. 물론 조선을 통해 다양한 중국 문명이 일본으로 들어왔긴 하지만, 그래도 역시 본가는 중국이라는 의식이 만연하다는 것을 알 수 있습니다. 그리고 사실 조선의 주자학은 이른바 중국 주자학의 응용입니다. 따라서 근본을 탐색한다는 차원에서 동양과 서양이라는 대응 관계에 놓일 경우, 조선은 누락되고 마는 것이지요. 물론 거기서 비롯하는 정신과 물질의 대응 논리에서도 조선은 빠지고 없습니다.

야만과 문명의 대립에서 조선은 완전히 야만 쪽에 속했으며, 그런 식으로 누락되어 있던 조선은 이후 메이지 원년에 국권과 민권의 대립 양상 속에서 다시 고려되었던 것입니다. 그런데 학문적인 인식에 있어 한학과 양학의 경우 한학은 엄밀한 의미에서 중국이나 조선 연구는 아니었다고 생각합니다. 그 이유는 리스의 역사학이 유입되면서 일본에 유럽의 역사가 전달되었고 그중 프랑스에서 발생한 시놀로지sinologie(중국학)가 일본으로 수입되자 바로 이 시놀로지라는 관점에서 중국이나 조선을 보기 시작했기 때문입니다. 그리고는 마치 실험이라도 하듯 시험 관 안에 들어 있는 무언가를 이리저리 만지작거려 보는 그런 식이었습 니다. 그러면서 때로는 서양인 입장에서의 분석을 시도하기도 했고요. 그런 반면, 동양에 치우치게 되면 이는 곧 한학의 입장이 되기 때문에 학 문으로는 성립되지 않았던 겁니다. 그런데 이렇게 동양의 입장에서 중 국을 보게 되면 중국에 대해 애착을 가지면서도 그와 동시에 굉장히 보 수적이자 동아경론東亞經論 같은 것과도 결부되어 갔습니다. 물론 거기 서도 조선은 존재하지 않습니다. 그러다 보니 조선을 연구한다는 것은 본고장인 중국의 언저리, 즉 주변사周邊史가 되기 시작했으며 이후 양학 에서는 만선사滿鮮史 연구라는 형태로 인식되어 갔습니다.

따라서 조선이라는 그 대상 자체를 직접적으로 연구한 것이 아니라, 양학을 한 번 거친 데다가 그 양학 안에서도 시놀로지의 주변으로서 만 주와 조선을 연구한다는 이런 의식이 학문 분야에서는 생겨났다고 봅니 다. 그것이 어쩌다 보니 일본의 조선 침략과 긴밀하게 연결되는 것이고 요. 그 후 일본인은 직접 조선으로 건너가 여러 조사가 가능하다는 입장 을 이용해 거꾸로 '양학 안에서의 시놀로지라면 그 시놀로지 안에서 국 위를 발양發揚할 수 있다. 우리가 독자적으로 할 수 있는 건 바로 이런 것 이다'라는 식으로 학문적 성위聲威를 드높이고자 했던 겁니다. 바로 이 지점부터는 조선에 대한 애착이란 것이 더는 생겨날 수 없었던 것이 아 닐까요? 혹은 그럴 수밖에 없는 일정한 구조가 있었던 게 아닐까 싶은데, 어떻게 생각하시는지요?

하타다 다카시

조선 연구자가 조선에 대해 애착을 갖지 않았다는 것은 지금 안도 선생님께서 말씀하신 대로 조선 연구가 양학에서 나온 것과 관련이 있습니다. 서양을 기준 삼아 현재 어디까지 근대화되었는지 그런 척도로 보기 때문에 오래된 것일수록 쓸모없게 보이는 겁니다. 그러니 연구를 하면 할수록 별 볼 일 없다는 식으로 인식하게 되었던 것이겠지요.

조선 연구의 의식

안도 히코타로

그러니까 중국 연구에서도 양학의 입장에서 보면 마찬가지 아닌가요? 일례로 쓰다 소키치의 주장이 실로 그러합니다. 그에 비해 교토학파京都學派 중에는 자신의 이름에 나이토 고난內藤湖南[3]이라든지 이나바 군잔稻葉君山과 같은 호를 붙여 부르던 이들과는 차이가 있는 거죠.[4] 동양이라는 입장에서 애착을 가지고 보면 그러한 뉘앙스의 차이가 생겨나는 거라고 봅니다.

그러나 이들 모두 그 근저에는 일본의 근대화주의가 있는 것이 아닐

---

3 나이토 고난(內藤湖南, 1866~1934) : 일본의 동양사학자다. 본명은 도라지로(虎次郎)이며 고난(湖南)은 호다. 나이토는 시라토리 구라키치와 함께 전전 시대를 대표하는 동양학자다. 교토제대 사학과 강사를 거쳐 교수로 지냈는데, 당시 가노 나오키(狩野直喜)·구와바라 지쓰조(桑原隲藏) 등과 함께 '京都支那学'를 형성했다. 특히 도쿄제대 출신의 시라토리와 더불어 '東의 白鳥庫吉, 西의 內藤湖南' 또는 '실증학파인 나이토와 문헌학파의 시라토리'로 불리기도 했다. 주요 저서로는 『日本文化史研究』, 『清朝史通論』, 『支那史学史』, 『東洋文化史』, 『支那論』, 『中国近世史』 등이 있다.
4 湖南과 君山이라는 중국의 지명을 호로 지을 정도로 일본의 대표적인 동양학자다.

까요? 이처럼 아시아인식 더 나아가서는 거기서부터 집약된 아시아를 인식하기 위한 체계로서의 학문, 즉 제국주의 국가가 가지고 있던 학문의 전체적인 체계에 문제가 있는 겁니다. 따라서 그 제국주의 국가였던 일본에서 육성된 사회과학의 가장 큰 약점을 예리하게 분석할 수 있는 단서로서 조선 연구가 이루어질 수 있지 않을까 싶습니다. 저는 그러한 것들이 조선에 집약되어 있다고 생각합니다. 게다가 중국 연구에서도 그런 지점이 있긴 하지만, 조선 연구는 특히나 상처가 깊습니다. 그러니까 중화인민공화국中華人民共和國의 성립도 중국 연구자의 다수가 예상하지 못했지만, 오늘날의 조선은 그런 점에 있어 한층 더 예측 불가였다고 생각합니다. 그러나 중국은 대국이며 역사적으로는 일본 문화의 원류인 나라이기 때문에 전후 중국에 관한 여러 연구서도 나오고 인식도 조금씩 새로워지고 있는 반면, 조선에 관해서는 이런 현상들이 전혀 나타나지 않고 있습니다. 그 정도로 상처가 깊은 것이지요. 따라서 조선 연구의 방향성이라든지 연구 태도를 논하기 위해서는 먼저 과거 구제국주의 시절에 일본의 조선 연구는 어째서 이루어지지 않았는지, 거기에는 과연 어떤 문제가 있었는지 이런 지점들을 고려해야 한다고 생각합니다. 또 하나는 오늘날 조선 연구가 더욱더 활성화되지 않는 데에는 어떤 이유가 있는지 그에 대해서도 고려 대상으로 삼아야 할 것이며 그때 전후 아시아에서의 일본의 지위에 대한 반성이 동반되지 않으면 안 된다고 생각합니다. 그리하여 우리가 왜 조선 연구를 해야 하는지 다시 한 번 생각해봐야 할 것입니다.

미야타 세쓰코

다른 나라의 제국주의적 침략을 통찰하고 비판하기란 그나마 쉽지만 그것이 자국의 침략이라든가 본인 역시 그에 가담하고 있는 경우라면, 그 제국주의의 사상에서 벗어나기란 지극히 어려운 일이 아니겠습니까?

안도 히코타로

그런 점에 관해 루쉰魯迅의 『잡감집雜感集』[5]에는 "폭군치하의 신민이 대개 폭군보다 더 난폭하다"[6]라는 구절이 있습니다. 이는 억압받는 민족의 피어린 절규라고 생각합니다.

이런 것들은 과거 일본인들이 잘 몰랐던 감각이지요. 앞서도 누차 언급되었지만 일본인은 제국주의 국가의 국민이었기 때문에 그 국민이 조선이라는 대상을 새로이 파악하기 위해서는 '사랑'하는 마음을 가져야 한다고 했습니다. 그리고 여기서의 '사랑'을 우에하라 선생님께서는 '심퍼시 sympathy'라고 표현하시기도 했는데, 이는 달리 말해 '공감共感'이라 바꿔 말해도 좋을 듯싶습니다. 바로 그 공감을 가질 수 있으려면 본인이 속한 나라가 제국주의 국가라는 자기인식 내지는 제국주의에 관한 자기인식을 하지 않고서는 결코 심퍼시를 느낄 수 없을 겁니다.

하물며 조선에 대해서는 더욱 그러하지요. 그런데 자기인식만 하면 즉시 심퍼시를 느낄 수 있느냐, 그것만으로는 불가능합니다. 사실 우리는

5　魯迅, 『雜感集』, 上海 : 時代文化社, 1941.

6　원문에서는 해당 구절의 출처를 『雜感集』이라고 설명하고 있으나, 정확하게는 1919년 11월 1일에 잡지 『신청년(新靑年)』에 게재한 『暴君的臣民』의 내용(暴君治下的臣民,大抵 比暴君更暴)이다. 참고로 『暴君的臣民』을 비롯한 그의 기타 산문 및 잡문을 엮어 『魯迅随 感录』(海天出版社, 1992)로 출판되기도 했다.

그보다 한층 심각한 영향을 받고 있는 게 아닐까 싶습니다. 따라서 일본은 제국주의 국가라는 자기인식을 이론적으로 언급하는 것만으로는 안 됩니다. 저도 어떤 사람에게 듣고서 새삼 깨달은 부분인데, 그 얘기인즉슨 "차별의식을 가지고 있으면 조선 문제뿐만 아니라 일본 문제도 제대로 알 수 없게 된다"는 겁니다. 예를 들면, 안보 투쟁 당시 아이젠하워Dwight David Eisenhower의 일본 방문을 놓고 전학련全學連[7]이 반대를 부르짖어 결국 아이젠하워는 일본으로 올 수 없었습니다. 이를 두고 '아이젠하워를 일본 땅에 발도 못 디디게 했다. 실로 엄청난 성과였다'라는 식으로 우리 역시 그렇게 생각한 적이 있었습니다. 일본의 진보적인 연구자들은 두말할 것도 없이 모두 그렇게 생각했을 겁니다. 그런데 과연 그런 사고방식이 괜찮은 건지 그런 의문이 드는 것도 사실입니다.

왜냐하면 아이젠하워가 오키나와로는 상륙할 수 있었으니까요. 이 말인즉슨, 당시 오키나와는 일본이 아니라고 생각했기 때문에 결국 아이젠하워의 일본 방문을 저지할 수 있었다고 말하는 겁니다. 하지만 잘 생각해보면 오키나와는 일본입니다. 바로 이런 게 문제라는 것이지요. 이처럼 오키나와가 일본이라는 사실을 '가만히 잘 생각해보지 않으면 모른다'는 그 자체가 이상한 것입니다. 이 역시 역사적으로 강요받아 온 일본 국내에서의 차별의식이 존재하는 거라고 생각합니다. 따라서 이런 지점들까지 포함하여 여러모로 악화되고 있다고 보는 겁니다.

---

7   全日本学生自治会総連合 : 1948년에 결성된 일본의 학생자치회의 연합조직이며, 全学連은 그 약칭이다.

미야타 세쓰코

다른 민족을 억압하던 민족은 정작 자신이 억압받고 지배되고 있다는 사실조차 망각하게 되는 걸까요? 여러 의미에서 조선 연구는 단순히 외국 연구가 아니라 일본 자신을 깊이 고찰하게 만드는 연구라고 생각합니다.

조선은 단순한 가교가 아니다.

우부카타 나오키치

앞서 안도 씨께서는 일본 문화가 중국에서 들어온 것이라 하셨는데, 물론 그건 그렇기도 합니다. 그러나 사실은 그 가운데 조선의 문화, 학문, 사상 등이 중국의 것으로서 유입된 경우가 제법 많습니다. 예를 들면, 무타이務台[8] 선생님께서 지적하신 바와 같이 안도 쇼에키의 사상은 16세기 조선의 실학사상의 영향을 받아들여 발생한 것이 아니냐는 설이 그러합니다. 물론 이에 관해 아직 충분한 입증이 이루어진 것은 아닙니다만……. 막부 말기부터 메이지기에 걸쳐 실학사상은 중국뿐만이 아니라 조선 독자적으로 발달한 것에서도 영향을 받고 있었는데 아무래도 이런 것들이 혼동되고 있는 듯합니다. 혹은 의식적으로 혼동하고 있는 측면도 분명 있을 거라고 봅니다. 아무튼 오늘날의 각종 연구를 통해 조

---

8 무타이 리사쿠(務台理作, 1890~1974) : 일본의 철학자다. 교토제대 문학부 철학과를 졸업했으며 교토학파의 창시자인 철학자 니시다 기타로(西田幾多郎) 문하의 한 사람으로도 유명하다. 초기 현상학 운동을 추진했던 무타이는 유학 중에 독일의 철학자 에드문트 후설(Edmund Gustav Albrecht Husserl)의 가르침을 받기도 했다. 주요 저서로는 『ヘーゲル研究』, 『現象学研究』, 『人間と倫理』, 『西田哲学』 등이 있다.

선문화라는 것은 결코 중국문화의 통과점通過点이 아니라 그들만의 독자적인 민족적 성격을 지니고 있었다는 사실이 점차 밝혀지고 있습니다.

미야타 세쓰코

말씀처럼 일본인들은 분명 조선문화의 영향을 받았음에도 불구하고 그 영향 관계를 중국으로 일괄하여 원류를 중국 쪽으로 두려는 경향이 강한 것 같습니다. 이와 관련한 저의 경험을 말씀드리자면, 작년 조선사연구회 대회에서 유적순회를 간 적이 있었는데 당시 가이드가 고류지의 미륵보살에 관해 설명을 해주고 있었습니다. 그런데 해당 미륵보살은 틀림없이 조선계 귀화인이 만든 것임에도 불구하고, 그 가이드는 중국계 귀화인이 만든 거라고 설명을 한 겁니다. 이에 같이 갔던 재일조선인이 분개하여 가이드에게 당장 그 설명을 정정해 달라고 이의 제기를 했던 그런 에피소드가 있습니다. 이러한 사례처럼 뭔가 조선 독자적으로 발달하여 일본으로 들어온 것이라든지 애초에 조선인이 만들어 낸 것까지도 전부 중국 것으로 여기는 것들이 상당히 많지 않을까 싶습니다.

와타나베 마나부

안도 선생님께서 구체적으로 설명해주신 덕에 저 역시 무척 흥미롭게 들었습니다. 그런데 말씀 중에 제 개인적으로 조금 마음에 걸리는 지점이 있어 그에 관하여 여쭙고자 합니다. 이는 다름이 아니라, '어쩌다 보니 조선으로의 침략이 병행되고 있었다'라고 언급하신 부분인데 그 '어쩌다 보니'라는 말은 상당히 복잡한 문제이지 않나 싶습니다. 그러니까 우연이라기보다 필연적인 것이 아닐까요.

미야타 세쓰코

저도 필연적이라고 생각합니다. 게다가 서양의 눈으로 아시아를 바라보고 또 그런 식으로 아시아 여러 국가를 침략해 갔던 것이지요. 하지만 일본이 제국주의 국가로 전화轉化되고 제국주의 안에서의 모순이 격화되기 시작하자 이제까지 모범으로 삼았던 서양이 방해가 됐던 겁니다. 그러다 보니 서양 콤플렉스의 반작용으로서 대동아공영권 사상이 생겨나온 것이 아닐까요. 결국 서양의 물질문명을 완전히 마스터한 데다가 쇠락해져 버린 아시아 제국諸國의 정신문명에 있어 정통 후계자인 우리 일본이야말로 아시아의 맹주가 되지 않으면 안 된다는 그런 식으로 말이죠……

안도 히코타로

저도 그리 생각합니다. 그리고 조선에 대해서는 상당히 이른 시기부터 일본 내부로 끌어들여 이미 일본이라 여기는 그런 의식이 있었던 것 같습니다. 그래서 대동아공영권 같은 경우도 만주 지역은 중국과 분리된 것으로 여겨 '일만지日満支 블록 경제'라고 언급하기도 했으나, 조선은 그렇게 생각하지 않았기 때문에 거기에 포함되지 않았던 겁니다.

미야타 세쓰코

한편, 정작 조선 땅에서는 조선 인민을 일본의 침략전쟁 속으로 몰고 가려는 사상 선전이 이루어지고 있었습니다. 즉, 조선인들에게 일본 다음의 순위를 매겨 주면서 혈연적으로도 가장 가깝거니와 제일 먼저 일본과 하나가 되었으니 보다 뒤처진 '만인満人'을 구제하지 않으면 안 된다는 식의 사상 선전을 했던 겁니다. 억압의 이양이라고 할까요.

안도 히코타로

말씀대로 사상 선전뿐만 아니라 또 실제 그런 선전을 하면서 쌀 배급도 달리했을 겁니다. 그러니까 '만인', 조선인 그리고 일본인이라는 이런 단계가 있었던 것이 아니겠습니까? 바로 실질적인 생활 속에서 그런 식으로 중국인과 조선인 간의 민족이반民族離反을 부추기고 있었겠지요. 저항운동 때에는 조선인과 중국인이 힘을 모아 투쟁하기도 하고 중국 동북 지방에서 전개된 게릴라전 당시 연합전을 펼치기도 했으나, 다른 한편에서는 조선인과 중국인 사이에 민족 이간을 일으키고 있었던 겁니다. 이는 꽤 나중까지도 중국인에게 있어 조선인에 대한 반감을 품게 만든 결과를 초래했던 것이 아닐까 싶습니다.

전후의 조선관

미야타 세쓰코

문제는 그런 일본인의 사상이 일본 제국주의의 패배와 동시에 어찌 되었는가 하는 지점입니다. 그것은 조선의 독립을 일본인이 어떻게 받아들였는가 하는 문제와도 관련성이 있는데, 과연 전후 일본인의 조선관에 변화가 있었던 걸까요? 어떻게 생각하시는지요?

가지무라 히데키

문제를 총체적으로 그렇게 설정해 두고 보면, 기본적으로는 변하지 않았다고 생각합니다. 예를 들면, 현대조선론現代朝鮮論이 본격적으로 과학의 대상으로서 취급될 만한 자격이 여전히 주어지지 않았다는 것도 하나의 단적인 현상이라고 생각합니다. 그리고 사실 저희 역사 쪽에서는 일국사적인 관점을 확립해야 한다고 시종일관 강조해 왔는데 이를 두고 다른 쪽에서는 비판을 하기도 했습니다. 그러니까 일국사적인 관점이 아니라 세계사 안에 위치시켜야 한다는 겁니다. 그런데 저희가 생각하는 그 일국사적 관점이라는 것은 그런 일본인을 위한 세계사상世界史像에 있어서도 필요불가결한 것이라고 확신합니다만, 아무튼 일본사 혹은 서양사 연구가 직면하는 상황인식의 기계적인 연장이 있기 때문에 그런 식으로 비판하는 일본인들은 좀처럼 납득하지를 않는 겁니다. 바로 이러한 연구상의 현상적인 문제 역시 크게는 전쟁 책임의 문제로서 자주 논의되어 소위 전후 민주주의라는 측면에서 평가될 수는 있었지만 아무리 그렇다 하더라도 식민지 지배의 책임 문제는 사상적으로 충분히 극복되지 않은 그 상태 그대로 지금까지 이어 온 것이 아닌가 생각합니다.

하타다 다카시

분명히 달라진 면도 있겠습니다만, 앞서 언급했던 교과서의 한 사례만 보더라도 알 수 있듯이 변하지 않는 측면이 더 강하다고 봅니다. 패전에 의해 질적 전환을 이룬 것이 아니라, 전전의 의식이 정지된 상태로 지속되고 있는 그런 식이 아닐까요. 이는 패전의식과도 관련된다고 보는데 다시 말해, 중국에 대해서는 전쟁 책임을 느끼지만 조선에게는 그런 감각이 전혀 없다는 문제가 있는 것이지요. 따라서 사상이 변했다고까지는 말할 수 없습니다. 다만, 의식 자체가 끊겨 있다거나 혹은 도무지 어찌해야 할 바를 모르고 있는 것 같습니다.

미야타 세쓰코

저도 기본적으로 일본인의 조선관은 변하지 않았다고 느낍니다. 그리고 왠지 일본의 반동사상 핵심에는 조선이 있는 것 같습니다. 다시 말해, 전후의 반동사상이 대두되는 과정에서 일본인의 조선관이 커다란 역할을 했다는 겁니다. 예를 들면, 일본의 재군비再軍備 과정을 보더라도 당시 이승만 라인의 어선나포漁船拿捕 문제로 떠들썩했을 당시 일본인들의 그런 조선관이 일본을 재군비시키는 데에 있어 상당한 설득력을 지닌 채 서민들 사이로 침투해 갔습니다. 다시 말해, 일본의 군비 상태를 미국이나 소련과 투쟁할 정도까지는 갖추지 못하더라도 조선인들이 함부로 얕잡아보지 못할 수준까지는 되어야 하지 않겠냐는 식으로 말이지요. 그리고 군비를 제대로 갖추지 못했기 때문에 이승만 라인에서 일본인이 나포되는 거라는 말이 일반 서민들의 감정 깊숙이 너무나도 쉽게 이입되었던 겁니다. 게다가 일한회담 당시에도 남조선 학생이 일본 국기를 불태우자 일본의 진보적인 사람들까지도 이른바 애국심을 드러내며 그를 비난하고 나섰습니다. 그러니까 얼마 전까지만 해도 그 '남조선 학생이 과거 자신들을 침략했던 일본에 반대하는 것은 지극히 당연하며 이를 지지해야 한다'던 사람들까지도 결국에는 민족 감정을 노골적으로 드러내고 만 것입니다. 이로써 그 감정의 뿌리가 얼마나 깊은지 다시 한번 확인할 수 있었습니다.

무엇을 계승해야 하는가?

사실 전전의 일그러진 조선관에 대해 적잖은 지적이나 논의가 이뤄지고 있었음에도 불구하고, 전후인 지금까지도 기본적으로는 그다지 달라지지 않았다고 봅니다. 그러한 정황 속에서 우리가 전전 연구를 어떻게 계승할 것인지 이는 상당히 어려운 과제입니다. 전후의 조선사 연구라는 것은 일단 전전 연구를 비판하는 것에서부터 시작되었는데, 그 비판 자체에도 문제는 존재합니다. 게다가 연구자가 너무나도 적기 때문에 본인이 연구하고 있는 부분에 관련해서는 비판적인 자세를 취하지만, 그 외에는 전전의 학설을 그대로 받아들이고 있다고 생각합니다. 예를 들면, 하나의 논문 안에서도 전전의 연구를 철저하게 비판하는 부분이 있는가 하면 또 다른 지점에서는 전전의 학설에 대해 깊이 파고든 흔적이라고는 도무지 찾아볼 수 없는 모순을 그대로 드러내곤 하니까요. 또한 정체론이나 만선사관滿鮮史觀 역시 각 사관史觀이 드러내는 이데올로기적인 역할이나 정치적 역할에 대해 비판하긴 하지만, 그래도 여전히 내용 그 자체에 있어서는 이런 문제들을 극복하는 데까지는 이르지 못했다고 생각합니다.

가지무라 히데키

본 심포지엄에서는 전전의 유산 계승 문제에 대해 지속적으로 검토해 왔습니다. 그리고 그 과정에서 설령 그것이 단편적일지라도 계승할 수 있는 것은 일단 어떠한 형태로든 규정지어 사고하려는 경향이 있었다고 생각합니다. 허나 그보다는 향후 나아갈 방향으로서의 '계승'이라는 데에 중점을 두고 보다 엄밀하게 고찰하는 편이 좋지 않을까요? 단편 그 자체를 '이것과 이것은 사용 가능'하다는 형태로 선취하는 것은 결코 계승이 아니며 그건 그저 사용 가능한 것을 '이용'하는 것에 지나지 않습니다. 오히려 진정한 의미로 계승하기 위해서는 엄격한 비판을 거쳐야 마땅하며 또 그런 비판을 통해 계승해 갈 수밖에 없지 않겠습니까?

안도 히코타로

가지무라 군의 말처럼 전전의 이런저런 성과들을 무비판적으로 전승해서는 안 됩니다. 물론 전전에 이루어 놓은 각종 연구나 논책들을 연구자로서 이어가지 않으면 안 되겠지만, 그러한 것들을 이것저것 부분적으로 골라내어 다룰 것이 아니라 학문의 질적인 부분까지 전부 바꾸지 않으면 올바르게 계승할 수 없다고 생각합니다. 이제 우리는 그러한 시기에 이르지 않았나 싶습니다.

미야타 세쓰코

'전전의 연구를 계승한다.' 이는 '그것을 어떻게 계승할 것인가?' 그 문제보다는 '어떤 체제로서 또 질적 측면에 있어서 근본적인 비판을 어떤 방식으로 해야 할 것인가' 이런 것들이 더 중요하다는 말씀이군요.

안도 히코타로

그렇습니다.

미야타 세쓰코

좀 더 치밀한 비판을 해야 합니다. 사실 우리 입장에서는 우리가 그들을 비판하고 있다고 생각하지만, 우리는 자신도 모르는 사이에 상대에게 근본적인 부분에서 발목을 잡히는 바람에 결국에는 같은 입장에 놓이게 되는 그런 경우가 있지 않나 싶은 겁니다.

가지무라 히데키

과거 업적들 중에는 그것이 부르주아적인 것이든 그 이전의 것이든 그 나름대로 뛰어난 성과들이 있었습니다. 그리고 그 훌륭한 업적을 이용 가능한 차원에서 활용하는 것은 당연한 일입니다. 학문이 역사적인 것인 이상 그럴 수밖에 없으며 또 실제로도 그러합니다. 따라서 의식적으로 계승한다고 했을 때, 오히려 그런 하나하나의 부분들을 전체 체계에서 분리해 놓고 보면 그 빛나는 업적들이 어떤 의미에서는 부負의 유산과 얼마나 결부되어 있었는가 하는 그런 구조적인 문제가 떠오르게됩니다. 따라서 그런 '부負의 유산을 계승한다. 즉, 마이너스를 플러스로전화轉化한다'라는 의미에서 이 계승의 문제를 생각하는 것이 우선적으로 필요한 일이라고 생각합니다.

미야타 세쓰코

그럼, 이쯤에서 향후의 바람직한 연구 태도 및 방향성 그리고 문제점에 관한 토론으로 바로 이어가도록 하겠습니다.

현대 조선 연구의 연구 방법

가지무라 히데키

현대 조선에 관해서도 나름대로 연구가 이뤄지고는 있습니다. 그러나 국제관계론 연구자들은 이를 중요한 일부 요소로서 그러니까 세계정치의 파워 폴리틱스power politics[9]를 분석하는 과정 중에 남북조선南北朝鮮의 문제라든가 통일 문제를 잠깐씩 언급한다거나 혹은 일한관계의 경우 일본 측에 관한 간략한 이론적 개요 정도만 습득한 상태에서 국제관계론을 논하고 있습니다. 그런 식으로 마치 다 알고 있다는 듯한 태도를 취하는 것이 대부분이지 않을까요? 이제는 그럴 것이 아니라 현대 조선을 연구하는 경우에도 인민사관人民史觀이라 불리든 뭐라 불리든지 간에 조선 인민이 실질적으로 문제시 여기는 부분에 초점을 맞춰 그 문제를 조선 내부에서 바라보는 형태로 연구해야 한다고 생각합니다.

안도 히코타로

현대 조선 연구의 커다란 문제로는 사회주의를 들 수 있습니다. 조선도 북쪽에서는 사회주의가 실현되고 있지만, 그들이 어떤 식으로 사회주의에 도달했는지 그런 것을 조선에 입각하여(물론 국제관계 같은 것도 고려해가면서 말입니다) 파악하려면 사회주의라는 것이 현재 세계사 안에서 어떠한 위치를 점하고 있는지 또 어떠한 동향을 띠고 있는지, 이런 부분들이 다른 사회주의 국가들과의 관계에서는 어떠한지 그리고 그 사회주

---

9   무력을 배경으로 하는 외교 정책 또는 권력 정치를 말한다.

의가 우리와 어떠한 관련성을 지니는지, 그것이 과연 교훈적으로 유익한지 이러한 시점에서 판단할 필요가 있습니다. 물론 현대 조선 연구에 있어 주요한 문제가 이것만 있는 것은 아니겠습니다만, 사회주의 문제도 그중 하나이지 않을까요?

미야타 세쓰코

가지무라 씨가 제기하신 부분과 관련하여 말씀드리자면, 현재 조선을 이해하는 방식은 미국의 극동전략極東戰略의 일환 또는 중국에 대한 봉쇄된 정책의 일환으로서 파악하고 있을 뿐, 조선 독자적으로는 인식되지 않는 측면이 있다고 생각합니다. 왠지 과거 연구들로 인한 일그러진 사고방식이 현대 조선 연구에도 그 그림자를 드리우고 있다는 느낌이 듭니다만……

안도 히코타로

북쪽은 중요합니다. 그렇지만, 북쪽을 연구한다는 것이 남쪽을 소홀히 해도 된다는 의미는 결코 아니며 오히려 남쪽에서의 인민 투쟁을 특히 우리로서는 더욱 자세하게 소개하고 연구하지 않으면 안 됩니다. 사실 조선 민족이라는 것이 여러 제약이 있긴 하지만, 그래도 북쪽은 사회주의를 본인들이 직접 선택한 것이기 때문에 그 나름의 모순은 있을지언정 어쨌든 사회주의에는 도달한 상태입니다. 그렇다면 어떠한 과정으로 도달할 수 있었는지 또 남쪽 사람들은 현재 어떠한 투쟁을 지향하고 있는지 그리고 어떠한 것에 가능성을 두고 투쟁하고 있는지 이런 사항들을 오늘날의 시점에서 검토해 볼 필요가 있습니다.

와타나베 마나부

작년 가을, 교토에서 열린 조선사대회朝鮮史大會의 간친회懇親會 자리에서 제가 "저희는 '근세에서 내다본 근대'를 연구했으니 앞으로 젊은 분들이 '근대에서 내다본 현대'를 연구해 주길 바란다"라고 했더니, 이노우에 기요시井上淸[10] 씨가 "'근대에서 내다본 현대'는 물론이거니와 이에 더 나아가 '미래를 전망하는 현대'를 연구해 달라"고 말씀하셨습니다. 이는 상당히 많은 의미를 함축한 말씀이라고 생각합니다. 지금 안도 선생님께서 언급하셨던 가능성이라는 것은 필연성을 뒷받침한 가능성이 아니라면 한낱 몽상으로 끝나버리고 말겁니다. 그러니 그런 가능성 혹은 필연적 미지수 안에서 개발해야 할 가능성을 어떻게 파악할 것인지 이런 것들은 조선의 근대를 그저 '일본에게 침략당했다'라는 것에 그칠 것이 아니라, 조선 자체를 하나의 역사적 실체로서 파악해두지 않으면 안 됩니다. 그래야 조선을 일본과 중국이라는 두 역사적 실체의 마지널 존marginal zone, 周辺帶으로 보지 않게 되는 겁니다. 그러니까 조선 자체를 논할 때 오늘날 여러 모습으로 성립해가는 사회구성의 메커니즘 혹은 법칙성 같은 것을 고려하지 않으면 안 되는 것입니다. 참고로 현재 남조선의 학자들은 아직까지도 파행성跛行性이라든가 불균형성不均衡性 등의 추상적인 어휘만으로 규정해버리고 마는 것 같습니다. 식민지 상황에서는 사회나 경제가 절름발이 형태인 것을 당연하게 여긴 채, 그런 절름발이 형상이 도대체 무엇인지를 살피려는 구체

---

10 이노우에 기요시(井上淸, 1913~2001) : 일본사를 전공한 역사학자다. 도쿄제대 국사학과를 졸업했으며, 전시 중에 문부성의 유신사(維新史) 및 제실학사원사(帝室学土院史) 편집의 촉탁이 되었다. 전후에는 역사학연구회에서 활동했으며 교토대학 인문과학연구소에서 근무하기도 했다. 주요 저서로는 천황제에 대한 비판이 담긴 『天皇・天皇制の歷史』를 비롯하여 『日本女性史』, 『明治維新』, 『天皇制─軍隊と軍部』, 『日本の歷史』, 『日本帝国主義の形成』 등이 있다.

적이고 적극적인 연구는 아직 이루어지지 않았다고 봅니다. 앞으로 우리
는 그런 점을 개척해 나가야 합니다. 그러기 위해서는 당연히 조선 사람들
의 협력이 필요하겠지요. 그렇지 않고서는 필연성에 이끌린 가능성에 의
한 '현대에서 내다본 미래' 그와 동시에 '미래를 전망한 현대'라는 것은 결코
출현할 수 없다고 생각합니다.

조선사 연구의 과제

미야타 세쓰코

앞서 현대 조선의 연구 가운데 국제정세 분석의 일환으로서 조선을 인
식한 나머지 조선 자체의 내적 모순에 대한 파악이 미비하다는 지적이 있
었습니다. 물론 역사학 쪽에서도 비슷한 문제를 안고 있긴 하지만 최근 2,
3년 사이에는 그러한 태도를 극복하고 조선사의 독자적인 발전 법칙을
추구하려는 노력이 시작되고 있습니다. 일본에서의 조선 연구가 그러한
방향으로 나아가는 데는 그 나름의 필연적인 과정이 있었습니다만, 어쨌
든 남북조선 특히 북조선에서의 일국사적 관철 및 합법칙성의 추구가 커
다란 영향을 주고 있는 것도 사실입니다. 한편, 역연歷研[11] 등에서는 동아
시아상東アジア像의 검토라든가 세계사적 시각에서 일국사를 파악하려는
문제의식이 있습니다. 그러한 시각과 조선사의 독자적인 발전 법칙의 구

---

11 '歷史学研究会'의 줄임말로, 일본의 역사 연구 학술단체다. '역사의 대중화', '역사의 과
학적 연구'의 발전을 목적으로 하여 1932년에 설립되었으며, 1933년에 창간한 월간잡
지 『歷史学研究』가 있다.

명究明을 이론적으로 제대로 이해하지 못하면 조선사 연구의 성과들이 타 분야 연구로 도입되기란 어려운 일이 아닐까요?

가지무라 히데키

저는 북조선에서 제출되는 일국사적·내재적 발전의 관점을 기초로 삼고 있는 최근 일본의 태도는 전적으로 옳다고 생각합니다. 식민지 지배의 책임 문제가 정리되지 않았다는 측면에서 본다면, 이는 반드시 거쳐야 하는 과정이라고 봅니다. 그런 문제를 정리하고 나서 거기서부터 다시 출발하여 동아시아 세계라든가 근대 세계 자본주의 체계의 상像을 실재적인 것으로서 구축해 나가야 한다고 저는 그렇게 생각합니다.

하타다 다카시

동아시아의 문제가 제기된 것은 실제로 동아시아가 세계 동향의 초점이자 또 새로운 세계의 혁명이랄까요 아무튼 그런 것들을 이해하는 데에 상당히 중대한 의미를 지니고 있기 때문입니다. 그러나 실제로 역연歷研에서 동아시아를 연구하면, 전근대에 있어서는 책봉체제가 문제시되는 중국 중심의 세계만을 고려하고 나머지는 주변 제국이 되는 거로 결론을 내리고 마는데, 과연 그래도 되는가 싶습니다. 반면, 조선사 연구자의 경우는 조선만 보려는 경향이 강하고 그 외에는 그저 눈을 감아버리기 일쑤입니다. 이러한 두 경향 가운데 어느 쪽을 선택하여 또 어떤 식으로 연구해야 좋을지, 그런 지점에서 우리는 고민을 하고 있는 겁니다.

미야타 세쓰코

책봉체제, 즉 중국을 중심으로 두고 그 외에는 주변 국가로 여기는 이른바 중국 문화권이라는 시각이 거기서 비롯된 것이 아닐까요? 하지만 분명한 것은 그 주변 국가들도 저마다 그 자체로서의 확고한 독자성이 있다는 겁니다. 이들은 결코 주변이 아닙니다. 특히 조선사의 경우 그 독자성의 추구가 가장 근본적이며 또 그에 입각하여 너른 시야를 가져야 하는 것이 아닐까요? 더군다나 일본인에게는 조선의 독자성을 인정하지 않는 그런 사상이 있으니 말입니다.

하타다 다카시

그런 경향이 있지요. 이야기가 좀 빗나갈 수도 있겠습니다만, 조선사 연구는 일본의 역사학 안에서 이뤄지고 있습니다. 그러니까 일본 역사학의 전체적인 동향이나 관련성 이런 것들과 같이 진행되고 있는 겁니다. 하지만 저를 포함하여 이에 대해 반성하는 의미에서 생각을 좀 해보자면, 일본인들이 조선사 연구에 임하는 자세는 좀 특수합니다. 즉, 조선사 연구라는 것은 뭔가 일본의 전체적인 역사 내에서도 특수한 영역으로 자리하고 있다는 것인데 이는 그다지 좋은 현상이라고 할 수 없습니다. 종래의 역연대회歴研大會를 보더라도 조선사는 결코 주류가 되지 못했으며, 그저 가볍게 훑고 지나가 버리고 마는 식이었습니다. 도대체 왜 그런 걸까요? 단지, 연구자의 수가 적다거나 인재가 드물기 때문일까요? 연구의 시야에 문제가 있는 것이 아닐는지요. 조선사는 그저 독자적으로 나아가고 있을 뿐입니다. 이는 일본 역사학의 전체적인 동향에서 살펴보더라도 상당히 동떨어져 있습니다. 그건 그거고 이건 이거라는 식의 별개의 행보를 취하고 있다는 그런 느낌이 듭니다.

미야타 세쓰코

조선이 문제시될 때는 방법론적으로서 조선을 필요로 하는 것이 아니라, 포함시키지 않으면 조선 연구자들이 성가시게 하니까요. 극단적으로 말하자면 그런 게 있습니다. (끊이지 않는 웃음소리)

안도 히코타로

그건 역사학뿐만이 아니라고 생각합니다. 그래도 역사학은 그나마 괜찮은 편에 속하지요. 국가마다 개별적으로 국사가 있기 때문에 가끔은 조선 연구자가 성가시게 구니까 포함시켜 주자는 그런 경우가 있긴 하지만, 문학의 경우에는 상황이 더욱 심각합니다. 문학자가 아닌 제가 보더라도 그러한데, 예를 들어 세계문학 전집이 도처에서 출판되고 있으나 그 전집 안에 중국문학이 포함되는 일조차 없습니다. 이상한 현상이죠. 그나마 겨우 들어간 것이 루쉰입니다. 조선문학은 그야말로 외국문학이며 버젓한 세계문학의 하나인데도 그 세계문학 전집에 단 한 번도 들어간 적이 없습니다. 문학은 각 국가별로 창작되는 것임에도 불구하고 그런 생각조차 하질 않는 겁니다. 하물며 정치·경제와 관련해서는 두말할 것도 없습니다.

하타다 다카시

철학 역시 세계철학이라는 것은 아예 존재하지 않으며 오로지 서양철학밖에 없습니다. 다른 것은 거론할 여지조차 없다고 보는 것이지요. 그러니 아시아철학 같은 건 애당초 생각하지도 않는 겁니다.

안도 히코타로

그 밖의 사례도 마찬가지인데, '서양경제사'는 어느 대학에나 존재합니다. 물론 '일본경제사'라는 것도 있지요. 일본인이니까요……. 그러나 '동양경제사'는 없습니다. 뭐, 거의 없을 겁니다. 만약 어느 학교에 있다 손 치더라도 그 '동양'이라는 것도 결국은 중국일 테고 기껏 포함되어봐야 인도 정도로 조선은 들어가지 않을 겁니다. 정치학에서도 마찬가지고요. 일례로 비교헌법론比較憲法論의 경우만 해도 그 비교헌법론 안에 중국헌법은 포함되지 않습니다. 반면, 일본과는 관계가 거의 없다고 여길 법한, 즉 우리와 밀접한 그 어떤 관련성조차 없는 국가의 헌법이 들어가 있어도 중화인민공화국의 헌법은 그 범주 안에 없습니다. 상황이 이러하다 보니, 조선의 그러한 법률이 일본 법률론의 시야로 들어오고 난 뒤에야 비로소 조선 법률론이 전개될 수 있다는 것인데, 그런 일은 일단 없다고 봐야겠지요.

와타나베 마나부

앞서 하타다 선생님께서 법칙성의 추구라는 것을 몇 차례 언급하셨습니다만, 일단 법칙성이라는 것은 상당히 추상적인 겁니다. 예를 들어 '노예제에서 봉건제로 이행되었다'라는 식의 법칙성도 물론 생각할 수 있겠지만, 아무리 그래도 역사가 흘러가는 그 범위 내에서 법칙성이 존재하기 마련입니다. 현재 제가 연구 중인 것으로 설명을 하자면, 서양 중세 스콜라 철학의 보편논쟁普遍論爭 중에 등장하는 유명론唯名論과 유사한 형태라고 볼 수 있으며 게다가 상당히 독특한 형태의 법칙성이 거의 동시대에 나타나고 있습니다. 이를 미세한 징후라고 한다면 그리 볼 수도 있겠으나, 분명한 것은 거기서도 어떠한 법칙성이 엿보인다는 겁니다. 역시 조선을 깊이 살펴보지 않으면 세계 전체적인 사상의 발전을 조망한다는 그런 구체적이고 충실한 내용으로의 전개 자체가 불가능하지 않을까 싶습니다. 다시 말해, 조선은 그만큼의 가치를 지니고 있다는 것이지요.

가지무라 히데키

일본사와 조선사 간에 실존하는 낙차의 문제로 방법론이라는 것은 (본래 그래서는 안 되지만,) 연구사의 발전단계의 차이에 의해 크게 규정됩니다. 쉽게 말해서 일본사 연구 쪽이 월등히 앞서고 있다는 겁니다.

동아시아라는 문제가 일본사 연구자로부터 도출된 사실경과事実経過로서 메이지유신론을 내재적인 문제나 사회구성체론으로서 보자면, 할 만큼 다했다고 단언할 순 없지만 그대로 어느 정도까지는 결과가 나와 버린 상황인지라 그 이상의 새로운 무언가를 보태지 않는 이상 보다 생산적인 연구는 불가능한 그런 상황에 봉착했습니다. 그렇다면 이제 무엇을 새로이 추가해야 하는지 그런 문제에 대해 논하다 보면, 역시 세계사적 상황의 규정성이라는 요소가 결락되어 있다는 것을 깨닫게 되어 일국사적 관점에 대한 비판에 이르게 됩니다. 그것은 그 나름대로 긍정적인 일이겠지요.

그런데 그 시점에서 동아시아라는 문제는 지극히 추상적으로 도식화되어 내재적 발전이냐 세계사적이냐 하는 식의 양자택일의 형태로 제출되었습니다. 이때 내재적 요소를 추구한다는 것을 마치 시대에 뒤떨어진 것으로 치부하는 부당한 단순화가 발견되는데, 문제는 이러한 사고방식을 어디서든 기계적으로 적용시키려는 경향에 있었다고 생각합니다.

그에 비해 앞서 말씀드린 대로 저희가 조선을 일국사적으로 연구하는 경우, 필연적으로 외부의 세계사적 상황을 사상捨象할 수는 없다는 것도 전제로 하고 있습니다. 구체적으로 일국사의 내적 발전이란 근대에 있어서는 외부의 영향으로 인해 일그러진 형태로서의 발전밖에 존재할 수 없었습니다. 근대뿐만 아니라⋯⋯. 사회주의 문제를 고려할 때에도 그저 실험실 안에서가 아니라 지극히 정통적인orthodox 방법이긴 합니다만, 역사적으로 지금의 국제적인 구조 내에서의 사회주의 문제로서 바라보려는 그런 것들이 그리 순조롭게 통용되지 않고 있다는 것은 조선사 연구자 측의 문제만은 아닌 것 같습니다.

그리고 조선의 경우 기존에는 내부 사회구성의 변동에서 바라보는 시점조차 없었기 때문에 우선 거기서부터 하나씩 짚어갈 수밖에 없다는 겁니다. 그런 의미에서는 일본사 연구자들에게 직접적인 도움이 못 될 수도 있으나, 당분간은 어쩔 수 없는 일이라 여깁니다.

하타다 다카시

확실히 연구의 깊이가 없습니다. 가령 일본사 가운데 고대사만 보더라도 상당히 방대한 연구의 축적이 있지만, 조선사에는 그런 것들이 없습니다. 당연한 말이지만, 이는 하루아침에 이루어지는 것이 아니기도 하고요. 아무튼 조선사 연구에는 바로 그러한 취약함이 있는 겁니다. 또 한 가지는 내셔널리즘의 문제를 들 수 있습니다. 특히 북조선의 연구에서는 그 일국사적 방법이라는 것도 단순한 일국사라기보다 이를 지탱하는 사상으로서의 내셔널리즘이 굉장히 강합니다. 일본인은 내셔널리즘이라 하면 전쟁 당시의 욱일기旭日旗를 떠올리며 가급적 멀리하려는 태도를 보입니다. 그러나 조선은 다릅니다. 바로 정면에서 내셔널리즘이 등장하지요. 이를테면, 영웅들이 수도 없이 존재하는 것만 봐도 알 수 있습니다. 그런 점에서 양국 간의 차이를 통감하게 되며 또 바로 이런 데에 커다란 문제가 있는 게 아닐까 싶습니다. 그러니까 역사와 내셔널리즘이라는 문제 말입니다…….

가지무라 히데키

사실 조선인의 입장에서 내재적 발전이라는 것은 굳이 강조할 필요도 없는 너무나도 당연한 일입니다. 오히려 조선인이라면 일국사만을 언급할 것이 아니라, 마치 일본사를 연구하는 일본인처럼 자국사에 대한 문제의식이 좀 더 필요하지 않나 싶습니다. 반면, 일본인들이야말로 조선을 연구하는 데 있어 일국사적·내재적 발전성을 더욱 강조하는 방법론적 관점에서 살펴볼 필요가 있습니다.

미야타 세쓰코

현실적로는 딱 그 반대이지 않나 싶습니다. 조선의 경우에는 일국사를 강조하는 또 그러한 사상적 필연성이 있습니다. 그 역시 식민지 지배 문제와 얽히게 되는데, 기실 조선인은 일본인에 의해 그 민족성과 문화 그리고 언어를 빼앗겼지요. 그로 인해 해방 후, 자국을 건설하는 데에 있어 어떻게 해서든 그러한 식민지 근성을 극복하여 민족적 주체성을 확립하는 것이 그들에게는 불가결한 문제가 되었던 겁니다. 결국 그것이 일국사의 추구로 이어져 강렬한 내셔널리즘이 되었던 것이 아닐까요?

하타다 다카시

이는 학문 교류와도 관련된다고 생각합니다. 학문의 교류 방법에는 여러 가지가 있으며 그 가운데 번역이라든가 저서 및 논문 교환 같은 것은 이미 이뤄지고 있습니다. 그러나 내면적인 교류는 여간 어려운 일이 아닙니다. 발상의 지반이 너무나도 다르다 보니 서로 간의 의견이 합일될 수 없는 그런 문제가 있습니다. 임나 문제任那問題도 그중 하나일 테지요.

우부카타 나오키치

조선의 어느 역사가가 제기했던 그 유명한 고대사의 분국 문제分國問題에 대한 각각의 실증방법에 관해서도 의견이 다양합니다. 그런 과감한 발상은 일본인들로서는 절대 불가능합니다. 따라서 그와 같은 발상을 하게 되는 근거가 무엇인지를 이해하지 않으면 내면적 교류는 도저히 이루어질 수 없는 것이 아닐까 싶습니다. 조금 거창하게 말하면, 독단적이지 않고 조선의 역사가들이 할 수 없는 조선사 연구를 지향해 보면 어떨까요? 좋든 나쁘든 기존의 부負의 유산을 미래의 역사상과 결부 지어 연구할 수밖에 없습니다. 그럴 경우, 조선의 역사가가 그리는 이미지와 우리들의 이미지가 엇갈리는 경우도 분명 있을 겁니다.

하타다 다카시

네, 그렇습니다. 상호 간의 커다란 차이는 확실히 존재합니다. 조선사의 범위와 관련해서도 문제가 있는데 일례로 발해渤海의 경우 이를 조선사에 넣을 것인지 말 것인지 이런 문제가 있습니다. 또한 건국년대建國年代를 놓고도 서로 간에 생각하는 방식이 몇백 년씩 차이가 나기도 하지요. 조선에서는 서양기원 전후에 봉건 사회가 형성된 것으로 되어있지만, 일본인 중에서 그렇게 생각하는 사람은 아무도 없습니다. 따라서 앞서 우부카타 씨가 하신 말씀, 즉 '어째서 그런 식의 사고방식이 생겨나게 되었는가'에 대해 깊이 생각할 필요가 있는 겁니다.

우부카타 나오키치

아주 세세한 부분까지 거론해가며 논쟁하는 것은 그다지 의미가 없다고 봅니다. 위에 언급했던 그러한 발상을 이해하면서(물론 견해의 차이가 있다 해도 그건 어쩔 도리가 없는 일이니) 우리는 조선인이 연구하지 않는 조선사를 해야 합니다. 이때 조선인이 연구하지 않는 조선사란 종래의 일본사에 대한 비판이 포함되어 있는 걸 말합니다. 어찌하여 그런 견해의 차이가 생겨나는지를 가만히 생각해보면 이 또한 동아시아의 여러 국가가 처한 조건이 동아시아 안에서도 각기 다르기 때문이라고 봅니다. 그런 지점에서부터 생겨나는 차이나 문제적인 사항들이 있기 때문에 이를 학문적인 방법만으로는 해결할 수 없는 거라고 생각합니다. 게다가 이들 가운데 학문 분야에서는 제기될 수 없었던 문제들도 현재 동아시아에서는 예리한 지점까지 제출되고 있습니다. 물론 그러한 점들이 학문과 직결되는 것은 당분간이야 불가능하겠지만, 그래도 소비에트의 아카데미에서 제기되었던 근세사 안에서의 조선사 비판은 반드시 주목할 필요가 있습니다. 이렇듯 다시 쓰는 세계사가 가장 먼저 요구되고 있는 곳이 바로 조선입니다.

하타다 다카시

그런 건 어떤 식으로 받아들여야 하는 걸까요? 단순히 중국·소련 논쟁의 일환으로 이해해도 되는 건지요…….

우부카타 나오키치

베트남 문제도 마찬가지입니다. 요즘처럼 베트남이 국제적인 이슈가 되고 있는 이런 시기에도 일본에서는 제대로 된 베트남사(베트남史)가 단 한 권도 없습니다. 지금의 이런 상태를 과거 負의 유산의 발현이라고 해야 할까요. 게다가 우리는 평소 '베트남 지원'이라는 말을 자주 듣곤 합니다만, 사실 객관적으로 보자면 오히려 우리 쪽이 베트남으로부터 지원받고 있는 듯한데 말입니다. 이런 부분들을 다시 생각해 보면, 베트남사 강의라든가 관련 서술 또한 이후 동아시아 및 세계 역사의 다시 쓰기에도 크게 기여할 수 있을 것으로 보입니다. 이는 당장의 현시점에는 맞지 않을는지 몰라도 미래를 내다보는 차원으로서 그런 문제가 지금 우리 앞에 놓여있다는 것만은 분명합니다. 나아가 이러한 것들은 단순히 정치적인 문제뿐만 아니라, 향후 다시 쓰는 세계사에 있어 베트남사라든가 조선사의 문제가 하나의 커다란 역할을 하지 않을까 싶습니다. 또한 이와 같은 문제는 비단 현대사만의 문제가 아닌, 근대 이전 역사의 다시 쓰기에도 상당한 영향을 미치고 있다고 생각합니다.

발전단계설에 대한 의문

우부카타 나오키치

중국에서도 하고 있고 조선에서도 이뤄지고 있는 연구, 즉 자본주의 맹아에 관한 연구는 결국 발전단계설에서 비롯된 것인데 저는 그 방면에도 의문을 가지고 있습니다. 이는 서유럽의 경제사 연구 방법으로, 그런 쪽보다는 그러니까 농민들의 동향이야말로 자본주의 문제보다 더 중요하지 않나 싶습니다. 아시아의 농민은 유럽의 농민과 달리 프롤레타리아트에 가까운 측면을 가지고 있으니까요.

하타다 다카시

그럼 이렇게 되는 건가요? 다시 말해, 자본주의가 없으면 사회주의는 없다는 식의 발전 단계로서 '자본주의라는 것을 죽을힘을 다해 추구할 것이 아니라 경우에 따라서는 자본주의가 없어도 가능한 것이다.' 이런 식으로 생각해도 되는 건가요?

우부카타 나오키치

그러니까 서유럽의 도식을 아시아 제국에 그대로 결부시키는 연구가 현실에는 맞지 않다는 겁니다.

하타다 다카시

조선에서는 조선에서 일어난 자본주의의 내재적 성립이라는 것을 긍정적으로 보고 있는 반면, 일본에서는 일본 근대의 부정적 측면을 주장하고 있으니…….

가지무라 히데키

긍정적·부정적이라 논하지만 사실 이는 가치판단의 문제가 아닙니다. 맹아의 기운이 있든 없든 간에 법칙적인 사실을 파악하지 않으면 과학적인 역사상歷史像을 구성할 수가 없습니다. 그런 경우 일반적인 법칙은 서구든 아시아든 기본적으로는 모두 동일합니다. 예를 들면, 같은 범주를 지표로 삼아 경제사적 사실을 파악한다는 것은 절차상으로도 누락시킬 수 없는 과정으로서 만약 이를 빠뜨리게 되면, 특수성론特殊性論이 완전히 뒤집히게 됩니다. 아시아에는 어떤 법칙성을 떠나 보이지 않는 초월적인 묘수가 존재한다는 그런 발상이 일종의 엑조티시즘exoticism으로서 실재하기 때문에 그런 특수성을 간과해 버리면 그곳에서 살아가는 인민들의 고난을 결코 이해할 수가 없는 겁니다.

하타다 다카시

그런 문제점들이 여전히 남아있기 때문에 우부카타 씨의 말씀처럼 저 역시 그와 비슷한 생각을 하고 있습니다.

하타다 다카시

객관적인 사실 추구뿐만 아니라 연구자의 자부심에 의해 추구되는 그런 발상이 있다는 것입니다.

안도 히코타로

자본주의 연구는 물론 필요하지만 '자본주의가 ○○ 단계에 이르면 잘 익은 감이 나무에서 절로 떨어지듯이[12] 저절로 사회주의가 되는 그런 정도까지 이르지 못했으니, ○○ 국가의 사회주의는 아직 진정한 것이 아니다'라는 사고방식은 좀 문제적이지 않은가요? 따라서 그런 틀 안에서의 우부카타 씨 발언에는 찬성하는 바입니다. 자본주의라는 것은 본래 세계성世界性을 지닌 것으로 중국을 예로 들면 세계 자본주의의 억압적인 정세 속에서 그 여파를 가장 크게 입게 된 것은 바로 중국 농민입니다. 이는 어째서 영국에 사회주의가 일어나지 않았는가에 대한 반론이 되기도 합니다만, 가장 험한 일을 당했던 자들이 들고일어나 자신들에게는 자본주의를 초월하는 어떤 권리가 있다고 주창했던 겁니다. 그리고 그렇게 봉기할 수 있는 에너지 역시 바로 그런 권리에서 샘솟는다고 생각하며, 이는 법칙적으로도 합당하다고 봅니다. 반半봉건제에 속박되어 그 누구보다 지독한 꼴을 당하던 농민들조차 해방되지 않는다면 그런 사회주의는 아무런 의미가 없는 것이지요.

운동 에너지는 그런 데에 있습니다. 이는 단순히 경제구조론의 논리만이 아니며, 또 다른 운동 에너지라는 하나의 계열을 포함하여 고찰해야 한다고 생각합니다. 따라서 '중국에 자본주의가 이토록 발전했다'라든가 '북조선에 자본주의가 발전했기 때문에 사회주의로 이행할 수 있었다'라는 식의 주장은 아니라는 겁니다.

그러니까 북조선의 경우도 중국과 마찬가지라고 생각합니다. 온갖

---

12 이는 숙시주의(熟柿主義)를 빗댄 표현이다.

몹쓸 일을 가장 심하게 당한 것은 남북을 통틀어 조선이니 그런 조선의 농민들이 봉기하는 것은 아무런 문제가 되지 않습니다. 그들이 봉기해도 해방되지 않는 그런 사회주의는 애당초 아무런 의미가 없는 겁니다. 영국에서는 군이 들고일어나지 않아도 웬만큼은 먹고 살기 때문에 이런 이야기를 하면 뒤주론米櫃論이라든가 계급분석론階級分析論을 들먹이며 이상하다고들 하는데, 여기에 운동 에너지라는 논리를 적용하여 생각해보면 충분히 설명 가능하다고 봅니다. 저는 그리 생각합니다.

우부카타 나오키치

자본주의 연구를 결코 무시해서는 안 됩니다. 그 자체로서 충분히 귀중한 연구 대상이라고 생각합니다. 그리고 자본주의는 그 자체로서 독자적인 연구가 이뤄지지 않으면 안 되는 과제이기도 합니다. 다만, 아무리 그렇다고 해도 위에서 언급한 그런 점에서 역사의 원동력을 추구한다는 것은 아무래도 역사해석으로서는 현실에 맞지 않는다는 것을 말씀드리고 싶은 겁니다.

안도 히코타로

그런 의미라면 저도 동감합니다.

가지무라 히데키

그러한 역사의 원동력을 근본적인 지점에서 사회경제의 변화가 규정하고 있다는 것은 지극히 상식적인 일입니다.

안도 히코타로

더불어 봉기한다는 것이 곧 자본주의가 존재하기 때문만은 아닙니다.

가지무라 히데키

제가 말씀드린 것은 북조선의 발상과 완전히 동떨어져 교류의 여지조차 없다고 생각하는 것이 아닙니다. 오히려 내셔널리즘을 이해할 필요성의 그 여부를 따지기에 앞서 공통의 지향성은 당연히 존재할 거라고 봅니다. 가령 내셔널리즘을 '이해'했다고 하더라도 그러한 감정의 토대 위에 생겨난 역사적 사실이나 체계를 있는 그대로 받아들이는 것은 아닐 겁니다. 감정을 적당하게 글로 적어 옮긴다고 해서 그것이 곧 역사가 되는 것은 아닙니다. 입증할 수 없는 것을 역사라는 이름으로 제출하는 것은 감히 말씀드리자면, 조선인에게 있어서도 역사에 대한 안이한 태도이며 결국 조선인 본인들에게도 무익하지 않을까요? 이는 내셔널리즘을 이해한다는 차원의 문제가 아닙니다. 일본인인 우리는 그래서는 안 된다는 것을 저마다의 연구로 증명하지 않으면 안 될 것이며, 더불어 그 이전의 옛 일본의 부負의 유산을 방법적으로도 확실히 극복하지 않으면 내셔널리즘은 서로 충돌하게 될 뿐입니다. 연구 그 자체보다도 조선의 역사가들이 일본의 전체적인 상황을 순수한 마음으로 바라보려는 그런 자세로 바꿔가지 않으면 안 됩니다…….

우부카타 나오키치

지나치게 낙관적인 이야기일는지 모르겠으나, 오히려 베트남식의 그런 특수성 안에서 극히 보편적인 원리가 형성되어 간다는 식으로 생각하면 어떨까요? 이는 아직 실증을 요하는 부분이 있기 때문에, 단정 지을 수는 없지만 그래도 그런 가능성은 있다고 봅니다. 그런 식으로 ○○식의 특수성이란 '반드시 이런 식으로 역사는 움직이는 법이다'라고 하여 그걸 그대로 받아들여도 되는 건지…… 이런 문제의식이 생겨나고 있으며, 또 그런 의미에서 가치관의 전환이 일어나고 있는 중이라고 생각할 수 있습니다. 다시 말해, 기존의 고전적 마르크스주의의 역사관이라는 것은 주로 서유럽의 지역 연구로 그러한 지역 연구의 제약이라는 것이 주관적인 의도와 상관없이 객관적인 사실로서 분명히 존재하고 있는 것이 아닐까요? 유물사관의 방법으로서도 그 세계사로의 전환에 결코 기계적으로 적용할 수 있는 것은 아니라고 생각합니다.

또 다른 사례로서 아프리카 역사를 들자면, 흔히 '아프리카는 본래 암흑이며 그들에게 역사란 존재하지 않는다'라고 일컬어졌습니다. 그런데 이른바 1960년에 아프리카가 독립함에 따라 아프리카 각국 민중의 역사에 대해 천착되기 시작했습니다. 그러자 아프리카는 결코 암흑세계가 아니었으며, 또한 그들 고유의 역사가 없는 것도 아니었을 뿐더러 지금까지 소련식의 세계사가 삼아왔던 척도로서 역사를 구분하는 그런 것이 아닌 그야말로 독자적인 아프리카의 역사가 오늘날에는 차츰 밝혀지고 있습니다.

안도 히코타로

따라서 아시아·아프리카 제국의 민족저항의 역사와 저항운동이 척도 그 자체에 대한 개정을 촉구하고 있는 것이겠지요.

미야타 세쓰코

저도 그렇게 생각합니다.

안도 히코타로

조선의 역사가가 제기하고 있는 시기 구분의 문제, 이 역시도 기존의 서양식 시기 구분의 기준과는 현저하게 동떨어져 있으며 그 격차는 중국의 경우와도 유사합니다. 시기 구분에 있어 두 나라 모두 현격한 차이가 있다 보니 우리로서는 뭐가 뭔지 도통 알 수가 없어 어려움을 겪고 있었습니다. 그런데 1964년에 우부카타 선생님과 동행하여 조선에 갔을 때 조선의 한 역사가는 이런 말을 했습니다. "조선의 시기 구분이 서양의 그것과 다르다는 것은 우리도 익히 잘 알고 있으며, 그래서 새로운 기준을 찾고 있는 중입니다. 종래의 기준에다가 조선을 끌어다 붙여 이해하려는 그런 것이 결코 아닙니다"라고 말이지요.

하지만 조선이 제시했던 현재의 기준이 좋은지 나쁜지 그에 대해서는 여전히 논란의 여지가 있으며 또 문제가 전혀 없는 것도 아니라고 생각합니다. 그러나 이는 하나의 새로운 시도이며 또 하나의 커다란 움직임 속에서 세계사를 다시 쓰게 되는 광대한 시대로 들어서고 있는 것이 아닐까요? 바로 그런 시도의 한 부분으로서 새로운 기준이 제시되고 있는 것이 아닐까 싶습니다. 그런 점에서 보면 대단히 기우장대氣宇壯大한 하나의 시론試論이라는 느낌이 들기도 합니다.

풍부한 조선상을

하타다 다카시

　지금 드리는 말씀은 제 자신의 반성이기도 합니다. 즉, 조선사 연구를 했으면서도 새로운 조선사상朝鮮史像은 여전히 부재하며 그렇다고 풍부한 역사상이 있는 것도 아니라는 것이지요. 게다가 지금까지의 조선 연구는 경제사를 중심으로 이뤄졌으며, 국민의 사상이나 문화에 관련된 연구가 결여되어 있다는 점은 가히 놀랄 정도입니다. 연구 대상에 대해 애정을 느끼는 경우, 일단 그 대상과 관련된 문화를 떠올릴 수 있어야 하며 바로 그 문화를 사랑하는 태도에서 사람을 사랑하는 마음이 생겨나는 법입니다. 그런데 조선 연구에 있어서는 그런 점이 결여되어 있습니다. 중국 연구의 경우는 그들의 문화가 연구 대상으로서도 상당히 광범위하지만 조선 연구는 전혀 그렇지 못합니다. 따라서 조선 문화를 연구하지 않는 지금의 상태가 지속되어서는 안 된다고 봅니다. 얼마 전에 조선 근대사 서적이 새로이 출간되어 이를 자세히 살펴보니 제법 훌륭한 연구더군요. 그런데 그 책에서도 역시 조선의 문화는 빠져있었습니다. 실로 서글픈 일이 아닐 수 없습니다. 중국 또는 일본의 경우에는 메이지 시기든 다이쇼 시기든 문화의 서술이 상당히 풍부합니다. 그런 반면, 조선근대사를 기술하는 데는 문화가 부재합니다. 이렇게 되면 '문화도 없는 민족이 느닷없이 등장하여 하루가 멀다고 쟁투만 일삼고 있다'는 식이 되어 버리니(웃음)…… 이건 마치 알맹이 없이 바싹 말라비틀어져 뼈대만 덩그러니 남아 있는 그런 상태와 조금도 다를 바가 없는 것입니다.

미야타 세쓰코

확실히 하타다 선생님께서 말씀하신 것처럼 조선에 대한 풍부한 이미지가 없긴 없네요. 그래도 중국이라 하면 루쉰의 작품이라든가 『중국의 붉은 별中國の赤い星』[13] 같은 작품 속에 등장하는 인물들, 즉 쓰라린 상처로 고뇌하며 그런 와중에도 끝까지 싸워나가는 중국인들에게 깊이 공감하기도 하고 또 그러면서 그들에 대한 어떤 선명한 이미지를 갖고 있는 일본인들은 많지만, 조선을 대상으로는 그런 경우가 일절 없습니다. 해방투쟁의 사실은 알고 있어도 이를 싸워 낸 조선인들에 대해서는 아는 바가 거의 없지 않습니까?

하타다 다카시

그런 점에서 보면 조선 측의 연구에도 문제가 있습니다. '성인'이라든가 '군자' 연구만 줄기차게 나오고 있으니 말입니다. 김옥균金玉均 같은 경우만 해도, 그는 태어났을 때부터 이미 범상치 않은 수재에다가……. (웃음)

우부카타 나오키치

북조선이든 남조선이든 여러 문제가 있습니다. 그런데 문화적인 측면에서 보자면 조선인은 자국의 예술을 황금예술이라 하지요? 이는 자화자찬이나 그런 것이 아니라고 봅니다. 오늘날에는 그들의 예술이 국제적으로도 널리 인정받고 있기도 하니까요. 제 개인적인 취향이긴 합니다만, 저는 그들의 음악이라든지 무용이나 노래 등은 중국을 능가한

---

13 Edgar Snow, 松岡洋子 訳, 『中國の赤い星』, 筑摩書房, 1987. 원작 : Edgar Snow, *Red Star over China*, Victor Gollancz Ltd, 1937.

다고 생각합니다. 문제는 그토록 훌륭한 그들의 예술이 탄생하게 된 배경이나 역사적인 이유에 대해서는 아는 바가 별로 없다는 것이지요.

미야타 세쓰코

루쉰, 이 한 사람에 대한 이해가 일본인의 중국관을 크게 바꾸어 놓았다고 봅니다. 아마 중학생 정도만 되도 루쉰을 모르는 학생은 없을 겁니다.

와타나베 마나부

『황성신문皇城新聞』에서 보호조약을 특종 기사로 다룬 장지연張志淵(1864~1921)의 연구가 현재 이뤄지고 있습니다만, 저는 그의 문집『위암문고韋庵文稿』를 통독通讀하고서 처음에는 그의 맹렬한 저항정신에 무척 감격했습니다. 그리하여 그러한 저항의 기초가 무엇인지를 곱씹어가며 재차 읽어봤더니 웬일인지 처음에 느꼈던 그 감동은 온데간데없이 너무나도 별 볼 일 없는 겁니다. 하지만 모처럼 애를 써가며 읽은 터라 거듭 읽어봤던 기억이 있습니다. 그런데 그중에는 장지연의 자작시「十蟲詩」가 실려 있는데 이는 그 절반이 상투적인 한문미문조漢文美文調로 되어있더군요. 제가 지금까지 봐온 조선 문집에서는 이런 시를 본 적이 거의 없습니다. 제목에서 드러나듯 잎벌과 나나니벌, 구름, 개미, 잠자리, 지렁이, 두꺼비, 나비, 나방과 등에, 개구리, 꿀벌 등 생활 주변에 존재하는 곤충이나 여러 동물을 하나하나 주의 깊게 관찰하여 지은 시입니다. 이렇게 거푸 읽고 있노라니 조선 민족의 선진적인 예지叡智를 칭송한 냉철하고 투명한 시선이 감각적으로 다가오더군요. 이에 저는 경외심과 두려움마저 느꼈습니다. 이는 19세기 말 조선의 대표적인 지식인의 기저에 존재하던 생명적·사상적 근원이 아니었나 싶습니다. 물론 아직 체계적으로 정리된 편이 아니기 때문에 얼핏 보면 그리 대단치 않아 보일 수도 있겠지만 우리는 바로 이런 것들을 간과해서는 안 된다고 생각했습니다.

하타다 다카시

우리는 무의식중에 서구적인 것만 추구하려 들기 때문에 자칫하면 이것저것 뒤섞여 뒤죽박죽되어버리기 일쑤니 좀 더 조선 본연의 것들을 살펴보려 애를 써야 합니다. 가장 조선적인 것이 조선인들에게는 제일 큰 힘이 되었던 것이 아닌가 싶습니다.

가지무라 히데키

한편, 저는 사회경제사와 인간을 대비시킨 뒤 후자를 취하는 인간관人間觀에 대해 상당한 거부감을 느낍니다. 반면, 일본사에서 사회경제사의 축적된 선행연구에 입각하여 메이지의 정신사[14]에 관하여 실증적이고 리얼하게 서술한 이로카와 다이키치色川大吉[15] 씨의 연구사례와 같이 사회경제사적 축적을 바탕으로 인간이 처한 상황을 명확히 밝혀야 한다고 봅니다. 그리고 그와 같이 외부 환경으로 인해 일그러지고 만신창이가 되었음에도 주체성을 획득하려는 존재로서의 인간과 사상에 대한 독자적인 추구

---

14 色川大吉, 『明治精神史』, 黃河書房, 1964.
15 이로카와 다이키치(色川大吉, 1925~) : 일본의 역사가로 주 전공은 일본근대사, 민중 사상사다. 1948년에 도쿄대학을 졸업한 후 일본근대사연구회(日本近代史硏究会) 멤버가 되었다. 이후 도쿄경제대 강사를 거쳐 교수로 재직했으며 현재 동 대학의 명예교수다. 주요 저서로는 『明治精神史』, 『日本の歷史21 近代国家の出発』 등이 있다.

를 시도해야 한다고 생각합니다.

우부카타 나오키치

문학이나 사상을 통해 사회경제사적으로 추구해 가는 방법도 있습니다. 예를 들면,『홍루몽紅樓夢』이 그러한데 이 작품 속에서도 사회경제사적인 측면이 뚜렷하게 드러납니다.

하타다 다카시

그러나 이제껏 이쪽 방면을 연구한 사람은 없습니다.

미야타 세쓰코

조선 그 자체에 관심을 가지고 접근해 가는 방식은 아무래도 드물지요. 오히려 침략의 책임이나 투쟁에 대해 추궁하는 식의 치열한 문제의식이 앞서고 있습니다. 물론 그것도 그 나름대로 의미가 있겠지만, 그래도 시종일관 그런 것만 연구하고 있는 상태니…….

하타다 다카시

연구에 있어 풍부함이라는 건 없어지고…….

우부카타 나오키치

기본 바탕은 좀 다르긴 합니다만, 나카다 카오루 씨가 에도 시대의 여러 문학 작품들을 통해 당시의 법의 역사를 연구한 적이 있습니다. 법이라는 것은 인간관계와 직접적인 관련성이 있으니까요. 그리고 이를 계승한 것이 니이다仁井田[16] 씨의『중국법제사中國法制史』[17]입니다. 조선의 문학 작품을 다룬 조선사 연구 중에 이에 필적할 만한 다른 사례들이 있는가요?

하타다 다카시

기본적으로는 없다고 봐야죠. 대체로 거기까지는 나아가지 못했습니다. 자료는 무수히 많은데 말입니다. 그런 의미에서『춘향전春香傳』같은 경우는 법제사적으로도 볼 수 있을 것 같긴 합니다.

와타나베 마나부

다만, 우리가 사상이나 인간을 통해 살펴보다 보면 아무래도 사회적인 이해방식은 국부적이 되고 맙니다. 그러니 더욱더 법의 제도라든가 사회구성 같은 그런 사회과학 방면의 연구가 이뤄지지 않으면 앞으로 나아갈 수가 없는 거죠. 따라서 우부가타 씨가 말씀하신 문제 역시 전반적인 연구가 진행되지 않으면 풍요로운 조선상은 나오기 어렵지 않을까 싶습니다.

미야타 세쓰코

오늘도 긴 시간 동안 감사했습니다. 당장에 결론이 날 만한 사안이 아니긴 합니다만, 앞서 말씀하신 것처럼 바야흐로 세계사를 전면적으로 다시 쓰지 않으면 안 되는 시기가 도래한 것 같습니다. 게다가 조선의 역사는 세계사를

---

16 니이다 노보루(仁井田陞, 1904~1966) : 일본의 법제사학자로 일본에서는 중국법제사의 개척자로 알려져 있다. 1928년에 도쿄제대 법학부를 졸업한 후, 동방문화학원 동경연구소연구원을 거쳐 이후 도쿄대학 동양문화연구소의 교수가 되었다. 주요 저서로는『唐令拾遺』,『唐宋法律文書の研究』,『支那身分法史』,『中国の農村家族』,『中国法制史』,『中国法制史研究』등이 있다.

17 仁井田陞,『中国法制史』(岩波全書 165), 岩波書店, 1952.

다시 쓰게 만드는 질적 문제를 지니고 있을 뿐만 아니라, 조선 연구 자체가 일본인에게 있어 그저 하나의 외국 연구가 아니며 현재 일본의 역사적 입장을 명확히 하는 데 있어 일본인의 사상변혁을 촉구하는 문제까지도 포함하고 있다고 생각합니다. 이처럼 일본인에게 있어서 도저히 피할 수 없는 조선 문제는 그 중요성에도 불구하고 연구자의 수도 워낙 적은 데다가 아직까지 해명되지 못한 문제들이 산적합니다. 따라서 어떻게 보면 젊은 연구자들 입장에서는 이만큼 보람 있는 연구대상이 없지 않나 싶습니다. 향후 많은 연구자의 출현을 기대하며 이번 심포지엄을 마치고자 합니다.

1968.7.8[18]

---

18 원서에는 '六八・七・八'로 되어있으나, 해당 심포지엄의 개최일은 1968년 12월로 이역시 오기로 보인다.

* 다카하시 신이치(高橋磌一, 1913~1985) : 일본의 역사학자로, 1936년에 게이오의숙대학 문학부 국사학과를 졸업했다. 전쟁 중에 중국으로 출정하기도 했으며 전후에는 역사교육자 협의회(歷史教育者協議会)를 설립하여 서기장을 거쳐 위원장을 지냈다. 주요 저서로는『洋 学論』,『新しい歷史教育への道』,『歷史家の散步』,『歷史の眼』 등이 있다.

* 니시 준조(西順蔵, 1914~1984) : 일본의 중국사상사가다. 1937년에 도쿄제대 문학부 지나 문학철학과를 졸업한 뒤 동 대학원에 진학했으며, 1938년에 문부성국민정신문화연구소에 조수로 취임했다. 1942년에는 경성제대 문학부 조교수를 거쳐 1944년에 경성에서 대일본 제국육군(大日本帝国陸軍) 제49사단 보병 제106연대에 이등병으로서 3개월간 입대한 경력 이 있다. 1946년 이후는 도쿄산업대학(현 히토쓰바시대학) 예과 교수를 거쳐 교수로 지냈 다. 주요 저서로는『滿洲國の宗教問題』,『中国思想論集』,『日本と朝鮮の間 — 京城生活の断 片、その他』 등이 있다.

* 비토 마사히데(尾藤正英, 1923~2013) : 일본의 역사학자다. 1949년에 도쿄대학 문학부 국 사학과 졸업했으며, 도쿄대학의 문학부의 교수를 지냈다. 전공은 일본 근세사이며 그중에 서도 에도 시대 유학자의 사상연구가 주를 이뤘다. 주요 저서로는『日本封建思想史研究 — 幕 藩体制の原理と朱子学的思惟』,『日本の歷史19 元禄時代』,『日本文化論』,『日本文化の歷史』 등 이 있다.

* 박종근(朴宗根, 1929~) : 경상남도 출생의 역사학자다. 1955년에 도쿄도립대학 인문학부 졸업했으며, 1968년에는 도쿄교육대학 대학원 박사과정을 수료했다. 쓰루(都留)문과대학 의 강사를 거쳐 구마모토(熊本)상과대학에서 교수를 지냈으며, 주요 저서로는『日清戰争と 朝鮮』이 있다. 朴宗根,『日清戰争と朝鮮』, 青木書店, 1982, 저자소개 참고.

정약용(茶山) 사상의 이해를 위하여

출석자

*다카하시 신이치(高橋嗔一)
*니시 준조(西順藏)
*비토 마사히데(尾藤正英)
*박종근(朴宗根)
와타나베 마나부(渡辺学)
가지무라 히데키(梶村秀樹)
구스하라 도시하루(楠原利治)

가지무라 히데키

올해는 봉건 말기 조선의 뛰어난 실학사상가 다산茶山 정약용(1762~1836)의 탄생 200주년에 해당하는 해이며, 세계평화평의회世界平和評議會[1]에서도 그 현창顯彰을 호소하고 있습니다. 그리하여 일본조선연구소에서도 이번 기회에 일본인들에게 거의 잊혀졌던 사상가이자 조선 봉건 말기의 실학사상을 집대성한 인물이라 불리는 정약용의 사상사적 위치를 부여함으로써 향후 전개될 관련 연구의 기초를 마련하고자 합니다.

조선사상사의 검토는 크게 보면 유교 문명을 공통의 기반으로 삼고 있는 중국 및 일본의 봉건사상사 연구를 위한 비교의 소재로서도 적잖은 도움이 될 것이며, 그 반대의 관계에서도 마찬가지라고 생각합니다. 그런데 사실 지금까지는 '조선 연구는 조선 연구고 중국 연구는 중국 연

---

1   세계평화평의회(世界平和評議會, World Peace Council) : 제국주의, 대량살상무기, 모든 형태의 차별에 반대하는 운동 및 군비 축소, 주권, 독립, 평화 공존을 옹호하는 세계 평화 운동 조직으로서 1950년에 바르샤바에서 창설되었다.

구다'라는 식으로 상호 간의 교류조차 없이 별개로 진행되어 온 경향이 있었습니다. 그래서 오늘은 중국사상사, 일본사상사를 전문으로 연구하시는 여러 선생님을 모시고 상대적으로 지체되고 있는 조선사상사 연구를 위해 많은 가르침을 받고자 합니다.

그럼, 먼저 박종근朴宗根 씨께서 정약용의 이력 및 사회적 배경 그리고 그 사상의 주요한 특징 등에 관해 간단히 말씀해 주시면 그 내용을 중심으로 토론을 진행하도록 하겠습니다.

박종근

제가 조선근대사를 전공하고 있기 때문에 근대의 주체적 연원을 탐색하기 위한 하나의 방편으로서 한때 정약용에 관한 공부를 잠시 했을 뿐인지라, 이렇게 여러 선생님 앞에서 어떤 말씀을 드릴 정도의 전문 지식을 갖춘 것은 아닙니다. 다만, 대강의 개요 혹은 토론을 위한 얼마간의 소재를 제공한다는 차원에서 간략하게나마 말씀을 드려보도록 하겠습니다.

그의 이력

정약용은 1762년 8월 5일(음력 6월 16일) 경기도 광주 인근에서 당시 양반(지배층)의 야당파野党派인 남인파南人派 정재원丁載遠(지방 장관 등을 지낸 인물)의 넷째 아들로 태어났으며 다산茶山, 여유당与猶堂 등을 호로 삼고 있습니다.

그는 상당한 수재로 16세부터 이익李瀷의 『성호문집星湖文集』을 읽고

박지원朴趾源과 같은 여러 실학자와 교유하는 등 일찍부터 실학사상의 연구를 시작했습니다. 게다가 당시 중국을 경유하여 소개된 천주교와 서양의 자연과학 서적들을 입수해가며 연구에 몰두했다고 합니다. 이러한 경향은 당시 남인파의 풍조로 보입니다.

이후 22세에 진사과進士科에 급제하여 관리가 되었으며 걸출한 그의 재능과 개혁사상은 조선의 계몽군주라 불리는 국왕 정조正祖에게 인정받아 암행어사暗行御史·승정원부승지承政院副承旨·금정찰방金井察訪·곡산부사谷山府使·병조참의兵曹參議 등의 정부 중추기관에 몸담고서 많은 폐정弊政을 개혁했습니다.

이 같은 개혁들로 당시 집권파였던 서인西人 노론파老論派의 이해와 정면으로 대립하게 되었고 그 공격의 화살 끝은 남인파 중에서도 특히 정약용에게 집중되었습니다. 그들은 정약용이 사학邪學, 天主敎의 신자라고 단정하여 매섭게 몰아붙였던 것입니다.

그러한 사정으로 정약용은 일찍부터 좌천과 유배 등의 고난의 길을 걸을 수밖에 없었습니다.

당시 노론파의 전횡은 정조의 생존 당시에는 그나마 견제를 받았으나, 정조의 죽음을 계기로 1801년에 사교邪敎 문제를 들고 나와 남인파의 천주교 관계자를 사형에 처했습니다. 정약용 역시 사형당할 뻔했으나, 신도가 아니었다는 객관적인 사실과 이를 근거한 강력한 '여론'에 의해 죄가 감해져 전라도 강진康津으로 18년간 유배되었습니다. 그 후에도 정약용의 석방론釋放論이 정부 내에서도 몇 차례 있었지만, 그때마다 서용보徐龍輔의 반대로 번번이 실현되지 못했습니다.

그는 유배지인 한촌寒村에서 국내외 서적들을 읽으며 자신만의 사상

체계를 확립시켰습니다. 유배가 풀린 후, 그는 다시 관직에 오르기를 거부하고 오로지 저술 활동에만 전념하며 여생을 보내다가 1836년 4월 7일(음력 2월 22일)에 사망했습니다.

이상에서 소개한 정약용의 이력은 여느 사상가에게서 흔히 볼 수 있는 파란만장한 생애였다고 할 수 있습니다.

그 가운데 특히 주목할 만한 몇 가지를 말씀드리면 첫째, 그는 중앙정부의 중추기관에서 실제적인 행정을 담당했다는 것이며 둘째, (지방 장관으로서 제약을 받기는 했지만) 지방에서 구체적인 개혁을 시행했다는 것이고 셋째, 유배지인 농촌에서 농민들의 생활상, 즉 있는 모습 그대로의 당면 상황을 기존의 벼슬아치로서의 입장이 아니라, 유배인으로서 목격했으며 또 그들 가까이서 이런저런 구체적인 이야기를 직접 들었다는 것 등을 들 수 있습니다. 이는 봉건 말기 여타의 사상가들 예를 들면, 루소나 안도 쇼에키 등과는 다른 면이라고 생각합니다.

무어라 단정 지어 말씀드릴 수는 없지만, 정약용이라는 인물은 어떤 대상에 대해 그저 비판만 하기보다는 뭔가 새로운 것을 대치代置하거나 어떤 식으로든 해결방안을 모색하고자 했던 그런 면이 강하지 않았나 싶습니다.

천주교도?

정약용 사상의 특징으로 들어가기에 앞서 그의 생애에 있어 결정적인 타격을 주었던 천주교와의 관계, 즉 그가 천주교 신도였는지에 대한 문제를 짚어두려 합니다. 이는 앞서도 언급했다시피 처음에는 다소 관계가 있었던 것 같습니다만, 후기에는 천주교도에 대한 비판적인 태도를 명확히 하고 있는 것으로 보아 천주교도가 아니었다는 것은 분명합니다. 다만, 그의 문중에는 천주교도의 대표적인 인물이 많았는데 특히 황사영黃嗣永,[2] 이승훈李承薰,[3] 권일신權日身,[4] 정약종丁若鍾[5] 등 이들 모두 정약용의 인척 혹은 형제였기 때문에 혐의를 받을 만한 상황이 아주 없었던 것은 아닙니다. 게다가 정약용 역시 일찍부터 이들 선배에 의해 서양의 서적 및 문물에 대한 관심을 품고 있었기에 이로 인한 천주교와의 관계도 있었던 듯싶습니다. 그러나 그는 비교적 이른 시기에 천주교의 비합리성을 간파하고 서학에서 천주교信仰와 서양문물科學을 분리하여 전자를 배척하고 후자를 적극적으로 받아들였다고 일컬어지고 있습니다.

이는 열렬한 신자였던 그의 형 정약종 역시 정약용이 천주교를 비판

---

2 황사영(黃嗣永, 1775~1801) : 조선 후기의 천주교도로 신유박해 때 제천 배론(舟論) 산중으로 피신하여 토굴 속에서 「백서(帛書)」를 작성하였다. 여기에는 베이징 주교에게 조선 천주교 박해의 실상을 알리면서 도움을 구하는 내용이 담겨 있었다. 그러나 이 밀서가 발각되어 황사영은 사형에 처해지고 천주교 박해도 한층 가혹해졌다.

3 이승훈(李承薰, 1776~1801) : 조선 후기의 천주교도로 조선 천주교 사상 최초의 영세자(領洗者)다. 사제대행권자로서 주일 미사와 영세를 행하며 전도했다. 두 번의 배교(背敎)와 복교(復敎)를 반복하다가 결국은 순교하였다.

4 권일신(權日身, ?~1791) : 조선 후기의 학자로 서학을 연구하여 천주교를 받아들이고 천주교의 전파에 중심적인 역할을 하였다. 이익(李瀷)의 제자인 정약전(丁若銓)・정약용(丁若鏞)・권철신(權哲身)・이덕조(李德祖) 등과 함께 1777년부터 한강 가에 있는 어느 산가(山家)에 모여 천주교 교리를 연구하여 신앙 운동을 전개했다.

5 정약종(丁若鍾, 1760~1801) : 정약용의 셋째 형이며, 1795년에 이승훈과 함께 청나라 신부 주문모(周文謨)를 맞아들여 한국 최초의 조선천주교 회장을 지냈다. 젊은 시절에는 이익의 문인(門人)이 되어 성리학을 공부했으며 이후에는 도교를 연구했다. 집안 형제들이 천주교를 받아들일 때도 정약종은 여전히 도교에 심취했으며, 형제 중에 가장 늦게 천주교를 접했다. 이후 전도에 힘쓰면서 『聖敎全書』 집필 중인 1801년 2월 신유박해가 일어나 형제들이 문초를 받게 되자 정약종 역시 서소문 밖에서 참수, 순교하였다. 저서로는 한자를 모르는 신도를 위해 우리말로 쓴 교리서 『主敎要旨』가 있다.

하는 것에 대해 상당히 유감스러워했던 부분입니다. 이렇듯 그가 천주교 신도가 아니라는 사실은 황사영을 비롯한 천주교 신자인 친지들을 비난했던 글만 봐도 알 수 있습니다. 만약 정약용이 정말 신자였다면 제일 먼저 사형되었겠지요.

그의 사상적 특징

이어 정약용의 사상적 특징을 말씀 드리기에 앞서 당대의 전반적인 정황을 간단히 언급해 두자면, 당시 주자학이 관학官學 정통의 지위를 획득했다는 것과 봉건 사회의 정신적 지주였다는 지점은 중국 및 일본에서도 공통되는 부분입니다. 한편, 조선에서는 특히 주자학의 가장 관념적인 측면인 성리설性理說이 수용되어 이기론理氣論 등의 논쟁이 전개되고 있었다는 것을 염두에 둘 필요가 있습니다. 실학파는 이처럼 '경세치민經世治民'의 입장에서 유리된 공론공담空論空談의 성리설을 허학虛學으로 규정하여 이를 내재적으로 비판하며 '경세제민經世濟民'이라는 실사구시의 합리적인 정신에 입각한 학문을 지향하고 있었다고 일컬어집니다.

실학이 형성된 역사적 조건을 대략적으로 살펴보자면 첫째, 사회적으로는 17세기 말부터 18세기에 걸쳐 생산력의 발전과 수공업의 성장에 따른 상품화폐경제의 발전과 침투가 봉건 제도와 대립하고 또 사회적 모순이 격화되었던 역사적 배경을 꼽을 수 있습니다. 둘째, 도요토미 히데요시農臣秀吉와 후금後金 등의 외적 침략에 저항하여 치렀던 두 전쟁을 계기로 애국 사상과 민족적 자각이 고양된 점도 들 수 있습니다. 또한 그러한 전쟁을 통해 당시 조선 사회의 모순이 그대로 드러나게 되었고 이에 대해 비판자적 입장으로서 등장한 것이 실학파였습니다. 이들 실학파는 외국문화의 흡수를 강조하고 있으나 사실은 그보다 먼저 사대사상에 대한 비판과 조선의 민족문화에 대한 존중을 더욱 강조하고 있습니다.

셋째, 중국의 고증학과 서양문물의 영향을 들 수 있습니다. 당시 조선은 특히 '존명사상尊明思想'으로 인해 청에 대해서도 쇄국정책을 강화했기에 그 '폐쇄된 사회'의 유일한 통기공通氣孔은 매년 중국으로 나서는 연행사절이었습니다. 이 연행사절에는 여러 학자가 수행원으로서 참가했으며 바로 이들이 중국의 고증학과 서양문물을 도입했던 것입니다.

넷째, 그 무렵 조선에 머물던 몇몇 서양의 표류민들에 의한 일정한 영향도 있었을 거라고 봅니다. 물론 당시 서양의 자연과학은 그 자체로 경이의 대상이었으며 정약용 역시 서양기술의 적극적 도입을 강조하고 있었습니다.

이상의 조건들과 어우러져 사상사적으로는 공리공담만 일삼는 성리설의 학문적 도그마에 반대하여 '경세제민'의 '합리적'인 학문의 확립을 목적한 바, '인민의 일용日用에 아무런 보탬이 못 된다면 이는 학문이 아니다'라는 입장을 취하고 있었던 것입니다. 그리고 그 학문의 실용화는 현존하는 사회체제 내부의 한계를 초월하며 궁극적으로는 봉건 사회의 변혁을 지향하고 있었다고 생각됩니다.

두 가지 토지 제도론

앞서도 언급한 바와 같이 실학자들은 단순히 비판만 하는 것이 아니라,

새로운 사회를 모색하고 그 개혁안을 구체적으로 제시하고 있었습니다. 그러한 신개혁안의 중심 문제는 토지 제도의 개혁론이었으며, 사유 제도 그 자체에 대한 비판은 공통된 사항이었습니다. 그러나 이 사유 제도의 폐해를 어떻게 제거하여 개혁을 단행할 것인지는 각인각설各人各設로 분분했는데, 그중에서도 정약용의 사상은 특히나 탁월하다고 생각됩니다.

정약용이 토지개혁 사상에 관하여 논한 것으로는 두 가지를 들 수 있으며, 그중 하나가 『경세유표經世遺表』입니다. 이는 왕권에 의한 위로부터의 개혁을 기도企圖하여 국왕에게 올리는 정책 건의서이기 때문에 그 한계가 존재하긴 합니다. 그러나 『경세유표經世遺表』의 내용을 자세히 살펴보면, 정약용 역시 토지개혁을 사회개혁의 중심 문제로 판단하고 있다는 것 그리고 이 토지개혁을 토대로 하여 다른 개혁을 수행하고자 했음을 알 수 있습니다.

그의 토지개혁의 주안점은 경작자인 농민에게만 토지를 부여하며(농민에 대해서도 농업노동에 참여 가능한 가족 수에 따라 면적을 달리하고 있음) 농민 이외의 사대부, 상인, 수공업자에게는 토지를 제공해서는 안 된다는 것을 강조하고 있습니다. 이 점은 다른 실학사상가들과 비교하면 매우 특징적입니다.

다시 말해, 토지를 일반 인민에게 평등하게 분배하는 것이 아니라 경작 능력에 따른 실질적인 평등을 주장하고 있는 것입니다. 이 '능력에 따른' 토지분배이론에 대해 간략하게 말씀드리면, 서양에서 시민혁명의 이론적 대변자라 불리는 로크(영국), 루소(프랑스) 등이 토지 소유의 원리로서 '노동에 따른 소유'론을 전개하고 있는 것과 상통하는 지점이 있다고 생각합니다.

그는 토지를 최대한 활용하여 농업생산력을 상승시키는 것에 중점을 두었기 때문에 얼핏 보면 봉건적 위기에 대응하는 체제 내에서의 대응책으로서 반동적인 이론으로 받아들여지기 쉽습니다. 그러나 그의 주장의 본질은 농업생산력을 상승시킨다는 것은 곧 자본주의를 전개시키는 기초이며, 인민을 토지로부터 분리시킨다는 것은 자본주의의 발생 조건을 개척하는 긍정적인 역할로서 평가할 수 있습니다.

더군다나 정약용의 '능력주의론'은 토지 분배에서만 드러나는 것이 아니라 인재 등용론에서도 일관하고 있습니다. 봉건 사회에서의 '능력주의'란 봉건적인 신분상의 특권과는 기본적으로 상호 용납이 불가능한 것이므로 그의 논리는 이 점에서도 주목할 가치가 있습니다.

이상의 내용이 그의 합법적인 토지개혁론에 대한 개요입니다. 여기서 중요한 점을 몇 가지 덧붙이자면 먼저 지주 문제地主問題를 꼽을 수 있습니다. 정약용은 사적 토지 소유를 비난하는 데에 있어 일반론으로서 중국 고대의 '정전론井田論'을 그 지렛대로 삼고 있습니다. 여기에는 특히 사적 소유자가 없었다는 것을 높이 평가하고 그 후의 사적 소유의 발생을 만악万惡의 근원이라고 비판하고 있습니다. 그러나 그의 이러한 이상理想에도 불구하고 현실론을 견지한 『경세유표』는 그 이상에서 적잖이 후퇴된 상태입니다. 즉, 초반에는 지주의 존재를 인정하고 있으나 이후로는 사적 토지제도를 점진적으로 배제하자는 주장을 펼치고 있는 점이 그러합니다. 물론 그 밖에도 농민의 세금 부담 문제 등 여러 방면에서 지적하고 있습니다만, 그런 부분에 대해서는 저의 공부가 미진하여 구체적인 설명은 어려울 것 같습니다.

또 다른 계열로는 『전론田論』을 들 수 있습니다. 극히 간단한 형식으로 서술하고 있긴 합니다만, 이는 토지를 비롯한 사회의 철저한 개혁을 주창한 것으로 공상적인 사회주의론이라 불리고 있습니다. 여기에는 토지의 사적 소유를 일절 배제하고 30호戶 정도의 협동체가 토지를 공동 소유하여 집단적으로 노동함으로써 그 노동일수에 따라 수확을 분배하자는 구상이 제시되어 있습니다. 이러한 착상은 무척 특이한 것으로 정약용을 높이 평가하는 하나의 근거가 되고 있습니다.

　이상으로 정약용의 토지개혁 사상에 대해 살펴봤습니다. 여기서 한 말씀만 보태자면, 그는 분명 농본주의자임에 틀림없으나 그 전개 방식에는 발전 양상의 추이가 엿보인다는 것입니다. 당시의 진보적인 실학 사상가들이라면 누구나 예외 없이 농본주의 입장에서 상업과 수공업의 억제를 주장했는데, 정약용의 경우에는 초기의 사고방식과 후기의 사고방식에 차이를 보이고 있습니다. 다시 말해, 여느 실학 사상가들과 다를 바 없이 주장하던 초기의 농본주의는 후기에 이르자 자못 후퇴된 반면 상업과 수공업은 적극적으로 장려해야 한다고 주창했던 것입니다. 다만, 봉건 권력과 결탁한 특권상인豪商은 배격했던 것으로 보입니다. 이처럼 그의 상공관商工觀의 변화란, 전기에는 종래의 전통적인 견해와 이에 더해 실학파인 유형원柳馨遠, 이익李瀷 등의 상공관의 제약을 그대로 계승한 것이었으나 후기에는 상품화폐경제와 수공업이 진전된 당시의 현실에 대응했던 것이라고 생각됩니다.

　정약용은 이 같은 경제사상과 마찬가지로 정치사상에서도 독자적인 이론을 전개하고 있었습니다. 즉, 그의 「원목原牧」, 「탕론湯論」, 「원정原政」 등에서 단적으로 드러나는 인민주권人民主權의 사회계약설과 같은 사상을 말합니다. 그 개요를 말씀드리자면, '본래 치자治者, 君主는 인민을 위해 존재하는 것이며 아래로부터 인민에 의해 선택된 것이 바로 치자가 생겨난 역사적 근거였으나, 후세에 이르니 이는 완전히 역전되어 버리고 말았다. 그로 인해 법률 같은 것도 인민이 인민을 위해 아래로부터 결정되던 것이 후세에는 역전되어 버렸다'[6]는 것입니다. 그러면서 당시의 지배자를 대도大盜라 힐책하며 그 자체를 제거하기 위해서는 본래의 모습으로 되돌아가야 한다고 강조하고 있습니다. 결국 군주가 인민의 이익을 배신했을 때는 군주를 추방해야 마땅하다고 주장하고 있는 것입니다.

---

6 해당 내용을 좀 더 자세하게 소개하자면 다음과 같다. "천자는 여러 사람이 추대해서 만들어진 것이다. 대저 여러 사람이 추대해서 만들어진 것은 또한 여러 사람이 추대하지 않으면 물러나야 하는 것이다.(天子者。衆推之而成者也。夫衆推之而成。亦衆不推之而不成。) (…중략…) 끌어내린 것도 대중(大衆)이고 올려놓고 존대한 것도 대중이다. 대저 올려놓고 존대하다가 다른 사람을 올려 교체시켰다고 교체시킨 사람을 탓한다면, 이것이 어찌 도리에 맞는 일이겠는가. 한(漢)나라 이후로는 천자가 제후를 세웠고 제후가 현장을 세웠고 현장이 이장을 세웠고 이장이 인장을 세웠기 때문에 감히 공손하지 않은 짓을 하면 '역(逆)'이라고 명명하였다.(其執而下之者衆也。而升而尊之者亦衆也。夫升而尊之。而罪其升以代人。豈理也哉。自漢以降。天子立諸侯。諸侯立縣長。縣長立里長。里長立鄰長。有敢不恭其名曰逆。)"(『茶山詩文集』 권 11, 「蕩論」) "그때는 이정이 민망(民望)에 의하여 법을 제정한 다음 당정에게 올렸고, 당정도 민망에 의하여 법을 제정한 다음 주장에게 올렸고, 주장은 국군에게, 국군은 황왕에게 올렸었다. 그러므로 그 법들이 다 백성의 편익(便益)을 위하여 만들어졌었는데, 후세에 와서는 한 사람이 자기 스스로 황제(皇帝)가 된 다음 자기 아들·동생 그리고 시어(侍御)·복종(僕從)까지 모두 봉(封)하여 제후(諸侯)로 세우는가 하면, 그 제후들은 또 자기 사인(私人)들을 골라 주장(州長)으로 세우고, 주장은 또 자기 사인들을 추천하여 당정·이정으로 세우고 있다. 그렇기 때문에 황제가 자기 욕심대로 법을 만들어서 제후에게 주면 제후는 또 자기 욕심대로 법을 만들어서 주장에게 주고, 주장은 당정에게, 당정은 이정에게 각기 그런 식으로 법을 만들어 준다. 그러므로 그 법이라는 것이 다 임금은 높고 백성은 낮으며, 아랫사람 것을 긁어다가 윗사람에게 붙여주는 격이 되어, 얼핏 보기에 백성이 목민자를 위하여 있는 꼴이 되고 있다.(當是時, 里正從民望而制之法, 上之黨正, 黨正從民望而制之法, 上之州長, 州上之國君, 國君上之皇王, 故其法皆便民。後世一人自立爲皇帝, 封其子若弟, 及其侍御·僕從之人, 以爲諸侯, 諸侯簡其私人, 以爲州長, 州長薦其私人, 以爲黨正·里正。於是皇帝循己欲而制之法, 以授諸侯, 諸侯循己欲而制之法, 以授州長, 州授之黨正, 黨正授之里正。故其法皆尊主而卑民, 刻下而附上, 壹似乎民爲牧生也。)"(『與猶堂全書』 권 10, 「原牧」) 출처 : 한국고전종합DB http://db.itkc.or.kr/

또한 외적의 침략을 막기 위한 군제軍制의 강화를 힘주어 강조하고 있으나, 막부 말기의 사토 노부히로佐藤信淵[7]의 '부국강병론富國强兵論' 등에서 볼 수 있는 침략적 성격은 전혀 없다는 것이 이들 간의 큰 차이점입니다. 군제론軍制論 역시 앞서 언급한 전제론田制論을 기초로 하여 농병제農兵制의 형태로 전개하고 있습니다.

이상 그의 정치·경제사상의 특징에 대해 간략하게나마 말씀을 드렸습니다만, 저 역시 잘 모르는 부분이 아직 많습니다. 특히 철학사상에 관련한 부분은『조선철학사朝鮮哲學史』에 자세히 설명되어 있으니 따로 언급하지는 않겠습니다. 더불어 그의 저작은 현재 남아 있는 것만 해도 500권이 넘을 정도로 방대하며 내용 면에서도 백과전서식으로 철학·정치·경제·군사·자연과학·의학·역사·문학 등 다방면에 걸쳐 망라되어 있습니다.

무엇에 대한 안티테제인가?

와타나베 마나부

박 선생님이 말씀하신 실학파의 반봉건적 성격이라는 것에 관하여 세 가지 정도 문제를 제기하고자 합니다. 박 선생님께서는 정다산의 이력을 통해 그의 사상적 성격 및 위치 규정을 시도하셨습니다만, 보통 이력이라는 것은 그가 살아온 시대와 출신에 대한 언급이 불가결한 법이니,

---

7 사토 노부히로(佐藤信淵, 1769~1850) : 에도 시대 후기의 사상가·국학자·경세론자다. 에도 시대 후기 막부가 직면한 총체적 문제에 대해 해결책을 제시했던 사상가로 알려져 있다. 주요 저서로는『天柱記』,『經濟要錄』,『草木六部耕種法』,『混同秘策』,『農政本論』등이 있다.

이 두 가지에 관한 고찰점과 또 '실학'이라는 개념상에서의 문제점을 제기하고자 합니다.

첫 번째, 정다산이 살아온 시대는 사원祠院의 대대적인 철훼撤毁(1741)에 따라 서원書院을 근거로 한 재지사림 세력의 억압 및 『경국대전』을 수명修明하여 새로이 만든 『속대전續大典』의 성립에 의한 통치체제의 재편강화 (1744), 『동국문헌비고東國文獻備考』[8]의 편집(1770), 서학의 금단禁斷 (1786), 십오상연지제什伍相聯之制(우리나라의 五人組[9]와 거의 흡사함)의 제창 (1792) 등 영조·정조·순조 3대에 걸친 중앙집권이 성과를 거두어 한창 왕권이 신장했던 시대입니다. 따라서 재지봉건 세력은 주권에 억압받는 것에 대항하여 그 봉건체제를 굳히고 자신들의 기반을 확고히 하고자 했다고 생각됩니다. 그렇다면 남인파에 속하는 정다산 등의 실학파 사상을 곧바로 봉건 제도 그 자체에 대한 안티테제로 간주해도 되는지 또 사적 대토지 소유의 배제라 하더라도 그것이 어떤 사적 소유의 배제인지 예를 들면 근대적인 소유도 배제한 것인지 그리고 배제해야 할 봉건이라는 것을 어떻게 억압했는지 이러한 사항들은 상당히 중요한 문제라고 생각합니다. 이어 교육면에서는 감각적 실학주의sense realism, 感覺的實學主義같은 것도 등장하고 있긴 합니다만, 다른 한편에서는 과업科業,[10] 학문學問 / 취재取才,[11]

---

8 『동국문헌비고』는 한국의 문물 제도를 분류·정리한 백과전서 같은 책으로 100권 40책으로 되어 있다. 영조의 명으로 1769년(영조 45) 편찬에 착수, 1770년에 완성되었다. 체재는 중국 『문헌통고(文獻通考)』의 예에 따라 상위(象緯)·여지(輿地)·예(禮)·악(樂)·병(兵)·형(刑)·전부(田賦)·재용(財用)·호구(戶口)·시려(市閭)·선거(選擧)·학교(學校)·직관(職官) 등으로 분류 서술하였다. 그 후 이를 다시 증보, 고종 때 『증보문헌비고(增補文獻備考)』라 하여 250권으로 간행하였다.

9 에도 시대에 이웃한 오호(五戶) 단위로 연대책임을 지게 한 조직을 말한다. 초기에는 가톨릭교도나 부랑인(浮浪人) 등을 단속하는 것이 주목적이었으나, 훗날에는 법령준수·치안유지 등을 위한 상호감찰의 취지를 띠게 되었다.

교회敎化라는 형태로 여전히 봉건적인 틀 안에 머물고 있습니다. 이런 부분들을 통합적으로 어떻게 이해해야 하는지…….

두 번째, 이는 출신에 관한 부분으로 정약용과 같은 전형적인 양반, 즉 젠트리gentry 출신이 이러한 소위 진보적 사상을 가지고 있었다는 것을 어떻게 생각해야 할까요? 그는 불우한 귀족이긴 하지만 그렇다고 하급 귀족은 아니었다고 봅니다. 일례로 루소의 사상이 프랑스 혁명의 사상적 원동력의 하나가 되었던 것은 그의 사상이 당시 발흥하는 프랑스・부르주아지의 사상을 어느 정도 대표하고 있었기 때문이라고 생각합니다. 그러나 정다산의 경우, 그의 사상이 이후 조선의 역사적 전개와 어떤 식으로 연결되느냐 하는 겁니다.

세 번째, 실학의 개념 규정이 그리 명확하지 않았다는 것입니다. 조선에서는 옛날부터 불학佛學에 반대했던 이제현李齊賢의 경우와 마찬가지로 새로운 사상이 등장할 때마다 그들은 그 이전의 것들을 비판하기 일쑤였고 그럴 때면 언제나 본인들의 사상이야말로 진정한 실학이라고 주장하는 경우가 많았습니다. 따라서 정다산 등의 실학이 어떠한 내용에 의해, 무엇에 대한 안티테제를 내세우려 했는지 이 부분을 밝혀내야만 하는 겁니다. 이는 성리학에 대한 안티테제인 것 같기도 하고 훈고학訓詁學 혹은 천주교에 대한 안티테제라고 할 수도 있어 보입니다. 만약 그 테제를 어떻게 파악하고 있었는지 이 부분을 명확히 했더라면 이후에 그렇게 단절되는 일도 없었을 거라고 생각합니다.

---

10 과거시험을 보는 데 필요한 학업을 뜻한다.
11 조선 시대 하급 관리를 채용하기 위해 실시한 과거를 말한다.

박종근

사회경제적인 면에서는 반봉건성이 상당히 강하지만, 사상적으로는 유교에 대한 부정이 약한 것은 사실이라고 생각합니다. 기본적으로 반봉건사상인지 어떤지는 모르겠습니다만……. 현재 학계에서도 이를 문제 삼고 있으며 현 단계로서는 그의 사상 및 이론에 대해 정치, 경제 등 개별적인 측면을 파악하여 연구를 전개하고 있습니다. 그러다 보니 정약용의 사상을 구조적으로 파악하는 데까지 이르지 못한 것이 실상입니다. 이러한 측면론側面論으로서는 분명 근대 사상이 아닐 수도 있겠으나 그래도 반봉건사상이라고는 할 수 있지 않을까 싶습니다. 다만, 그것이 어찌하여 나중까지 계승·발전하여 근대 사상과 결부되지 못했는가 하는 문제에 있어서는 먼저 1801년의 대탄압으로 인해 실학파가 일망타진되어버렸던 것을 직접적인 원인으로 들 수 있습니다. 당시 봉건 반동의 탄압은 실로 엄청났을 겁니다. 물론 그 후에도 실학파는 김정희金正喜·김정호金正浩 등으로 이어지긴 합니다만, 특징적인 것은 탄압에 의해 기존의 경세적經世的·사회비판적인 측면은 후퇴하고 고증학적인 면이 계승되는 상태로 빠져버렸다는 겁니다. 훗날 정약용이 재평가되기 시작했던 것은 개국 후, 김옥균 등의 개혁파에 의해서인데 특히 1890년대 이후의 애국계몽주의운동 과정에서 높이 평가되었습니다. 이어 근대 사상과 결부되지 못한 두 번째 이유로는 당시 조선 사회의 미성숙을 들 수 있습니다. 한 마디로 탄압에 맞서 실학을 계승·발전시킬 만한 기층이 약했다는 것입니다. 만약 서구처럼 정약용의 반봉건적 사상이 순조롭게 계승·발전되었더라면 정약용에 대한 오늘날의 평가에 있어서도 그의 반봉건사상이 더욱 선명하게 반영되었을 거라고 생각합니다. 그러나 그 무엇보다도 이후의 단절 문제가 가장 컸다고 생각합니다.

가지무라 히데키

조선사의 경우, 다산 같은 인물은 비교적 집안도 좋고 합법적인 측면에서의 활동도 유명했기 때문에 그나마 관련한 문헌들이 오늘날까지 전해지고 있습니다만 그와 달리 소리 소문 없이 묻혀버린 이들 중에는 보다 평민적인 입장을 드러내던 사상가들이 꽤 많았을 거라는 점도 유념할 필요가 있지 않을까요? 따라서 정약용이 그토록 독보적으로 걸출한 존재였는지 그 여부는 아직 단정할 수 없다고 생각합니다. 실제로『조선철학사』등을 통해 이제껏 발견되지 않았던 이름 모를 사상가들의 발굴 작업이 큰 성과를 거두고 있습니다. 사실 식민지 시대부터 지금까지는 그런 기회가 좀처럼 없었으니까요.

와타나베 마나부

앞서 언급하신 단절 문제도 실은 당시 다산의 저서는 죄인의 저서라 하여 공간이 금지되어 여태 사본寫本으로 전해져왔던 이유도 있을 겁니다. 그리고 그의 인식론도 선험론先驗論에 대응하여 경험론經驗論을 주창했던 그 부분만 보자면 근대적이라고 할 수 있을지 모르겠으나, 사실 그 부분도 그렇게 철저한 편은 못됩니다.

박종근

무엇에 대한 안티테제인가 하는 그 문제 역시 '정통적' 유교교학 및 성리설에 맞선 것이라고 생각합니다. 다만, 유교 혹은 주자학 전반에 대한 비판이라고 할 정도는 못 됩니다. 그렇지만 당면한 조선의 지배적 이데올로기인 성리설에 전면 항거하는 데에는 일정한 한계가 있었다는 것을 인정하지 않을 수 없다고 봅니다. 그리하여 그 지배적인 이데올로기와 의식적으로 거리를 두는 그 자체로서 대항의 형태를 취하고 있었던 겁니다. 따라서 일시적이나마 실학파들이 천주교에 열중했던 것도 '정통적'인 교학에 대한 대결 의욕 때문이었다고 생각됩니다.

와타나베 마나부

태극太極이라는 사고방식의 틀은 그대로 인정하고 그 범주 안에서 퇴계退溪나 율곡栗谷에 반대하는 것이 아닐까 싶네요.

박종근

실제로 정치적인 것과 직결하여(이 점이 그 특징 중의 하나라고 할 수도 있겠습니다만), 권위를 휘두르고 있는 공리공담에 대결하기 위해 오히려 그들이 존중해 마지않는 원리, 즉 '상고주의尙古主義'를 역공하는 식으로 대립의 형태를 취할 수밖에 없지 않았는가 싶습니다. 그러니 '상고'의 형식이 아닌 객관적인 의의를 평가해야 한다고 생각합니다. 그는 사실상 고대를 지렛대로 삼아 당시의 현실을 비판[12]하여 새로운 사상을 전개하고 있었다고 봅니다.

---

12 원문에서는 批別로 되어있으나, 내용상 批判의 오자로 보인다.

만물의 근원은 '理'인가 '氣'인가

가지무라 히데키

지배적인 교학의 틀 안에서는 실학파의 전개와 평행하거나 혹은 서로 뒤엉킨 형태로의 주기론主氣論과 주리론主理論의 논쟁이 있었습니다. 그 중 주기론은 일반적으로 유물론적 성격을 지닌 것으로 취급되고 있으며 또 분명 그리 보이기도 합니다……

와타나베 마나부

퇴계는 '理'를 중시하고 율곡은 '氣'를 중요시했다고 해서 율곡이 야당적野黨的이라고 할 수는 없습니다. 물론 사상사를 정치적 평가와 직결할 수는 없습니다만……

니시 준조

현재 중국에서도 철학 유산의 평가에 있어 주리론, 주기론을 그대로 관념론, 유물론이라고 할 수 있는지를 두고 의견이 분분합니다. 확실히 전통적 가치 기준을 비판·부정하려는 사람들은 주기론에 경도되어 있습니다. '氣'는 대체로 활동적인 관념으로서 '理'라는 관념으로 고정된 것을 깨부수기 위해 '氣'가 설정된 것입니다. 다만, 중국에서는 '理' 중심 사상과 '氣' 중심 사상 사이에 시기적으로는 그리 길지 않지만 명중기明中期부터 왕양밍王陽明 등이 주장한 심학心學이 존재했으며 그 시기에 불교가 유교 안으로 깊이 파고 들어오게 되었습니다. 그러니까 사조思潮로서는 理-心-氣 순인 겁니다. 당시 심학에 천착했던 인물로는 명말의 리쥐우李

卓吾[13]가 있긴 합니다만, 심학은 더 이상 유교라고 할 수 없습니다. 이는 철저한 니힐리즘으로서 비판적인 편이나 그 비판에는 아무런 근거도 없이 그저 부정만 할 뿐입니다.

理의 권위가 심학에 의해 철저히 비판된 후, 氣의 사상이 생겨났으며 이에 근거하여 명말청초明末淸初의 학學이 실학으로서 등장하게 됩니다. 그러나 실학 안에서 심학이 지닌 불교적인 성격이 계승된 것이 아니라, 실학이 문헌번쇄주의文獻煩瑣主意로 나아갔던 상황을 다시 뒤집은 것 또한 심학 혹은 불교사상입니다. 이와 관련한 인물로는 19세기 말의 지쯔쩐龔自珍 · 캉유웨이康有爲와 같은 금문공양학파今文公羊學派 사람들과 고문학파古文學派에 속한 인물들이며 그중 장타이옌章太炎[14] 같은 이들은 한층 더 불교적입니다. 대체로 중국의 오랜 왕조체제에 대한 자기부정의 지렛대가 되는 것은 언제나 불교입니다. (하기야 그 역시도 중국화된 것이긴 합니다만…….) 그 대신에 어떤 새로운 것을 제공해주지는 못했습니다.

---

13 리쮀우(李卓吾, 1527~1602) : 중국 명나라의 사상가다. 유 · 불 · 도의 가르침의 경계를 허물려 했으며, 송학 이래 양명학도 포함하여 '천리에 따르고, 인욕을 없앤다.(存天理去人欲)'는 전통적 규범이 시대에 맞지 않는 허위에 불과하다고 보고 상고주의 및 경학주의를 비판하면서 '입는 것, 먹는 것(穿衣吃飯)'을 윤리의 근본이라 주장했다. 그러나 이러한 반(反)봉건 사상을 지닌 비판적 언론으로 인해 박해를 받기도 했다. 주요 저서로는 『藏書』, 『焚書』, 『說書』 등이 있다.

14 장빙린(章炳麟, 1869~1936) : 청말민초(淸末民初)에 걸쳐 활약한 학자이자 혁명가다. '타이옌(太炎)'은 호다. 고증학을 통해 역사 제도를 연구하였는데, 청일전쟁이 발발한 이듬해부터 정치운동으로 전향하여 량치차오(梁啓超) 등의 『時務報』에 관계하게 되었다. 이후 배만광복(排滿光復:漢族自治) 혁명을 주창하기도 했다. 또한 고문경학자인 유위에(兪樾)와 황이쩌우(黃以周)에게 사사했으며, 언어학 연구에 탁월한 업적을 남겼다. 주요 저서로는 『訄書』, 『古文尙書拾遺』, 『太史公古文尙書說』, 『章氏叢書』 등이 있다.

와타나베 마나부

그럼 중체서용론中體西用論 같은 것은 어디에 위치되는 건가요?

니시 준조

중체서용론은 실학 앞에 자리합니다. 왕조체제가 당면한 상황에 그 체제를 적응시키고자 채용한 것으로 처음에는 양무운동洋務運動을 통해 중체서용론이 등장했으나, 이것이 나중에는 변법파變法派의 입헌군주제 론에 점차 자리를 내어주다가 결국은 일본과 달리 실패하고 말았던 겁 니다. 물론 실패했다는 사실보다 그 이유가 더 중요한 문제겠습니다 만……. 그러다가 중국에 가서 등장한 것이 바로 '모든 것은 무無다. 그 저 중국은 중국일 뿐이다'라고 주창했던 장타이옌의 불교주의佛教主義입 니다. 이는 타자로부터의 침범은 허용할 수 없다는 것으로 결코 적극적 인 자기주장은 아니었습니다. 왜냐하면 외부에서 압박해 오는 한에서는 자신을 지키지만, 사실 그 압박이 없다면 자기 자신도 없다고 여기기 때 문입니다. 그러나 이는 적극적인 정치 지도이념이 될 수 없었기 때문에 청조가 무너지자 장타이옌이 할 수 있는 것이라곤 아무것도 없었습니 다. 그리고 나서 얼마 후 생각지도 않은 지점에서 적극적인 이론으로서 등장했던 것이 바로 쑨원孫文의 공화론共和論입니다.

가지무라 히데키

지금 말씀을 듣고 있노라니 왠지 모르게 조선의 동학사상東學思想이 떠오르는군요. 이는 순수하게 아래로부터의 움직임으로서 상당히 비합 리주의적이며 신비주의적인 색채가 강합니다.

박종근

동학은 사상으로서는 1860년대, 즉 구미의 도발적 침략이 시작된 시기에 발생했습니다. 동학은 중체서용·화혼양재론과 같이 타협적인 것이 아니라 전체적인 저항이라는 것이 분명합니다. 천주교가 발달한 지역과 동학이 발달한 지역이 일치한다는 점에서 보자면 서학과의 대립관계에서 발전했다는 공통적인 요인과 동시에 무엇보다 현실 비판에 대한 방식에 있어서는 차이가 존재한다고 생각합니다.

와타나베 마나부

그렇다면, 실학이 더욱 발전하여 자기 부정적인 단계에 이른 것이라고 보시는 건가요?

젠트리(Gentry)·래디컬리즘(Radicalism)

비토 마사히데

저는 예전에 관련 자료를 보고 정약용의 특색에 대해 경제사상보다 오히려 정치사상에 있어 상당히 래디컬하다고 생각했습니다. 다만, 어떤 관련 자료의 기술에 있어서는 지나치게 정연하다는 느낌이 들긴 했지만 말이죠.

다카하시 신이치

저도 같은 느낌을 받았습니다. 이야기 서술이 과할 정도로 잘 정돈되어 있다고나 할까요? 더군다나 사상사라는 것은 워낙 복잡하게 얽혀있어 그걸 풀어내기란 여간 어려운 일이 아니라고 저는 늘 생각했는데 말입니다.

비토 마사히데

유교에는 본래 역성혁명易姓革命 사상이라는 것이 있는데 그것이 이 자료에 사회계약설이라고 불리는 형태로 명쾌하게 드러나 있습니다. 즉, 군주는 인민의 의지에 따라 교체될 수 있다고 말이지요. 이는 일본 사상사에서는 좀처럼 볼 수 없는 사고방식으로서 곧 군주를 억압하는 힘이 그만큼 강하다는 것인데, 이 부분만 보자면 에도 시대의 일본과 굉장히 다르다는 인상을 받았습니다.

다카하시 신이치

그가 기술한 내용을 보면 마치 막부 말기의 요시카와 주안吉川仲庵처럼 독립선언을 그대로 번역한 것 같더군요.

비토 마사히데

그 또한 유럽적인 것이 영향을 미치고 있기 때문에 유교에서 나타나는 것과는 별개라고 할 수 있습니다. 그래서 저는 그런 유교적인 일종의 민주주의 혹은 민본주의가 등장하는 사회적 기반이 어디에 있는지를 고찰해 봤습니다. 그러자 이 역시 앞서 젠트리라고 불리던 양반, 즉 재지지주才地地主가 과거 제도를 통해 관료가 되어 가는 체제와 '재지'라는 봉건적 기반을 근간으로 중앙 권력을 상대로 비판적인 자세를 취하는 그런 체제가 대응하고 있었다는 것을 알 수 있었습니다. 이는 조선뿐만 아니라 중국에도 존재했으나, 일본에는 없었습니다. 적어도 병농분리兵農分離 이후에는 그렇습니다. 아무튼 이를 통해 이 시기에 왕권이 신장되어 젠트리와 대립했다는 지점을 납득할 수 있었습니다. 왕권이 신장되자 그에 맞서 기존의 지방 지주가 봉건적 특권을 고수하려는 지점, 그러니까 이른바 전제주의專制主義에 대립하는 분권주의分權主義라는 의미에서 근대적인 것과는 또 다른 일종의 민주주의가 생겨날 수 있었다고 생각합니다. 물론 일본에는 그런 기반이 전혀 마련되어 있지 않았습니다만······.

그리고 그러한 젠트리는 농촌에 지반을 두고 있기 때문에 중앙 권력에 대해서는 비판적이지만 그 자체만 놓고 보면 사회적으로 보수적이었습니다. 따라서 새로운 기술이나 과학 문명의 도입에 있어서도 상당히 보수적이었다고 생각합니다.

반면 일본의 에도 시대 무사는 농촌에 지반이 없었기 때문에 매우 불안정한데다가 상부 권력에 대해서도 거의 무력했는데, 그들이 그렇게 불안정했던 만큼 일종의 기술적인 개혁 등에 대해서는 적극적이 될 가능성이 있었다고 봅니다. 이와 관련하여 나고야대학의 하타노 요시히로波多野善大[15] 선생님께서 "청말 중국에는 젠트리에 해당하는 계급, 즉 향신층鄕紳層이 여전히 존속할 수 있는 상태였으므로 교착상태였다고 생각하지는 않는다"라고 하셨습니다. 그러나 일본의 경우, 하급 무사층은 생활을 제대로 꾸려나갈 수 없을 정도로 사회적으로 그야말로 막다른 지

---

15 하타노 요시히로(波多野善大, 1908~1998) : 일본 동양사학자다. 교토제대 동양사학과를 졸업했으며 「中国近代工業史の研究」로 문학박사를 취득했다. 이후 동방문화학원(東方文化学院)의 연구원 및 나고야대학 문학부 교수를 지냈다. 주요 저서로는 『中国近代工業史の研究』, 『中国近代軍閥の研究』, 『国共合作』 등이 있다.

경에 처한 상황이었습니다. 그것이 결국 일본과 중국의 사회변혁에 있어 그 방향성 내지 방식을 바꿔버렸다고 생각합니다. 그러나 중국 쪽은 워낙에 보수적인지라 중앙집권은 잘 이뤄지지 못했습니다. 이를 두고 지금에 와서 옳다 그르다고 평가하는 것은 별개의 문제겠지만, 조선의 경우도 지금 하신 말씀처럼 젠트리가 건전健全하고 강했더라면 기술적인 실학 방면에서 후계자가 나오지 않았다는 그 문제 역시 어느 정도 설명 가능하다고 생각합니다.

박종근

정약용에게는 대지주에게 맞서는 중소지주의 저항을 대표한다는 그런 측면이 있지요. 물론 정약용 본인의 토지 소유 상태는 그리 대단치 못했습니다. 토지 소유를 통해 얻은 소득보다도 관료로서의 소득 쪽이 생활의 기반이 되었기 때문에 재지지주적인 성격은 비교적 약했다고 생각합니다.

비토 마사히데

역시 일본 근세의 무사 같은 경우는 소유한 토지가 전혀 없었기 때문에 그런 점에서는 상당히 다르군요.

와타나베 마나부

따라서 '나라의 부름을 받으면 본인의 업을 행하나, 부름을 받지 못하면 집에 머물며 그 풍화風化를 향당鄕党에 미치도록 하는 것'[16]이라는 이른바 '용사행장用捨行藏'의 사고방식이 형성되었던 겁니다.

비토 마사히데

그렇습니다. 유형으로서는 중국에 가깝지만, 중국과도 또 다른 면이 있었을 테지요. 저는 아직 잘 모르겠습니다만……

오히려 '理' 철학의 線?

비토 마사히데

理와 氣의 철학 문제를 언급하자면, 먼저 理의 철학이라 불리는 것은 일종의 합리주의라고 할 수 있습니다. 도덕적인 의미에서의 합리주의, 즉 덕이 없는 자는 군주의 지위에 존재할 수 없다는 역세혁명易世革命 사상은 본래부터 유교 안에서는 정통사상이기 때문에 이를 한꺼번에 '유교의 정통正統이 理의 철학이다'라고 한다면 그 혁명사상은 理의 철학과 결부되어야 하는 겁니다. 따라서 理의 철학은 반동적이며 氣의 철학은 진보적이라고 단정적으로 결론지어 버리면 이러한 역세혁명 사상을 제대로 평가할 수 없게 됩니다. 그런 의미에서 정약용의 사상은 오히려 理의 철학과 밀접한 관계를 갖는 것이 아닐까 싶습니다.

니시 준조

理·氣라는 용어는 송학宋學 이후에 생겨났습니다만, 理의 철학과 氣의 철학 간의 대립 자체는 옛날부터 존재했다고 봅니다. 이를 사상가로 설명

---

16 세상에 쓰일 때는 나아가서 자기의 도를 행하고, 쓰이지 아니할 때는 물러나 은거한다는 의미이다.

하자면, 맹자孟子와 순자荀子에 해당됩니다. 유교 중에는 질서를 강조하는 유파와 천하의 실체, 즉 인민을 강조하는 유파가 있습니다. 물론 인민을 강조한다고 해도 군신체제君臣體制·천하체제天下體制를 부정하는 것은 아니지만, 정통교학으로서 채용되는 것은 대체로 질서 중심입니다. 한편, 비판파批判派(이단異端은 아님)들이 인민=천하의 실체를 강조하는데, 이들 비판파의 주체가 바로 지방의 젠트리입니다. 그리고 理라고 할까요? 아무튼 질서파의 주체는 대관료 어용학자大官僚 御用學者입니다.

비토 마사히데

맹자에서 주자朱子로 이어지는 선線이 理의 철학에 해당하는 셈이군요.

니시 준조

하지만 주자 사상의 전체적인 구조는 순자입니다. 물론 성리학의 내용으로 들어가면 맹자에게서 많은 것을 취하고 있긴 합니다만······.

비토 마사히데

그렇습니까? 저는 아무래도 도통론道統論을 그대로 믿고 있는지라······.

박종근

理가 역세혁명을 지탱하는 원리라고 한다면, 실학파가 理에 의거하여 '正統'을 주창한다는 것으로서 위치 부여할 수도 있겠지요. 그러나 당시 유교가 理 중심으로 되어 있었기 때문에 이에 대한 반대파로서 등장했던 실학파는 '정통파' 안으로 들어가지 않았기에 역세혁명 본연의 원리를 들고 나와 공격할 수 있었다고 생각합니다.

역사의식과 '上帝'관

니시 준조

조선에서는 주자학 이후에 양명학이 들어오지는 않았습니까?

박종근

들어오긴 했지만, 그 영향력은 미미했던 것 같습니다.

니시 준조

그리고 정약용에게 역사론歷史論은 없는가요? 일반론이 아닌 변화의 구조에 관한 것 말입니다.

박종근

실학파는 조선 문화를 존중한다는 의미에서 자국의 역사 연구를 하고 있지만(아마도 내셔널리즘의 원형을 형성한다는 의미를 지니고 있다고 생각됩니다), 니시 선생님께서 말씀하신 변화의 구조에 관한 직접적인 역사론은 없다고 봅니다. 다만, 이와 관련한 그의 견해는 「폐책弊策」이라는 논문을 통해 드러나는데, 그 내용인즉슨 "어떤 것이든 오래되면 반드시 폐해(요즘 말로는 모순이라고 할 수 있는)가 생기는 것은 천지자연의 원리다. 성인이 이뤄낸 것이라도 예외가 없기 때문에 새로이 개혁해야 한다"라는 것입니다. 이를 사회 제도에 적용하면 봉건 사회를 영원한 것으로 고정화·절대화시키려 했던 봉건적인 사고방식 및 세계관과 상용相容할 수 없는 것이라고 평가하고 싶습니다만……

니시 준조

권위적인 존재, 예를 들면 천자나 성인을 헐뜯어 부정하는 것에 관해서는 어떻게 생각하시는지요?

박종근

공자의 권위를 이용하여 당시 사회를 비판하는 경우가 많으며, 앞서 말씀드렸던 군주권君主權의 비판으로서 군주의 발생과 사회 계약적인 사고방식을 서술하고 있습니다. 또한 「기예론技藝論」 등에서도 옛날 사람보다 후세 사람들의 진보를 강조하고 있으며 성인이 할 수 있는 것이라면 요즘 사람도 못 할 것이 없다고 강조하고 있습니다.

그런데 한 가지 의견을 구하고자 하는 것은 정약용의 사상 형성의 계기에 관해서는 역시 중국의 전통사상과 관련하여 살펴볼 필요가 있다고 생각하는데, 이를 고학파古學派적으로 유교의 원전原典 쪽에서 찾아야 하는지 아니면 황쫑씨黃宗羲[17] 같은 사람들에게서 받은 영향 측면에서 살펴봐야 하는지 이런 부분이 의문입니다. 그리고 천주교나 서구사상도 중국을 통해 수입되고 있었는데, 그렇다면 당시 중국에서의 서구사상은

---

17 원문에서는 黃宗義로 되어있으나, 이는 黃宗羲의 오기이다. 황쫑씨(黃宗羲, 1610~1695) : 명말·청초의 유학자다. 명의 멸망 당시 반청운동(反淸運動)에 참가했으나 이후 귀향하여 학술에 전념했다. 양명학우파(陽明学右派) 입장에서 실증적인 사상을 주장했으며 고증학의 시조로 불린다.

어떠했는지 그런 것도 여쭙고 싶습니다.

니시 준조

번역된 자료를 보면, 그의 사상적 요소로는 거의 중국에 존재하는 유교적인 것으로 그 원형이 묵자墨子에게 있는 것도 있습니다. 그것이 유가儒家로 흘러들어와 청조 초기의 실학까지 이어지고 있는 겁니다. 말씀하신 범위 내에서 가장 유사한 인물은 청조 중기의 다이쩐戴震[18]을 들 수 있습니다. 그런데 여기서 청조의 어떤 사상가에게서도 찾아볼 수 없는 정약용만의 독특한 관념이 있었는데, 그건 바로 천제天帝·상제上帝 관념입니다. 중국에서는 명찰明察하여 준엄한 상제라는 유일신적인 관념을 지닌 이로는 묵자가 유일합니다. 다만, 청조의 서민 학자町學者가 "자신의 사생활 속에서는 도교道敎의 다신교적인 여러 신을 믿고 있었다"라고 주장했던 사례가 있긴 합니다만……. 이는 상제관의 의미에서 보자면 전혀 생각지도 못한 돌발적인 발언이라는 느낌이 듭니다.

비토 마사히데

일본에서는 나카에 도주中江藤樹[19] 같은 사람이 그와 비슷한 말을 했었지요.

---

18 다이쩐(戴震, 1723~1777) : 중국 청나라의 고증학자다. 고증학을 확립했으며 청 초기에 학문의 실증적 수법을 발전시켜 천문학 및 음운학 등의 분야를 개척했다. 주요 저서로는 『聲韻考』, 『孟子字義疏證』, 『方言疏証』, 『詩經二南補注』, 『屈原賦注』 등이 있다.

19 나카에 도주(中江藤樹, 1608~1648) : 일본 양명학파의 시조로 불리는 유학자다. 어린 시절부터 『論語』 강의를 듣고 유학에 뜻을 품었으며, 『四書大全』을 읽으며 주자학에 빠져 들었다. 이후 『翁問答』, 『孝經啓蒙』 등을 통해 효의 도리를 주자학의 도덕론으로 설명하는 독자적인 주장을 펼쳤으며 나카에의의 사상은 훗날 세키몬 심학과 민중 사상의 기초를 제공한 것으로 알려져 있다. 주요 저서로는 『翁問答』, 『孝経啓蒙』, 『大学啓蒙』, 『論語郷党啓蒙翼伝』 등이 있다.

니시 준조

그건 서경書經의 음즐사상陰騭思想[20]입니다. 어쨌든 그 밖의 여러 요소들이 일단 전부 중국에 있었다고 할 수 있습니다.(註. 나중에 원문을 읽어보니 정약용의 上帝관념은 완전히 '주자의 學'[주자학이 아닌]의 그것이었습니다. 철학사에서 인용된 부분의 원문을 통해 추측해보건대, 그의 上帝는 기독교의 그것이 아님은 물론이거니와 이른바 음즐의 上帝도 아닙니다. 반성의 극치에 달하는 도덕적 확신의 초월적 근거라고도 할 수 있을 듯합니다. 이는 주자학의 理가 가진 측면의 하나로서, 理가 그 표면적 개념임에도 불구하고 권위주의인 데다가 전통적인 도덕 내용을 소여所與로 삼고 있는 것은 바로 이런 측면 때문입니다. 심포지엄 당시 上帝관념에 관한 저의 발언은 『조선철학사』의 서술에 근거하여 다소 과하게 이해한 결과였다고 할 수 있습니다.)

그러나 이러한 다양한 요소들이 한 사람의 사상 안에서 어떤 식으로 통일성 있게 정리되어 있었는지 이런 부분은 언뜻 이미지가 떠오르지 않습니다. 한편, 청조 중기의 정치적·사회적 관심을 가지지 못하고 경학經學이라는 권위의 틀 안에서 소박한 합리주의를 전개시키던 고증학의 방법을 취함과 동시에 청조 초기의 '경세치용經世致用의 학學'[21]으로서

---

20 음즐사상(陰騭思想) : 하늘이 은연중에 사람의 행위를 보고 재앙이나 복을 내린다는 사상을 말한다. 음즐사상은 『書經』「洪範 一章」에 "天陰騭下民"이라 한 말에서 비롯한다. 騭은 '숫말', '오르다', '정하다'의 의미가 있지만, 여기서는 '정하다'의 의미로서 음즐은 곧 '하늘이 몰래 下民을 定한다'는 것이다. 즉, 백성이 안정되도록 하늘이 보이지 않는 가운데 보호하고 있다는 뜻을 함축하고 있다. 『明心寶鑑』「繼善篇」의 '子曰爲善者는 天報之以福하고 爲不善者는 天報之以禍니라'의 해설 참고.(http://db.cyberseodang.or.kr/front/alphaList/BookMain.do?bnCode=jti_5a0501&titleId=C2)

21 국가와 사회의 올바른 통치 이념을 정립하고 그 구체적 실현 방안으로 사회 경제적 제도의 개선을 모색하는 학문으로서 역사적으로는 18세기에 민생 안정과 부국강병을 주장했던 실학의 한 갈래를 가리킨다. 유형원과 정약용이 대표적인 학자들이다.

활발한 철학적 의기意氣 및 사상적 활동의 소산이 그의 사상에는 하나로 어우러져 있습니다. 이에 더해 천주교의 영향으로 보이는 그러한 사고 방식까지 말입니다. 이것들을 과연 어떤 식으로 통합하여 파악해야 하는 걸까요?

그리고 앞서 잠시 말씀드린 '역사는 변화한다'는 명확한 자각이 이론적인 형태로서 나타나게 되는데 특히 중국에서는 청초·청말 두 시기에 뚜렷하게 드러났으며(중기에는 없지만) 더 나아가 청말이 되면 역사의 전망까지도 언급되고 있습니다. 그러나 그러한 전망을 정다산의 사상에서는 거의 찾아볼 수가 없습니다. 어찌된 일일까요? 가령 청초·청말의 그들에게 위기의식이 있었기 때문이라고 한다면 그런 위기의식은 정다산에게도 충분히 있을 법하지 않은가요?

다카하시 신이치

말씀 중에 누차 언급되고 있는 '실학'이라는 말의 의미나 그 실체에 대해 저는 잘 모르겠습니다. 사실 오늘 이 자리에 참석하기 전까지만 해도 저의 주 연구 주제인 막부 말기의 양학이 실학과 어떠한 유사성이 있는지 이에 대한 말씀을 들을 수 있지 않을까 하는 기대와 흥미로 가득했습니다. 그런데 오늘 말씀을 듣다 보니 그런 부분과 쉽게 연관 짓지 않는 편이 좋을 것 같다는 생각이 들었습니다. 게다가 천주교 문제까지 얽혀있으니……. 오히려 도쿠가와 초기의 천주교가 의술과 연관되어 들어온 상황과 비교하는 편이 더 근접한 방식이 아닐까 싶습니다.

백과전서파?

가지무라 히데키

서구의 자연과학을 적극적으로 수용하려는 자세는 실학파가 실학파인 이유 중의 하나이기도 합니다.

박종근

정치에 깊이 관계하여 인민 생활에 적극적인 관심을 가진 데에서 오는 실용주의적인 측면은 일본의 양학과도 상통한다고 생각합니다. 이들 모두 자연과학에 상당히 정통했다는 공통점을 가지고 있는데, 정약용 역시 수원성水原城 구축에 있어 선진기술을 적극적으로 장려했으며 또 종두법種痘法의 도입 등으로도 유명합니다.

와타나베 마나부

그렇다면 유교 범주 내에서의 중체서용과 같은 것이 일본에도 있었던 건가요? 더불어 양학과 양학자의 의식 간의 상호 관계에 대해서도 궁금합니다.

다카하시 신이치

이기론 같은 것도 있긴 했습니다. 그리고 히라가 겐나이平賀源內[22] 같은 사람도 그와 관련한 내용을 상당히 공상적인 형태로서 잇따라 제출

---

22 히라가 겐나이(平賀源內, 1728~1779) : 에도 중기에 활동한 본초학자·지질학자·난학자·의사·발명가다. 특히 일본으로 내항하는 네덜란드인들과의 교류를 통해 서양 박물학에 대해서도 연구한 것으로 알려져 있다.

한 바 있으며, 소위 백과전서파와도 유사한 측면이 있습니다.

와타나베 마나부

그렇다면, 대상을 직접 해부하여 그 내장內臟까지 샅샅이 조사하던 본인의 경험처럼 실질적인 체험을 통해서만 진정한 지식을 얻을 수 있다는 스기타 겐파쿠杉田玄白[23]의 주장은 유교적 사상에 맞서 영국의 경험론적 지식이 들어온 것이라고 볼 수 있는 건가요?

다카하시 신이치

저는 그에게 그 정도로 명확한 자각이 있었다고 생각하지는 않습니다. 유교에 친험실시親驗實試라는 말이 있긴 합니다만, 그가 이를 자각적으로 실행했다고 단언할 수는 없습니다. 오히려 그다지 정리되지 않은 의미에서의 실리實利라는 사고방식이 점점 확대되고 있었다고 생각합니다.

천주교의 사회적 역할

니시 준조

이어 정약용의 천주교 서학을 중국과 관련지어 살펴보자면, 아편전쟁 무렵의 서학과는 분명 이질적인지라 그 전 단계, 즉 16~17세기의 그것

---

23 스기타 겐파쿠(杉田玄白, 1733~1817) : 에도 시기의 난학의(蘭学医)로 스기타가 공부한 의학은 네덜란드에서 들어온 난방(蘭方) 의학의 외과 분야였다. 독일인 의사 요한 아담스 쿨무스(Johann Adam Kulmus)가 쓴 해부학서『해부도표(Anatomische Tabellen)』의 네덜란드어 판을 접한 뒤 이를 번역한 것으로도 유명하다.

과 비교해야 합니다. 참고로 중국의 천주교는 16세기에 천주교・서구사상이 들어왔을 때 일본만큼 기독교가 침투하지는 않았다고 합니다. 따라서 사대부 계급 중에서도 특수한 사람들밖에 받아들이지 않았으며, 일반 인민들에게 유입되었을 때도 그 신앙의 실체는 완전히 토착적인 것으로 변했습니다. 천주교는 본래 천학天學・지학地學・인학人學의 체계로서 자연과학을 채용하고 있으나 중국에서 천학神學은 전부 배제되고 지학自然科學 특히 천문학天文學과 같은 일부 분야만을 익혔습니다. 그러니까 천학은 의식적으로 몰아냈던 것이지요. 다만, 서학이 들어오고 얼마 지난 17세기 중반 무렵에 사상 활동을 했던 팡이지方以智[24]라는 사람이 유럽의 과학 지식을 굉장히 풍부하게 받아들이기도 했습니다. 참고로 그는 인간의 지식은 기술에 따라 발전한다고 언급하는 등 무척 독특한 사상을 지닌 인물이었습니다. 그러나 과연 그가 자신의 직접적인 경험을 통해 그리 생각하게 되었는지는 의문이 듭니다만……. 이처럼 아직 중국에서도 제대로 정립되지 않은 '서학・천주교를 실학파들이 조선으로 가지고 돌아오자, 조선에서는 그것이 금세 하나의 유력한 사상의 요인이 되었다'는 이런 지점에 오히려 흥미를 느낍니다. 더불어 그들은 베이징에서 도대체 어떤 사람들에게 가르침을 받고 돌아왔는지 그 역시 궁금합니다.

---

24 팡이지(方以智, 1611~1671) : 중국 명말 청초의 사상가로 중국 전근대 최대의 자연철학자다. 질측(質測 : 자연과학)은 통기(通幾 : 철학)를 담고 있어 서로 분리될 수 없고, 자연과학도 철학의 지침을 따라야 한다고 주장했다. 또한 여러 사물과 그들의 관계를 관통하는 근본 원리인 자연계의 근본 원칙을 탐구하여 이를 '교륜지기(交輪之幾)'라 명명했다. 주요 저서로는 『通雅』, 『物理小識』, 『稽古堂門集』, 『東西均』 등이 있다.

박종근

당시 조선에서도 쇄국정책을 펼쳤기 때문에 중국 사절로 간다는 것은 밀폐된 또 다른 공간으로 이동할 수 있는 하나의 창구가 되었습니다. 그리고 그 사절과 동행했던 사람이 그곳에서 천주교를 습득한 후 조선으로 돌아왔던 것이지요. 게다가 그때는 사절로 한 번 건너가면 체재 기간이 워낙 길다 보니 그곳에서 일상생활을 지내며 그쪽 학자들과 교류도 하고 또 기타 다양한 것들을 직접 체험하면서 접하게 된 지구의地球儀, 시계, 서적 등을 조선으로 가지고 오기도 했던 모양입니다.

니시 준조

중국에서는 이미 진부해진 것들이 조선에서는 참신하게 보였던 것이로군요.

박종근

당시 조선의 지배층에게는 명明에 대한 사대사상으로 인해 변경邊境에서 등장한 청을 이적시夷狄視하고 그들과의 교류는 형식적인 선에서 한정해두려 했기 때문에 청의 독자적인 문화와 더불어 서양문화도 쉽게 조선으로 들어올 수 있는 그런 상황은 아니었습니다. 그 후 선진적인 학자들에 의해 서양문화가 도입된 상황을 살펴보면, 초기에는 천주교와 유교가 상호 대립적인 상황이라든가 그런 것이 아니라 이들이 뒤죽박죽 뒤섞여 수용되고 있었습니다. 그것이 나중에 천주교를 비판하고 배척하게 되면서 서학 중에서도 종교를 배제한 과학이 도입된 것인데, 당시는 천주교 쪽에서도 유교가 신앙인지 철학인지 불분명했던 것 같습니다.

그런데 얼마 후 동양포교東洋布敎의 책임자가 바뀐 뒤 유교를 신앙으로 간주하자 이를 엄금嚴禁하게 된 것입니다. 이러한 정책 변경으로 인해 급기야 조선에서도 제례금지祭禮禁止가 커다란 사회 문제가 되었으며 그것이 바로 탄압의 계기가 되었던 겁니다. 물론 그런 상황에서도 조선 내부에서는 천주교를 신앙으로 여기는 이들이 있었으며 심지어 광신하는 사람마저 있었습니다. 여성들을 포함해서 말이죠.

가지무라 히데키

천주교의 영향은 말씀하신 것보다 더욱 강했던 것 같습니다. 요컨대 천주교를 수용하는 지반으로서 각국의 사상적인 상황의 차이가 문제시 되는 거라고 볼 수 있겠군요.

박종근

정약용은 봉건적인 신분 제도로 인해 운신의 폭이 극도로 좁은 그 틀 안에서 저항의 사상적인 기반을 모색하고 있었다는 것을 언급하고 있는 듯합니다. 당시 서민은 사상적으로는 공백 지대에 방치되어 있었다는 것도 하나의 요인이겠지요. 불교도 금지되어 있었으니까요.

'반봉건'과 '봉건비판'

박종근

정약용의 미신 타파 등에 관련해서는 별도의 부수적인 설명이 필요하겠지만, 일단 합리적인 계몽사상으로서의 수용을 선택했던 그의 입장은 일관된다고 생각합니다. 다만, 그가 유교 사상을 다루는 방식에 있어서는 좀 애매합니다. 사회경제적으로는 상당히 반봉건적인데 말입니다……

다카하시 신이치

그러나 그 경우도 봉건비판과 반봉건은 엄연히 다르기 때문에 면밀하게 탐색해보지 않으면 안 되는 부분이라고 생각합니다. 사회적인 관련성 측면에서 보더라도 경제적으로 뒤처져있기 때문에 농민 쟁투에 촉발되어 드러나는 경우도 있을 수 있다고 봅니다. 물론 그 점이 증명 가능한 부분인지 어떤지는 잘 모르겠습니다만…… 안도 쇼에키에 관한 하야시 모토이林基[25] 씨의 최근 연구에서는 선행연구와 달리 농민 쟁투와 무사 출신의 인텔리와의 연관성을 발견해내고 있는데, 구체적이고 상세하게 연구하지 않으면 그런 발견은 결코 나올 수 없다고 생각합니다. 역시 사상사는 그리 수월한 것이 아니라는 것을 다시 한번 실감하게 됩니다.

가지무라 히데키

그럼에도 불구하고 토지 제도론은 꽤 구체적이고 정밀하게 전개되어 있다는 것이 바로 실학파의 사상적 특징이라고 생각합니다.

---

[25] 하야시 모토이(林基, 1914~2010) : 일본의 역사학자로 게이오대 국사학과를 졸업했다. 주 전공은 일본근세사이며 그중에서도 햐쿠쇼 잇키(百姓一揆, 백성봉기)에 관해 주로 연구했다. 중고등 시절부터 영어·독일어·불어·네덜란드어·스페인어 등에 능통하여 서양의 역사서도 다수 번역했다. 또한 1946년에 일본공산당에 입당하여 『歷史評論』의 편집장을 지내기도 했다. 주요 저서로는 『百姓一揆の伝統』, 『享保と寛政』 등이 있다.

박종근

유교의 오소독스orthodox(정통파적인)한 사상에는 본래 '경세제민', '부국강병'과 같은 사고방식이 존재했으며 이에 더해『경세유표』,『목민심서牧民心書』 등에서 정다산이 언급하고 있는 바와 같이 당시의 토지 및 농촌의 실정實情을 직접 목격하게 되면 그 현실적인 모순이 너무나도 심각하기 때문에 그저 두 손 놓고 가만히 있을 수 없음을 절감했던 것 같습니다.

다카하시 신이치

그러니까 너무나도 참혹하기 때문에 그런 사상이 출현했다는 것이지요. 그와 마찬가지로 안도 쇼에키의 사상 역시 동북 지역의 열악한 상황에서 등장했다는 그러한 관념이 지금껏 그대로 이어져 왔던 겁니다. 그러나 하야시 씨의 최근 연구에 따르면 실제로는 생산력이 높은 지역에서 그런 사고방식이 생겨났으며 이는 농민봉기의 상승기와도 결부되어 있다고 합니다. 따라서 현실이 비참하기 때문에 '땅을 일구지 않은 자는 먹지도 말라'는 식의 사상이 생겨난 것이 아니라, 인민 투쟁의 앙양기昂揚期에야말로 뛰어난 사상이 등장한다는 것을 하야시 군이 실증했다고 할 수 있습니다. 오늘날의 문제 역시 그러한 관점에서 조사한다면 의외의 커다란 진실을 발견할 수 있지 않을까요?

와타나베 마나부

정다산이 9세 되던 해에 간행된『동국문헌비고』를 보더라도 시장경제가 전국 방방곡곡에 걸쳐 확립되어 있었다는 것을 알 수 있습니다.[26] 이로써 당시는 이미 그 나름의 상품경제의 비약적인 발전이 있었던 시기임을 확인할 수 있습니다.

'자아'에 관하여

가지무라 히데키

요컨대 정약용의 사상이 형성될 수 있었던 배경으로서의 근대적 요소들은 무척 다양한 방면에서 존재했다는 것을 알 수 있었습니다. 다만, '나는 생각한다. 고로 존재한다'와 같은 철학적 개념만큼은 없다고 생각하는데, 어떻게 보시는지요?

박종근

개인적 자아 부분은 잘 모르겠지만, 분명한 것은 기존의 중국에 대한 사대주의에서 조선을 중심으로 발상하려는 민족적 자아의식이 점차 생겨나고 있었다는 겁니다.

와타나베 마나부

경험주의로서 자기의 감관感官[27]을 믿는다는 것일 테죠. 물론 그다지

---

26 이헌창의 연구에 따르면, "17세기 초에 장시는 전국적으로 수백 처에 달하였으며, 전국의 장시를 최초로 수록한 『동국문헌비고』에 의하면, 1062처에 장시가 개설되고 있었다"라고 한다. 이헌창, 『한국경제통사』, 해암, 2018, 132쪽.

27 독일어의 Sinn이라는 용어에는 '감각', '관능' 등의 의미가 있으나, 칸트의 경우는 '감각기관(Sinnesorgan)'의 '능력'이라는 의미에서 사용된다. 칸트의 『인간학』에 의하면, '감성(Sinnlichkeit)'은 '感官(=감각기관)'에 의한 것과 '상상력(=구상력)'에 의한 것, 이 둘로 나누어진다. 즉, '感官'이란 '대상이 실제로 있는 것을 직관하는 능력'으로서, '외감(=외부감관, äuβerer Sinn)'과 '내감(=내부감관, innerer Sinn)'으로 나누어진다.

완벽한 것은 아니었습니다만……

니시 준조

중국에는 예로부터 무아無我로서의 자아라든가 천하의 민民으로서의 자아가 존재하긴 했으나, '나는 생각한다……'와 같은 관련론적 개념은 없었습니다. 물론 일본도 자각적인 부분에 대해서는 여전히 석연치 않은 부분이 있긴 합니다.

다카하시 신이치

혹독한 탄압이 있던 시절, 예를 들면 다카노 조에이高野長英[28]가 시라스白洲[29]에서 본인이 말하고자 하는 바를 가차 없이 뱉어대던 모습[30]에 저는 완전히 반해버리고 말았습니다만……

구스하라 도시하루

거기서는 서구의 그런 관념에 선행하는 봉건 시대의 기독교적 성격과의

---

28 다카노 조에이(高野長英, 1804~1850) : 에도 후기의 의사이자 난학자다. 각종 서양의학 서적을 번역했으며, 말년에는 막부의 외교정책, 난학 탄압정책 등에 대한 비판을 담은 저술활동을 하였다. '만사의 옥(蠻社の獄)'으로 투옥되었으나, 탈옥 후 막부의 눈을 피해 서양 사회에 대한 서적 번역과 병학과 관련된 저술 활동을 했다. 주요 저서로는『蠻社遭厄小記』,『二物考』,『避疫要法』 등이 있으며, 번역서로는『醫原樞要』,『居家備要』,『戊戌夢物語』,『兵制全書』 등이 있다.

29 시라스(白洲) : 에도 시대에 재판과 죄인을 문초하던 법정이다.

30 조에이는 막부의 난학자 탄압 사건인 1839년 '만사의 옥(蠻社の獄)'에 연루되어 무기금고의 판결을 받았다. 당시 옥중에서『蠻社遭厄小記』를 저술하여 자신의 무죄를 호소함과 동시에 막부의 난학 억압 정책을 비판했다. 이후 1844년에 옥내 잡역부에게 금품을 전달하여 옥에 불을 지르게 한 뒤 이 틈을 타 탈옥했으며, 그 후 막부의 눈을 피해『兵制全書』,『三兵答古知幾』 등을 번역하였다.

관계가 문제시됩니다. 게다가 근대를 언급하는 데에 딱히 자아의식까지
갖출 필요는 없었다고 생각합니다.

니시 준조

쑨원도 생산에 대해서 고려하긴 했지만, 특별히 자아에 관하여 숙고한다거
나 그렇지는 않았습니다. 그런 생각을 했던 인물은 오히려 후스胡適 쪽입니다.

가지무라 히데키

좋고 나쁜 것을 떠나 거기에는 상당히 커다란 문제가 있다고 봅니다만,
어떨지 모르겠군요.

결론─체계를 파악하자

박종근

지금까지 형이상학·과학기술·사회경제·변혁론·정치론 등의 요
소들을 살펴봤습니다. 참고로 현재 조선의 남쪽에서도 정약용에 관한 연구
가 활발하게 이뤄지고 있습니다. 그러나 연구하기에 괜찮아 보이는 소재만
을 선취하여 '정약용은 이토록 진보적인 인물이다'라고 규정하는 방식도
눈에 띕니다. 그런가 하면 한편에서는 그와 정반대되는 면만 골라내어 상반
되는 이미지를 그려내는 일도 비일비재합니다. 이런 경향은 그의 저서에
대한 해석에서도 마찬가지인데, 사실『목민심서』나『경세유표』는 그 목표
가 전혀 다릅니다.『목민심서』는 일단 전체의 구조적인 개혁을 제외하고

현실적인 틀 안에서 지방관으로서의 본래 임무와 문란했던 현상을 어떻게 개혁(또는 是正)해야 하는지를 기술하고 있습니다. 따라서 중앙정부 기구의 개혁(타협적으로 그의 이상안理想案은 아니지만)을 전제로 삼고 있는 일반적인 개혁안인『경세유표』사이에는 모순되는 지점이 상당히 많습니다. 고로 이를 평면적으로 나열하여 평가하는 것은 잘못된 방식이라고 봅니다. 따라서 앞으로는 애당초 차원을 달리하고 있는 연구 대상을 별개로 취급하여 각각의 논리와 개별적으로 결부짓는 방식으로 정다산 사상의 전체적인 구조를 밝혀냄으로써 그의 사상을 새로이 위치시키는 작업이 이뤄져야만 합니다. 현재로서는 아직 부분적·측면적인 연구 단계입니다만, 향후 보다 체계적이고 구조적인 연구로 레벨업하여 오늘날의 규각規角으로서 정약용이라는 사상가를 평가해야 한다고 생각합니다.

와타나베 마나부

그렇습니다. 저는 지금껏『목민심서』를 중심으로 그의 교육사상을 살펴 봤습니다만, 사실은 수령守令의 마음가짐으로서 체제를 전제하는 이론이었다는 것을 새삼 알게 되었습니다.

가지무라 히데키

이번 심포지엄은 조선사에 관하여 배운 바가 무척 많았던 것 같습니다. 이 자리에서 얻은 시사점이 향후 연구 발전에 적극적으로 활용되기를 바라면서 이만 마치도록 하겠습니다. 긴 시간 동안 감사했습니다.

1968.12

후기

　전후의 조선 연구는 한동안 공백 기간이었다. 이는 전전기 조선 연구의 중추기관이었던 경성제국대학이나 조선총독부의 조선사편수회 등이 일본의 패전과 동시에 일거 괴멸했기 때문이기도 하다. 그러나 보다 본질적인 원인으로는 연구자가 취하는 조선에 대한 태도와 그 역사관에 대한 근본적인 검토가 마지못해 이루어졌다는 데에 있다. 이는 조선의 독자적인 발전을 무시한 역사관이나 조선 지배를 지지하는 입장에서 조선 연구를 지속한다는 것이 더 이상 불가능해졌기 때문이다.

　또한 그러한 공백기는 새로운 조선 연구를 탄생시키기 위한 진통기陣痛期이기도 했다. 전전 연구의 극복 없이, 더 나아가 그러한 연구를 지탱해왔던 사상과의 싸움 없이는 새로운 조선 연구란 탄생할 수 없는 법이다. 그러나 이는 너무나도 어려운 작업이었다. 전전 이래로 연구력硏究歷이 오래된 연구자는 무엇보다 본인을 그 화두 위에 올리지 않으면 안 되었고 또 전후에 조선 연구를 시작한 젊은 연구자들로서는 일본인들에게 찌들어 있던 기존의 일그러진 조선관과의 부단한 싸움을 피할 수 없었기 때문이다.

　그러다가 이제야 겨우 새로운 조선 연구가 발족되었을 무렵, '일한회담'이 시작되었다. 그로 인해 전전에 형성된 낡은 조선의 이미지는 이승만 치하의 남조선에 대한 이미지와 중첩되어 '뒤처진 조선'과 '선진 일본'이라는 의식을 낳게 되었다.

　본서에 수록된 심포지엄은 이러한 정황 속에서 일본조선연구소의 주재로 이뤄진 것이다. 이 심포지엄은 전전 조선 연구의 비판과 검토야말로 새로운 조선 연구의 출발점이며, 일본인들의 조선관에 대한 변혁은 불가결한 요건이라는 취지하에 1963년부터 1968년에 걸쳐 '일본에서의 조선 연구의 축적을 어떻게 계승할 것인가'라는 테마로 개최되었으며 매회 각 분야의 전문가들에게 참석을 의뢰하여 전전 연구로부터 무엇을 습득하고 또 어떠한 것들을 계승해서는 안 되는지에 관하여 검토해왔다. 그에 관한 기록은 기관지『조선 연구 월보朝鮮硏究月報』(30호부터『朝鮮硏究』로 改題)에 실어 두었다. 참고로 해당 내용은 본서에 수록하는 과정에서 적잖은 가필加筆·정정訂正이 있었으며 여러 사정으로 삭제된 부분도 있다는 것을 밝혀두는 바이다.

물론 이번 심포지엄을 통해 전전의 연구를 전면적 또는 체계적으로 완벽하게 검토했다고는 할 수 없으며 아직도 많은 문제가 산적한 것도 사실이다. 그러나 본서는 그러한 방향으로 나아가는 첫걸음을 내디딘 데에 큰 의미가 있다고 생각한다.

다행히 이 심포지엄에서 논의된 내용이 매번『조선 연구朝鮮硏究』에 게재된 덕분에 다수의 독자로부터 격려와 비판의 목소리를 들을 수 있었다. 그중에는 "일본인의 조선관에 지나치게 집착한다", "언제까지나 자세론姿勢論으로 일관해서는 안 된다"라는 비판이 있었다. 물론 본서에서 반복적으로 언급되는 일본인의 조선관에 대해서는 문제 삼을 만하다. 그러나 여전히 일본인의 사상 안에는 일그러진 조선관이 뿌리 깊게 존재하고 있으며 더 나아가 새로이 확대 재생산되고 있다는 것을 생각하면 더 이상 회피할 수 없는 문제라고 생각한다. 물론 시종일관 자세론만을 문제 삼는 태도로 일관해서는 어떤 것도 해결할 수 없는 것이 사실

이다. 따라서 앞으로는 변화된 태도와 새로운 연구를 통해 뒤틀린 조선
관을 내부에서부터 바로잡아 나가야 할 것이다. 실제 그러한 노력의 성
과는 이미 드러나고 있다. 조선사연구회의 『조선사입문(朝鮮史入門)』
(太平出版)과 와타나베 마나부가 편(編)한 『조선근대사(朝鮮近代史)』
(勁草書房) 등이 그러하다.

더불어 본서에는 부록으로 「정다산의 사상丁茶山の思想」을 수록했다.
그 이유는 일본인의 조선 연구 가운데 조선의 문화 및 사상에 관한 연구
가 턱없이 부족한 형편이며 또 이러한 상황은 풍부한 조선상을 형성해
나가는 데에 커다란 장애가 되고 있다고 여기는바, 이에 보탬이 되었으
면 하는 바람에서다.

조선에 대해 관심을 두고 있는 이들이 본서를 통해 그 관심을 가일층
심화·발전시켜 조선에 관한 자발적인 고찰 및 연구를 하는 데에 일조
할 수 있다면 편자로서는 더 바랄 것이 없다.

끝으로 공사다망한 와중에도 기꺼이 심포지엄에 참여해주신 여러분
과 편집에 도움을 주신 케이소쇼보勁草書房의 다나베 사다오田辺貞夫씨 그
리고 일본조선연구소의 사무국 분들께 깊은 감사를 표하는 바이다.

編者

출석자 소개

김달수金達寿 문학자

나카노 시게하루中野重治 문학자

하타다 다카시旗田巍 도쿄 도립대학 교수(조선사)

안도 히코타로安藤彦太郎 와세다대학 교수(중국경제사)

우부카타 나오키치幼方直吉 아이치대학 교수(중국법)

후지시마 우다이藤島宇内 평론가(현대조선사)

스에마쓰 야스카즈末松保和 가쿠슈인대학 교수(조선사)

젠쇼 에이스케善生永助 쇼와여자대학 교수

와타나베 마나부渡部学 무사시대학 교수(교육학)

모리타니 가쓰미森谷克己 故人 전 무사시대학 교수(경제사)

시카타 히로시四方博 간토가쿠인대학 교수(경제사)

고노 로쿠로河野六郎 교육대 교수(언어학)

니지마 아쓰요시新島淳良 와세다대학 교수(중국교육·현대 중국사상)

미카미 쓰기오三上次男 아오야마가쿠인대학 교수(고고학)

박춘일朴春日 문학자

박상득朴尚得 재일조선인교직원동맹소속(교육학)

나카기리 이사오中吉功 도쿄예술대학자료관[31] 근무(조선미술사)

미야하라 도이치宮原兎一 조선사연구회 회원(조선사)

아베 히로시阿部洋 국립교육연구소(중국교육사)

에비하라 하루요시海老原治善[32] 간사이대학[33] 조교수(교육사)

무라야마 마사오村山正雄 조선사연구회 회원(조선사)

고토 다다시後藤直 도쿄대학 대학원(고고학)

오자와 유사쿠小沢有作 도쿄 도립대학 조교수(교육행정)

미야타 세쓰코宮田節子 일본조선연구소(조선사)

가지무라 히데키梶村秀樹 동대동양문화연구소 조수(조선사)

---

[31] 원문에는 芸大圖書館에서 근무한 것으로 되어있으나, 정확하게는 도쿄예술대학자료관(東京芸術大学資料館)에서 근무했다.

[32] 원문에는 海老原治義로 되어있으나, 이는 海老原治善의 오기이다.

[33] 원문에는 혼슈대학(本州大学) 조교수로 되어있으나, 간사이대학 조교수가 옳다.

과거라는 타자와의 대화는 가능한가

박준형(서울시립대학교 국사학과)

1945년 8월 식민지 조선의 해방으로부터 15년 이상의 시간이 흐른 1960년대. 근현대 역사에서 격변의 시기가 아닌 적이 있기는 한가 싶지만, 그럼에도 동아시아사는 물론 세계사적으로도 1960년대가 격변의 시기임을 부정할 이는 드물 것이다. 그 첫 해인 1960년만 해도 한국에서는 이승만 대통령의 독재에 종지부를 찍은 4·19혁명이 일어났고, 남베트남에서는 베트남의 통일과 독립을 내세운 민족해방전선이 결성되었다. 또한 1960년은 '아프리카의 해'라고 할 정도로 식민지 지배로부터 독립을 이룬 나라들이 연이어 탄생했다. 일본 내에서도 미일안보조약 개정에 반대하는 공전의 정치투쟁이 전개되었다. 이처럼 세계는 다양한 형태의 억압에 맞선 민족해방투쟁으로 고양되고 있었다.

동시에 이러한 흐름을 거스르는 움직임도 나타났다. 일본 내 동향에 한정해서 말한다면, 1961년에 부임한 주일미국대사 라이샤워Edwin O. Reischauer는 일본 근대화 긍정론을 의식적으로 유포했고, '대동아전쟁 긍정론'이라는 제목의 논고도 1963년부터 1965년까지 종합잡지인 『중앙공론』에 연재되고 있었다. 그러한 경향은 1965년 한일조약 체결 때 집약적으로 나타났다. 사토 에이사쿠佐藤榮作 수상은 이 해에 열린 제50회 임시국회에서 1910년의 한국병합조약은 대일본제국과 대한제국이 완전히 평등한 위치에서 체결한 것이라고 답변했다. 이는 전후 일본의 역대 정부 중 처음으로 식민지 지배를 공식적으로 합법화한 것이었다.[1]

이처럼 1960년대, 일본의 한반도 지배는 이미 종식되었지만 식민지주의는 계속되고 있었다. 학계 상황도 다르지 않았다. 『조선학보』 창간호 (1951년 간행)에 실린 「구래舊來의 조선 사회의 역사적 성격에 대해」라는 논문에서 전 경성제대 교수 시카타 히로시四方博는 "이 시대(조선 시대 −필자)의 사회사상을 대관한 관찰자 대부분의 결론은 '정체성' 한 마디로 끝난다"고 말했다.[2] 마찬가지로 경성제대 교수였던 후지타 료사쿠藤田亮策는 1953년에 간행된 『조선의 역사』에서 "1910년의 일한병합에 따라 근대 문화에 조금 앞서 있던 일본이 잠들어 있는 반도에 그 은혜를 나누어 주었"다고 서술했다.[3] 패전 직후만 하더라도 경성제대 교수 출신자들은 일본 사회로의 진입에 어려움을 느꼈지만, 아이러니하게도 미국식 교육체제로의 개혁과 함께 등장한 신제대학은 그들이 안착할 수 있는 자리를 마련해 주었다. 그리하여 1950년을 전후해서는 일본 대학들에 경성제대 교수 출신자들이 모인 '조선부락'이 형성되었으며,[4] 전후 최초

---

1 1960년대 세계 및 일본 내 정세에 대한 조망은 中塚明,「日本における朝鮮史研究の軌跡と課題」『朝鮮史研究會論文集』17, 東京 : 朝鮮史研究会, 1980, 27쪽 참고.

2 寺内威太郎,「'滿鮮史'研究と稻葉岩吉」『植民地主義と歴史學ーそのまなざしが殘したもの』, 東京 : 刀水書房, 2004, 38〜39쪽에서 재인용.

3 旗田巍 외,「(座談會)朝鮮研究の現狀と課題」『東洋文化』36, 東京 : 東京大学東洋文化研究所, 1964, 95쪽에서 재인용.

4 경성제대 교수 출신자들의 전후 일본 대학으로의 정착과 관련해서는 정준영,「경성제국대학 교수들의 귀환과 전후 일본 사회」『사회와 역사』, 99, 한국사학회, 2013, 제4장 참고. '조선부락'이라는 말은 스즈키 다케오(鈴木武雄)가 1950년 청구구락부 결성 모임에 참여한 후 감상을 적은 「'朝鮮部落'のこと」라는 글에 등장하는데, 청구구락부 결성 모임

의 한국학 관련 학회로서 위의 『조선학보』를 간행하던 조선학회 (1950.10 발족)는 경성제대 동창회 같은 느낌마저 주었다고 한다.[5] 스에히로 아키라末廣昭는 전후 일본의 특징으로 전전으로부터의 인적·제도적 측면의 연속성이 지적 자원의 계승을 담보하지는 못했다는 점을 들었는데,[6] 적어도 전후 일본의 조선사학계는 전전의 지적 자원까지 그대로 계승하였고, 그 점에서 전후 공간에서 하나의 섬과 같은 존재였으며, 따라서 '부락'이라는 표현은 또 다른 의미에서 적절했다고 말할 수 있다.

그런데 바로 이와 같은 상황에서 '일본에서의 조선 연구의 축적을 어떻게 계승할 것인가'라는 주제로 연속 심포지엄이 개최되었다. 1962년부터 1964년까지 만 2년 동안 '메이지기의 역사를 중심으로', '조선인의 일본관', '일본문학에 나타난 조선관', '경성제대에서의 사회경제사 연구', '조선총독부의 조사사업에 대해', '조선사편수회의 사업을 중심으로', '일본의 조선어 연구에 대해', '아시아 사회경제사 연구에 대해', '메이지 이후의 조선교육 연구에 대해' 등의 주제로, 총괄토론까지 포함하면 그 개최 횟수는 총 10회에 이르렀다. 다만 이미 예정되어 있었지만 실현되지 못한 주제도 '조선의 고고학 연구에 대해', '조선총독부의 교육정책에 대해', '미국에서의 조선 연구', '중국에서의 조선 연구', '소비에트에서의 조선 연구' 등이 있었다고 한다.[7] 이후 심포지엄의 재개를 요구하

이 열린 도쿄예술대학이 당시 일본학계에서 '조선부락' 또는 '성대부락(城大部落)'이라는 평판을 얻고 있음을 자랑스레 소개하는 내용이었다. 도쿄예술대학 외에도 도쿄대학, 가쿠슈인대학, 무사시대학 등에 '조선부락'이 형성되었다고 한다.(105쪽)

5   旗田巍 외, 「(座談會)朝鮮研究の現狀と課題」『東洋文化』36, 東京 : 東京大学東洋文化研究所, 1964, 94쪽.
6   末末廣昭, 「アジア調査の系譜」, 『地域研究としてのアジア』(岩波講座「帝国」日本の学知 6), 東京:岩波書店, 2006, 59쪽.
7   編集部(宮田節子), 「日本朝鮮研究所における各研究部會活動の總括と展望－シンポジウム

〈표 12〉 심포지엄 「일본에서의 조선 연구의 축적을 어떻게 계승할 것인가」의 회별 상세

회차	주제	주보고자	참가자	『조선 연구』 게재 연월·호
제1회	메이지기의 역사를 중심으로	旗田巍	上原專祿, 幼方直吉, 宮田節子, 安藤彦太郎	1962년 6월 5·6 합병호
제2회	조선인의 일본관	金達壽	安藤彦太郎, 幼方直吉, 遠山方雄, 宮田節子	1962년 8월 7·8 합병호
제3회	일본문학에 나타난 조선관	中野重治	朴春日, 安藤彦太郎, 幼方直吉, 小澤有作, 楠原利治, 後藤直, 四方博, 旗田巍, 藤島宇內, 宮田節子	1962년 11월 창립 1주년 기념호
제4회	경성제대에서의 사회경제사 연구	四方博	安藤彦太郎, 上原專祿, 幼方直吉, 旗田巍, 宮田節子	1962년 12월 12호
제5회	조선총독부의 조사사업에 대해	善生永助	安藤彦太郎, 小澤有作, 旗田巍, 宮田節子	1963년 1월 13호
제6회	조선사편수회의 사업을 중심으로	末松保和	幼方直吉, 旗田巍, 武田幸男, 宮田節子	1963년 10월 22호
제7회	일본의 조선어 연구에 대해	河野六郎	旗田巍, 宮田節子	1963년 10월 22호
제8회	아시아 사회경제사 연구에 대해	森谷克己	旗田巍, 渡部學, 宮原兎一, 村山正雄, 宮田節子	1963년 11월 창립 2주년 기념호
제9회	메이지 이후의 조선교육 연구에 대해	渡部學	小澤有作, 阿部洋, 旗田巍, 幼方直吉, 新島淳良, 朴尙得, 宮田節子	1964년 5월 29호
제10회	총괄토론	·	宮田節子, 旗田巍, 幼方直吉, 渡部學, 小澤有作	1964년 6월 30호
제11회	조선의 미술사 연구	中吉功	旗田巍, 大坪靜仁, 宮田節子	1965년 11월 44호
제12회	조선의 고고학 연구	三上次男	渡部學, 後藤直, 宮田節子	1968년 3월 71호
제13회	일본과 조선 그 총괄과 전망	·	旗田巍, 安藤彦太郎, 渡部學, 幼方直吉, 梶村秀樹, 宮田節子	1968년 12월 80호

『日本における朝鮮研究の蓄積をいかに繼承するか』」『朝鮮研究』34, 1964.11, 2쪽.

는 목소리에 따라 결국 고고학과 미술사 분야에 대한 심포지엄을 이어 가기도 했으나, 1968년에 또 한 번의 총괄토론을 마지막으로 연속 심포 지엄의 긴 여정은 막을 내렸다.(〈표 1〉 참고) 그리고 여기에 "일본인의 조 선연구 가운데 조선의 문화 및 사상에 관한 연구가 턱없이 부족한 형편 이며 또 이러한 상황은 풍부한 조선상을 형성해 나가는 데에 있어 커다 란 장애가 되고 있다"는 문제의식으로부터,[8] '정약용(다산) 사상의 이해 를 위하여'까지 더해 1969년에 한 권으로 묶어 간행된 것이 바로 이 책 『심포지엄 일본과 조선』이다.

이 연속 심포지엄을 기획, 주최한 곳은 일본조선연구소였다. 연구소 의 설립 총회가 열린 것은 1961년 11월 11일. 군사쿠데타를 일으킨 후 국 가재건최고회의 의장의 지위에 오른 박정희가 이케다 하야토池田勇人 수 상과의 회담을 위해 하네다 공항에 내렸던 그 날이었다. 이 날의 총회 자 리에서 후루야 사다오古屋貞雄가 연구소 이사장으로 선출되었고, 부이사 장에는 시카타 히로시・스즈키 가즈오鈴木一雄・하타다 다카시旗田巍, 전 무이사에는 데라오 고로寺尾五郎가 선출되었다. 또한 하타다 시게오畑田 重夫, 요시오카 요시노리吉岡吉典, 후지시마 우다이藤島宇內, 안도 히코타 로安藤彦太郎 등이 연구의 중심에 섰으며, 미야타 세쓰코宮田節子, 가지무 라 히데키梶村秀樹, 오자와 유사쿠小澤有作, 기모토 겐스케木元賢輔 등이 젊 은 활동가로서 활약했다.

연구소 설립 이래 실질적인 리더 역할을 했던 데라오 고로를 통해 연

8   본서 「후기」, 606쪽.

구소의 성격을 좀 더 살펴보자. 데라오 고로는 1938년 와세다대학 문학부에 입학하여 1940년에 치안유지법 위반으로 검거되었다. 3개월 뒤 출소했지만 1943년 학도출진에 의해 만주로 배치되었다가 1945년에 다시금 헌병대에 검거되어 일본 본토로 호송되었다. '치안유지법 최후의 피고'로 재판에 세워지기 직전 일본이 항복하면서 1945년 10월에 석방되었고, 이후 일본공산당 중앙본부에서 활동을 재개했다. 사실 그는 1950년대 말까지만 해도 한반도와 특별한 인연이 없었으나, 1958년 북한 방문을 계기로 '조선 문제'의 핵심 인물로 부상했다. 이후 그는 한일회담반대투쟁을 대중운동화하는 데 심혈을 기울였고, 바로 그러한 전략 속에 일본조선연구소를 자리매김했다. 관련해서 그는 다음과 같이 말했다. 즉 "일한투쟁을 위해서는 일조관계사와 국제 문제로서의 조선 문제, 사회주의조선에 대한 면밀한 연구가 없으면 싸울 수 없기 때문에 연구소를 만들었다"는 것이다. 그리고 무엇보다 '조선 문제'를 조선인을 위해서가 아니라 일본인의 문제로 나서야 한다고 강조했다. 연구소 명칭으로 조선연구소 앞에 '일본'을 붙이게 된 것도 그러한 이유에서였다.[9]

그렇다면 이처럼 '조선 문제'에 대한 주체적인 이해를 내세운 일본조선연구소는 '일본에서의 조선 연구의 축적을 어떻게 계승할 것인가'라고 하는 심도 깊은 주제에 대해 어떤 식으로 접근하고자 했던 것일까.

심포지엄은 전전의 조선 연구에 직간접적으로 참여했거나 그를 연구대상으로 삼아 온 전문가들을 초청하여 그 보고를 청취한 후 심포지엄

---

9   일본조선연구소의 설립 경위와 관련해서는 板垣龍太, 「日韓會談反對運動と植民地支配責任論」, 趙景達・宮嶋博史・李成市・和田春樹編, 『「韓國併合」100年を問う—『思想』特集・關係資料』, 岩波書店, 2011, 249~253쪽 참고.

참가자들의 질문을 받아 토론을 하는 형식으로 진행되었다. 때로는 하타다 다카시나 시카타 히로시, 와타나베 마나부渡部學의 경우처럼 보고자였던 사람이 참가자로 참석하거나 또 반대로 참가자였던 사람이 보고자로 나서는 경우도 있었는데, 따라서 보고자와 참가자의 구분 없이 참석자 수를 헤아리면 그 수는 총 27명이 된다. 이 중 18명이 한 차례만 보고자나 참가자로 참석했으며, 5회 이상 적극 참여한 사람도 총 5명에 달한다. 이 5명을 출석 횟수 순으로 나열하면, 미야타 세쓰코(13회), 하타다 다카시(11회), 우부카타 나오키치(8회), 안도 히코타로(6회), 그리고 와타나베 마나부(5회)이다.

위의 인물들 중 제8회부터 참석하기 시작한 와타나베 마나부를 제외하면, 나머지는 모두 제1회부터 제6회까지 전반부에만 5회 이상 심포지엄에 참여했다. 이를 볼 때 이들은 심포지엄의 기획자이거나 핵심 관계자일 가능성이 높다.[10] 또한 열세 차례의 심포지엄에서 단 한 번도 빠지지 않은 유일한 인물인 미야타 세쓰코는 1935년생으로, 1900년대와 1910년대생인 나머지 인물들과는 한 세대 정도의 차이가 났기 때문에, 연속 심포지엄의 실무 간사 역할을 담당했을 것으로 추측된다.

그런데 나머지 인물들 중 하타다 다카시, 우부카타 나오키치, 와타나베 마나부는 공통된 이력을 갖고 있었다. 전전 시기 하타다 다카시와 우

---

10 제1회 심포지엄이 실린 『조선 연구 월보』 5 · 6 합병호에는 마지막 부분에 심포지엄에 대한 편집부의 코멘트가 덧붙여져 있다. 여기에서 편집부는 심포지엄이 "일본의 조선 연구의 장래 발전을 위해서는 그 경과를 총괄하는 작업이 필요하다"는 생각에서 연구소원인 우에하라 · 하타다 · 우부카타 · 안도를 중심으로 심포지엄을 준비하게 되었다고 밝혀 두었다.(「シンポジウム 日本における朝鮮研究のをいかに繼承するか 第一回, 明治期の歷史學を中心として」『朝鮮研究月報』 5 · 6 합병호, 1962.6, 18쪽) 그러나 우에하라는 제1회와 제4회 단 두 차례만 참석했을 뿐으로, 전체적으로 봤을 때 심포지엄에 크게 관여하거나 기여했다고 말하기는 어려워 보인다.

부카타 나오키치는 각각 일본의 국책회사인 남만주철도주식회사의 북
지경제조사소北支經濟調查所와 회교권연구소回教圈研究所에 적을 두고 있었
다.[11] 또한 와타나베 마나부는 경성제대를 나온 후 경성사범학교 교유
를 거쳐 조선총독부 학무국에서 근무했으며, 이후 경성제대 이과교원양
성소에서 교수로 재직하던 중에 패전을 맞이했다.[12] 다시 말해서 이들
모두가 사실은 전전의 조선 연구(또는 전전의 학문 생산)에 다양한 방식으
로 기여한 당사자들이었던 것이다. 1917년생으로 위의 세 인물보다는
나이가 어렸던 안도 히코타로 또한 1998년의 한 발표 자리에서 "그 당시
(전전−필자) 나는 무명의 청년이라 뭔가를 쓸 수 있는 기회가 주어지지
않았기 때문에 지금 이런 것(전전 연구 비판−필자)을 말할 수 있습니다만,
10년만 일찍 태어났더라면 무엇을 하고 있었을지 모릅니다. (웃음) 그러
니까 나의 문제로서도 이 지점(전전 연구의 재검토−필자)을 다시 한번 해
볼 필요가 있을 것"이라고 말했다.[13] 결국 심포지엄 '일본에서의 조선 연
구의 축적을 어떻게 계승할 것인가'는 애당초 계승자로서만이 아니라
스스로가 생산자이기도 했던 위치에서의 문제 제기였다. 제10회까지의
심포지엄을 총괄 정리한 미야타 세쓰코의 말을 빌리자면, "전전의 조선
연구를 재검토한다는 것은 단순히 학설사로 정리하면 끝날 문제가 아니
라 현재의 그 사람의 사상을 물어야 하는 문제"였던 것이다.[14]

---

11 末廣昭, 앞의 글, 31쪽과 42쪽의 〈표 1-2〉와 〈표 1-3〉 참고.
12 와타나베 마나부의 이력은 홍종욱, 「식민자 와타나베 마나부(渡部學)의 교육론−한국
    교육사 연구의 원점」, 『동방학지』 179, 2017 참고.
13 安藤彦太郎, 「戰時期日本の中國研究」, 小島晋治・大里浩秋・並木賴壽 編, 『20世紀の中國
    研究−その遺産をどう生かすか』, 研文出版, 2001, 173쪽.
14 編集部(宮田節子), 「日本朝鮮研究所における各研究部會活動の總括と展望−シンポジウム
    『日本における朝鮮研究の蓄積をいかに繼承するか』」, 『朝鮮研究』 34, 1964.11, 2쪽.

이러한 관점에서 특히 주목할 만한 인물이 하타다 다카시이다. 그는 1908년 한국 마산에서 태어난 재조일본인 2세였다. 마산소학교와 부산 중학교, 규슈의 제5고등학교를 거쳐 1928년에 도쿄제대 동양사학과에 입학했다. 1931년 졸업 후에는 동양사연구실 부수副手, 만몽문화연구소 연구원, 동방문화연구원 연구원 등의 자리를 전전하다가, 1940년부터 만철 북지경제조사소의 조사원이 되어 중국 화북지역의 농촌 관행 조사 에 참가했다. 그가 일본으로 귀환한 것은 패전으로부터 3년이 지난 1948 년의 일이었다. 1950년에 도쿄 도립대학 교수가 된 그가 이듬해 내놓은 한국사 개설서인『조선사』는 전전의 조선 연구를 비판하고 전후의 방향 성을 새롭게 제시한 책으로 학계와 일반에 커다란 반향을 일으켰으며, 이후 그는 조선사학계의 거두로서 확고부동한 지위에 올랐다.[15]

심포지엄에서도 그의 역할은 컸다. 전술한 바와 같이 총 13회의 심포 지엄 중 두 번째로 많은 11회나 참석했고, 심포지엄의 첫 번째 보고자였 으며, 또『심포지엄 일본과 조선』의 편자이기도 했다. 그렇다면 그는 전 전 조선 연구의 '계승'에 대해 어떻게 생각했을까. 심포지엄의 내용은 〈표 1〉에서와 같이 기본적으로는『조선 연구』(잡지명은 본래『조선 연구 월 보』였으나 30호부터 '조선 연구'로 변경했음)에 게재된 후『심포지엄 일본과 조선』에 재수록되었으나, 다른 회차와 달리 제1회 심포지엄은 그 과정 에서 하타다와 참가자들 사이의 토론 내용이 모두 생략되었을 뿐만 아 니라, 발표 내용도 심포지엄 개최로부터 오랜 시간이 지난 1968년에 보 완을 위한 전면적인 재서술이 이루어졌다. 그에 따라『심포지엄 일본과

---

15 하타다 다카시의 이력은 旗田巍善生追悼集刊行會,『追悼 旗田巍善生』, P7ㅡド, 1995의 年譜 참고.

조선』에서 하타다의 글은 책 전체의 총론과 같은 지위를 부여받았는데, 이 글에서 그는 전전 연구의 계승 문제와 관련하여 다음과 같이 말했다.[16] 즉 한편으로는 "과거에 축적된 조선사 연구들 중에는 앞으로 우리가 계승해야 할 부분들이 포함되어 있는데, 이를 어떻게 활용할 것인가는 각 연구자의 역량에 달려 있다"고 말하면서도, 다른 한편으로는 "향후 연구에서는 우선 이렇게 뒤틀어진 부분들에 대한 세밀한 확인 과정을 거친 후에, 과거의 연구 성과를 비판적으로 계승·발전시켜 나가야 할 것이다"이라고 강조했다. 말하자면 그의 심포지엄 첫 발표의 목적은 '계승'보다는 '비판'에 초점이 맞추어졌으며, 발표 내용도 '왜곡'의 기원으로부터 그 계보를 밝히는 작업이었다고 할 수 있다.

심포지엄에서는 위의 작업이 훨씬 거친 형태로 제시되었지만, 위의 재서술에 이르기까지 하타다는 그 작업을 보다 정교하게 다듬어 갔다. 일찍이 『조선사』의 그 유명한 서문에서 하타다가 폭로했던 사실은 일본 동양학의 시초에 조선사연구가 위치해 있으며, 또 그것이 제국 일본의 대외적 팽창과 맞물려 성장해 갔다는 점이다. 그런데 바로 그처럼 권력을 배경으로 한 학문이었던 까닭에 국가기관 밖에서 연구자를 키우지 못했고, 무엇보다도 조선인 연구자 육성에 실패함으로써 조선인에게 환영받지 못했으며, 결과적으로 조선인은 물론 그 누구의 연구 의욕도 불러일으키지 못했다고 비판했다. 더 나아가 전전의 조선사연구가 고대사 속 장소 고증 등에 치중했던 까닭에 인간 부재의 학문으로 성장했다고 지적하면서, 따라서 전후 조선사학은 인간 중심의, 그리고 조선인 중심

---

16 이 책 6쪽.

의 연구가 되어야 한다고 역설했다.[17]

1964년에 발표한 「만선사의 허상－일본 동양사가의 조선관」은 제1회 심포지엄 발표의 연장선상에서 『조선사』 서문의 문제 제기를 실증적으로 검토한 논문이라고 할 수 있는데, 특히 학문과 권력 사이의 유착관계를 '만선사'(학문)와 '만한경영'(권력)이라는 구체적인 사례를 통해 보다 심도 있게 파헤쳤다. 그런데 이 글에서는 『조선사』 서문에서는 볼 수 없었지만 제1회 심포지엄에서는 그 단초만 발견할 수 있었던 문제, 곧 학문의 순수성이라고 하는 문제를 새롭게 제기했다. 다시 말해서 "종래의 조선사연구의 결함은 단순히 연구자가 그릇된 정치목적에 맹종·영합하여 임기응변적 조선사상을 만들어냈다고 하는 것에만 있지 않다. (…중략…) 문제는 순수하게 학문 연구를 지향했다고 생각하고 있던 사람들의 연구 내면에까지 침투해 있던 뒤틀림"이라는 것이다.[18]

이 문제를 보다 본격적으로 다룬 것은 1966년에 발표한 「일본의 동양사학 전통」에서였다. 하타다는 어떤 권력에도 연구자 자신의 노력에 의해 연구의 순수성을 지킬 수 있다는 확신이 결국 연구자들로 하여금 학문과 권력의 유착을 무감각하게 만들었다고 지적했다. 그러나 그는 어떤 연구라 해도 현대를 살아가는 연구자의 사상을 매개로 현실과 연결될 수 있는 까닭에, 연구자들이 학문의 순수성을 지키기 위해서는 자신의 사상 자체를 지워야 했으나, 그로부터 야기된 맹목적 실증주의는 역사에 대한 체계적 인식과 미래에 대한 총체적 예견을 방기해 버림으로

---

17 박준형, 「하타다 다카시아 '전후 조선사학'의 가능성」, 『인문논총』 74-4, 2017, 449~452쪽.
18 旗田巍, 「'滿鮮史'の虛像－日本の東洋史家の朝鮮觀」 『日本人の朝鮮觀』, 1969, 180~181쪽.

써 오히려 권력과 무책임하게 결합해 갔다고 비판했다.[19]

이와 같이 하타다는 일본 동양학의 기원에서 학문과 권력의 유착관계를 발견한 뒤, 학문의 순수성에 의문을 제기하고, 나아가 연구자의 사회적 책임을 물었다. 그런데 전전 연구에 대한 하타다의 이러한 비판적 논조는 심포지엄의 다른 참석자들과도 공유되고 있던 것일까.

제4회 심포지엄의 보고자로 초청된 시카타 히로시는 전술한 바와 같이 전후에도 종래의 정체성론을 굽히지 않았다. 그에게 있어서 전전의 지적 자원은 전후까지 '계승'되고 있었음이 분명했다. 하지만 그는 자신의 연구에 대해 기본적으로는 "조선 땅에 뼈를 묻을 생각"(174쪽)과 "'보다 객관적이고 실증적인 방식으로 공평하게 조선을 연구해보자', '감정론이나 애국주의적인 입장을 불식시키자'는 생각들"(160쪽)에 기초한 것이라고 말했다. 게다가 자신은 그 당시 "고전 쪽"에 몰두해 있었다고 말하면서 권력과 연계된 글쓰기의 가능성에까지 일선을 그었다.(166쪽) 그런 까닭인지 일본 본토에 비해 식민지 조선에서 일본인 간의 상호부조적 관계가 부각되는 현실을 부정하지 않았음에도 불구하고(163쪽), 조선과 일본 사이를 '외국'과 '또 다른 이국' 정도로밖에 파악하지 못했으며, 결국에는 일본인의 조선인에 대한 '무지無知'를 조선인들이 굴욕감으로 인해 스스로를 드러내지 않아 일본인들이 조선인을 알 수 있는 기회가 없었다고 하는, 다시 말해서 지배자의 '무지' 책임을 피지배민족에게 전가하는 발언도 서슴지 않았다.(111쪽)

그런데 현실과 괴리된 학문 세계의 존재를 인정하는 이러한 사고방식

19　旗田巍, 「日本における東洋史學の傳統」, 幼方直吉・遠山茂樹・田中正俊 編, 『歷史像再構成の課題』, 1966, 212~217쪽.

이 시카타에게만 한정된 것은 아니었다. 보고자와 참가자 구분할 것 없이 참석자들은 대체로 조선총독부나 그 주변 학자들과의 대조를 통해 순수하게 학문만을 추구한 '양심적'[20] 학자들을 구해 내려 했던 것이다. 그 중에는 한국 학계에서 식민사학자 혹은 식민주의역사학자로 분류해 온 이들도 다수 포함되어 있다. 예를 들어 제6회 심포지엄의 보고자로 나선 스에마쓰 야스카즈末松保和는 조선사편수회 시절을 회고하면서 이나바 이와키치稲葉岩吉와 이마니시 류今西龍에 대해 "지금 생각해보면 너무나도 훌륭하신 두 선생님을 모실 수 있었음에 감사할 따름"이라고 평했다.(230쪽) 그리고 지배권력에 의한 피지배민족의 역사 편찬이 내포하는 모순, 즉 지배권력의 문명적 진보를 드러내 통치를 정당화하는 수단으로 활용할 수도 있지만, 동시에 민족적 자각을 촉발하여 저항을 야기할 수도 있었다는 점을 들어, "총독부의 녹을 먹은 역사가는 '어용학자御用學者'라고 불리곤 하는데 이는 전적으로 옳지 않다"고도 말했다.(233쪽) 제11회 심포지엄 보고자인 나카기리 이사오中吉功 또한 이마니시 류에 대해 "진정으로 조선을 사랑하고 또 정열을 가진 분"이라고 평가했으며, 심지어는 조선의 초대 총독인 데라우치 마사타케寺内正毅에 대해서도 후지타 료사쿠의 말을 빌어 "조선의 고문화와 미술을 지극히 사랑하고 또 보호하신 분"으로 재평가될 수 있다고 언급했다.(464쪽)

하이라이트는 '조선의 고고학 연구'라는 주제로 열린 제12회 심포지엄의 보고자 미카미 쓰기오三上次男였다. 그는 한반도에서 고고학 연구를 시작한 세키노 다다시關野貞의 평가에서 "식민지주의자로서의 의식

---

20 '양심적'이라는 표현은 제5회 심포지엄에서 사회를 본 안도 히코타로가 보고자인 젠쇼 에이스케를 상대로 쓴 말이다.(193쪽)

이 그다지 없었으며 오히려 건축학자로서 매우 실증적이고 객관적으로 대상을 바라보는 그런 성격의 학자"였다는 점을 강조했다.(471쪽) 뿐만 아니라 1916년에 중추원 내에 만들어진 조선고적조사위원회의 멤버들(세키노 다다시, 토리이 류조鳥居龍藏, 쿠로이타 가즈미黑板勝美, 이케우치 히로시池內宏 등)에 대해서도 "식민주의자가 그다지 없었다는 것이 어떤 의미에서는 퍽 다행스러운 일"이었다고 말했다.(474쪽) 이처럼 세키노와 그를 포함한 위원회의 구성원들이 권력과 거리를 두고 실증주의자로 남을 수 있었던 이유와 관련해서는 먼저 세키노의 경우 그의 전공이 정치성이 희박한 자연과학(건축학)이었다는 점을 들었으며(494쪽), 위원회 구성원들에 대해서도 연구자들이 조사에 임할 때 특정 전망을 갖고 있지 않았고, 애당초 일본이 왜 조선의 유적을 조사해야 하는지 그 의의도 분명치 않았기 때문이라고 설명했다.(484쪽)

그러나 사실은 하타다 자신부터 자신이 남긴 전전의 연구 성과를 어떻게 계승할 것인가의 문제를 둘러싸고 논쟁을 야기한 바 있었다. 그가 만철 재직 당시 참여했던 중국 농촌 관행 조사는 1939년 말 만철의 북지경제조사소와 전시체제기구인 기획원 산하의 동아연구소가 함께 실시한 사업으로, 점령지역의 지배나 통치를 위한 활용이 목적이 아니라 사회 현실의 살아 있는 기록이라는 순수한 학문적 목적을 표방하고 있었다. 이 사업의 성과는 전후인 1952년부터 1958년까지 총 6권의『중국 농촌 관행 조사』로 간행되었다. 하타다 다카시는 우부카타 나오키치 등과 함께 간행회 간사로서 간행 작업에 참여했다.[21] 총서에 대한 평가는 긍

---

21 中國農村慣行調查刊行會,『中國農村慣行調查』1, 岩波書店, 1952, 2~3쪽.

정과 부정 양쪽으로 극명하게 나뉘었다. 이때 비판 측의 논점은 크게 두 가지였다. 첫째는 사업의 성과가 질의응답과 같은 가공되지 않은 데이터 제공에 그쳤다는 점, 둘째는 조사 자체가 군사점령지역에서 이루어졌다는 점이다.[22] 특히나 후자와 관련해서는 후루시마 도시오古島敏雄에 의해 다음과 같은 비판이 제기되었다. 즉 "순학문적純學問的으로 조사를 행하고 있다는 의식이 도리어 그 조사가 점령자의 일원으로 행해졌다는 점에 대한 반성을 축소시키고 있"으며, 이러한 반성의 부족이야말로 사실은 조사를 무디게 만든 원인이었다는 것이다.[23]

1954년 시점에만 해도 하타다는 관행 조사를 "전시하에서 일본인이 행한 커다란 성과 중 하나"라고 자평하고 있었다.[24] 1958년에 발표된 「'중국 농촌 관행 조사'의 간행을 끝내며」라는 글에서도 "순학술적 조사라는 자부심은 조사원의 연구 의욕을 불러 일으켰다"고 말했다. 후루시마의 비판에 대해서는 일부 수긍하기도 했으나, 그럼에도 "당시 우리들이 순학문적 조사이기 위해 노력했고, 그에 따라 조사의욕이 고양되었다는 것 자체가 잘못이라고는 생각하지 않는다"고 말했다. 그런 그에게 문제로 인식되었던 것은 점령 지역에서 이루어진 조사 활동의 한계에 대한 검토 및 반성의 '부족'이었을 따름이다.[25]

더구나 이 조사에 대한 연구 결과는 이미 문제적이었다. 관행 조사는 먼저 만철 쪽 조사원들에 의해 현지 조사가 이루어진 후 그 조사보고서가 도쿄로 송부되면, 도쿄제대 법학부 교수였던 스에히로 이즈타로末弘

---

22 末廣昭, 앞의 글, 36~37쪽.
23 古島敏雄, 「中國農村慣行調査第一卷をよんで」『歷史學研究』166, 1953.11, 52쪽.
24 旗田巍, 「中國農村慣行調査」『學術月報』7-7, 1954, 23쪽.
25 旗田巍, 「'中國農村慣行調査'の刊行を終って」『圖書』109, 1958, 26쪽.

嚴太郎의 지도하에서 히라노 요시타로平野義太郎, 니이다 노보루仁井田陞, 후쿠시마 마사오福島正夫, 가이노 미치타카戒能通孝, 이소다 스스무磯田進, 도쿠다 료지德田良治 등이 그 내용을 분석하여 연구 결과를 발표하는 식으로 이루어졌다.[26] 그런데 같은 자료에 대해 같은 도쿄제대 법학부 출신인 두 연구자가 완전히 상반된 연구 결과를 내놓았던 것이다. 즉 그 중 한 사람인 히라노 요시타로는 중국 촌락의 공동체적 성격을 강조했으나, 다른 한 사람인 가이노 미치타카는 공동체적 성격의 결여를 주장했다. 양자의 대립은 기본적인 관점에서부터 사실에 대한 평가에 이르기까지 거의 모든 면에서 근본적인 차이를 보이고 있었다는 점에서 학계의 여느 논쟁들과 달랐다. 당시 하타다는 자료제공자로서 논쟁의 추이를 바라보고 있을 수밖에 없었지만, 전후에 어떻게 그와 같은 논쟁이 성립 가능했는지를 해명하기 위한 작업에 나섰다.[27]

　　1966년에 발표된 「중국촌락연구의 방법」이라는 글에서 하타다는 히라노와 가이노 두 사람의 논리가 근거하고 있는 사실들의 정합성을 따지기보다는 논자들의 의도 및 역사를 바라보는 관점에 주목했다. 하타다는 '공동체'의 존재 여부에 대한 긍정과 부정이 각각 '대아시아주의'와 '탈아주의'를 배경으로 한 것이었다고 지적했다. '공동체'는 그들의 '주의'를 실현시키기 위한 매개체이자 꿈이 투영되는 공통의 장소였으나, 그를 대상으로 서로 다른 꿈을 꾸었다는 점에서 그들 사이의 논쟁은 '동상이몽同床異夢'과 같았다. 하타다는 양자의 한계점 또한 모두 지적했는데,

---

26　內山雅生, 「「華北農村慣行調査」と中國社會認識」, 小島晋治・大里浩秋・並木賴壽 編, 『20世紀の中國研究』, 研文出版, 2001, 80쪽.
27　旗田巍, 『中國村落と共同體理論』, 岩波書店, 1973의 제3장 「中國村落研究の方法」 참고.

전자에 대해서는 촌락에 집단적 행동만 있으면 모두 공동체라고 할 정도로 공동체가 초역사적으로 규정되어 있음을 비판하는 한편, 후자에 대해서는 공동체가 근대 형성의 전제로 설정된 상황에서 그것의 존재를 부정하는 것은 곧 중국의 발전 가능성을 지우는 것과 같다고 말했다. 그리고 이와 같은 검토 위에 하타다가 내린 결론이란 "일본인의 중국 연구·아시아 연구는 일본인의 사상 형성의 일환이다. 그를 스스로 의식하는 것이 연구의 심화에 기여"할 수 있다는 것이었다.[28]

관련해서 아시아 사회경제사를 주제로 한 제8회 심포지엄은 흥미로운 장면들을 제공해 준다. 관행 조사에서 하타다가 담당했던 조사 대상이 바로 '촌락'이었는데, 그의 관심은 촌락공동체의 존재를 상정하고서 그 실태를 확인하는 데 있었으며,[29] 이는 당시까지 논의되어 온 공동체 이론(마르크스주의적 관점에서 중국 사회의 특질을 이해하기 위한 열쇠로 공동체에 주목한 제반 논의들을 지칭)을 현지에서 검증하는 작업이기도 했다.[30] 중국 사회의 성격을 규명하기 위한 논의는 1920년대 후반 중국혁명의 급격한 전개를 배경으로 서로 다른 장소에서 다양한 맥락 위에 진행되었다. 소련에서 전개된 '아시아적 생산양식 논쟁'은 충분히 논의를 이어가지 못한 채 스탈린에 의해 권력적으로 수습되었으나, 그 와중에도 이후 논의에 커다란 영향을 미쳤던 것이 칼 비트포겔Karl August Wittfogel의 '물의 이론'이며, 그의 저작을 일본어로 번역해 낸 인물이 바로 심포지엄 보고자로 초청된 전 경성제대 교수 모리타니 가쓰미森谷克己였다.

---

28 위의 책, 48쪽.
29 위의 책, 36쪽.
30 위의 책, vii쪽.

사회는 하타다가 담당했다. 1965년에 간행된『역사평론』의 회고 글에서 하타다는 자신의 만철 이력이 "나 자신의 내면 문제"가 되었던 계기가 앞서 언급한『중국 농촌 관행 조사』에 대한 후루시마의 비판이었다고 고백했는데,[31] 모리타니와의 만남은 간접적으로 그 문제를 확인하고 해결을 모색하는 자리이기도 했다. 그를 위해 하타다는 모리타니가 순수 학문의 영역을 벗어나 권력에 영합해 간 계기들을 그의 학문적 영위 속에서 구하고자 했다. 이에 대해 모리타니는 미야타 세쓰코가 그의 태도에 배울 점이 많았다고 특기해 놓은 것처럼[32] 꾸밈없는 자세로 성실하게 답변했다.

모리타니의 답변 내용을 간단히 정리하면 다음과 같다. 우선 그는 마르크스의 '아시아적 생산양식'과 비트포겔의 '아시아적 사회'를 구분했다. 전자는 하나의 사회 단계이자 사회의 경제적 구성을 말하는 것이지만, 후자는 유물사관을 비판하면서 인류 역사에 관한 일반적인 테제를 수정하려 했다는 것이다.(322쪽) 또한 그는 비트포겔이 초기에 동양 사회의 생산력을 구성하는 요소 중 물이 중요한 역할을 했다고 주장한 것까지는 좋았으나, 생산력을 통해 사회를 규정하는 사고방식에서 벗어나 대규모 치수를 과제로 안고 있는 국가에서는 그 해결을 위해 중앙집권적인 권력이 생겨날 수밖에 없다는 논리로 확장해 가면서 문제가 발생했다고 지적했다.(325쪽) 그 스스로가 일종의 전향이라고도 할 수 있는 대아시아주의적 발상에 기반한『동양적 생활권』을 쓸 수 있었던 것과

---

31 旗田巍,「東洋史學の回想(三)」『歷史評論』175, 1965.3, 28쪽.
32 編輯部(宮田節子),「日本朝鮮研究所における各研究部會活動の總括と展望」,『朝鮮研究』34, 1964.11, 1~2쪽.

관련해서는 비트포겔의 '아시아적 사회'에 이미 동양을 하나의 특별한 사회로 간주하는 논리가 포함되어 있을 뿐만 아니라(321쪽), '주문생산'에 따라 시국에 적합한 글을 쓰게 되면서 점차 비트포겔의 '물의 이론'을 강조하게 된 까닭이라고 설명했다.(329쪽) 학문 외적인 요소로는 사고의 '풍토화'를 들었다. 즉 초기만 해도 아시아에서 '민족 문제'는 제국주의 국가에 대한 식민지 민족의 문제여야 한다고 생각했지만, 경성제대 직원으로 안주하고 또 전시체제기로 접어들게 되면서 비판적인 사고가 불가능해졌다는 것이다.(318쪽) 그러나 이와 같은 자기반성에도 불구하고 그는 시카타 히로시와 마찬가지로 조선에 대한 정체성론적 사고를 감추지 못했다. 이것은 비트포겔의 '아시아적 사회'가 아니라 마르크스의 '아시아적 생산양식'에서 비롯되는 문제였기 때문이다.

중국근대사 연구자인 오카모토 다카시의 최근 저작인 『근대 일본의 중국관』에는 하타다 다카시가 비중 있게 등장한다. 사상이 학문에 개입했을 때 초래하게 될 현실 왜곡의 단적인 사례로 '히라노-가이노 논쟁'을 들었던 까닭에, 일찍이 관련 논의를 전개했던 하타다를 언급했던 것이다. 그런데 오카모토의 비판은 논쟁의 당사자들을 넘어 하타다에게까지 번져갔다. 즉 하타다가 학문의 순수성을 지키기 위해 자신의 사상까지 배제한 대표적 인물로 중국경제사가인 가토 시게루加藤繁를 든 것에 대해, "'충군애국'이 가토 사상의 전부라고 한다면 정곡을 찌른 것일 테다. 그렇지만 과연 '사상의 편린도 찾아볼 수 없'는 것일까"라고 의문을 제기했다. 오카모토는 '주관' 배제・'객관' 존중의 '주의'야말로 가토의 학문 사상이라고 규정한 후 다음과 같이 가토를 대변했다.

고찰에 '주관'을 섞지 않고 예단을 하지 않고 '객관'을 존숭하여 있는 그대로의 사실에 다가설 수 있는 대상이 누구나 알고 있는, 다 알고 있는 것이라면, 그런 '주의 · 사상에 대단한 가치는 없을 것이다. 그러나 가토가 상대한 것은 누구도 읽을 수 없는, 이해할 수 없는 중국경제 사회의 자료였던 것이다. 그 대상에 생애를 걸고 자신의 '주의 · 사상을 관철한 것이기 때문에 예사스럽지 않다. 그를 애써 '사상'이라 말하지 않고 폄하한 점에 하타다 등의 '사상'적 입장을 엿볼 수 있다.[33]

하타다는 학문과 권력의 유착관계에 빠지지 않기 위한 방안으로 사상과 학문의 통일을 제시했다.[34] 그러나 오카모토에게 있어서 하타다가 말한 '사상'은 이념, 특히 마르크스주의로 간주되었으며, 그렇다면 그것은 '학문'과 대척 지점에 있을 수밖에 없는 것이었다. 그가 이념에 의한 선험적 결론들을 제거해 내고 재평가를 시도한 것은 다름이 아니라 '지나통支那通', 다시 말해서 에도 시대 이래의 한학자나 그 흐름 위에 있는 진정한 중국학자들이었다. 거칠게 말하면 비록 그들의 전문적 분석이 역설적이게도 국운을 망치기에 이르렀지만, 그럼에도 현재의 변화된 정세는 진실의 문을 열어 놓았으며, 그 길 안내는 다시금 '사상'과 거리를 두고 '학문'에 전념한 이들에게 맡길 수밖에 없다는 주장으로 이해된다. 이에 대한 동의 여부를 떠나, 우리는 그를 통해 오히려 순수한 학문이란 존재할 수 있는가라는 하타다의 물음, 그리고 전전 연구의 계승을 둘러싼 심포지엄

---

33 岡本隆司, 『近代日本の中國觀』, 講談社, 2018, 159쪽.
34 旗田巍, 「日本における東洋史學の傳統」, 幼方直吉 · 遠山茂樹 · 田中正俊 編, 『歷史像再構成の課題』, 1966, 217쪽.

의 논의들이 여전히 현재적 의미를 띠고 있음을 확인하게 된다.

일본조선연구소가 주최한 연속 심포지엄은 전술한 바와 같이 1968년에 개최된 제13회를 끝으로 종결되었다. 그런데 이 마지막 심포지엄은 뜻밖의 논란을 불러일으켰고, 그 논란의 주인공이 되었던 것은 다름 아닌 하타다 다카시였다.

뜻밖의 논란은 제13회 심포지엄 당시 나왔던 하타다의 차별 발언이 『조선 연구』 80호에 그대로 실린 일에서 비롯되었다. 차별 발언이라 함은 하타다가 일본 내 조선사연구의 고립 상황을 설명하면서 그를 차별어인 '특수부락特殊部落'에 비유한 것을 말한다. 심포지엄에는 하타다를 비롯하여 안도 히코타로, 우부카타 나오키치, 와타나베 마나부, 가지무라 히데키, 미야타 세쓰코 등 가지무라를 제외하면 그간 심포지엄에서 중심적 역할을 했던 인물들이 모두 참여하고 있었으나, 심포지엄 석상에서는 물론 잡지의 간행 과정에서도 하타다의 발언을 문제 삼은 사람은 아무도 없었다. 하타다의 발언은 앞서 언급한 것처럼 경성제대 교수 출신자들이 모인 대학들이 '조선부락'이라는 평판을 얻고 있었던 사실로부터 연상된 것은 아닐까 추측되지만, 그 이유야 어쨌든 잡지가 간행된 후 독자들로부터 항의와 비판이 이어졌고, 이후 『조선 연구』 측의 미온적인 대처까지 더해져 사태는 걷잡을 수 없게 되었다.[35]

결국 하타다는 『조선 연구』 87호(1969.7)에 「차별발언 문제와 나의 반성」이라는 글을 실었다. 하타다뿐만 아니라 미야타 세쓰코, 가지무라 히데키 등의 반성문도 연이어 게재되었다. 그런데 이 논란은 한 개인의 의

35　하타다의 차별 발언 문제의 경위는 「本誌差別發言問題の經過と私たちの反省」『朝鮮研究』 87, 1969에 상세하다.

식의 불철저함에 대한 '반성'을 넘어 차별받는 이들과의 공감과 연대의 가능성이라는 또 다른 문제를 제기하고 있었다. 하타다는 위의 글에서 자기 나름대로는 지금까지 조선 및 조선인에 대한 일본인의 편견을 비판해 왔다고 생각했지만, 이제 그에 대해서도 커다란 불안을 느끼게 되었다고 말했다. 다시 말해서 "동포에 대한 차별의식도 씻어내지 못하고 있으면서 대체 조선·조선인에 대한 편견을 비판하는 것이 가능하기나 한 것인가"라는 자문이다. 그리고 그의 반성은 "조선인의 고통은 일본인인 나에게는 쉽게 알 수 없는 일"이라면서 "이해가 된 듯한 기분이 드는 것도 엄히 경계하지 않으면 안 된"다는 다짐까지 이어졌는데, 이는 일찍이 『조선사』 서문에서 "조선인의 고뇌를 자기의 고뇌로 삼는 것이 조선사연구의 기점"이라고 강조했던 것과는 달리, 자신의 비당사자성에 대한 재확인을 통해 타자와의 공감 가능성까지 원칙적으로 부정하는 것이었다.

그러나 위의 '반성'으로부터 10년 뒤, 하타다는 센슈대학에서 열린 최종 강의에서 다음과 같이 말했다.

'조선인의 고뇌를 나의 고뇌로 삼는다'고 한 점에 대해서는 매우 엄한 비판을 받았습니다. 일본인이 조선인의 고뇌를 알 수 있을 리 없다, 그렇게 생각하는 것은 큰 착각이다, 일본인 연구자는 일본의 조선침략사를 폭로하는 데 전력을 다해야 한다고 하는 비판이었습니다. 분명 일본인이 조선인의 고뇌를 이해하는 것은 곤란합니다. 그런 것을 안이하게 말해 버린 것은 경솔했습니다. 그러나 내 생각이 완전히 잘못된 것이라고는 생각하지 않습니다. 일본인에게도 조선인의 고뇌를 공감할 수 있는 부분이 분명 있으며, 공감의 노력은 해야 한다고 생각합니다. 같은 입장에 몸을 두는 것은 불가능할 지라도, 상대를 인식하고 이해하여 상대에게 공감하는 것은 가능하다고 생각합니다. 그런 것이 전전의 조선사연구에서는 매우 부족했던 것으로 생각됩니다.[36]

이처럼 하타다는 한편으로는 『조선사』의 문제 제기가 경솔했음을 인정하면서도, 다른 한편으로는 타자와의 공감 가능성을 끝까지 놓치지 않으려 했다. 달리 말하면, 그는 퇴임 때까지도 자신의 '반성'과 대결하고 있던 셈이며, 끝내 판가름되지 않은 승패로 인해 그로부터 한 발도 벗어나지 못했다.

연속 심포지엄이 최종 마무리된 1968년은 메이지유신 100주년에 해당하는 해였다. 그리고 『심포지엄 일본과 조선』이 간행된 1969년은 3 · 1운동 50주년이었다. 당시 나카쓰카 아키라는 메이지유신과 3 · 1운동을 각각 '파산한 영광'과 '새로운 생명'에 비유함으로써 허위적 현실을 비판하고 미래의 변화를 꿈꾸려 했지만,[37] 그의 전망과 달리 그가 묘사한 1960년대 말의 상황, 적어도 '메이지 영광'에 대한 찬미는 50여 년이 지난 현재 또 다른 형태로 노골적으로 재현되고 있다. 이와 같은 상황에서 우리는 승패의 추를 어느 쪽에 더해 하타다의 외로운 대결을 끝내줄 것인가. 『심포지엄 일본과 조선』 이 책은 그 대결을 함께 하기 위한 출발점이 될 것이다.

36　旗田巍, 「新しい朝鮮史像をもとめて」, 『新しい朝鮮史像をもとめて』, 大和書房, 1992, 231쪽.
37　中塚明, 「朝鮮の民族運動と日本の朝鮮支配」, 『思想』 537, 1969, 32쪽.

　박준형 선생님께서 '과거라는 타자와의 대화는 가능한가'라는 부제로 깊이 있는 해제를 써 주셨으니, 여기서는 '後記', 그야말로 번역 작업의 후일담부터 적어볼까 한다.

　먼저 번역이란 통·번역을 아우르는 영어의 translation과 달리 '飜譯' 혹은 '翻譯'이라는 한자로 표현될 때 그 작업 행위가 보다 섬세하게 그려지는 듯하다. 주지하듯 '飜' 자는 본래 새가 몸을 뒤집는 모양을 뜻하는 글자로, 뒤바뀌는 새의 몸통처럼 외국어를 모국어로 바꾼다는 의미로 확장되었다. 그 생김새를 좀 더 자세히 들여다보면, 밭(田)에 차례로 새겨진 발자국(釆)을 뒤밟는 데서 유래한 분별과 파악 그리고 차례의 의미를 지닌 '番'과 날개 치며 날아오르는 '飛(羽)'의 결합인 것이다. 이는 곧 다른 언어로 지어진 말과 글의 순서를 좇아 그 본질을 파악하여 널리 소통 가능하도록 풀이譯한다고도 볼 수 있다. 이처럼 번역의 사전적 혹은 일의적 의미는 '서로 다른 언어의 언어변환言語變換'인 것이다. 하지만 이는 결코 단순한 언어치환이 아니다. 특히 『심포지엄 일본과 조선』의 번역은 여러 의미에서 여간 까다로운 작업이 아니었다. 발화자(들)이 산발적으로 흩어놓은 숱한 말들의 순서를 바로잡아 완성된 문장으로 구성하는 일차적인 과정 그 자체가 난관이었고 도처에서 속출하는 오기誤記 또한 적잖이 애를 먹였다. 더군다나 좌담회 형식인지라 대화의 상당수가 대명사와 대동사로 이어지고 있는 데다가 화두에 오른 대상 또는 주체가 불현듯 뒤섞여 애초에 논의를 이어가던 주어와의 간극이 생기다 보니 이에 호응하는 서술어를 들춰내어 제대로 된 문장으로 배열하는 데도 꽤 힘을 쏟았다. 물론 심포지엄 형식상 단답형의 즉문즉답이 아니고서야 질문과 대답 사이의 시차나 적잖은 번복이 존재하는 것은 비일비재한 일이나, 이번 경우는 한참 전에 논의되었던 대상에 대해 맥락 없이 등장하는 발언도 적지 않았고 그마저도 지시대명사로 처리되고 말아, 페이지를 다급히 앞으로 걸어 넘기며 되풀이해 읽기를 얼마나 반복했는지 모른다. 그런데 그보다 더 애가 탔던 것은 발언 중에 제시되는 자료나 인물 등에 대한 정보의 부정확성에 있었다. 일시적인 기억의 오류로 심포지엄 당시에는 다소간에 실수가 있을 수 있으나, 추후에 이를 기록(편집)하는 과정에서는 발언 내용에 관한 철저한 확인을 거치기 마련인데 어찌 된 일인지 본서에서는 언급되는 자료·도서명, 인명, 지명, 논문 제목 및 해당 자료의 출처와 출판연도까지 일일이 재검토가 불가피한 상황이었다. 따라서 일단은 이러한 오류 및 오기들을 바로잡아 문헌 정보가 정확하게 전달되는 데에 만전을 기했다. 그러나 '일본과 조선'이라는 제목에서 드러나듯 본서 번역의 본질적인 난점은 한국(인)과 일본(인) 간의 의식 및 사상의 차이 그리고 양국 언어의 표현 방식이 지닌 본래적 상이함 등을 역자로 인한 굴절 없는 언어로 재현하는 데에 있었다. '일본과 조선'이라는 명제 자체가 이미 복잡다단한 의미를 내포하고 있는바, 시대를 초월한 양국 간 견해의 차이 역시 본서 곳곳에서 선명하게 드러난다. 그 일례로 나카기리 이사오(일본의 미술사가)의 발언을 들 수 있다.

데라우치 마사타케(寺內正毅) 총사령관을 다시 판단할 때가 반드시 있을 것이라고 말이지요. 이제 와서 데라우치 총사령관을 거론하는 것은 특히 **조**

선인의 입장에서 보면 불구대천(不俱戴天)의 원흉(元兇)이라고 할지도 모르겠으나, 한 사람의 인간으로 보자면 그는 조선의 고문화와 미술을 지극히 사랑하고 또 보호하신 분이라는 겁니다.(본서, 464쪽)

이처럼 본서에서는 조선과 한국, 조선인과 한국인이라는 시대성을 위시한 근본적인 격차를 넘어 한일관계에 있어 상호적인 의미와 상대적인 의미가 공존하고 있음이 적나라하게 드러난다. 이와 관련한 다른 사례로 심포지엄 참가자들의 사용 어휘 용례를 들 수 있는데, 대표적으로 '타마타마たまたま'라는 부사를 꼽을 수 있겠다.

안도 히코타로

따라서 조선이라는 그 대상 자체를 직접적으로 연구한 것이 아니라, 양학을 한 번 거친 데다가 그 양학 안에서도 시놀로지의 주변으로서 만주와 조선을 연구한다는 이런 의식이 학문 분야에서는 생겨났다고 봅니다. 그것이 어쩌다 보니 일본의 조선 침략과 긴밀하게 연결되는 것이고요.(본서, 514쪽)

와타나베 마나부

안도 선생님께서 구체적으로 설명해주신 덕에 저 역시 무척 흥미롭게 들었습니다. 그런데 말씀 중에 제 개인적으로 조금 마음에 걸리는 지점이 있어 그에 관하여 여쭙고자 합니다. 이는 다름이 아니라, '어쩌다 보니 조선으로의 침략이 병행되고 있었다'라고 언급하신 부분인데 그 '어쩌다 보니'라는 말은 상당히 복잡한 문제이지 않나 싶습니다. 그러니까 우연이라기보다 필연적인 것이 아닐까요.(본서, 520쪽)

위 인용문에서 '어쩌다 보니'로 번역한 'たまたま'의 사전적 정의는 "'우연'이라는 의미를 나타내는 부사'偶然'の意味を表す副詞"[38]이며, 한자로는 '偶々' 혹은 '偶偶'로 적는다. 1960년대 중후반인 당시에도 조선으로의 침략을 우연적 요소로 언급하고 있는 것은 주목을 요하는 지점이다. 아니나 다를까 그러한 안도의 발언에 대해 와타나베 역시 문제적으로 지적하고 있다. 그러나 심포지엄 내내 조선 민족에 대한 접근 방식에 있어 징후Symptom로서가 아닌 원형적 요소에 대한 파악의 절실함과 풍부한 조선상의 추구를 주창하던 와타나베도 전시기의 교육론과 관련해서는 식민자의식을 여실히 드러내고 있었음은 부인할 수 없다. 이러한 커다란 혹은 과격한 인식의 차이는 그들의 비틀린 의식 체계를 기반한 것일 테지만, 보다 근본적인 원인은 '人間不在'의 시각에 있다고 여긴다.

다양한 구성체와 삶의 방식이 존재하는 '세계'는 상호 유기적으로 연결되어 있으며, 이는 주지의 사실이다. 그 세계 속의 한국과 일본, 이 양국의 관계를 설명함에 있어 '특수한~' 내지 '특별한~'이라는 수식어로 일괄하는 양태를 언제까지나 지속할 수는 없는 일이다. 그렇다면, 어찌하여 이러한 관계설명이 면면히 이어지고 있는가. 이는 바로 논자들의 논의에 '사람'이 부재하기 때문이다. 즉, "있는 것도 보이지 않는" 현상과 "보려는 용기가 없"는 것이라는 미야타와 하타다의 자기반성적인 언급에서도 드러나듯 실재하나 부재한 것으로 치부하던 태도의 연속이 빚은 결과라고 할 수 있다. 피식민지라는 공간에 존재하는 조선인들의 삶에 대한 제도적 혹은 피상적인 논의가 아닌 조선인에 대한 구체적인 형상

---

38 일본 위키피디아 『ウィキペディア(Wikipedia)』, https://www.goo.ne.jp/, https://kotobank.jp/ 등의 사전적 정의 및 통상적 내용을 참고했다.

화 및 사실적 재현이 이루어져야 '특수한 한일관계'라는 보편화된 레토릭에서 벗어날 수 있을 것이다. 이 같은 의식은 시공간을 조금 밀고 당겨 당시 심포지엄에 참가했던 이들의 기타 저서 및 단행본의 서문과 역서의 후기 등에서도 극명하게 드러난다.

그 직접적인 대상으로서 본서의 편자이자 심포지엄을 주도적으로 이끌던 하타다 다카시를 비롯하여 김달수, 이진희 그리고 하타다의 저서를 번역한 이원호 등의 언급을 사례로 삼고자 한다. 우선 하타다는 회고담[39]을 통해 본인이 조선사 연구를 하게 된 "우연한" 계기와 조선에서 보낸 어린 시절에 대한 소회를 털어놓으며 당시 "자연의 아름다움은 눈에 비쳤지만, 인간의 아름다움은 알지 못하였"고 또 그 시절 보고 겪은 인상은 "자신의 조선의식의 밑바닥에 존속하고 있었"기에 "오랜 기간 떨쳐버릴 수가 없었다"고 고백하고 있다. 그런 한편 『조선의 역사朝鮮の歷史』[40]에서는 '조선사 학습의 의의와 목표'에 대해 논하면서 "**당연한 말이지만**, 조선은 외국이며 조선사는 외국사다. 그러나 조선이 단순한 외국이 아니며, 조선사 역시 단순한 조선사가 아니다. 조선은 일본과 **특별한 관계가**(강조 인용자) 있는 외국이며, 조선사 또한 일본과 각별하게 관계가 깊은 외국사다"(『朝鮮の歷史』, 2쪽), "**바른** 조선사상의 형성을 위해서는 과학적 연구의 축적이 필수적이나, 이는 아직 미개척 분야로 남아있다"(『朝鮮の歷史』, 7쪽)며 "내외 연구자들의 노력으로 인한 **바른 방향**으로의 개척"(『朝鮮の歷史』, 8쪽)을 호소하고 있다.

---

39 旗田巍의 「朝鮮史研究をかえりみて」는 旗田巍, 이기동 역, 『日本人의 韓國觀』, 一潮閣, 1983, 267~295쪽에 번역·수록되어 있다.
40 旗田巍 編, 『朝鮮の歷史』, 三省堂, 1974.

당시 하타다가 엮은 『심포지엄 일본과 조선』이 간행된 같은 해에 그의 또 다른 저서 『일본인의 조선관日本人の朝鮮観』[41]도 출판되었는데, 이는 15년이 지난 후에 『日本人의 韓國觀』이라는 제목으로 이원호,[42] 이기동[43]에 의해 번역되기도 했다. 그중 이원호의 역서는 원저의 항목을 발췌 수록하여 번역한 것으로 분량상으로는 대폭 축소된 편이며, 이기동의 번역서는 한일회담에 관련한 내용을 제외하면 원서에 실린 내용 대부분을 게재하였고 여기에 출간 후 10여 년간 하타다가 새로이 집필한 글도 추가로 수록하고 있다. 더불어 한국어판에 붙이는 하타다의 서문 및 「나의 韓國史研究 回顧」[44]라는 부록까지 실려 있다. 그중 이원호는 역서 후기에 "약했던 조상을 탓할 수도 없는 것이요. 어쩌면 저토록 보은報恩은 못 할지언정, 이웃을 삼기에는 **마음 내키지 않는** 일본인과 **운명적으로** 얽혀야 했던가를 생각할 때 비분강개悲憤慷慨만으로서는 직성이 풀릴 수 없는 정체가 바로 저 일본이라"며 몰아쉬는 거친 숨소리를 그대로 드러내는 한편, 저자 하타다에 대해서는 "일찍이 한국사의 타율성, 정체성이니 하는 도식圖式을 극복하여 한국사를 비교적 **학자적 양심**과 **공정성**(강조 인용자)에서 전개하고 소개한" 인물로 설명하고 있다. 그러면서 "지한적知韓的인" 하타다일지라도 근세 이전의 서술에 있어서는 "문제적 시

---

41 旗田巍, 『日本人の朝鮮観』, 勁草書房, 1969.
42 旗田巍, 이원호 역, 『日本人의 韓國觀』, 探求堂, 1981.
43 위의 책.
44 이기동의 역서의 부록으로 실린 회고담은 「동양사학의 회상(東洋史学の回想)」(총3회) 및 「조선사연구를 돌이켜 보며(朝鮮史研究をかえりみて)」 등의 회상록을 실은 것으로, 이를 통해 하타다의 동양사학에 대한 견해 및 조선사를 연구하게 된 계기와 연구과정 등을 살펴볼 수 있다. 旗田巍, 「東洋史学の回想-1-」, 『歴史評論』 171, 校倉書房, 1964.11, 1~8쪽; 旗田巍 「東洋史学の回想-2-」, 『歴史評論』 173, 校倉書房, 1965.1 12~20쪽; 旗田巍, 「東洋史学の回想-3(完)-」, 『歴史評論』 175, 校倉書房, 1965.3 19~29쪽; 旗田巍, 「朝鮮史研究をかえりみて」〈特集〉, 『朝鮮史研究会論文集』 15, 1978.3, 133~153쪽.

각의 **무의식적인 노출**"도 없지 않았다는 다소 소극적인 지적과 동시에 "앞으로 우리 사학자들의 연구 수확이 활발하게 소개 비교됨으로써 하나하나 정치定置될 것으로 기대"한다는 말로 마무리하고 있다.

이와 더불어 본 심포지엄에서 『조선 문화와 일본朝鮮文化と日本』의 저자로서 몇 차례 언급되던 재일조선인 역사학자 이진희 역시 『한일교류사』[45]의 한국어판에 부친 서문에 "재일 교포 사학자들은 일본 사람들의 잘못된 한국·한국인관을 시정하는 것을 가장 큰 과제로 삼지 않을 수 없었"으며, 바로 그러한 일련의 작업들은 "한국관을 시정하고 새로운 한·일 관계상을 구축해보려는 재일 지식인들의 오랜 투쟁"이었음을 강조하고 있다. 또한 본서의 「조선인의 일본관」이라는 장章에서 주요 발화자로 등장하는 김달수도 그의 저서 『일본 속의 조선 문화日本の中の朝鮮文化』[46]의 한국어판 머리말에 "이 책이 일본인 독자를 대상으로 하여 쓰여진 것이라는 사실"과 "일본인 독자 또는 일본인이 이제까지 받아온 역사교육에 의해 한국과 한국인에 대해 어떤 이미지를 지니고 있는가를 늘 염두에 두"면서 쓴 글임을 따로 밝혀두고 있다.

이처럼 자신의 눈에 비친 사람 그리고 그들의 삶의 양상에 대해서는 알지 못했던 혹은 알려고 하지 않았던 '의식적인 무지'로 인해 빚어진 일본인의 굴절·왜곡된 한국인관의 시정과 "터무니없는" 기존 이미지의 수정을 목적했다는 이들의 목소리 역시 당시 일본인의 논의에 부재했던 인간상

---

45 이진희·강재언, 김익한·김동명 역, 『한일교류사』, 학고재, 1998.
46 金達壽의 『日本の中の朝鮮文化』(講談社)는 1970년부터 1991년까지 발간된 시리즈로 총 12권으로 구성되어 있다. 한국어판은 1988년 4월에 10권이 나오기 전인 1986년에 간행되었는데, 서지 사항에는 역자에 대한 기록이 없다. 다만, 머리말에 '조선일보사 문화부, 출판부'에 대한 언급으로 미루어 보아 출판사 직원들에 의한 역서로 추정된다. 金達壽, 『日本 속의 韓國文化』, 朝鮮日報社出版局, 1986.

에 대한 인식을 각성케 하는 지난한 쟁투의 한 단면이라고 할 수 있다.

한편, 이상에서 언급한 이들에게 존재하는 공통된 인식은 앞선 하타다의 언급처럼 한일관계란 여느 국가들과 달리 '특별한 관계'임과 동시에 그 유별성이야말로 극복해야 할 하나의 과제로 여기고 있다는 것이다. 그러면서 결론에 이르러서는 하나 같이 '새로운 미래를 설계하자'는 기대 섞인 언설을 반복하고 있다는 점 또한 공통 사항으로 짚어낼 수 있다. 그런데 이들의 논설에는 '현재'에 놓인 반복되는 문제에 대한 명확한 해결방안이 드러나지 않고 있다는 것도 교집합적 요소라고 생각한다. 시간을 한참 거슬러 올라간 하타다의 대학 시절의 '현재'도 "일본의 역사학은 학문 전체가 그러했거니와 커다란 轉換期에 처해 있어, 기성의 역사학에 만족하지 않고 새로운 것을 모색하고 있던 시절"(『日本人의 韓國觀』, 1983, 278쪽)이었으며, 「일본에서의 조선 연구의 축적을 어떻게 계승할 것인가日本における朝鮮研究の蓄積をいかに継承するか」라는 심포지엄을 이어가던 당시의 '현재' 역시 여전히 모색의 시대였다. 그뿐인가. 이원호, 이기동이 하타다의 글을 번역하던 1980년대의 '현재'도 "우리 국민의 對日意識 또한 개선되는 조짐은 보이지 않고 있다"(『日本人의 韓國觀』, 1981, 190쪽)라는 문제 지적만 있을 뿐, 그에 대한 실질적인 개선책 혹은 방안은 부재했다. 그 대신 "새로운 연구 수확을 통한 정치定置된 상황을 기대해 마지않는다"는 미래에 대한 염원만이 존재할 뿐이다. 한결같이 "새로운 연구를 색다른 시각에서 연구해주기를" 바라는 차세대를 향한 어김없는 당부로 그치고 만다. 이처럼 과거 연구에 대한 비판적 태도의 촉구와 향후 과제에 대한 문제 제기 및 그 해결에 관한 바람은 시공간을 구별치 않고 존속됨에도 불구하고, '현재'를 둘러싼 혼종된 문제에 대한 구체

적인 대안 제시는 좀처럼 찾아보기 어렵다. 가령 본서에서 젠쇼 에이스 케가 "보다 새로운 조선 연구를" 위해서라도 "그저 하루빨리 일본과 조선이 정당한 국교를 회복"해야 하지 않겠느냐는 발언에서 등장하는 그 '정당한'의 정도와 온도의 격차를 과연 얼마나 좁힐 수 있을 것인가 하는 문제야말로 '현재'에 대한 실질적인 물음이 될 수 있다고 본다.

어쩌면 우리는 '특별한 관계'라는 어휘 속에 실천적이고 현재적인 것들을 매몰시켜 둔 채 이제껏 과거와 현재 그리고 미래를 차분히 응시할 틈도 없이 그야말로 역사적 북새통 속을 지내온 것이 아닌가 싶다. 그러나 어제를 모두 하나의 과거로 엮을 수 없고 기대와 모색만으로 미래를 맞이할 수는 없는 법이다. 의식과 무의식의 모호한 경계선을 그어 두고 지금을 우회迂回해서는 안 된다. 더 이상 '가깝고도 먼 나라'라는 식의 애매한 상像이 한일관계를 수식하는 전형典型되어서는 안 될 것이다. 그런 의미에서 『심포지엄 일본과 조선』에 담긴 여러 언설을 통해 '과거'를 갱신하고 '현재'를 직관할 수 있는 계기가 되었으면 한다.

후기를 마무리하기에 앞서 한 마디만 더 보태자면, 번역이란 그 대상의 주체와 본질 그리고 화자의 의도를 간파하지 않은 채 원서 그대로의 순차적인 내용 해석만으로는 제대로 된 의미를 전달할 수 없는 것은 지극히 당연한 일이다. 하야카와 아쓰코의 말처럼 "시대의 정신구조, 역사감각, 내셔널리즘, 권력, 심리적·정치적 역학"[47]의 탐구 과정 역시 필수적이다. 더군다나 본서와 같이 사관史觀뿐만 아니라, 경성제대 내의 사

---

47 하야카와 아쓰코, 김성환·하시모토 역, 『번역이란 무엇인가』, 현암사, 2017, 18쪽.

회경제사 연구 양상, 조선총독부의 조사, 조선사편수회의 사업, 미술사, 고고학 그리고 정약용의 사상에 이르기까지 실로 다양한 방면에 대해 논의되고 있는 경우라면 발화자와 각 장의 주제에 관한 천착된 사전 연구 및 그 본질에 대한 음미吟味는 불가결하다. 그리하여 이번 작업은 번역을 병행하여 논제와 관련된 수많은 서적과 다양한 논문들을 참고하면서 진행했던 터라, 고되지만 참으로 큰 공부를 할 수 있는 계기가 되었다. 그중 정약용의 사상을 논하는 장에 등장하는 장타이옌의 무無와 공空의 이론에 대한 이해를 도왔던 『불교와 무의 근대』라는 참고서적의 한 구절이 마음에 와닿아 적어본다.

> '무(無)'라는 말, 참 낯설다. 자주 못 들어서 그런 게 아니라 실감이 없어 그렇다. (…중략…) 그런데 무는 정말 상실이기만 한 걸까. (…중략…) 그때는 적막의 무가 아니라 꿈틀대는 무가 된다.[48]

이와 같이 좀처럼 진전의 기미를 보이지 않는 나의 답보된 연구 상태의 무와 공의 적막을 깨고 본서와의 인연을 닿게 해 주신 장재경 선생님, 이태훈 선생님을 비롯하여 번역 작업 내내 여러모로 마음을 써 주신 김병문 선생님과 수고로운 작업을 함께 해 주신 소명출판의 편집부 여러분께 깊은 감사의 말씀을 드리고 싶다. 더불어 그야말로 막막함에 움츠러든 공부 과정에서도 꿈틀댈 수 있도록 늘 독려해 주시는 황호덕 선생님, 옹기종기 모여 따뜻한 말과 글로 서로를 도닥여주는 세미나 동료들,

---

48 김영진, 『불교와 무의 근대』, 그린비, 2012, 11~12쪽.

나의 조용한 지지자인 남편과 고운 마음을 가진 멋진 딸 지효 그리고 고마운 '엄마'께도 진한 감사의 마음이 전해지기를 소망한다.

끝으로 원전에 대한 충실성에도 불구하고 완전한 등가 번역의 불가능성을 지닌 번역의 본질이 때로는 역자의 무거운 과제 혹은 장벽으로 다가올 때마다 되새기곤 했던 벤야민의 번역론에 대한 글로 후기를 갈무리하고자 한다.

> 모든 합목적적 삶의 현상들이나 그 현상들의 합목적성 일반은 결국 삶을 위해 합목적적인 것이 아니라 삶의 본질의 표현, 그 삶의 의미의 재현(Darstellung, 서술)을 위해 합목적적인 것이다. 그리하여 번역은 종국에 언어들 상호 간의 가장 내밀한 관계를 표현하기 위해 합목적적이다. 번역은 이러한 숨겨진 관계 자체를 현시(顯示, 계시)할 수도 없고 만들어낼 수도 없지만 재현할 수는 있는데, 그 관계를 맹아로서 또는 집약적으로(intensiv) 실현함으로써 그렇게 할 수 있는 것이다.[49]

2020년 8월

주미애 씀

---

[49] 발터 벤야민, 최성만 역, 『언어 일반과 인간의 언어에 대하여 번역자의 과제 외』, 길, 2008, 126쪽.